Springer-Lehrbuch

Wolfgang K. Giloi

Rechner-architektur

Zweite, vollständig überarbeitete Auflage
Mit 223 Abbildungen

Springer-Verlag Berlin Heidelberg GmbH

Wolfgang K. Giloi
GMD und TU Berlin
Rudower Chaussee 5
D-12489 Berlin

CR-Klassifikation (1991): A.1, C.1

ISBN 978-3-540-56355-6

Die Deutsche Bibliothek – CIP-Einheitsaufnahme
Giloi, Wolfgang K.: Rechnerarchitektur/Wolfgang K. Giloi. – 2., vollst. überarb. Aufl. – Berlin; Heidelberg; New York; London; Paris; Tokyo; Hong Kong; Barcelona; Budapest: Springer, 1993
(Springer-Lehrbuch)
ISBN 978-3-540-56355-6 ISBN 978-3-642-58054-3 (eBook)
DOI 10.1007/978-3-642-58054-3

Ursprünglich erschienen bei Springer-Verlag Berlin Heidelberg New York 1993

Reproduktionsfertige Vorlagen vom Autor
45/3140 – 5 4 3 2 1 0 – Gedruckt auf säurefreiem Papier

Dieses Buch
ist dem großen Rechnerpionier
Konrad Zuse gewidmet

Vorwort zur zweiten Auflage

> The types of architectures are established not by architects but by society, according to the needs of the different institutions. Society sets the goals and assigns to the architect the job of finding the means of achieving them.
>
> Encyclopaedia Britannica, Macropaedia 1, p. 1089

Seit dem Erscheinen der ersten Auflage 1981 hat sich die Entwicklung auf dem Gebiet der Rechnerarchitektur in einem unvorstellbaren Maße beschleunigt, und besonders stark seit Mitte der achtziger Jahre. Zu nennen ist der rasante Fortschritt der Technik ultra-hochintegrierter Bausteine (ULSI) mit Millionen von Transistoren auf dem Chip und Taktfrequenzen um die 100 MHz, die Entwicklung von RISC-Prozessoren und superskalaren Prozessoren — die wiederum nur durch einen entscheidenden Durchbruch bei der Entwicklung hochoptimierender Compiler ermöglicht wurden — und die Entwicklung massiv-paralleler Rechner bis zu einer Leistung nahe dem TERAFLOPS-Bereich (TERAFLOPS = 10^{12} Gleitpunktoperationen pro Sekunde).

Die rasante Entwicklung der Technik hochintegrierter Schaltkreise verlief bei der CMOS-Technik besonders steil, was im wesentlichen auf die stetige Verkleinerung der Transistorabmessungen (der *Kanallänge*) zurückzuführen ist. Damit kann der Massenmarkt für Rechnerbausteine (Prozessoren, Speicher) sehr hoher Leistung befriedigt werden, so daß der kommerzielle Anreiz zur Entwicklung neuer Schaltkreistechnologien wie zum Beispiel Galliumarsenid gering blieb, mit Ausnahme der Kommunikationstechnik. Höchste Rechenleistung erzielt man heute wirtschaftlicher durch Parallelarbeit statt durch höchstmögliche Arbeitsgeschwindigkeit der Hardware. Über das vergangene Jahrzehnt gemittelt läßt sich folgende Entwicklung beobachten:

- Im Dreijahreszyklus: die Halbierung der Kanallängen der Transistoren der CMOS-Bauelemente und damit die Verdoppelung der Taktfrequenz und die Vervierfachung der maximalen Zahl von Transistoren auf dem Chip.
- Im Jahreszyklus: eine Verdoppelung der Prozessorleistung, gemessen in MIPS (*million instructions per second*) bzw. MFLOPS (*million floating-point operations per second*).
- Seit Beginn der neunziger Jahre hat sich der Dreijahreszyklus der Vervierfachung des Integrationsgrades auf einen Zweijahreszyklus beschleunigt.

Die Größtintegration hat dynamische Speicher mit einer Kapazität bis zu 64 Mbits auf einem Chip beschert. Eine Arbeitsspeicherkapazität von 4-16 Megabytes in den heutigen Personalcomputern und von 128 Megabytes in den Arbeitsplatzrechnern ist zum Minimum geworden, und dies alles in Verbindung mit einer dramatischen Kostendegression.

Ein-Chip-Mikroprozessoren haben inzwischen eine Wortlänge von 64 Bits und eine Leistung, die zwischen 50 und 200 MIPS bzw. MFLOPS liegt und damit über der Leistung der größten *Mainframe-Rechner*. Die immense Leistungssteigerung der Prozessoren wird zum einen durch die hohen Taktfrequenzen von 50-200 MHz, zum anderen aber noch mehr durch architektonische Fortschritte erreicht. Hier ist vor allem der *superskalare Prozessor* zu nennen, der mit mehreren, parallel arbeitenden Datenprozessoren, Daten- und Befehls-Caches und einer Speicherverwaltung auf dem Chip ausgestattet ist. Bei seiner Entwicklung gingen Fortschritte der Hardware- und Softwaretechnik Hand in Hand: Solche Prozessoren sind so gut oder so schlecht wie ihre Compiler!

Wo die hohe Leistung der heutigen superskalaren Prozessoren immer noch nicht reicht, geht man zu Multiprozessor-Architekturen über, d.h. zur Parallelarbeit mehrerer oder auch sehr vieler Prozessoren. Auf dem Gebiet der Supercomputer hat der etwa 15 Jahre lang dominierende Vektorrechner in dem *massiv-parallelen* Rechner mit Tausenden oder Zehntausenden von Prozessoren eine starke Konkurrenz erhalten. Die zukünftigen Supercomputer im TERAFLOPS-Leistungsbereich können nur als massiv-parallele Rechner realisiert werden. Alle diese Entwicklungen wurden bereits Anfang der achtziger Jahre vorhergesagt. Allerdings rechnete damals niemand damit, daß diese dramatischen Entwicklungen innerhalb eines Jahrzehnts eintreten würden.

Andere Entwicklungen, an denen in den siebziger Jahren gearbeitet wurde, sind hingegen in den achtziger Jahren aufgegeben worden. Hier zu nennen ist vor allem die Idee der *Gewährleistungs-Architekturen*, d.h. von Rechnerarchitekturen, deren vorherrschendes Ziel es ist, gewisse Eigenschaften der Rechenanlage wie zum Beispiel Software-Zuverlässigkeit und -Wartbarkeit oder Ausfalltoleranz zu gewährleisten. Ausfalltolerante Rechner gibt es nach wie vor nur in speziellen Anwendungsbereichen, wo diese Eigenschaft unumgänglich ist. Die "semantische Lücke" zwischen Hardware und Anwendungsprogrammierung ist nicht geschlossen worden; vielmehr hat sie sich im RISC-Prozessor und seinem Nachfolger, dem superskalaren Prozessor noch vertieft. Auch die Anfang der achtziger Jahre bestehende Erwartung, wonach die Rechnerentwicklung des nächsten Jahrzehnts durch den Übergang von der reinen Datenverarbeitung zur Wissensverarbeitung beherrscht würde, wie es vor allem in dem groß angelegten japanischen Forschungsprogramm zur Entwicklung der "Rechner der fünften Generation" zum Ausdruck kam, hat sich nicht bestätigt. Was gegenwärtig vorherrscht, ist die Entwicklung paralleler Supercomputer höchster Leistung, durch die man den "großen Herausforderungen" (Umwelt, Klima, Gesundheitsvorsorge usw.) zu begegnen hofft, mit denen die Menschheit konfrontiert ist.

Das sehr vielfältig gewordene Gebiet der Parallelrechner-Architekturen hat gerade in jüngster Zeit eine gewisse Abklärung erfahren. Dies setzt den Autor eines Buchs über Rechnerarchitektur, das heutzutage natürlich vorwiegend ein Buch über Parallelrechner-Architekturen sein muß, in die glückliche Lage, recht klar die Unterschiede zwischen den einzelnen Operationsprinzipien herausstellen zu können. Mehr denn je geht dies aber nicht, ohne die Betrachtung der Software-Aspekte — und hier insbesondere der *Programmiermodelle für Parallelrechner* — zur Grundlage zu machen.

Alle diese Entwicklungen haben dazu geführt, daß die vorliegende Neuauflage eines über zehn Jahre alten Buchs über Rechnerarchitektur keine einfache Überarbeitung sein konnte, sondern zum weitaus überwiegenden Teil eine völlige Neufassung sowie auch einen größeren Umfang nötig machte. Daß dies erst jetzt geschehen ist, hat seine Ursache darin, daß der Verfasser viele Jahre lang durch die Durchführung sehr vielfältiger und anspruchsvoller Entwicklungsprojekte neuartiger Parallelrechnersysteme in Atem gehalten wurde. Gerade die Möglichkeit, die sich durch Einrichtung des *GMD-Forschungsinstituts für Rechnerarchitektur und Softwaretechnik* (FIRST) bot, nämlich ein Jahrzehnt lang auf dem Gebiet der Parallelrechnerentwicklung aktiv und in vorderster Front mitzuwirken, betrachtet der Verfasser als besonderes Privileg. Hierdurch konnten viele der sich abzeichnenden Konzepte und Lösungen praktisch bis zum betriebsfähigen Hardware-Software-System verwirklicht und bezüglich ihrer Realisierbarkeit und Leistungsfähigkeit validiert werden. Auf diese Weise entstand nicht nur ein starker Anschub für die Entwicklung innovativer Architekturkonzepte, sondern vieles, was in diesem Buch behandelt wird, gründet sich auf eigene, konkrete praktische Erfahrungen.

Natürlich ist das Wissen und die Erfahrung, die im Laufe des vergangenen Jahrzehnts am FIRST angesammelt wurde, die Summe der Erfahrungen und des Wissens vieler hervorragender Mitarbeiter. Durch begleitende Grundlagenforschung, die in einer erheblichen Zahl von Dissertationen ihren Ausdruck fand, konnten viele prinzipielle Fragen abgeklärt werden. Aus der großen Zahl der wissenschaftlichen Mitarbeiter und Studenten, die am FIRST arbeiteten, können hier nur wenige genannt werden, deren Beiträge zu den Themen dieses Buchs besonders erwähnenswert sind. Zu nennen sind: Dr. Joachim Beer, Dr. Andreas Böttcher, Dr. Ulrich Brüning, Jörg Cordsen, Dr. Kechang Dai, Tobias Harke, Dr. Bi Hua, Günther Knittel, Dr. Christoph Lindemann, Dr. Diantong Liu, Dr. Sergio Montenegro, Dr. Reinhard Rasche, Friedrich Schön, Dr. Wolfgang Schröder-Preikschat, Andreas Schramm, Angela Sodan, Dr. Hong Xia. Vor allem möchte sich der Verfasser aber bei Dr. Ulrich Brüning für viele Diskussionen bedanken, durch die so manche Frage geklärt werden konnte.*

Bei der Abfassung des Textes haben wir uns bemüht, statt der englischen Fachbezeichnungen weitgehend deutsche Bezeichnungen zu benutzen und insbesondere die unschöne Mischung von Deutsch und Englisch zu vermeiden. Dabei wird bei der Einführung der deutschen Bezeichnung die entsprechende englische in Klammern angegeben. Für einige wenige Ausdrücke, wie z.B. *Pipeline* oder *Scheduling* oder *Registerfile*, konnten wir keine griffige deutsche Bezeichnung finden. Wir erlauben uns daher, in einigen Fällen die englische Bezeichnung zu verwenden, die dann in Kursivschrift erscheint. Ferner verwenden wir auch in vielen Bildern englische Beschriftungen, da diese oft sehr viel prägnanter als entsprechende deutsche Bezeichnungen sind. Wir hoffen, die Leser werden uns das nachsehen.

Berlin, im Mai 1993 *W. K. Giloi*

---

* Lesern, die an einer vertieften Darstellung des Gebiets der Prozessor-Architekturen interessiert sind, sei hier die Habilitionsschrift von Ulrich Brüning: Architecture of High-Performance Processors, Technische Universität Berlin 1993, empfohlen.

Vorwort zur ersten Auflage

In der Entwicklung elektronischer Rechenanlagen konnte bis Anfang der achtziger Jahre etwa alle 5-6 Jahre eine Leistungssteigerung um eine Größenordnung festgestellt werden. Dieser Fortschritt war bisher jedoch fast ausschließlich ein Fortschritt der Hardware-Technologie. Die Entwicklung der Halbleiter-Technologie in Richtung auf hohe Integrationsdichte, hohe Arbeitsgeschwindigkeit und geringe Kosten verlief in den letzten Jahren besonders stürmisch. An die Stelle der Hardware als dominierendem Kostenfaktor einer Rechenanlage ist die Software getreten.

Die geringen Kosten hochintegrierter, standardisierter Bausteine erlauben heute auch bei kleinen bis mittleren Rechnern einen Hardware-Aufwand, den man vor wenigen Jahren nur bei einem Großrechner als angemessen betrachtet hätte. Selbst Mikroprozessoren haben inzwischen eine Wortlänge von 16 oder 32 bit und können mit einem Arbeitsspeicher von mehreren Megabyte ausgestattet werden; die Größe des Arbeitsspeichers ist damit kein Kriterium zur Unterscheidung von "kleinen" und "großen" Rechnern. Der große, kostengünstige Speicher ist aber nur ein erster Schritt zur Nutzung der durch die Großintegration eröffneten Möglichkeiten, der als nächster Schritt eine weitere Verbesserung des Preis/Leistungs-Verhältnisses folgen muß. Da die Technologie großintegrierter Rechnerkomponenten verhältnismäßig "langsam" ist, kann eine Leistungssteigerung nicht mehr, wie in der Vergangenheit, durch einfache Erhöhung der Arbeitsgeschwindigkeit von Rechenwerk und Speicher erzielt werden, sondern nur durch entsprechende Vervielfachung dieser zwar billigen, aber auch verhältnismäßig langsamen Hardware-Betriebsmittel eines Rechners. Damit kommt man erstmalig auch der Verwirklichung von Zielvorstellungen nahe, die man seit etwa zwei Jahrzehnten bereits als äußerst wünschenswert erkannt hat, deren Realisierung bisher aus technischen oder wirtschaftlichen Gründen nicht oder nur in unbefriedigendem Maße möglich war: der modularen Erweiterbarkeit und der Ausfalltoleranz einer Anlage.

Diese Entwicklung machte eine Abkehr von der jahrzehntelang dominierenden Architektur der von-Neumann-Maschine und eine Suche nach neuen, angemesseneren Architekturformen unumgänglich. Aber auch um die neueren Erkentnisse der Softwaretechnik hinsichtlich Modularität, Zuverlässigkeit und Wartbarkeit großer Softwaresysteme, hinsichtlich Datenintegrität, Anpassungsfähigkeit der Betriebssysteme, Realisierung der Konzepte abstrakter Datentypen und Datenmodelle, Realisierung transaktionsorientierter Sprachen und anderem mehr zu nutzen und eine solche Software besser hardwaremäßig zu unterstützen (Schließung der "semantischen Lücke" zwischen Software und Hardware), sind neue Wege in der Rechnerarchitektur zu beschreiten.

Dieses Buch handelt von der Rechner*architektur*. Betrachtungen über Rechner-*organisation* — das ist der Aufbau und die Arbeitsweise der in der Architektur verwandten "Hardware-Betriebsmittel" — werden in dem Maße angestellt, wie diese organisatorischen Maßnahmen bestimmte Prinzipien der Rechnerarchitektur unterstützen (z.B. Speichersegmentierung, Fließbandverarbeitung, u.ä.) und zum Verständnis gewisser Eigenheiten der Strukturen von Rechnerarchitekturen und deren Leistungsfähigkeit betrachtet werden müssen. Dadurch werden gewisse Exkursionen von der Architekturebene in die Ebene der Organisation der Komponenten einer Architektur unvermeidbar sein. Als ergänzende Schrift, die vorwiegend die Organisationsebene behandelt (mit gewissen Exkursionen in die Architekturebene) sei das vorzügliche Buch von *Jessen* empfohlen.*

Aber auch dort, wo von uns organisatorische Fragen behandelt werden, wird der Leser keine Diagramme von Schaltnetzen und Schaltwerken vorfinden. Für den Rechnerarchitekten umfaßt der Begriff der Hardwarekomplexe Komponenten mit einem bestimmten funktionellen Verhalten, die er als Betriebsmittel beim architektonischen Entwurf eines Rechners einplanen kann, und die in steigendem Maße als fertige, großintegrierte Bausteine erhältlich sein werden. Schaltungen gehören damit in das Arbeitsgebiet des Entwerfers solcher Bausteine.

In der Vergangenheit wurde die Suche nach innovativen Rechnerarchitekturen zu oft mit reinen Strukturüberlegungen gleichgesetzt, das heißt mit der Suche nach Verbindungsstrukturen von Prozessoren, Speichern und anderen Betriebsmitteln, die besondere Vorteile erhoffen ließen. Erst in den letzten Jahren hat man erkannt, daß solche reinen Strukturüberlegungen nicht weit führen; daß es vielmehr darauf ankommt, sich bereits vor Eintritt in Strukturüberlegungen Klarheit über das verschafft zu haben, was wir unter dem Begriff "Operationsprinzip" subsummieren, nämlich die Informationsstrukturen und Kontrollstrukturen der gesuchten Rechnerarchitektur.

Wir sehen damit den Rechnerentwurf der Zukunft vorwiegend als einen *top-down*-Entwurfsprozeß: Ausgehend von den Zielen, die mit einer Rechnerarchitektur erreicht werden sollen, legt man zunächst ein Operationsprinzip fest, welches am besten die gestellten Ziele zu verwirklichen verspricht, und das gewählte Operationsprinzip impliziert dann in gewissem Grade die Systemstruktur. In jedem dieser Entwurfsschritte wird aber ein gewisser Freiraum für Entwurfsentscheidungen bestehen bleiben.

Zu der am Anfang stehenden Festlegung der Entwurfsziele (*requirement engineering*) gehören auch bereits detaillierte Überlegungen darüber, wie und mit welchen Sprachen das System später programmiert werden soll (gerade gegen dieses Postulat ist in der Vergangenheit bei den Bemühungen um innovative Rechnerarchitekturen oft — und meist mit sehr nachteiligen Folgen — verstoßen worden). Dabei werden innovative Operationsprinzipien zwangsläufig zu neuartigen Sprachkonstruktionen führen, wie dies bei den Feldrechnern oder den Datenfluß-Architekturen geschehen ist und für die verteilten Polyprozessor-Systeme zu erwarten steht. So wie in der Vergangenheit die von-Neumann-Architektur die Entwicklung der "von-Neumann-Sprachen" nach sich zog, so wird vielfach auch weiterhin die Sprachentwicklung der Architekturentwicklung nachfolgen. Innovative

---

* Jessen E.: *Architektur digitaler Rechenanlagen*, Springer-Verlag, Berlin-Heidelberg-New York 1975

Architekturentwürfe, die in Zukunft in stärkerem Maße neben anderen auch das Entwurfsziel der Verringerung der semantischen Lücke zwischen Hardware und Anwendungssoftware verfolgen werden, werden aber auch mehr als bisher eine umgekehrte Entwicklung zeitigen (die bisher nur bei den "Keller-Maschinen" zu verzeichnen war), nämlich, daß die Architektur der Sprache folgt. Dies soll erklären, warum die Betrachtung von Datentypen und Datenstrukturen bis hin zu den Strukturen höherer Programmiersprachen einen so breiten Raum in einem Buch über Rechnerarchitektur einnimmt, wie dies bei dem vorliegenden Text der Fall ist.

Wie bei jedem neuen Gebiet, so ist auch die bisherige Entwicklung in der Rechnerarchitektur zunächst durch das Vorherrschen von *Ad-hoc*-Lösungen gekennzeichnet. Systematisierungen folgen in der Regel dem Prozeß der Entwicklung von *Ad-hoc*-Lösungen erst dann, wenn ein gewisser Erfahrungsschatz erarbeitet und ein gewisser Reifegrad erreicht ist. Der vorliegende Text ist der Versuch einer solchen Systematisierung.

Der Text ist entstanden als das Ergebnis mehrjähriger Vorlesungs- und Forschungstätigkeit des Autors an der University of Minnesota und der Technischen Universität Berlin. Er hat zunächst den Charakter eines Lehrbuchs; darüber hinaus ist er aber auch als allgemeine Monographie angelegt. Insbesondere glauben wir, daß dieses Buch auch dem in der Praxis stehenden Ingenieur, Informatiker oder Mathematiker, der mit der Entwicklung, der Planung oder dem Einsatz von Rechenanlagen befaßt ist, helfen kann, die Leistungsfähigkeit und Grenzen von innovativen Rechnersystemen beurteilen und Entwicklungstendenzen erkennen zu lernen. Der Verfasser ist Professor Dr. G. Goos und Dr. G. Hommel für wertvolle Kritik und Hinweise zum Dank verpflichtet. Seinen Mitarbeitern, P. Behr, Dr. H. K. Berg und R. Guth verdankt er anregende Diskussionen, und sein besonderer Dank für viele ausführliche Gespräche über zukünftige Rechnerstrukturen richtet sich an C.A. (Sandy) Wilson.

Berlin, im Frühjahr 1980 *W. K. Giloi*

Inhaltsverzeichnis

1 Einleitung

1.1 Was ist Rechnerarchitektur?

Rechnerarchitektur ist eine Übersetzung des englischen Begriffs *computer architecture*. *Architecture* bedeutet im Englischen Baukunst oder Baustil; aber auch das einzelne Produkt der Baukunst wird als *architecture* bezeichnet. Die letztgenannte Bedeutung hat das deutsche Wort Architektur nicht. Wenn wir von Rechnerarchitektur sprechen, meinen wir den Bedeutungsinhalt des englischen Begriffs *computer architecture*.

Rechnerarchitektur wie Architektur im allgemeinen dient einem Zweck. Wir zitieren hier die Encyclopaedia Britannica ("Art of Architecture", Macropaedia 1,1089):

"*The types of architecture are established not by architects but by society, according to the needs of the different institutions. Society sets the goals and assigns to the architect the job of finding the means of achieving them.*"

In freier deutscher Übersetzung: "Die Architekturformen werden nicht vom Architekten sondern von der Gesellschaft bestimmt, nach den Bedürfnissen der verschiedenen Institutionen. Die Gesellschaft setzt die Ziele und überträgt dem Architekten die Aufgabe, den Weg zu ihrer Verwirklichung zu finden."

Entsprechend ihrem Zweck unterscheidet man in der Baukunst Typen von Architekturen wie die Architektur des Wohnungsbaus, des Fabrikbaus, des Sakralbaus, des Verwaltungsbaus, usw. Spezifischer noch kann man z.B. von Sportstätten-Architektur, Flughafen-Architektur, Krankenhaus-Architektur reden.

Die Grundaufgabe einer Rechenanlage ist die Sammlung, Speicherung Verarbeitung und Darstellung von Information. Diese Grundaufgabe kann auf den verschiedensten Anwendungsgebieten zu erfüllen sein. Eine Rechenanlage, die auf jedem beliebigen Gebiet einsetzbar sein soll, wird *Universalrechner* genannt. Daneben gibt es Anlagen, die für eine spezielle Aufgabe konzipiert wurden und die deshalb *Spezialrechner* heißen. Dementsprechend ist zwischen Universalrechner-Architekturen und Spezialrechner-Architekturen zu unterscheiden. Der Computerarchitekt hat seine Aufgabe aber noch nicht damit gelöst, daß er ein architektonisches Konzept vorlegt, welches den vorgegebenen Zweck erfüllt. Es wird vielmehr von ihm erwartet, daß dieses Konzept gewisse Forderungen möglichst optimal erfüllt. Solche Forderungen können unter verschiedenen Aspekten gestellt werden, nämlich

- dem Leistungs-Aspekt
- dem Erweiterbarkeits-Aspekt
- dem pragmatischen Aspekt
- dem Ausfalltoleranz-Aspekt

Leistungs-Aspekt. Bei manchen Spezialrechnern für Echtzeit-Aufgaben kann mitunter die Forderung nach maximaler absoluter Leistung in Vordergrund stehen, hinter den Kostenerwägungen zurücktreten müssen. Dies gilt in noch stärkerem Maße für *Supercomputer*, die für extrem rechenintensive Simulationsaufgaben von essentieller Bedeutung eingesetzt werden, den sogenannten *großen Herausforderungen* (*grand challenges*) unserer Zeit [Cea 93]. Bei diesen Problemen ist die Rechenzeit mit den gegenwärtigen Rechnern auf Tage, Monate oder gar Jahre anzusetzen. Im allgemeinen wird man aber nicht die absolute Leistung, sondern die *Kosteneffektivität,* d.h. die Leistung pro Kosteneinheit, zu maximieren trachten (wie immer diese meßbar sein mag). Es ist dabei zu beachten, daß zwei verschiedene Systeme nur dann in ihrer Leistung vergleichbar sind, wenn auch ihre Anwendungsbreite etwa gleich ist. Bei Allzweckrechnern kann es daher nicht darum gehen, die Leistung für eine bestimmte Aufgabe zu maximieren, sondern die mittlere Leistung, betrachtet über alle Anwendungsgebiete.

Erweiterbarkeits-Aspekt (scalability). Bei diesem Aspekt handelt es sich darum, ein Rechnersystem so zu entwerfen, daß praktisch beliebige Ausbaustufen durch einfaches Hinzufügen von zusätzlichen Komponenten ohne Änderung der Betriebssoftware installiert werden können.

Pragmatik-Aspekt. Unter diesem Stichwort verstehen wir die Beziehungen zwischen einem Rechnersystem und den Personen, die mit seiner Programmierung und Benutzung betraut sind (wobei wir uns den Begriff *Pragmatik* aus der Semiotik ausleihen). Ursprünglich zählte man zu diesem Aspekt auch das Bemühen um die Entwicklung von Architekturen, bei denen die Ausführung von in einer höheren Programmiersprache formulierten Programmen durch die Hardware des System unterstützt wird. Das bedeutet, daß gewisse Datentypen der höheren Programmiersprache bereits als Datentypen der Maschine existieren [GIL 81]. Man hatte sich hiervon einmal einen Zustand versprochen, in dem der Anwendungsprogrammierer, der Systemprogrammierer und möglichst auch der Wartungstechniker dieselbe Sprache sprechen [CHU 75]. Dieser Zustand ist aber nie erreicht worden. Was inzwischen aber größte Bedeutung erlangt hat, ist die Gestaltung einer "benutzerfreundlichen" Schnittstelle zwischen dem Rechensystem und seinem Benutzer. Dazu gehört die nicht mehr wegzudenkende *X-Window-Umgebung*, die inzwischen in der Form spezieller X-Window-Bildschirmgeräte auch hardwaremäßig unterstützt wird. Dazu gehört in noch stärkerem Maße die dem Menschen angepaßten *Darstellung von Rechenergebnissen.* Gerade auf dem Gebiet des Supercomputing kann die durch eine Berechnung erzeugte Datenflut vom Menschen nicht mehr in der Form von Zahlenkolonnen ausgewertet werden. Vielmehr sind geeignete mehrdimensionale graphische Darstellungen nötig, um die Zusammenhänge, auf die es dem Benutzer ankommt, visuell erkennbar zu machen. Mehrdimensionale Ergebnisdarstellungen erhält man durch Nutzung der drei räumlichen Dimensionen (3D-Darstellung), wozu die Farbe als "vierte Dimension" hinzukommt. Gegebenenfalls ist auch noch die *Animation* (Darstellung von Bewegungsabläufen) als fünfte Dimension hinzuzufügen.

Ausfalltoleranz-Aspekt. Das Optimierungskriterium ist hier die Gewährleistung einer gewissen Mindestverfügbarkeit des Systems. Ein System heißt dann ausfalltolerant, wenn auch bei Ausfällen einzelner Komponenten des Systems noch ein betriebsfähiger Kern übrigbleibt, so daß eine bestimmte Mindestleistung zu allen Zeiten gewährleistet ist. Rechenergebnisse, die bis zu dem Ausfall produziert wurden, sollten nicht verloren gehen oder zumindest nicht bis zu einem vor dem Ausfall liegenden *Wiederaufsetzpunkt* (*recovery point*).

Es muß betont werden, daß die genannten Aspekte sich keineswegs gegenseitig ausschließen. Gewisse architektonische Konzepte mögen dazu dienen, mehr als einem der genannten Aspekte Genüge zu tun. So mag man eine Rechnerarchitektur konzipieren, die vor allem ausfalltolerant ist, daneben aber auch eine möglichst hohe Rechenleistung erbringt, oder man mag von einem Höchstleistungsrechner auch ein gewisses Maß an Ausfalltoleranz fordern. Es muß ferner kaum besonders betont werden, daß der Leistungs-Aspekt und der Ausfalltoleranz-Aspekt mit Abstand die wichtigsten Gesichtspunkte beim Entwurf von Rechnerarchitekturen sind.

Dem Gebäudearchitekten stehen bestimmte Materialien wie Holz, Stein, Beton, Stahl, Glas zur Verfügung. Aus diesen Materialien bildet er zunächst Strukturelemente oder *Komponenten* wie Pfeiler und Sturz, Bogen, Gewölbe, oder Fachwerk. Gewisse Konstruktionsprinzipien liefern die Methoden, nach denen Strukturelemente zu Strukturen zusammengesetzt werden. Das Resultat sind die charakteristischen Strukturen einer Architektur, der *Ausdruck der Konstruktionsidee durch die Form.* So finden wir zum Beispiel den formalen Ausdruck der speziellen Konstruktionsidee, die beim Gewölbe entstehenden lateralen Kräfte durch Strebepfeiler abzufangen, als ein charakteristisches Merkmal der Architektur gothischer Dome.

Die Materialien des Rechnerarchitekten sind die integrierten Halbleiter-Bausteine, mit denen gewisse Komponenten realisiert werden, die wir die *Hardware-Betriebsmittel* nennen. Diese Komponenten — Prozessoren, Speicher, Verbindungseinrichtungen — werden zur *Rechnerhardware* zusammengefügt.

Während bei der Baukunst die berühmten drei Forderungen VENUSTAS, UTILITAS, FIRMITAS (Schönheit, Zweckmäßigkeit, Dauerhaftigkeit) gelten, steht bei den Rechnerarchitekturen allein der Zweck, die Funktion im Vordergrund. Um den gewünschten Zweck zu erreichen, lassen sich bestimmte Prinzipien formulieren, nach denen ein Rechnersystem arbeitet. Ein solches Prinzip, das anstelle des Konstruktionsprinzips der Baukunst nun die Vorschriften für das Zusammenfügen der Komponenten eines Rechnersystems liefert, wollen wir das *Operationsprinzip* der Rechnerarchitektur nennen. Es sei aber bereits jetzt darauf hingewiesen, daß die Festlegung eines Operationsprinzips allein noch nicht die Realisierung des Systems impliziert. Vielmehr kann es strukturell verschiedene architektonischen Lösungen geben, die alle dem gleichen Operationsprinzip unterworfen sind. Nur gemeinsam definieren Operationsprinzip und Struktur eine Rechnerarchitektur.

1.2 Zum Stand der Technik der Hardware-Komponenten

1.2.1 Schaltkreistechnik

Die vergangenen Jahre waren durch eine besonders stürmische Entwicklung auf allen Gebieten der Schaltkreistechnik gekennzeichnet, wie:

- Schaltelemente ("Logik"),
- Halbleiter-Speicherbausteine (DRAM, SRAM),
- Integrierte Prozessoren ("Mikroprozessoren").

Bevor wir diese Komponenten betrachten, soll jedoch ein Wort über die *Schaltkreistechnik* generell gesagt werden. Wir verwenden im folgenden die üblichen Bezeichnungen für die verschiedenen zur Verfügung stehenden Schaltkreistechniken:

CMOS	für *komplementäre Metalloxyd-Feldeffekttransistoren*
BiCMOS	für die *Kombination von CMOS mit bipolaren Transistoren*
TTL	für (bipolare) *Transistor-Transistor-Logik*
ECL	für bipolare *emittergekoppelte Logik*
GaAs	für Schaltkreise mit *Galliumarsenid-Transistoren.*

Tabelle 1-1 gibt die typische Daten an [NIK 91] (1 ps = 10^{-12} s).

Tabelle 1-1 Typische Daten von Schaltkreis-Technologien

Technik	Gatterlaufzeit (0,3 ... 0,8) µ	Integrationsgrad (Zahl der Gatter)	Verlustleistung pro Gatter
CMOS	200 ...1000 ps	100K...2M	10 pW ... 10 W (je nach Schaltgeschwindigkeit)
ECL	150 ... 500 ps	10K...200K	1 ... 10 mW / Gatter
GaAs	50 ... 200 ps	etwa wie ECL	1 ... 10 mW / Gatter

Dem Leser wird sicher die große Spanne bei der Leistungsaufnahme der CMOS-Schaltkreise auffallen. Die Gatterlaufzeiten gelten für die moderne *Submikron-Technik* mit Kanallängen zwischen 0,8 µ und 0,3 µ (1µ = 10^{-6} m). Die ältere, wesentlich weniger hoch integrierte Logik (in der Regel TTL) hat hingegen Gatterlaufzeiten im Nanosekunden-Bereich. CMOS, TTL und ECL verwenden Silizium. Alle Schaltkreise arbeiten bei Zimmertemperatur (man kann CMOS oder GaAs aber auch mit flüssigem Stickstoff kühlen, wodurch die Schaltkreise schneller werden).

Bezüglich ihrer wichtigsten Eigenschaften wie

- Schaltgeschwindigkeit (Gatterlaufzeit)
- Integrationsgrad (Anzahl der Gatter auf dem Chip)
- Leistungsbedarf (und damit Wärmeumsatz)

lassen sich zwei hauptsächliche Schaltkreis-Systeme unterscheiden:

- Höchstgeschwindigkeits- oder *VHSIC-Schaltkreise*
  (VHSIC: *very high speed integrated circuits*)
- Höchstintegrations- oder *VLSI-Schaltkreise*
  (VLSI: *very large integrated circuits*)

VHSIC-Schaltkreise sind in ECL- oder GaAS-Technik hergestellt, während die VLSI-Schaltkreise in CMOS-Technik aufgebaut sind. In Zukunft wird hier in steigendem Maße auch die BiCMOS-Technik zur Anwendung kommen. VHSIC hat eine höhere Arbeitsgeschwindigkeit (geringere Gatterlaufzeiten) als VLSI. Der Unterschied beträgt maximal etwa eine Zehnerpotenz (vergleicht man GaAs mit CMOS) oder auch weniger. Zwischen ECL und BiCMOS gibt es kaum einen Unterschied.

VLSI-Bausteine sind mindestens zwei Zehnerpotenzen höher integriert als VHSIC. Somit lassen sich VLSI-Rechner sehr viel kompakter aufbauen. Diesen Umstand kann man dazu nutzen, durch Vervielfachung der Hardware-Betriebsmittel (Prozessoren, Speicher, usw.) des Rechners und *Parallelarbeit* der mehrfach vorhandenen Betriebsmittel die geringere Arbeitsgeschwindigkeit des VLSI-Rechners zu kompensieren. Durch den zwei Zehnerpotenzen höheren Integrationsgrad des VLSI-Rechners erhält man damit immer noch einen wesentlich kompakteren Aufbau, durch den ebenfalls um Größenordnungen geringeren Leistungsbedarf des VLSI-Rechners ist dieser ferner auch wesentlich einfacher und billiger aufzubauen und zu kühlen.

Damit lassen sich VLSI-Rechner mit einem wesentlich besseren Preis-Leistungs-Verhältnis realisieren als VHSIC-Rechner — man sagt auch, die ersteren sind *kosteneffektiver*. Die VHSIC-Technik ist bisher nur da zu rechtfertigen, wo es um die Erzielung einer höchstmöglichen Leistung ohne Rücksicht auf die Kosten geht. Daher wird die VSHIC-Technik nur am oberen Ende des Rechnerspektrums angewandt, d.h. bei den Supercomputern. Aber auch dies hat sich inzwischen zugunsten des in VLSI-Technik ausgeführten Parallelrechners geändert, und zwar aus dem gewichtigsten Grund der Welt: den Kosten.

ECL-Gate Arrays setzen je nach Größe etwa 10 bis 20 Watt um. Ein damit aufgebautes Rechenwerk hat hunderte solcher Bausteine und damit einen Leistungsumsatz von etlichen kW. Die dabei entstehende Wärme wird durch Flüssigkeitskühlung abgeführt. Moderne 64-Bit Mikroprozessoren weisen eine vergleichbare Rechenleistung auf, zu ihrer Kühlung genügt aber in der Regel ein durch ein Gebläse erzeugter Luftstrom. Durch die sehr viel niedrigeren Aufbau- und Kühlungskosten sind damit Rechner, die in CMOS- oder BiCMOS-Technik realisiert sind, wesentlich kosteneffektiver. Durch einen wesentlich höheren Grad an Parallelarbeit können VLSI-Rechner nicht nur die gleiche Leistung wie die leistungsfähigsten VHSIC-Rechner erreichen, sondern deren Leistung noch deutlich übertreffen.

1.2.2 Schaltkreise

Die Entwicklung geht hin zu immer kleineren Abmessungen der Transistoren. Sie wurde getrieben durch die Entwicklung immer höher integrierter Speicherbausteine mit immer größerer Speicherkapazität (s. den nächsten Abschnitt). Dabei wurde etwa alle drei Jahre eine Halbierung der Abmessungen erzielt. Durch die Halbierung der Transistor-Abmessungen wird nicht nur die Anzahl der auf einer gegebenen Halbleiterfläche unterzubringenden Transistoren vervierfacht, sondern bei den CMOS-Transistoren verdoppelt sich auch die Schaltgeschwindigkeit. Dies hat den folgenden Grund. Durch die Halbierung der Kanallängen fließt nur noch halb soviel Strom, während die Kapazität, die ja proportional zur Fläche ist, nur noch den vierten Teil beträgt. Damit steht der halbe Strom zum Umladen eines Viertels der Kapazität zur Verfügung, also doppelt soviel Strom pro Kapazitätseinheit wie zuvor. Als Folge halbiert sich die Schaltzeit, das ist die Zeit, die zum Umladen der Kapazität benötigt wird [MaC 80].

Schaltkreise stehen als verhältnismäßig niedrig integrierte TTL- oder ECL-Bausteine zur Verfügung wie Register, ALU-Bausteine (ALU: *arithmetic-logical unit*), Bustreiber, usw., oder auch als Schaltkreise, die vom Benutzer einmalig programmiert werden, so daß sie ein bestimmtes Schaltnetz- oder Schaltwerkverhalten annehmen. Die Programmierung geschieht durch Wegbrennen oder auch durch Herstellen von Verbindungen zwischen den vorgefertigten Gattern im Baustein. Man unterscheidet hier

- PAL-Bausteine (*programmable array logic*) und ihre Varianten;
- PLD-Bausteine (*programmable logic devices*) und ihre Varianten.

Die PAL-Bausteine lassen sich sowohl als Schaltnetze wie auch als Schaltwerke betreiben. Intern enthalten sie ein auf der disjunktiven Normalform basierendes Schaltnetz sowie eine entsprechende Anzahl von Flipflops. Bei dem Schaltnetz sind eine Anzahl von ODER-Verküpfungen von Konjunktionstermen fest vorgegeben, während die Konjunktionsterme selbst durch entsprechende Programmierung auswählbar sind. Damit läßt sich eine beliebige Schaltnetzfunktion der Eingangsvariablen realisieren. Durch interne Rückführungen können aber auch entsprechende Schaltwerksfunktionen — und damit endliche Automaten — realisiert werden.

Besondere Bedeutung haben die GAL-Bausteine (GAL: *generic array logic*) erlangt, die im Gegensatz zu den PAL-Bausteinen mehrmals programmierbar und damit wiederverwendbar sind.

Die PLD-Bausteine entsprechen mehr den *Gate Arrays*. Sie werden ähnlich wie jene entworfen, und ihr Entwurf wird durch Simulation verifiziert. Im Gegensatz zu den *Gate Arrays* müssen aber keine Verbindungsmasken hergestellt werden, sondern die Verbindungen sind (mit gewissen Einschränkungen) elektrisch programmierbar.

Die Kapazität der PAL- und PLD-Bausteine ist verhältnismäßig klein. Das bedeutet, daß ein solches Schaltnetz nur verhältnismäßig wenige Boolesche Gleichungen realisieren bzw. ein Schaltwerk nur wenige Zustände haben kann. Größere Schaltwerke müssen aus einer Vielzahl von PALs zusammengebaut werden. Die Anwendung der PLD-Bausteine wird ferner durch ihre vergleichsweise niedrigere Arbeitsgeschwindigkeit eingeschränkt.

Die nächst höhere Integrationsstufe stellen die *Gate Arrays* dar. Dies sind Bausteine mit vielen Gattern (einige 10^4 bis 10^5 in CMOS-Technik und eine Größenordnung weniger in ECL- oder GaAs-Technik), die dann durch das nachträgliche Aufbringen von Verbindungen zu der gewünschten Schaltung verbunden werden. Bei den höher integrierten *Gate Arrays*, die Gatterzahlen bis zu einigen 10^5 haben können, sind es nicht mehr einzelne Gatter, sondern größere Zellen, die individuell für einen bestimmten Zweck miteinander verbunden werden. Diese Zellen stellen in der Regel fertige Funktionseinheiten dar wie Prozessoren, ALUs, Registerfiles, Speicher, usw. Dazu muß der Benutzer eine *Netzliste* von Verbindungen entwerfen. Vor der Herstellung der Verbindungen muß durch umfangreiche Simulationen sichergestellt werden, daß die Schaltung elektrisch einwandfrei arbeiten wird.

Gate Arrays werden auch als *application-specific integrated circuits* (ASIC) bezeichnet, da sie zwar vorgefertigte Bausteine sind, die aber noch für die spezielle Anwendung durch Verbindung ihrer Zellen programmiert werden müssen. Rechnerhardware, die in großer Stückzahl gefertigt werden soll, ist heute nur dann noch konkurrenzfähig, wenn alle Schaltungsteile, die nicht bereits als hochintegrierte Schaltkreise fertig erhältlich sind (wie z.B. die Prozessoren) als ASICs realisiert werden. Der *Gate Array*-Entwurf ist jedoch verhältnismäßig langwierig und vor allem teuer, da man teure Entwurfswerkzeuge (Simulationsprogramme und dergleichen) und eine erhebliche Entwicklungszeit benötigt und die Herstellung der *Gate Arrays* selbst auch nicht billig ist. Für kleine Stückzahlen, bei denen sich die hohen Herstellungskosten des maskenprogrammierten *Gate Arrays* nicht lohnen, wendet man auch das Verfahren an, bei der Herstellung für jeden Chip individuell die benötigten Verbindungen mit einem Elektronenstrahl zu schreiben.

Schaltungsrealisierungen mit niedrig integrierten TTL-Bausteinen findet man nur noch bei kleinen Stückzahlen. Solche Schaltungen sind dadurch gekennzeichnet, daß sie aus einer großen Zahl von Bauteilen bestehen und dadurch wesentlich großflächiger, u.U. in mehreren getrennten Baugruppen aufgebaut sind, wodurch sich ihr Aufbau verteuert. Dafür sind aber die Bauteile selbst in der Regel extrem billig. Einen sehr kompakten Aufbau erhält man durch die heute übliche Technik der *Oberflächenmontage* (*surface-mount technology*).

Die Höhe des Integrationsgrads von ASICs wird heute in der Regel nicht durch die Zahl der auf einem Chip unterzubringenden Transistoren begrenzt, sondern durch die maximale Zahl der Anschlüsse (*pins*). Man spricht hier von *pin limitation*. Die maximale Zahl der Anschlüsse hängt von der Bauform des Gehäuses ab. Sie liegt bei den PGAs bei etwas über 300 und bei den TAB-Gehäusen bei etwas über 500 (PGA: *pin grid array*; TAB: *tape automated bonding*). Die benötigte Pinzahl hängt natürlich stark von der Funktionalität des Chips ab.

1.2.3 Speicherbausteine

Tabelle 1-2 gibt die Entwicklung der Technik dynamischer Speicherbausteine über die Jahre 1983 bis 1995 an.

Tabelle 1-2 Entwicklung dynamischer Speicherbausteine (DRAM) 1983 - 1995

Jahr	Dimension (μ)	maximale Kapazität (Mbit)	Zahl der Transistoren
1983	2,5 ... 2,0	0,25	0,5 Millionen
1986	1,25 ... 1,0	1	2 Millionen
1989	0,8 ... 0,7	4	8 Millionen
1992	0,5 ... 0,3	16	32 Millionen
1995	0,3 ... ?	64	128 Millionen

Danach wurde etwa alle drei Jahre die Kanallänge der Feldeffekttransistoren (CMOS-Technik) halbiert, wodurch sich bei gleicher Chipfläche eine Vervierfachung der Anzahl der Transistoren ergibt. In jüngster Zeit scheint sich der Dreijahresrhythmus zu verringern. So existierten bereits 1992/93 erste funktionsfähige Muster von 64-Mbit-Speicherbausteinen, sowie experimentelle Prozessoren in 0,3μ-Technik. Ab 1992 rechnet man daher mit einer Halbierung der Kanallängen alle 2 Jahre.

Für den Speicherbaustein gilt, daß die Adreßdekodierung um so komplexer wird, je größer die Kapazität des Bausteins ist. Durch diese Eigenheit und weitere Effekte wird bei den Speicherbausteinen die oben angegebene Gesetzmäßigkeit, wonach eine Halbierung der Kanallängen zu einer Verdoppelung der Arbeitsgeschwindigkeit führt, weitgehend überdeckt. Dadurch sind über die Jahre die Speicherbauteile zwar auch schneller geworden, aber in einem wesentlich geringeren Maße als die Prozessoren, deren Taktfrequenz sich alle drei Jahre verdoppelt hat.

Die Zeit, die ein Speicherelement zum Lesen oder Schreiben eines Werts benötigt, hängt von der Ausprägung der Speicherzelle ab. Hierbei unterscheidet man zwischen *dynamischen* (DRAM) und *statischen* (SRAM) Speicherzellen (DRAM: *dynamic random access memory*; SRAM: *static random access memory*).

Bei den dynamischen Speicherzellen dient ein Transistor als Ladungsspeicher, und ein zweiter Transistor wird zum Ankoppeln an diesen Ladungsspeicher benötigt. Eine Speicherzelle besteht damit aus zwei Transistoren (vgl. Tabelle 1-1). Da die Ladung in der Speicherzelle mit der Zeit abklingt, muß sie in regelmäßigen Abständen *regeneriert* werden. Dynamische Speichern werden daher durch eine Regenerationsschaltung automatisch gelesen und neu beschrieben. Die Periodendauer der Speicherregeneration liegt in der Größenordnung von Millisekunden. Ferner wird beim individuellen Lesen einer Speicherzelle der gelesene Wert automatisch zurückgeschrieben.

Die Zeit für einen wahlfreien Zugriff (ohne das Rückschreiben) beträgt beim DRAM heute etwa

$$t_{read} = 60 \ldots 100 \text{ ns.}$$

Für das Rückschreiben wird noch einmal etwa der gleiche Wert benötigt. Man organisiert die Rechner mit dynamischem Speicher nach Möglichkeit aber so, daß die Rückschreibphase mit anderen Aktivitäten des Rechners überlappt wird und dadurch nur die Lesezeit zu Buche schlägt. Bei linearer Adreßfolge, genauer: dem Zugriff auf Speicherzellen, die alle zu einer *Seite* genannten Zeile einer Matrix von Speicherzellen gehören, muß nur die Spaltenadresse (d.h. die Adresse der Zellen innerhalb einer Zeile) verändert werden, jedoch nicht die Zeilenadresse. Dadurch wird die Zeit zum Einstellen der Seitenadresse eingespart, wodurch sich die Zugriffsrate auf den Speicher fast verdoppelt. Man nennt diese Betriebsweise Seitenadressierung (*page mode*). Die Lesezeit beträgt in diesem Falle

$$t_{page\_mode} = 35 \ldots 45 \text{ ns.}$$

Statische Speicher verwenden als Zelle ein Flipflop. Dadurch kann der Speicherzustand für unbegrenzte Zeit — genauer gesagt: solange die Betriebsspannung nicht ausfällt — gehalten werden; und die Regeneration entfällt. Außerdem ist der Zugriff wesentlich schneller. Typische Werte für den Zugriff auf einen SRAM-Speicher liegen im Bereich:

$$t_{SRAM} = 7 \ldots 45 \text{ ns.}$$

Dafür werden jetzt je nach Ausführung 6 bis 8 Transistoren pro Speicherzelle benötigt. Der größtmögliche SRAM-Baustein hat somit nur ein Viertel der Kapazität des größtmöglichen DRAM-Bausteins, und die Kosten pro Bit steigen mindestens auf das Vierfache.

Durch Verwendung bipolarer Transistoren in den Flipflops der statischen Speicherzellen läßt sich die Zugriffsgeschwindigkeit noch weiter steigern, allerdings auf Kosten eines gesteigerten Leistungsverbrauchs und eines niedrigeren Integrationsgrads (DRAM ist grundsätzlich nur in MOS-Technik zu realisieren). Man erreicht mit ECL-

SRAM Zugriffszeiten von wenigen Nanosekunden, und mit GaAs-SRAM kommt man bereits der 1 ns-Grenze nahe.

Einen günstigen Kompromiß zwischen Integrationsdichte (Speicherkapazität), Leistungsverbrauch und Arbeitsgeschwindigkeit erhält man, wenn man die Speicherzellen selbst in CMOS-Technik ausführt, die Treibertransistoren für die Adreßaufschaltung und das Schreiben und Lesen aber als bipolare Transistoren (ECL). Dazu ist es nötig, bipolare Transistoren und MOS-Transistoren gemeinsam auf einem Siliziumchip unterzubringen. Dies führt zu einem komplizierten Herstellungsprozeß, den man aber zu beherrschen gelernt hat. Man spricht hier von BiCMOS-Schaltkreisen (für *bipolar and CMOS*). BiCMOS-SRAM ist etwa so schnell wie das reine ECL-SRAM.

1.2.4 Prozessoren

Wir werden im folgenden aus den oben angesprochenen Gründen nur die Entwicklung der *Mikroprozessoren* betrachten. Man erreicht hier bestenfalls etwa die halbe Transistorzahl des in der gleichen Technik hergestellten Speicherbausteins, da bei den Prozessoren sehr viel mehr Chipfläche für die internen Verbindungen (Busse) benötigt wird als bei den Speichern.

In der zweiten Hälfte der achtziger Jahre hat sich die Leistungszunahme bei den Mikroprozessoren besonders stark beschleunigt: Die MIPS-Leistung (MIPS: *million instructions per second*) hat sich seit 1984 jedes Jahr etwa verdoppelt. *Joy* hat diese Beobachtung in die durch Bild 1-1 veranschaulichte Formel zusammengefaßt:

$$P/MIPS = 2^{YEAR-1984}$$

Dieses "Joysche Gesetz" läßt den Eindruck entstehen, als handele es sich bei der beobachteten Leistungssteigerung um einen stetigen Prozeß. Dem ist jedoch nicht so. Das Joysche Gesetz — in die Zukunft extrapoliert — erweckt die Vorstellung, daß bereits 1994 die Leistung des einzelnen Mikroprozessors 1 GIPS beträgt. Dafür gibt es auch Ansätze (s. unten). Natürlich wird man aber die Leistung des einzelnen Prozessors nicht unbegrenzt weiter exponentiell steigern können — wäre dies der Fall, so brauchte man sich schließlich nicht mehr mit Parallelarchitekturen zu beschäftigen. Wir werden in Kapitel 6 darlegen, warum dies nicht der Fall sein kann, sondern irgendwann ein Abknicken der in Bild 1-1 gezeigten Kurve zu erwarten ist.

Bild 1-2 zeigt die Zunahme der Taktfrequenz von Mikroprozessoren über die Jahre 1987-1999. Der Anfang der Kurve zeigt bis 1992 die erwähnte Geschwindigkeitsverdopplung etwa alle drei Jahre an, die jeweils durch die Halbierung der Kanallängen erreicht wurde. Die treibende Kraft für die Verkleinerung der Kanallängen ist hierbei, wie bereits erwähnt, die Entwicklung bei den Speicherbausteinen (s. Tabelle 1-2). Durch Fortschritte in der optischen Lithographie-Technik für die Maskenherstellung wurde jedoch die 0,3μ-Technik bereits etwa 1992/93 und nicht erst 1995 erreicht, wodurch sich ab 1992 ein steilerer Anstieg der Kurve ergibt.

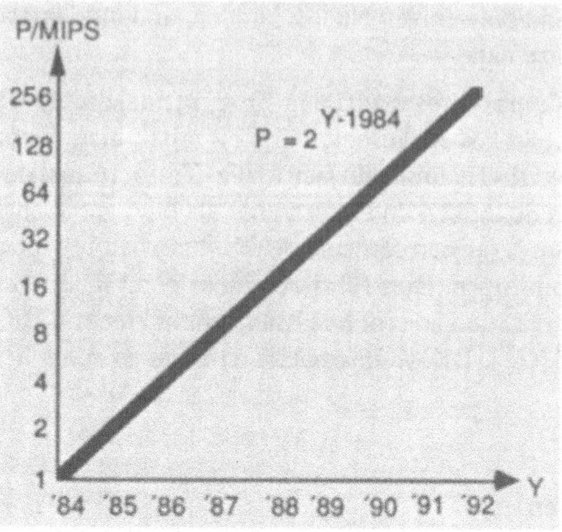

Bild 1-1 Joysches Gesetz

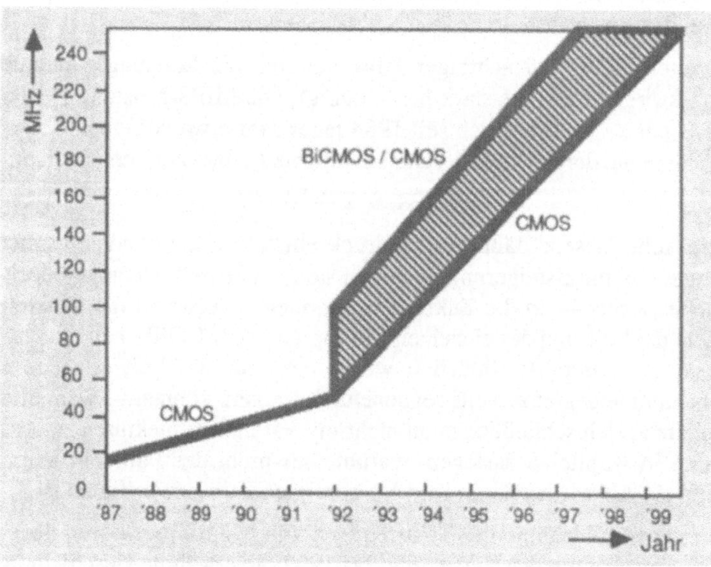

Bild 1-2 Zunahme der Taktfrequenz von Prozessoren 1987 - 1993

Die BiCMOS-Technik wird zu einem sprunghaften Anwachsen der Taktfrequenz führen. Ein ähnlicher Sprung wurde 1992 durch eine Innovation der Firma *Digital* erreicht, die durch eine neuartige Taktverteilung plötzlich die chip-interne Taktfrequenz auf 150...200 MHz steigern konnte. Gleichzeitig geht jedoch auch die stetige Entwicklung weiter, wodurch sich jetzt der in Bild 1-2 schraffierte Bereich ergibt. In allen Fällen wird aus heutiger Sicht angenommen, daß die obere Grenze der Taktfrequenz Ende dieses Jahrzehnts bei etwa 250 MHz liegen wird [LEW 90].

Tabelle 1-3 gibt eine Übersicht über die gegenwärtig leistungsfähigsten Mikroprozessoren (Stand 1992). Die Prozessoren sind alle in CMOS-Technik ausgeführt. Während die ersten drei Prozessoren mit einer Leistungsaufnahme von 6-9 Watt sich noch in herkömmlicher Weise durch einen Luftstrom kühlen lassen, benötigt der Alpha-Prozessor mit 30 Watt Verlustleistung eine Flüssigkeitskühlung.

Tabelle 1-3 Leistung gegenwärtiger Mikroprozessoren

Prozessor	Takt [MHz]	Spitzenleistung (doppelte Gleitpunkt-Genauigkeit)	Leistungsaufnahme [W]
Intel i860XP	50 ... 66	50...66 MIPS / 50...66 MFLOPS	6
Motorola 88110	50 ... 66	100...132 MIPS * / 50...66 MFLOPS	8
MIPS R4000	100**	100 MIPS / 50 MFLOPS	9
Digital Alpha	200**	400 MIPS * / 200 MFLOPS	30

* 2 Integer-Einheiten parallel

** Chip-interner Takt, mit dem die Pipeline getaktet wird

Eine Geschwindigkeitsverdopplung bei den Prozessoren alle 3 Jahre entspricht einer Steigerung von 27% pro Jahr. Der Unterschied zu den 100%, die das Joysche Gesetz angibt, kann somit nur durch architektonische Maßnahmen erzielt worden sein. Solche Maßnahmen sind die Entwicklung des RISC-Prozessors bzw. des superskalaren Prozessors.

Man muß auch bei den Prozessoren zwischen VLSI-Bausteinen höchster Integrationsdichte und VHSIC-Bausteinen höchster Geschwindigkeit unterscheiden, da beides sich gegenseitig ausschließt. Bei den VLSI-CMOS-Bausteinen ist man inzwischen bei einigen Millionen Transistoren angelangt. Ab einer Million Transistoren spricht man auch von der ULSI-Technik (ULSI: *ultra large scale integration*). Bei den VHSIC-Bausteinen erreicht man gegenwärtig hingegen nur einige 10^4 Gatter pro Chip.

Da die Bausteine höchster Integrationsdichte (Speicherbausteine, Mikroprozessoren) zu wesentlich billigeren Rechnern führen als die Bausteine höchster Geschwindigkeit, wird vom Rechnerarchitekten erwartet, daß er Lösungen findet, die es erlauben, eine hinreichend hohe Leistung durch Verwendung einer entsprechend großen Zahl von VLSI-oder ULSI-Bausteinen zu erzielen. Was von der ULSI-Technik in den nächsten Jahren zu erwarten ist, gibt Tabelle 1-4 an. In der Tabelle werden die wichtigsten Daten und Architekturmerkmale von Einchip-Mikroprozessoren zusammengestellt, deren Entwicklung 1992 angekündigt wurde.

Tabelle 1-4 Einige Prozessoren, die 1992 angekündigt wurden

1. Superskalarer RISC-Prozessor von Digital (Alpha)

- CMOS-Technik mit bis zu 200 MHz interner Taktfrequenz
- Spitzenleistung 400 MIPS bzw. 200 MFLOPS
- 16,8 x 13,9 mm ^{2} Chipfläche, 0,75µ CMOS mit 3 Metallisierungen
- 1,68 Millionen Transistoren
- Integer-Einheit arbeitet parallel zur Lade/Speicher-Einheit,
- die zwei 64-Bit Befehle gemeinsam holt
- Befehls- und Datencache mit je 8 KByte
- 32-Bit- und 64-Bit-Operationen (Festpunkt und Gleitpunkt)
- Versorgungsspannung 3,3 V, Leistungsaufnahme etwa 30 W (!)

2. Superskalarer Doppelprozessor von Hitachi (experimentell)

- BiCMOS-Technik mit 250 MHz Taktfrequenz
- Spitzenleistung 1000 MIPS (32-Bit integer)
- 8,1 x 8,0 mm ^{2} Chipfläche, 0,5µ BiCMOS mit 3
- Metallisierungen
- 1,02 Millionen Transistoren
- 2 32-Bit Prozessoren mit je 2 ALUs auf dem Chip
- 2 Befehls- und 2 Datencache mit je 1 KByte
- 32-Bit- und 64-Bit-Operationen (Festpunkt und Gleitpunkt)
  Versorgungsspannung 3,3 V

3. Vektorprozessor von Fujitsu

- MOS-Technik mit 70 MHz Taktfrequenz
- Spitzenleistung 140 MFLOPS (64-Bit Gleitpunkt)
- 15,8 x 16,0 mm ^{2} Chipfläche, 0,5µ CMOS mit 3 Metallisierungen
- 1,5 Millionen Transistoren
- 4 parallele Pipelines für ADD, SUB, MULT, DIV und LOAD/STORE
- 560 MByte/s Busbandbreite
- 32-Bit- und 64-Bit-Operationen (Festpunkt und Gleitpunkt)
- Versorgungsspannung 3,3 V, Leistungsaufnahme 5 W

4. MICRO 2000 von Intel (für das Jahr 2000 vorhergesagt)

- BiCMOS-Technik mit 250 MHz Taktfrequenz
- Spitzenleistung 750 MIPS und 1000 MFLOPS
- 32 Millionen Transistoren
- auf dem Chip: 4 Integer-Prozessoren (64-Bit)
  2 Vektorprozessoren (64-Bit)
  2-MByte große Sekundärcaches
  Graphik-Einheit mit 4M Transistoren
- jeder Vektorprozessor hat: 2 Addierer, 2 Multiplizierer, 1 Dividierer

1.3 Motivation für innovative Rechnerarchitekturen

Jeder zusätzliche Hardwareaufwand in einem Rechner ist dann gerechtfertigt, wenn der Zweck der Architektur entsprechend gefördert wird. Ist der Zweck der, eine möglichst hohe Kosteneffektivität zu erzielen, so ist jeder Hardware-Mehraufwand gerechtfertigt, durch den das Preis/Leistungs-Verhältnis überproportional verbessert wird.

Ist der vorherrschende Zweck eine möglichst hohe Ausfallsicherheit (*fault tolerance*), so ist jeder Hardware-Mehraufwand gerechtfertigt, der zur Erreichung dieses Ziels notwendig ist. In Zukunft werden die Kosten für jeden zusätzlichen Baustein vorwiegend aus seinen Einbaukosten bestehen und weniger davon, was sich auf dem Chip befinden mag. Daher wird von der Kostenseite her sehr schnell der Punkt erreicht, wo der Zuwachs an Nutzen durch zusätzlichen Hardwareaufwand den dadurch verursachten Kostenzuwachs übersteigt — vorausgesetzt, man hat eine Idee, wie man zusätzliche Hardware zur Leistungssteigerung einsetzen kann. Statt allgemein von einer "Idee" zu sprechen, können wir konkreter sagen, daß man ein entsprechendes Operationsprinzip finden muß.

Die bis Mitte der achtziger Jahre dominierende von-Neumann-Architektur ist eine Architektur des minimalen Hardwareaufwands. Eine solche Architektur war nur solange gerechtfertigt, wie die Hardwarekosten sehr hoch waren, ist aber inzwischen aus den obengenannten Gründen nicht mehr zeitgemäß. Der hohe Aufwand von mehreren Takten für das Holen eines Befehls und seines Operanden, die Interpretation und die Ausführung des Befehls und die notwendigen Indexoperationen und Adreßrechnungen war nur solange zu rechtfertigen, wie diese organisatorischen Schritte eine im Verhältnis zur eigentlichen datentransformierenden Operation kurze Zeit benötigten. Während dies bei den Rechnern der zweiten Generation noch der Fall war, gilt dies heute nicht mehr, da die arithmetischen Operationen nicht mehr Zeit als die genannten organisatorischen Schritte kosten. Selbstverständlich gilt erst recht, daß eine Architektur des minimalen Hardwareaufwands weder eine Vervielfachung der Hardware-Betriebsmittel mit dem Ziel der Parallelarbeit zuläßt, noch den Einbau der zur Erzielung einer Ausfalltoleranz absolut notwendigen Redundanzen.

1.4 Das Schichtenmodell eines Rechnersystems

Wir haben zu Anfang dieses Kapitels bewußt nicht das Rechnen als die Grundaufgabe einer Rechenanlage angeführt, sondern das Sammeln, Speichern, Verarbeiten und Darstellen von Information. Betrachten wir zum Beispiel den Einsatz einer Rechenanlage als Datenbank, so ist für den Benutzer nicht explizit erkennbar, wo hier gerechnet wird. Zweifellos sind in einer Datenbank aber Daten zu sammeln, zu speichern und darzustellen. Der Benutzer weiß auch, daß in einer solchen Anwendung intern gewisse Algorithmen, d.h. Rechenabläufe, auszuführen sind (z.B. bei der Berechnung von Adressen), aber für den Benutzer stehen diese Operationen nicht im Vordergrund, sondern die für ihn allein wichtigen Funktionen des Speicherns und Wiederauffindens von Daten. Selbstverständlich gibt es auch bei den nichtnumerischen Rechneranwendungen keine, die nicht intern Berechnungen, d.h. die Ausführung von logischen, relationalen oder arithmetischen Operationen, notwendig machen würde;

und es gibt auch keine numerische Anwendung, die nicht in irgendeiner Form den Aufbau und die Manipulation von Datenstrukturen impliziert. Das Berechnen und das Handhaben von Datenstrukturen ist nicht voneinander zu trennen. Eine sehr allgemeine Definition dessen, was wir *Berechnen* (*computation*) nennen, finden wir bei *Wegner* [WEG 71]:

> *"Computation is a sequence of transformations which transform an initial representation through a sequence of intermediate representations into a final representation. ..... A representation is a transforming function and its data."*

Das was Wegner *transforming function* nennt, sind die der Berechnung zugrunde liegenden Rechenabläufe, die Algorithmen. Diese werden vom Programmierer in der Form eines Programms formuliert. Wir übersetzen daher die Wegnersche Definition wie folgt:

DEF: *Berechnen*

Das Berechnen besteht in einer Folge von Transformationen, durch die eine Quelldarstellung über eine Folge von Zwischendarstellungen in eine Enddarstellung überführt wird. Eine Darstellung ist ein Programm mit den zugehörigen Datenmengen.

Daten sind die Träger der Information, die von einer Rechenanlage gesammelt, gespeichert, verarbeitet und dargestellt wird. Knuth [KNU 75] definiert Daten als

> *"representations in a precise, formalized language of some facts or concepts, often numeric or alphabetic values, in a manner which can be manipulated by a computational method"*.

Die in Zusammenhang mit dem Berechnen auftretenden Datenmengen sind üblicherweise in irgendeiner Form strukturiert. Eine solche strukturierte Datenmenge oder Datenstruktur wird von Knuth definiert als "*a table of data including structural relationships*". Die Folge von Transformationen beim Berechnen wird notwendig durch die extreme Verschiedenartigkeit der Quelldarstellung, das ist die Darstellung, die der Programmierer oder die Programmiererin liefert, und der Darstellung, die die Hardware verstehen und bearbeiten kann.

Die Daten des Programmierers sind strukturierte Mengen von Zahlen oder Zeichen, die transformierenden Algorithmen werden beschrieben als eine Folge von Anweisungen, die zum Teil Organisationsanweisungen sind und zum Teil Ausführungsanweisungen für numerische oder logische Operationen.

Die Objekte der Hardware sind Bitketten, d. h. Vektoren mit zweiwertigen Elementen. Die von der Hardware ausgeführten Operationen sind elementare logische Verknüpfungen. In Abwandlung eines Zitats von *Rosin* [Ros 74] über Mikroprogrammierung* können wir sagen, *daß die Folge von Transformationen der Quelldarstellung bis zur Enddarstellung notwendig ist, um etwas (vom Standpunkt des Benutzers) Vernünftiges mit (vom Standpunkt des Benutzers) unvernünftigen Mitteln zu erreichen.*

Die Folge von Transformationen von Darstellungen bei der Berechnung durch ein Rechnersystem führt auf das Modell eines Rechnersystems als eine Hierarchie von Interpretationssystemen. Dazu definieren wir:

---

* Rosins Definition der Mikroprogrammierung lautet: "Microprogramming is the implementation of hopefully reasonable systems through interpretation on unreasonable machines."

DEF: *Interpretationssystem*

Ein Interpretationssystem ist ein geordnetes Paar (L, P), wobei L eine Sprache und P ein (abstrakter) Prozessor ist, durch den Darstellungen in L transformiert werden können. Der Prozessor P kann als Übersetzer oder als Interpret arbeiten.

DEF: *Geschichtete Hierarchie von Interpretationssystemen*

Eine geschichtete Hierarchie von Interpretationssystemen ist eine Folge

(L_0, P_0)

(L_1, P_1)

....

(L_{n-1}, P_{n-1})

Dabei gilt: Wenn P_i ein Übersetzer ist, dann besteht die Bearbeitung einer Darstellung in L_i durch P_i in der Erzeugung einer neuen, vollständigen Darstellung in L_{i+1}. Wenn P_i ein Interpret ist, dann besteht die Bearbeitung einer Darstellung in L_i durch P_i in der Erzeugung einer Zwischendarstellung in L_{i+1}, die eine Bearbeitung der Darstellung in L_i durch den Prozessor P_{i+1} erlaubt.

Der Unterschied zwischen der übersetzenden und der interpretierenden Arbeitsweise des Prozessors besteht also darin, daß im ersten Falle aus einer Darstellung in L_i durch P_i eine vollständige Darstellung des gleichen Programms in L_{i+1} erzeugt wird, während im zweiten Falle z.B. nur die Kontrollanweisungen der Darstellung in L_i durch P_i interpretiert werden mögen. Stellt man die geschichtete Hierarchie von Interpretationssystemen als Blockdiagramm dar, so erhält man nur dann eine einfache Kette von hintereinander geschalteten Blöcken, bei der die Ausgabegröße eines Blocks die Eingabegröße des nächsten Blocks in der Hierarchie ist, wenn alle Prozessoren als Übersetzer arbeiten. Wenn wir dieses *Schichtenmodell* auf die Wegnersche Definition des Berechnens anwenden, so ergibt sich, daß die Quelldarstellung eine Darstellung in L_0 ist, und daß die Enddarstellung durch das Interpretationssystem (L_{n-1}, P_{n-1}) erzeugt wird. Entsprechend unserer Definition ist die Enddarstellung eine Darstellung in einer Sprache L_n; da aber die Transformation der Darstellung in L_n in der Identitätstransformation besteht, braucht man das System (L_n, P_n) nicht zu betrachten.

Auf einer bestimmten Stufe der Hierarchie von Interpretationssystemen liegt die Grenzlinie zwischen Software und Hardware. Zum Beispiel mag die Folge von (L_0, P_0) bis (L_i, P_i) durch die Software und die restliche Folge (L_{i+1}, P_{i+1}) bis (L_{n-1}, P_{n-1}) durch Hardware realisiert sein. Die Software-Realisierungen der abstrakten Prozessoren P_0 ... P_i sind dabei wiederum Darstellungen eigener Art. Wo im konkreten Falle die Demarkationslinie zwischen Software und Hardware verläuft, hängt von der *Architektur* eines Rechnersystems ab.

Die *Organisation* eines Rechnersystems legt fest, wieviel Ebenen von Interpretationssystemen innerhalb der Rechnerhardware zu unterscheiden sind. Die Anzahl der im Software-Bereich zu unterscheidenden Interpretationssysteme wird durch die Organisation der Systemsoftware festgelegt. Im Falle eines konventionellen Computers aus der Klasse der von-Neumann-Architekturen mag zum Beispiel das in Bild 1-3 gezeigte Schichtenmodell gelten.

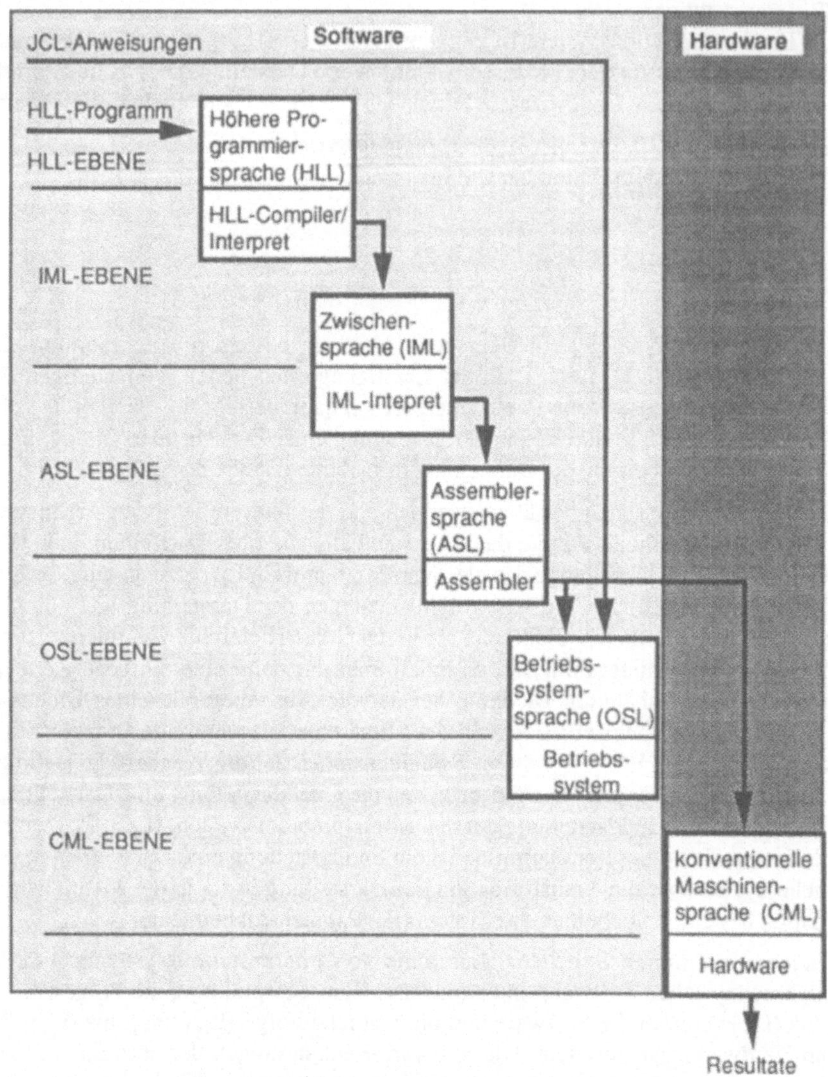

Bild 1-3 Hierarchisches Schichtenmodell eines von-Neumann-Rechners (JCL: job control language)

Natürlich mag auch die eine oder andere Schicht des in Bild 1-3 gezeigten Modells nicht existieren, oder es mögen noch weitere Schichten zu betrachten sein. So mag es im Verlaufe der Programmübersetzung mehr als eine Zwischendarstellung geben. Andererseits kann ein Compiler auch direkt Assemblercode und nicht erst einen Zwischencode erzeugen. Zwischen dem Assembler und der Hardware ist üblicherweise als weitere Zwischensprache noch ein *Binder/Lader-Code* und als Prozessor ein *Binder/Lader* eingeschaltet, usw.

Ein Kommentar bezüglich der Stellung und Funktion des Interpretationssystems (OSL, Betriebssystem) sei hier angefügt. Das Betriebssystem eines Computers ist ein abstrakter Prozessor, der als Interpret arbeitet und den Betrieb der Rechenanlage überwacht und steuert. Zu diesem Zweck empfängt es zwei Arten von Anweisungen: (1) Anweisungen, die in dem HLL-Quellprogramm vorkommen und (2) vom Assembler generierte Anweisungen, die nicht Teil der CML-Darstellung sind.

Vom Blickpunkt der Rechnerorganisation ist das in Bild 1-3 gezeigte Modell noch zu makroskopisch. Eine genauere Betrachtung zeigt, daß das Interpretationssystem (CML, Hardware) noch nicht das letzte Glied der Kette darstellt. In Bild 1-4 zeigen wir eine verfeinerte Darstellung des Hardwareteils des Systems von Bild 1-3, das aus drei Interpretationssystemen besteht. Es ist üblich, die Ebene, die die Interpretationssysteme in der Hierarchie einnehmen, durch die jeweilige Sprache dieser Ebene zu kennzeichnen. Dementsprechend sprechen wir von der Ebene der *konventionellen Maschinensprache* (CML), der Ebene der *Mikroprogrammsprache* (MPL) und der Ebene der *Picoprogrammsprache* (PPL). Die Funktion und Struktur dieser Sprachen wird im folgenden noch näher erläutert.

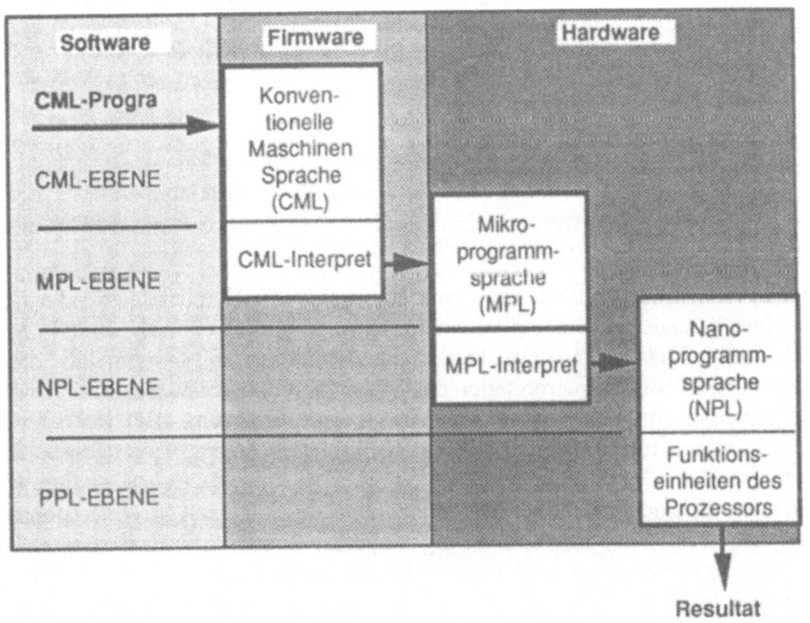

Bild 1-4 Verfeinertes Schichtenmodell eines mikroprogrammierbaren von-Neumann-Prozessors

DEF: *Konventionelle Maschinensprache (CML)*

Die konventionelle Maschinensprache ist die Menge der Anweisungen an die Maschine, wie man sie im Prozessor-Handbuch findet. Es ist die Sprache, in der man einen Rechner programmiert, wenn die Programmierung auf Maschinenebene vorgenommen wird. In Wirklichkeit wird in der Regel eine Programmdarstellung in dieser Sprache vom Assembler erzeugt.

DEF: *Mikroprogrammsprache (MPL)*
Die Mikroprogrammsprache eines Prozessors ist die Menge der Mikrobefehle, mit denen die Mikroprogramme zur Ausführung der Operationen der konventionellen Maschinensprache formuliert werden. Ein Mikroprogramm besteht aus einem oder mehreren Mikrobefehlen. Die Gesamtheit aller Mikroprogramme eines Prozessors nennt man einen *Emulator* für den CML-Befehlssatz der Maschine.

DEF: *Mikroprogramm*
Ein Mikroprogramm ist die Darstellung eines *Hardware-Algorithmus* eines Prozessors; d.h. eines Algorithmus, der von den *Funktionseinheiten* der Prozessorhardware ausgeführt wird und damit eine (durch eine CML-Anweisung ausgelöste) Maschinenoperation durchführt. Ein Mikroprogramm kann fest verdrahtet sein (*Hardware-Realisierung*), oder es kann in einem speziellen Speicher sehr geringer Zugriffszeit (*control store*) untergebracht sein (*Firmware-Realisierung*). Ein Firmware-Mikroprogramm besteht in einer Folge von Mikrooperations-Anweisungen. Eine Mikrooperations-Anweisung wird ihrerseits in eine Anzahl von Picooperations-Anweisungen (*Picobefehle*) umgesetzt. Man kann daher auch sagen, daß eine Mikrooperations-Anweisung durch ein *Picoprogramm* ausgeführt wird.

DEF: *Picoprogrammsprache (PPL)*
Die Picoprogrammsprache eines Prozessors ist die Menge der Picobefehle. Picobefehle sind Steuersignale, die zu den Funktionseinheiten der Prozessorhardware gesandt werden, um dort die Ausführung bestimmter Grundoperationen zu steuern.

Sind die Picobefehle in unkodierter Form unmittelbar im Mikrobefehl enthalten (in der Form einer Anzahl von Steuerbits), so spricht man von einem *horizontalen* Mikrobefehlsformat. Sind die Picoanweisungen nicht unmittelbar im Mikrobefehl vorhanden, sondern müssen bei der Interpretation des Mikrooperationscodes erst erzeugt werden, so spricht man von einer *vertikalen* Mikroprogrammierung. Bei der vertikalen Mikroprogrammierung entspricht damit ein Mikrobefehl einem Picoprogramm-Aufruf (so wie ein CML-Befehl einem Mikroprogramm-Aufruf entspricht); d.h. ein Mikrobefehl steht für eine einzelne Picooperation oder eine Folge von Picooperationen. Bei der horizontalen Mikroprogrammierung hingegen entspricht ein Mikrobefehl u. U. einer Anzahl von parallel ausführbaren Picooperationen (im Prinzip sind so viele Grundoperationen parallel ausführbar, wie unabhängige Hardware-Funktionseinheiten zur Verfügung stehen und wie es die bestehenden Datenabhängigkeiten erlauben). Deshalb ermöglicht die horizontale Mikroprogrammierung im Gegensatz zur vertikalen Mikroprogrammierung einen höheren Grad von paralleler Ausführung. Andererseits kann die Zahl der benötigten Steuerbits bei der horizontalen Mikroprogrammierung sehr groß werden, was einen sehr großen und damit teuren Mikroprogrammspeicher erforderlich macht (dieser Speicher muß ja entsprechend schnell sein). Deshalb wendet man die rein horizontale Mikroprogrammierung in Rechnern kaum an, sondern das "quasi-horizontale" (oder *diagonale*) Mikrobefehlsformat.*

---

* Die Bezeichnung "diagonal" wurde von Aggrawala und Rauscher [AaR 76] scherzhaft (als weder horizontal noch vertikal) eingeführt, wird inzwischen aber ernsthaft gebraucht.

Bei dieser Methode enthält ein Mikrobefehl statt der einzelnen Steuerbits eine Anzahl von Feldern. In jedem dieser Felder steht ein *Steuervektor* (*control vector*), das ist eine Anweisung an eine der Hardware-Funktionseinheiten in kodierter Form. Die Steuervektoren werden auch *Nanobefehle* genannt. Die Dekodierung der Steueranweisung findet bei integrierten Funktionseinheiten auf dem jeweiligen Chip statt. So kann man zum Beispiel in einem solchen quasi-horizontalen Mikrobefehl unter anderem folgende Felder finden:

- ein Feld, welches die Adresse des nächsten Mikrobefehls enthält;
- ein Feld, welches die Nachfolgeadresse bei Sprungbefehlen modifiziert;
- ein Feld, welches die von der ALU auszuführende Operation festlegt;
- Felder, die gewisse Quell- oder Zielregister eines Datentransports benennen;
- Felder zur Angabe von Multiplexer-Adressen, durch die bestimmte Datenwege festgelegt werden.

Die Ebene der Nanoprogrammierung befindet sich bei den heutigen integrierten Bausteinen auf dem Chip bzw. bei den hochintegrierten Prozessorbausteinen innerhalb der betreffenden Funktionseinheit. Mit den oben gegebenen Definitionen können wir nun den in Bild 1-3 kursorisch mit *Hardware* bezeichneten Interpreten der untersten Ebene genauer betrachten (Bild 1-4). Man erkennt, daß sich das Schichtenmodell im Firmware-Hardware-Bereich über mindestens drei weitere Ebenen (ohne Nanoprogrammierung, mit Nanoprogrammierung sind es vier) fortsetzt. Da die Prozessoren dieser Schichten alle interpretierend arbeiten, lassen sie sich wie folgt definieren.

DEF: *MPL-Interpret*
Ein MPL-Interpret besteht aus einem Mikroprogramm-Steuerwerk, das für die sequentielle Abarbeitung der Mikroprogramme zuständig ist, und einem Mikrobefehls-Entschlüßler.

DEF: *PPL-Interpret*
Ein PPL-Interpret besteht aus einer Menge von Hardware-Funktionseinheiten — jeweils eine für jeden Typ von Picooperation — die gemeinsam den *Datenprozessor* bilden. Die Hardware-Funktionseinheiten bestehen aus logischen Schaltungen, die bestimmte Zellen einer noch größeren Einheit (z.B. eines Mikroprozessors) darstellen.

Eine gewisse Asymmetrie innerhalb des Schichtenmodells ist zu beachten. Während die Befehle eines CML-Programms wie auch eines MPL-Programms sequentiell ausgeführt werden, was die Anwendung des Befehlszählerprinzips ermöglicht, werden die Picooperationen eines Mikrobefehls gleichzeitig ausgeführt. Da die Länge der Mikroprogramme für die einzelnen CML-Operationen im Mittel aber sehr kurz ist, verzichtet man auch hier schon auf die Anwendung des Befehlszählerprinzips und gibt statt dessen in jedem Mikrobefehl unmittelbar die Adresse des nachfolgenden Befehls an. Die konkrete Arbeitsweise eines mikroprogrammierten Prozessors nach dem Modell von Bild 1-4 wird in Bild 1-5 näher illustriert. Man erkennt die Struktur und die Aufgaben von Befehlsprozessor und Datenprozessor.

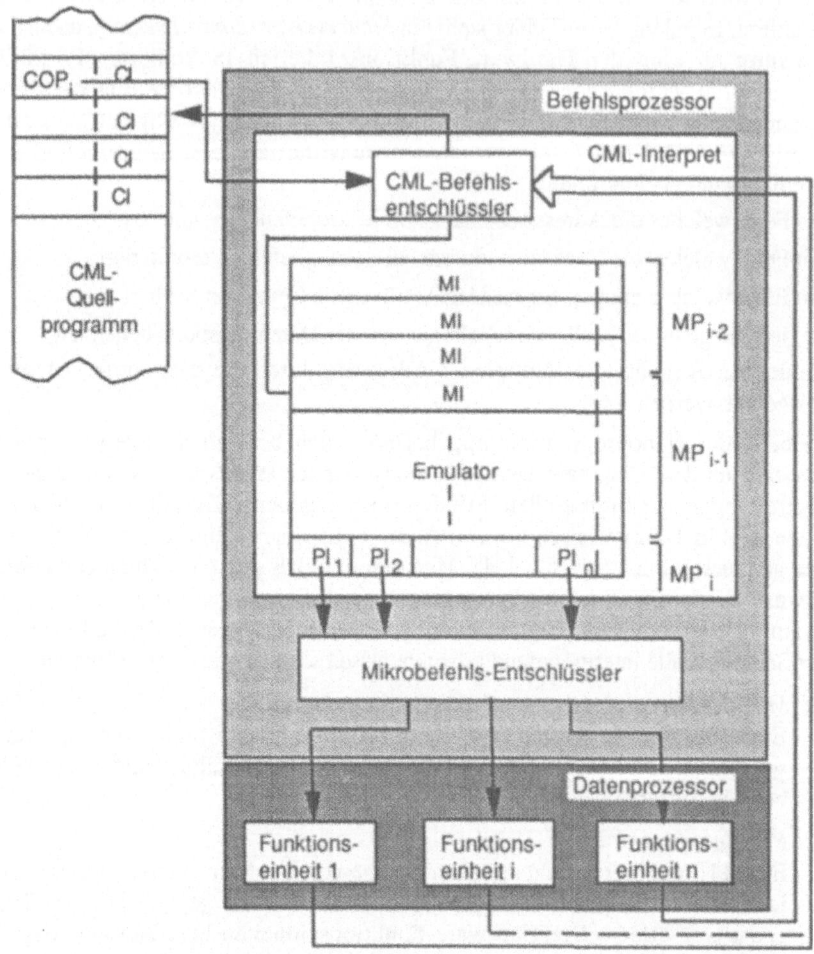

Bild 1-5 Beziehung zwischen dem CML-Programm, dem Emulator (einer Anzahl von Mikroprogrammen) und den Picoanweisungen im Mikrobefehl, die durch die Hardware Funktionseinheiten des Prozessors ausgeführt werden
CI = CML-Befehl; MP = Mikroprogramm; MI = Mikrobefehl;
PI = Picobefehl; COP=OP-Code im CML-Befehl

1.5 Die Konstituenten einer Rechnerarchitektur

1.5.1 Definitionen

Wir beginnen mit einer Reihe von Definitionen, die den Begriff Rechnerarchitektur umreißen.

DEF: *Rechnerarchitektur*
Eine Rechnerarchitektur ist bestimmt durch ein *Operationsprinzip* für die Hardware und die *Struktur* ihres Aufbaus aus den einzelnen Hardware-Betriebsmitteln.

DEF: *Operationsprinzip*
Das Operationsprinzip definiert das funktionelle Verhalten der Architektur durch Festlegung einer *Informationsstruktur* und einer *Kontrollstruktur*.

DEF: *(Hardware-)Struktur*
Die Struktur einer Rechnerarchitektur ist gegeben durch Art und Anzahl der *Hardware-Betriebsmittel* sowie die sie verbindenden *Kommunikationseinrichtungen.*

DEF: *Informationsstruktur*
Die Informationsstruktur einer Rechnerarchitektur wird durch die (semantischen) Typen der Informationskomponenten in der Maschine bestimmt, der Representation dieser Informationskomponenten und der Menge der auf sie anwendbaren Operationen. Die Informationsstruktur läßt sich als eine Menge von *abstrakten Datentypen* spezifizieren.

DEF: *Kontrollstruktur*
Die Kontrollstruktur einer Rechnerarchitektur wird durch Spezifikation der Algorithmen für die Interpretation und Transformation der Informationskomponenten der Maschine bestimmt.

DEF: *Hardware-Betriebsmittel*
Hauptsächliche Hardware-Betriebsmittel einer Rechnerarchitektur sind Prozessoren, Speicher, Verbindungseinrichtungen (Busse, Kanäle, Verbindungsnetzwerke) und Peripheriegeräte.

DEF: *Kommunikations- und Kooperationsregeln*
Die Kommunikationsregeln werden gegeben durch die Protokolle, die den Informationsaustausch zwischen den Hardware-Betriebsmitteln regeln. Die Kooperationsregeln legen fest, wie die Hardware-Betriebsmittel zur Erfüllung einer gemeinsamen Aufgabe zusammenwirken (Beispiele: Master-Slave-Prinzip, kooperative Autonomie).

DEF: *Benutzerschnittstelle einer Rechnerarchitektur*
Die Benutzerschnittstelle einer Rechnerarchitektur besteht aus der Sprache, in der der Benutzer dem Betriebssystem Anweisungen erteilen kann, den auf dem System verfügbaren Programmiersprachen und den Direktiven zur Benutzung der Anlage.

1.5.2 Abstrakte Datentypen

Abstrakte Datentypen bestehen aus einer Menge von Operationen, die auf Datenobjekten eines bestimmten Typs ausführbar sind (bzw. den Zugriff auf Elemente der Datenobjekte ermöglichen). *Abstrakt* bedeutet in diesem Zusammenhang eine Beschreibungsform, die unabhängig von Implementierungsdetails ist, wie der Datendarstellung in der Maschine oder der Programmierung der Operationen in einer bestimmten Sprache. Die Spezifikation eines abstrakten Datentyps besteht im allgemeinen aus einer *Interface-Spezifikation* und einer *Verhaltens-Spezifikation* [LaB 77]. Die Interface-Spezifikation gibt für jede Operation des abstrakten Datentyps den Namen sowie die Definitions- und Wertebereiche (bzw. die Typen der Operanden und des Resultats) an. Die hauptsächlichen Verfahren der Verhaltens-Spezifikation sind die axiomatischen und die operationellen Spezifikationen.

Axiomatische Spezifikationen definieren das funktionelle Verhalten eines abstrakten Datentyps durch Axiome, d.h. durch elementare Aussagen, deren Wahrheit vorausgesetzt wird [GUT 77]. Damit sind solche Axiome "atomar", und die Operationen des Datentyps werden implizit dadurch definiert, daß man für jede mögliche Kombination von Operationen angibt, ob sie erlaubt sind und welche Wirkung daraus entsteht. Als wesentlicher Vorteil der axiomatischen Methode wird angeführt, daß sie abstrakter als die operationelle Methode ist, die überdies zur Überspezifikation führen kann (es werden Details spezifiziert, die auf der betrachteten Abstraktionsebene nicht signifikant sind). Allerdings lassen sich bei der Spezifikation von Firmware und Hardware gewichtige Gründe dafür nennen, der operationellen Spezifikation hier den Vorzug zu geben [GBG 80]. Im Software-Bereich hingegen hat sich die axiomatische Methode durchgesetzt [Bea 82].

Welcher Methode man immer den Vorzug gibt; es ist für die Anwendung des Modells der abstrakten Datentypen in einer top-down Entwurfsmethodik wichtig, daß solche Spezifikationen verfeinert werden können, d.h. hierarchisch aufgebaut sind. Das bedeutet, daß es möglich sein muß, das Verhalten der Operationen eines zu spezifizierenden abstrakten Datentyps mit Hilfe einfacherer abstrakter Datentypen zu beschreiben. Zu diesem Zwecke definiert man sich neue Datenobjekte und Operationen, deren Komplexität geringer ist. Diese benutzt man dann dazu, *abstrakte Programme* zu konstruieren, durch die die Datenobjekte und Operationen der Aufgabenstellung dargestellt werden. Ob dies tatsächlich der Fall ist, sollte durch Verifikation (d.h. dem formalen Nachweis der Korrektheit) oder Validierung (d.h. durch Testen) überprüft werden.

Im nächsten Entwurfsschritt wiederholt man nötigenfalls diesen Vorgang, um noch einfachere Datenobjekte und Operationen zu erhalten, und so fort. Der Entwurfsprozeß kann abgebrochen werden, wenn alle solcherart eingeführten Abstraktionen durch Konstrukte dargestellt werden, die nur noch Datenobjekte und Operationen enthalten, die als *axiomatisch* gelten können in dem Sinne, daß sie weder weiter erklärt noch implementiert werden müssen; zum Beispiel weil es sich jetzt um die wohldefinierten Objekte und Operationen einer Programmiersprache oder einer Rechnerhardware handelt. Abstrakte Datentypen sind somit zu einem unentbehrlichen Hilfsmittel nicht nur zur Spezifikation sondern auch zur Herstellung von Software, d.h. zur Programmierung geworden [LaZ 74].

Schließlich — und das begründet unser Interesse an dem Modell der abstrakten Datentypen im Zusammenhang mit diesem Buch — sehen wir die Möglichkeit, Datentypen auch als wesentliches Mittel beim Entwurf von Rechnerarchitekturen einzusetzen. In diesem Falle wird man von den komplexen Datentypen der zu unterstützenden höheren Programmiersprache oder den noch komplexeren Datentypen eines Anwendungssystems ausgehen und diese schrittweise solange verfeinern (durch weniger komplexe Datentypen darstellen), bis man zu Datentypen gelangt ist, die sich gut zur unmittelbaren Bearbeitung durch die Hardware eignen. Die damit gefundenen *Basisdatentypen* des Hardware-Operationsprinzips müssen nicht notwendigerweise die sehr elementaren Datentypen des von-Neumann-Rechners sein. Vielmehr können komplexe Anwendungs-Datentypen auch unmittelbar zu *Maschinen-Datentypen* der Architektur gemacht werden. Wir sprechen in solchen Fällen von *Datentypen-Architekturen.*

Für unsere Bedürfnisse ergänzen wir die Diskussion abstrakter Datentypen durch die folgenden Definitionen.

DEF: *Abstrakter Datentyp*
Ein abstrakter Datentyp ist entweder ein abstrakter *Elementartyp* oder ein abstrakter *Strukturtyp*.

DEF: *Abstrakter Elementartyp*
Ein abstrakter Elementartyp besteht aus einer Menge von elementaren Datensorten und einer Menge von Transformationen, deren Wertebereiche und Definitionsbereiche in den Wertebereichen der elementaren Datensorten bzw. einem kartesischen Produkt davon liegen.

Beispiele für elementare Datensorten sind: **integer**, **real**, **boolean**, **character**, **pointer**; als Transformationen können hier die üblichen arithmetischen, relationalen und logischen Operationen auftreten.

DEF: *Abstrakter Strukturtyp*
Ein abstrakter Strukturtyp besteht aus (1) einer Menge von Funktionen, die auf die Datenobjekte des Typs angewendet werden können; (2) einer Menge von *abstrakten Darstellungen* der Objekte und Funktionen des Strukturtyps; (3) einer Menge von Spezifikationen, die die Wirkung der Funktionsanwendungen festlegen.

Man erkennt, daß diese Definitionen zu einer hierarchischen Spezifikation bzw. Konstruktion von abstrakten Strukturtypen führt. Die fundamentalen abstrakten Darstellungen sind üblicherweise Verkörperungen einer der in Tabelle 1-5 aufgeführten fundamentalen abstrakten Datenstrukturen [BaG 80]. Wir fügen dazu noch die folgende Definition an.

DEF: *Verkörperung einer abstrakten Datenstruktur*
Eine Verkörperung einer abstrakten Datenstruktur ist ein geordnetes Paar (S,ρ), wobei S eine Menge von (beliebigen) Datenobjekten ist und ρ eine Menge von binären Relationen auf S (Untermengen von SxS). D.h., eine Verkörperung einer abstrakten Datenstruktur besteht aus einer Menge von nicht näher bestimmten Objekten, die durch ihre Namen vertreten werden, sowie von Mengen von geordneten Paaren von solchen Namen, die Relationen zwischen den Objekten herstellen.

Tabelle 1-5 Datenstrukturen

Eigenschaft der Relationen	Abstrakte Datenstruktur	Beispiele von Verkörperungern der abstrakten Datenstruktur
Totalordnung	LINEARE ORDNUNG	Zeichenketten, Felder, Keller, Warteräume, lineare Listen, index-sequentielle Dateien
Äquivalenz-relation	PARTITIO-NIERUNG	Bäume, binäre Bäume, Wälder, geschachtelte Mengen
Rechtstotale Relation	GRAPH	Azyklische Graphen, verallgemeinerte Listen
Beliebige Relation	ASSOZIATIVE STRUKTUREN	Alle Strukturen, die durch Angabe von Assoziationen gebildet werden

DEF: *Abstrakte Datenstruktur*

Eine abstrakte Datenstruktur wird bestimmt durch die Eigenschaften der Relationen in der Menge von Relationen ρ einer Verkörperung (S,ρ). Insbesondere gibt es die in Tabelle 5-1 aufgeführten vier ausgezeichneten abstrakten Datenstrukturen.

DEF: *Klassen von Funktionen abstrakter Strukturtypen*

Die Menge der Funktionen eines abstrakten Strukturtyps läßt sich in die folgenden Klassen einteilen:

- *O-Funktionen* erzeugen und verändern die Verkörperungen der abstrakten Datenstruktur, die dem abstrakten Strukturtyp zugrunde liegt.
- *V-Funktionen* gewähren Zugriff zu den Datenobjekten einer Verkörperung, d.h. liefern den Wert eines benannten Objekts als Wert der Funktion.
- *OV-Funktionen* vereinigen die Wirkung einer O-Funktion mit der einer V-Funktion.
- *Q-Funktionen* liefern als Ergebnis Auskünfte über gewisse interne Zustände einer Verkörperung.

Diese Definitionen erlauben es, die Strukturtypen und Elementartypen als Bausteine für den Aufbau von komplexeren Anwendungs-Datentypen zu verwenden; das heißt, die Funktionen eines Anwendungs-Datentyp lassen sich als Kompositionen von Funktionen der gegebenen Strukturtypen und Elementartypen darstellen [BaG 80].

1.6 Taxonomie von Rechnerarchitekturen

1.6.1 Allgemeine Bemerkungen

Die Entwicklung der letzten Jahre auf dem Gebiet der Rechnerarchitektur war so vielfältig, daß bislang keine brauchbaren Klassifizierungen oder Taxonomien existieren. Die Begriffe *taxonomy* und *classification* werden im Englischen oft synonym gebraucht. Diese Gleichsetzung ist jedoch nicht ganz korrekt. Der Begriff* *Taxonomie* ist der Biologie entlehnt und bedeutet die Wissenschaft von der Ordnung biologischer Organismen in Klassen nicht nur aufgrund irgendwelcher äußeren Merkmale sondern vor allem auch aufgrund ihrer evolutionsgeschichtlichen Bezüge. Eine *Klassifizierung* zerlegt eine Menge von Objekten in Klassen aufgrund geeignet gewählter Merkmale, und es muß dabei weder eine Hierarchie noch eine Ordnung begründet werden. Mit anderen Worten: Der Zweck einer Klassifizierung ist erfüllt, wenn annähernd gleiche Objekte der gleichen Klasse und hinreichend verschiedene Objekte verschiedenen Klassen zugewiesen werden (Musterbeispiel: Die Klassifizierung von Schriftzeichen bei der Zeichenerkennung). Es fehlt damit der Gesichtspunkt der Ordnung aufgrund übergeordneter Gesichtspunkte, der für eine Taxonomie wesentlich ist. Um diesen Gesichtspunkt zu illustrieren, betrachten wir die bekannte Flynnsche Klassifikation von Rechnerarchitekturen in einem booleschen Merkmalsraum. Die Klassifikation basiert auf den Wahrheitswerten der beiden logischen Aussagen:

(1) *die Maschine bearbeitet in einem gegebenen Zeitpunkt mehr als einen Befehl*
(2) *die Maschine bearbeitet in einem gegebenen Zeitpunkt mehr als einen Datenwert.*

Flynn charakterisiert die vier Kombinationen der Wahrheitswerte dieser beiden Aussagen wie folgt [Fly 72]:

- 00: *single instruction stream — single data stream* (SISD)
- 01: *single instruction stream — multiple data stream* (SIMD)
- 10: *multiple instruction stream — single data stream* (MISD)
- 11: *multiple instruction stream — multiple data stream* (MIMD).

Die Relevanz dieser Merkmale ergibt sich aus der Tatsache, daß sie in gewissem — allerdings wenig signifikantem — Grade die Struktur einer Architektur implizieren. Daß die Flynnsche Kennzeichnung wenig unterscheidungskräftig ist, zeigt die folgende Tabelle 1-6, die die Klassifizierung der in diesem Buch betrachteten Architektur-Strukturen aufgrund der Flynnschen Merkmale angibt. Es zeigt sich, daß von den vier Klassen eine der von-Neumann-Architektur vorbehalten ist (SISD) und daß eine leer ist (MISD). Damit verbleiben nur zwei Klassen für die Gesamtheit aller parallelen Rechnerarchitekturen: Eine davon enthält die Arrays von Rechenelementen und die Pipeline-Rechner, und die andere enthält alles übrige — und dies schließt so wichtige Architekturklassen ein wie: alle Multiprozessor-Systeme der verschiedensten Architekturformen (Kontrollfluß mit zentralem Speicher, Kontrollfluß mit verteiltem Speicher, Datenfluß, usw.). Wahrlich ein Sammelsurium! Das entscheidendste Merkmal einer

* Die ENCYCLOPAEDIA BRITANNICA definiert: "The taxonomy creates from a varied array of organisms a hierarchy of groupings, or taxa, that have an orderly relationship to each other." (Micropaedia IX, 848)

Rechnerarchitektur, ihr Operationsprinzip, kann mit dieser Kennzeichnung ohnehin nicht erfaßt werden. Trotzdem ist die Flynnsche Klassifizierung wegen ihrer "Griffigkeit" nach wie vor sehr populär. Im wesentlichen drückt man bei den Parallelrechnern damit den Unterschied zwischen Vektormaschinen (SIMD) und Multiprozessor-Systemen (MIMD) aus.

Tabelle 1-6 Einteilung von Rechnerstrukturen nach der Flynnschen Klassifizierung

Klasse	Strukturen
SISD	Sequentielle Rechner (mit von-Neumann-Struktur oder anderer Struktur)
SIMD	Arrays von Rechenelementen; Vektormaschinen
MISD	---
MIMD	Rechner mit mehreren Datenprozessoren (z.B. VLIW-Maschinen); alle Multiprozessor-Systeme der verschiedensten Architekturformen

Ein Wort zur MISD-Klasse ist hier angebracht. MISD bedeutet, daß zur Berechnung eines einzigen Datenwerts bereits ein ganzer Befehlsstrom notwendig wäre; die Organisationshöhe eines solchen Systems würde noch unter der des von-Neumann-Rechners liegen. Da dies nicht sinnvoll ist, ist die MISD-Klasse leer. Mitunter findet man die Pipeline-Systeme in diese Klasse eingereiht. Als Begründung wird angeführt, daß in einer Pipeline die globale Operation der Pipeline in mehrere voneinander verschiedene Arbeitsschritte aufgeteilt wird, so daß für jeden solchen Schritt ein eigenes Kommando gegeben werden muß. Der Denkfehler hierbei ist jedoch, daß bei dieser Betrachtungsweise Vorgänge miteinander in Beziehung gesetzt werden, die verschiedenen Interpretationsebenen (vgl. Abschnitt 1.4) angehören und damit nicht in Beziehung gesetzt werden können: Die internen Kommandos entstammen nicht dem Befehlsstrom, der die Makrooperationen der Pipeline steuert, sondern werden durch eine interne Steuerung der Pipeline erzeugt. Mit der gleichen — falschen — Argumentation, mit der man eine Pipeline der MISD-Klasse zuordnet, müßte man jeden mikroprogrammierten von-Neumann-Rechner dieser Klasse zuordnen.

Die prinzipiellen Schwächen der Flynnschen Klassifizierung, wenig zu differenzieren, werden auch nicht dadurch behoben, daß man noch einige zusätzliche Kenngrößen angibt, wie dies mitunter in der Literatur zu finden ist. Nun kommt es uns im Zusammenhang mit unserem Thema auch weniger auf eine Klassifizierung an als auf eine Taxonomie im oben definierten Sinne, d.h. auf eine Ordnung nach prinzipiellen Gesichtspunkten. Im Gegensatz zur Klassifizierung, wo das Kriterium einer guten Merkmalswahl darin besteht, daß die Merkmale helfen müssen, eindeutige Zuordnungen zu disjunkten Klassen zu finden, nehmen wir bei einer Taxonomie in Kauf, daß die erhaltenen Gruppierungen nichtleere Durchschnitte haben können. Wir werden später noch sehen, daß gewisse existierende Systeme mehr als einer Architekturklasse zugeordnet werden können, je nach dem, welchen Gesichtspunkt man in den Vordergrund stellt.

Die Grundlage unserer Taxonomie wird durch die im vorhergehenden Abschnitt gegebene Definition einer Rechnerarchitektur durch ein Operationsprinzip und eine

Struktur geliefert. Damit ist eine Rechnerarchitektur zunächst ein Element im kartesischen Produkt von Operationsprinzip und Struktur. Will man diese Einteilung verfeinern, so kann man zum Beispiel innerhalb einer Hardwarestruktur noch weiter nach der Art der Kommunikation zwischen den Komponenten der Hardwarestruktur unterscheiden und innerhalb des Operationsprinzips nach den verschiedenen Informationsstrukturen (die Kontrollstruktur eines Operationsprinzips hingegen ist in der Regel durch die Informationsstruktur weitgehend impliziert).

1.6.2 Operationsprinzipien

Ein Operationsprinzip definieren wir durch eine Informationsstruktur und eine Kontrollstruktur. Die bisher bekannten Operationsprinzipien können wir wiederum gruppieren in

- das von-Neumann-Operationsprinzip;
- die Operationsprinzipien der Programmparallelität;
- die Operationsprinzipien der Datenparallelität.

Das von-Neumann-Operationsprinzip wird im folgenden Kapitel behandeln. Aus dieser Diskussion werden wir auch die Operationsprinzipien der Programmparallelität entwickeln. Bei den Operationsprinzipien der Programmparallelität nutzt man die in den konventionellen (von-Neumann-)Programmen gegebenen Möglichkeiten zur parallelen Ausführung bestimmter Aktivitäten. Parallel ausführbaren Aktivitäten können sein:

- arithmetische Operationen (Parallelität auf der *Operationsebene*);
- Ausführung von Anweisungen (Parallelität auf der *Anweisungsebene*);
- kommunizierende Prozesse (Parallelität auf der *Prozeßebene*),
- Benutzerprogramme (Parallelität auf der *Programmebene*).

Um diese implizit gegebenen Möglichkeiten zur Parallelarbeit — kurz *Parallelität* genannt — voll nutzen zu können, kann es zweckmäßig sein, von dem im von-Neumann-Rechner üblichen Variablenmechanismus abzuweichen. Im von-Neumann-Rechner ist eine Variable ein (Namen, Wert)-Paar, wobei der Namen die Adresse und der Wert der Inhalt eines Speicherplatzes ist. Während einer Programmausführung kann der Wert der Variablen des Programms beliebig oft geändert werden; es kann aber nicht vorkommen, daß eine Variable, nachdem sie einmal initialisiert worden ist, keinen definierten Wert hat. Dieses Prinzip wird bei den *future*-Variablen dahingehend aufgehoben, daß diese vorübergehend einen unbestimmten Wert haben können, der erst später durch einen bestimmten Wert ersetzt wird. Bei den *single assignment*-Variablen hingegen kann im Gegensatz zur von-Neumann-Variablen nach einer Initialisierung der Wert nicht mehr geändert werden.

Bei den Operationsprinzipien der expliziten Parallelität sind die Programmstrukturen oder die Datenstrukturen in den Programmen so standardisiert, daß dadurch eine Parallelarbeit a priori vorgezeichnet ist (und nicht erst aus den Programmstrukturen ermittelt werden muß). Im einzelnen unterscheiden wir hier (die einzelnen Klassen sind nicht disjunkt):

- das Prinzip der standardisierten Programmstruktur;
- das Prinzip der standardisierten Datenstrukturen (z.B. *array*-förmig geordnete Datenmengen) — man spricht hier von *Datenparallelität*;
- das Prinzip der selbst-beschreibenden Informationseinheiten;
- das Prinzip der selbst-identifizierenden Daten.

Nach dieser Definition ist ein Operationsprinzip aber nicht nur durch die Informationsstrukturen der Maschine definiert, sondern es ist auch noch die Kontrollstruktur des Programmablaufs zu betrachten. Bei den Kontrollstrukturen finden wir die folgenden Varianten des streng sequentiellen Kontrollflusses der von-Neumann-Maschine:

- konventioneller sequentieller Kontrollfluß für das Programm und seine Daten;
- sequentieller Kontrollfluß, aber gleichzeitige Ausführung mehrerer Operationen in jedem Rechenschritt;
- sequentieller Programmkontrollfluß bei assoziativem Zugriff auf die Daten.
- viele sequentielle Kontrollflüsse gleichzeitig;

Die Informationsstrukturen und Kontrollstrukturen der bisher bekannten Operationsprinzipien sind zusammen mit den sich daraus ergebenden Architekturklassen in Bild 1-6 synoptisch zusammengestellt. Eine bestimmte Kontrollstruktur kann bei verschiedenen Architekturklassen Anwendung finden, ebenso, wie in einer Architekturklasse verschiedene Kontrollstrukturen zu finden sein mögen. Genau betrachtet muß man innerhalb der Kontrollstrukturen noch die Kontrolle des Programmablaufs und die Kontrolle des Datenzugriffs getrennt betrachten. Dies zeigt sich bei einem Vergleich der einzelnen Kontrollstrukturen: Bei der Mehrheit der betrachteten Strukturen erfolgt die Programmkontrolle in der herkömmlichen sequentiellen Weise, während die Datenzugriffs-Mechanismen unterschiedlich sein können. Schließlich ist noch darauf hinzuweisen, daß ein assoziativer Zugriff den Begriff der Datenmenge impliziert (Zugriff auf Elemente einer Menge aufgrund definierender Eigenschaften). Mengen sind im Rechner aber immer geordnete Mengen (Datenvektoren).

Alle die in Bild 1-6 angegebenen Prinzipien wurden in der einen oder anderen Form als Forschungsprojekte realisiert, zum praktischen Einsatz gelangt sind aber auf dem Gebiet der Parallelrechner bisher nur die *Vektormaschinen*, die *Arrays von Datenprozessoren* (*PE-Arrays*) und die *Multiprozessor-Systeme* (s. Bild 1-7).

1.6.3 Strukturen von Parallelrechner-Architekturen

Bezüglich der hauptsächlichen Hardware-Betriebsmittel kann man unterscheiden:

- Einprozessor-Systeme,
- Arrays von gleichartigen, universellen Recheneinheiten ("Zellen" oder REs),
- Pipelines aus verschiedenartigen, spezialisierten Recheneinheiten,
- systolische Arrays;
- Multiprozessor-Systeme mit gemeinsamem Speicher
- Multiprozessor-Systeme mit verteiltem Speicher

DEF: *Prozessor und Rechenelement*

Ein Prozessor ist ein Hardware-Betriebsmittel, welches autonom sowohl den Programmfluß steuern als auch die datentransformierenden Operationen des Programms ausführen kann. Im Gegensatz dazu nennen wir ein Hardware-Betriebsmittel ein Rechenelement, wenn es nur datentransformierende Operationen ausführt, jedoch nicht den Programmfluß steuert und damit auch nicht autonom ist, sondern von außen gesteuert werden muß.

- *Einprozessor-Systeme* (SISD) sind die klassischen Systeme mit einer zentralen Recheneinheit (CPU). Spezielle Prozessoren für die Ein/Ausgabe werden dabei nicht gezählt. Die heutigen Personalcomputer und Arbeitsplatzrechner sind meist (noch) von diesem Typ.
- *Arrays von gleichartigen, universellen Recheneinheiten* (RE) werden so genannt, weil die Recheneinheiten (Datenprozessoren) in feldförmiger Weise angeordnet sind, d.h. jedes Element nur mit seinen unmittelbaren Nachbarn verbunden ist.
- *Pipelines* (SIMD) sind in der Regel eindimensionale Anordnungen aus Recheneinheiten, die in der Regel stärker spezialisiert sind als die Recheneinheiten eines RE-Arrays.
- *Systolische Arrays* (SIMD) kann man als die mehrdimensionale Erweiterung des Pipeline-Prinzips betrachten.
- *Multiprozessor-Systeme* (MIMD) bestehen aus mehr als einem Prozessor. Sie sind homogen, wenn alle Prozessoren hardwaremäßig gleich sind (bezüglich ihrer Rolle im System mögen sie sich dennoch unterscheiden), andernfalls sind sie heterogen. Spielen die Prozessoren eines Multiprozessor-Systems verschiedenartige Rollen, so nennt man das System asymmetrisch. Im Gegensatz dazu sind die Prozessoren eines symmetrischen Multiprozessor-Systems bezüglich ihrer Rolle im System austauschbar (ein symmetrisches System muß auch homogen sein aber nicht umgekehrt).

Multiprozessor-Systeme sind weiterhin bezüglich der Art der Kommunikation zwischen den Prozessoren zu unterscheiden, und zwar gibt es hier:

- speichergekoppelte Systeme
- nachrichtenorientierte Systeme.

Bei den *speichergekoppelten* Systemen gibt es entweder einen zentralen Speicher, auf dem alle Prozessoren arbeiten, oder die einzelnen Prozessoren haben einen privaten Speicher und zusätzlich gibt es einen allen zugänglichen Kommunikationsspeicher. Man spricht daher auch von *Systemen mit gemeinsamem* Speicher (*shared memory architecture*).

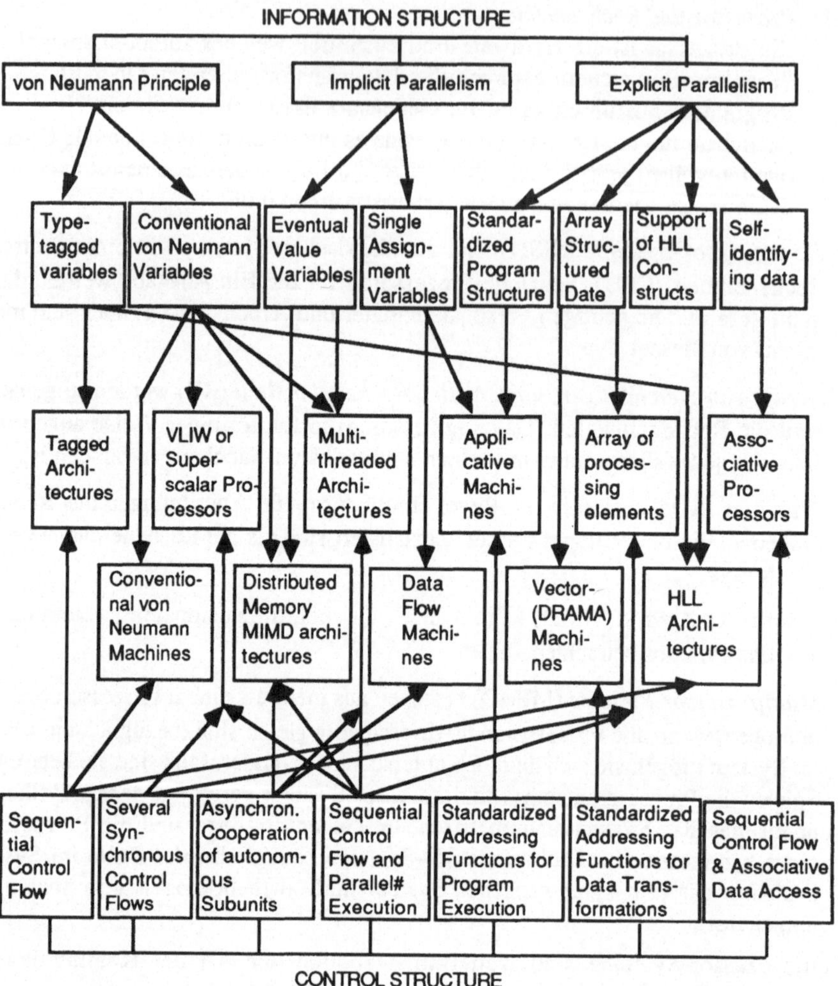

Bild 1-6 Taxonomie der Operationsprinzipien von Rechnerarchitekturen (der größeren Prägnanz wegen verwenden wir die englischen Bezeichnungen)

Bei den nachrichtenorientierten Systemen gibt es nur private Speicher. Die Prozessoren können daher nicht über den Speicher kommunizieren, sondern müssen sich explizit Nachrichten (*messages*) über eine Verbindungsstruktur zusenden. Man spricht daher auch von *Systemen mit verteiltem Speicher* (*distributed memory architecture*). Bild 1-7 gibt eine verfeinerte Taxonomie der heute bestehenden Parallelrechnerarchitekturen an.

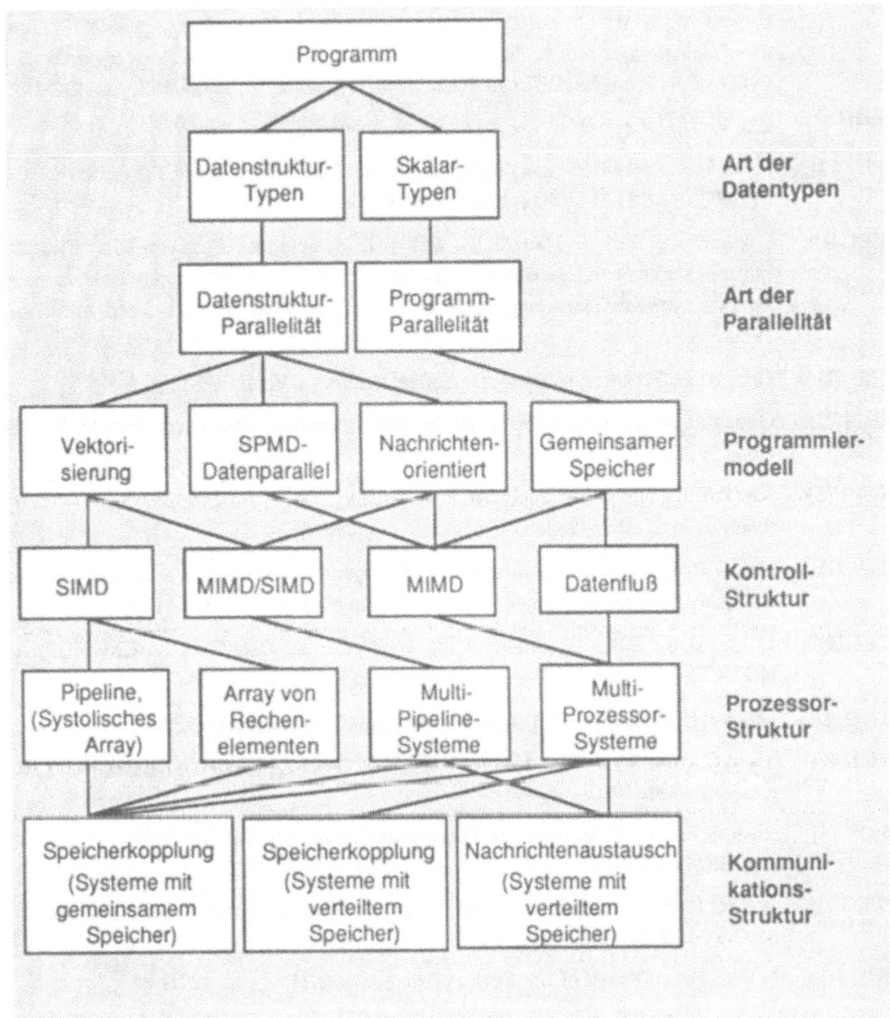

Bild 1-7 Taxonomie von Parallelrechner-Architekturen

Literatur zum Kapitel 1

[AME 92] Amemiya Y.: Silicon Heterojunction Transistors, Proc. 1992 German-Japanese Technology Forum, NEPDIC, Tokyo 1992

[Bea 82] Berg H.K. et al.: Formal Methods of Program Verification and Specification, Prentice Hall, Englewood Cliffs, N.J. 1982

[BaG 80] Berg H.K., Giloi W.K.: An Approach to a Constructive, Hierarchical Data Type Specification, in Berg/Giloi(eds.): *The Use of Formal Specification of Software*, Informatik-Fachberichte 37, Springer-Verlag 1980

[Cea 93] Ciment M. et al.: *Grand Challenges 1993: High Performance Computing and Communications, The FY 1993 U.S. Research and Development Program*, Executive Office of the President, Office of Science and Technology Policy, Washington, DC 1992

[CHU 75] Chu Y.: *High-Level Language Architecture*, Academic Press, New York 1975

[FLY 72] Flynn M.J.: Some Computer Organizations and Their Effectiveness, IEEE TRANS. ON COMPUTERS C-21,9 (Sept. 1972), 948-960

[GBG 80] Giloi W.K., Behr P., Gueth R.: FIT - A System for Firmware Specification, Implementation, and Validation, in Chroust ?.(ed.): *Proc. IFIP Working Conference on Firmware, Microprogramming, and Restructurable Hardware*, North-Holland, Amsterdam 1980

[GIL 81] Giloi W.K.: *Rechnerarchitektur* (1. Auflage), Springer-Verlag 1981

[GUT 77] Guttag J.: Abstract Data Types and the Development of Data Structures, CACM 20,6 (June 1977), 396-404

[KNU 75] Knuth D.E.: *The Art of Computer Programming*, Vol.1, Chapter 2, Addison-Wesley, Reading, Mass. 1975 (2nd. ed.)

[LaB 77] Liskov B.H., Berzins V.: An Appraisal of Program Specifications, MIT Laboratory for Computer Science, Computing Structures Group Memo 141-1 (April 1977)

[LaZ 74] Liskov B.H., Zilles S.: Programming With Abstract Data Types, ACM SIGPLAN NOTICES 9,4 (April 1974)

[LEW 90] Lewis P.H.: Chips for the Year 2000, New York Times, June 19, 1992

[MaC 80] Mead C., Conway L..: *Introduction to VLSI Systems*, Addison-Wesley Publishing Co., Reading, Mass. 1980

[ROS 74] Rosin R.F.: The Significance of Microprogramming, SIGMICRO NEWSLETTER 4,4 (Jan. 1974), 24-39

[WEG 71] Wegner P.: *Programming Languages, Information Structures, and Machine Organization*, McGraw-Hill, New York 1971

[NIK 91] Nikkei: Future Trends of LSI Devices, Microdevices 74,8 (Aug. 1991), 41

2 Sequentielle Rechner

2.1 Die Struktur der von-Neumann-Maschine

Das grundlegende Organisationsprinzip der meisten Computer, die gegenwärtig benutzt oder auf dem Markte angeboten werden, ist das etwa 50 Jahre alte Konzept von *von Neumann, Burks und Goldstine*. Daß ein Konzept aus der Mitte der vierziger Jahre die dramatische Entwicklung der vergangenen Jahrzehnte — wir nennen hier nur: Kernspeicher, Transistor, integrierte Schaltungen,, Großintegration von Schaltkreisen und Speicherelementen — überdauert hat, ist höchst bewundernswert und spricht für seine Ingeniösität. Nach unserer Meinung ist der Hauptgrund für die Langlebigkeit des von-Neumann-Prinzips darin zu suchen, daß dieses eine einzigartige Verbindung von Einfachheit und Flexibilität darstellt. Obwohl der Ausdruck *von-Neumann-Maschine* allgemein verstanden wird, gibt es keine präzise Definition dafür. Man kann die von-Neumann-Maschine wohl kaum besser beschreiben, als es ihre Erfinder selbst in der Studie "*Preliminary Discussion of the Logical Design of an Electronic Computing Instrument*" [TAU 63] getan haben. Wir lesen in dieser Studie:

"1. Principal Components of the Machine.

1.1 Inasmuch as the completed device will be a general-purpose computing machine it should contain certain main organs relating to arithmetic, memory-storage, control and connection with the human operator. It is intended that the machine be fully automatic in character. i.e. independent of the human operator after the computation starts . . .

1.2 It is evident that the machine must be capable of storing in some manner not only the digital information needed in a given computation such as boundary values, tables of functions (such as the equation of state of a fluid) and also the intermediate results of the computation (which may be wanted for varying lengths of time), but also the instructions which govern the actual routine to be performed on the numerical data. In a special-purpose machine these instructions are an integral part of the device and constitute a part of its design structure. For an all-purpose machine it must be possible to instruct the device to carry out any computation that can be formulated in numerical terms. Hence there must be some organ capable of storing these program orders. There must, moreover, be a unit which can understand these instructions and order their execution.

1.3 Conceptually we have discussed above two different forms of memory: Storage of numbers and storage of orders. If, however, the orders to the machine are reduced to a numerical code and if the machine can in some fashion distinguish a number from an order, the memory organ can be used to store numbers and orders.

1.4 If the memory for orders is merely a storage organ there must exist an organ which can automatically execute the orders stored in the memory. We shall call this organ the Control.

1.5 Inasmuch as the device is to be a computing machine there must be an arithmetic organ in it which can perform certain of the elementary arithmetic operations. There will be, therefore, a unit capable of adding, subtracting, multiplying, and dividing. It will be seen that it can also perform additional operations that occur quite frequently.

The operations that the machine will view as elementary are clearly those which are wired into the machine. To illustrate, the operation of multiplication could be eliminated from the device as an elementary process if one were willing to view it as a properly ordered series of additions. Similar remarks apply to division. In general, the inner economy of the arithmetic unit is determined by a compromise between the desire for speed of operation—a non-elementary operation will generally take a long time to perform since it is constituted of a series of orders given by the control—and the desire for simplicity, or cheapness, of the machine.

1.6 Lastly there must exist devices, the input and output organ, whereby the human operator and the machine can communicate with each other. This organ will be seen below ... where it is discussed, to constitute a secondary form of automatic memory."

Zur Erläuterung eines solchen, von Burks, Goldstine und von Neumann definierten Computers soll das folgende Blockbild (Bild 2-1) dienen. Dabei sei der Einfachheit halber angenommen, daß alle Datentransporte zwischen den einzelnen Komponenten des Systems über eine einzige "Sammelschiene", den *Bus* stattfinden (stattdessen mag es mehrere Datentransportwege (Busse) zwischen den einzelnen Werken geben).

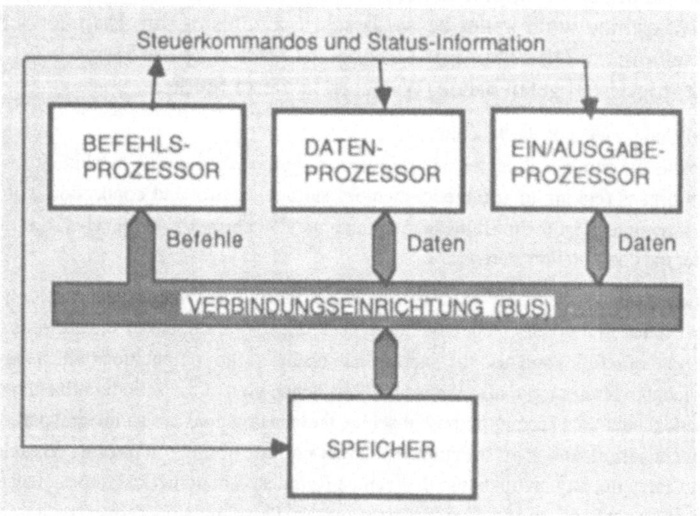

Bild 2-1 Blockbild eines einfachen von-Neumann-Rechners

Auf der Ebene der Rechnerstruktur faßt man gemeinhin den *Befehlsprozessor* und den *Datenprozessor* zu einer Einheit zusammen, die *zentrale Recheneinheit* (*central processing unit*) heißt, abgekürzt CPU. Vom Gesichtspunkt der Rechnerorganisation her gesehen kann die von-Neumann-Architektur als eine *Architektur des minimalen Hardwareaufwands* gekennzeichnet werden, bestehend aus folgenden Einheiten:

(1) der aus dem Befehls- und Datenprozessor bestehenden *zentralen Recheneinheit* (CPU), in der die Befehle eines Programms interpretiert und ausgeführt werden (soweit es sich nicht um Ein/Ausgabe-Befehle handelt, die vom Ein/Ausgabe-Prozessor ausgeführt werden);

(2) dem *Speicher,* in dem das auszuführende Maschinenprogramm und seine Daten gespeichert sind;

(3) dem *Ein/Ausgabe-Prozessor,* der in Verbindung mit den peripheren Ein/Ausgabegeräten die Kommunikation zwischen dem Rechner und seiner Umwelt besorgt;

(4) den internen *Datenwegen,* die den Informationsaustausch zwischen den oben genannten Komponenten ermöglichen.

Wir haben damit die *physikalische Struktur* der von-Neumann-Architektur in ihrer einfachsten Form vorgestellt. Wie in Kapitel 1 ausgeführt, ist eine Rechnerarchitektur durch ihre physikalische Struktur allein nicht eindeutig gekennzeichnet, sondern es müssen noch weitere Kriterien betrachtet werden. Ein weiteres Hauptkriterium ist das *Operationsprinzip* der Architektur (bzw. einer Klasse von Rechnerarchitekturen). Das Operationsprinzip der von-Neumann-Architektur besteht darin, daß eine Operation grundsätzlich immer auf den Inhalt der in der Operationsanweisung (dem Maschinenbefehl) referierten Speicherzelle (Register) angewandt wird, wobei die Maschine voraussetzt, daß das referierte *Speicherobjekt* typenmäßig mit der im Befehl angegebenen Operation im Einklang steht. Eine Speicherzelle wird durch Angabe einer Adresse referiert, und der Inhalt einer Zelle kann ein Maschinenbefehl oder ein skalarer Datenwert sein. Man kann dieses Operationsprinzip als *Prinzip des minimalen Speicheraufwands* bezeichnen.

Das von-Neumann-Konzept des minimalen Hardwareaufwands ist im Sinne einer von *Saint-Exupery* stammenden Definition das schlechthin Vollkommene: *Es kann nichts davon weggelassen werden.* Dieses Konzept fand zweifellos auch solange seine Rechtfertigung, als der Hardware-Aufwand der hauptsächliche Kostenfaktor eines Computers war. Seit den siebziger Jahren hat sich jedoch die Kostensituation durch die revolutionären Fortschritte der Halbleitertechnologie und insbesondere durch die Großintegration von Schaltkreisen und Speicherelementen grundlegend verändert. Die Kosten der zentralen Recheneinheit (Prozessoren, Speicher, EA-Kanäle) betragen heute nur noch ein Bruchteil der Gesamtkosten einer Anlage, der Hauptteil der Kosten werden durch die Software und die peripheren Geräte verursacht. Diese Tendenz eines degressiven Hardwarekosten-Anteils wird weiter anhalten.

2.2 Das Operationsprinzip der von-Neumann-Maschine

In Abschnitt 1.5 haben wir das Operationsprinzip einer Rechnerarchitektur als die Festlegung des funktionellen Verhaltens der Architektur durch Angabe einer Informationsstruktur und einer Kontrollstruktur definiert. Um das Operationsprinzip der von-Neumann-Architektur anzugeben, müssen wir daher ihre Informationsstruktur und Kontrollstruktur betrachten.

Grundsätzlich ist die kleinste identifizierbare Informationseinheit in einem Digitalrechner der *boolesche Vektor* einer bestimmten Länge $L \geq 1$. Ein boolescher Vektor — auch *Bitkette* genannt — ist ein Vektor mit den Komponenten 0 oder 1. In der von-Neumann-Maschine können solche Bitketten im Prinzip die folgenden Informationstypen repräsentieren:

- Befehle (d. h. Anweisungen an die Hardware);
- Daten (Zahlen oder Zeichen oder Vektoren von zweiwertigen Elementen);
- Adressen von Speicherzellen oder Ein/Ausgabe-Geräten.

In Rechnerarchitekturen, deren Operationsprinzip von dem des von-Neumann-Rechners abweicht, kann man u. U. noch weitere Informationstypen finden, wie z. B.

- Kennungen (*tags*), das sind Bitgruppen, die der eigentlichen Informationseinheit angefügt werden und diese typenmäßig kennzeichnen;
- Deskriptoren von Informationseinheiten.

Die von-Neumann-Maschine kann einem Speicherzelleninhalt nicht ansehen, was er repräsentiert. Die Interpretation einer solchen Bitkette erfolgt vielmehr nach dem folgenden Schema.

- Zunächst entscheidet die Maschine *aufgrund des Zustands,* in welchem sie sich zum Zeitpunkt der Interpretation befindet, ob sie eine Bitkette als Befehl oder als Datum interpretiert (wobei wir der Einfachheit halber Adressen zu den Daten rechnen).
- Die Interpretation eines Datums geschieht *aufgrund des Typs der Anweisung,* dessen Argument das Datum ist.

Zur Strukturierung der Informationseinheiten der von-Neumann-Architektur gilt, daß die Menge der Befehle eines Programms *partiell geordnet* ist (s. den folgenden Abschnitt), während es auf der Menge der Daten eines Programms keine für die Maschine erkennbare Strukturierung gibt. Zwar können bei der Herstellung eines Programms auch Daten geordnet werden, aber die Maschine weiß davon nichts, sondern für sie gibt es nur ungeordnete, skalare Datenwerte, die Speicherzellen-Inhalte. Das Operationsprinzip der von-Neumann-Maschine bedingt ein starres Zweiphasen-Schema der Programmbearbeitung. In der ersten Phase wird aufgrund der durch den Befehlszähler angezeigten Adresse ein Speicherzelleninhalt geholt und als Befehl interpretiert. In der darauffolgenden Phase wird aufgrund der im Befehl gefundenen Adresse ein Speicherzelleninhalt geholt und entsprechend der durch den Befehl gegebenen Vorschrift verarbeitet, wobei angenommen wird, daß dieses Speicherobjekt ein Datum ist, welches typenmäßig den im Befehl getroffenen Voraussetzungen entspricht. Ein solches starres Schema läßt nur die sequentielle Ausführung der Anweisungen eines Programms zu.

Dies ist unzweifelhaft ein Prinzip maximaler Flexibilität, für das jedoch der Preis zu zahlen ist, daß die Maschinenoperationen sehr elementar sein müssen, und daß vor allem eine Leistungsminderung in Kauf genommen werden muß durch den Effekt, den Backus den *von-Neumann-Flaschenhals* nennt. Backus [BAC 78] schreibt dazu:

"In seiner einfachsten Form besteht ein von-Neumann-Rechner aus drei Teilen: einer zentralen Recheneinheit (CPU), einem Speicher und einem Verbindungspfad, der ein einzelnes Wort zwischen CPU und Speicher (oder eine Adresse zum Speicher) transportieren kann. Ich möchte diesen Pfad den "von-Neumann-Flaschenhals" nennen. Die Aufgabe eines Programms ist es, den Inhalt des Speichers zu verändern. Berücksichtigt man, daß diese Aufgabe dadurch gelöst werden muß, daß man einzelne Worte hin und zurück durch den von-Neumann-Flaschenhals pumpt, so versteht man den Grund für diesen Namen. Ironischerweise besteht ein Großteil des Verkehrs in diesem Flaschenhals nicht aus nützlichen Daten, sondern nur aus den Namen von Daten, wie auch aus Operationen und Daten, die benötigt werden, um solche Namen zu berechnen. Bevor ein Wert aber diesen Weg gesandt werden kann, muß seine Adresse in der CPU vorhanden sein; diese muß dazu entweder vom Speicher über den Verbindungsweg zur CPU gesandt oder von der CPU generiert werden. Wird die Adresse vom Speicher zur CPU gesandt, so muß *deren* Speicheradresse zunächst vom Speicher zur CPU gesandt oder in der CPU generiert worden sein, und so weiter. Wird die Adresse andererseits von der CPU generiert, so geschieht dies entweder aufgrund einer festen Regel (z. B. "Addiere 1 zum Inhalt des Befehlszählers") oder aufgrund eines Befehls, der über den Datenpfad zur CPU gesandt worden war, in welchem Falle dessen Adresse über den Pfad gesandt worden sein mußte..." und so weiter.

Backus fährt fort:

"Sicherlich muß es doch auch einen weniger primitiven Weg geben, um umfangreichere Änderungen im Speicher vorzunehmen, ohne gleich große Mengen von Wörtern hin und zurück durch den von-Neumann-Flaschenhals zu pumpen. Dieser Weg ist ja nicht nur sprichwörtlich der Flaschenhals für den mit einer Problemlösung verbundenen Datenverkehr, sondern, was noch mehr ins Gewicht fällt, stellt einen intellektuellen Flaschenhals dar, der uns in Richtung auf eine ein-Wort-nach-dem-anderen-Verarbeitung denken läßt, statt uns zu ermutigen, in größeren konzeptionellen Einheiten zu denken, die der vorliegenden Aufgabe besser angepaßt sind. Dadurch wird das Programmieren im wesentlichen zu einem Planen und im Detail Festlegen, wie der enorme Verkehr einzelner Wörter durch den von-Neumann-Flaschenhals bewältigt werden kann; und ein Großteil dieses Verkehrs betrifft nicht die signifikanten Daten selbst sondern die Information, wo diese zu finden sind."

Das eigentliche Problem hierbei ist die *von-Neumann-Variable*, das ist der Speicherplatz, der "Behälter", aus dem die zentrale Recheneinheit (CPU) einzelne Wörter entnehmen und in die sie solche Wörter ablegen kann. Backus schlägt deshalb als Lösung vor, die Variable nach Möglichkeit ganz abzuschaffen. Diese Radikallösung ist aber nicht die einzig mögliche — und wahrscheinlich auch die am wenigsten praktikable.

- Jede Lösung, bei der die skalaren Speicherzellen-Inhalte durch komplexere Informationseinheiten ersetzt werden, die von Natur aus so wohlstrukturiert sind, daß der Speicherzugriff auf solche Strukturen nicht durch eine Adressierung seitens der CPU sondern durch spezielle Hardware-Einrichtungen außerhalb der CPU bewirkt werden kann, vermeidet den von-Neumann-Flaschenhals.
- Jede Organisationsform, in der die Daten selbst-identifizierend sind, so daß der Zugriff auf sie nicht durch Adressen sondern assoziativ erfolgen kann, vermeidet den von-Neumann-Flaschenhals.
- Jede Organisationsform, die es erlaubt, zu einem gegebenen Zeitpunkt mehr als eine Operation eines Algorithmus auszuführen oder, mit anderen Worten, mehrere Datenströme parallel zu verarbeiten, mildert den von-Neumann-Flaschenhals.

2.3 Berechnung und Ablaufkontrolle in der von-Neumann-Maschine

Die *abstrakte von-Neumann-Maschine* besteht aus zwei Komponenten (die Ein- und Ausgabe wird im abstrakten Modell nicht berücksichtigt):

- einer aus Befehlsprozessor und Datenprozessor bestehenden zentralen Recheneinheit
- einem Speicher, der aus einer Anzahl von Registern und einem Hauptspeicher besteht.

Der Speicher möge aus M numerierten Zellen bestehen, in denen jeweils eine skalare Informationseinheit (Befehle, Adressen (Zeiger), Daten) Platz finden kann. Befehle werden durch den Befehlsprozessor interpretiert, und Daten werden durch den Datenprozessor transformiert. Die Unterscheidung zwischen Befehlen und Daten trifft die Maschine aufgrund ihres Zustands: Die aus dem Speicher geholte Information wird abwechselnd als Befehl oder als Datum interpretiert, wobei beim Start eines Programms mit der Befehlsinterpretation begonnen wird. Bei den Daten wird deren typenmäßige Interpretation durch die Art der Operation bestimmt, deren Operand das Datum ist.

Wir nehmen an, daß die Maschine m Hauptspeicherzellen und zusätzlich in der zentralen Recheneinheit r Register hat. Der augenblickliche *Speicherzustand* der Maschine ist dann durch die Abbildung gegeben:

$$\zeta\colon [0{:}m-1] \cup \{R_i \mid i \in [0{:}r-1]\} \rightarrow B^n,$$

$B = \{0, 1\}$ und n = Speicher-Wortlänge.

Die Funktion ζ ordnet jeder der Adressen $[0{:}m-1] \cup \{R_i | i \in [0{:}r-1]\}$ genau dasjenige Bitmuster $(b_{n-1}, \ldots, b_0) \in B^n$ zu, das im betrachteten Augenblick den Inhalt der adressierten Speicherzelle bildet. Man kann nun den Begriff der Berechnung durch die von-Neumann-Maschine wie folgt präzisieren.

DEF: *Berechnung*

Eine Berechnung besteht in der Veränderung des Speicherzustands der Maschine derart, daß, von einem Anfangszustand ζ_0 ausgehend, über eine Folge von Zwischenzuständen ein Endzustand ζ_t erreicht wird. Diese Veränderung des Speicherzustands wird von einem Maschinenprogramm durchgeführt. Voraussetzung dafür, daß ein bestimmter Endzustand erreicht wird, ist das Terminieren des Maschinenprogramms (d.h. dieses muß nach endlich vielen Schritten beendet sein), und zwar für jeden Anfangszustand. Ein Maschinenprogramm mit dieser Eigenschaft heißt *Algorithmus*.

DEF: *Algorithmus*

Ein Algorithmus ist ein Quadrupel (Z, E, A, f). Dabei bedeutet Z eine *Menge von Zwischenergehnissen*, $E \subseteq Z$ eine *Eingabemenge* und $A \subseteq Z$ eine *Ausgabemenge*. f: Z→Z ist eine *Überführungsfunktion*. Der Algorithmus einer Berechnung beginnt mit ihrem Anfangszustand ζ_0 und endet mit ihrem Endzustand ζ_t.

Die abstrakte von-Neumann-Maschine ist somit nichts anderes als ein endlicher Automat, dessen Zustände durch den jeweiligen Speicherinhalt gegeben sind, wobei mit jedem Zustandsübergang immer nur der Inhalt von genau einer Speicherzelle verändert werden kann. Jeder Zustandsübergang erfordert das Holen und Interpretieren einer Instruktion. In der *Flynnschen* Klassifikation gehört der von-Neumann-Rechner damit der SISD-Klasse an.

Es ist unmöglich, alle Speicherzustände zu betrachten (ihre Zahl liegt in der Größenordnung von 10^{20} oder darüber); ebensowenig, wie man die Menge aller möglichen Algorithmen betrachten kann. Was man betrachten kann, ist eine Menge von elementaren Transformationen, aus denen sich die Transformationen beliebiger Algorithmen zusammenstellen lassen. Diese sind [KaL 73]:

- die Speicherplatz-Zuweisung
- die Wert-Zuweisung
- die Speicherplatz-Freigabe
- die Identitätstransformation
- die total undefinierte Transformation

Der Programmierer einer Maschine arbeitet nicht mit physikalischen Speicherzellen-Adressen sondern mit frei wählbaren oder *symbolischen* Namen. Zu diesem Zweck muß der Maschine in irgendeiner Form gesagt werden, daß eine bestimmte Speicherzelle mit einer frei gewählten Bezeichnung, sagen wir x, benannt werden soll, wobei es dem Benutzer gleichgültig ist, welche Zelle des physikalischen Speichers die Maschine nun wirklich dafür nimmt. Diesen Vorgang nennt man eine *Speicherplatz-Zuweisung* (zu einer symbolischen Bezeichnung). Man rechnet diese Operation zu den speicherzustandsverändernden Transformationen, da damit gewisse Einschränkungen des Zustandsraums eingeführt werden; und zwar dadurch daß mit der Speicherplatz-Zuweisung (z.B. durch eine Deklaration) auch festgelegt wird, von welchem (Elementar-)Datentyp der zu speichernde Wert sein muß.

An sich gibt es keine Notwendigkeit, beim Schreiben eines Programms in einer höheren Programmiersprache an Speicherzellen zu denken — wenn auch manche "höhere" Programmiersprachen den Programmierer (unnötigerweise) dazu zwingen. Wir sind von der Mathematik her ja bestens mit dem Mechanismus vertraut, formelmäßige Ausdrücke mit symbolischen Bezeichnungen zu schreiben, die für Werte stehen, die sich von Fall zu Fall verändern bzw. auch undefiniert sein können (z.B. die Variablen eines Gleichungssystems). Auch in den höheren Programmiersprachen spricht man daher besser von *Variablen* statt von Speicherplätzen und definiert diese wie folgt:

<Variable> := (<Namen>, <Wert>)

Solche Variablen können jetzt auch nicht-skalarer Natur sein (während Speicherzellen-Inhalte in der Regel skalare Größen sind); vielmehr kann jetzt ein Namen ebenso gut eine Menge von Objekten bezeichnen, die ihrerseits Skalare oder wieder strukturierte Mengen sein mögen. Man kann auch eine von-Neumann-Maschine dazu bringen, solche strukturierte Variablen als eine Menge von Speicherzellen-Inhalte zu repräsentieren und diese Repräsentation vor dem Benutzer zu verbergen. Die wohl älteste Sprache, in der dies der Fall ist, ist APL. Die Sprachen vom ALGOL-Typ, die im Gegensatz dazu den inneren Mechanismus der Programmausführung durch die Maschine nicht verbergen, bezeichnen wir als *von-Neumann-Sprachen.*

Die Wert-Zuweisung ist die Bindung des Werts einer Variablen an deren Namen. Bei den von-Neumann-Sprachen wird beim Referieren des Namens einer Variablen dieser durch den zugehörigen Wert ersetzt. Dieser automatische Substitutionsmechanismus, für den das von-Neumann-Operationsprinzip des Rechnens mit Speicherzellen-Inhalten Modell gestanden hat, erlaubt es, statt vom *Namen* x unmittelbar von der *Variablen* x zu sprechen. Soll die Ersetzung des Namens durch den Wert nicht stattfinden, so muß sie in diesen Sprachen ausdrücklich durch einen entsprechenden Operator inhibiert werden (dies genau ist die Wirkung des **ref** in ALGOL68 oder einer Zeigerdeklaration in PASCAL oder C).

In den von-Neumann-Sprachen sind Variablen somit Gefäße, die zu jedem beliebigen Zeitpunkt immer wieder neu mit einem Wert eines bestimmten Typs gefüllt werden können [BAU 78]. Dies hat schwerwiegende Konsequenzen, deren gravierendste darin besteht, daß durch die Veränderung des Werts einer Variablen *Seiteneffekte* erzeugt werden können: Dieselbe Variable kann ja in mehreren Programmteilen oder Programmen referiert werden, und die Veränderung ihres Werts an einer Stelle verändert dann auch die *Programmmgebung (environment)* an den anderen Stellen. Unerwünschten Seiteneffekten kann nur durch rigorose Anwendung der Mechanismen zur Kontrolle des Gültigkeitsbereichs von Namen *(scope control),* die die Sprache bieten mag, entgegen gewirkt werden. Eine weitere Konsequenz des Variablen-Mechanismus der von-Neumann-Sprachen ist, daß er Möglichkeiten zur gleichzeitigen Ausführung von Operationen eines Programms unnötig einschränkt.

Es sei bereits an dieser Stelle darauf hingewiesen, daß man auch andere Mechanismen als den der von-Neumann-Variablen anwenden kann, um die benötigten Träger für die Eingabewerte, Zwischenergebnisse und Ausgabewerte zu erhalten. Alle drei im folgenden aufgezählte Prinzipien findet man als Grundlage bestimmter innovativer Rechnerarchitekturen angewandt.

- Es gibt keine Zuweisungen und damit keine Variablen. Zwischenergebnisse können daher nicht explizit dargestellt werden *(applicative programming)*.
- Es gibt nur *Literale* (Namen) als Repräsentanten konstanter Werte. Jedem Namen darf daher nur ein einziges Mal ein Wert zugewiesen werden, der dann während der gesamten Lebensdauer des Programms unverändert bleibt *(single assignment principle).*
- Anstelle der Variablen gibt es abstrakte Datentypen; das sind (strukturierte) Mengen von Werten eines bestimmten Typs, die mit Hilfe bestimmter Operationen (O-Funktionen) manipuliert werden können, und auf deren Wert mit Hilfe anderer Funktionen (V-Funktionen) zugegriffen werden kann.

Die abstrakte Darstellung eines eine Berechnung ausführenden Algorithmus auf dem Rechner wird *Berechnungsschema* genannt. Der Einfachheit halber betrachten wir zunächst nur das *elementare Berechnungsschema,* das keine Verzweigungen beinhaltet.

DEF: *Elementares Berechnungsschema*

Ein elementares Berechnungsschema für eine von-Neumann-Maschine ist ein Quintupel (M, E, A, C, P). Dabei ist M eine endliche Menge von Speicherzellen, $E \subseteq M$ eine Menge von Eingabezellen, $A \subseteq M$ eine Menge von

Ausgabezellen, C ein gerichteter Graph, genannt Berechnungsgraph *(computation graph)*, und P ein gerichteter Graph, genannt Datenabhängigkeitsgraph *(data dependence graph)*.

DEF: *Berechnungsgraph* *

Ein Berechnungsgraph C ist ein Tripel (M, O, G). Dabei ist M eine Menge von Speicherzellen, O eine endliche Menge von Operatoren und G eine Menge von gerichteten Kanten. Die Menge der Knoten von C ist $M \cup O$. Die Kanten verbinden Operatoren und Speicherzellen. Eine Kante von einer Speicherzelle zu einem Operator kennzeichnet die Speicherzelle als Eingabezelle des Operators, eine Kante von einem Operator zu einer Speicherzelle kennzeichnet diese als Ausgabezelle des Operators.

DEF: *Datenabhängigkeitsgraph*

Ein Datenabhängigkeitsgraph P ist ein Quadrupel (α, ω, S, G). Dabei ist α ein Anfangssymbol, ω ein Endesymbol, S eine endliche Menge von Symbolen, die Ausführungen *(instances)* der Operatoren der Menge O bezeichnen, und G eine Menge von gerichteten Kanten. Die Menge der Knoten von P ist $\{\alpha, \omega\} \cup S$. Der Datenabhängigkeitsgraph muß zusammenhängend sein und darf keine Zyklen enthalten. Jede Kante muß auf einem gerichteten Weg vom Anfangs- zum Endknoten liegen. Die Kanten geben die Vorgänger-Nachfolger-Beziehungen zwischen den Operationsausführungen an.

Der Berechnungsgraph gibt an, durch welche Operationen welche Speicherzellen verändert werden können. Der Datenabhängigkeitsgraph schreibt die Reihenfolge vor, in der die Operationen aufgrund der bestehenden Datenabhängigkeiten (die Ausgabe einer Operation ist Eingabe einer nachfolgenden Operation) auszuführen sind. C und P zusammen spezifizieren die Überführungsfunktion f (s. die Definition der Berechnung). Als Beispiel betrachten wir in Bild 2-2(A) den Berechnungsgraphen und 2-2(B) den Datenabhängigkeitsgraphen eines kleinen Programmsstücks.

Dabei bedeutet im Datenabhängigkeitsgraphen o_{ij} die j-te Ausführung der Operation o_i. Man sieht, wie der Datenabhängigkeitsgraph die Operationsreihenfolge bestimmt: So kann z.B. o_{31} erst nach o_{11} ausgeführt werden, da o_{11} den Operanden für o_{31} liefert. Man nennt dies eine *Flußabhängigkeit*. Es gibt aber auch Datenabhängigkeiten, die nur dadurch entstehen, daß gewisse Variablen mehrmals nacheinander als Behälter für verschiedene Werte dienen: So kann o_{21} erst nach o_{11} ausgeführt werden, nicht weil o_{11} den Operanden für o_{21} liefert, sondern weil durch o_{21} der Wert der Variablen b, die ja auch Eingang von o_{11} ist, verändert wird. Man nennt dies *Antiabhängigkeit*. Die Art der Abhängigkeit ist in Bild 2-2(B) angegeben. Unabhängig davon, ob Datenabhängigkeiten echte Flußabhängigkeiten sind oder sich aus dem Gebrauch ergeben, den die von-Neumann-Maschine von ihnen macht, gilt, daß nur diejenigen Operationen parallel ausgeführt werden könnten, die im Datenabhängigkeitsgraphen jeweils auf einer Ebene liegen.

---

* Eine Variante hiervon ist der *computation graph* nach Karp und Miller [KuM 68], dessen Knoten Operatoren und dessen (gerichtete) Kanten Wartelisten sind, und der zur Darstellung rekurrenter Berechnungsschemata dient. Dieser Graph ist die Urform des *Datenflußgraphen* (s. Kapitel 9).

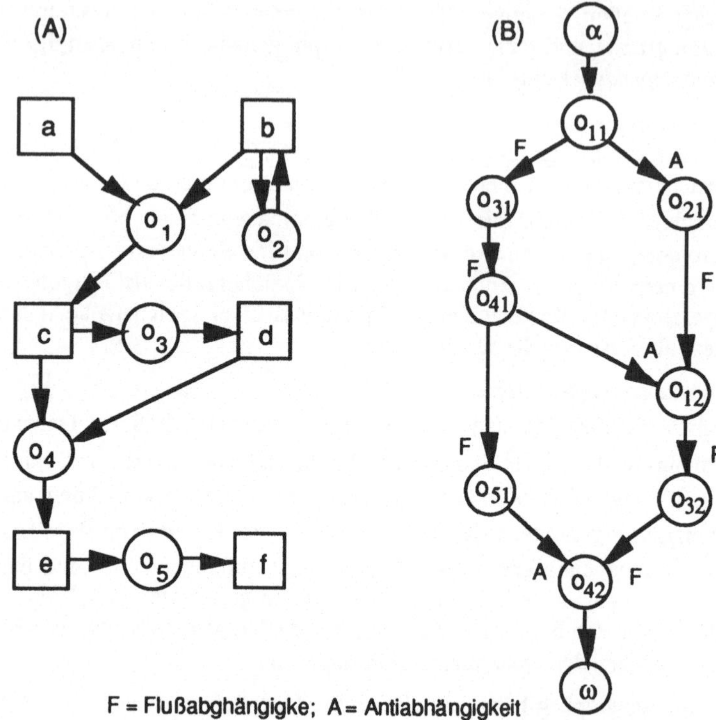

Bild 2-2 Beispiel eines elementaren Berechnungsschemas
(A) Berechnungsgraph; (B) Datenabhängigkeitsgraph

Der Ablauf eines Algorithmus, d. h. die Folge der Operationen eines entsprechenden, vom Rechner ausgeführten *Programms,* wird in den *prozeduralen* Programmiersprachen — dies sind unter anderem alle Sprachen vom von-Neumann-Typ — im Prinzip dadurch festgelegt, daß die Anweisungen einer Prozedur in der gleichen Ordnung ausgeführt werden, wie sie in der Maschine gespeichert sind (*Ordnungsregel*). Diese Regel wird durch die Sprungbefehle durchbrochen, und zwar können hier die folgenden Fälle vorkommen:

(1) die Anweisung GOTO LABEL wird von der Anweisung gefolgt, die durch die Marke LABEL gekennzeichnet ist (*Sprungregel*). Natürlich kann die Sprunganweisung in den Kontrollkonstrukten einer höheren Programmiersprache auch nur implizit vorkommen.

(2) Die letzte Anweisung einer iterativ auszuführenden Prozedur kann unter bestimmten Bedingungen von der ersten Anweisung der iterativen Prozedur gefolgt sein (*Schleifenregel*).

(3) Die letzte Anweisung eines Unterprogramms wird von der Anweisung gefolgt, die Nachfolger der Anweisung ist, durch die das Unterprogramm aufgerufen wurde.

Durch diese Regeln und die bestehenden Datenabhängigkeiten werden die Anweisungen eines Programms partiell geordnet. Da die Adressen der Operanden der in den Anweisungen aufgerufenen Operationen in den Anweisungen angegeben werden, d. h. da die Operanden somit durch Zeiger bezeichnet werden, können diese im Prinzip an jeder beliebigen Stelle des Speichers abgelegt sein. Die Arbeitsweise der von-Neumann-Maschine erfordert damit zwar eine Teilordnung der Befehle aber keine Ordnung der Daten.

Die Tatsache, daß die Anweisungen eines Programms linear geordnete Teilfolgen bilden, erlaubt auf der Hardwareebene die Anwendung des Befehlszählerprinzips. Die Statusinformation, die bei der Bearbeitung eines Programms angibt, welche Anweisung als nächste auszuführen ist, sei *Programmablaufsteuerung* oder — kürzer — *Kontrolle (control)* genannt. Beim von-Neumann-Rechner ist dies der Inhalt eines *Befehlszähler* genannten Registers. Die konventionelle Maschinensprache eines solchen Rechners enthält eigens eine Klasse von Befehlen für die Programmkontrolle, die Sprungbefehle. Durch einen Sprungbefehl wird der Befehlszähler auf einen neuen Wert gesetzt und damit eine neue Teilfolge begonnen. Von da ab kann innerhalb der linear geordneten Teilfolge die Kontrolle durch einfaches Inkrementieren des Befehlszählerinhalts weitergeschaltet werden, bis ein erneuter Sprungbefehl diese Teilfolge beendet und eine neue beginnt.

Es sei bereits hier angemerkt, daß die Konvention, wonach die Steuerung des Programmablaufs durch die Reihenfolge bestimmt ist, in der die Programmzeilen eingegeben werden, während explizite Steueranweisungen (Sprungbefehle) nur dann gegeben werden, wenn eine solche Sequenz verlassen werden soll, nicht die einzig mögliche ist. Statt dessen kann man auch im Programm nach jeder Anweisung explizit angeben, welche Anweisung als nächste auszuführen ist. Man nennt eine Programmiersprache, in der die Ablaufsteuerung weitgehend implizit durch die Reihenfolge der Anweisungen vorgegeben ist, eine *prozedurale Sprache* und eine Programmiersprache, in der die Reihenfolge der Rechenschritte explizit angegeben werden muß, eine *nichtprozedurale Sprache*. Ein in einer prozeduralen Sprache geschriebenes Programm ist in der Regel einfacher und besser zu verstehen.

Ist der Ausgangspunkt für das Schreiben des Programms der logische Ablauf eines Algorithmus mit all seinen möglichen Fallunterscheidungen und Verzweigungen, dann ist die Formulierung in einer prozeduralen Sprache das Natürliche. Eine Programmsteuerung in der Maschine, die primär durch den im Programm festgelegten algorithmischen Ablauf bestimmt ist, nennt man daher eine *Programmfluß-Steuerung (program flow control)*. Daten spielen bei der Programmfluß-Steuerung nur in dem Maße eine Rolle, wie ihre Werte die in einem Algorithmus vorkommenden Fallunterscheidungen beeinflussen.

Es sein bereits an dieser Stelle darauf hingewiesen, daß die Programmfluß-Steuerung nicht die einzige Möglichkeit ist, einen algorithmischen Ablauf zu steuern. Andere, wichtige Formen der Ablaufsteuerung, die sich davon prinzipiell unterscheiden, sind:

- das Datenflußprinzip.
- das Reduktionsprinzip

Maschinen, die nach einem dieser Prinzipien arbeiten, sind keine von-Neumann-Maschinen.

2.4 Nicht-von-Neumann-Architekturen

Bereits zu Anfang der siebziger Jahre begannen die Bemühungen, durch innovative Rechnerarchitektur-Konzepte die Nachteile des von-Neumann-Rechners zu vermeiden, ohne andererseits seine Vorteile aufzugeben. Viele Wege wurden beschritten (s. Bild 1–6), manche dieser Wege haben sich inzwischen auch als "Holzweg" entpuppt. *Innovative Rechnerarchitektur* wird in der Regel mit *nicht-von-Neumann-Architektur* gleichgesetzt. Um zu verstehen, was alles eine nicht-von-Neumann-Architektur sein kann, wollen wir hier noch einmal die wesentlichen Merkmale der von-Neumann-Architektur zusammenfassen.

- Der von-Neumann-Rechner arbeitet sequentiell, d.h. er transformiert in einem Rechenschritt höchstens einen Datenwert (SISD-Modus). Die Datenobjekte sind skalare Inhalte von Speicherplätzen (*von-Neumann-Variable*).
- Die Datenobjekte sind nicht typenmäßig gekennzeichnet; die Maschine entscheidet allein aufgrund ihres Zustands, wie ein Datenwert zu behandeln ist.
- Die Speicherplätze sind *Behälter*, die unter Überschreibung des vorhergehenden Werts immer wieder neu mit Werten gefülllt werden können (Prinzip der mehrfachen Zuweisung zu von-Neumann-Variablen).
- Die Ablaufsteuerung geschieht nach dem Prinzip der Programmfluß-Steuerung.
- Jeder Rechenschritt besteht aus den Phasen: Befehl holen — Befehl interpretieren und Datenwert holen — Befehl ausführen — Resultat Abspeichern.

Der größte Teil dieses Buches handelt von den verschiedenartigsten Architekturformen, in denen das eine oder andere dieser Merkmale aufgegeben wird, oder auch alle. Insbesondere handelt es auch von den Operationsprinzipien, nach denen sich Parallelarbeit organisieren läßt. Die gleichzeitige Ausführung mehrerer Operationen erfordert selbstverständlich, daß mehrere Hardware-Betriebsmittel, die Rechenoperationen ausführen können (Datenprozessoren, komplette Prozessoren) vorhanden sind. Damit weicht eine Architektur, die Parallelarbeit ermöglicht, strukturell immer von der Struktur der von-Neumann-Architektur ab. Wir werden aber noch sehen, daß die Parallelarbeit andere Kontrollstrukturen als die der von-Neumann-Architektur erfordert und darüber hinaus auch gewisse Modifikationen des Variablenbegriffs zweckmäßig sein läßt. Dabei gibt es durchaus auch Mischformen. So können die Prozessoren eines für Parallelarbeit konzipierten Multiprozessor-Systems sehr wohl von-Neumann-Maschinen sein. Und schließlich kann ein Parallelrechner für den Benutzer sich wie ein von-Neumann-Rechner darstellen.

Vom Gesichtspunkt der Hardware-Architektur gibt es verschiedene Wege, von der klassischen von-Neumann-Architektur abzugehen. Dies fängt bei der Prozessor-Architektur an, wo man durch besondere Maßnahmen (Pipeline-Betrieb) die Auswirkung des von-Neumann-Flaschenhalses mindern und dabei auch bereits ein gewisses Maß an Parallelarbeit einführen kann. Das Abgehen von der einfachen von-Neumann-Variablen hat wiederum Auswirkungen sowohl auf die Prozessorarchitektur wie auch auf die Speicherarchitektur eines Rechners. Und schließlich kann man zur Parallelrechner-Architektur in der Form des Mehrprozessorsystems fortschreiten. Alles dies soll in der Folge betrachtet werden.

Vom Standpunkt des Benutzers ist letztlich entscheidend, welches *Programmiermodell* auf dem Rechner anzuwenden ist, das von-Neumann-Programmiermodell oder ein anderes. Dadurch wird dann auch impliziert, wie die Programmiersprache aussieht. So wie wir von einer von-Neumann-Maschine (und ihrem Gegenteil) sprechen, so können wir auch von einer von-Neumann-Programmiersprache (und ihrem Gegenteil) sprechen. Eine von-Neumann-Programmiersprache ist jede Sprache, die

- nur sequentielle Programmabläufe kennt und
- auf von-Neumann-Variablen basiert.

2.5 Programmstrukturen sequentieller Rechner

Prozedurale höhere Programmiersprachen geben dem Programmierer gewisse Mittel zur Strukturierung eines Programms an die Hand. Grundsätzlich wird ein Programm dadurch strukturiert, daß es in Teile zerlegt wird, die bezüglich der Programmkontrolle oder der Datenkontrolle (oder beidem) eine Einheit bilden. Das bei weitem am häufigsten angewandte Mittel zur Programm- und Datenkontrolle ist die (geschlossene) *Prozedur*. Eine Prozedur ist ein Programm, das durch einen Prozeduraufruf aktiviert werden kann und das in eine bestimmte Umgebung eingebettet ist. Die Prozedurumgebung wird durch das aufrufende Programm gebildet. Durch Kontrolle des Gültigkeitsbereichs der in der Prozedur vorkommenden Variablen *(scope control)* kann dieser sich ausschließlich auf die Prozedur beschränken (lokale Variablen) oder aber in die Umgebung der aufrufenden Prozedur hineinreichen (nichtlokale Variablen). Damit erfolgt eine Datenkontrolle. Beim Aufruf einer Prozedur übergibt das aufrufende Programm die Kontrolle an die aufgerufene Prozedur — eine explizite Programmkontroll-Aktion. Verändert eine Prozedur die Werte nichtlokaler Variablen, so sagt man, daß sie Seiteneffekte *(side effects)* in ihrer Umgebung erzeugt.

Prozeduren können unabhängig vom aufrufenden Programm geschrieben und übersetzt werden. Man nennt sie dann externe Prozedur oder *Unterprogramm* (im Gegensatz zu den von ALGOL60 her bekannten internen Prozeduren oder *Blöcken*). Unterprogramme bestehen aus einem unveränderlichen Teil (dem eigentlichen Programmtext) und einem Teil, der alle Informationen enthält, die sich von Aufruf *(activation) zu* Aufruf ändern können, und den man daher den *activation record* nennt. Solche *eintrittsinvariante* Programme, die keine Nebeneffekte erzeugen und von aufrufenden Programm nur die Kenntnis von Schnittstellen, nicht aber die Kenntnis ihres inneren Aufbaus verlangen, werden auch als *Programm-Moduln* bezeichnet [GOO 75].

Als weitere Mittel der Datenkontrolle gibt es in manchen Sprachen die *Blöcke*, die eine Kontrolle des Gültigkeitsbereichs von Variablen erlauben, jedoch keine Programmkontrolle einschließen. Als weitere Mittel der Programmkontrolle sind zunächst die *Kontrollkonstrukte* wie zum Beispiel die üblichen Iterationsanweisungen zu nennen. Die Kontrollkonstrukte bewirken selbstverständlich keine Datenkontrolle. Schließlich bieten einige Sprachen noch *Coroutinen* oder *Prozesse* als Programmkontroll-Mechanismen an.

Der Unterschied zwischen den Unterprogrammen *(subroutines)* und den Coroutinen liegt in der Art der Kontroll-Übergabe. Zwischen einem Programm und dem von ihm aufgerufenen Unterprogramm besteht eine hierarchische Beziehung. Das Programm gibt beim Aufruf eines Unterprogramms die Kontrolle nur leihweise ab; das Unterprogramm gibt nach seiner Ausführung die Kontrolle an das aufrufende Programm zurück. Das heißt, daß ein Programm die Kontrolle endgültig erst nach vollendeter Ausführung verliert. Es kann aber die Möglichkeit bestehen, daß einem Programm die Kontrolle entzogen wird; dies nennt man dann *Programm- Unterbrechung (interrupt).*

Eine Coroutine kann die Kontrolle zu jedem Zeitpunkt ihrer Ausführung an eine andere Coroutine abgeben und damit die eigene Ausführung unterbrechen. Die zweite Coroutine mag die Kontrolle an eine dritte weitergeben und so fort, bis die Kontrolle schließlich wieder zur ersten Coroutine zurückkehrt, wodurch deren Ausführung wieder aufgenommen wird. Damit ist das Verhältnis zwischen Coroutinen nicht hierarchisch sondern das der Gleichberechtigung.

Im von-Neumann-Rechner geschieht die Übergabe der Kontrolle über den Befehlszähler. Da wir hier primär nicht am von-Neumann-Rechner interessiert sind, ist es zweckmäßig, den Begriff der Kontrolle durch eine allgemeinere Betrachtungsweise zu ersetzen. Ausgangspunkt ist das im vorhergehenden Kapitel eingeführte Modell eines *Interpretationssystems,* das aus einer Sprache und einem Prozessor zur Bearbeitung eines in der Sprache formulierten Programms besteht. Programme, Unterprogramme, Coroutinen — alle benötigen zu ihrer Ausführung den Prozessor. Wenn ein im Besitz des Prozessors befindliches Programm ein Unterprogramm aufruft, so leiht es den Prozessor an dieses für die Dauer seiner Ausführung aus. Einem unterbrochenen Programm ist der Prozessor "gewaltsam" entzogen worden. Eine Coroutine gibt den Prozessor in irgendeinem Zeitpunkt ihrer Ausführung freiwillig an eine andere Coroutine ab und wartet dann darauf, den Prozessor wieder zurückzuerhalten.

Nun ist es ja prinzipiell möglich, daß eine (virtuelle oder reale) Maschine mehr als einen Prozessor hat. Nennen wir für den Augenblick eine Einheit einer Programmstruktur, die zu ihrer Ausführung eines Prozessors bedarf, einen *Prozeß,* so können wir sagen, daß in diesem Falle mehrere Prozesse gleichzeitig ausgeführt werden können. Allerdings werden wir sehr schnell feststellen müssen, daß diese Aussage sehr pauschal und eine solche Definition eines Prozesses unzureichend ist.

Ein Prozeß wird in der Literatur oft gleichgesetzt mit einem "in Bearbeitung befindlichen Programm" [BaG 71]. Da bei unseren Betrachtungen dem Prozeßbegriff eine zentrale Rolle zukommt, ist eine solche Definition jedoch zu pauschal; um so mehr, als es dem Leser schwer macht zu verstehen, wieso man dann von *ruhenden, wartenden* oder *laufenden* Prozessen sprechen kann. Wir wollen uns daher bemühen, eine präzisere Definition zu finden.

Wir kehren hierzu noch einmal zu der Definition eines Algorithmus als einer Rechenmethode zurück, die durch das Quadrupel $(Z, E \subseteq Z, A \subseteq Z, f: Z \rightarrow Z)$ definiert ist und deren Ausführung mit der Eingabe $e \in E$ eine Folge von Zwischenwerten $(z_0, z_1, \ldots, z_i, z_{i+1}, \ldots, z_n)$ erzeugt, so daß $z_0 = e$ und $z_{i+1} = f(z_i)$ ist. Zur Durchführung einer solchen Berechnung auf einer Maschine wird der Algorithmus durch ein Programm prozedural dargestellt. Statt von Zwischenwerten spricht man auch von *Zwischenzuständen* und definiert eine Berechnung als eine Folge von Zustandstransformationen, durch die ein Anfangszustand $(z_0=e)$ in endlich vielen Schritten in einen Endzustand z_n überführt wird. Der Augenblickszustand einer Berechnung ist durch den Zustand z_i der Datenobjekte gegeben, auf denen der Algorithmus (das Programm) ausgeführt wird. Wir nennen den Vorgang der Programmausführung mit einem *Aktivierungssatz* genannten Satz von Anfangswerten z_0 einen *Prozeß,* und z_i soll der *innere Zustand* des Prozesses heißen.

Dem Leser wird auffallen, daß als innere Zustände eines Prozesses nur die Zustände der von ihm transformierten Datenobjekte betrachtet werden, nicht aber der Zustand des ihm zugrunde liegenden Programms. Dies setzt voraus, daß der Programmzustand unveränderlich ist; d.h., *daß das Programm durch seine Ausführung nicht verändert wird.* Man nennt ein solches Programm *invariant.*

Ein Prozeß ist immer in eine *Prozeßumgebung* eingebettet, die ihre eigene Sicht von ihm hat. Dabei sind für die Umgebung im allgemeinen nicht die innerer Prozeßzustände von Interesse, sondern nur gewisse globale Zustände, die für die Interaktion mit ihm von Belang sind. Wir nennen diese globaleren Zustände die *äußeren Zustände* des Prozesses. Wir können damit zunächst unsere Prozeßdefinition wie folgt präzisieren.

DEF: *Prozeß*

Ein Prozeß ist eine funktionelle Einheit, bestehend aus:

- einem zeitlich invarianten Programm;
- einem Satz von Daten, mit denen der Prozeß initialisiert wird;
- einem zeitlich varianten Zustand.

Ob man dabei den inneren oder den äußeren Zustand des Prozesses betrachtet, hängt von der Sicht des Prozesses ab. Bei einem Prozeß können zum Beispiel die folgenden fünf äußeren Zustände unterschieden werden:

1. nicht aktiv *(inactive)*
2. arbeitsbereit, aber ruhend *(dormant)*
3. arbeitend *(running)*
4. wartend *(waiting)*
5. unterbrochen *(pending).*

Im ersten Falle ist der Aktivierungssatz leer. Im zweiten Falle gibt es einen Aktivierungssatz (= Anfangswert z_0), und der Prozeß hat während der Zeit, in der er sich in diesem Zustand befindet, den unveränderten inneren Zustand z_0. Im dritten äußeren Zustand ändert sich der innere Zustand laufend. In den vierten und fünften äußeren Zuständen hat der Prozeß einen unveränderten inneren Zustand z_i. Der Unterschied zwischen einem wartenden und einem unterbrochenen Prozeß kann so definiert sein, daß zum einen ein Prozeß sich selbst unterbrechen kann, um auf das Eintreten eines bestimmten Ereignisses zu warten (4. Zustand), zum anderen aber auch von außen durch ein bestimmtes Ereignis unterbrochen worden sein kann (5. Zustand); zum Beispiel durch Entzug des Prozessors oder Auftreten eines Fehlers. Schließlich kann ein Prozeß auch *beendet* sein, und es kann zweckmäßig sein, dies als besonderen (äußeren) Zustand festzuhalten.

Im klassischen Monoprozessorsystem kann zu jedem Zeitpunkt immer nur ein Prozeß aktiv sein. Prozesse sind in solchen Rechners somit kein Vehikel für eine parallel Ausführung, sondern im wesentlichen Einheiten, die gegeneinander geschützt werden können (*protection domains*). Ihr Schutz erfolgt dadurch, daß ihnen getrennte Adreßräume zugewiesen werden, die durch die *Speicherverwaltung* überwacht werden.

In Multiprozessorsystemen wird aber sehr wohl durch den Prozeß-Begriff eine weitere und höhere Ebene eingeführt, auf der Parallelarbeit stattfinden kann: Enthält das System mehrere Prozessoren, so können *konkurrente Prozesse* in dem Maße, in dem die zwischen den Prozessen vorhandenen Datenabhängigkeiten es erlauben, *parallel* ausgeführt werden. Wir nennen zwei Prozesse konkurrent *(concurrent)*, wenn es mindestens ein Zeitintervall gibt, in dem sie beide begonnen, aber nicht abgeschlossen sind. Im Einprozessorsystem können konkurrente Prozesse nur abschnittweise sequentiell bearbeitet werden, während im Mehrprozessorsystem datenunabhängige Abschnitte gleichzeitig ausgeführt werden können.

Konkurrente Prozesse können miteinander kooperieren und müssen dann zu diesem Zweck auch miteinander kommunizieren. Die Kommunikation zwischen Prozessen besteht meist darin, daß sie auf gemeinsam benutzte Daten zugreifen *(data sharing)*; es gibt aber auch andere Kommunikationsformen, die wir noch besprechen werden. Würden nun zwei (oder mehr) Prozesse gleichzeitig auf dieselben Daten zugreifen, so könnte dies zu undefinierten oder inkorrekten Zuständen führen. Aus diesem Grunde muß der Programmierer dafür sorgen, daß sich solche Zugriffe nicht zeitlich überlappen. Prozeßabschnitte, deren Ausführung sich mit der Ausführung anderer Prozesse nicht überlappen dürfen, nennt man *kritische Abschnitte* oder *kritische Bereiche (critical regions)*. Wir nennen eine Menge von kritischen Bereichen verschiedener Prozesse, die nicht gleichzeitig ausgeführt werden dürfen, eine *Klasse von kritischen Bereichen.* Die zeitliche Überlappung kritischer Bereiche einer Klasse kann durch spezielle Steuerungsmechanismen verhindert werden, durch die beim Eintritt eines Prozesses in den kritischen Bereich dafür gesorgt wird, daß dieser für alle anderen Prozesse der Klasse gesperrt wird. Dieser Mechanismus der *gegenseitigen Ausschließung (mutual exclusion)* kann auf verschiedene Weise verwirklicht werden.

Der einfachste und am leichtesten zu verstehende Mechanismus ist die Verriegelung durch Semaphore [DIJ 68]. Im einfachsten Falle ist ein Semaphor S eine boolesche Variable, deren beiden Wahrheitswerte den Zustand (frei oder belegt) eines Betriebsmittel anzeigen mögen; zum Beispiel durch die Zuordnung 0=frei und 1=belegt. Gegeben seien zwei Prozeduren, P(S) und V(S), durch die der Wert eines Semaphors S verändert werden kann, und zwar wie folgt:

```
P(S): begin if S = 1 then <wait until S = 0>;
        S:= 1;
      end;
V(S): begin S := 0
      end;
```

Wenn nun zwei Prozesse, Pl und P2, sich gegenseitig aus einem kritischen Bereich ausschließen sollen, so kann dies wie folgt geschehen:

P1	*P2*
.	.
.	.
P(S)	P(S)
<Anweisungen des kritischen Abschnitts (Datenzugriff)>	<Anweisungen des kritischen Abschnitts (Datenzugriff)>
V(S)	V(S)
.	.
.	.

Derjenige Prozeß, der den kritischen Abschnitt zuerst erreicht, führt die Operation P(S) ohne Verzögerung aus (S ist mit dem Wert 0 initialisiert) und betritt damit den kritischen Bereich. Der andere, später kommende Prozeß findet den Wert S=1 vor und muß damit mit der Ausführung von P(S) warten, bis der erste Prozeß den kritischen Bereich wieder verlassen und dabei V(S) ausgeführt hat. Damit ist S=0, und der wartende Prozeß kann jetzt den kritischen Bereich betreten. Eine Variante dieses Verfahrens besteht in der Verwendung ganzzahliger, "zählender" Semaphore. Dies ist insbesondere dann nützlich, wenn mehr als zwei Prozesse um die Benutzung eines Betriebsmittels konkurrieren [HAB 76].

Mitunter findet man den Semaphor-Mechanismus in der syntaktischen Form des LOCK-UNLOCK-Konstrukts [HAB 76]:

```
LOCK(S)
<Anweisungen des kritischen Abschnitts>
UNLOCK(S)
```

S ist hierbei wieder die *Schlüsselvariable* (Semaphor) für eine Klasse von kritischen Bereichen. Mehrmalige Wiederholungen der LOCK-Operation (vor einem UNLOCK) müssen gezählt werden, damit der Abschnitt nur nach einer entsprechenden Zahl von UNLOCK-Operationen entsperrt wird. Hierfür bietet sich die Verwendung ganzzahliger Semaphore an; statt dessen läßt sich aber auch eine Warteschlange von booleschen Semaphoren aufbauen.

Der Semaphor-Mechanismus ist sehr beliebt, da er leicht zu verstehen und zu programmieren ist. Die Operatoren P(S) und V(S) (bzw. LOCK(S) und UNLOCK(S)) lassen sich leicht als Prozeduren implementieren, die als Nebeneffekt den Wert der globalen Variablen S verändern. Andererseits hat in den letzten Jahren die Erkenntnis Boden gewonnen, daß Semaphor-Mechanismen in höheren Programmiersprachen äußerst unsichere Konstrukte sind, insbesondere in Verbindung mit der Verwendung einfacher Sprunganweisungen (dem GOTO). Im einzelnen können hier folgende Probleme auftreten [Iea 79]:

- ein Überspringen von P(S) führt dazu, daß der Mechanismus der gegenseitigen Ausschließung außer Kraft gesetzt wird;
- ein Überspringen von V(S) führt zu einer Blockierung der anderen Prozesse;
- man kann vergessen, den Verriegelungsmechanismus überhaupt anzuwenden;
- es ist nicht möglich, alternative Aktionen zu programmieren für den Fall, daß ein Betriebsmittel als belegt angetroffen wird;
- es ist nicht möglich, auf das Entsperren nur eines von mehreren Betriebsmitteln zu warten;
- da Semaphore globale Variablen sind, sind sie auch von Prozessen erreichbar, für die keine Notwendigkeit eines Zugriffs besteht.

Es entstehen damit etwa die gleichen Einwände gegen die Verwendung von Semaphoren, wie sie gegen eine ungehemmte Verwendung des GOTO erhoben worden sind: Beides sind *low-level-Konstrukte,* die in unkontrollierter Weise benutzt werden können und deren fehlerhafte Anwendung zu schwer zu übersehenden und für ein Programm u.U. tödlichen Gefahren führen können. Als Mittel zur parallelen Anwendungsprogrammierung muß man deshalb und wegen der übrigen Nachteile den Semaphor-Mechanismus als ungeeignet bezeichnen. In der Systemprogrammierung (z.B. Betriebssystem-Implementierungen) wie auch auf der Hardware-Ebene hingegen sind Semaphore ein unentbehrliches Hilfsmittel.

Auf der Hardware-Ebene sind heutige Prozessoren üblicherweise mit einer **test_and_set**- bzw. **reset**-Operation ausgestattet, die den Operationen P(S) und V(S) auf einem booleschen Semaphor entsprechen. Die **test_and_set**-Operation wird als *unteilbare Operation* ausgeführt. Beim Arbeiten mit Semaphoren ist ja zunächst ein Semaphor auf seinen aktuellen Wert zu prüfen. Anschließend ist dann dieser Wert u.U. zu verändern. Dabei ist zu verhindern, daß nach dem Prüfen aber vor dem Verändern der gleiche Semaphor durch eine andere Instanz im Rechner (ein zweiter Prozessor, eine DMA-Hardware) verändert wird, da in einem solchen Falle das Ergebnis der Prüfung u.U. nicht mehr stimmen würde. Ist das Prüfen *(test)* und das anschließende Verändern *(set)* eine unteilbare Operation, so kann dieses Problem nicht auftreten.

Semaphore sind Variablen, die sich wie alle Variablen der Maschine im Speicher befinden. Das Prüfen und Verändern eines Semaphors erfordert damit zwei Zugriffe auf dieselbe Speicherzelle. Man kann somit auf einfache Weise verhindern, daß ein anderer zwischenzeitlich auch auf den Speicher zugreifen kann, indem man für die Dauer der *Test-and-Set*-Operation den Bus und damit den Zugriff auf den Speicher blockiert. Diese einfache Lösung, die seit Jahren praktisch in jedem Prozessor zu finden ist, ist dem konventionellen Prozessor (CISC-Prozessor) angemessen, weniger jedoch dem Pipeline-Prozessor (RISC-Prozessor).

Eine grundsätzlich andersartige Lösung des Problems der gegenseitigen Ausschließung auf der Programmebene besteht darin, Daten nicht als Variablen einem Programm zugänglich zu machen sondern nur als Objekte eines abstrakten Datentyps. Damit kann der Zugriff zu den Daten eines solchen Objekts nur durch Aufruf einer entsprechenden O- oder V-Funktion erfolgen. Ein *Datentyp-Manager* kann dafür sorgen, daß solche Zugriffe auf die Funktionen des Datentyps nur in einer fest vorgegebenen Weise möglich sind bzw. daß während der Zeit, während der einem Programm-Modul ein Zugriff zu den Funktionen des Datentyps gewährt wird, allen anderen Programm-Moduln (die grundsätzlich auch Benutzer sein können) der Zugriff verwehrt bleibt. Der Datentyp-Manager stellt nun seinerseits zusammen mit den Funktionen und Objekten des Datentyps einen aktivierbaren Programm-Modul dar, für den von *Brinch Hansen* [BHA 73] bzw. *Hoare* [HOA 74] die Bezeichnung *Monitor* eingeführt wurde.

Als Beispiel für die Programmierung eines Monitors betrachten wir einen Warteraum für 10 Eintragungen, der als *circular buffer* implementiert werden soll. Als Darstellung *(representation)* für den *circular buffer* wird ein eindimensionales Array benutzt. Weitere intern verwendete Variablen sind:

INX: gibt den Index des Array-Elements an, dem der nächste Eingabewert zugewiesen werden soll (und damit das Ende des Warteraums);
OUTX: gibt den Index des Array-Elements an, das als nächstes ausgegeben werden soll (und damit den Anfang des Warteraums);
COUNT: gibt die Länge der Warteschlange an;
NONFULL: Signal zeigt an, daß der Warteraum nicht voll ist;
NONEMPTY: Signal zeigt an, daß der Warteraum nicht leer ist.

Der Monitor läßt sich in MODULA wie folgt programmieren [Iea 79]:

```
interface module buffering;

    define put, get;
    varbuffer:array 1...10 of item;
        inx, outx, count: integer;
        nonfull, nonempty: signal;

    procedure put (x: item);

    begin
        if count=10 then wait (nonfull) end;
        buffer[inx] := x;
        inx := inx mod 10 + 1;
        count := count + 1;
        send (nonempty)
    end put;

    procedure get (x: item);

    begin
        if count = O then wait (nonempty) end;
        x := buffer[outx];
        outx := outx mod 10 + 1; count := count + 1;
        send (nonfull)
    end get;

begin
    inx := l; outx := l; count := 0
end buffering.
```

Andere Prozesse können diesen Warteraum benutzen, indem sie die Operationen **put(x)** bzw. **get(x)** aufrufen. *Low-level*-Mechanismen sind in diesen Operationen verborgen. Das Programm ist gut lesbar und fast selbst-erklärend. Man beachte aber, daß man trotz der guten Lesbarkeit dem Programm nicht ansieht, was passiert, wenn zwei Prozesse gleichzeitig eine der Operationen **get** oder **put** aufrufen.

2.6 Konkurrente Prozesse

2.6.1 Schwergewichtige und leichtgewichtige Prozesse, Kontrollfäden

In Abschnitt 2.5 wurde der Prozeß als eine Programmeinheit eingeführt, die gegenüber anderen Programmeinheiten ein Eigenleben führen und gegen diese geschützt werden kann. Der Prozeßmechanismus ist zunächst im Betriebssystembereich entstanden, hat sich in der Folge aber auch im Anwendungsprogrammier-Bereich als außerordentlich nützlich erwiesen. Gewisse Dienstleistungsroutinen, die in den verschiedensten

Programmen immer wieder benötigt werden, müssen nur einmal geschrieben werden und können dann bei Bedarf immer wieder aufgerufen werden.

Prozesse im "klassischen" Sinne sind geschützte Programmeinheiten (*domains of protection*): Jeder Prozeß hat seine eigenen Code- und Datenbereiche im Speicher, deren Zugang allen anderen Prozessen verwehrt ist. Man nennt die geschützten Adreßbereiche eines Prozesses seine *Umgebung*. Ein Prozeßwechsel bedingt somit in der Regel einen Umgebungswechsel. Die Adreßbereiche sind Seiten oder Segmente, die zu überwachen Aufgabe der Speicherverwaltung ist (s. Kapitel 4). Beim Umgebungswechsel sind die Inhalte der Tabellen in der Speicherverwaltung auszutauschen

Ferner besteht für einen Prozeß in jedem Zeitpunkt seiner Ausführung ein bestimmter *Kontext*. Unter dem Kontext versteht man die Werte, die in den Registern des mit der Prozeßausführung beschäftigten Prozessors vorhandenen sind. Zum Kontext gehören der Befehlszählerstand, Zeiger auf den Ausführungskeller oder den Aktivierungssatz, weitere Zustandsinformation, aber auch Datenwerte (z.B. Zwischengrößen), die bei der Wiederaufnahme der Prozeßausführung noch gebraucht werden. Ein Prozeßwechsel bedingt damit auch einen Kontextwechsel. Dabei werden zunächst die bisherigen Registerinhalte in den Hauptspeicher gerettet, und anschließend wird der Kontext des neuen Prozesses in die Register geladen. Dies alles kann erhebliche Zeit kosten.

Bei der Parallelarbeit auf der Ebene konkurrierender Prozesse können Prozeßwechsel sehr häufig vorkommen. Sind die Prozeßwechsel immer mit einem vollständigen Umgebungswechsel verbunden, so können dadurch erhebliche Verlustzeiten entstehen, die aus Effizienzgründen nicht in Kauf genommen werden können. Aus diesem Grunde wurde das Konzept des *leichtgewichtigen Prozesses* bzw. des *Teams von leichtgewichtigen Prozessen* [SCH 88] eingeführt. Prozesse im klassischen Sinne, wie oben beschrieben, werden zur Unterscheidung zum leichtgewichtigen Prozeß auch als *schwergewichtige Prozesse* bezeichnet.

DEF: *Team von leichtgewichtigen Prozessen*
Ein Team von leichtgewichtigen Prozessen ist eine Menge von Prozessen, die alle die gleiche Umgebung haben. Geschützte Speicherbereiche gibt es zwar für das Team, nicht jedoch für den einzelnen Prozeß. Mit dem Wechsel zwischen den leichtgewichtigen Prozessen innerhalb des Teams ist somit kein Umgebungswechsel, sondern nur ein Kontextwechsel verbunden.

Der leichtgewichtige Prozeß hat damit nicht mehr die Funktion einer geschützten Programmeinheit. Schutzmechanismen ("Brandmauern") bestehen jetzt nur mehr für die größere Einheit des *Teams*. Sinn des leichtgewichtigen Prozesses ist vielmehr, eine Programmeinheit zu bilden, die parallel zu anderen Programmeinheiten arbeiten kann. Leichgewichtige Prozesse mit dieser Eigenschaft heißen auch *thread of control*, was man wörtlich mit *Kontrollfaden* übersetzen kann.

Um den Prozeßwechsel noch schneller zu machen, kann man die Kontrollfäden schließlich so gestalten, daß möglichst wenige Register benutzt werden, so daß der Kontextwechsel möglichst schnell vonstatten geht. Einen leichtgewichtigen Prozeß, der zusätzlich auch noch einen möglichst leichtgewichtigen Kontext hat, nennen wir einen *federgewichtigen Prozeß*. Im Extremfall besteht der Kontext eines federgewichtigen Prozesses nur aus Befehlszähler, Zeigerregister und Statusregister.

2.6.2 Das Petri-Netz-Modell

Ein sehr nützliches Modell zur Darstellung konkurrenter (asynchron-parallel ablaufender) Vorgänge ist das Petri-Netz [PET 62]. Dieses Modell hat inzwischen eine sehr weite Verbreitung gefunden, und es gibt eine ganze Reihe von Varianten und Modifikationen der ursprünglichen Definition von *Petri*. Man kann sagen, daß Petris Ansatz die Entwicklung einer entsprechenden, weitverzweigten Netzwerktheorie inspiriert hat. Das Petri-Netz ist ein sehr anschauliches Beschreibungs- und Modellierungsmittel für Systeme von konkurrenten Prozessen. Für die Programmierung solcher Systeme wird man allerdings andere Ausdrucksmittel benutzen, wie sie z.B. in Kapitel 5 betrachtet werden. Wir betrachten hier Petri-Netze nur sehr kursorisch, und zwar in dem Maße, wie wir sie für die in Kapitel 9 betrachteten Datenflußarchitekturen benötigen.

DEF: *Petri-Netz*

Ein Petri-Netz ist ein gerichteter Graph N = (T, P, A, I). Dabei ist (mit ϕ = leere Menge):

$T = \{t_1, ..., t_n\}$ eine endliche Menge von *Transitionen;* .

$P = \{P_1, , P_m\}$ eine endliche Menge von *Plätzen*, wobei $T \cap P = \phi$;

$A = \{a_1, ..., a_k\}$ eine endliche Menge *gerichteter Kanten*, mit $A \subseteq PxT \cup TxP$;

$I: P \rightarrow \{0, 1, 2, ...\}$ eine *Anfangs-Markierung* auf der Menge der Plätze;

Jeder Platz kann eine *Marke (token)* enthalten; man nennt den Platz dann *markiert*. Die Summe der Markierungen zu einem gegebenen Zeitpunkt nennt man die *Markierung des Netzes*. Die gerichteten Kanten verbinden jeweils eine Transition mit einem Platz oder einen Platz mit einer Transition, aber niemals zwei Plätze oder zwei Transitionen. Die Plätze, die durch gerichtete Kanten mit einer Transition verbunden sind, heißen *Eingangsplätze*, die Plätze, auf die gerichtete Kanten von einer Transition hinführen, heißen *Ausgangsplätze* dieser Transition.

Eine Transition heißt *aktiviert,* wenn alle ihre Eingangsplätze belegt sind (jeder Eingangsplatz enthält mindestens eine Marke). Eine aktivierte Transition kann *zünden*. Dadurch wird in jedem der Eingangsplätze eine Marke konsumiert, und jeder Ausgangsplatz wird mit einer neuen Marke belegt. Eine Marke, die einen Eingangsplatz belegt, kann immer nur zum Zünden *einer* Transition beitragen (dadurch können unter bestimmten Bedingungen Konflikte entstehen).

Die *Zündregel* einer Transition wird in Bild 2-3 illustriert, und zwar am Beispiel einer Transition mit drei Eingängen und zwei Ausgängen. Bild 2-3 erklärt auch die üblicherweise verwendeten Symbole für Transitionen (Strich und Pfeile), Plätze (Kreise) und Belegungen (schwarzer Punkt). Bild 2-4 zeigt ein einfaches Beispiel eines Petri-Netzes. Die Anfangs-Markierung oder Anfangs-Belegung besteht in diesem Beispiel in der (einzigen) Marke in P1. Von diesem Anfangszustand aus wird das Verhalten des Netzes durch eine Folge von Übergängen (Zünden von Transitionen) beschrieben. Im gegebenen Beispiel kann zunächst t_1 zünden, gefolgt von t_2 und t_3. Erst wenn sowohl t_2 als auch t_3 gezündet haben, wird t_4 und t_5 aktiviert. Zünden kann aber nur eine der beiden Transitionen, t_4 oder t_5 (man nennt dies auch einen *Vorwärtskonflikt*; daneben kann es entsprechende *Rückwärtskonflikte* geben).

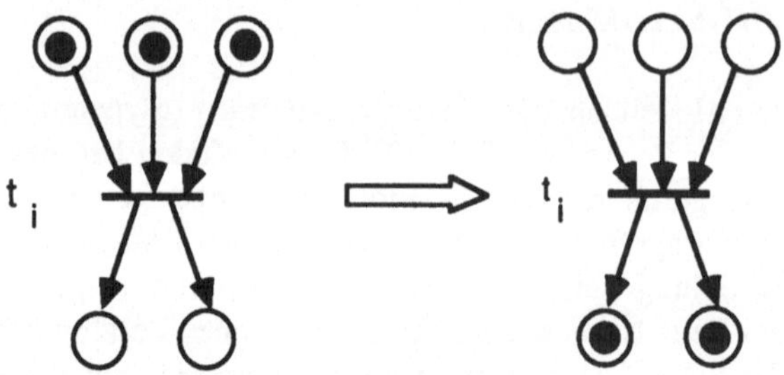

Bild 2-3 Zündregel einer Transition mit 3 Eingängen und 2 Ausgängen

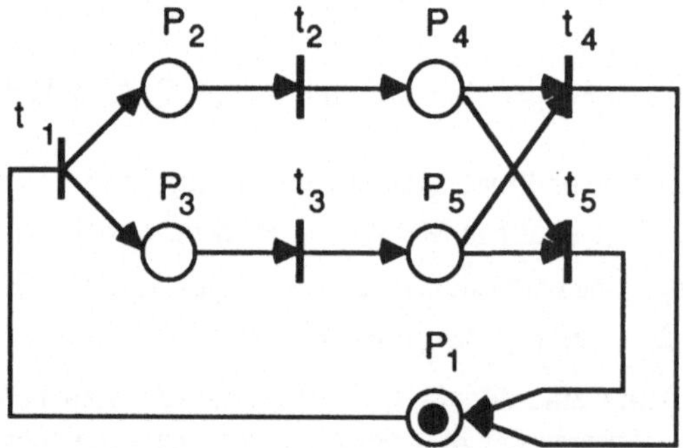

Bild 2-4 Beispiel eines einfachen Petri-Netzes

Eine wichtige Rolle in der Theorie der Petri-Netze spielen die Begriffe der *lebendigen* und *sicheren* Transitionen. Eine Transition heißt *lebendig (live),* wenn sie aus allen erreichbaren Markierungen aktivierbar ist. Sie ist *sicher (safe),* wenn es in jedem Platz zu einem gegebenen Zeitpunkt höchstens eine Marke gibt. Hat in einem Petri-Netz jede Transition genau einen Eingang und einen Ausgang, so entspricht das Netz dem Zustandsgraphen eines endlichen Automaten. Hat umgekehrt in einem Petri-Netz jeder Platz genau eine *Quell-Transition* und eine *Ziel-Transition*, so nennt man das Netz einen *markierten Graphen*. Endliche Automaten sind das gegebene Medium, um rein sequentielle Prozesse zu modellieren. Markierte Graphen können dazu dienen, parallele Prozesse zu definieren, in denen keine Kontrollfluß-Verzweigungen möglich sind.

Transitionen, die nicht lebendig sind, heißen *tot (dead)*. Bei Petri-Netz-Simulationen von *Lockout*-Mechanismen (Prinzip der gegenseitigen Ausschließung; s. den vorhergehenden Abschnitt) zeigen tote Transitionen die Existenz eines *deadlocks* an. Die Analyse eines Petri-Netzes auf Lebendigkeit fällt mit der Frage der *Erreichbarkeit* einer Markierung zusammen [PET 77]. Bei der Erreichbarkeit geht es um folgende Frage: Gegeben seien zwei Markierungen, μ und μ', μ: $P \rightarrow N_0$ (N_0 ist die Menge der natürlichen Zahlen, durch deren Elemente die Plätze benannt (numeriert) werden). Dann ist μ und μ' erreichbar, wenn es eine Folge von Markierungen gibt, durch die die Anfangsmarkierung μ' in die Markierung μ übergeht.

Petri-Netze sind ein sehr anschauliches Mittel zur Modellierung von Konkurrenzen (z.B. in Betriebssystemen) oder des Verhaltens von asynchroner Hardware. Man modelliert zu diesem Zweck das zu analysierende System durch ein Petri-Netz und analysiert dann das Netz. Fragen wie Beschränktheit, Erreichbarkeit, und anderes können so beantwortet werden. Nicht alle Fragen sind jedoch entscheidbar (z.B. die Frage nach der Äquivalenz von zwei Netzen oder des Enthaltenseins eines Netzes in einem anderen) [PET 77].

Zeitbehaftete Petri-Netze (*timed Petri nets*) haben sich in jüngster Zeit als Modellierungsmittel für das Verhalten von Rechnerhardware eingeführt, um damit zu Leistungsbewertungen zu gelangen [LIN 91],[LIN 92].

2.7 Grundlagen der Speicherorganisation im von-Neumann-Rechner

Wir haben in Abschnitt 2.2 dargelegt, daß die Daten eines Programms im Prinzip über den gesamten Speicher der Maschine verteilt sein können, da sie durch in den Befehlen enthaltene Zeiger (Adressen) referiert werden. Tatsächlich wird man aber darauf sehen, die Daten eines Programms auf einen möglichst kompakten Speicherraum zu beschränken, um die in Kapitel 4 beschriebenen organisatorischen Mittel wie den Cache-Speicher und die Seitenadressierung wirkungsvoll anwenden zu können. Einen solchen kompakten, von einem Programm belegten Speicheradreßraum nennt man den *Arbeitsbereich* (*working set*) des Programms. Die stark verbreitete *Seitenteilung* des Haupspeichers dient nicht nur dazu, größere Datenblöcke als Ganzes zu transportieren oder dem Benutzer einen *virtuellen Speicher* fast unbegrenzter Größe zur Verfügung zu stellen, sondern hat auch den Zweck, gewisse Mechanismen der Datensicherung auf effiziente Weise zu realisieren.

2.7.1 Der Working Set eines von-Neumann-Programms

Die Existenz getrennter Hardware-Betriebsmittel für die Ausführung von Rechenoperationen einerseits (Datenprozessor) und der Ein- und Ausgabe andererseits (Ein/Ausgabe-Prozessor) legt es nahe, zur besseren Ausnutzung dieser Betriebsmittel beide Aktivitäten zu überlappen. Da sich bei der Programmausführung in der Regel EA-intensive Phasen und rechenintensive Phasen abwechseln, können der Datenprozessor und der Ein/Ausgabe-Prozessor nur dann gleichzeitig beschäftigt werden, wenn mehr als ein Programm zur Bearbeitung bereitsteht, d.h. sich mit seinen Daten im Hauptspeicher befindet. Man nennt diese Betriebsweise *Multiprogramming*.

Da der Datentransport bei der Ein/Ausgabe verhältnismäßig langsam ist, ist es ratsam, mehrere bearbeitbare Programme im Hauptspeicher bereit zu halten, damit die zentrale Recheneinheit auch dann beschäftigt werden kann, wenn das eine oder andere dieser Programme ebenfalls EA-intensiv ist. Letztlich ist es natürlich eine Frage der Speicherkapazität, wieviel Programme im Hauptspeicher gehalten werden können.

Ein speicherresidentes, bearbeitungsfähiges Benutzerprogramm, das eine in sich abgeschlossene Einheit bildet, wird üblicherweise *Job* genannt. Genauer gesagt ist ein Job die Gesamtheit der Verarbeitungsleistungen für diese Programmeinheit, die die Übersetzung, die Ein/Ausgabe, usw. mit einschließen mag; aber es hat sich eingebürgert, den Begriff Job auch auf die Programmeinheit selbst zu übertragen. Die Ausführung eines Jobs mag dazu führen, daß mehrere Prozesse konsekutiv oder konkurrent ablaufen. Damit ist vom Standpunkt des Benutzers das Multiprogramming auch mit einem *Multiprocessing* verbunden.

Vom Standpunkt des Systems besteht natürlich ein Unterschied zwischen der zeitsequentiellen, verschachtelten Bearbeitung mehrerer Prozesse in einem Einprozessor-System und der gleichzeitigen Bearbeitung mehrerer Prozesse durch die Prozessoren eines Mehrprozessor-Systems. Vom Standpunkt der Programmierung — und damit vom Standpunkt des Benutzers — ist es nicht zwingend, beide Fälle zu unterscheiden, da die schnelle Umschaltbarkeit des einen Prozessors im konventionellen System die (verschachtelte) Bearbeitung mehrerer Prozesse als quasigleichzeitig erscheinen läßt. Wichtig ist nur, daß in beiden Fällen für die korrekte Synchronisation zwischen den Prozessen bzw. den konfliktfreien Zugriff auf gemeinsam benutzte Daten Sorge getragen wird.

Eine sehr wichtige Frage ist, wie man dafür sorgen kann, daß die Daten eines *aktiven* Auftrags auch alle im Hauptspeicher stehen. Ist dies nicht der Fall, so kann der Auftrag nicht ohne Unterbrechung ausgeführt werden. Wir wollen im einzelnen keine Festlegung über die Struktur des Benutzerprogramms, das wir Job nennen, treffen. Wie jedes Programm, so wird aber auch ein Job aus einer partiell geordneten Befehlsmenge bestehen. Das Befehlszählerprinzip verlangt, daß die linearen Teilfolgen von Befehlen auf linear geordnete Adreßmengen abgebildet werden. Aber auch dort, wo Programmsprünge auftreten, wird bei der Erzeugung des in einer höheren Programmiersprache geschriebenen Programms nach Möglichkeit konsekutiv adressiert, d.h. ein möglichst dicht belegter Adreßraum gebildet. Man nennt die Eigenschaft eines Programms, sich auf einen möglichst dicht belegten Adreßraum zu konzentrieren, seine *Lokalität*. Der vom Programm belegte Adreßraum heißt der *lokale Adreßbereich* des Programms.

Werden geordnete Datenmengen als Datenvektoren gespeichert, so ist die Adreß-Lokalität von Natur aus gegeben. Aber auch Datenstrukturen, die nicht auf der Ordnungsrelation basieren (z.B. Bäume oder Graphen), werden meist bei der Darstellung im physikalischen Speicher der Maschine aus Gründen der besseren Handhabbarkeit geordnet, und es wird vom Compiler für ihre Speicherung ein dicht belegter Adreßraum reserviert.

Größere Programme werden nach Möglichkeit modular aufgebaut, d.h. aus unabhängig voneinander hergestellten Teilen montiert. In solchen Fällen ist es unvermeidlich, daß ein Job mehrere lokale Adreßbereiche haben kann und daß somit von Zeit zu Zeit ein Wechsel von einem lokalen Adreßbereich zu einem anderen stattfindet. Solche Lokalitätswechsel werden naturgemäß um so häufiger auftreten, je komplexer ein Job ist.

Im Idealfalle würde sich der lokale Adreßbereich mit der Gesamtheit der in dem betrachteten Job referierten Adressen decken. Es sind vor allem die Lokalitätswechsel, die eine solche Gleichsetzung verhindern. Die Menge aller von einem bestimmten

Programmsegment referierten Adressen kann sich von Befehl zu Befehl ändern und hängt im übrigen auch von der Länge des Segments ab. Da sich jedem Befehl im Programm der Zeitpunkt t seiner Bearbeitung zuordnen läßt und der Segmentlänge das Zeitintervall T, das zu seiner Bearbeitung notwendig ist, ergibt sich die Menge der referierten Adressen als eine Funktion des Zeitpunkts t und des Parameters T. *Denning* [CaD 73] führt dementsprechend die Funktion

w(t, T)

als die Menge der Adressen ein, die vom Programm im Zeitintervall (t—T, t) referiert werden und nennt sie das *working set* des Programmsegments. Die Mächtigkeit (Anzahl der Elemente) eines *working set* ist ebenfalls eine Funktion der Zeit t und der Intervall-Länge T und soll mit W(t,T) bezeichnet werden. Für diese Größe als Funktion von T, d.h. für ein bestimmtes t, gelten folgende allgemeine Eigenschaften.

(1) W(t,0)=0, da in einem Zeitintervall der Länge Null keine Adresse referiert wird. Für T>0 kann W(t, T) nur monoton mit T ansteigen.

(2) W(t,T) steigt von T=0 an zunächst proportional zu T an. Da mit größer werdendem T aber die Häufigkeit mehrfacher Referenzen auf dieselbe Adresse zunimmt, wird sich früher oder später der Anstieg abflachen. Insgesamt ergibt sich dadurch eine nach unten konkave Kurve, die einem bestimmten Grenzwert zustrebt.

Die Lokalität eines Programms ist naturgemäß kaum meßbar. Was sich im Prinzip aber ermitteln läßt, ist das *Working Set* w(t,T) in Abhängigkeit vom Beobachtungsintervall (t—T,t). Daher liegt der Gedanke nahe, durch Ermittlung eines aktuellen *Working Sets* w(t,T) einen Schätzwert für den augenblicklichen lokalen Adreßbereich eines Programms zu finden. Ein solcher Schätzwert ist jedoch nur dann halbwegs zuverlässig, wenn

- das Intervall T groß genug gemacht wird, um eine signifikante Abschätzung zu erhalten und
- das Intervall T klein genug gewählt wird, um die Wahrscheinlichkeit von Lokalitätswechseln klein genug zu halten.

Bild 2-5 zeigt den grundsätzlichen Verlauf der Größe s(T) eines *Working Sets* als Funktion der Intervallgröße T [CaD 7]. *Denning* hat die Begriffe *Lokalität* und *Working Set* in noch detaillierterer Form durch statistische Betrachtungen begründet [CaD 73]. Da diese Betrachtungen für unsere Zwecke nicht von Belang sind, seien sie hier übergangen. Eine Anwendung der *Working Set* -Betrachtung ist das *Working Set-Prinzip der Speicherverwaltung* [CaD 73], wonach ein Job nur dann ausführbar ist, wenn sich sein (vorhergesagtes) *Working Set* im Arbeitsspeicher befindet. Eine Anwendung dieses Prinzips in einfachster Form läßt sich bei der Verwaltung des *seitenadressierten* Speichers finden.

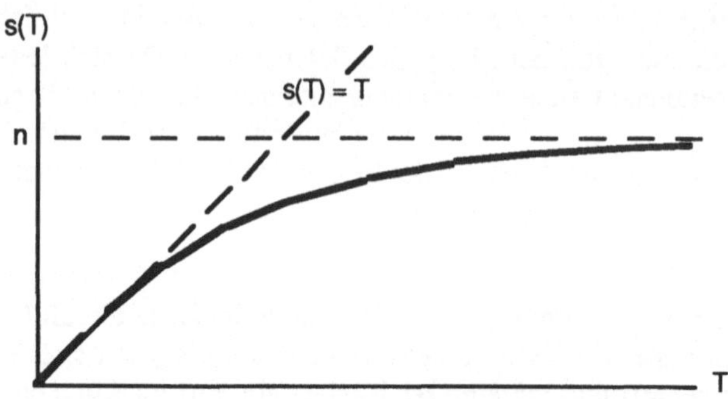

Bild 2-5 Grundsätzlicher Verlauf der Größe s(T) eines *Working Sets*

2.7.2 Schutzmechanismen

Ein Problemkomplex, dem große Bedeutung zukommt, ist der Komplex, der mit den Schlagworten *Datenschutz* und *Datensicherung* gekennzeichnet wird. Unter Datenschutz versteht man gemeinhin einen Komplex von technischen und/oder legislativen Maßnahmen, die zum Ziel haben, Datenbestände in einem Computer gegen Zugriff von unauthorisierter Seite zu schützen. Ein solcher Schutz ist aber nicht nur notwendig gegen illegale Zugriffe von außen, d.h. durch unauthorisierte Benutzer des Systems, sondern auch gegen möglicherweise unbeabsichtigte, in der Auswirkung aber schädliche Zugriffe von innen. So möchte man verhindern, daß Programme verschiedener Benutzer sich gegenseitig in schädlicher Weise beeinträchtigen können, und man möchte lebenswichtige Systemprogramme — z.B. den Betriebssystemkern — gegen Beeinträchtigung oder gar Zerstörung schützen. Dieser Komplex wird oft unter dem Begriff *Schutzmechanismen zur Datensicherung* zusammengefaßt.

Dazu werden "Schutzwälle" um bestimmte zu schützende Objekte errichtet, so daß ein Zugriff zu diesen Objekten nur noch durch ganz bestimmte "Tore" in diesen Wällen möglich ist [TaB 74]. Diese Tore müssen bewacht werden, und Unbefugte, die kein *Zugangsrecht (access right)* haben, dürfen nicht passieren. Im Gegensatz zu den zu schützenden *Objekten* — z. B. ein Speicherbereich oder eine logische Einheit in einer Datenstruktur — nennt man die aktiven Einheiten, die sich Zugang zu solchen Objekten zu schaffen versuchen — z.B. ein Prozeß — ein *Subjekt*. Die Rolle von Objekt und Subjekt kann sich mitunter im Laufe der Zeit vertauschen. Ein Subjekt kann eine bestimmte Operation nur dann auf einem Objekt ausführen, wenn ihm die Ermächtigung dazu durch Verleihung eines entsprechenden Zugriffs-rechts ausdrücklich erteilt wurde. Der Zusammenhang zwischen Subjekten, Objekten und Zugriffsrechten kann durch die in Bild 2-6 skizzierte Objektschutz-Matrix beschrieben werden. Man nennt die Zeilen der Matrix (Zugriffs)*Befähigungslisten* (*capability lists*) und die Spalten *Zugriffslisten* (*access lists*).

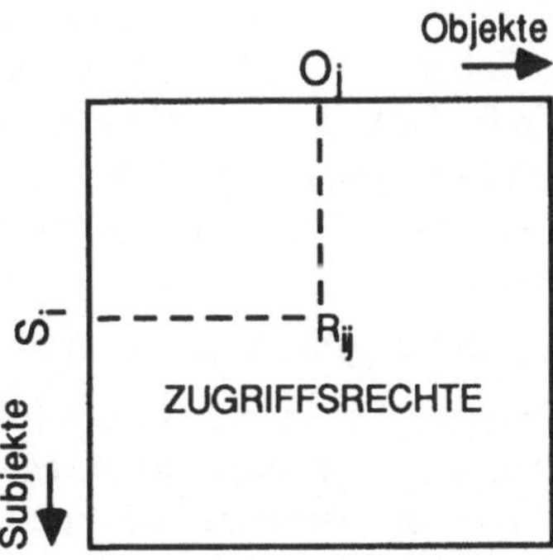

Bild 2-6 Objektschutz-Matrix

Die Festlegung von Zugriffsrechten kann im Prinzip auf zwei Arten geschehen. Zum einen kann man jedem Subjekt eine Befähigungsliste geben. Damit weiß das Subjekt, in welcher Weise es auf welche Objekte zugreifen darf. Statt dessen könnte man auch jedes Objekt mit der entsprechenden Zugriffsliste versehen. Damit weiß jedes Objekt, welches Subjekt in welcher Weiser auf es zugreifen darf. Bei der praktischen Implementierung meist der Methode der *Capabilities* der Vorzug gegeben.

Bei der *Capability*-Methode muß ein Subjekt die *Capability* für ein Objekt besitzen, um auf dieses zugreifen zu können. Da verschiedene Subjekte die gleichen *Capabilities* bezüglich eines Objekts haben können, ist es zweckmäßig, solche *Capabilities* als eigenständige Informationseinheiten einzuführen, die jeweils eine Menge von Zugriffsrechten festlegen. Auf diese Weise ist es möglich, *Capabilities* unabhängig von den Subjekten, denen sie verliehen werden können, zu manipulieren. Eine *Capability* kann als ein Paar

(<Identifikator>, <Zugriffsrecht-Spezifikation>)

eingeführt werden, wobei <Identifikator> ein *eindeutiger Bezeichner (unique identifier)* für ein Objekt ist und <Zugriffsrecht-Spezifikation> festlegt, welche Zugriffsrechte auf das Objekt durch die Capability gewährt werden. Im wesentlichen gibt es vier Arten der Zugriffsberechtigung:

- kein Zugriff, gleich welcher Art;
- nur lesender Zugriff;
- nur schreibender Zugriff;
- Lese- und Schreibzugriff.

Um die Funktion einer *Capability* zu verdeutlichen, ist es zweckmäßig, an die Definition eines abstrakten Datentyps anzuknüpfen (Abschnitt 1.5). Ein abstrakter Datentyp ist definiert als eine Menge von Operationen, die auf Datenobjekte eines bestimmten Typs angewendet werden können. Für eine bestimmte *Benutzung* eines abstrakten Datentyps durch ein Subjekt kann es zweckmäßig sein, dem Subjekt nicht alle Operationen des Datentyps verfügbar zu machen, sondern nur eine gewisse Auswahl davon. Dies kann zum Beispiel durch Angabe eines booleschen Vektors geschehen, der so viele Elemente enthält, wie der Datentyp Funktionen umfaßt. Jedes Element korrespondiert mit genau einer der Funktionen. Ist der Wert eines Elements 0, so kann die entsprechende Funktion nicht vom Subjekt aufgerufen werden; ist der Wert 1, so steht die Funktion dem Subjekt zur Verfügung. Ein abstrakter Datentyp mit einer solcherart kontrollierten Verfügbarkeit seiner Funktionen wird im Englischen als *qualified abstract data type* (QADT) bezeichnet. Den booleschen Vektor nennt man *access right control vector,* und die *Capability* für den QADT wird jetzt durch das Paar gebildet:

(<unique identifier>, <access right control vector>)

Als Beispiel betrachten wir einen Struktur-Datentyp FILE mit den O-Funktionen **create_file**, **delete_record**, **insert_record**, **replace_record**, der V-Funktion **get_record** und der Q-Funktion **number_of_records**. Der Zugriffsrecht-Kontrollvektor hat dann die Länge 6 und kann dazu benutzt werden, *für einen bestimmten Gebrauch* von FILE festzulegen, welche der Funktionen angewendet werden dürfen. Die Einhaltung der für einen abstrakten Datentyp gegebenen Beschränkungen kann zum Beispiel dadurch gewährleistet werden, daß man System-software-Moduln einführt, die man als *Typen-Manager* bezeichnen kann [Rea 77]. Subjekte, die auf Objekte des eingeschränkten Datentyps zugreifen wollen, können dies nur dadurch tun, daß sie dem Typen-Manager eine entsprechende Anforderung zusammen mit der entsprechenden *Capability* präsentieren.

Wie immer man den Objektschutz verwirklicht, einige Regeln sind dabei grundsätzlich zu beachten. Erstens gilt die Regel, daß nur der Eigentümer eines Objekts ein Zugriffsrecht auf dieses gewähren kann. Zweitens muß der Eigentümer bei der Gewährung eines Zugriffsrechts an ein anderes Subjekt die Kontrolle darüber behalten, welchen Gebrauch der Empfänger der *Capability* davon macht. Dies hängt naturgemäß davon ab, welchem Zweck der *Capability*-Mechanismus dient. Treten zum Beispiel *Capabilities* an die Stelle der sonst üblichen Adressen, dann muß der Benutzer mit einer *Capability* alles das machen können, was er in einer konventionellen Maschine auch mit einer Adresse macht; d.h. er muß sie kopieren und speichern können. Der Benutzer (bzw. ein Benutzerprogramm) darf aber keinesfalls in der Lage sein, *Capabilities* erzeugen oder verändern zu können, z.B. durch Veränderung der Zugriffsrecht-Spezifikation!

Die softwaremäßige Implementierung des *Capability*-Konzepts interessiert uns im Zusammenhang unseres Themas nicht; eine Übersicht findet der Leser z.B. bei *Linden* [LIN 76]. Die Erfinder und Befürworter der *Capability*-Adressierung waren sich von Anfang an darüber im Klaren, daß ein solcher Mechanismus von der Rechnerhardware und -firmware unterstützt werden müßte (s. z. B. [DaH 66], [FAB 74], [TaB 74], [Nea 74]). Eine Hardware-Lösung ist im Vergleich zu einer reinen Software-Lösung nicht nur wesentlich effizienter, sondern garantiert die Wirksamkeit des Schutz-mechanismus auch beim Auftreten von Software-Fehlern. Sollte man einmal dazu kommen, daß Datenschutz-Mechanismen zu einem unverzichtbaren Bestandteil eines Rechners werden, so werden diese Vorteile ausschlaggebend sein. Dies muß nicht generell bedeuten, daß der übliche Adressierungsmechanismus durch eine *Capability*-Adressierung (Abschnitt 3.3) zu ersetzen ist; ein *Capability*-Mechanismus kann sehr wohl auch völlig dem Benutzer verborgen bleiben. Allerdings sind die bisherigen Versuche in dieser Richtung — z.B. die Erfahrung mit dem Intel-Prozessor iAPX432 — wenig ermutigend, so daß bisher *Capability*-Maschinen nur da eingesetzt werden, wo ganz besondere Sicherheitsanforderungen bestehen (s. Kapitel 4.8).

Literatur zum Kapitel 2

[BAC 78] Backus J.: Can Programming be Liberated From the von Neumann Style? A Functional Style and Its Algebra of Programs, CACM 21,8 (Aug. 1978), 613-641

[BaG 71] Bauer F.L., Goos G.: *Informatik*, Vol. 2, p. 91, Springer-Verlag 1971

[BAU 78] Bauer F.L.: Design of a Programming Language for a Program Transformation System, in Schindler/Giloi(eds.): *GI - 8. Jahrestagung*, Informatik-Fachberichte 16, Springer-Verlag 1978, 1-28

[BRH 73] Brinch Hansen P.: *Operating System Principles*, Prentice-Hall, Englewood Cliffs, NJ 1973

[CaD 73] Coffmann E.G., Denning P.J.: *Operating System Theory*, Prentice-Hall, Englewood Cliffs, NJ 1973

[DaH 66] Dennis J.B., van Horn E.C.: Programming Semantics for Multiprogrammed Computations, CACM 9,3 (March 1966), 143-155

[DIJ 68] Dijkstra E.W.: Cooperating Sequential Processes, in Genuys F.(ed.): *Programming Languages*, Academic Press, New york 1968

[FAB 74] Fabry R.S.: Capability-Based Addressing, CACM 17,1 (July 1974), 403-412

[GOO 75] Goos G.: Systemprogrammiersprachen und strukturiertes Programmieren, in Goos, Hartmannis(eds.): *Programming Methodology*, Springer-Verlag 1975

[HAB 76] Habermann A.N.: *Introduction to Operating System Design*, Science Research Associates, Chicago 1976

[HOA 74] Hoare C.A.R.: Monitors: On Operating System Structuring Concept, CACM 17,10 (Oct. 1974), 549-557

[Ica 79] Ichbiah J.D. et al.: Rationale for the Design of the Ada Programming Language, ACM SIGPLAN NOTICES 14,16 (June 1979)

[KaL 73] Kandzia P., Langmaack H.: *Informatik: Programmierung*, E.G. Teubner, Stuttgart 1973

[LIN 76] Linden T.A.: Operating System Structures to Support Security and Reliable Software, Computing Surveys 8,4 (1976), 409-445

[LIN 91] Lindemann C.: An Improved Numerical Algorithm for Calculating Steady-State Solutions of Deterministic and Stochastic Petri Net Models, Proc. 4th Internat. Workshop on Petri Nets and Performance Models, Melbourne, Australia 1991

[LIN 92] Lindemann C.: Performance Analysis of Computer Systems by Deterministic and Stochastic Petri Net Models, Dissertation, Technische Universität Berlin, FB Informatik 1992

[Nea 74] Neumann P.G. et al.: On the Design of a Provably Secure Operating System, *Proc. Workshop on Protection in Operating Systems*, INRIA, Roquencourt, France 1974, 161-175

[PET 62] Petri C.A.: Kommunikation mit Automaten, Schriften des Rhein.-Westfael. Instituts für Instrumentelle Mathematik an der Universität Bonn, H.2, Bonn 1962

[PET 77] Peterson J.L.: Petri Nets, Computing Surveys 9,3 (Sept. 1977), 223-252

[Rea 77] Robinson L.et al.: A Formal Methodology for the Design of Operating System Software, in Yeh R.T.(ed.): *Current Trends in Programming Methodology, Vol.1*, Prentice-Hall, Englewood Cliffs, NJ 1977

[SCH 88] Schröder W.: The Distributed PEACE Operating System and its Suitability for MIMD Message Passing Architectures, in Jesshope/Reinartz(eds.) *CONPAR 88*, Cambridge University Press 1988, 27-34

[TaB 74] Tsichritzis D.C., Bernstein P.A.: *Operating Systems*, Academic Press, New York 1974

[TAU 63] Burks A.W., Goldstine H.H., von Neumann J.: Preliminary Discussion of the Logical Design of an Electronic Computing Instrument, in: Taub A.H.(ed.): *Collected Works of John von Neumann*, vol. 5, MacMillan, New York 1963, 34-79

3 Grundzüge der Prozessor-Architekturen

3.1 Die minimale von-Neumann-Maschine

Bild 3.1 zeigt eine typische Darstellung des Prozessors eines Minicomputers der "zweiten Generation" (um 1970).

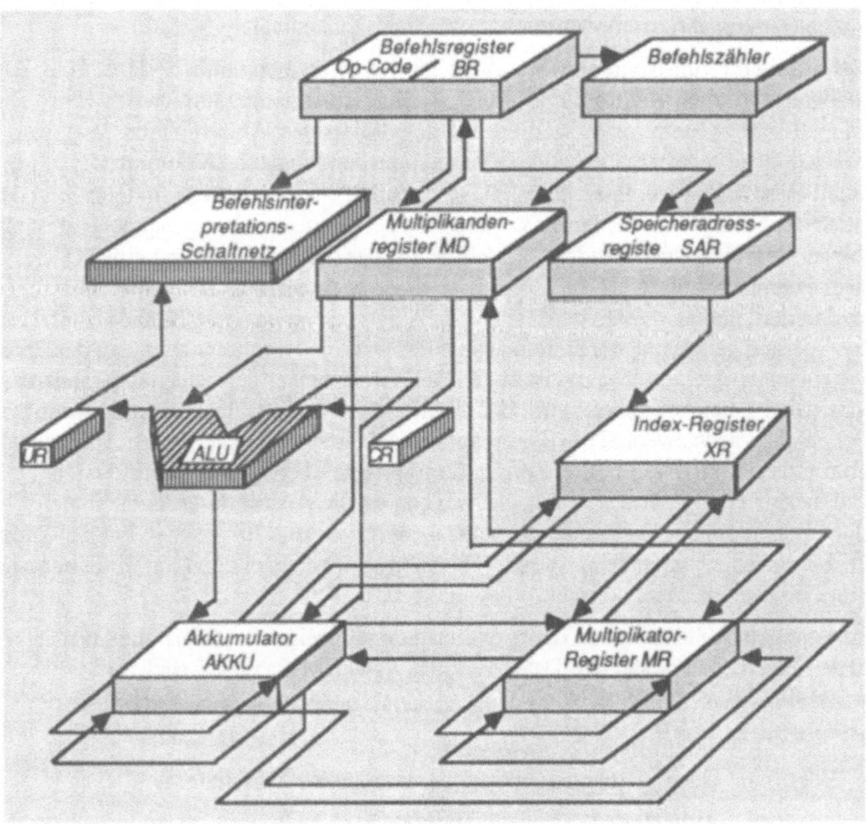

Bild 3-1 Darstellung eines Minicomputers der 2. Generation

Ein solcher Prozessor nähert sich der Minimalform der von-Neumann-Maschine an, bestehend aus einer ALU *(arithmetic and logical unit)* in Verbindung mit einem Mindestsatz von Registern, nämlich

- dem Akkumulator (AKKU),
- dem Multiplikatorregister ("Akkumulator-Verlängerung", MR),
- dem Multiplikandenregister (MD),
- dem Befehlszähler,
- dem Befehlsregister,
- dem Speicheradreßregister (bildet zusammen mit MD das Tor zum Speicher).

Die ALU bildet zusammen mit den Registern MD, AKKU und MR den *Datenprozessor*, während Befehlszähler, Befehlsregister und das Netzwerk zur Befehlsentschlüsselung den *Befehlsprozessor* bilden. Die ALU ist mit *Bitslice*-Bausteinen realisiert. Das Speicheradreßregister ist Teil des Speichers. Bild 3-1 zeigt alle internen Datenwege. Strenggenommen ist ein Rechner nach Bild 3-1 bereits keine Minimalform mehr, da er noch ein Indexregister (XR) enthält.

Die minimale von-Neumann-Maschine ist eine *Ein-Akkumulator-Maschine*. Das bedeutet, daß dem *Akkumulator* eine zentrale Rolle eingeräumt wird: Einstellige (monadische) Operationen werden auf den Inhalt des Akkumulators angewandt; zweistellige (dyadische) Operationen verknüpfen den Inhalt des Akkumulators mit dem Inhalt einer referierten Speicherzelle. Das Resultat einer Operation findet sich in dem durch das Multiplikator-Register verlängerten Akkumulator. Dementsprechend ist eine solche Maschine eine *Einadreß-Maschine,* bei der die Durchführung einer Operation zwei Hauptschritte erfordert. Zunächst wird ein Befehl aus dem Speicher geholt, interpretiert, und es werden gegebenenfalls Adreßrechnungen ausgeführt. Danach kann der Operand geholt und der Befehl ausgeführt werden. Nimmt man an, daß der Befehl wie auch der Operand (bei zweistelligen Operationen einer der beiden Operanden) aus dem Arbeitsspeicher geholt wird, dann fällt außer der Zeit für die Durchführung der Operationen noch zweimal die Zykluszeit des Arbeitsspeichers an. In den Anfängen der Computertechnik waren die Zeiten für den Speicherzugriff zumindest bei den arithmetischen Operationen vernachlässigbar, da die Ausführungszeit arithmetischer Operationen ein Vielfaches der Speicher-Lesezeit betrug. Inzwischen hat sich dieses Verhältnis jedoch umgekehrt: die Maschinenoperationen benötigen im Mittel nur einen Bruchteil der Speicherzykluszeit.

Eine gewisse Abhilfe besteht darin, daß man durch geeignete Maßnahmen den Zugriff zu den Befehlen und/oder den Daten verkürzt. Solche Maßnahmen sind:

- Übergang von der Ein-Akkumulator-Maschine zur Mehrregister-Maschine;
- Einbau eines schnellen Cachespeichers;
- Zugriff auf einen verschränkten Speicher im Pipeline-Verfahren.

Eine weitere verschnellernde Maßnahme kann darin bestehen, die Befehlsinterpretation und die Befehlsausführung soweit wie möglich zu überlappen, d.h. in einer *Befehls-Pipeline* gleichzeitig auszuführen. Schließlich kann man die Operationen grundsätzlich nur aus Registern ausführen. Das Holen der Befehle und das Nachladen von Operanden aus dem Speicher (*load*) oder das Abspeichern von Resultaten (*store*) wird dann zeitlich mit der Befehlsausführung überlappt. Man nennt eine solche Prozessorarchitektur eine *Load-Store Architecture*.

3.2 Mehrregister-Maschinen

3.2.1 Beispiel einer einfachen Mehrregister-Maschine (MC68020)

Der nächste Schritt der Prozessor-Entwicklung ging hin zu den Mehrregister-Maschinen. Der Mehraufwand ist so unerheblich, daß in den siebziger Jahren alle Minicomputer wie auch die Ende der siebziger Jahre entstehenden 16- oder 32-Bit Mikroprozessoren Mehrregister-Maschinen waren.

Die meisten dieser Register sind Allzweckregister, von denen jedes die Rolle des Akkumulators übernehmen, d.h. einen Operanden oder das Resultat der Operation aufnehmen kann. Dementsprechend sind die Befehle für zweistellige Operationen jetzt *Mehradreßbefehle*, in denen die Adressen der beiden Operanden (Quellgrößen) und des durch die Operation erzeugten Resultats (Zielgröße) angegeben werden. Befehle für einstellige Operationen kommen natürlich mit zwei Adressen aus. Bei der Kürze der Registeradressen (z.B. 5 Bit bei 32 Registern) lassen sich auch in einem relativ kurzen Befehlswort leicht drei Adressen unterbringen. Allerdings kommt man nicht umhin, auch Befehle vorzusehen, in denen Hauptspeicheradressen stehen, die wesentlich mehr Platz im Befehlswort beanspruchen. Dieses Problem wurde in der Vergangenheit durch die Einführung verschiedener Befehlsformate gelöst. Bei Byte-adressierten Maschinen führte dies zu Befehlsformaten, die z.B. 2, 4 oder 6 Byte lang sind (Beispiel: IBM 370). Bei Maschinen mit sehr großer Wortlänge findet man Halbwort- und Ganzwortbefehle (Beispiel: CDC CYBER), und bei Minicomputern und Mikroprozessoren mit ursprünglich 16-Bit Wortlänge findet man Einwort- und Zweiwortbefehle, u. U. auch noch Dreiwortbefehle (Beispiel : Digital PDP-11, Motorola MC680X0).

Bei den heutigen Laden/Speichern Architekturen gibt es nur zwei Befehle, die sich auf den Hauptspeicher beziehen: den *Ladebefehl* (*load*) und den *Speicherbefehl*(*store*). Diese Befehle referieren zwei Adressen, eine Registeradresse und eine Hauptspeicheradresse. Die Hauptspeicheradressen sind auch bei Mikroprozessoren mindestens 32 Bit lang; inzwischen haben sich auch noch längere Adressen — bis zu 64 Bit — einzuführen begonnen.

Bild 3-2 zeigt als Beispiel das Blockbild des Mikroprozessors Motorola MC68020, mit dem 1984 die Serie leistungsfähiger 32-Bit-Prozessoren begann. Damit begann auch die Ära der Arbeitsplatzrechner (*workstations*). Dem Stand der Technik entsprechend ist der MC68020 mikroprogrammiert. Bemerkenswert ist ferner, daß der Prozessor auch bereits einen Befehlscache enthält. Dieser 64-Byte große Cache-Speicher reicht gerade aus, um kleinere Programmschleifen aufnehmen zu können. Der Befehlsprozessor ist als dreistufige Pipeline realisiert (s. Abschnitt 3.4.1). Der Datenprozessor enthält den in Bild 3-3 gezeigten Registersatz.

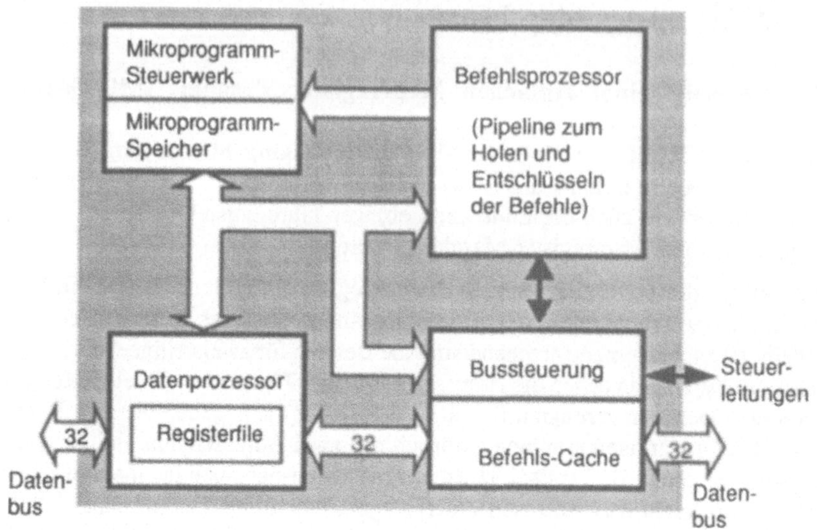

Bild 3-2 Blockschaltbild des MC68020

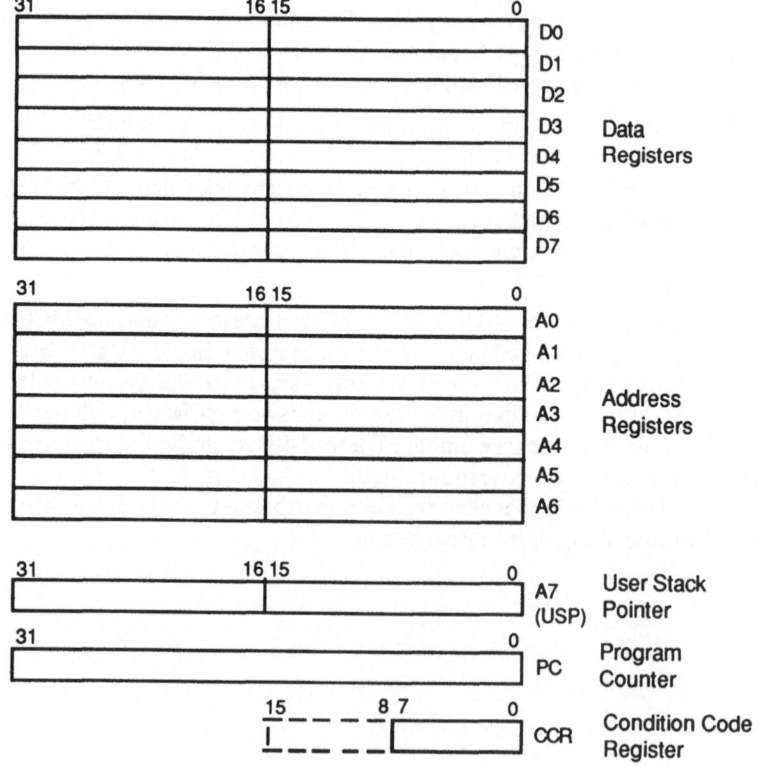

Bild 3-3(A) Register des MC68020, die im Benutzermodus ansprechbar sind

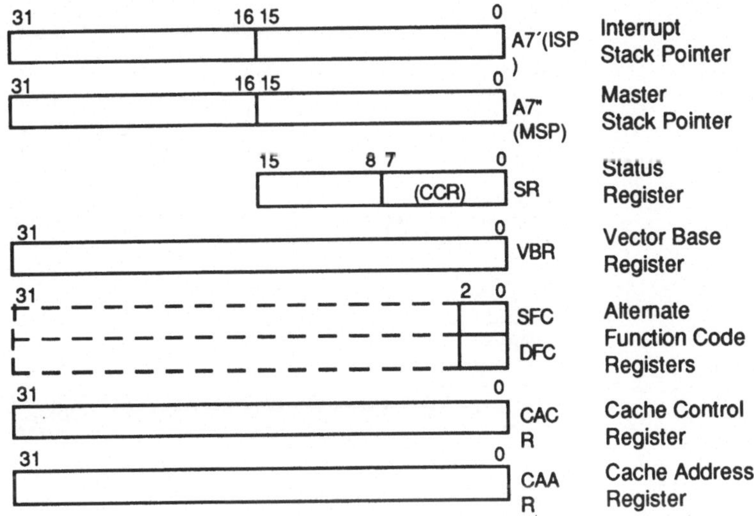

Bild 3-3(B) Zusätzliche Register des MC68020, die nur im Supervisor-Modus ansprechbar sind

Der Vorteil der Registermaschinen kommt bei den Adreßmodifikationen sowie bei der Verarbeitung arithmetischer Ausdrücke zum Tragen. Zwischenergebnisse, die bei der Abarbeitung eines Ausdrucks anfallen, d.h. Resultate von Operationen die in nachfolgenden Operationen wieder als Operanden auftreten, brauchen nicht mehr im Arbeitsspeicher abgelegt zu werden, sondern werden in den Registern zwischengespeichert. Ähnliches gilt für Daten, die in mehreren aufeinanderfolgenden Verarbeitungsschritten immer wieder benötigt werden. Befehle werden aus dem Befehlscache gelesen.

Es wurde bereits erwähnt, daß sich in einer Registermaschine verhältnismäßig leicht Mehradreßbefehle bilden lassen, die Registeradressen referieren. Das bedeutet, daß die Operanden sich entweder direkt in dem adressierten Register befinden (REGISTER DIRECT) oder aber daß die Adresse der Speicherzelle, in der sich der Operand befindet, in dem adressierten Register gespeichert ist (REGISTER INDIRECT).

3.2.2 Adressierungsarten

Bild 3-4 gibt eine Übersicht über die gängigen Adressierungsarten einer Registermaschine. Weitere Varianten sind die *indizierte Adressierung;* das sind Adressen, die additiv zu einer in einer Indexregister gespeicherten *Adreßverschiebung* (*displacement*) hinzugefügt werden; bzw. die im Befehl referierte Adresse stellt ihrerseits eine Adreßverschiebung dar, die additiv zu einer in einem Register gespeicherten *Basisadresse* hinzugefügt wird. Die indizierte Adressierung und die Adressierung durch Basisadresse und Verschiebung relativ zur Basisadresse unterscheiden sich letztlich also nur darin, ob die Basisadresse direkt im Befehl referiert wird, während sich die Adreßverschiebung in einem ebenfalls im Befehl referierten Register befindet, oder umgekehrt.

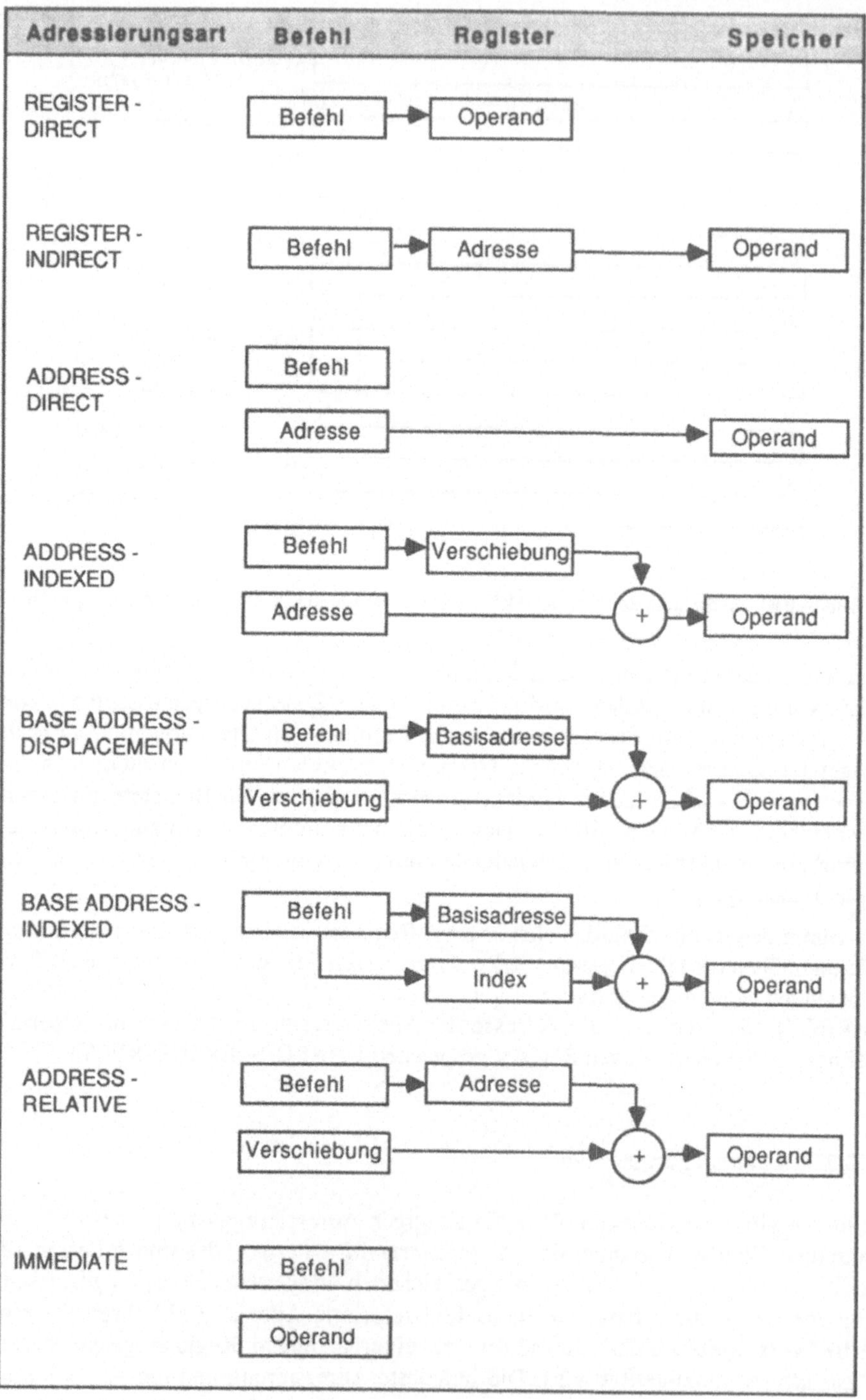

Bild 3-4 Überblick über die verschiedenen Adressierungsarten

Schließlich gibt es gemeinhin auch eine Adressierungsart, bei der anstelle der Operandenadresse im Befehl unmittelbar ein (konstanter) Wert eingesetzt wird, der dann als Operand dient (Befehlsart IMMEDIATE).

Tabelle 3-1 gibt die Adressierungsarten des MC68020 an. Man erkennt eine große Fülle von Adressierungsmodi, die alle eine nicht zu vernachlässigende Zeit kosten (bis zu 12 Takte). Diese Fülle ist typisch für die Mikroprozessoren der achtziger Jahre, die alle mehr oder weniger nach dem Vorbild desPDP11 entworfen wurden und damit auch die entsprechenden Adressierungsarten hatten. Die vielen, komplexen Adressierungsarten ist einer der Züge, gegen die sich die RISC-Bewegung wandte. Bei den modernen *Load/Store*-Architekturen, bei denen die Operationsbefehle nur noch Registeradressen enthalten, hat man keine weiteren Adressierungsarten.

Tabelle 3-1 Adressierungsarten des MC68020

Mode	Generation
Register Direct	
Data Register Direct	EA = Dn
Address Register Direct	EA = An
Absolute Data	
Absolute Short	EA = (next word)
Absolute Long	EA = (next two words)
Program Counter Relative	
Relative with Offset	EA = (PC) + d_{16}
Relative with Index and Offset	EA = (PC) + (Xn) + d_8
Register Indirect	
Register Indirect	EA = (An)
Postincrement Register Indirect	EA = (An); An ◄ An + N
Predecrement Register Indirect	An ◄ An - N; EA = (An)
Register Indirect with Offset	EA = (An) + d_{16}
Indexed Register Indirect with Offset	EA = (An) + (Xn) + d_8
Immediate Data	
Immediate	DATA = next word(s)
Quick Immediate	Inherent data
Implied	
Implied Register	EA = SR,USPO,SP,PC

NOTES

EA = Effective Address
An = Address Register
Dn = Data Register
Xn = Address Register or Data Register Used as Index Register
SR = Status Register
PC = Program Counter

d_8 = Eigth-bit Displacement
d_{16} = Sixteenth-bit Displacement
N = 1 for bytes, 2 for words, 4 for long words
(...) = Content of
◄ = Replaces

3.2.3 Mehrfach-Registersätze

Bei Rechnern, die für Realzeitbetrieb bestimmt sind (z.B. Prozeßrechner), leistet man sich u.U. den Einbau mehrerer Registerbänke, um damit ein schnelles Umschalten von einem Prozeß zu einem anderen (*context switch*) bei einer Unterbrechung zu erhalten. Registerinhalte brauchen jetzt nicht mehr in Hauptspeicherzellen gerettet zu werden, da dem neu gestarteten Programm einfach ein anderer Registersatz zugewiesen werden kann. Die gleiche Maßnahme wird zum Teil auch in den vielfädigen Architekturen (Kapitel 11.4) angewandt.

Man kann aber auch Mehrfach-Registersätze im Sinne der *MRS-Maschinen* vorsehen (MRS: *multiple register sets*). In diesem Falle werden die Registersätze nach dem *Prinzip der überlappenden Fenster* organisiert und dienen dazu, den Prozeduraufruf zu verschnellern. Als Beispiel betrachten wir eine Lösung, wie sie im RISC I - Prozessor der University of California at Berkeley realisiert wurde [PaS 82]. Beim RISC I besteht der Registersatz aus 138 32-Bit Registern und ist in *Registerfenster* von je 32 Registern unterteilt. Innerhalb eines Fensters dienen die ersten 10 Register (Nr. 0 bis 9) zum Speichern globaler Variablen. Die verbleibenden 22 Register eines Fensters können den Kontext eines Prozeduraufrufs aufnehmen, wobei 6 Register für die Eingabeparameter, 10 Register für lokale Variablen und 6 Register für die Ausgabeparameter zur Verfügung stehen, wie es in Bild 3-5 angedeutet ist.

Zu jedem Zeitpunkt kann genau ein solches Registerfenster adressiert werden. Entscheidend ist dabei, daß die 6 Ausgabeparameter-Register eines Fensters sich mit den 6 Eingabeparameter-Registern des nächsten Fensters adreßmäßig decken. Das heißt, beim Aufruf einer Prozedur wird ein neues Registerfenster nur durch Umsetzen eines Zeigers gesetzt, und zwar so, daß die Register für die Eingabeparameter der aufgerufenen Prozedur genau diejenigen Register sind, welche die Ausgabeparameter der aufrufenden Prozedur beinhalten. Solange einer Prozedur nicht mehr als 6 Parameter zu übergeben sind (die Annahme ist, daß dieser Wert praktisch kaum überschritten wird), müssen daher beim Prozeduraufruf keine Daten bewegt werden.

Es darf nicht unerwähnt bleiben, daß das Prinzip der MRS-Maschine auch seine Probleme hat. So hat die Erfahrung mit dem RISC I - Prozessor gelehrt, daß ein Teil des Gewinns dadurch wieder verloren geht, daß es doch Fälle geben kann, bei denen die feste Anzahl von Registers pro Fenster nicht ausreicht. Ganz schlecht kann das Verhalten einer solchen Maschine werden beim *Multiprocessing*, wenn bei jedem Prozeßwechsel der gesamte Inhalt der Registerbank mit 138 Registern gerettet werden muß, was dann entsprechend viel Zeit kostet.

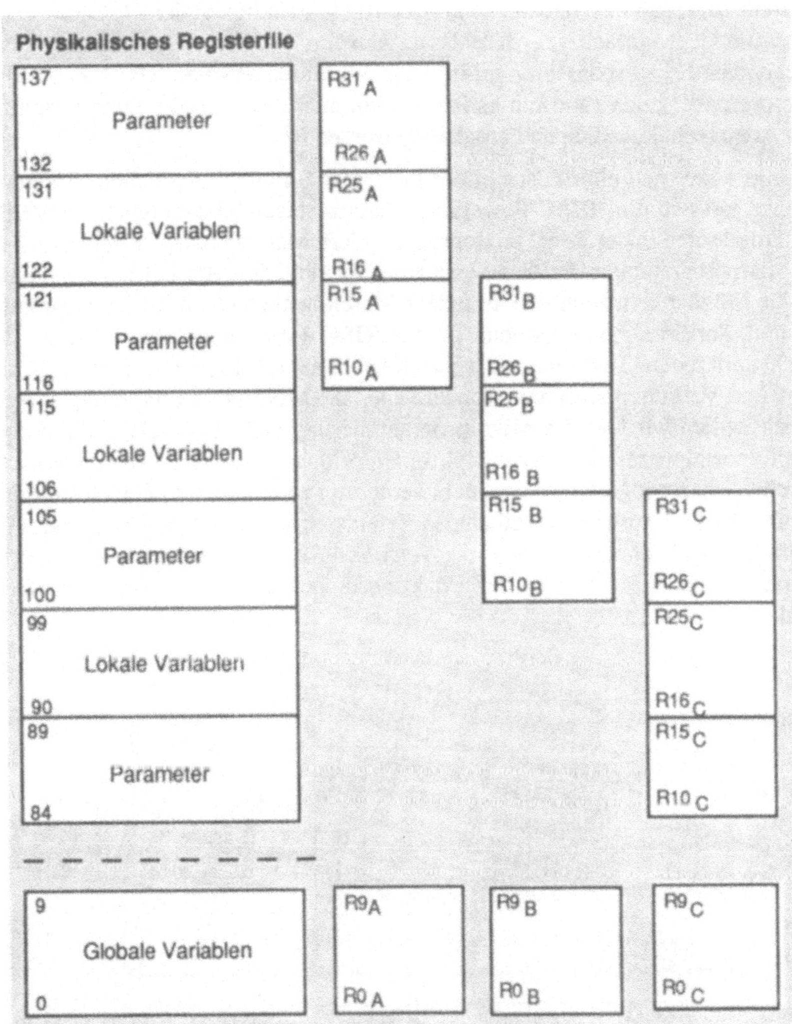

Bild 3-5 Registerfenster einer MRS-Maschine (MIPS I)

3.3 Mikroprogrammierte CISC-Prozessoren

3.3.1 Vorbemerkung

Der Zusatz *CISC* steht für *Complex Instruction Set Computer*. Damit will man den Gegensatz zu den RISC-Prozessoren (RISC: *Reduced Instruction Set Computer*) ausdrücken, die über einen besonders einfachen Befehlssatz verfügen und dadurch angeblich wesentlich schneller als die CISC-Prozessoren sind. Allerdings stellt man bei genauerem Hinsehen fest, daß die hohe Arbeitsgeschwindigkeit der RISC-Prozessoren weniger aus dem einfacheren Befehlssatz herrührt, sondern hauptsächlich aus der Tatsache, daß diese Prozessoren im Pipeline-Verfahren arbeiten. Das können CISC-Prozessoren aber auch (und tun es inzwischen auch), so daß die Grenze zwischen beiden Arten recht künstlich und unscharf geworden ist.

Allerdings kann man eine Zäsur in der Prozessor-Entwicklung ziehen: Bis zu dem Zeitpunkt, wo sich die "RISC-Bewegung" durchzusetzen begann (auch beim CISC), waren Prozessoren in der Regel mikroprogrammiert. Man sah einen besonderen Vorteil in der Mikroprogrammierung, da sie eine große Flexibilität in der Befehlsgestaltung bot sowie die Möglichkeit, auch sehr komplexe Maschinenbefehle als Mikroprogramm zu realisieren. Zur Erreichung des heute für den RISC wie für den CISC geltenden Ziels, möglichst mit jedem Takt einen Maschinenbefehl auszuführen, mußte man nicht nur das Pipeline-Verfahren einführen, sondern auch die Mikroprogrammierung aufgeben. Dennoch wollen wir hier die Mikroprogrammierung nicht übergehen. So sind zum Beispiel Spezialprozessoren für komplexe Algorithmen (s. das Beispiel in Abschnitt 8.3.6) ohne Mikroprogrammierung nicht vernünftig zu realisieren. Zur Illustration der Steuerung des Datenprozessors durch den Befehlsprozessor zeigen wir in Bild 3-6 das prinzipielle Blockschaltbild eines *von-Neumann-Rechners*, wobei jetzt die Signale eingetragen sind, die zwischen den Funktionseinheiten des Rechners ausgetauscht werden.

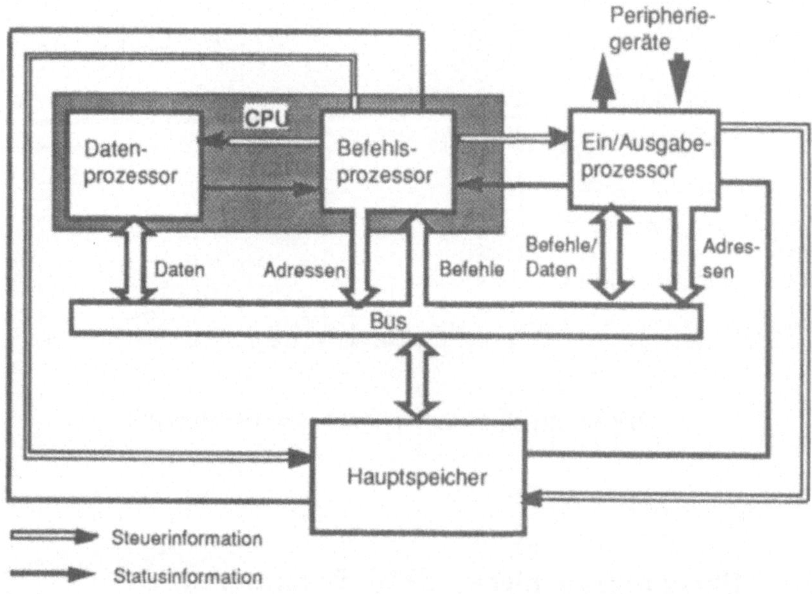

Bild 3-6 Blockschaltbild eines "von-Neumann-Rechners" mit Steuer- und Statusinformation

3.3.2 Mikroprogrammierung

Die Mikroprogrammierung wurde in den fünfziger Jahren von *Wilkes* in die Rechnerarchitektur eingeführt. Sie entwickelte sich in den sechziger Jahren zum unentbehrlichen Mittel zur Realisierung von Rechnerfamilien wie z.B. den IBM-Familien /360 und /370. Ende der siebziger Jahre waren praktisch alle Rechner — einschließlich der Mikroprozessoren — mikroprogrammiert. Manche Rechner waren sogar vom Benutzer mikroprogrammierbar. Erst die RISC-Bewegung (Kapitel 4) brachte in der zweiten Hälfte der achtziger Jahre eine Rückkehr zur festverdrahteten Steuerung mit sich.

Wie Bild 3-6 zeigt, geschieht die Zusammenarbeit zwischen Befehlsprozessor und Datenprozessor in der Form, daß jede Funktionseinheit des Datenprozessors vom Befehlsprozessor ihre Steuerinformation empfängt, während der Befehlsprozessor von jeder Funktionseinheit Informationen über den Zustand (den Status) der Befehlsausführung erhält. Der Befehlsprozessor besteht im wesentlichen aus einer Einrichtung zum Holen der Befehle, einem Schaltnetz zum Befehlscode-Entschlüsseln, dem Mikroprogramm-Steuerwerk mit dem Mikroprogrammspeicher und einer "Logik" zur Behandlung der Interrupts, wie in Bild 3-7 skizziert. Der Datenprozessor — genauer gesagt, seine ALU — muß die Befehle der Maschinensprache ausführen. Bild 3-9 zeigt das Beispiel eines einfachen Datenprozessors, der mit den *Bitslice-ALU*-Bausteinen AMD9303 aufgebaut ist, deren Operationen Tabelle 3-2 angibt.

Tabelle 3-2 Operationen der AMD2903 Bitslice-ALU

I_4	I_3	I_2	I_1	Hex Code	ALU-Funktionen	
L	L	L	L	0	I_0 = L	Special Functions
					I_0 = H	F_i = HIGH
L	L	L	H	1	F = S minus R minus 1 plus C_n	
L	L	H	L	2	F = R minus S minus 1 plus C_n	
L	L	H	H	3	F = R plus S plus C_n	
L	H	L	L	4	F = S plus C_n	
L	H	L	H	5	F = $\overline{S}$ plus C_n	
L	H	H	L	6	F = R plus C_n	
L	H	H	H	7	F = $\overline{R}$ plus C_n	
H	L	L	L	8	F_i = LOW	
H	L	L	H	9	F_i = $\overline{R}_i$ AND S_i	
H	L	H	L	A	F_i = R_i EXCLUSIVE NOR S_i	
H	L	H	H	B	F_i = R_i EXCLUSIVE OR S_i	
H	H	L	L	C	F_i = R_i AND S_i	
H	H	L	H	D	F_i = R_i NOR S_i	
H	H	H	L	E	F_i = R_i NAND S_i	
H	H	H	H	F	F_i = R_i OR S_i	

L = LOW (0) H = HIGH (1) i = 0 to 3

Man erkennt aus dieser Tabelle, welche Steuerinformationen (*Nanobefehle*) benötigt werden. So sind zum Beispiel die Datenwege zu schalten (Setzen der Schalter S_1 bis

S_4 sowie der verschiedenen Multiplexer), die ALU ist zu steuern und die Register sind zu takten.

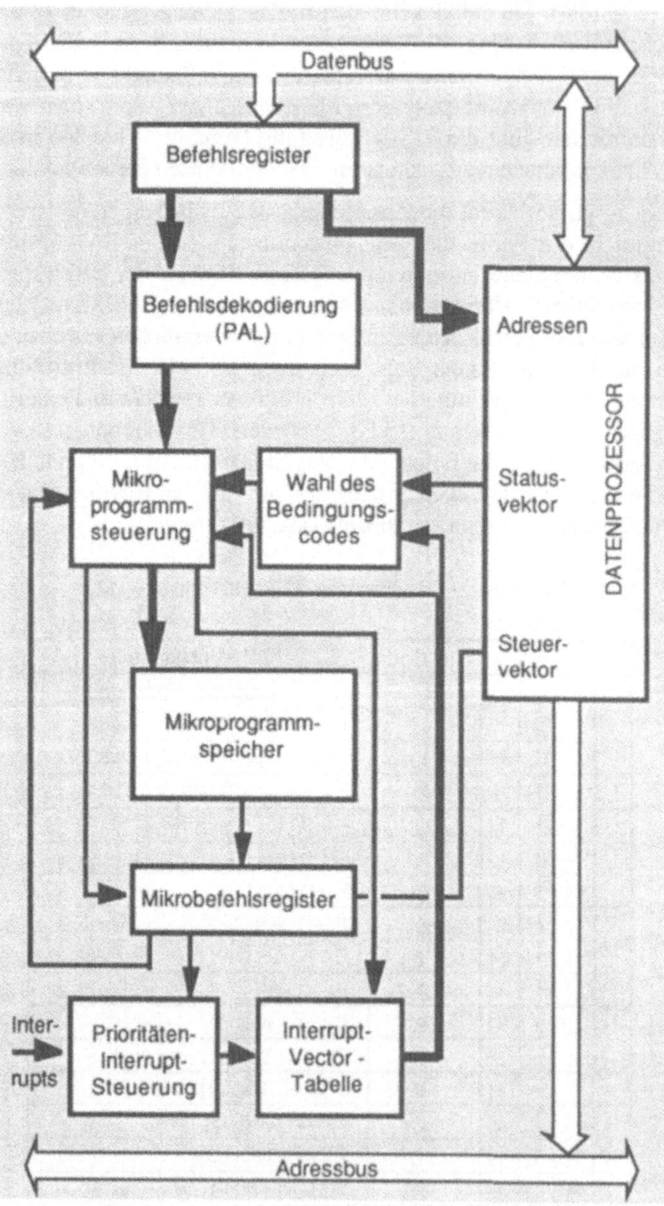

Bild 3-7 Blockschaltbild des Befehlsprozessors

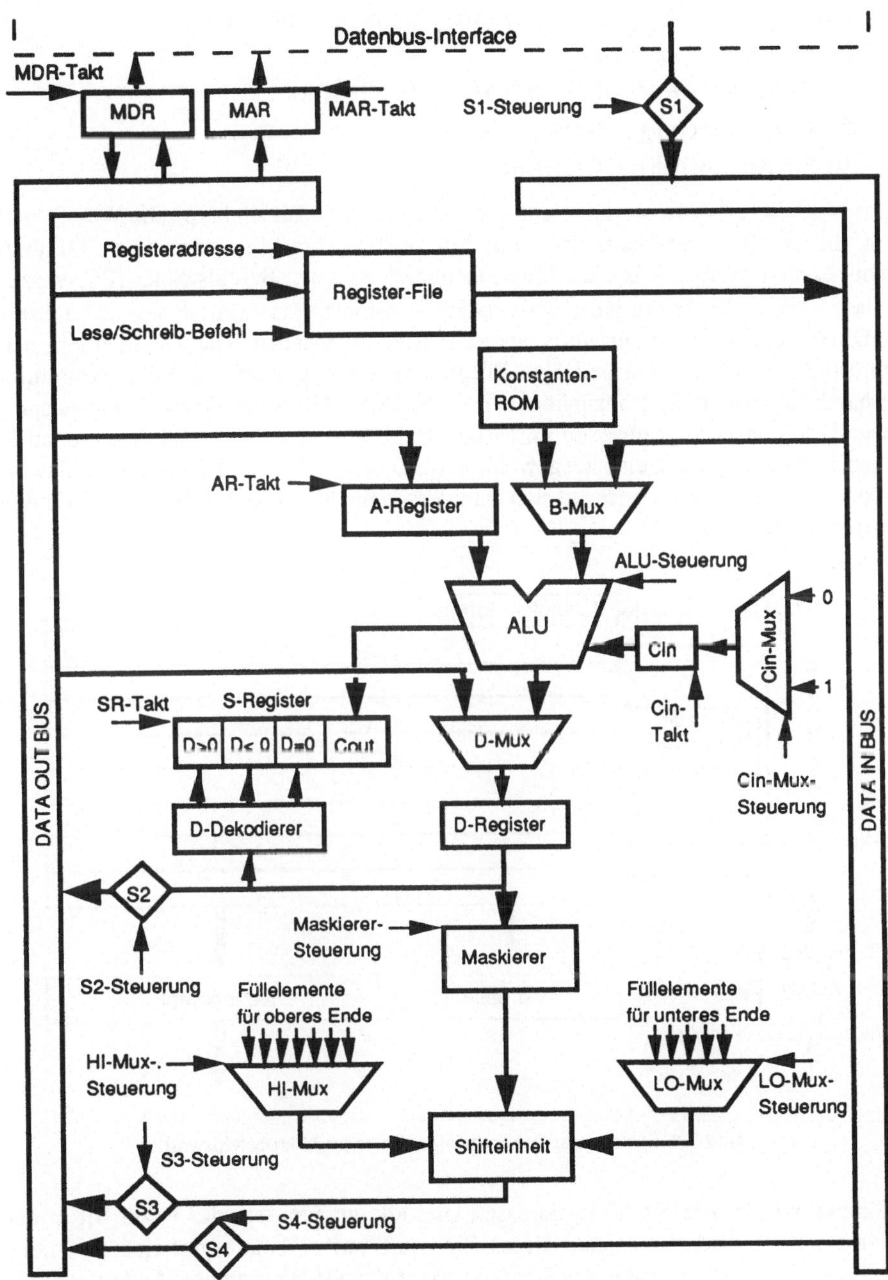

Bild 3-8 Blockschaltbild des Datenprozessors

Alle diese Steuerinformationen sind im Mikrobefehlswort gespeichert. Dazu besteht das Mikrobefehlswort aus einer Anzahl von Feldern, zum Beispiel für

- die ALU-Steuerung (5 Bit);
- die Multiplexer-Steuerung (je nach Multiplexer 1-4 Bit);
- die Schaltersteuerung (1 Bit);
- das Ein/Ausschalten des Registertakts (1 Bit).

Das Mikrobefehlswort wird dadurch sehr lang (128-256 Bit sind typische Werte), und ein Mikroprogramm enthält nur wenige Mikrobefehle (im Mittel etwa 5...6). Dadurch lohnt es sich nicht, wie bei den Maschinenbefehlen einen Befehlszähler (PC) vorzusehen.* Vielmehr enthält jedes Mikrobefehlswort auch die Adresse des als nächstes aufzurufenden Mikrobefehlsworts, wie es in Bild 3-9 angedeutet ist. Damit erhebt sich natürlich die Frage, wie bedingte Programmverzweigungen im Mikroprogramm gehandhabt werden. Im Prinzip könnte man bei einer Mehrwege-Verzweigung entsprechend viele Nachfolgeadressen im Mikrobefehlswort speichern, von denen dann je nach Sprungbedingung eine ausgewählt wird. Dies würde aber das Mikrobefehlswort noch mehr aufblähen. Daher hat sich statt dessen die Methode der *Adreßmodifikation* eingebürgert.

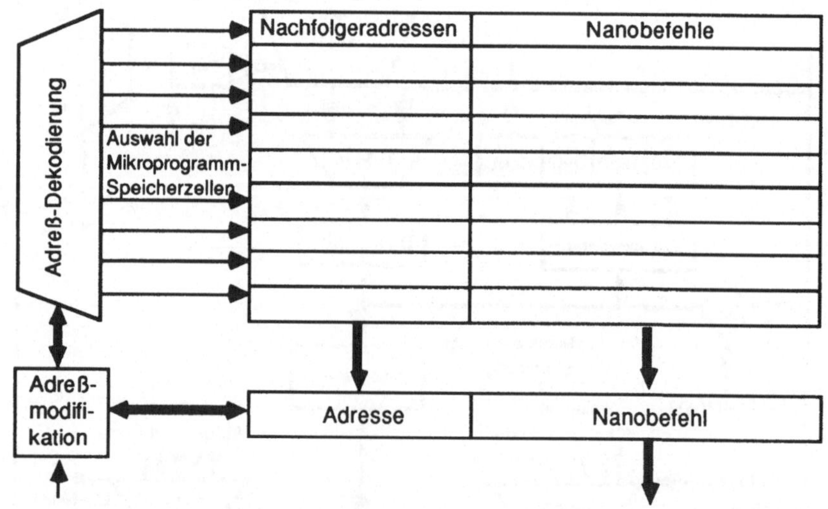

Bild 3-9 Speicherung der Nachfolgeadresse im Mikrobefehlswort

Nehmen wir an, die Nachfolgeadressen sind alle gerade, d.h. das letzte Bit in der Adresse ist 0. Ändert man nun dieses Bit von 0 auf 1, dann ergibt sich eine neue Adresse, die im Mikrobefehlsspeicher das nachfolgende Wort angibt. Ändert man die letzten beiden Bits, so ergeben sich vier alternative Sprungziele, usw. Durch Modifikation von b Bits kann man somit 2^b Verzweigungen zu aufeinanderfolgenden Adressen erhalten. Die Modifikation kann zum Beispiel dadurch geschehen, daß man

* Da dieser Zähler nicht Programme, sondern Befehle zählt, ist die in der Literatur verwandte Bezeichnung "Propgrammzähler" (PC) falsch.

die Sprungbedingung mit den b letzten Bits der Nachfolgeadresse logisch verknüpft (z.B. durch EXKLUSIV-ODER). Zur Auswahl der in Frage kommenden Bedingungsbits enthält das Mikrobefehlswort ein Maskierungsfeld.

Dieses Verfahren bedingt, daß der Mikroassembler (genau gesprochen: sein Lader) beim Laden des Mikroprogramms die entsprechenden Mikrobefehle genau an diejenigen Stellen schreibt, wo sie durch die hier geschilderte Adreßmodifikation auch erreicht werden können. Da jeder Mikrobefehl nicht durch einen Befehlszähler, sondern durch einen Zeiger (die Nachfolgeadresse) adressiert wird, ist der Mikroprogramm-Lader ja völlig frei in der Wahl der Speicherplätze, auf die er das Mikroprogramm lädt. Dieses einfache Verfahren hat den Preis, daß der Mikrobefehlsspeicher nicht dicht belegt werden kann, da einzelne Speicherplätze u.U. frei gehalten werden müssen, um die Sprungadressen an die richtige Stelle legen zu können.

Bild 3-10 zeigt als Beispiel das Mikrobefehlsformat des Rechners PDP11/40. Dieses Beispiel wurde gewählt, weil es besonders einfach ist. So hat der Mikrobefehl die ungewöhnlich niedrige Zahl von nur 56 Bits.

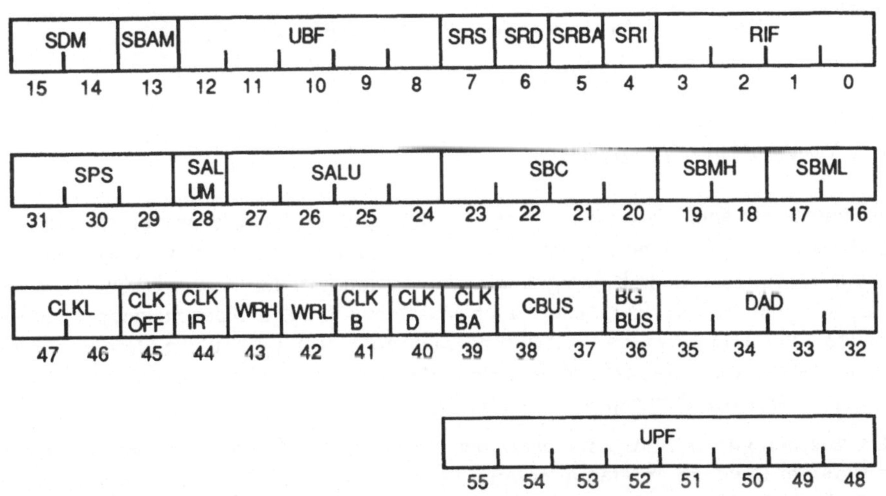

Bild 3-10 Mikrobefehlsformat der PDP11/40

Die einzelnen Felder in Bild 3-10 haben die folgende Bedeutung.

UPF: Nachfolgeadresse
CLKL: Wahl des Prozessor-Untertakts
CLKOFF: Prozessortakt Inhibieren
CLKIR: Takte Befehlsregister
WRH: Schreibe vorderes Byte des DMUX-Bus
WRL: Schreibe hinteres Byte des DMUX-Bus
CLKB: Takte B-Register
CLKD: Takte D-Register
CLKBA: Takte AB-Register
CBUS: Prozessorbus-Steuerung
BGBUS: Beginn eines Bustransfers
DAD: Daten-Modifikation
SALUM: ALU-Modus (logisch/arithmetisch)
SALU: Steuere ALU-Operation
SBC: Adresse des Konstanten-ROM
SBMA: Setze B-MUX, vorderes Byte
SBML: Setze B-MUX, hinteres Byte
SDM: Eingangsgröße des B-MUX
SBAM: Eingangsgröße des AB-MUX
UBF: Sprungbedingungs-Maske
SRS: Registeradresse vom Quell-Feld
SRD: Registeradresse von Ziel-Feld FI
SRBA: Registeradresse vom BA-Register
RIF: Registeradresse vom RIF
SPS: Prozessor-Status

Als Beispiel für ein einfaches Mikroprogramm betrachten wir die Addition eines Werts aus dem Registerfile zum Inhalt des A-Registers mit nachfolgendem Transfer des Ergebnisses in das A-Register. Das Mikroprogramm bezieht sich auf die in den Bildern 3-6 bis 3-8 vorgestellte Maschine. Die auszuführenden Rechenschritte sind nachfolgend aufgeführt. Jeder Rechenschritt ist ein Mikrobefehl, und die angegebenen Teilschritte sind die Nanobefehle.

1. Schritt: Adressiere eine Zelle im Registerfile und gebe einen Lesebefehl;
Setze den Cin-Multiplexer auf 0;
Takte das Cin-Register (damit wird der Wert 0 in das Register übernommen).

2. Schritt: Setze den B-Multiplexer auf den DATA-IN BUS;
Setze die ALU-Steuerung auf Addieren;
Setze den D-Multiplexer auf den ALU-Ausgang;
Takte das D-Register (damit wird das Additionsergebnis in D übernommen).

3. Schritt: Setze den Schalter S2 auf EIN;
Takte das A-Register (damit wird das Additionsergebnis in A übernommen).

3.3.3 Vertikale Verlagerung

Es wurde erwähnt, daß die Befehle der Mikroprogrammsteuerung einem eigenen Speicher entnommen werden, der daher auch *Steuerspeicher* (*control store*) genannt wird. Bei den meisten mikroprogrammierten Rechnern ist der Steuerspeicher ein reiner Lesespeicher (ROM). Es gibt aber auch Maschinen, bei denen der Steuerspeicher ein beliebig beschreibbarer RAM ist (*writable control store*). Eine solche Maschine nennt man *dynamisch mikroprogrammierbar*, da man im Prinzip jederzeit neu Mikroprogramme in den Steuerspeicher laden kann.

Dazwischen gibt es die *statisch mikroprogrammierbare* Maschine, bei der das Mikroprogramm in einem programmierbaren Lesespeicher (PROM) steht. Dadurch ist es möglich, ein Mikroprogramm nötigenfalls modifizieren zu können (z.B. bei der Entdeckung eines Fehlers im Mikroprogramm oder bei der Änderung gewisser Hardwarefunktionen).

Die Mikroprogramme eines Prozessors dienen vor allem dazu, die üblichen Operationen der *Maschinensprache* (CML) zu realisieren. Zusätzlich kann man aber auch bestimmte Operationen eines Betriebssystems oder einer höheren Programmiersprache durch Mikroprogramme implementieren. Im Sinne des Modells eines Rechners als mehrstufige Hierarchie von Interpretationssystemen (s. Bild 1-4) spricht man dann von einer *vertikalen Verlagerung (vertical migration)*. Durch vertikale Verlagerung werden den konventionellen Operationen der Maschinensprache eines Rechners weitere, nicht so konventionelle Maschinenoperationen hinzugefügt, die zur Unterstützung eines Betriebssystems oder einer höheren Programmiersprache dienen können, und durch die entweder die Leistung des Rechners gesteigert oder eine erhöhte Sicherheit für gewisse Kernfunktionen des Betriebssystems oder beides erzielt werden kann. Eine andere Anwendung des Prinzips der vertikalen Verlagerung besteht darin, bei

Rechnern, die für spezielle Anwendungen eingesetzt werden, bestimmte komplexere *Kernalgorithmen* in das Mikroprogramm zu verlagern (Beispiel: Schnelle Fouriertransformation oder andere Algorithmen der digitalen Signalverarbeitung). Alle diese Verlagerungen können ihren unbestreitbaren Nutzen haben.

Daneben hat es im Laufe der Jahren nicht an Vorschlägen und Versuchen gefehlt eine gesamte höhere Schicht des Interpretationssystems "nach unten" in das Mikroprogramm zu verlagern. Ein Ziel dieser Bemühungen war es, dadurch eine *Sprach-Architektur (HLL architectures)* zu erhalten, das ist eine Maschine, die die Konstrukte einer höheren Programmiersprache unmittelbar, d.h. ohne Zwischenschichten interpretiert. Oder aber man nutzte die Möglichkeit der dynamischen Mikroprogrammierbarkeit dazu, aus einem zur Ausführung anstehenden Programm heraus besonders wichtige (in der Regel heißt dies: besonders häufige) Konstrukte — z.B. innere Schleifen — zu verlagern. Die Kandidaten für solche Verlagerungen muß dabei der Compiler ermitteln, was recht aufwendige Programmstrukturanalysen erforderlich machen kann. Mikroprogramme, die durch Verlagerung von Konstrukten einer höheren Programmiersprache entstehen, sind in der Regel wesentlich komplizierter als die Mikroprogramme zur Realisierung der Operationen der konventionellen Maschinensprache. Insbesondere muß es auch möglich sein, daß ein solches Mikroprogramm Prozeduraufrufe enthält — unter Umständen auch von Software-Prozeduren, was eine erhebliche Komplikation darstellt [ALB 80].

Der bei der vertikalen Verlagerung von Operationen zu beobachtende Leistungsgewinn bei mikroprogrammierten Maschinen rührte im wesentlichen aus der Tatsache, daß die verlagerten Operationen aus dem schnelleren Mikroprogrammspeicher statt aus dem wesentlich langsameren Hauptspeicher ausgeführt wurden. Die Entwicklung der modernen superskalaren Prozessoren hat aber gezeigt, daß man durch Anwendung der "RISC-Prinzipien" (die die Mikroprogrammierung ausschließen) sehr viel mehr an Leistung gewinnen kann als durch vertikale Verlagerung. Da diese Prozessoren ihre Operanden vorwiegend aus dem Registerfile holen, würde der Geschwindigkeitsvorteil der Mikroprogramm-Ausführung ohnehin entfallen.

Es bleibt somit als Argument für vertikale Verlagerungen allenfalls der Sicherheitsaspekt. Verlagerte Funktionen werden zu primitiven Maschinenoperationen, die vom Programmierer nicht verändert werden können. Dies kann insbesondere bei der Realisierung von Schutzmechanismen — z.B. der *Capability*-Adressierung — von entscheidender Bedeutung sein.

3.4 Anwendung des Pipeline-Prinzips im Prozessor

3.4.1 Die Befehls-Pipeline

Wir betrachten noch einmal den Befehlsbearbeitungszyklus, der aus den vier Phasen besteht:

- H: Befehl holen
- D: Befehl dekodieren, Adreßrechnung ausführen und Operand holen
- A: Befehl ausführen
- S: Resultat abspeichern

Wie in Bild 3-11 quantitativ angedeutet, werden dabei die Zeiten für das Holen der Befehle und Daten etwas gleich der Ausführungszeit angenommen. Dies gilt bei modernen Prozessoren dann, wenn Befehle und Daten aus schnellen Cache-Speichern geholt werden. Wir nehmen der Einfachheit halber an, daß die vier Teilzyklen H, D, A und S genau gleichlang sind.

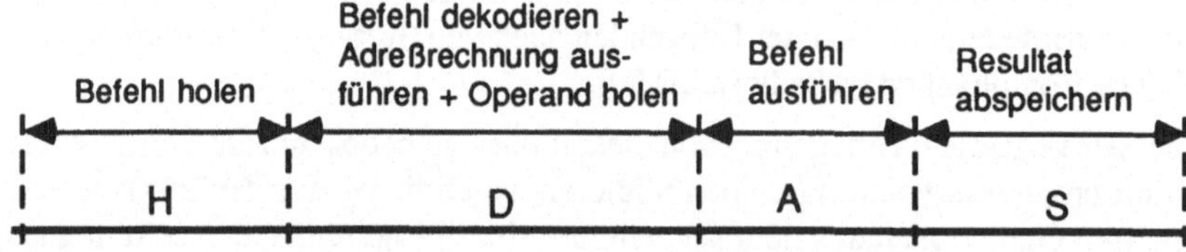

Bild 3-11 Die 4 Phasen der Befehlsausführung

Man kann nun die Befehlsbearbeitungszyklen überlappt auszuführen derart, daß die aufeinanderfolgenden Befehlszyklen je um einen Teilzyklus verschoben ausgeführt werden, wie es Bild 3-12 andeutet. Dies setzt natürlich voraus, daß für jede der vier Teilzyklen eine autonome Bearbeitungseinheit zur Verfügung steht. Eventuelle Adreßrechnungen geschehen während der Dekodierphase. Eine solche Bearbeitungsweise kann man sich als ein Fließband vorstellen, an welchem die vier Phasen Bearbeitungsstufen darstellen, die von jedem Befehl durchlaufen werden. Das heißt, die vier Phasen laufen für den einzelnen Befehl — wie es die Datenabhängigkeit vorschreibt — nacheinander ab. Die vier Phasen werden aber gleichzeitig auf vier aufeinanderfolgenden Befehle ausgeführt. Während ein neu auszuführenden Befehl geholt wird (H), befindet sich sein Vorgänger bereits in der Dekodierphase (D), dessen Vorgänger in der Ausführungsphase (A) und dessen Vorgänger wiederum in der Schreibphase (S).

Wegen der "fließenden" Bearbeitung hat sich für diese Bearbeitungsform im Englischen das Wort *pipeline* eingebürgert und für den Prozeß selbst das Wort *pipelining*. Eine Pipeline als Verarbeitungsmodell ist eine aus mehreren Abschnitten bestehende Rohrleitung, durch die ein Datenstrom fließt, auf dem in jedem Abschnitt ein bestimmter Bearbeitungsvorgang ausgeführt wird. An sich ist es treffender, zur Veranschaulichung dieser Arbeitsweise das Fließband heranzuziehen und nicht die Rohrleitung. Dementsprechend findet man in der deutschsprachigen Literatur auch den Begriff *Fließbandverarbeitung*. Wir wollen aber bei dem griffigeren Wort *Pipeline* bleiben.

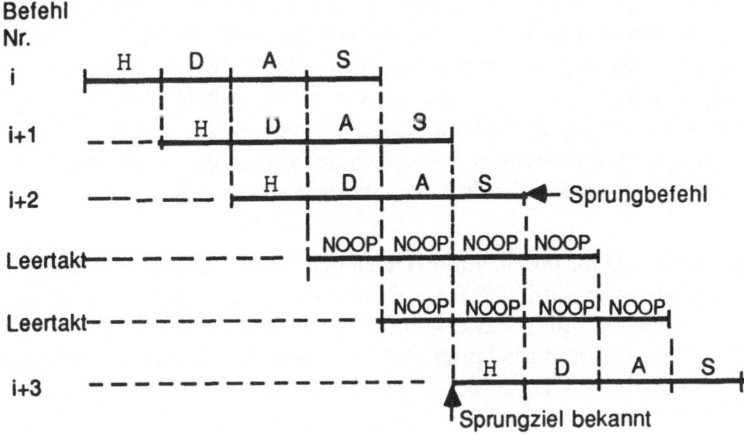

Bild 3-12 Befehlsausführungs-Pipeline

Bei Sprungbefehlen geschieht die Berechnung der Sprungbedingung während der Ausführungsphase. Dadurch wird die kontinuierliche Folge von Befehlsausführungen durch die Pipeline unterbrochen, da die Sprungbedingung, die zu Beginn der H-Phase bekannt sein müßte, um im *Pipelining* den nächsten Befehl holen zu können, erst am Ende der A-Phase bekannt ist. Zwar ist das Sprungziel bereits nach 2 Takten (nach der Befehlsinterpretation in der D-Phase) bekannt ist; jedoch weiß der Prozessor erst am Ende der A-Phase, ob er den Sprung auch auszuführen hat; dies ist somit erst nach 3 Takten bekannt. Schreibt man nun erst noch das Ergebnis der Ausführungsphase in ein Register zurück (S-Phase) und prüft anschließend erst die Sprungbedingung, so verliert man sogar noch einen weiteren Takte. Diese Wartezeiten müssen als Leertakte, auch NOOPs genannt (NOOP: *no operation*), in die Pipeline eingefügt werden. Man spricht bei den NOOPs auch von *Blasen* in der Pipeline (*bubbles*).

Um die Auswirkung von bedingten Sprüngen auf das Pipeline-Verhalten möglichst gering zu halten, wird in der Regel am Ende der A-Phase die Sprungbedingung der darauf wartenden Befehlsdekodierschaltung unmittelbar über einen besonderen Datenpfad mitgeteilt. Man spricht hier vom *Durchreichen der Sprungbedingung* (*branch condition forwarding*). Dies begrenzt die Verzögerung auf das Unvermeidbare.

Auf der Maschinenebene sind die Sprungbefehle in der Regel bedingte Sprünge. Das heißt, wenn die Sprungbedingung wahr ist, wird an eine neue Stelle im Programm gesprungen (durch Schreiben der Sprungadresse in den Befehlszähler PC). Ist die Bedingung falsch, so wird wie bei der linearen Befehlsfolge mit dem nächsten Befehl weitergemacht, d.h. der PC wird einfach inkrementiert. Im ersten Falle sagt man, daß der Sprung vorgenommen wird (*branch taken*), im zweiten Falle, daß er nicht vorgenommen wird (*branch not taken*).

Welchen nächsten Befehl soll man nach einem Sprungbefehl im Vorab-Zugriff (*instruction prefetch*) denn nun holen, den unmittelbaren Nachfolger-Befehl (*branch not tagen*) oder den Befehl am Sprungziel (*branch tagen*)? Man kennt ja die Sprungbedingung noch nicht. Nun ist es so, daß die Wahrscheinlichkeiten für die beiden Alternativen einer solchen Verzweigung nicht gleich sind. Die bedingten Sprunganweisungen in einem Programm beziehen sich in der Mehrzahl der Fälle auf Schleifen. Hierbei kann es sich um den Rücksprung in die Schleife (bei einer erneuten Iteration) oder um den Aussprung aus der Schleife (bei Erfüllung der Abbruchbedingung) handeln. Dabei gilt, daß es wesentlich wahrscheinlicher ist, daß eine Schleife erneut durchlaufen wird, als daß sie verlassen wird. Man spricht hier von der *Lokalität des Sprungverhaltens* (eine Schleife wird in der Regel mehrmals durchlaufen). Erfahrungsgemäß trifft in zwei von drei Fällen die Vorhersage *branch tagen* ein.

Dies legt es nahe, beim *Instruction Prefetch* den Befehl für das Sprungziel zu holen. Nur in 33% der Fälle wird sich diese Entscheidung nachträglich als falsch herausstellen, wobei dann jeweils 3 Takte verloren gehen. Im Mittel kostet dann jeder Sprung 1,67 Takte. Holt man statt des Sprungziel-Befehls einfach den Nachfolgebefehl, dann gehen in 67% der Fälle 3 Takte verloren; im Mittel kostet jetzt jeder Sprung 2,33 Takte. Auch diese Methode, die hardwaremäßig einfacher zu realisieren ist, ist noch besser als das einfache Abwarten der 3 Takte bei jedem Sprung.

Das Sprungverhalten der Prozessoren mit *Instruktion Prefetch* kann durch spezielle Hardware-Einrichtungen wesentlich verbessert werden. Hierfür sind die folgenden Lösungen bekannt:

- die dynamischen Sprungvorhersage
- der Sprungziel-Puffer
- die Sprungverzögerung mit Compiler-Optimierung

Das Verfahren der dynamischen Sprungvorhersage:
Die Vergangenheit des Sprungverhaltens wird beobachtet und in einer Tabelle festgehalten. Eine solche Tabelle möge zum Beispiel 128 Einträge zu je 2 Bit haben. Die Tabelle wird nach dem im folgenden Bild gezeigten Zustandsdiagramm eines endlichen Automaten aktualisiert und liefert mit dem ersten Bit die Vorhersage (0 = kein Sprung, 1 = Sprung). Das zweite Bit gibt das Verhalten des vorherigen Sprungs an (0 = es wurde nicht gesprungen, 1 = es wurde gesprungen).

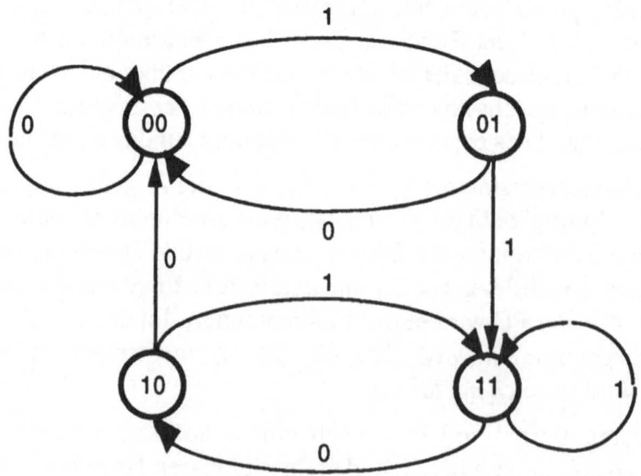

Beim ersten Schleifendurchlauf ist der endliche Automat im Zustand 00, und die Bedingung sei wahr. Damit geht der Automat in den Zustand 01. Ist beim nächsten Schleifendurchlauf die Bedingung wieder wahr, geht der Automat in den Zustand 11 und sagt daher auch für alle weiteren Sprünge eine wahre Sprungbedingung vorher. Ist beim zweiten Schleifendurchlauf die Bedingung falsch, so geht der Automat wieder nach 00 zurück. Ist der Automat im Zustand 11, so muß die Sprungbedingung zweimal falsch gewesen sein, bevor die Vorhersage wieder "falsch" lautet. Mit anderen Worten: Nachdem zweimal in die gleiche Richtung gesprungen wurde, wird diese Richtung nun auch für die weiteren Sprünge vorhergesagt. Es läßt sich errechnen, daß bei diesem Verfahren die Wahrscheinlichkeit für die richtige Vorhersage 83% ist [MaH 86].

Das Verfahren des Sprungziel-Puffers:
In einem eigens dafür vorgesehenen Sprungziel-Puffer werden die Befehle gespeichert, die man am Sprungziel (im Falle des *branch taken*) vorfindet. Der Puffer wirkt wie ein Befehlscache, d.h. die Befehle nach dem Sprung müssen nicht aus dem Hauptspeicher geholt werden. Das Verfahren ist sehr wirksam wegen der Lokalität des Sprungverhaltens.

Sprungverzögerung mit Compiler-Optimierung:
Bei diesem Verfahren werden bei jedem bedingten Sprung die vollen 2 oder 3 Takte abgewartet, und der Compiler erhält die Aufgabe, die Leertakte mit anderen, sinnvollen Operationen zu füllen. Dies kann der Compiler natürlich nur nach vorhergehender Datenabhängigkeitsanalyse durchführen, da eine Abweichung der Operationsausführung von der im Programm festgelegten Reihenfolge nur dann zulässig ist, wenn dadurch die Programmsemantik nicht verändert wird. Das heißt, es dürfen nur dann Operationen in die Leertakte gelegt werden, wenn dadurch keine Datenabhängigkeiten verletzt werden. Untersuchungen haben gezeigt, daß es verhältnismäßig leicht für den Compiler ist, den ersten Leertakt zu füllen, daß er unter günstigen Umständen mitunter auch noch einen zweiten Leertakt füllen kann, aber kaum einen dritten [MaH 86].

Man findet in der existierenden Vielfalt von Mikroprozessoren alle hier besprochenen Verfahren angewendet. Am häufigsten findet man aber das Verfahren der Sprungverzögerung mit Compiler-Optimierung, d.h. die Verlagerung des Problems in die Software.

3.4.2 Pipelining von arithmetischen Operationen

Die Pipeline-Verarbeitung läßt sich besonders gut zur Geschwindigkeitssteigerung bei arithmetischen Operationen nutzen, wenn es gelingt, die betreffende Operation in eine Anzahl von gleichartigen Teiloperationen zu zerlegen, die sich zeitlich verschränkt ausführen lassen. Dies ist zum Beispiel bei der Multiplikation möglich [RaL 77], [SPA 76]. Die Aufspaltung in Teiloperationen erhält man bei ihr dadurch, daß man den Multiplikator, der die Wortlänge n haben möge, in n/h Gruppen der Länge h aufteilt. Die Multiplikation von Multiplikand und Multiplikator wird nun ersetzt durch n/h Teilmultiplikationen des Multiplikanden mit je einer der Gruppen. Während die Multiplikation von Multiplikator und Multiplikand n Additionsschritte erfordern würde, sind für eine Teilmultiplikation des Multiplikanden mit einer Gruppe nur h Additionsschritte erforderlich. Die Ausführung der h Additionen für die n/h Gruppen kann zeitlich überlappt werden, was zu einem als Pipeline organisierten Multiplikationswerk führt. Am Ende müssen die Teilprodukte noch entsprechend gewichtet aufsummiert werden.

Bild 3-13 zeigt als Beispiel einer Pipeline für die Durchführung der arithmetischen Festpunkt- und Gleitpunkt-Operationen, wie sie im *Advanced Scientific Computer* der Firma *Texas Instruments* realisiert wurde [ENS 74]. Diese Pipeline ist für die einzelnen Rechenoperationen konfigurierbar. Solche konfigurierbaren Pipeline-Prozessoren sind in der Regel mikroprogrammiert. Im obigen Beispiel benötigt die Gleitpunkt-Addition 4 Pipelinestufen (die Register zählen nicht), während die (nicht gezeigte) Gleitpunkt-Multiplikation 3 Stufen benutzt.

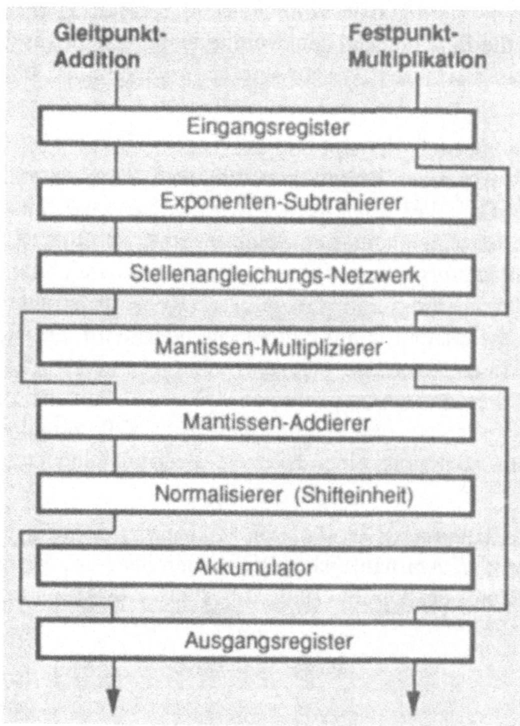

Bild 3-13 Pipeline-Prozessor für Gleitpunkt-Operationen

Der theoretisch, d.h. unter idealen Bedingungen erzielbare Parallelarbeitsgewinn eines Pipeline-Prozessors nähert sich mit zunehmender Vektorlänge asymptotisch der Stufenzahl. Dies würde dafür sprechen, möglichst viele Stufen vorzusehen. Andererseits nimmt aber die *Startzeit* der Pipeline (s. Kapitel 7.3) mit der Stufenzahl zu, und es ist die Startzeit, die verhindert, daß der asymptotische Grenzwert erreicht werden kann. Dies ist wiederum ein Grund, die Stufenzahl der Pipeline möglichst gering zu halten, um auch bei kurzen Vektoren noch eine gute Leistung zu erhalten. Dreistufige Pipelines sind inzwischen die typische Realisierung für Gleitpunkt-Prozessoren. Als Beispiel für einen modernen Prozessor zeigt Bild 3-14 das vereinfachte Blockschaltbild des Gleitpunkt-Prozessor-Chips WTL3364 der Firma *Weitek*, das wohl keiner weiteren Erklärung bedarf.

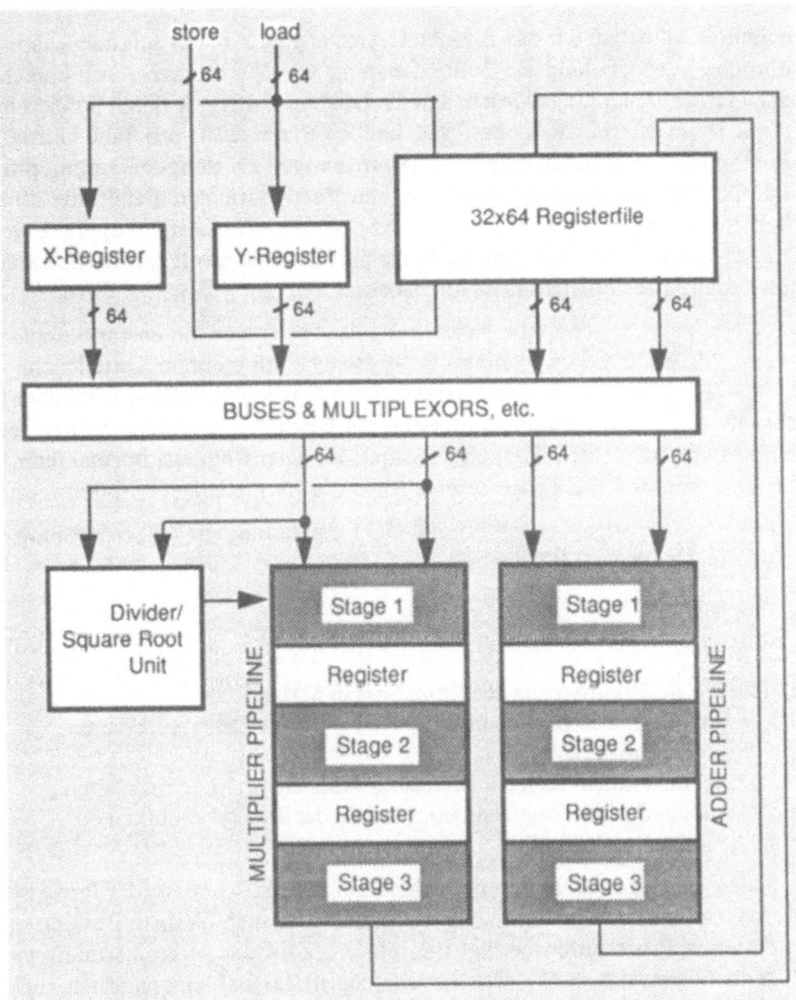

Bild 3-14 Vereinfachtes Blockbild des Gleitpunktprozessors WEITEK WTL3364

3.5 RISC-Prozessoren

3.5.1 Das Ziel der RISC-Bewegung

In Abschnitt 1.2.4 haben wir das Joysche Gesetz angegeben, das seit dem Jahre 1984 eine jährliche Verdoppelung der MIPS-Leistung von Mikroprozessoren konstatiert. Wir haben ferner darauf hingewiesen, daß die Leistungserhöhung durch Steigerung der Taktfrequenz im Mittel zwischen 1984 und 1991 nur 27% pro Jahr betrug. Der Mehrgewinn bei der wirklich erzielten 100prozentigen Leistungssteigerung pro Jahr wurde durch eine Reihe von architektonischen Verbesserungen erzielt, die oft unter dem Schlagwort *RISC-Prozessor* [PAT 85], [AaC 87] zusammengefaßt werden (RISC: *reduced instruction set computer*), die aber letztlich wenig mit Komplexität des Instruktionssatzes des Prozessors zu tun haben.

Zu diesen Maßnahmen gehört die Ausstattung des Prozessors mit einem Befehlscache (wie beim MC68020) bzw. einem Befehlscache und einem Datencache (wie inzwischen bei allen neueren Prozessoren). Diese Maßnahme allein hätte aber nicht gereicht, um die starke Leistungssteigerung zu bewirken. Tatsächlich beziehen die modernen Mikroprozessoren ihre hohe Leistung aus einer Kombination mehrerer Maßnahmen. Dies gilt für RISC-Prozessoren ebenso wie für moderne CISC-Prozessoren.

Nach einer von *Joy* angegebenen Formel [JOY 86] beträgt die MIPS-Leistung eines skalaren ("von Neumann") Prozessors:

$$\mathrm{MIPS} = \frac{f/\mathrm{MHz} \cdot N_p}{A_\mu + A_m} \qquad (3\text{-}1)$$

Hierbei ist: f die Taktfrequenz des Prozessors in MHz;
N_p die Anzahl der voneinander unabhängigen Datenprozessoren im Prozessor;
A_μ die mittlere Zahl der Mikroinstruktionen pro Maschinenbefehl;
A_m ein Speicherzugriffsfaktor (Anzahl der Taktzyklen für einen Speicherzugriff).

Bisher haben wir nur Prozessoren betrachtet, bei denen $N_p = 1$ ist (der Prozessor hat eine ALU). Bei dieser Annahme wollen wir zunächst auch bleiben. Bei den mikroprogrammierten Prozessoren beträgt die mittlere Zahl der Mikroinstruktionen pro Maschinenbefehl etwa $A_\mu = 5\text{-}7$. Der Speicherzugriffsfaktor hängt natürlich vom Takt ab, da der Speicher mit steigendem Prozessortakt ja nicht schneller wird. In diesen Faktor gehen ferner alle etwaigen Wartezustände beim Speicherzugriff ein. Als groben Anhaltswert kann man von $A_m = 2\text{-}5$ ausgehen. Damit hat ein konventioneller Prozessor bei 20 MHz Takt bestenfalls etwa 2 MIPS (dies ist in der Tat etwa die Leistung des schon genannten MC68020). Aber auch bei einem Prozessortakt von 50 MHz wäre ein solcher Prozessor nicht sehr viel leistungsfähiger, da wie bereits erwähnt mit dem Takt auch A_m ansteigt.

Eine wesentliche Verbesserung erhält man nur, wenn man die Parameter A_μ und A_m möglichst nahe ihrem theoretischen Grenzwert $A_\mu = 1$ und $A_m = 1$ annähert. Dies bedeutet, daß man zum einen mit jedem Takt einen vollständigen Maschinenbefehl ausführt und daß der Speicherzugriff ebenfalls nicht mehr als ein Taktzyklus kostet.

Letzteres ist solange der Fall, wie nur auf die internen Register des Prozessors zugegriffen wird. Natürlich sind von Zeit zu Zeit auch Speicherzugriffe notwendig. In diesen Fällen kann man durch Einsatz des im nächsten Kapitel besprochenen Cache-Speicher den Hauptspeicherzugriff beschleunigen. Die Zugriffszeit auf einen Cache-Speicher kann leicht auf 20 Nanosekunden oder weniger gebracht werden, wenn sich der Cache auf dem Chip befindet. Damit läßt sich der Speicherzugriffsfaktor nahe an Eins bringen. Daß aber auch beim schnellsten Cache der Wert 1 nicht ganz erreicht wird, liegt daran, daß mit einer gewissen Häufigkeit *Cache Faults* auftreten, d.h. Fälle, in denen der gesuchte Wert sich nicht im Cache befindet, so daß ein Zugriff auf den (langsameren) Hauptspeicher notwendig wird. Die Frage der Reduktion der Befehlsausführungszeit auf einen Taktzyklus wird noch ausführlich erörtert werden.

Unter der Annahme $A_{\mu}=1$ und $A_m=1$ kann eine weitere Leistungssteigerung dadurch erzielt werden, daß man die Befehlsausführung und den Speicherzugriff zeitlich überlappt. Statt der Formel (3-1) erhält man dann

$$MIPS = \frac{f/MHz * N_p}{\max(A_{\mu} A_m)} \qquad (3\text{-}2)$$

Die Forderung, daß mit jedem Takt eine vollständige Maschinenoperation ablaufen soll, bedeutet als erstes, daß man vom Prinzip der Mikroprogrammierung abgehen muß. Aber auch dann ließe sich nicht die gesamte in Bild 3-13 gezeigte, 4-phasige Befehlsausführung in einem einzigen Taktzyklus durchführen, wenn die einzelnen Schritte nacheinander ausgeführt würden. Man muß sie daher zeitlich überlappen, d.h. das in Abschnitt 3.4.1 besprochene Pipeline-Verfahren anwenden.

Die Forderung, die Operationen nur auf Registerinhalten auszuführen, führt zu einer *Laden/Speichern-Architektur* (*load/store architecture*) [PaS 81], in der es nur zwei speicherbezogenen Befehle gibt:

- den Laden-Befehl (*load*), der ein Speicherwort liest und in ein Register lädt;
- der Speichern-Befehl (*store*), der einen Registerinhalt in den Speicher schreibt.

Die für einen CISC-Prozessor typischen vielen Adressierungsarten entfallen dadurch. Adreßrechnungen gibt es nur noch bei den Laden/Speichern-Befehlen, die ohnehin mehr Zeit kosten, nicht jedoch bei den registerbezogenen Operationsbefehlen. Ein weiterer Vorteil ist das feste, relativ kurze Befehlsformat der Operationsbefehle, das nur drei kurze Registeradressen enthält. Die Adressen stehen bei allen Befehlen einer Befehlsklasse an der gleichen Stelle, was die Interpretation vereinfacht. Das einfache Befehlsformat erlaubt es, bei den Operationsbefehlen mit einem 32-Bit-Wort auszukommen. Natürlich gibt es auch beim RISC den Begriff des *immediate value*, d.h. des Datums, welches unmittelbar anstelle der Adresse in das dafür vorgesehene Feld geschrieben wird. Je nach Befehlsart hat man dafür mehr oder weniger Platz, so daß es kurze und lange *Immediates* gibt.

Um die Arbeitsgeschwindigkeit des zu Prozessors maximieren, sind ferner zwei Cache-Speicher, ein Befehlscache und ein Datencache vorzusehen, so daß Befehle und Daten gleichzeitig geholt werden können. Diese Caches müssen von hinreichender Größe sein, was mit zunehmendem Integrationsgrad aber immer weniger ein Problem ist.

Die Trennung zwischen registerbezogenen Operationsbefehlen und Laden/Speichern-Befehlen hat den weiteren Vorteil, daß die Ausnahmefälle wie das Nichtvorhandensein eines Wertes im Cache (*cache fault*) oder einer Seite im virtuellen Speicher (*page fault*), die zu einem asynchronen Verhalten mit Wartezuständen führen, nur bei den Laden/Speichern-Befehlen auftreten können. Die Operationsbefehle hingegen benötigen immer die gleiche, feste Zeit. Nur so sind die für RISC-Prozessoren charakteristischen Compiler-Optimierungen möglich. Da die Laden/Speichern-Befehle mehrere Takte benötigen, müssen nach einem solchen Befehl zunächst entsprechend viele Leertakte (NOOPs) eingesetzt werden, damit der folgenden Operationsbefehl, der das vom Speicher geholte Datum benötigt, dieses auch vorfindet. Der Compiler versucht in der Optimierungsphase, durch Umordnung der Befehlsreihenfolge (im Rahmen der durch die Datenabhängigkeiten gegebenen Beschränkungen) diese NOOPs mit sinnvollen Befehlen zu füllen.

Mit solchen Maßnahmen ist man tatsächlich in der Lage, Prozessoren zu realisieren, deren theoretische maximale MIPS-Leistung etwa dem Takt (in MHz) entspricht. Der nächste Schritt besteht folgerichtig darin, nun noch mehrere unabhängig voneinander arbeitende Datenprozessoren auf dem Chip vorzusehen. Man erhält dann den Fall $N_P>1$. Gegenwärtig gibt es bereits Microprozessoren, die zwei Integer-Datenprozessoren enthalten, deren MIPS-Leistung theoretisch damit bis zum Doppelten des Takts betragen kann. Solche Prozessoren werden *superskalar* genannt und in Kapitel 6 behandelt.

Zusammenfassend läßt sich sagen, daß von den vier Eigenschaften, die in der Literatur den RISC-Prozessoren zugeschrieben werden, nämlich:

- Laden/Speichern-Architektur
- Einzyklus-Operationsbefehle durch Befehls-Pipelining
- festverdrahtete Ablaufsteuerung
- einfacher Befehlssatz

die beiden ersten Merkmale heute von allen Prozessoren, auch den CISC, erfüllt werden. Einige RISC wenden für die komplexeren Operationen (wie die Gleitpunkt-Operationen) auch wieder das Prinzip der Mikroprogrammierung an, und einen einfacheren Befehlssatz haben inzwischen die wenigsten RISC-Prozessoren. Es wäre daher besser, von *Pipeline-Skalarprozessoren* zu reden; die Bezeichnung RISC ist jedoch wohl nicht mehr auszumerzen.

3.5.2 Pipeline-Skalarprozessoren und Vektormaschinen

Wir haben dargelegt, daß die hohe Leistung moderner Mikroprozessoren primär durch die Pipeline-Verarbeitung gewonnen wird. Das Pipeline-Prinzip setzt voraus, daß ein einigermaßen kontinuierlicher Strom von ausführbaren Operationen durch die Pipeline fließt und diese ständig gefüllt hält. Wir haben dargelegt, daß der kontinuierliche Befehlsstrom immer dann gestört ist, wenn ein Sprungbefehl auftritt. Skalare Pipeline-Prozessoren müssen daher über einen guten Sprungvorhersage-Mechanismus verfügen oder, besser noch, über einen guten optimierenden Compiler, der dann für den kontinuierlichen Strom von ausführbaren Operationen auch über Sprungbefehle hinweg sorgen muß.

Die Pipeline-Verarbeitung werden wir im Zusammenhang mit den Vektormaschinen (Kapitel 7) noch ausführlicher betrachten. Vektormaschinen sind vom Prinzip her Pipeline-Prozessoren. Sie genießen den Vorzug, daß bei ihnen die Datenströme, die durch die Pipeline verarbeitet werden, in natürlicher Weise durch die Folge der Vektorelemente gegeben ist. Hinzu kommt, daß die Operationen, die die Vektoren elementeweise verknüpfen, in vielen Fällen von Natur aus *datenunabhängig* sind. Solche "natürlichen" Datenströme sind bei den skalaren Pipeline-Prozessoren nicht gegeben; diese müssen vielmehr erst künstlich vom Compiler erzeugt werden. Auf die damit verbundenen Compilerprobleme werden wir noch zu sprechen kommen.

Sind die Befehle des Prozessors sehr einfach, so erleichtert dies sicher die Realisierung der hier skizzierten Organisationsform des skalaren Pipeline-Prozessors. Daher bestand vor einigen Jahren, als sich die hier erörterten Prinzipien einzuführen begannen, zunächst die Meinung, daß die Befehlssätze der Prozessoren möglichst einfach zu halten seien. Komplexe Befehle — deren Realisierung längere Mikroprogramme erfordert — sind zu vermeiden. Diese Forderung wurde gestützt durch die Tatsache, daß sich bei den konventionellen Prozessoren eine "90/10-Regel" beobachten ließ: 90% der Operationen bei einer Programmausführung erforderten nur 10% der Befehle bzw. Adressierungsarten.

Hat man jedoch einmal mit dem Befehls-Pipelining angefangen, dann kann man natürlich auch die komplexeren datentransformierenden Operationen ebenfalls im Pipelining ausführen. Dies ist die Regel bei den Gleitpunkt-Operationen, sie gilt aber auch für andere komplexe Operationen. Die Rate der Befehlsausführung (MIPS-Rate) wird dadurch nicht erhöht, nur erhält die Pipeline jetzt mehr Stufen (was natürlich auch ihre Startzeit erhöht, s. Kapitel 7). Die heutigen Mikroprozessoren haben daher in der Regel wieder recht komplexe Befehlssätze; man nennt sie aber dennoch RISC-Prozessoren (wahrscheinlich die irreführendste Bezeichnung, die je in die Computertechnik eingeführt wurde).

3.5.3 Beispiel: SPARC-Prozessor

Als Archetyp eines echten RISC-Prozessors gilt der SPARC. Der SPARC ist eine "offene" Architektur, was bedeutet, daß sein Entwickler, die Firma *Sun Microsystems*, die Spezifikationen des Prozessors in allen Details veröffentlicht hat, so daß ihn jeder nachbauen kann. Die Architektur-Spezifikation enthält ein *Interface* für einen Gleitpunkt-Coprozessor, jedoch keine Festlegungen bezüglich:

- Speicherverwaltung
- Cache-Organisation
- Bus-Spezifikationen
- Gleitpunkt-Coprozessor.

Der Entwurf dieser Einrichtungen ist vielmehr dem Hersteller überlassen. Die Einfachheit des SPARC macht auch Ausführungen in ECL- oder Gallium-Arsenid-Technik möglich. Es gibt inzwischen CMOS-Versionen des SPARC, die eine Speicherverwaltung und einen Gleitpunkt-Prozessor auf dem gleichen Chip haben [TMS 92a],[TMS 92b].

Der zentrale Kern des SPARC ist eine vierstufige Pipeline in Verbindung mit einem Rechenwerk für Ganzzahl-Operationen. Die 4 Pipelinestufen führen folgende Rechenschritte aus:

- Befehl holen (H)
- Befehl dekodieren und Datum holen (D)
- Befehl ausführen (A)
- Resultat abspeichern (S).

Der SPARC hat das in Bild 3-15 gezeigte feste Befehlsformat: Alle Befehle sind 32 Bit lang und fallen mit 32-Bit-Grenzen im Speicher zusammen. Es gibt 3 Befehlsgruppen, die durch die ersten zwei Bit des Befehlscode unterschieden werden. In allen drei Formaten befindet sich der Befehlscode und die Register-Adressen an der gleichen Stelle. Die meisten Befehle beziehen sich auf zwei Operanden und das Resultat; bei einigen Befehlen wird anstelle des zweiten Operanden eine Konstante referiert.

Group1: CALL

op	displacement
31	29 ... 0

Group 2: SETHI and Branches

op	destination		op2	immediate
op	a	condition	op2	displacement
31	29	28	24	21 ... 0

Group 3: All other instructions

op	destination	op3	source1	i	address space identifier	source2
op	destination	op3	source1	i	short immediate	
op	destination	op3	source1	coprocessor op-code		source2
31	29	24	18	13		4 ... 0

Bild 3-15 Befehlsformat des SPARC

Der SPARC hat als Eigenheit einen *Delayed Control Transfer*. Hierunter verbirgt sich der folgende Mechanismus. Der Prozessor nimmt als Sprungvorhersage an, daß der Sprung auszuführen ist (*branch taken*). Die Sprungadresse ist nach zwei Takten (am Ende der D-Phase) bekannt, der Wahrheitswert der Sprungbedingung aber erst nach 3 Takten, am Ende der A-Phase (s. Bild 3-16A). Daher wird nach dem Sprungbefehl ein *delay slot* eingefügt. Das bedeutet, daß unmittelbar auf den Sprungbefehl folgend der nächste Befehl ausgeführt wird. Daran anschließend wird der als Sprungziel angegebene Befehl geholt und ausgeführt. Hat sich nach drei Takten die Sprungvorhersage als falsch erwiesen, dann wird der als Sprungziel angegebene Befehl annulliert, indem er weder ausgeführt noch ein Ergebnis zurückgeschrieben wird. Durch dieses Verfahren gehen im Falle der richtigen Sprungvorhersage keine und im Falle der falschen Sprungvorhersage nur ein Takt verloren — vorausgesetzt, der Compiler ist in der Lage, den *delay slot* mit einer sinnvollen Operation zu füllen.

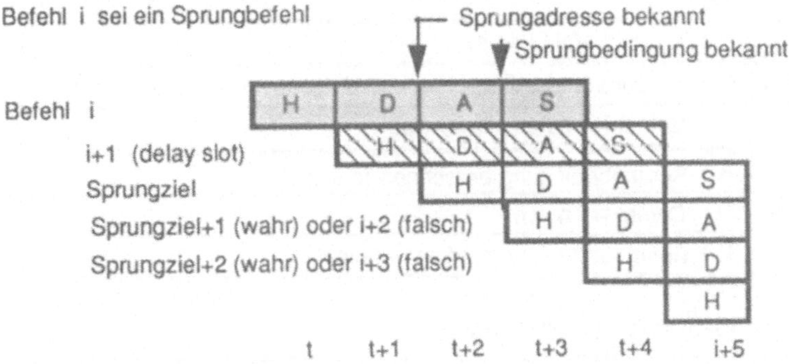

Bild 3-16(A) Befehls-Pipeline des SPARC

Ist der Compiler in der Lage, den *delay slot* (Anweisung i+1) mit einer Anweisung zu füllen, deren Ausführung nicht vom Wahrheitswert der Sprungbedingung abhängt, dann setzt er das *Anullierungsbit* a im Sprungbefehl (vgl. Bild 3-15) auf 0, und der Vorgang läuft wie oben beschrieben ab. Hat er den *delay slot* jedoch mit einer Anweisung gefüllt, deren Ausführung von der Sprungbedingung abhängig ist, dann setzt er das Anullierungsbit auf 1. Als Folge wird auch das Ergebnis des Befehls i+1 annulliert, wenn die Sprungvorhersage falsch war, wodurch dann ein weiterer Takt verloren geht. Würde man andererseits erst das Ergebnis der Sprungbefehlsausführung abwarten, dann würde dies für jeden Sprungbefehl 2 Takte kosten. Dieses Verfahren ist in Bild 3-16(B) ausführlich erläutert.

Der SPARC hat überlappende Registerfenster, die etwa dem in Bild 3-5 gezeigten Schema entsprechen, außer daß ein Registerfenster aus insgesamt 24 Registern besteht: 8 Register für Eingabe-Parameter, 8 Register für lokale Variablen und 8 Register für Ausgabe-Parameter, die sich mit den 8 Registern der Eingabe-Parameter des nächsten Registerfensters decken. Die Ausgabe-Register des letzten Fensters überlappen sich mit den Eingabe-Registern des ersten Fenster, d.h. die Fenster-Überlappung ist zyklisch. Insgesamt gibt es bis zu 32 Registerfenster. Zusätzlich existieren 8 globale Register. Bemerkenswert ist ferner, daß ein Registerfenster fest dem *Trap-Handler* zugeordnet ist, so daß die *Trap*-Prozedur immer ein leeres Registerfenster vorfindet.

Der SPARC-Prozessor war ursprünglich für den Einsatz in Programmentwicklungs-Arbeitsplatzrechner für blockstrukturierte Programmiersprachen konzipiert. Hierfür spricht zum Beispiel der Aufwand, der für die überlappenden Registerfenster getrieben wird. Auf eine hohe numerische Leistung wurde aus Gründen der Einfachheit verzichtet, aber auch auf eine Speicherverwaltung. Wegen seiner Einfachheit (der SPARC ist ein echter RISC) läßt sich dieser Prozessor auch in einer weniger hoch integrierten Technologie (z.B. ECL oder GaAs) realisieren, was zu einer sehr hohen MIPS-Leistung führt.

Befehlsausführung vom Beginn bis zur Ermittlung der Sprungbedingung

t	H	Sprungbefehl i holen
t+1	D	Sprungadresse berechnen, Bedingungsmultiplexer setzen
	H	Befehl i+1 holen *(delay slot)*
t+2	A	Sprungbedingung berechnen (c = 0/1)
	D	Datum i+1 holen
	H	Befehl unter Sprungadresse holen

Befehlsausführung für c=1 (wahr)

t+3	S	Sprungbefehl i beendet
	A	Befehl i+1 ausführen
	D	Datum unter Sprungadresse holen
	H	Befehl unter Sprungadresse+1 holen
t+4	S	Ergebnis i+1 speichern
	A	Befehl unter Sprungadresse ausführen
	D	Datum unter Sprungadresse+1 holen
	H	Befehl unter Sprungadresse+2 holen

Befehlsausführung für c=0 (falsch)

t+3	S	Sprungbefehl i beendet
	A	Befehl i+1 ausführen
	D	Datum unter Sprungadresse holen
	H	Befehl i+2 holen
t+4	S	Ergebnis i+1 speichern
	A	Befehl unter Sprungadresse nicht ausführen (NOOP)
	D	Datum i+2 holen
	H	Befehl i+3 holen
t+5	S	Ergebnis des Befehls unter Sprungadresse nicht speichern
	A	Befehl i+2 ausführen
	D	Datum i+3 holen
	H	Befehl i+4 holen

Bild 3-16(B) Ausführung des verzögerten Sprungbefehls für c=wahr und c=falsch

3.6 Bus-Systeme

Für die Kommunikation zwischen dem Hauptspeicher und den Prozessoren werden Datenwege benötigt. Diese Datenwege können ausschließlich eine bestimmte "Punkt-zu-Punkt"- Verbindung herstellen (dedizierter Datenweg), oder aber sie können von mehreren Hardware-Einrichtungen gemeinsam benutzt werden (globaler Bus). Wir betrachten hier den zweiten Fall, d.h. den Bus, der den Zugriff auf den Speicher ermöglicht. Ein Prozessor hat nur dann Zugriff zum Speicher, wenn ihm der Speicherbus zur Verfügung steht.

3.6.1 Bus-Arbitrierung

Wird ein Datenweg oder Bus von mehreren Hardware-Einrichtungen gemeinsam benutzt, so bedarf es einer Steuerung (*bus control*), die im Falle konkurrierender Zugriffswünsche entscheidet, welches Betriebsmittel den Bus erhält. Die Steuerung kann

- zentralisiert oder
- dezentralisiert sein.

Eine zentralisierte Bus-Steuerung ist in der Regel weniger aufwendig als eine dezentralisierte Steuerung; dafür hat die dezentralisierte Steuerung den Vorteil der größeren Ausfalltoleranz. Für die Steuerung eines globalen Bus gibt es im wesentlichen drei Grundprinzipien [Tea 72]:

- Methode der Verkettung (*daisy chaining*);
- Abfrage-Verfahren (*polling*);
- Individuelle Zuweisung (*independent request granting*).

Bild 3-17 illustriert die *Verkettungsmethode* mit zentralisierter Steuerung. Hier gibt es zusätzlich zu dem eigentlichen Datenbus drei Steuerleitungen. Auf der *Bus_Anforderung*-Leitung (*bus request*) zeigt eine Einrichtung der Steuerung an, daß sie den Bus benutzen möchte. Wenn der Bus frei ist, dann zeigt die Steuerung dies auf der *Bus_verfügbar*-Leitung (*bus grant*) an, die durch alle Einrichtungen durchgeschaltet (*daisy-chained*) ist. Das erste Gerät in der Kette, das den Bus benutzen möchte, schaltet ein entsprechendes Signal auf die *Bus_belegt*-Leitung (*bus busy*), löscht sein Signal auf der *Bus_Anforderung*-Leitung und beginnt die Übertragung. Wenn die erste Einrichtung, die das *Bus_verfügbar*-Signal empfängt, nicht übertragen möchte, so gibt sie dieses an die nächste Einrichtung in der Kette weiter, usf.

Dieses Verfahren ist sehr einfach und hat den Vorteil, daß beliebig viele Einrichtungen angeschlossen werden können. Ein Nachteil ist, daß es eine starre Prioritätssteuerung darstellt: das erste Gerät hat immer die höchste Priorität, das zweite Gerät die zweithöchste, usw. Weitere Nachteile sind die starke Fehleranfälligkeit — fällt ein Gerät aus, dann führt dies dazu, daß alle nachfolgenden Geräte von der Benutzung des Bus ausgeschlossen werden — und schließlich die Langsamkeit, die dadurch verursacht wird, daß das *Bus_verfügbar*-Signal u.U. mehrere Geräte durchlaufen muß, bis es beim ersten sendebereiten Gerät ankommt. Man findet daher die Verkettung in der Regel nur beim Anschluß von Peripheriegeräten. Wir wollen daher auf weitere Einzelheiten (wie z. B. die Modifikation des Verfahrens zur dezentralisierten Steuerung) nicht eingehen.

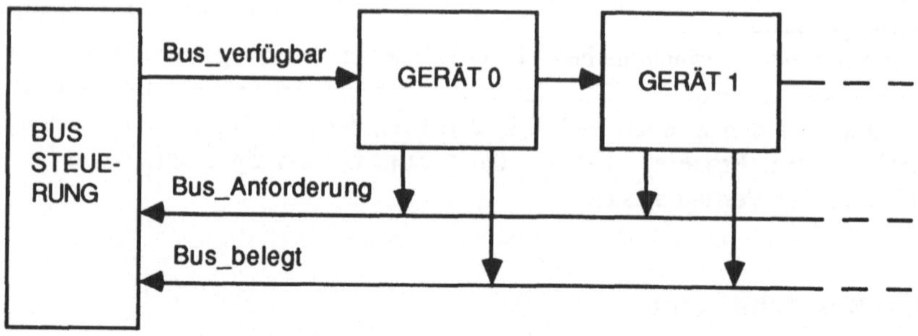

Bild 3-17 Zentralisierte Bussteuerung nach der Verkettungsmethode (daisy chaine)

Bei der *Abfrage-Methode* schaltet wie bei der Verkettung jede Einrichtung, die den Bus benutzen möchte, ein Signal auf die *Bus_Anforderung*-Leitung. Die Steuerung beginnt nun, nacheinander durch Anwahl der *Abfrage*-Leitungen, von denen je eine zu jeder der angeschlossenen Einrichtungen führt, festzustellen, welche Einrichtung die Anforderung gestellt hat. Die erste befragte Einrichtung, die eine Anforderung gestellt hat, antwortet durch ein Signal auf der *Bus_belegt*-Leitung, woraufhin die Steuerung das weitere Abfragen unterbricht oder abbricht. Die Einrichtung führt die Übertragung über den Bus aus und gibt anschließend die *Bus_belegt*-Leitung wieder frei. Die Steuerung kann nun entweder die unterbrochene Befragung fortsetzen, was zu einem zyklischen Abfragen der angeschlossenen Einrichtungen (*round robin*) führt, oder sie kann die abgebrochene Befragung wieder von vorne beginnen, was zu einer Prioritätensteuerung führt. Prioritäten können leicht durch Änderung der Anschlüsse an den Abfrageleitungen geändert werden. Das in Bild 3-18(A) illustrierte Verfahren ist zuverlässiger als die Verkettung. Es hat allerdings den Nachteil, daß nur so viele Einrichtungen angeschlossen werden können, wie es Abfrageleitungen gibt.

Der Nachteil der Schaltung nach Bild 3-18(A) kann durch eine Modifikation nach Bild 3-18(B) vermieden werden, bei der es keine Abfrageleitungen gibt. Statt dessen sendet die Bussteuerung Zählimpulse auf einer Leitung aus, an die alle Einrichtungen angeschlossen sind. Die Einrichtungen enthalten je einen Zähler, die die empfangenen Zählimpulse mitzählen. Erreicht der Zählerstand den Wert, der der vorgegebenen Adresse der Einrichtung entspricht, und hat diese Einrichtung den Bus angefordert, so antwortet sie wie im ersten Falle mit einem *Bus_belegt*-Signal, das dazu führt, daß die Steuerung das Aussenden der Zählimpulse unterbricht. Zählen die Zähler in den Einrichtungen nach dem Wiederfreiwerden des Bus vom bisher erreichten Zählerstand aus weiter, dann entspricht dies wieder einer zyklischen Abfrage. Werden statt dessen alle Zähler bei jeder Busbelegung auf den Anfangsstand zurückgesetzt (d.h. beginnen immer wieder von vorn mit der Zählung), so entspricht dies der Prioritätensteuerung.

Bei der Abfrage mit dezentralisierter Steuerung erhält bei der Initialisierung des Systems die Einrichtung mit der höchsten Priorität zunächst den Bus. Mit der Annahme dieses Angebots muß die Einrichtung aber auch die Verpflichtung übernehmen, nach Beendigung der Bus-Benutzung diesen nach einem festen Zuweisungs-Schema (Prioritätensteuerung oder zyklische Abfrage) an den nächsten Anforderer weiterzugeben. Dazu fragt die Einrichtung, die im Augenblick über den Bus verfügt, nach der vorgegebenen Ordnung ihre Nachfolger ab, ob sie den Bus benutzen möchten. Sobald ein Benutzer gefunden wird, geht die Steuerung an diesen über, usw.

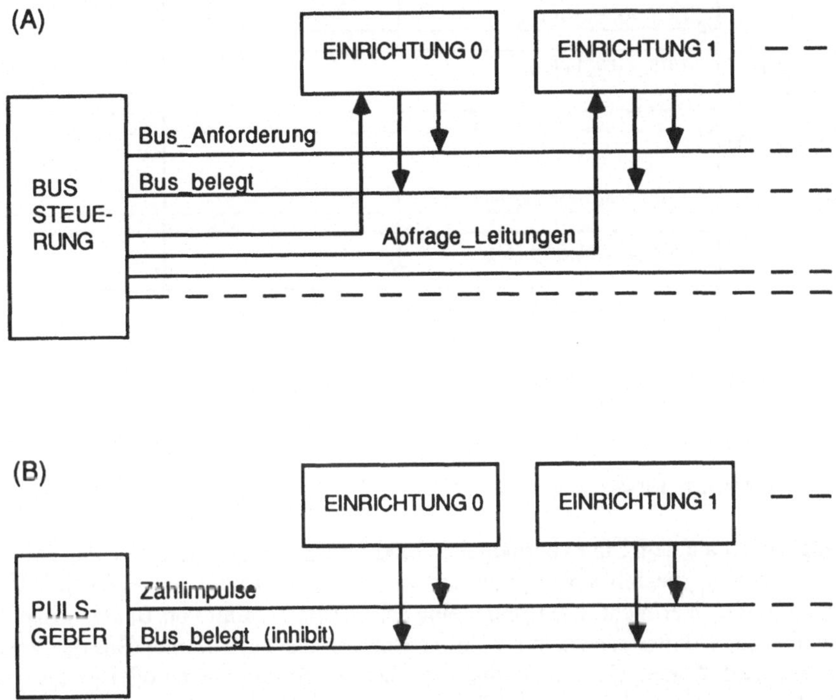

Bild 3-18 Abfrage-Verfahren, (A) mit Abfrage-Leitungen, (B) mit Zählern in den Einrichtungen

Bei der Methode der individuellen Zuweisung gibt es zwischen der zentralen Steuerung und jeder der angeschlossenen Einrichtungen ein Paar von Leitungen. Über die eine Leitung zeigt die Einrichtung an, daß sie den Bus zu erhalten wünscht, und über die zweite Leitung zeigt die zentrale Busvergabe (*arbiter*) der Einrichtung an, daß der Bus verfügbar ist. Die empfangende Einrichtung zeigt nun über eine gemeinsame *Bus_erhalten*-Leitung allen anderen Einrichtungen an, daß sie den Bus erhalten hat, und löscht gleichzeitig ihr *Bus_Anforderung*-Signal. Dieses Verfahren ist das schnellste von allen hier besprochenen. Es gibt ferner der Busvergabe die uneingeschränkte Freiheit der Entscheidung darüber, welcher Einrichtung der Bus als nächstes übergeben werden soll. Bild 3-19 illustriert dieses Verfahren.

Man kann bei entsprechendem Aufwand das Prinzip der individuellen Busvergabe (Arbitrierung) auch dezentral ausführen. Hierfür gibt es bewährte Verfahren, auf die wir hier nicht näher eingehen können. Die Busvergabe wird aber meistens durch einen zentralen Arbiter durchgeführt.

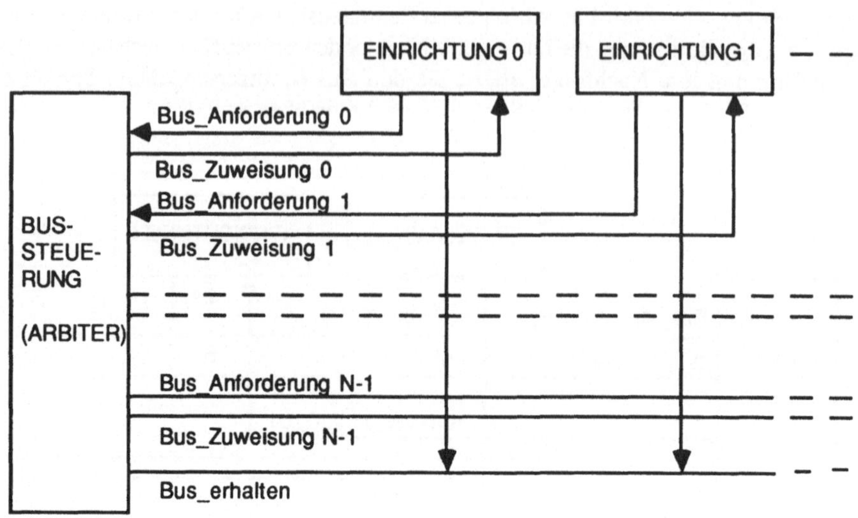

Bild 3-19 Individuelle Zuweisung durch eine zentrale Busvergabe (*Arbiter*)

3.6.2 Standardbusse

Bezüglich der auf dem Markt befindlichen Mikroprozessoren ist zu sagen, daß ein jeder seinen eigenen, speziell auf ihn zugeschnittenen Prozessorbus hat. Eine Standardisierung gibt es hier nicht. Man findet eine sehr große Vielfalt von Busse, wobei mit zunehmender Taktfrequenz dem synchrone Bus vor dem asynchronen Bus der Vorzug gegeben wird. Anders sind die Verhältnisse bei den Systembussen oder — als reiner E/A-Bus — dem *Small Computer System Interface* (SCSI), die standardisiert sind. Beispiele für die gebräuchlichsten Systembusse sind (in der Reihenfolge ihrer Verbreitung):

- der *VMEbus*
- der *MULTIBUS II*
- der *FUTURE Bus*.

Tabelle 3-3 gibt einen Überblick über die Leistung dieser Standardbusse [BOR 86]. Diese Übersicht gibt allerdings nicht mehr den neuesten Stand wieder. So gibt es schnellere Varianten des VMEbus, und auch der FUTURE Bus ist inzwischen mit einer sehr viel höheren Datenrate spezifiziert. Dennoch reicht in der Regel die Leistung der Standardbusse bei weitem nicht aus, um sie als Verbindungskomponenten in Hochleistungs-Multiprozessorsystemen einsetzen zu können.

Ähnliches gilt für die *Pixelbusse* in Bildverarbeitungsrechnern oder Graphiksystemen, wie auch für die Busse in Hochleistungs-Arbeitsplatzrechnern. Daher arbeiten solche Systeme mit einem eigenen, schnelleren Bus. Die Standardbusse bieten hingegen den Vorteil, daß es für sie eine Vielzahl von Peripheriebausteinen gibt, die in großer Stückzahl hergestellten werden und damit sehr preiswert sind. Aus diesem Grunde bieten manche Arbeitsplatzrechner zusätzlich zu ihrem internen Bus auch ein Standard-Businterface an.

Tabelle 3-3 Übersicht über die gebräuchlichsten Standard-Busse (nach [BOR 86]

	VMEbus	FUTUREBus	Multibus II	SCSI
Busbreite (Signale)	128	96	96	8
Multiplex Adressen/Daten	nein	ja	ja	-
Datenberite	16...32 Bit	32 Bit	16 Bit	8 Bit
Transfereinheiten	Wort oder Block	Wort oder Block	Wort oder Block	Byte oder Block
Zahl der Busmaster	mehrere	mehrere	mehrere	mehrere
Split Transaction	nein	wahlweise	wahlweise	wahlweise
Arbeitsweise	asynchron	asynchron	asynchron	wahlweise
Bandberite, Worttransfer Speicherzyklus 0 ns	25,0 Mbyte/s	37,0 Mbytes/s	20,0 Mbyte/s	5,0 Mbyte/s oder 1,5 Mbyte/s
Bandbreite, Worttransfer Speicherzyklus 150 ns	12,9 Mbyte/s	15,5 Mbytes/s	10,0 Mbyte/s	5,0 Mbyte/s oder 1,5 Mbyte/s
Bandbreite, Blocktransfer Speicherzyklus 0 ns	27,9 Mbyte max.	92,2 Mbytes/s max.	40,0 Mbyte/s max.	5,0 Mbyte/s oder 1,5 Mbyte/s
Bandbreite, Blocktransfer Speicherzyklus 150 ns	13,6 Mbyte max.	20,8 Mbnytes/s max.	13,3 Mbyte/s max.	5,0 Mbyte/s oder 1,5 Mbyte/s
Maximale Gerätezahl	21	20	21	7
Maximale Buslänge	0,5 meter	0,5 meter	0,5 meter	25 meter
Standard	IEEE 1014	IEEE 896.1	ANSI/IEEE 1296	ANSI X3.131

Literatur zu Kapitel 3

[AaC 87] Agerwala T., Cocke J.: High-performance Reduced Instruction Set Processors, IBM Tech. Report (March 1987)

[ALB 80] Albrich P.: Vertikale Verlagerung: Kriterien, Voraussetzungen, Entwurf, in Giloi W.K.(ed.): *Firmware Engineering*, Informatik-Fachberichte 31, Springer-Verlag 1980

[BaN 89] Breternitz E.C.E., Nicolau A.: Tradeoffs Between Pipelining and Multiple Functional Units in Fine Grain Parallelism Exploitation, *Proc. Supercomputing ´89*, Internat. Supercomputing Inst.Inc., St. Petersburg, FL 1989

[BOR 86] Borill P.L.: 32-bit buses—An objective comparison, *Proc. Buscon 1986 West*, 138-145

[BRU 92] Bruening U.: High Performance Processor Architecture, Internal Tech. Report, GMD-TUB FIRST 1992

[ENS 74] Enslow P.H.(ed.): *Multiprocessors and Parallel Processing*, J. Wiley&Sons, New York 1974

[JOY 86] Joy B.: Computer Workstation Architecture: 1982-1992, H.J. Kugler (ed.): *Information Processing 86*, Elsevier Science Publ. (North-Holland) 1986, 1163-1168

[LEW 90] Lewis P.H.: Chips for the Year 2000, New York Times, June 19 1990

[MaH 86] McFarling S., Hennessy J: Reducing the Cost of Branches, Proc. 13th Internat. Sympos. on Computer Architecture (1986), IEEE-CS order no. 719, 396-403

[PaS 81] Patterson D.A., Sequin C.H.: Lookup-free Instruction Fetch/prefetch Cache Organization, Proc. 8th Internat. Sympos. on Computer Architecture 1981, 443-458

[PAT 85] Patterson D.A.: Reduced Instruction Set Computers, Comm. ACM 28,1 (Jan. 1985), 8-21

[RaL 77] Ramamoorthy C.V., Li H.F.: Pipeline Architectures, Computing Surveys 9,1 (March 1977), 61-102

[SPA 76] Spaniol O.: *Arithmetik in Rechenanlagen*, E.G. Teubner, Stuttgart 1976

[Tea 72] Thurber K.J. et al.: A Systematic Approach to the Design of Digital Bussing Structures, Proc. AFIPS FJCC 1972, 719-740

[TMS 92a] Anonymous: Integrated Sparc Processor — Product Preview, Texas Instruments, TMS 390Z50, 1992

[TMS 92b] Anonymous: Cache Controller — Product Preview, Texas Instruments, TMS 390Z55, 1992

4 Speicherorganisation und Speicherverwaltung

4.1 Speicherhierarchie

Die ständige Steigerung der Rechenleistung moderner Prozessoren führt zu einer immer größer werdenden Lücke zwischen der *Verarbeitungsgeschwindigkeit* des Prozessors und der *Zugriffsgeschwindigkeit* des Hauptspeichers. RISC-Prozessoren führen eine vollständige Operation — superskalare Prozessoren sogar mehrere Operationen — pro Takt aus, wobei die Taktfrequenzen bei 100...200 MHz liegen. Die Geschwindigkeit dynamischer Speicherbausteine hat hingegen über die Jahre deutlich weniger zugenommen. Eine Ausführung der Programme unmittelbar aus dem Hauptspeicher hätte daher zur Folge, daß der Prozessor nur mit einem Bruchteil seiner maximalen Leistung arbeiten könnte. Deshalb muß das Programm vorwiegend aus den auf dem Chip befindlichen *Registerfiles* bzw. den *Caches* ausgeführt werden, und es ist zu einem wesentlichen Ziel der Programmoptimierung durch den Compiler geworden, die Zahl der Hauptspeicherzugriffe zu minimieren.

Registerfiles kann man nicht beliebig groß machen, selbst dann, wenn genugend Chipfläche zur Verfügung stehen würde. Der Grund ist, daß die Zugriffszeit auf ein *Registerfile* linear mit dessen Größe zunimmt (s. Kapitel 6.4). Andererseits gilt die Bedingung, daß der Zugriff auf den *Registerfile* innerhalb eines Prozessortakts erfolgen muß. Daher beschränkt man sich bei den *Registerfiles* meist auf eine Größe von 32 Registern.

Dies zwingt dazu, zusätzlich zu den *Registerfiles* (üblicherweise gibt es je ein *Registerfile* für Ganzzahl-Werte und für Gleitpunkt-Werte) Cache-Speicher auf dem Chip vorzusehen. Dies hat den weiteren Vorteil, daß man nun getrennte Caches für Befehle und Daten vorsehen kann, so daß die Maschine einen Befehl und ein Datum gleichzeitig holen kann. Gegenwärtig sind die Caches aus Gründen der beschränkten Chipfläche etwa 8 bis 16 Kbyte groß; nach dem nächsten Technologieschritt wird man jedoch wesentlich größere Caches vorfinden. Manche Prozessoren (wie zum Beispiel der R4000 der Firma MIPS [SLA 91]) erlauben es, zusätzlich zu den Caches auf dem Chip auch noch externe Caches zwischen den Prozessor und den Hauptspeicher einzuschalten. Eine solche Maßnahme wird aber sehr bald mit hinreichender Größe der On-Chip-Caches überflüssig werden.

Selbst Personalcomputer haben inzwischen eine Hauptspeicherkapazität von einigen Mbytes. Arbeitsplatzrechner haben um die hundert Mbytes, und große *Mainframes* haben hunderte von Mbytes. Andererseits ist der Bedarf für Speicher unersättlich. Moderne Betriebssysteme wie UNIX mit seiner sehr komfortablen X-Window-Benutzeroberfläche und umfangreichen Software-Bibliotheken benötigen bereits einen Speicherplatz in der Größenordnung von 10 Mbyte. Wir finden damit heute praktisch bei allen Rechnern — vom Personalcomputer bis zum großen *Mainframe* — die in Bild 4-1 skizzierte Speicherhierarchie [SaK 91]. Die Werte wurden vom Autor etwas modernisiert und sind als typische Werte zu betrachten, von denen es Abweichungen nach unten und oben gibt. Beim DRAM-Hauptspeicher bezieht sich der untere Wert auf den *static column mode* und der obere Wert auf den normalen Zugriff.

Die bei allen *UNIX-Workstations* und allen *Mainframes* übliche Methode, die gesamte Speicherhierarchie bis auf den Archivspeicher in einem einheitlichen Adreßraum zu adressieren, unabhängig davon, wo sich die adressierten Objekte gerade befinden, ist der auf der Seitenadressierung basierende *virtuelle Speicher* mit automatischem Nachladen fehlender Seiten (*demand paging*). Diese Art der Speicherverwaltung stellt dem Benutzer den gesamten Sekundärspeicher-Raum als *virtueller Hauptspeicher* zur Verfügung.

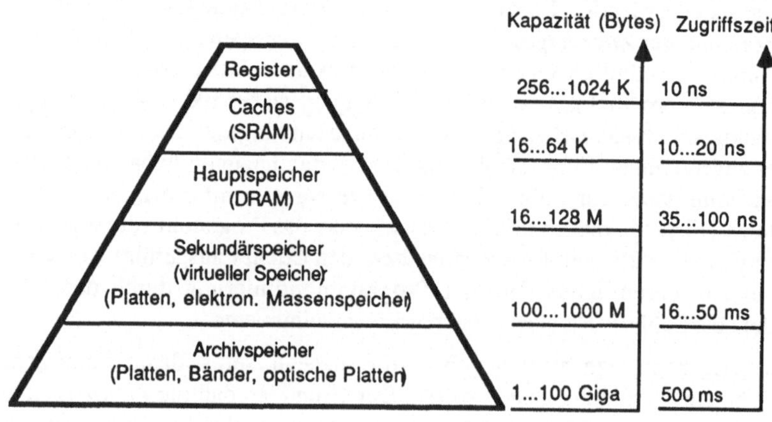

Bild 4-1 Die Speicherhierarchie eines Rechners (nach [SaK 91])

4.2 Seitenadressierung

Um einfache Mechanismen zum Schutz der Objekte (Programm-Moduln und ihre Datenobjekte) im Speicher des Rechners sowie auch zum einfachen Verlagern solcher Objekte zu erhalten referiert man in den Befehlen der konventionellen Maschinensprache *logische Adressen.* Diese werden dann erst bei der Befehlsausführung durch eine spezielle Hardware-Einrichtung in die zugehörigen physikalischen Speicheradressen transformiert. Eine solche Hardware-Einrichtung heißt *Speicherverwaltung* (*memory management unit*), und die Transformation von logischen in physikalische Adressen wird *Adreßtranslation* genannt. Bestimmte logische Adreßbereiche können dann als ganzes gegen unautorisierten Zugriff geschützt werden.

Das hardwaremäßig einfachste Verfahren besteht darin, den Adreßbereichen eine feste Größe zu geben. Man nennt solche Adreßbereiche *Seiten* (*pages*). Von der Anwendung her zweckmäßiger wäre es allerdings, Adreßbereiche variabler Größe definieren zu können. Dies ist aber ein für die Speicherverwaltung zu aufwendiges Vorgehen. Als Kompromiß führt man Adreßbereiche ein, die aus einer variablen Anzahl von Seiten bestehen und die als *Segmente* (*segment*) bezeichnet werden.

Wir betrachten hierzu ein Beispiel. Gegeben sei ein Prozessor mit 32 Bit Adreßlänge. Damit lassen sich 2^{32} = 4 Gbyte Speicherplätze adressieren. Dieser Adreßraum sei in 4 M Seiten von je 1 K (K = 1024) Speicherzellen aufgeteilt. Die logische Adresse eines Speicherplatzes besteht dann aus der Konkatenation (dem Aneinanderfügen) von *Seitenadresse S* und *Zellenadresse* Z, d.h. es gilt A=S,Z (Bild 4-2). Die Zellenadressen bezeichnen dabei Bytes oder Wörter, je nachdem, was die kleinste adressierbare Einheit ist. Bei den heutigen Rechnern herrscht die Byte-Adressierung vor.

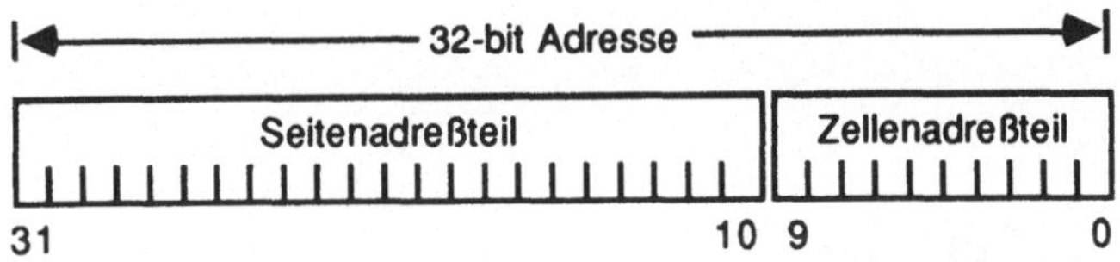

Bild 4-2 Aufteilung einer 32-Bit Adresse in einen Seitenadreßteil und ein Wortadreßteil

Bei der Transformation der logischen Adresse ersetzt man jetzt nur den Seitenadreßteil der logischen Adresse durch die physikalische Seitenadresse, während man den Zellenadreßteil unverändert läßt. Man beachte daß ein zusammenhängender logischer Adreßraum physikalisch über an beliebiger Stelle gespeicherte Seiten verteilt sein kann. Bild 4-3 illustriert dieses Vorgehen.

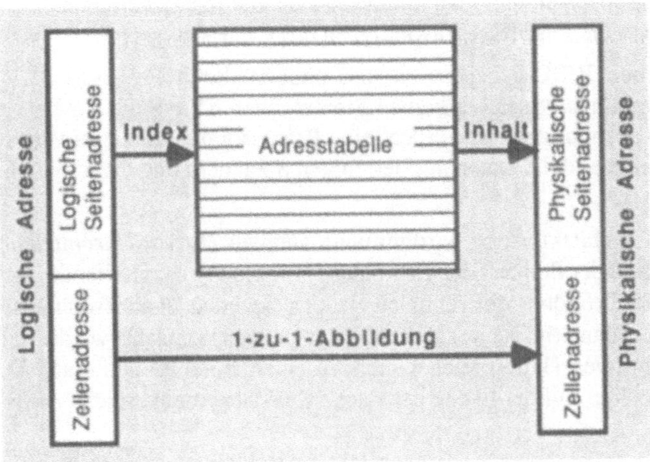

Bild 4-3 Ersetzen der logischen durch die physikalische Seitenadresse

Man beachte den Unterschied zwischen dieser *Seitenadressierung* und einer relativen Adressierung durch Basisadresse B und Verschiebung V. Im letzteren Falle kann die Basisadresse jede beliebige Adresse des gesamten Adreßraums sein, und die gesamte

Adresse ergibt sich durch Addition: A = B+V. Bei der Seitenadressierung hingegen liegen die Seitenanfänge bei ganz bestimmten Adressen.

Seitenadressierung kann in einem Computer zur Erreichung der folgenden Ziele angewandt werden:

- Abbildung eines kleineren logischen Adreßraums auf einen größeren physikalischen Adreßraum (*mapping*);
- Abbildung eines größeren logischen Adreßraums auf einen kleineren physikalischen Hauptspeicher-Adreßraum (*virtueller Speicher*);
- Einführung logischer Adreßräume, *Segmente* genannt, als variables Vielfaches einer Seite;
- Schutzmechanismen und Zugriffskontrolle auf Daten und Programme.

4.3 Cache-Speicher

4.3.1 Vorteile des Cache-Speichers

Ein *Cache* ist ein Speicher, dessen Zugriffszeit wesentlich kürzer und dessen Speicherkapazität sehr viel geringer als die des Hauptspeichers ist. Moderne Mikroprozessoren haben zwei Caches auf dem Chip, einen *Befehlscache* und einen *Datencache*. Schon aus diesem Grunde ist die Speicherkapazität der Caches verhältnismäßig klein; sie liegt gegenwärtig etwa bei 16 Kbyte. Aber auch externe Caches, die sich nicht auf dem gleichen Chip mit dem Prozessor befinden, kann man aus Kostengründen nicht beliebig groß machen, und man könnte es sich erst recht nicht leisten, dem gesamten Hauptspeicher die Zugriffsgeschwindigkeit des Caches zu geben.

Die modernen RISC-Prozessoren und superskalaren Prozessoren würden ohne angemessene Cache-Speicher keinen Sinn machen. Durch die Cache-Speicher ist es inzwischen auch möglich geworden, eine Prozessorarchitektur zu verwirklichen, bei der die Befehle und die Daten aus getrennten Speichern und damit gleichzeitig geholt werden.

Eine solche Architekturform wird mitunter auch als *Harvard-Architektur* bezeichnet. Diese bereits in der Frühzeit der Computer-Entwicklung anzutreffende Architekturform wurde mit der Erfindung des zentralen Hauptspeichers (erst als Trommelspeicher, dann Kernspeicher, dann (bis heute) als Halbleiterspeicher) zunächst wieder aufgegeben, da man den zentralen Hauptspeicher nicht in einen Befehls- und einen Datenspeicher aufteilen möchte. Auf der Ebene der Cache-Speicher ist eine solche Aufteilung jedoch problemlos.

Ein Cache enthält *Kopien* einer Untermenge der Befehle oder Daten eines Programms. Die gesamte Speicherkapazität des Systems wird daher durch einen Cache nicht erhöht. Damit Befehlscache und Datencache einen Nutzen bringen, müssen beide den *actual working set* (s. Kapitel 2.7.1) des Programms enthalten. Ein mit einem Cache ausgestatteter Prozessor wird bei jedem Speichertransportbefehl zunächst im Cache nachsehen, ob das referierte Wort dort zu finden ist. Nur wenn dies nicht der Fall ist, wird er auf den Hauptspeicher zugreifen. Entscheidend für die Effizienz der Caches ist, daß diese mit denselben Adressen adressiert werden wie der Hauptspeicher. Bei der Cache-Organisation sind somit drei Probleme zu lösen:

- Einheitlichkeit oder *Transparenz* der Adressierung
- Unterstützung der Bildung von *Working Sets*
- Gewährleistung der *Datenkonsistenz* zwischen Cache und Hauptspeicher.

Wenn H die Trefferrate des Caches bezeichnet, d.h. den Bruchteil der Speicherzugriffe, die bereits durch den Cache befriedigt werden, dann ergibt sich mit der Cache-Zugriffszeit T_c und der Hauptspeicher-Zugriffszeit T_m die effektive Zugriffszeit

$$T_e = HT_c + (1-H)T_m$$

Der Gewinn G_c durch den Cache beträgt damit

$$G_c = \frac{T_m}{T_c} = \frac{T_m}{HT_c + (1-H)T_m} = \frac{1}{1-H(1-\frac{T_c}{T_m})}$$

Die Funktion $G_c(H)$ ist in Bild 4-4 für das Verhältnis $T_m/T_c = 5$ aufgetragen. Man sieht, daß für $H \leq 0{,}5$ selbst für $T_m/T_c >> 1$ der Gewinn unter 2 bleibt. Ein Cache lohnt sich daher nur, wenn die Trefferraten nahe bei 1 liegen. In der Praxis beobachtet man Trefferraten von 0,9 oder mehr, so daß der Gewinn an Speicherzugriffsgeschwindigkeit durch den Cache zum Tragen kommt. Bild 4-5 zeigt das Ergebnis von Messungen, die angeben, wie die *Cache Miss Rate* (das Komplementäre zur Trefferrate) mit der Cachegröße abnimmt [KUC 78].

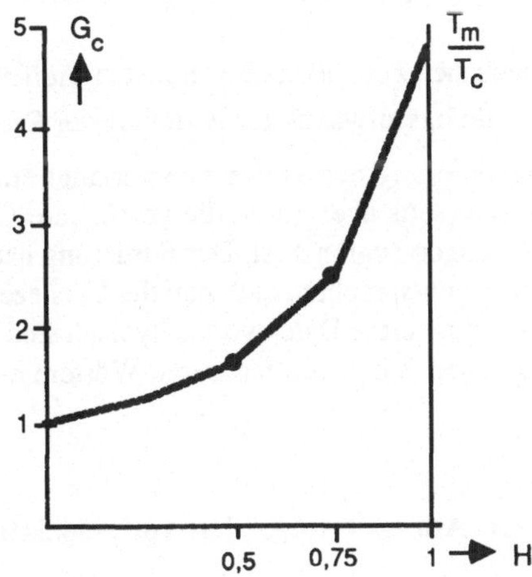

Bild 4-4 Geschwindigkeitsgewinn des Caches als Funktion der Trefferrate

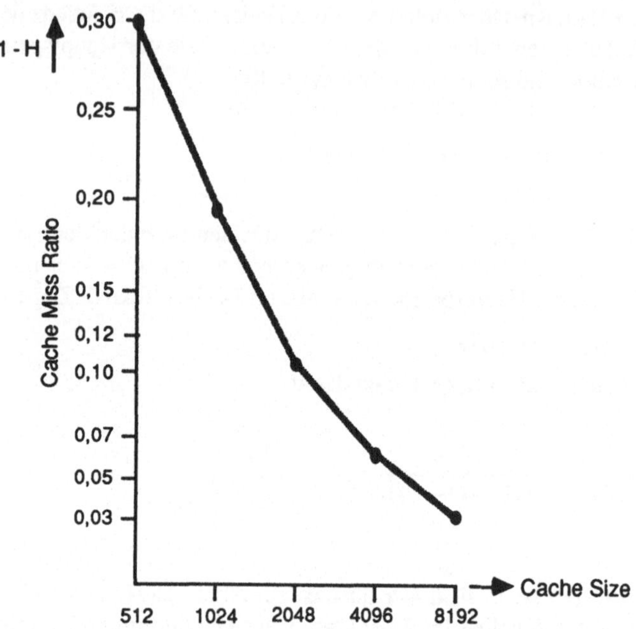

Bild 4-5 *Cache Miss Rate* als Funktion der Cachegröße

Um einen möglichst hohen Cache-Gewinn zu erhalten, sind somit folgende Entwurfsziele zu erreichen:

- Maximierung der Trefferrate
- Minimierung der Cache-Zugriffszeit auf einen Wert, der der Zykluszeit des Prozessors entspricht
- Minimierung des zusätzlichen Zeitaufwands wenn kein Treffer vorliegt
- Minimierung des Verwaltungsaufwands zur Erzielung der Cache-Kohärenz.

Die Forderung nach Maximierung der Trefferrate verlangt einen möglichst großen Cache, dessen Größe andererseits aber durch die verfügbare Chipfläche oder durch Wirtschaftlichkeitsüberlegungen begrenzt ist. Der Forderung nach einer Minimierung des *Overheads* wird dadurch entsprochen, daß man die Cachezelle so auslegt, daß sie nicht ein Datenwort, sondern mehrere Datenwörter (typisch sind 4 Wörter) aufnehmen kann. Man nennt einen solchen Block von mehreren Wörtern eine *Cachezeile* (*cache line*).

4.3.2 Transparenz der Adressierung: der vollassoziative Cache

Das Hauptziel der Cacheverwaltung ist es, einen einheitlichen Adreßraum mit dem Hauptspeicher zu realisieren. Das heißt: Für das Programm muß es gleichgültig sein, ob sich ein referiertes Wort im Cache oder im Hauptspeicher befindet. Man sagt daher auch, daß der Cache für den Programmierer *transparent* (durchsichtig*) sein muß; d.h. der Programmierer muß von der Existenz des Caches nichts wissen, noch sich gar um dessen Kontrolle kümmern.

Die Transparenz des Caches läßt sich im Prinzip dadurch erreichen, daß man ihn als Assoziativspeicher ausführt und gleichzeitig mit jedem Speicherwort auch dessen Hauptspeicheradresse im Cache abspeichert. Die Hauptspeicheradressen stellen somit die Schlüsselinformation dar. Wird ein Wort in einem Befehl referiert, so wird zunächst mit seiner Adresse als Schlüssel im Cache assoziativ nachgesehen, ob sich das Wort dort befindet. Ist dies nicht der Fall, dann muß es unter der gegebenen Adresse im Hauptspeicher aufgesucht werden. Dieses an sich sehr elegante Verfahren wird aber wegen der hohen Kosten des Assoziativspeichers (aus technischen Gründen lassen sich Assoziativspeicher nicht in VLSI-Technologie ausführen, man kann sie nämlich nicht wie den DRAM *slicen*) in der Regel nicht angewandt. Die (wesentlich kleineren) Adreßtranslations-Caches in den noch zu besprechenden Speicherverwaltungen sind üblicherweise aber vollassoziativ.

Bild 4-6 zeigt die Organisation eines vollassoziativen Caches mit einer Kapazität von 256 Wörtern von je 32 Bit. Dabei ist eine Hauptspeicher-Adreßlänge von 18 Bit angenommen. Dementsprechend besteht der Assoziativspeicher aus einer Matrix CAD (*content-addressable data*) von 256x32 Bit und, dieser Matrix zeilenweise zugeordnet, einer zweiten Matrix CAA (*content-addressable addresses*) mit 256x18 Bit. In CAA kann parallel nach einem vorgegebenen Schlüssel gesucht werden.

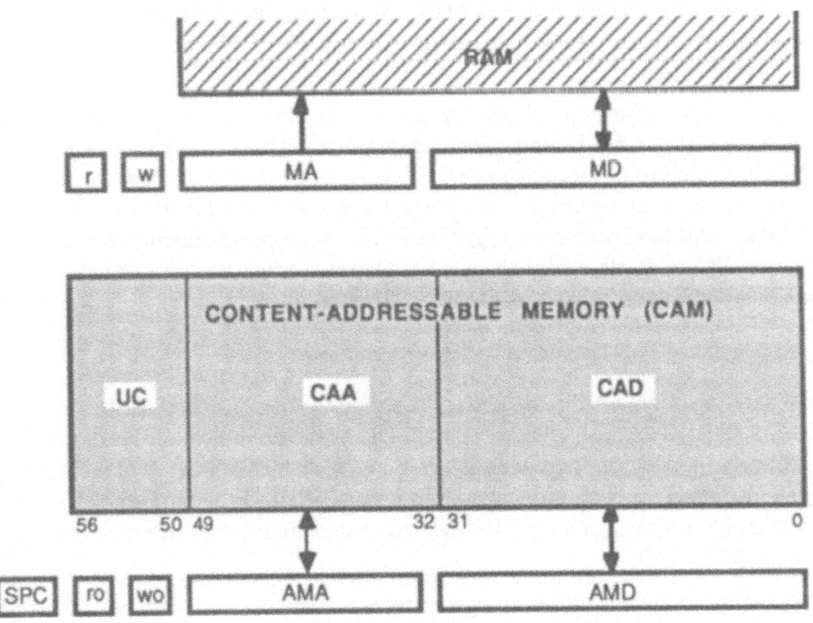

Bild 4-6 Vollassoziativer Cache

* Wir benutzen hier die im Englischen übliche Bedeutung des Wortes Transparenz; im Deutschen wird meist das Umgekehrte darunter verstanden, nämlich "Einsicht" statt "Durchsicht".

MA bzw. MD sind die Adreß- bzw. Datenregister für den Hauptspeicher (RAM), und AMA bzw. AMD sind die entsprechenden Register für den Assoziativspeicher. SPC ist ein 8 Bit-Zähler *("space counter")*, dessen Funktion noch geklärt wird, und ro, wo, r, w sind 1-Bit-Register *(flag flipflops)*. Die *flags* haben folgende Bedeutung:

w = 1: das referierte Wort muß in den Hauptspeicher geschrieben werden;
r = 1: das referierte Wort muß vom Hauptspeicher gelesen werden;
wo = 1: das referierte Wort muß neu in den Cache geschrieben werden;
ro = 1: das referierte Wort befindet sich im Cache und kann von dort gelesen werden.

Beim vollassoziativen Cache entsteht immer dann, wenn ein Wort aus dem Hauptspeicher in den Cache nachgeladen wird, die Frage, in welches der assoziativen Zellen dieses Wort geschrieben werden soll. Zur Entscheidung dieser Frage ist zusätzlich noch eine dritte Speichermatrix UC mit 256x7 Bit vorhanden. UC gibt für jedes Wort im Assoziativspeicher an, wie oft es referiert worden ist (*utilization counter*). Dieser Mechanismus arbeitet wie folgt: Jedesmal, wenn eine Zelle CAMi des CAM referiert wird, wird das zugehörige Wort UC_i auf 2^7-1 = 127 gesetzt (d.h. alle 7 Bits sind 1). Alle anderen Zellen von UC werden gleichzeitig um 1 dekrementiert. Ist eine Zelle CAM_i 127-mal nicht referiert worden, so hat der Wert in UC_i null erreicht (und bleibt in der Folge auch null, bis die Zelle erneut referiert und damit UC_i auf 2^7-1 gesetzt wird).

Würde bei jedem Zugriff auf den CAM jedesmal eine andere Zelle referiert, so würde genau die Hälfte aller Zellen von UC den Wert null enthalten. Würde 127-mal die gleiche Zelle CAM_i referiert, so enthielten alle Zellen UC_j mit $j \neq i$ den Wert null. Die Wirklichkeit wird zwischen diesen beiden Extremen liegen, so daß wir die Aussage treffen können, daß zu jedem Zeitpunkt mindestens die Hälfte aller Zellen von UC den Wert null enthalten.

Wird die Adresse einer Speicherreferenz nicht als Schlüssel im CAA-Teil des CAM gefunden, so ist auf den Hauptspeicher zuzugreifen. Das von dort geholte Wort wird gleichzeitig zum Prozessor transportiert und zusammen mit seiner Adresse in den CAM geladen, und zwar in diejenige Zelle, deren Index durch den Inhalt von SPC angezeigt wird. Dazu wird SPC nach dem Zugriff auf CAM solange inkrementiert, bis er auf eine Zelle von UC zeigt, deren Inhalt null ist. Damit werden immer nur neue (Adresse, Wort)-Paare in solche Zellen von CAM geschrieben die wenigstens die letzten 127-mal nicht referiert worden sind. Wir nennen dies den *LRU-Mechanismus* (LRU: *least recently used*).

Die Wahrscheinlichkeit für das Referieren eines Worts in RAM ist bei 2^a Wörtern gleich 2^{-a} (a ist die Anzahl der Adreßbits). Die Wahrscheinlichkeit für das Referieren eines Worts in CAM ist sehr viel höher, da es sich hier um die Wahrscheinlichkeit handelt, daß der Wert zum momentanen *Working Set* des Programms gehört (über den Zusammenhang zwischen dem LRU-Mechanismus und der Vorhersage des *Working Set* siehe [CaD 73]).

Der Assoziativspeicher stellt die eleganteste, aber auch die aufwendigste Lösung einer Cache-Organisation dar. Die heute wegen ihrer Einfachheit und Wirtschaftlichkeit üblichen Methoden der Cache-Verwaltung, die wir im folgenden beschreiben, vermeidet das assoziative Suchen.

4.3.3 Der *Direct Mapping*-Cache

Wir nehmen an, daß der Cache 2^z Zellen hat. Die Speicheradresse A, die a Bit lang sein möge, wird jetzt in einen Indexteil *(index)*, der aus den hinteren z Bits besteht, und einen Kennteil (*tag*), der aus den vorderen (a—z) Bits besteht, aufgespalten. Die Wortlänge der Cachezelle wird zusätzlich zu den Bits des Datenwerts um (a—z) und außerdem noch um einige weitere Kennbits verlängert. Beim Aufsuchen einer Information im Cache wird dieser dann unmittelbar durch den Indexteil adressiert.

Nun gibt es bei einem Adreßraum von insgesamt 2^a Wörtern aber 2^{a-z} Hauptspeicherwörter, die alle denselben Index (dieselben hinteren z Bits der Adresse) haben. Diese 2^{a-z} Wörter bilden somit eine Äquivalenzklasse, und es gibt 2^z Klassen. Daher weiß man beim Zugriff auf die Cachezelle noch nicht, ob es sich um die gesuchte Information oder ein anderes Wort aus derselben Äquivalenzklasse handelt. Aus diesem Grunde muß man nach dem Lesen der Cachezelle noch die vorderen (a—z) Bits der Adresse mit dem in den Cachezelle gespeicherten Kennteil vergleichen — dies ist das "assoziative" am *direct mapping cache*. Der nachfolgende Vergleich kann im Pipeline-Verfahren ausgeführt werden. Ergibt er eine Übereinstimmung, dann liegt ein Treffer vor. Bild 4-7 erläutert das Verfahren.

Das Verfahren ist hardwaremäßig einfach; es erfordert nur die zusätzliche Speicherkapazität für den Kennteil der Cachezellen sowie einen einzigen Komparator. Da der Cache-Eintrag eindeutig durch den Indexteil bestimmt ist, muß man weder assoziativ suchen, noch ist eine *Verdrängungsstrategie* (wie zum Beispiel das LRU-Verfahren) anzuwenden. Beim Nachladen wird einfach der bisher in der Zelle befindliche Wert überschrieben.

4.3.4 Der mengenassoziative Cache

In der Regel wird der Prozessor mit einer Speicherverwaltung für eine *Seitenadressierung* ausgestattet sein, zum Beispiel, um einen virtuellen Speicher zu adressieren (s. Abschnitt 4.6). In diesem Falle erhält man eine sehr einfache Cache-Organisation dann, wenn die Cache-Größe gleich der Seitengröße ist, da man dann ohne Probleme das *direct mapping*-Verfahren anwenden kann.

Andererseits führt die Forderung nach Maximierung der Trefferrate zu größeren Caches, und das Anwachsen des Integrationsgrades läßt inzwischen auch größere Caches auf dem Chip zu. Einem solchen mehrere Seiten großen Cache teilt man in entsprechend viele *Blöcke* ein, so daß Elemente aus verschiedenen Mengen von Speicherwörtern (z.B. Seiten) in die einzelnen Blöcke geschrieben werden können. Zu diesem Zweck teil man die Speicheradresse A wieder in einen Kennteil und einen Indexteil auf. Bei einem Cache mit insgesamt 2^z Zellen reduziert man den Indexteil aber auf die hinteren (z—k) Bits, wenn die Zahl der Blöcke 2^k ist, während man den Kennteil um diese k (niederwertigen) Bits verlängert. Der neue Index mit (z—k) Bits adressiert dann genau eine Zelle innerhalb eines Blocks. Beim Zugriff auf den Cache geht man dann so vor, daß man mit dem reduzierten Indexteil alle Blöcke gleichzeitig adressiert und die Inhalte ausliest. Die ausgelesenen Kennteile aller Blöcke (mit je (a—z+k) Bits) werden gleichzeitig mit dem entsprechenden Teil der Adresse verglichen, was 2^k Komparatoren erfordert.

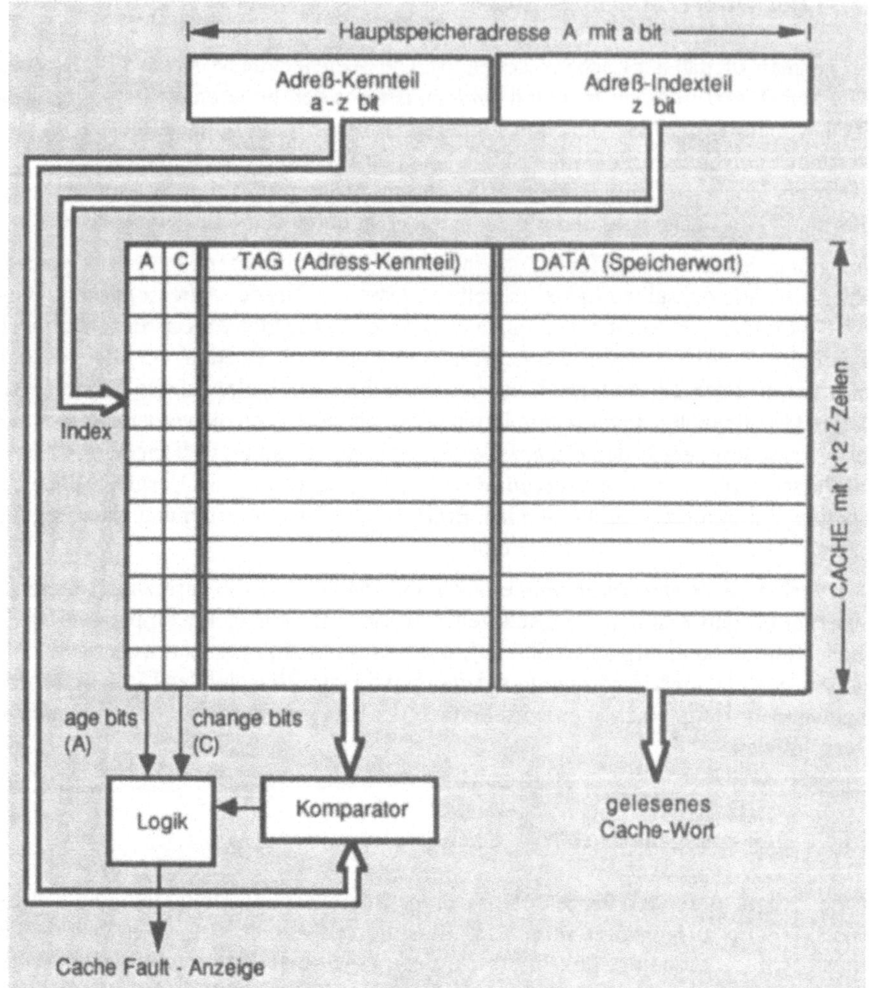

Bild 4-7 Zur Arbeitsweise des *direct mapping*-Caches

Beim Nachladen von Werten in den Cache muß jetzt entschieden werden, in welchen Block nachgeladen werden soll. Da beim Beschreiben einer Zelle der bisher in ihr befindliche Wert überschrieben ("verdrängt") wird, benötigt man eine *Verdrängungsstrategie,* die sich in der Regel auf den *LRU-Mechanismus* gründet. Das bedeutet, daß bei mehreren zur Wahl stehenden Werten (im mengenassoziativen Cache sind dies ebenso viele, wie der Cache Blöcke hat) derjenige Wert genommen wird, der am längsten nicht mehr aufgerufen wurde. Dazu muß eine Hardware-Einrichtung in geeigneter Weise über die Aufruf-Häufigkeit der Zellen Buch führen und diese Information ebenfalls im Kennteil der Cachezelle speichern. Ein Beispiel hierfür wurde in Abschnitt 4.3.2 gegeben.

Der mengenassoziative Cache ist damit um einiges aufwendiger als der *direct mapping*-Cache: Es werden bei 2^k Blöcken 2^k Komparatoren benötigt, ferner 2^k Multiplexer mit je 2^k Eingängen zur Auswahl des gesuchten Werts aus den 2^k Alternativen, sowie der LRU-Mechanismus. Bild 4-8 stellt die Blockdiagramme des *direct mapping*-Cache und des mengenassoziativen Cache gegenüber [BRU 92]. Dabei ist angenommen, daß der Cache in jeder Zelle eine Cachezeile mit 4 Wörtern speichert.

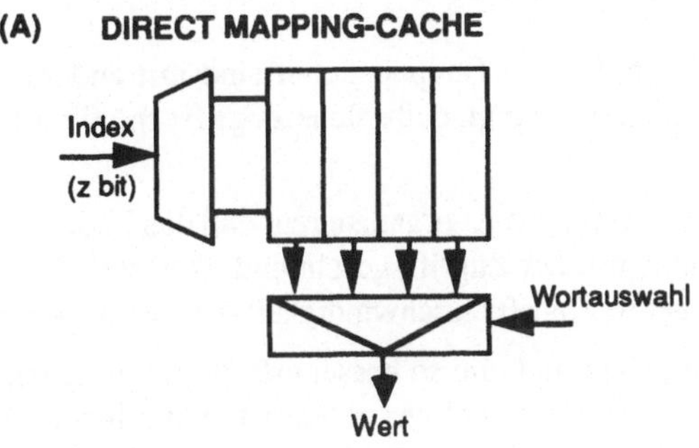

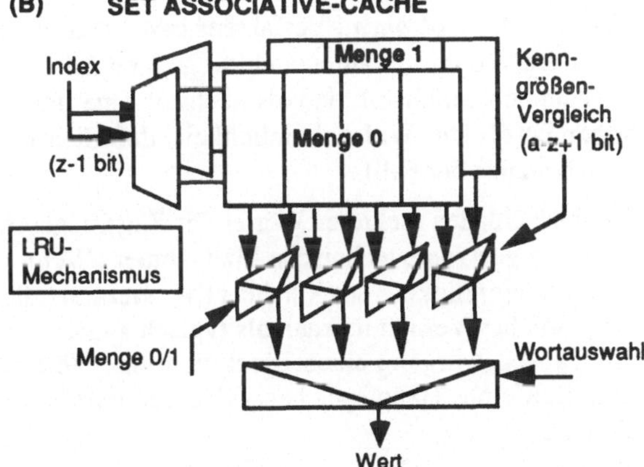

Bild 4-8 Direct mapping-Cache und set associative-Cache

4.3.5 Bildung von Working Sets

Wird ein referiertes Datum nicht als gültiger Eintrag im Cache gefunden, so spricht man von einem *Nichttreffer* (*cache miss*). In diesem Falle muß die Programmausführung unterbrochen werden, um zunächst die referierten Speicherzellen-Inhalte vom Hauptspeicher in den Cache zu laden.

Durch das auf der Grundlage des LRU-Mechanismus erfolgende automatische Nachladen von Befehlen und Daten in den Cache bei jedem Nichttreffer bildet sich im Cache ein aktueller *Working Set* des bearbeiteten Programms. Die Häufigkeit des Nachladens, welches wertvolle Rechenzeit wegnimmt, wird um so kleiner sein, je besser es gelingt, den *Working Set* des ausgeführten Programms für längere Zeit im Cache gespeichert zu halten. Allgemein gilt, daß das Ziel, die mittlere Zugriffszeit auf ein Speicherobjekt der Zugriffszeit des Cache anzunähern, um so besser erreicht wird, je besser folgende Forderungen erfüllt werden:

(1) Das Verhältnis von Hauptspeicherzugriffen zu Cachezugriffen muß möglichst klein sein.

(2) Unvermeidliche Zugriffe zum Hauptspeicher sind mit anderen Aktivitäten der CPU zu überlappen. Dies bedingt, daß solche Zugriffe möglichst im Voraus (*look ahead*) erfolgen.

(3) Der Hauptspeicher ist dabei so zu organisieren, daß das Laden von Informationsblöcken in den Cache mit der Zugriffsgeschwindigkeit des Cache-Speichers und nicht mit der geringeren Zugriffsgeschwindigkeit des Hauptspeichers geschieht.

Die erste Forderung wird sicherlich um so besser erfüllt, je größer der Cache gemacht wird. Welche Größe noch wirtschaftlich vertretbar ist, hängt beim *on-chip cache* von der zur Verfügung stehenden Chipfläche und allgemein vom Verhältnis der Kosten pro Bit von Hauptspeicher und Cache ab.

Die einfachste Realisierung des *look ahead*-Verfahrens besteht darin, bei jedem Nichttreffer vorsorglich mehrere Wörter mit aufeinanderfolgenden Adressen in den Cache nachzuladen, da die Wahrscheinlichkeit, daß als nächstes eine um 1 inkrementierte Adresse auftritt, höher ist als die Wahrscheinlichkeit, daß dies nicht der Fall ist (letzteres ist bei Sprungbefehlen der Fall).

Die Forderung, daß das Nachladen mehrerer Wörter der Zugriffsgeschwindigkeit des Cache entspricht, erfordert geeignete technische Maßnahmen. Wenn wir als Beispiel annehmen, daß die Geschwindigkeit des Cache etwa viermal höher als die des Hauptspeichers ist (ein solches Verhältnis kann als typisch angesehen werden), dann wird man bei jedem Transportvorgang einen Block von vier Wörtern in den Cache laden, wofür dann die Zeit eines Hauptspeicherzyklus zur Verfügung steht. Hierfür gibt es zwei Möglichkeiten.

(1) Man macht den Hauptspeicher viermal so breit wie den Cache; d.h. jede Hauptspeicherzelle enthält vier Befehls- oder Datenwörter. Je nachdem, wie schnell der Speicherbus ist, der den Cache mit dem Hauptspeicher verbindet, lassen sich diese vier Wörter im Zeitvielfach übertragen (mit einer der Bandbreite des Cache angepaßten Übertragungsrate), oder aber man muß den Bus entsprechend breit machen. Letzteres ist teuer, da Busse zu den aufwendigsten (Bauteilezahl der Anschaltelektronik, Stecker) und problematischsten (Verlustleistung, Umschaltstörungen) Einrichtungen in einem Rechner zählen.

(2) Man verschränkt den Hauptspeicher vierfach. Auch hierbei muß natürlich die Busbandbreite der Bandbreite des Cache entsprechen.

4.3.6 Cache-Kohärenz

Ein Problem jeder Cache-Verwaltung ist das der *Datenkonsistenz* zwischen Cache und Hauptspeicher. Datenkonsistenz bedeutet, daß im Hauptspeicher und im Cache zu keinem Zeitpunkt verschiedene Kopien desselben Datenobjekts existieren. Statt der Datenkonsistenz genügt es jedoch, die *Datenkohärenz* im Sinne der folgenden Definition zu gewährleisten (die Konsistenz schließt die Kohärenz ein aber nicht umgekehrt).

DEF: *Datenkohärenz*
Datenkohärenz bedeutet, daß beim Lesen eines Datenobjekts, welches mehrfach geschrieben wurde, immer der zuletzt geschriebene Wert gelesen wird.

Um die Datenkohärenz innerhalb eines Multiprozessor-Systems zu gewährleisten, muß sichergestellt sein, daß

- zwar jeder Prozessorcache über eine Kopie derselben Hauptspeicherstelle verfügen darf,
- aber nur *ein* Prozessorcache eine modifizierte Kopie einer Speicherstelle besitzen darf, und auch das nur solange, wie kein anderer Prozessor dieselbe Speicherstelle lesen will.

Ein Kohärenzproblem kann immer dann entstehen, wenn

(1) der Prozessor einen neuen Wert in den Cache schreibt oder

(2) ein anderer Prozessor neue Daten in den Speicher schreibt.

Der andere Prozessor kann eine DMA-Hardware (DMA: *direct memory access*) bzw. ein Ein/Ausgabe-Prozessor sein, der zusätzlich zur CPU vorhanden ist. Das gleiche Problem entsteht natürlich erst recht in Multiprozessorsystemen mit Speicherkopplung. Hier hat jeder Prozessor seinen Cache, und jeder Prozessor kann in den gemeinsamen Speicher schreiben.

Das unter (1) genannte Problem kann dadurch gelöst werden, daß beim Schreiben neuer Werte in den Cache auch die entsprechenden Werte im Hauptspeicher überschrieben werden. Hierfür gibt es im wesentlichen zwei Methoden, das Durchschreiben und das Rückschreiben.

DEF: *Durchschreiben (store through)*
Bei jedem Schreiben in den Cache wird dieser Wert gleichzeitig auch in den entsprechenden Hauptspeicherplatz geschrieben. Der Vorteil dieses Verfahrens, welches nicht nur die Kohärenz, sondern auch die Konsistenz gewährleistet, ist seine Einfachheit.

DEF: *Rückschreiben (copy back)*
Beim Schreiben eines Werts in den Cache wird die korrespondierende Kopie im Hauptspeicher nicht automatisch ersetzt, sondern erst beim Verdrängen eines Blocks aus dem Cache. Der Vorteil dieses Verfahrens, welches nur noch die Kohärenz gewährleistet, besteht darin, daß wesentlich wenigen Hauptspeicherzugriffe erforderlich sind.

Bei den modernen Mikroprozessoren mit ihrer sehr hohen theoretischen Leistung (*peak performance*) ist der Hauptspeicherzugriff der wesentlichste leistungsbegrenzende Faktor. Daher ist bei diesen Prozessoren eigentlich nur die Rückschreibemethode angebracht. Dennoch wird bei manchen Prozessoren immer noch die Durchschreibemethode angewandt.

Das unter (2) genannte Problem wird durch die *Invalidierungsmethode* gelöst. Dazu sieht man in jeder Cachezeile noch ein zusätzliches *Validierungsbit* vor. Werden nun Daten von anderer Seite in den Hauptspeicher geschrieben, so werden automatisch die entsprechenden Cachezeilen durch Nullsetzen des Validierungsbits für ungültig erklärt. Beim Zugriff auf den Cache wird jeweils das Validierungsbit geprüft, und eine ungültige Cachezeile führt ebenso wie ein Nichttreffer zu der entsprechenden Ausnahmebehandlung (*cache miss*).

Man beachte, daß bei einem Umgebungswechsel der Cache nicht gerettet, sondern invalidiert wird (*cache flushing*); nach jedem Umgebungswechsel baut sich somit ein neuer *Working Set* erst wieder auf. Man kann dies dadurch mildern, daß man die Cachezeilen mit einer Prozeßkennung versieht. Es brauchen dann nur noch die Cachezeilen des verdrängten Prozesses und nicht der gesamte Cache invalidiert zu werden.

Als Beispiel für einen Mechanismus zur Erhaltung der Cache-Kohärenz betrachten wir das häufig angewandte *MESI-Protokoll*. Dieses ordnet jeder Cachezeile einen der folgenden 4 Zustände zu:

- Exclusive Modified (M): Die Zeile befindet sich exklusiv in diesem Cache und wurde modifiziert.
- Exclusive Unmodified (E): Die Zeile befindet sich exklusiv in diesem Cache und wurde nicht modifiziert.
- Shared Unmodified (S): Die Zeile befindet sich noch in einem anderen Cache und wurde nicht modifiziert.
- Invalid (I): Die Zeile ist ungültig.

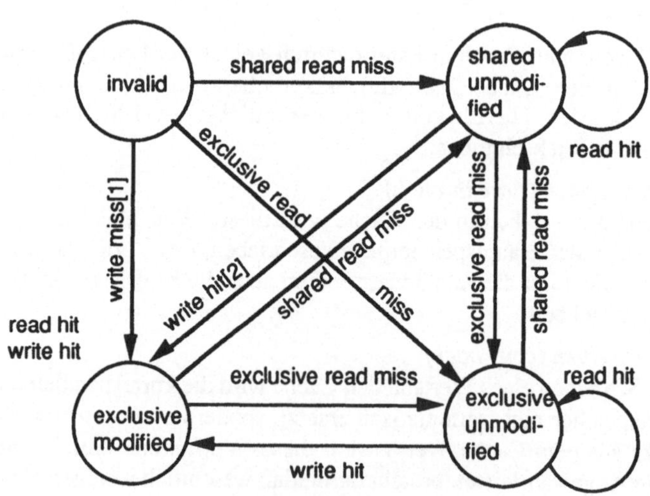

Bild 4-9 MESI-Zustandsdiagramm

Das MESI-Zustandsdiagramm Bild 4-9 zeigt die 4 Zustände und die möglichen Zustandsübergänge, die durch die Aktionen der Laden/Speichern-Einheit (*load store unit*) verursacht werden können. Diese Aktionen sind:

- *line flush*: Eine Cachezeile wird in den Speicher zurückgeschrieben.
- *read with intent to modify*: Bei einem *write miss* wird eine Cachezeile aus dem Hauptspeicher nachgeladen und mit der Absicht gelesen wird, sie zu modifizieren.
- *invalidation bus transaction*: Ein Cache, der eine gelesene Cachezeile modifiziert, legt die entsprechende Adresse ohne gültiges Datum auf den Bus. Diese Adresse wird von den *Schnüfflern* (s. unten) aller anderen Caches detektiert, was dazu führt, daß diese Caches einen eventuellen Eintrag mit derselben Adresse invalidieren.

Um die Cache-Kohärenz zu gewährleisten, enthält jeder Prozessor eine *Schnüffel-Logik* (*snoop logic*), das ist eine Hardware-Einrichtung, die den Datenverkehr auf dem gemeinsamen Speicherbus überwacht, wie in Bild 4-10 angedeutet. Für jeden Schreibbefehl auf dem Bus ermittelt die Schnüffel-Logik die Speicheradresse und schaut dann nach, ob unter dieser Adresse eine Kopie im Cache zu finden ist. Ist dies der Fall, dann wird die Kopie invalidiert. Indem man für den Teil des Cache-Speichers, der die Adreßkennung enthält, zwei Zugriffsports vorsieht, kann die Schnüffel-Logik die Busüberwachung durchführen, während die Laden/Speichern-Einheit des Prozessors gleichzeitig einen Cache-Zugriff vornimmt [MOT 90]. Moderne Mikroprozessoren haben als integralen Bestandteil sowohl getrennte Befehls- und Datencaches wie auch eine Schnüffel-Logik als Teil der Speicherverwaltung auf dem Chip. Ein Mikroprozessor ohne Schnüffel-Logik ist als Baustein zum Aufbau von Multiprozessorsystemen mit gemeinsamem Speicher kaum geeignet.

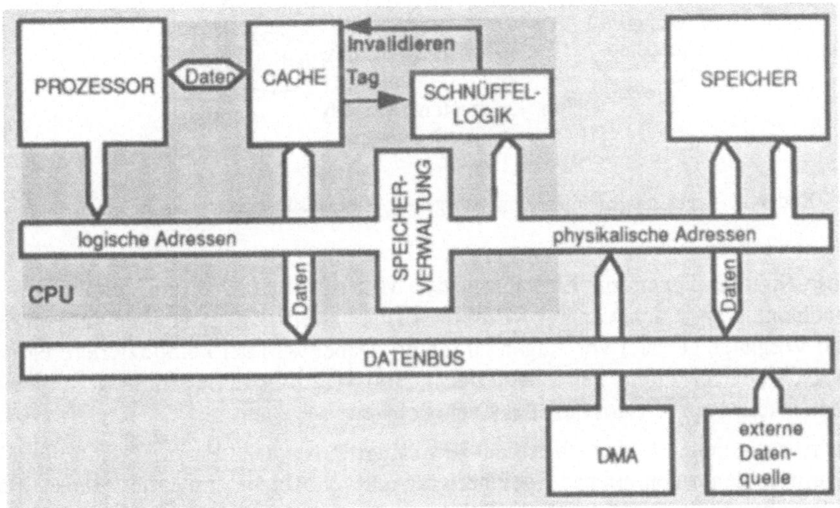

Bild 4-10 Speicherverwaltung mit Schnüffel-Logik

Bild 4-11 zeigt für das obige Beispiel des MESI-Protokolls die durch die Aktionen der Schnüffel-Logik ausgelösten Zustandsübergänge im MESI-Zustandsdiagramm. Dabei ist angenommen, daß die Schnüffel-Logik eine im Cache gespeicherte Adresse entdeckt hat (*snoop hit*). Die Schnüffel-Logik zeigt einen *Treffer*, das heißt das Vorkommen einer der im Cache gespeicherten Adresse (*tag*) auf dem Bus durch ein Signal an. Genau gesagt gibt es zwei solche Treffersignale, nämlich:

HIT: es wurde ein Treffer (*hit*) mit dem Adreßteil einer Cachezeile festgestellt, und die betreffende Cachezeile ist nicht vom Prozessor modifiziert worden;

HITM: es wurde ein Treffer (*hit*) mit dem Adreßteil einer Cachezeile festgestellt, und die betreffende Cachezeile ist vom Prozessor modifiziert worden.

Umgekehrt hat der Prozessor Eingänge für zwei Steuersignale, durch die die Zustandskennung einer Cachezeile verändert werden können. Diese sind:

TSH: kennzeichne die gerade adressierte Cachezeile als eine von mehreren benutzte (*shared*),

INV: kennzeichne die gerade adressierte Cachezeile als ungültig (*invalid*).

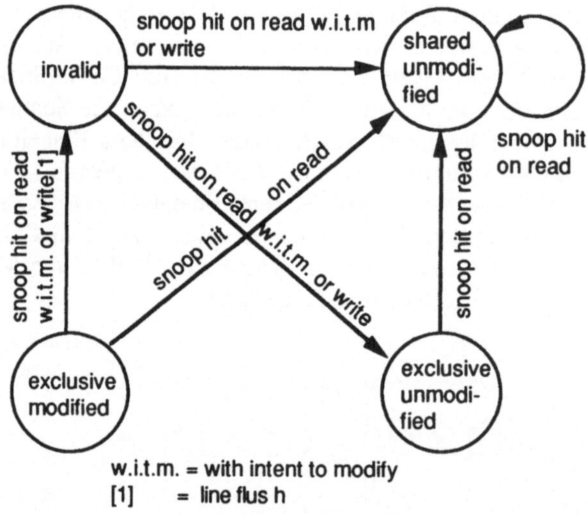

Bild 4-11 Durch die Schnüffel-Logik ausgelöste Zustandsübergänge im MESI-Diagramm

Diese Signale dienen zur Einhaltung des MESI-Protokolls. Zum Verständnis der Handhabung des Cachekohärenz-Problems ist es zweckmäßig, sich die dabei möglichen Vorgänge genauer vor Augen zu führen. Dabei wird der kompliziertere Fall des Rückschreibeverfahrens betrachtet. Der in Bild 4-12 illustrierte Vorgang ist eine der Möglichkeiten zur Organisation des Cachekohärenz-Mechanismus.

Wir betrachten den folgenden Ablauf beim Zugriff von zwei Prozessoren, Pi und Pk, auf ein beiden zugängliches Speicherwort. Dieser Ablauf beinhaltet alle in Frage kommenden Fälle. Dabei wird als Anfangszustand angenommen, daß weder Pi noch Pk eine Kopie des Speicherworts im Cache hat.

1. Fall Pi liest das Speicherwort (genauer gesagt, diejenige Cachezeile, die das Wort enthält) in seinen Cache (**read_1** in Bild 4-12). Die neu gelesene Cachezeile wird als E (*exclusive*) gekennzeichnet.

2. Fall Pi modifiziert dieses Wort im Cache. Als Folge wird das Wort im Cache von Pi als M (*modified*) gekennzeichnet. Ist diese Cachezeile ferner als S (*shared*) markiert, so muß Pi den Prozessor Pj von der Modifikation unterrichten, da Pj möglicherweise eine Kopie desselben Speicherworts in seinem Cache hat (was Pi ja nicht weiß). Dies geschieht durch die MESI-Aktion der *invalidation bus transaction*, die die Schnüffel-Logik von Pk veranlaßt, eine etwaige Cachezeile mit derselben Adresse zu invalidieren. Beachte: Im Falle der Durchschreibe-Strategie ist der Mechanismus der *invalidation bus transaction* nicht nötig, da in diesem Falle die Invalidierung durch das automatische Zurückschreiben ausgelöst wird.

3. Fall Pk liest dasselbe Speicherwort in seinen Cache (**read_2** in Bild 4-12). Dies wird von der Schnüffel-Logik in Pi entdeckt. Ist die entsprechende Cachezeile in Pi als E gekennzeichnet, dann markiert Pi diese mit S und sendet das Signal HIT aus. Pk markiert daraufhin das gelesene Wort ebenfalls mit S. Ist die Cachezeile in Pi als M gekennzeichnet, dann leitet Pi das Rückschreiben des Worts in den Hauptspeicher ein (**write** in Bild 4-10). Ferner sendet Pi das Signal HITM aus. Dies veranlaßt Pk, die gelesene Cachezeile zu invalidieren und den Lesevorgang zu wiederholen. Das erneut gelesene Wort wird von Pk als S gekennzeichnet.

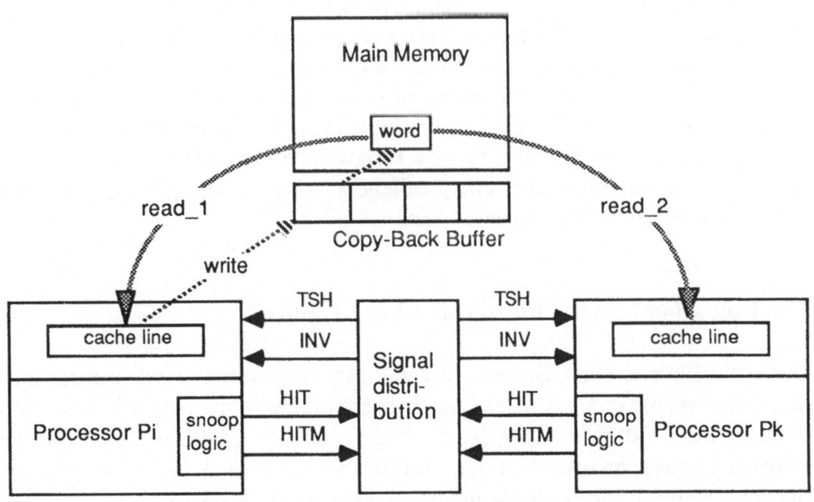

Bild 4-12 Illustration eines Mechanismus zur Überwachung des MESI-Protokolls

Das Rückschreiben der Wörter von Cachezeilen kann dadurch beschleunigt werden, daß, wie in Bild 4-12 angedeutet, ein spezieller Rückschreibpuffer (*copy-back buffer*) vorgesehen wird. Dadurch wird das betroffene Wort für das erneute Lesen durch Pk wesentlich eher verfügbar, während das Rückschreiben in den Hauptspeicher dazu überlappend erfolgen kann.

Bei den heutigen superskalaren Prozessoren (z.B. Intel i860XP, Motorola MC88110, MIPS R4000) genügen in der Regel die auf dem Chip befindlichen, relativ kleinen Caches für Befehle bzw. Daten nur dann, wenn man als Hauptspeicher entweder einen schnellen (aber teueren) statischen Speicher vorsieht, oder durch besondere Maßnahmen wie die Speicherverschränkung die Zugriffsbandbreite des Hauptspeichers künstlich erhöht. In der Regel genügt hier eine vierfache Speicherverschränkung, die es erlaubt, innerhalb der Zugriffszeit *einer* Speicherbank eine aus 4 Wörtern bestehende Cachezeile in den Cache zu laden. Im Idealfalle würde das Lesen oder Schreiben einer Cachezeile 4 Takte kosten, wenn die Lese- oder Schreibzeit des Caches einen Takt beträgt. In Wirklichkeit werden wegen des notwendigen Kommunikationsprotokolls zwischen Prozessor und Hauptspeicher und der Startzeit der Speicher-Pipeline mehr als diese 4 Takte benötigt.

Hier zeichnet sich der Prozessor Intel i860 besonders aus, da er über eine *Load/store Unit* verfügt, die im stationären Fall und solange der Zugriff zu derselben Seite des Speichers erfolgt mit jedem Takt einen Wert lesen oder schreiben kann. Voraussetzung hierfür ist die vierfache Verschränkung des Speichers in Verbindung mit der Ausführung des Speicher-Interfaces als 3-stufige Pipeline. Beim Eintritt in eine neue Seite kommen noch 6 - 8 Takte hinzu, je nachdem, in welchen Zustand sich der Prozessor befindet. In dieser zusätzlichen Zeit ist auch das Anlaufen der Pipeline enthalten. Einen solchen Speicherzugriff im Pipeline-Verfahren fand man bisher sonst nur bei den Vektormaschinen wie z.B. der CRAY.

Eine weitere Möglichkeit, die Lücke zwischen der Arbeitsgeschwindigkeit des Prozessors und der Zugriffsgeschwindigkeit zu schließen, besteht darin, einen hinreichend großen, *externen* oder *sekundären Cache* zwischen den Hauptspeicher und den Prozessor mit seinen internen Caches zu schalten. In diesem Falle erspart man sich besondere Maßnahmen zur Erhöhung der Zugriffsbandbreite des Hauptspeichers und baut darauf, daß wegen der Lokalität von Programmen und Daten sich die Zugriffshäufigkeit auf den Hauptspeicher entsprechend verringert, so daß man einen längere Zugriffszeit zu diesem in Kauf nehmen kann.

4.3.7 "Logischer" oder "physikalischer" Cache?

Prozessoren, die mit einer Speicherverwaltung ausgestattet sind, referieren eine logische Adresse, die dann von der Speicherverwaltung in die physikalische Adresse umgesetzt wird. In diesem Falle ist zu fragen, ob der Cache vor oder hinter der Speicherverwaltung anzusiedeln ist. Praktisch findet man beide Möglichkeiten verwirklicht. Damit ergibt sich die in Bild 4-13 gezeigte Belegung einer Cachezeile, wobei der Kennteil entweder logisch oder physikalisch sein kann.

An sich macht es mehr Sinn, den Cache unmittelbar am Prozessor anzusiedeln, da dann der Zugriff auf den Cache nicht über die Speicherverwaltung erfolgen muß und somit deren Ausführungszeit nicht anfällt. Da der Kennteil der Speicheradresse jetzt eine logische Adresse ist, muß der in der Cachezeile gespeicherte *Tag* ebenfalls aus dem logischen Adreßteil besteht. Auf der anderen Seite kann das *schnüffeln* aber nur mit physikalischen Adressen geschehen.

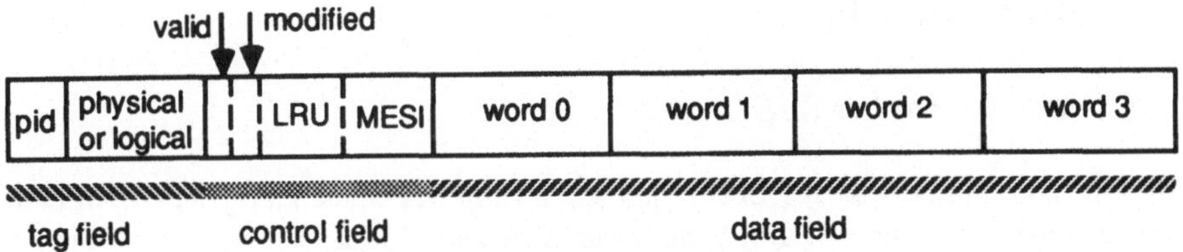

Bild 4-13 Belegung einer Cachezeile

Ein Ausweg aus diesem Dilemma besteht darin, daß man den Cache zwar auf der "logischen Seite" ansiedelt, den Kennteil der Cachezeile jedoch als physikalische Adresse in der Zelle speichert. In diesem Falle hat man keine Probleme mit dem schnüffeln, jedoch jetzt mit dem Kennteil-Vergleich. Dieses Problem kann dadurch gelöst werden, daß man beim Kennteil-Vergleich ebenfalls die physikalischen Adressen benutzt, was bedeutet, daß man den Kennteil der referierten Adresse durch die Speicherverwaltung erst umsetzen muß, wie es Bild 4-14 andeutet. Will man dies vermeiden, so geht dies nur zu dem Preis, daß man in der Cachezeile sowohl den logischen als auch den physikalischen Kennteil speichert. Der logische Kennteil steht damit für den Kennteil-Vergleich zur Verfügung und der physikalische Kennteil für das schnüffeln. Allerdings steigen damit die Kosten für den Cache.

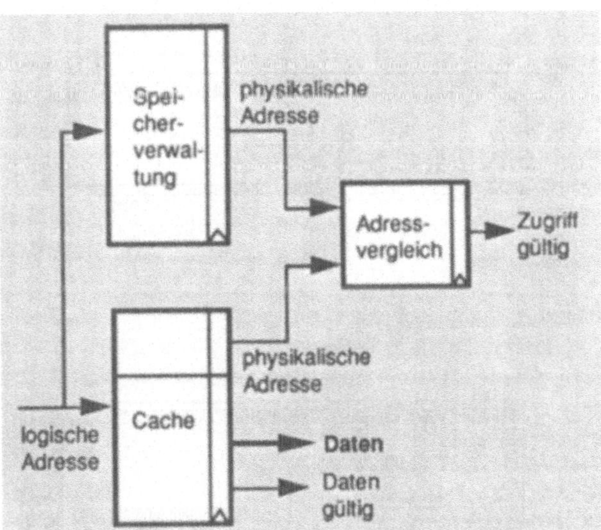

Bild 4-14 "Logischer" Cache mit Speicherung der physikalischen Adreßkennung

4.4 Hauptspeicher

4.4.1 Der wortbreite Speicher

Die Speicher sind oft so aufgebaut, daß jedes Chip des Speichers genau 1 Bit eines Speicherworts speichert. Damit benötigt man so viele Chips, wie das Wort Bits hat, und die Kapazität des Speichers umfaßt so viele Wörter, wie die Bitkapazität des Chips beträgt. Um auch kleinere Speicher mit den Speicherchips höchster Kapazität aufbauen zu können, gibt es auch Ausführungen, bei denen jeder Chip nicht ein Bit sondern mehrere Bits eines Wortes speichert. So gibt es den 4-Mbit-Chip in den Ausführungen 4Mx1Bit, 1Mx4Bit oder 512Kx8(9)Bit. Im letzteren Falle ist der Speicherbaustein 1 Byte breit, wobei bei der 9-Bit-Ausführung auch noch ein Paritätsbit zur Verfügung steht.

Beispiel: Beim 4Mx1-Chip ist die Mindestgröße des Speichers 4M Wörter oder, bei 32-Bit-Wörtern, 32 Mbyte. Verwendet man hingegen einen 4x1-Mbit-Chip, so läßt sich damit ein Speicher mit nur 4 Mbyte (bei 32Bit-Wörtern) aufbauen.

Moderne DRAMs sind als Matrizen von Speicherzellen aufgebaut, wie es zum Beispiel Bild 4-15 für den 4Mx1-Chip zeigt. Die Zeilen der Matrix werden auch als Seiten (*pages*) bezeichnet. Eine solche Anordnung erlaubt die Anwendung des Seiten-adressierungs-Mechanismus (*page mode*).

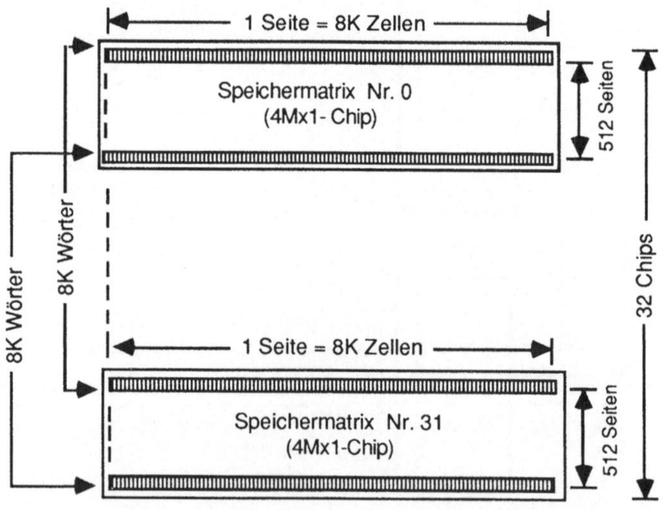

Bild 4-15 Aufbau eines seitenadressierten Speichers mit dem 4Mx1-Chip

Die wichtigsten Parameter eines dynamischen Speicherbausteins mit Seiten-adressierung sind (RAS: *row access cycle*, CAS: *column access cycle*):

- *RAS-Adressierungszeit* — Zeit zwischen dem Anlegen der Seitenadresse und der Lieferung des Zelleninhalts (beim Lesen), typischer Wert: 60...80 ns;
- *CAS-Adressierungszeit* — Zeit zwischen dem Anlegen des Zellenadresse und der Lieferung des Zelleninhalts (beim Lesen), typischer Wert: 20 ns;
- *RAS-Erholzeit* — Zeit für das Rückschreiben des Werts in die Zelle (das Lesen ist zerstörend), typischer Wert: 60...80 ns;
- *RAS-Zykluszeit* — Summe von RAS-Adressierungszeit und RAS-Erholzeit, typischer Wert: 120...160 ns;
- *CAS-Zykluszeit* — Zeit für das Auslesen eines Werts nach Anlegen einer neuen Zellenadresse bei unveränderter Seitenadresse, typischer Wert: 35...45 ns.

Bei der Seitenadressierung muß zur Adressierung eines Speicherworts innerhalb einer Seite — das ist eine Zeile der Speichermatrix — nur die Spaltenadresse (CAS) geändert werden, während die Zeilenadresse (RAS) unverändert bleibt. Dadurch fällt nur die CAS-Zeit, nicht aber die RAS-Zeit an. Zur Erklärung dieses Phänomens betrachten wir das Beispiel einer 1024x1024 Speichermatrix (1Mbit-Chip). Beim ersten Lesezugriff wird eine ganze Zeile (Seite) von 1024 Bits ausgelesen und in einem internen Ausgaberegister gespeichert. Da das Lesen eines DRAMs zerstörend ist, muß die Seite wieder zurückgeschrieben werden, was die RAS-Zeit kostet. Beim Lesen weiterer Bits der Seite können diese aber von jetzt an aus dem Ausgaberegister gelesen werden, so daß das Rückschreiben entfällt. Die CAS-Adresse gibt dabei an, welches Bit der Seite an den Ausgabetreiber geschaltet wird, was die CAS-Zeit kostet. Erst wenn eine neue Seite gelesen wird, fällt wieder die RAS-Zeit an. Ein weiterer Vorteil dieser Adressierungsart ist, daß die Regeneration des Speicherinhalts, die etwa alle 8 Millisekunden vorgenommen werden muß, nur einen Zyklus für die gesamte Seite kostet.

Die einfachste Speicherorganisation ist der wortbreite Speicher, wobei die Wortbreite gleich der Datenbusbreite des Prozessors ist. Bild 4-16 zeigt das Blockdiagramm eines solchen DRAM-Speichers. Die als Zustandsmaschine ausgeführte Speichersteuereinheit führt das Zugriffsprotokoll zwischen Prozessor und Speicher aus und sorgt für das periodische Auffrischen (*refresh*) des Speicherinhalts. Das Zugriffsprotokoll besteht aus den üblichen zwei Signalen: ein **request**-Signal seitens des Prozessors und ein **acknowledge**-Signal als Antwort des Speichers. Der Adreßkomparator stellt fest, wann eine Seite verlassen wird. Der Multiplexer wählt aus der Gesamtadresse den RAS- bzw. den CAS-Anteil aus. Diese einfache Speicherorganisation benötigt 7 Prozessortakte (20 ns Takt) und ist damit der Leistung eines modernen superskalaren Prozessors nicht angepaßt. Eine Abhilfe schafft hier entweder die Verwendung von SRAM-Bausteinen (was sich meist aus Kostengründen verbietet), oder aber ein *verschränkter* DRAM-Speicher in Verbindung mit dem Pipeline-Prinzip [BRU 92].

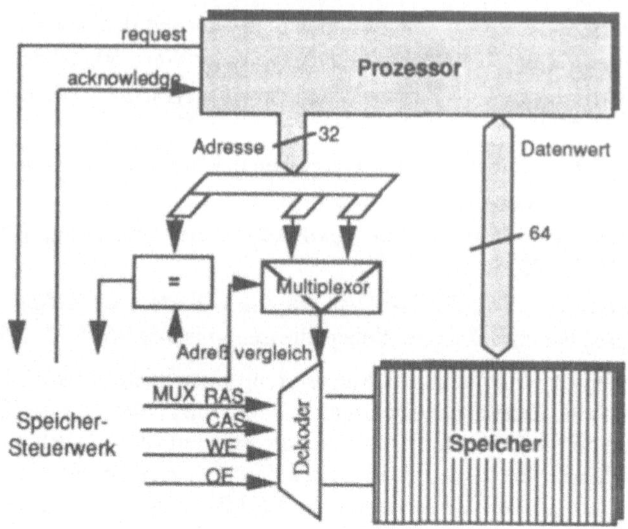

Bild 4-16 Wortbreiter DRAM-Speicher

4.4.2 Speicherverschränkung

Wie oben ausgeführt nimmt mit steigender Leistung der Prozessoren die Diskrepanz zwischen der Arbeitsgeschwindigkeit der Prozessoren und der Zugriffsgeschwindigkeit des Speichers zu, insbesondere dann, wenn aus Kosten- und Platzgründen der dynamische Speicher (DRAM) verwendet werden muß. Bei den mit Höchstgeschwindigkeits-Schaltkreisen aufgebauten Vektorrechnern ist dies noch viel kritischer. Eine Abhilfe bringt hier das in Bild 4-17 angedeutete Prinzip der *Speicherverschränkung* (*memory interleaving*).

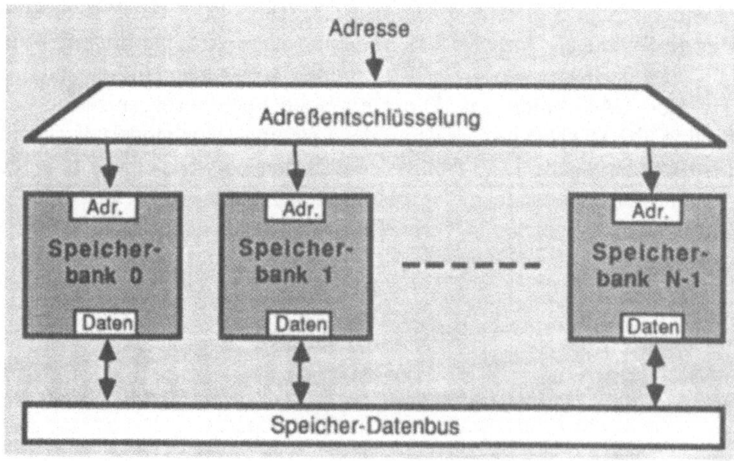

Bild 4-17 Speicherverschränkung

Beim Abspeichern von Werten kann man diese zum Beispiel in der gegebenen konsekutiven Adreßfolge fortlaufend über die k Speicherbänke verteilen, indem man alle t_Z/k Zeiteinheiten einen Wert jeweils aus einer anderen Bank liest oder in eine andere Bank schreibt. t_Z bezeichnet dabei die Speicherzugriffszeit und k den *Verschränkungsgrad*. Nach der letzten Bank geht es wieder mit der ersten Bank weiter.

Wird k als Potenz von 2 gewählt, dann kann die Adreß-Entschlüsselung in einfacher Weise dadurch geschehen, daß wie in Bild 4-18 gezeigt die letzten b Bits der Adresse als Byteadresse (bei 2^b Bytes pro Wort) und die vorletzten n Bits als Bankadresse (bei 2^n Bänken) interpretiert werden. Die übrigen (a—n—b) Bits sind dann der Index in die Bank. Dieses Verfahren wird als *low order bit interleaving* bezeichnet.

a-n-b bits	n bits	b bits
Index in die Bank	Bank-auswahl	Byte Aus-wahl

Adressbits a(k) ... a(1) a(0)	Bank Nr.
0 .... 0 0	0
0 .... 0 1	1
....	. . .
1 .... 1 1	k

Bild 4-18 Bank-Adressierung

Eine konsekutive Adreßfolge ergibt sich zum Beispiel bei der Vektorverarbeitung, wenn die Elemente von Vektoren mit aufeinanderfolgenden Adressen geholt werden. Die Adressen selbst werden hierbei von einem Adreßgenerator geliefert. Wird die Speicherverschränkung angewandt, um den Hauptspeicher eines superskalaren Prozessors schneller zu machen, so kommt die Adreßfolge vom Prozessor. Der nach dem Pipeline-Verfahren arbeitende superskalare Prozessor kann mit jedem Takt eine Adresse zum Speicher senden, so daß tatsächlich auch mit jedem Takt ein Wert aus dem verschränkten Speicher gelesen werden kann. Voraussetzung hierfür ist, daß der Speicher über geeignete Pufferregister für Adressen und Daten verfügt [BRU 92].

Die Wirksamkeit der Speicherverschränkung setzt voraus, daß die Elemente einer geordneten Datenmenge in der gleichen Ordnung gelesen werden, in der sie in den Speicher geschrieben wurden. Dies muß im praktischen Betrieb allerdings nicht der Fall sein. Als Beispiel nehmen wir an, daß auf die Spalten einer Matrix zugegriffen werden soll, deren Elemente zeilenweise (in *row-major order*) in einem Datenvektor im Rechner abgespeichert sind, wie es Bild 4-19 für das Beispiel einer 4x4 Matrix andeutet. Bild 4-19 deutet den Zugriff auf die zweite Spalte der Matrix an. Man sieht, daß der Zugriff jetzt nicht unter konsekutiver Adressierung erfolgt, sondern mit einer Schrittweite (*stride*) s, die der Zeilenlänge entspricht.

Die Umrechnung der Matrix-Indizes auf den Index des Datenvektor läßt sich leicht ermitteln. Sei A eine MxN-Matrix mit M Zeilen und N Spalten. Dann haben wir bei einer zeilenweisen Abspeicherung der Matrixelemente A(i,j) in den Datenvektor D(k) die Speicherabbildungsfunktion $A(i,j) \rightarrow D(k)$ mit:

$$k = (i-1)*N + j, \quad 1 \leq i \leq M, \quad 1 \leq j \leq N, \quad 1 \leq k \leq M*N \qquad (4\text{-}1)$$

Angenommen, der Speicher sei vierfach verschränkt. Dann wird beim Zugriff auf die Spalten der Matrix immer auf denselben Modul zugegriffen, d.h. der Vorteil der Speicherverschränkung geht verloren. Allgemein gilt dies für jeden Verschränkungsgrad k, durch den die Zeilenlänge N ohne Rest teilbar ist, d.h. für den gilt

$$N \bmod k = 0 \tag{4-2}$$

(A)

A_{00}	A_{01}	A_{02}	A_{03}
A_{10}	A_{11}	A_{12}	A_{13}
A_{20}	A_{21}	A_{22}	A_{23}
A_{30}	A_{31}	A_{32}	A_{33}

(B)

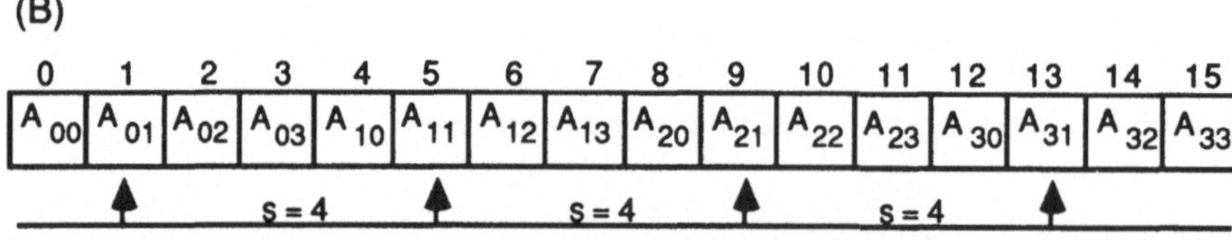

Bild 4-19 Rechnerinterne Darstellung der Elemente einer Matrix in einem Datenvektor

Speicher man die Daten der Matrix spaltenweise ab (*column-major order*), dann hat man keine Probleme mit der Speicherverschränkung beim Zugriff auf die Spalten. Dafür hat man jetzt aber Probleme beim Zugriff auf die Zeilen immer dann, wenn die Bedingung M mod k = 0 erfüllt ist.

Das einfache Adressierungsverfahren über die niedrigsten Bits der Adresse funktioniert damit nur dann zufriedenstellend, wenn mit der Schrittweite 1 zugegriffen wird. Wir werden dieses Thema noch einmal bei der Besprechung der Vektormaschinen aufgreifen.

Anstelle der k hintersten Bits kann man auch die k vordersten Bits der Adresse als Bankadresse nehmen (*high order bit interleaving*). Der Effekt dieser Maßnahme ist eine Aufteilung des gesamten Speicherraums in 2^k gleichgroße Speicherbereiche, die jeweils einer der Bänke zugewiesen sind, und auf die daher parallel zugegriffen werden kann. Eine solche Maßnahme macht dann einen Sinn, wenn der Compiler in der Lage ist (wie zum Beispiel bei der VLIW-Maschine, Kapitel 6), für eine zugriffsoptimale Verteilung der Datenobjekte Sorge zu tragen. Dies kann aber auch, wie durch die DATYPAR-Maschine gezeigt (Kapitel 8.3), für Vektoren geschehen.

4.5 Speichersegmentierung

Bei der Speichersegmentierung wird in den Befehlen des Programms eine logische Segmentadresse referiert, die aus dem Adreßpaar (S,O) besteht. Dabei ist S die *Segmentadresse* oder *Segmentnummer*, und O ist die Speicherplatzadresse (Wort- oder Byte-Adresse) innerhalb des Segments, die auch als *offset* bezeichnet wird. Für jedes Programm gibt es eine *Segmenttabelle*, die für jedes Segment einen *Segmentdeskriptor* enthält. Der Segmentdeskriptor enthält alle Informationen, die zur Umrechnung der logischen Segmentadresse in die physikalische Speicheradresse notwendig sind. Diese Angaben sind: die Basisadresse des Segments (Adresse des ersten Worts im Segment) und die Segmentgröße (Zahl der Wörter im Segment). Letzteres ist wegen der variablen Segmentgröße notwendig, um sicherzustellen, daß (fehlerhafte) Referenzen, die aus dem Segment herausführen, nicht ausgeführt werden.

Der große Vorteil der Speichersegmentierung besteht darin, daß man in den Segmentdeskriptoren noch weitere Informationen über das Segment angeben kann, wie zum Beispiel eine Segment-Typenkennung und die Festlegung von Zugriffsrechten. Auf diese Weise lassen sich zum Beispiel die folgenden Segmenttypen unterscheiden:

- Codesegmente (die ein Programmteil enthalten);
- Datensegmente (die die Daten eines Programmteils enthalten);
- Kellersegmente (die die Keller enthalten, die bei der Verwaltung eines Programms anzulegen sind).

Ferner kann man noch zwischen System-Segmenten (auf die nur das System Zugriff hat) und Benutzer-Segmenten (auf die der Benutzer der Anlage Zugriff hat) unterscheiden. Durch Angabe von Zugriffsrechten im Segmentdeskriptor wie zum Beispiel

- das Segment darf nur gelesen werden;
- das Segment darf gelesen und beschrieben werden;

wird die Hardware in die Lage versetzt, bei der Adreßtransformation dafür zu sorgen, daß ein Programm nur Operationen auf denjenigen Objekten im Segment ausführt, die im Rahmen der ihm gewährten Zugriffsrechte erlaubt sind. Man kann damit ein hohes Maß an Objektschutz realisieren.

Selbstverständlich kann man mehrere logische Segmente auf den gleichen physikalischen Speicherbereich abbilden. Dadurch kann man zum Beispiel auf dem gleichen Satz von Daten einmal ein Systemsegment definieren, für das unbegrenzte Zugriffsrechte gewährt werden, und zum anderen ein Benutzersegment, für welches z.B. nur ein Leserecht gewährt wird. Und selbstverständlich kann man nun auch den nichtprivilegierten Benutzer ganz von der Benutzung gewisser kritischer Programme oder Daten ausschließen.

Durch die Einführung der Seitenadressierung innerhalb der Segmente wird die Speichersegmentierung vereinfacht und damit wirtschaftlicher. Dies bedeutet, daß man die Speicherplatzadresse O (innerhalb des Segments) nochmals aufspaltet, und zwar in eine Seitenadresse P und eine Speicherplatzadresse W (innerhalb der Seite); d.h. die logische Segmentadresse entsteht jetzt durch Konkatenation dieser genannten drei Teiladressen:

$$A = (S,P,W),$$

mit: S = Segmentnummer, P = Seitenadresse (innerhalb des Segments), W = Wortadresse (innerhalb der Seite). Bei der Adreßtransformation kann dann die Wortadresse direkt in die physikalische Adresse übernommen werden.

Beim Anlegen der Segmenttabelle kann berücksichtigt werden, daß die physikalischen Segment-Basisadressen (die Segmentanfänge im Speicher) nur bei solchen Adressen liegen kann, in denen alle Bits des Wortadreßteils null sind. Dadurch läßt sich die Wortbreite der Segmenttabelle entsprechend verkleinern, da diese Nullen natürlich nicht gespeichert werden müssen. Bild 4-20 zeigt den prinzipiellen Vorgang der Adreßtransformation bei der Speichersegmentierung auf.

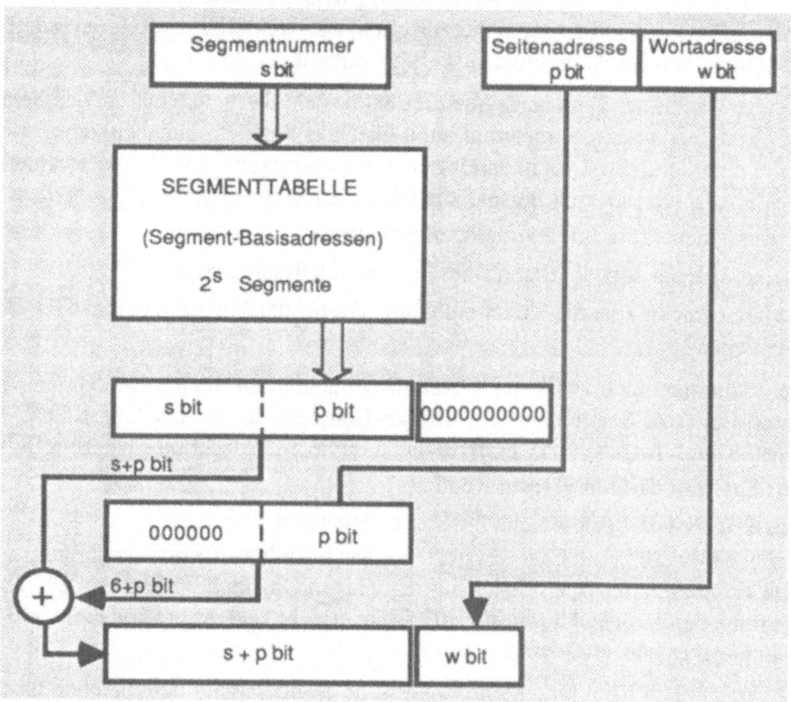

Bild 4-20 Speichersegmentierung

In Bild 4-20 ist angenommen, daß die gesamte logische Adresse die Länge L hat und sich in eine Segmentadresse der Länge s, eine Seitenadresse der Länge p und eine Wortadresse der Länge w aufteilt; d.h. es gilt L = s+p+w. Beispiel: L = 24, s = 6 (entspricht 64 Segmenten), s = 8 (entspricht einer maximalen Segmentgröße von 256 Seiten), w = 10 (entspricht einer Seitengröße von 1 K). In diesem Falle muß der Segment- und der Seitenadreßteil (das sind die s+p vordersten Bits der logischen Adresse) transformiert werden, und zwar durch Addition der Basisadresse. Die Wortadresse (die letzten w Bits) werden der transformierten Adresse einfach angefügt. In der Segmenttabelle werden nur die vordersten s+p Bits einer Segment-Basisadresse gespeichert, da die letzten w Bits alle Null sind und bei der Addition nicht berücksichtigt werden müssen. Bei der Addition sind auch die vordersten s Bits des einen

Operanden alle Null; wegen der Möglichkeit eines Übertrag-Durchlaufs muß das Addierwerk aber trotzdem mit der Breite s+p ausgeführt werden.

Das hier geschilderte Verfahren hat zwei Nachteile:

(1) die Speicherverwaltung benötigt ein Addierwerk;

(2) die Seiten eines Segments müssen nicht nur im logischen, sondern auch im physikalischen Adreßraum zusammenhängend sein.

Diese Nachteile lassen sich durch ein zweistufiges Nachschlagen vermeiden, zunächst in einer Segmentdeskriptor-Tabelle und anschließend in einer Seitendeskriptor-Tabelle, wie es Bild 4-21 andeutet. Genau betrachtet zeigt Bild 4-21 zwei Segmentdeskriptor-Tabellen, eine für die Segmente des Benutzer-Speicherraums (*user space*) und eine zweite für die Segmente des Betriebssystem-Speicherraums (*supervisor space*).

Die beiden Segmentdeskriptor-Tabellen werden je nach Zustand des Prozessors (*supervisor/user*) durch einen entsprechenden Zeiger angesprochen. Die Segmentdeskriptor-Tabelle liefert für jedes Segment den Eingang in eine Seitendeskriptor-Tabelle, die ihrerseits die physikalischen Seitenadressen aller Seiten des Segments enthält. Zu der so erhaltenen physikalischen Seitenadresse wird die Zellenadresse innerhalb der Seite aus dem logischen Adreßwort hinzukonkateniert. Damit liegt die physikalische Adresse vor.

Gegenüber der Lösung nach Bild 4-20 wurde die Addition durch ein zweites Tabellen-Nachschlagen (*table look-up*) ersetzt (was gleichviel Zeit kostet) und damit der Addierer eingespart. Der wesentlichste Vorteil dieser Methode liegt aber in der Tatsache, daß jetzt die physikalischen Seiten eines Segments nicht zusammenhängend sein müssen, sondern über den physikalischen Speicher verteilt sein können. Deshalb wird heute praktisch nur noch dieses Verfahren angewendet.

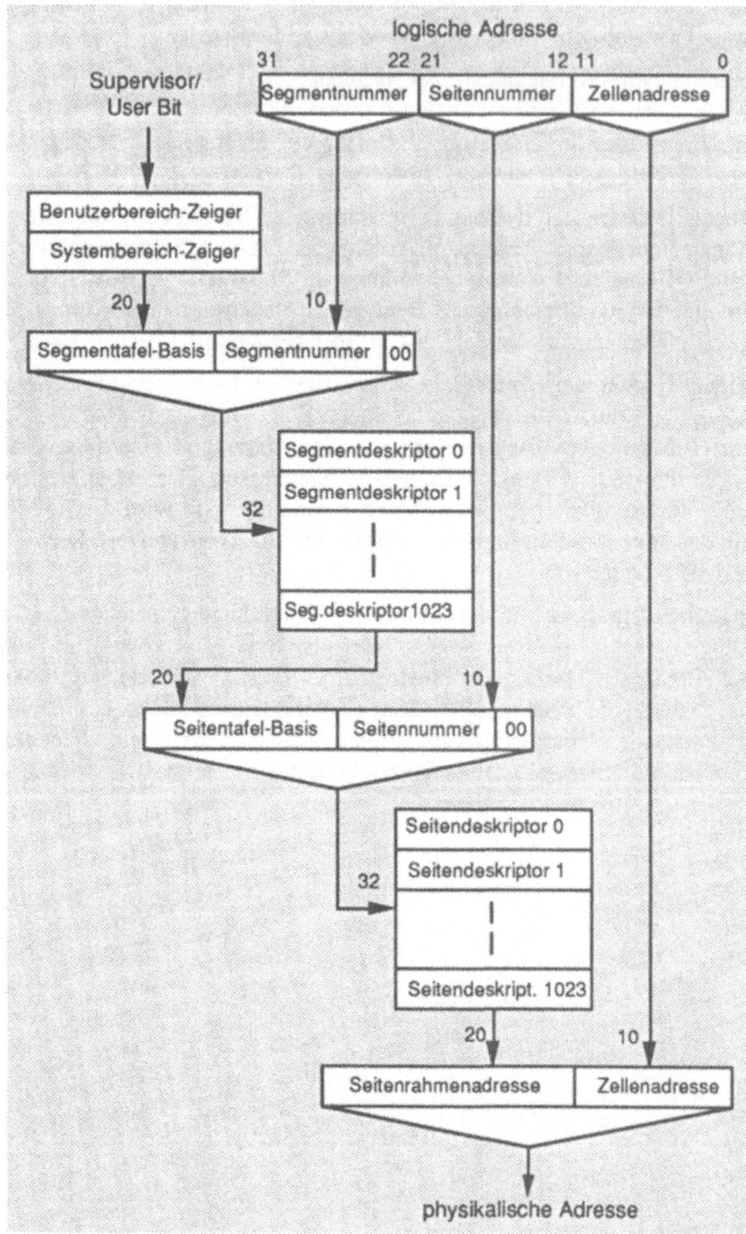

Bild 4-21 Adreßtransformation durch zweimaliges Tabellen-Nachschlagen

4.6 Virtueller Speicher

Selbst kleinere Rechner haben außer dem Hauptspeicher mindestens noch einen Sekundärspeicher. Die Verwaltung und Benutzung des Sekundärspeichers kann dadurch vereinfacht werden, daß man einen einheitlichen Adreßraum schafft, der sowohl alle Speicherplätze des Hauptspeichers wie auch die des Sekundärspeichers umfaßt. Für den Benutzer der Anlage hat dies weiter den Vorteil, über einen sehr großen Adreßraum zu verfügen, so daß keine Gefahr besteht, daß dieser Adreßraum je überschritten werden könnte. Dies war insbesondere zu der Zeit von Vorteil, als der Hauptspeicher aus Kostengründen relativ klein gehalten werden mußte. Man nennt den einheitlichen Adreßraum einen *virtuellen Speicher* [Kea 62].

Nun kommt es andererseits aus Effizienzgründen nicht in Frage, einzelne Speicherzellen-Inhalte immer dann aus dem Sekundärspeicher zu holen, wenn eine im Programm referierte Adresse zum Sekundärspeicherbereich gehört. Eine Abhilfe bietet auch hier wieder die Seitenadressierung, wobei jetzt die Seiten die Transporteinheiten beim Nachladen sind. Man teilt dazu sowohl den Hauptspeicher als auch den Sekundärspeicher in gleichgroße Seiten ein und referiert in den Befehlen des Programms eine logische Adresse, die sich wie in Abschnitt 4.2 beschrieben aus einer Seitenadresse und einer Wortadresse zusammensetzt. Bei der Befehlsausführung muß dann zunächst geprüft werden, ob sich die (logisch) referierte Seite in einer physikalischen Seite des Hauptspeichers — im deutschen auch *Kachel* genannt — befindet. Ist dies der Fall, dann wird die logische Seitenadresse durch die physikalische Kacheladresse ersetzt; andernfalls muß die referierte Seite erst in eine Kachel des Hauptspeichers geladen werden, bevor die Adreßersetzung stattfinden kann.

Da die Hauptspeicherkapazität sehr viel kleiner als die Sekundärspeicherkapazität ist, kann das Nachladen einer Seite vom Sekundärspeicher in den Hauptspeicher nur so erfolgen, daß eine der bisher im Hauptspeicher befindlichen Seiten überschrieben wird. Um zu entscheiden welche der im Hauptspeicher befindlichen Seiten überschrieben werden soll, wendet man auch hier üblicherweise die *LRU-Strategie* an (LRU: *least recently used*). LRU bedeutet, daß diejenige Seite überschrieben wird, die von allen im Hauptspeicher befindlichen Seiten am längsten nicht mehr referiert worden ist. Man schließt aus dieser Tatsache, daß diese Seite wahrscheinlich nicht mehr von dem laufenden Programm benötigt, d. h. auch in Zukunft nicht mehr referiert werden wird, d. h. nicht mehr zum aktuellen *Working Set* des Programms gehört.

Die Abbildung der logischen Seitenadresse auf die physikalische Kacheladresse kann dadurch erfolgen, daß man eine Tabelle anlegt mit soviel Einträgen, wie der logische Adreßraum Seiten hat. In diese Tabelle trägt man für jede Seite die physikalische Adresse derjenigen Kachel ein, in der sich die Seite befindet. Bild 4-22 zeigt für den virtuellen Speicher mit Seitenteilung und Segmentierung die Adreßsubstitutionen auf, die von der Speicherverwaltung auf dem Wege von der logischen zur physikalischen Adresse durchzuführen sind. Dabei werden vier Adreßbereiche unterschieden, entsprechend der vier Möglichkeiten, daß der Prozessor sich im Systemaufsichts-Modus (*supervisor mode*) oder im Benutzer-Modus (*user mode*) befindet und daß es sich um Instruktionen oder Daten handelt. Jeder dieser 4 Adreßbereiche besteht aus einer Anzahl von durch eine Segmenttabelle beschriebenen Segmenten; der Beginn eines jeden Adreßbereichs wird damit durch die Segmenttabellen-Basisadresse gegeben.

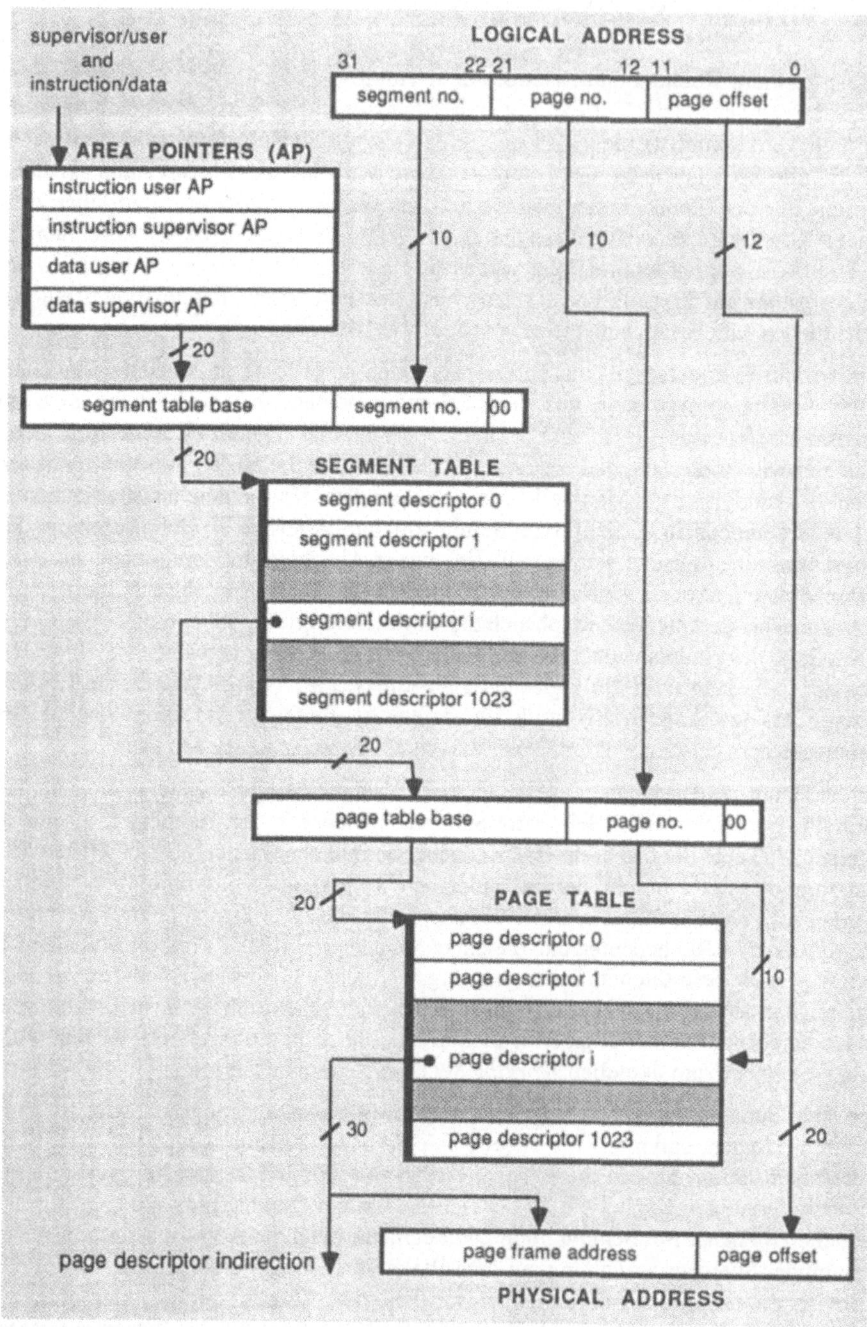

Bild 4-22 Umsetzung einer logischen Wortadresse in die zugehörige physikalische Wortadresse

Der Index in die entsprechende Segmenttabelle ergibt sich aus Segmenttabellen-Basisadresse und Segment-Nummer. Unter diesem Index wird dann der in Frage kommende Segmentdeskriptor erhalten. Der Segmentdeskriptor liefert die Anfangsadresse der Seitentabelle für das Segment. Mit dem Seitenadreßteil wird dann der entsprechende Seitendeskriptor aus der Seitentabelle gelesen, der den physikalischen Seitenadressteil liefert. Durch Konkatenieren des *page offset* zu der physikalischen Seitenadresse wird damit schließlich die physikalische Wortadresse erhalten. Der Nachteil dieses Verfahrens ist, daß zum Aufsuchen eines Speicherworts nun drei Speicherzyklen notwendig sind: zwei Zyklen zum Zugriff auf Segmenttabelle und Seitentabelle und ein weiterer Zyklus, um den Wert selbst zu holen. Dieser Nachteil würde vermieden, wenn man für die Zuordnungstabelle einen eigenen, schnellen Speicher vorsehen würde. Dies scheidet jedoch wegen der Größe der Tabelle aus Kostengründen aus (Tabellengröße z.B. 1M bei 32-Bit-Adresse und 4K-großen Seiten). Man sieht statt dessen einen schnellen Cache mit kleiner Kapazität (8...64 Zellen) vor, in dem nur einige der Zuordnungspaare (logische Seitenadresse, physikalische Kacheladresse) gespeichert werden können. Im Prinzip würde es ja genügen, wenn jeweils die Paare des aktuellen *Working Set* des gerade bearbeiteten Programms dort zu finden wären.

Da die im Cache gespeicherte Abbildung nur eine Teilfunktion ist, muß dieser assoziativ arbeiten, wobei die logische Seitenadresse den Suchschlüssel darstellt. Der Cache wird üblicherweise als vollassoziativer Cache ausgeführt und *Address Translation Cache* (ATC) genannt. Das Blockbild 4-23 zeigt das Beispiel einer Speicherverwaltungs-Hardware, die diese Adreßumrechnung ausführt (es ist dies die Speicherverwaltung des Motorola-Prozessors MC88110).

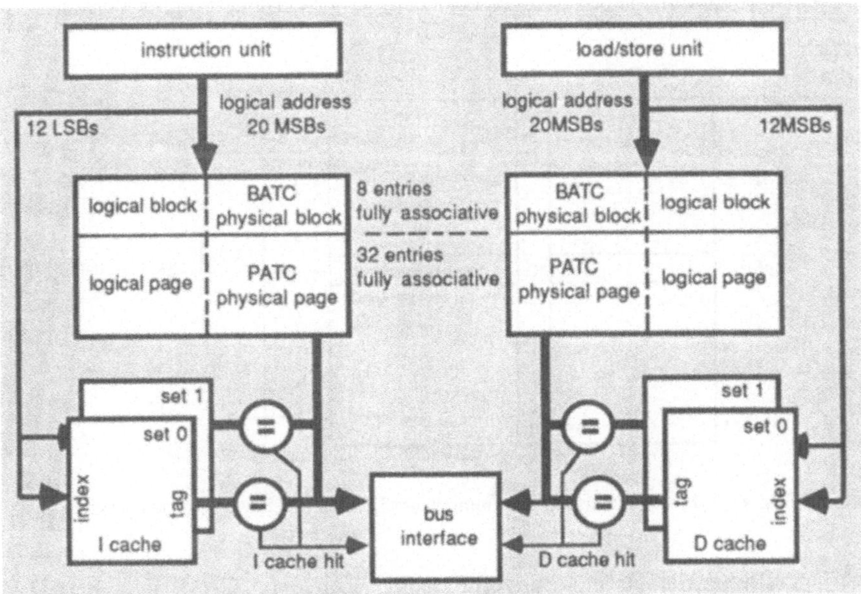

Bild 4-23 Speicherverwaltungs-Hardware und Befehls- und Daten-Cache des MC88110

Das Kernstück der Adreßtransformations-Hardware sind die entsprechenden Caches, von denen es insgesamt 4 gibt, und zwar je einen *block address translation cache* (BATC) für Befehle und Daten und je einen *page address translation cache* (PATC) für Befehle und Daten. Ebenfalls in Bild 4-23 gezeigt sind der Befehlscache und der Datencache des Prozessors (alles dies befindet sich zusammen mit dem Prozessor auf dem Chip).

Es kann damit natürlich vorkommen, daß eine gegebene logische Adresse nicht im Cache gefunden wird. In diesem Falle muß dann in der "großen" Zuordnungstabelle, die *alle* Zuordnungspaare enthält, nachgesehen werden (diese Tabelle wird durch den Cache nicht überflüssig, sondern der Cache führt im Trefferfalle zu einer Verschnellerung der Adreßtransformation). Das in der Zuordnungstabelle gefundene Zuordnungspaar wird jetzt in den *Translation Cache* geladen, da wegen der Lokalität der Programmadressen damit zu rechnen ist, daß diese Zuordnung noch öfters benötigt wird. Dabei wird eine der bisher im Assoziativspeicher befindlichen Eintragungen überschrieben. Die Entscheidung darüber, welche Eintragung überschrieben werden soll, wird wieder nach dem LRU-Prinzip getroffen.

Als Beispiel für einen Algorithmus, der das LRU-Verfahren realisiert, sei ein Verfahren betrachtet, das in einigen Modellen der IBM/370-Familie angewandt wurde. Sei CAM ein Assoziativspeicher mit k Zellen. Hierzu wird eine (kxk)-Matrix mit booleschen Elementen angelegt. Jeder der Zellen des CAM ist genau eine Zeile und eine Spalte dieser Matrix zugeordnet. Wird nun eine Zelle von CAM aufgesucht, so wird in die zugehörige Zeile der booleschen Matrix der *Einsvektor* e(k) und in die zugehörige Spalte der *Nullvektor* n(k) eingeschrieben (e(k) ist ein Vektor mit k Einsen; n(k) ist ein Vektor mit k Nullen). Dies wird bei jedem neuen Zugriff auf CAM wiederholt. Sind nacheinander in beliebiger Reihenfolge alle k Zellen angesprochen worden, so enthält die Zeile, die zu der am längsten nicht angesprochenen Zelle von CAM gehört, als einzige den Nullvektor n(k). Bild 4-24 erläutert dieses Verfahren.

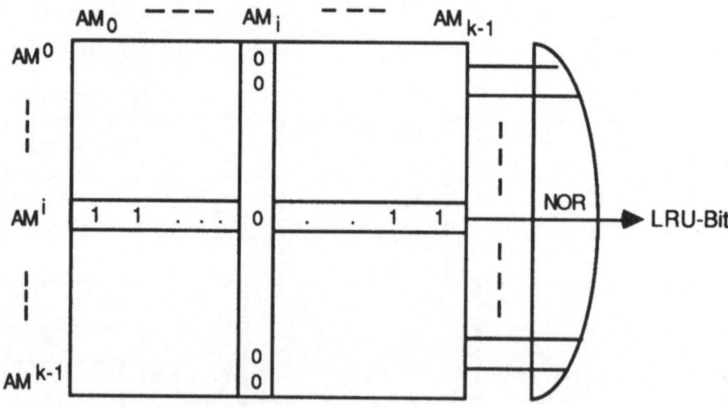

Bild 4-24 Mechanismus zur Bestimmung der LRU-Zelle eines Assoziativspeichers

Sei i der Index der als erste angesprochenen Zelle von CAM, und sei AM die (kxk)-*Alterungsmatrix*. Dann ist nach dem Ansprechen der Zelle i $AM_i = n(k)$, während alle Elemente von AM^i eins sind bis auf das Element $(AM^i)_i$, das null ist (da zunächst e(k) in die Zeile AM^i und dann n(k) in die Spalte AM_i eingeschrieben wird). Dabei bezeichnen wir die Zeilen einer Speichermatrix durch einen hochgestellten Index und die Spalten durch einen tiefgestellten Index. Bei jeder Referenz einer anderen Zelle von CAM wird durch das Einschreiben von e(k) in die entsprechende Zeile und nachfolgend durch das Einschreiben von n(k) in die entsprechende Spalte von AM eine der Einsen in AM^i durch Null ersetzt und eine andere Zeile mit Einsen angefüllt (bis auf das Element auf der Hauptdiagonale, das null bleibt). Damit werden nach und nach alle Elemente von AM^i durch Null ersetzt, falls die Zelle i zwischenzeitlich nicht mehr angesprochen wird. Da aber nach k Schritten nur in einer der k Zellen alle Einsen durch Nullen überschrieben sein können, müssen alle anderen Zeilen von AM noch mindestens eine Eins enthalten. Damit indiziert die Zeile von AM, die nur Nullen enthält, die LRU-Zelle des Assoziativspeichers.

Steht einmal ein Zuordnungspaar im Assoziativspeicher und die zugehörige Seite im Hauptspeicher, so bringt dieses Verfahren für alle weiteren Adreßreferenzen kaum eine Effizienzeinbuße mit sich, solange weiterhin Wörter der gleichen Seite referiert werden. Ein größerer Zeitverlust tritt aber immer dann ein, wenn bei einem Nichttreffer (*page fault*) eine Seite aus dem Sekundärspeicher in den Hauptspeicher nachgeladen werden muß. Da das Nachladen aus dem Sekundärspeicher einige zehn Millisekunden betragen kann, wird in diesem Falle ein Prozeßwechsel ausgeführt, um die durch das Holen der Seite anfallende *Latenzzeit* anderweitig zu nutzen. Die Wirksamkeit des virtuellen Speichers hängt damit sehr von der Häufigkeit des Auftretens von *page faults* ab.

Vergleicht man die Organisation des virtuellen Speichers mit der des Caches, so stellt man starke Parallelen fest. In der Tat kann man beim virtuellen Speicher den physikalischen Hauptspeicher als einen "Cache" des Sekundärspeichers ansehen.

4.7 Einfacher Objektschutz

4.7.1 Systemaufsichts-Modus und Benutzer-Modus

Zugriffsberechtigungs-Kontrolle dient dem Schutz der Speicherobjekte. Zu schützen sind hier vor allem die Betriebssystem-Objekte vor den Benutzern. Das bedeutet, daß es keinem Benutzer möglich sein darf, auf ein Betriebssystem-Objekt zuzugreifen oder dieses gar zu verändern. Diesen Schutz kann man auf einfache Weise gewährleisten, indem man zwei Prozessor-Zustände definiert, nämlich

- den *Systemaufsichts-Modus* (*supervisor mode*) und
- den *Benutzer-Modus* (*user mode*).

Der Prozessor kann durch einen speziellen Befehl in den einen oder den anderen Zustand versetzt werden. Er zeigt durch eine Bitkombination an, in welchem der beiden Zustände er sich befindet. Ferner läßt sich aus dem inneren Zustand des Prozessors ableiten, ob es sich jeweils um Daten (Ausführungs-Phase) oder um Befehle (Befehlshol-Phase) handelt. Das Zugriffsrecht auf Daten ist bei diesem einfachen Schema **lesen** und **schreiben**, das Zugriffsrecht auf Befehle ist **aus-**

führen. Als Beispiel gibt Tabelle 4-1 die verschiedenen Zustände an, in die sich der Prozessor MC68000 befinden kann und die durch 3 Zustandsbits FC2, FC1, und FC0 angezeigt werden.

Tabelle 4-1 Prozessor-Zustände des MC68000

FC2	FC1	FC0	Status
L	L	L	(undefined, reserved)
L	L	H	user data
L	H	L	user program
L	H	H	(undefined, reserved)
H	L	L	(undefined, reserved)
H	L	H	supervisor data
H	H	L	supervisor program
H	H	H	interrupt acknowledge

Der Betriebssystemkern — u.U. auch das gesamte Betriebssystem — arbeitet im Überwachermodus, während die Benutzerprogramme im Benutzermodus ablaufen. Ob man das gesamte Betriebssystem oder nur seinen Kern im Überwachermodus ausführt, ist eine Frage des Schutzbedürfnisses einerseits und der Effizienz andererseits. Im Mehrbenutzer-Betrieb reicht allerdings dieser einfache Mechanismus nicht aus, da man jetzt auch die Programme der einzelnen Benutzer voreinander schützen muß. Dies ist die Aufgabe der *Speicherverwaltung*.

4.7.2 Speicherverwaltung

Die Hauptaufgaben der Speicherverwaltung sind:

- Herstellung eines logischen Adreßraums unabhängig vom physikalischen Speicher;
- Unterscheidung von verschiedenen Adreßräumen (Code/Daten, Benutzerprozesse);
- Zugriffskontrolle auf Objekte.

Die Speicherverwaltung wird nach Bild 4-25 zwischen die Adreß-Ausgänge des Prozessors und die Adreß-Eingänge des Speicherbusses geschaltet. Damit werden die Prozessor-Adressen logische Adressen, die erst von der Speicherverwaltung in physikalische Adressen transformiert werden müssen, bevor auf ein Speicherobjekt zugegriffen werden kann. Der logische Adreßraum kann entweder durch das einfache Segmentierungsverfahren von Abschnitt 4.5 hergestellt werden, oder aber als Adressen eines virtuellen Speichers mit automatischen Nachladen. Im ersten Falle ist der logische Speicher genauso groß wie der physikalische Speicher; im zweiten Falle ist der logische Speicher so groß, wie sich überhaupt mit der gegebenen Adreßlänge adressieren läßt.

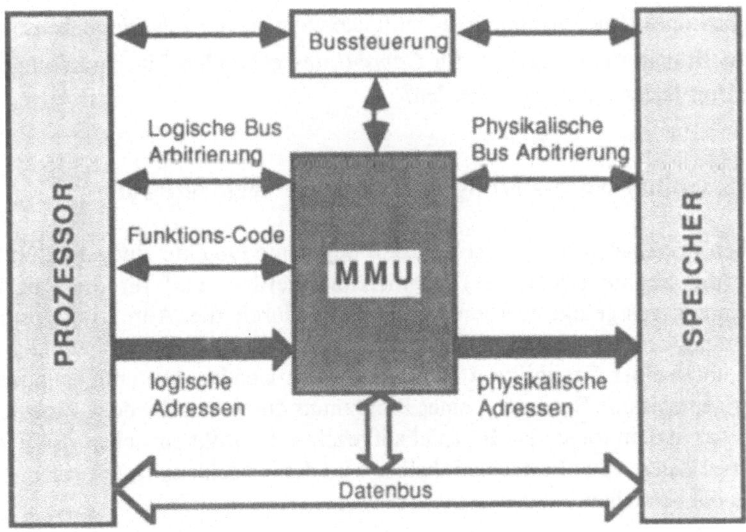

Bild 4-25 Einschalten der Speicherverwaltung zwischen Prozessor und Speicher

4.8 Absoluter Objektschutz: Capability-Adressierung

In der von-Neumann-Maschine gibt es nur den Objektschutz, den die Speicherverwaltung bietet. Innerhalb des einem Subjekt (z.B. einem Prozeß) zugeteilten Adreßraums kann dieses auf jedes Speicherobjekt in beliebiger Weise zugreifen. Im krassen Gegensatz hierzu steht eine Adressierungsart, bei der nicht Speicherplatzadressen sondern die Identifikatoren (Namen) von Datenobjekten in den Befehlen der Maschine referiert werden. Verbindet man die Identifikatoren mit der Angabe eines Zugriffsrechts (vergl. Abschnitt 2.7.2), so erhält man einen individuellen Objektschutz, den man im Extremfall durch geeignete Maßnahmen unüberwindbar machen kann. Dies ist die Grundidee der *Capability-Adressierung*.

Eine *Capability* wurde in Abschnitt 2.7.2 als ein geordnetes Paar

(<Objekt-Identifikator>, <Zugriffsrecht-Spezifikation>)

eingeführt. Damit wird nicht nur ein Datenobjekt (anstelle einer Speicheradresse) benannt, sondern es wird für dieses Objekt individuell festgelegt, in welcher Form die Subjekte auf dieses Objekt zugreifen dürfen. Dabei ist dem referierenden Subjekt nicht bekannt, wo sich das Objekt wirklich im Speicher befindet. Bei der Realisierung des *Capability*-Adressierungsmechanismus in einer Maschine sind einige grundsätzliche Fragen zu beantworten wie:

- Unter welchen Bedingungen kann der *Capability*-Mechanismus durch die einfache Speichersegmentierung (Abschnitt 3.2.5) realisiert werden, d.h., können die logischen Adressen der Speichersegmentierung als Objektnamen verwendet werden?

- Welche Lebensdauer müssen die Identifikatoren in den *Capabilities* haben?
- Wie stellt man sicher, daß die für *Capabilities* geltenden Einschränkungen unter allen Umständen eingehalten werden?

4.8.1 Capability-Adressierung und Speichersegmentierung

Wir haben im Abschnitt 4.5 gesehen, daß Segmente Objekte sind, die durch einen Namen (die Segment-Nummer) identifiziert werden, und für die Zugriffseinschränkungen festgelegt werden können, die durch die Adreßtransformations-Hardware erzwungen werden. Es liegt daher nahe, die Segmentadressen als Objektidentifikatoren einer *Capability*-Adressierung zu verwenden. Dadurch kann jedoch im Falle der gemeinsame Benutzung eines Programms durch verschiedene Prozesse (*code sharing*) der in dem folgenden Beispiel aufgezeigte Konflikt entstehen [FAB 74], den Bild 4-26 erläutert. (Der Einfachheit halber wird der Verschiebungsteil einer Segmentadresse nicht betrachtet.)

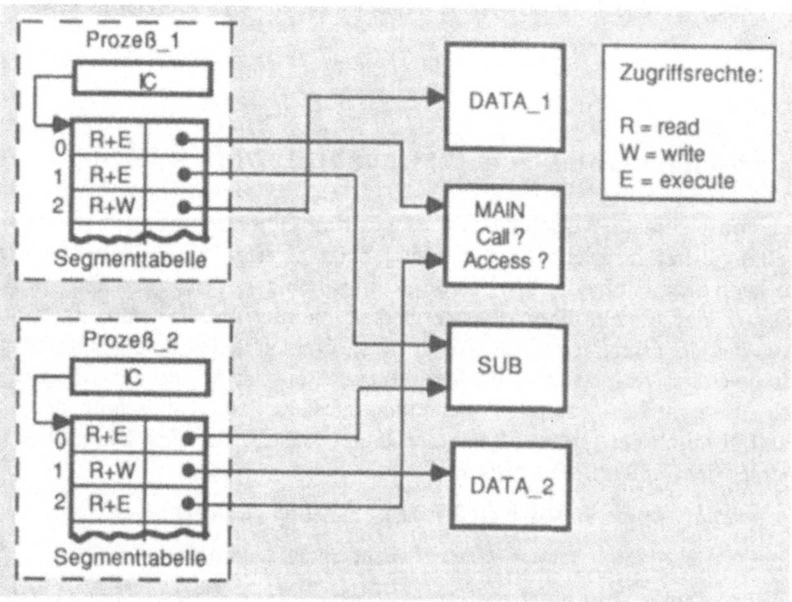

Bild 4-26 Zum Problem der Namensgebung von Segmenten beim Code Sharing

Gegeben sind hier 2 Prozesse, Prozeß_1 und Prozeß_2, denen beiden das Programm MAIN zugrunde liegt. MAIN ruft seinerseits wieder die Prozedur SUB auf. Jeder Prozeß hat ein Datensegment, DATA_1 bzw. DATA_2. Jedem Prozeß ist ein Befehlszähler und eine Segmenttabelle zugeordnet, über die der Zugang zu den Speicherbereichen der Prozeduren MAIN und SUB sowie des Datensegments erhalten wird. Jeder Prozeß ist frei in der Segment-Namensgebung. Dadurch entsteht das Problem, daß im Falle von Prozeß_1 das Unterprogramm SUB über die Segmentnummer 1 und die Daten über die Segmentnummer 2 referiert werden, während im Falle von Prozeß 2 die entsprechenden Referenzen 0 und 1 lauten. Da diese Aufrufe bzw. Zugriffe ja Bestandteil der Prozedur MAIN sind, läßt sich MAIN aber nicht — wie vorausgesetzt — als von beiden Prozessen benutzt, invariante Prozedur im Voraus herstellen. Man beachte, daß dieses Problem durch die gemeinsame Benutzung von Programmen, die wiederum Unterprogramme aufrufen, entsteht *(code sharing)*, jedoch nicht durch die gemeinsame Benutzung von Daten *(data sharing)*.

Eine einfache Abhilfe dieses Problems könnte darin bestehen, in beiden Prozessen gleiche Segmentadressen für MAIN, SUB und die jeweiligen Datensegmente zu benutzen. Dies würde aber im allgemeinen bedeuten, daß die Segmentnamen jetzt von einer übergeordneten zentralen Einrichtung vergeben werden müssen, um diese Konsistenz zu gewährleisten. Das würde aber die Benutzung unabhängig hergestellter Bibliotheksprogramme ausschließen; eine Einschränkung, die nicht in Kauf genommen werden kann.

Letztlich rührt das Problem daher, daß Segmentnummern bezüglich des *logischen* Speicherraums *absolute* Adressen sind (selbstverständlich aber nicht bezüglich des physikalischen Speicherraums). Wie das Beispiel gezeigt hat, können solche absolute logische Adressen beim *code sharing* zu Konflikten führen. Dieses Problem kann auf zwei Arten vermieden werden:

- Verwendung *indirekter Referenzen*, die dann beliebig durch Segmentnamen ersetzt werden können;
- Einführung *eindeutiger Bezeichner* für die Objekte, unabhängig von Segmentnamen.

4.8.2 Referenz über Capability-Register

Die indirekte Referenz von Objekten bei der *Capability*-Adressierung kann dadurch eingeführt werden, daß man in der Maschine einen Satz von *Capability-Registern* vorsieht (benötigt werden etwa 8...16), in die jeweils ein Segmentdeskriptor geladen werden kann. In den Befehlen der Maschine wird jetzt nur der Verschiebungsteil einer Segmentadresse (Seitenadreß- und Wortadreß-Teil) referiert, während die Segmentnummer durch die Adresse eines der *Capability*-Register ersetzt ist (hierzu werden 3...4 Bit benötigt). Zur Adreßtransformation wird jetzt der Segmentdeskriptor nicht mehr einer Segmenttabelle entnommen (deshalb muß auch die Segmentnummer nicht mehr referiert werden), sondern dem referierten *Capability*-Register. Selbstverständlich haben auch jetzt die einzelnen Prozesse ihre Segmenttabellen; diese sind aber nicht mehr unmittelbar an der Adreßtransformation beteiligt, sondern sie dienen nur dazu, die Segmentdeskriptoren bereitzustellen, die dann unter Programmkontrolle bzw. unter Kontrolle des Betriebssystems fallweise bei der Prozeß-Aktivierung in die *Capability*-Register geladen werden. Durch diese indirekte Adressierung sind die Objekte eines Programms jetzt auch im logischen Adreßraum verschiebbar.

Die Zugriffsrecht-Spezifikationen der Capabilities sind in den Segmentdeskriptoren niedergelegt. Das bedeutet, daß es innerhalb eines Segments nicht verschiedene Objekte mit unterschiedlichen Zugriffsrecht-Festlegungen geben kann. Deshalb wird man als Programmierer nach Möglichkeit Objekte als Datenstrukturtypen definieren und mit Segmenten gleichsetzen.

Die nötige Absicherung dieses Mechanismus kann dadurch geschehen, daß außer den üblichen Segmenttypen wie **data**, **code**, usw. noch der Segmenttyp **capability** eingeführt wird. *Capabilities* können jetzt nur in *Capability*-Segmente kopiert werden, Daten nur in Datensegmente, usw. Dadurch sind *Capabilities* säuberlich im Speicher von allen anderen Informationskomponenten wie Daten und Code getrennt. Im Gegensatz zu den *Capabilities* wollen wir im folgenden alle übrigen Informationstypen der Einfachheit halber als *Daten* bezeichnen. Es genügt nun nicht, Daten und *Capabilities* nur im Speicher getrennt zu halten, sondern diese Trennung muß sich auch auf den Prozessor erstrecken. Das bedeutet, daß der Prozessor einen Registersatz für Daten hat und einen zweiten Registersatz für *Capabilities*, und daß es nicht möglich ist, *Capabilities* in Datenregister zu laden und umgekehrt.

Schließlich muß man dafür sorgen, daß die üblichen, allgemein zugänglichen Maschineninstruktionen nur auf die Inhalte von Datenregistern und -segmenten angewendet werden können, während die speziellen Befehle, die die Manipulation der Inhalte von *Capability*-Registern und -segmenten erlauben, nur privilegierten Benutzern zur Verfügung stehen. Wir nennen dies die *Trennungsmethode* (*partition approach*), im Gegensatz zu der im folgenden besprochenen *Kennungsmethode* (*tagged approach*). Bild 4-27 illustriert die Trennungsmethode am Beispiel der *Capability*-Maschine Plessey 250 [COS 72].

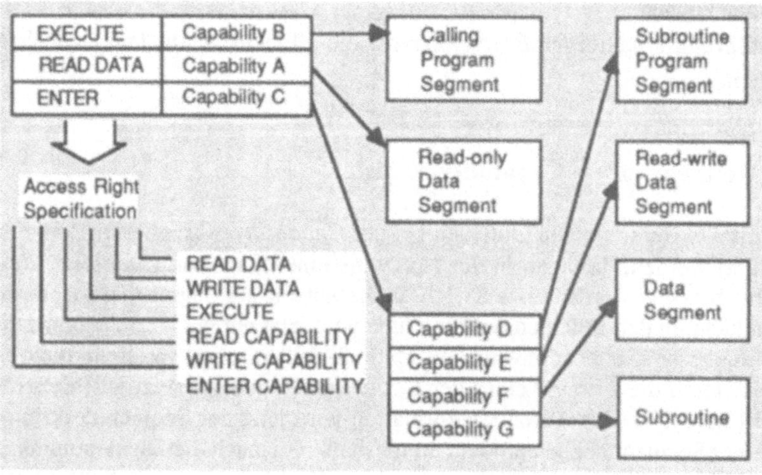

Bild 4-27 Unterprogrammaufruf über eine ENTER-*Capability* in der Plessey 250

Die kritischste Operation ist dabei die **enter**-Operation, für die eine spezielle *Capability* vorhanden sein muß. **enter**-*Capabilities* können nur durch einen Prozeduraufruf betreten werden. Dadurch kann verhindert werden, daß das aufrufende Programm einen unerlaubten Zugang zu den Daten und Prozeduren des aufgerufenen Unterprogramms erhält. Dieser Schutzmechanismus wirkt in beiden Richtungen, d.h. das aufgerufene Programm kann ebensowenig in unkontrollierter Weise auf die Objekte des aufrufenden Programms zugreifen.

Es ist ein Vorteil der Trennungsmethode, daß das Betriebssystem leicht auf zu manipulierende *Capabilities* zugreifen kann, da sich diese nur in den *Capability*-Segmenten befinden können. Andererseits besteht der Nachteil, daß sich dadurch die Zahl der benötigten Segmente eines Programms wesentlich erhöhen kann.

4.8.3 Einführung eindeutiger Objekt-Identifikatoren

Eine andere Möglichkeit, Konflikte bei der Namensgebung im Zusammenhang mit der *Capability*-Adressierung zu vermeiden, besteht darin, jedem Objekt einen Namen zu geben, der zu keinem anderen Zeitpunkt als Identifikator eines anderen Objekts auftreten kann. Die Einmaligkeit der Objektnamen muß im gesamten System für alle Programme und für alle Zeiten bestehen. Die Einmaligkeit über der Zeit vermeidet die bei mehrfacher Namensverwendung auftretende Notwendigkeit, bei jeder Änderung der Zuordnung von Namen und Objekt das gesamte System nach allen Referenzen dieses Namens durchsuchen und die Referenzen entsprechend aktualisieren zu müssen [DaH 66].

Die Forderung, daß niemals zwei Objekte denselben Namen tragen können, gilt für die gesamte Lebensdauer der Objekte. Nun ist die Lebensdauer von Objekten ja nicht im voraus bekannt und kann überdies die der Programme, die sie manipulieren, bei weitem übertreffen — man denke nur an die Objekte eines Datenbanksystems, deren Lebensdauer Monate oder Jahre betragen kann. Da es auch zu aufwendig wäre, darüber Buch zu führen, wann ein Objekt aufgehört hat, zu existieren, nimmt man der Einfachheit halber die Lebensdauer der Objekte als unbegrenzt an — d. h. man setzt sie gleich der Lebensdauer der Maschine.

Eine solche Maschine muß damit in der Lage sein, während ihrer gesamten Lebenszeit ständig neue Namen zu erzeugen. Dies geschieht am einfachsten durch einen speziellen Zähler, der immer dann um eins inkrementiert wird, wenn ein neuer Namen gebraucht wird (Namen sind Bitketten). Macht man zum Beispiel diesen Zähler 40 Bit lang, dann kann die Maschine 3 Jahre lang rund um die Uhr im Mittel alle 100 µs einen neuen Namen erzeugen. Selbstverständlich muß der Zähler so ausgeführt sein, daß er bei Stromausfall seinen Wert hält.

Wenn im Zuge einer Programmausführung ein neues Objekt erzeugt wird, so erzeugt die Maschine zunächst einen neuen Namen für das Objekt und übergibt dann dem erzeugenden Programm eine *Capability* für das Objekt. Das Programm kann Kopien der *Capability* anfertigen und diese an andere Programme weitergeben, aber es kann nicht selbst Capabilities erzeugen oder bestehende Capabilities verfälschen. Dies setzt natürlich wieder voraus, daß Capabilities einen besonderen Schutz genießen.

Zum Schutz der aus einem eindeutigen Namen und einem Zugriffsrecht bestehenden Capabilities wird die *Kennungsmethode* angewendet. Das bedeutet, daß die *Capability*-Architektur gleichzeitig auch als *tagged architecture* ausgeführt wird: Die Capabilities werden mit einer speziellen Kennung versehen, die sie von allen anderen Informationstypen unterscheidet (kommt es nur auf diese Unterscheidung an, so genügt hierfür ein zusätzliches Bit in jedem Speicherwort). Bei der Ausführung der konventionellen Maschinenbefehle prüft die Maschine nun immer erst dieses Bit ab. Wird eine *Capability* erkannt. so führt dies zu einer Fehlerbehandlung (*trap*). Dadurch wird verhindert, daß *Capabilities* durch die den Benutzerprogrammen zur Verfügung stehenden Befehle manipuliert werden können. Selbstverständlich muß es auch spezielle Befehle zur Manipulation von *Capabilities* geben, die aber nur einigen privilegierten Routinen des Betriebssystemkerns zur Verfügung stehen. Ein solches Verfahren wird zum Beispiel angewandt in dem von *SRI International* entwickelten, *eindringsicheren* PSOS-System [FaN 79], [MaD 79].

4.8.4 Der Prozessor iAPX432

1981 brachte die Firma Intel den iAPX432 Mikroprozessor auf den Markt, der speziell dazu entworfen war, als Prozessor für besonders sichere Rechner zu dienen [INT 81]. Grundlage hierfür war eine softwaremäßig realisierte *Capability*-Adressierung. Der iAPX432 war ferner der erste Prozessor mit eingebautem Vergleicher, der es erlaubt, durch gleichzeitige, doppelte Ausführung desselben Programms durch zwei Prozessoren Ausführungsfehler zu entdecken. Die wesentlichste Innovation des iAPX432 besteht aber darin, ein objektorientierter Prozessor zu sein, bei dem alle Betriebssystem-Typen durch *Capabilities* geschützt werden. Spezielle Betriebssystem-Typen gibt es für:

- das Betriebsmittel-Management
- das Prozeß-Management
- die Inter-Prozeß-Kommunikation und
- das Management der Laufzeit-Umgebung.

Dazu wird nach Bild 4-28 eine Hierarchie von Zugriffsbereichen (*access domains*) aufgebaut, durch welche die statischen Umgebungen der Programm-Moduln (*domain*) und Prozeduren und die dynamischen Umgebungen der Prozedurinstanzen (*context*) definiert werden.

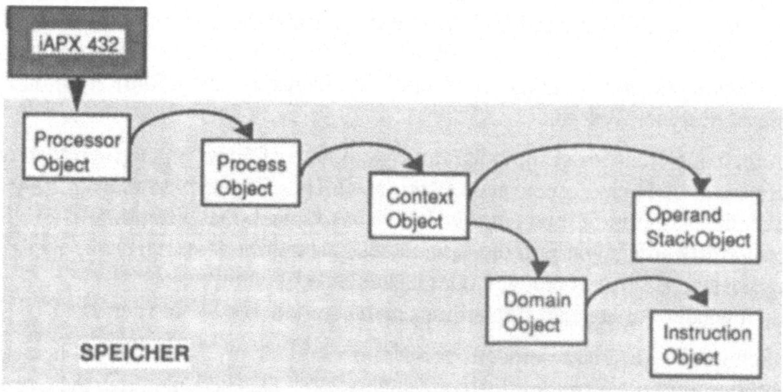

Bild 4-28 iAPX 432 - Objekte, die von der Hardware unterstützt werden

Bild 4-29(A) zeigt den Hardware-Mechanismus an, durch den ein Element eines Objekts mit Hilfe des Zugriffsdeskriptors (*access descriptor*) für das Objekt zugreifbar wird. Dieser Zugriff erfolgt über zwei vorgeschaltete Indirektionsstufen, die durch das

Aufsuchen einer *Object Table Directory* und einer *Object Table* gegeben sind. Für diesen Vorgang führen wir das kurze Symbol von Bild 4-29(B) ein.

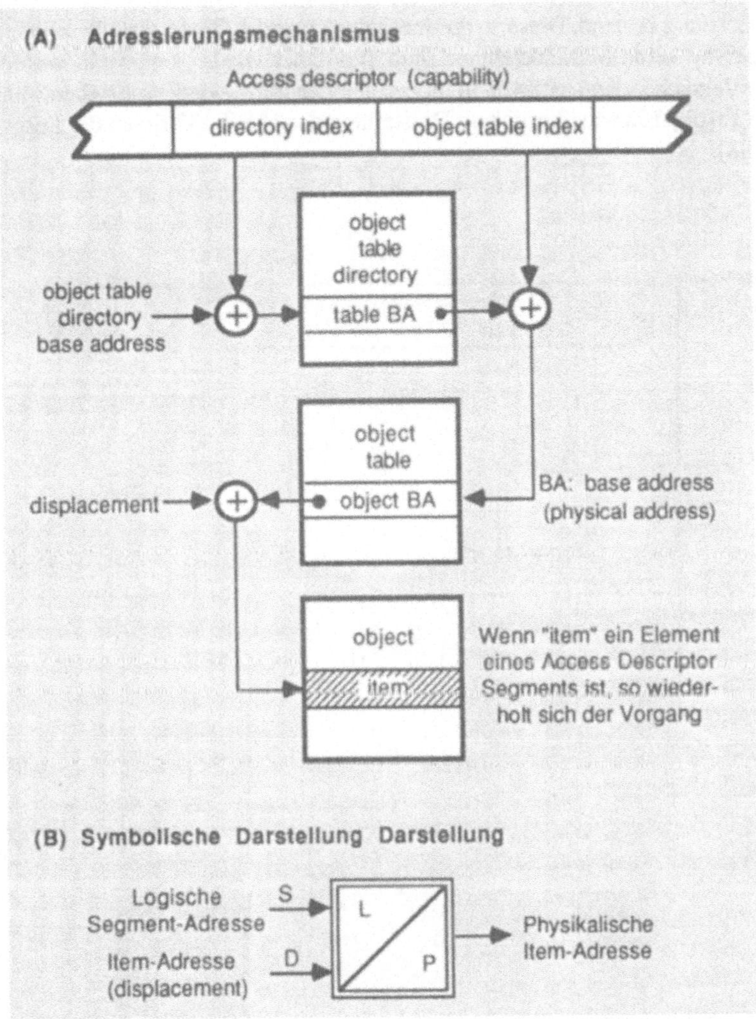

Bild 4-29 (A) Zugriffsmechanismus auf ein Element eines Datentyp-Segments
(B) Symbolische Darstellung

Der hierarchische Aufbau von Zufriffsbereichen im iAPX 432 führt dazu, daß der über die Zugriffsdeskriptorliste eines Moduls erhaltene Wert nicht etwa das gewünschte Datum ist, sondern der Eingang in die Zugriffsdeskriptorliste der Prozedur. Der über diese Liste erhaltene Wert ist immer noch nicht das gesuchte Datum, sondern der Eingang in die Zugriffsdeskriptorliste der betreffenden Prozedurinstanz. Erst über diese Liste wird dann das Datum erhalten, wie es Bild 4-30 mit dem in Bild 4-29(B) eingeführten Symbol angibt. Zwischen der Referenz eines Datums in der Instruktion und dem Zugriff auf des referierte Datum (Speicherobjekt) liegen damit mindestens 8 Indirektionsstufen.

Es ist damit nicht verwunderlich, daß der Preis für den sehr wirkungsvollen, hierarchischen Schutzmechanismus des iAPX432 in einer sehr unbefriedigenden Rechenleistung bestand. Diese starke Ineffizienz war der Grund, daß diese interessante Entwicklung keine Marktakzeptanz fand und daher wieder eingestellt wurde. Auch spätere Versuche, den iAPX432 in modernisierter Form wiederzubeleben, führten zu keinem Erfolg. Eine ausführlichere Darstellung des iAPX 432 findet der Leser z.B. in [KOB 88].

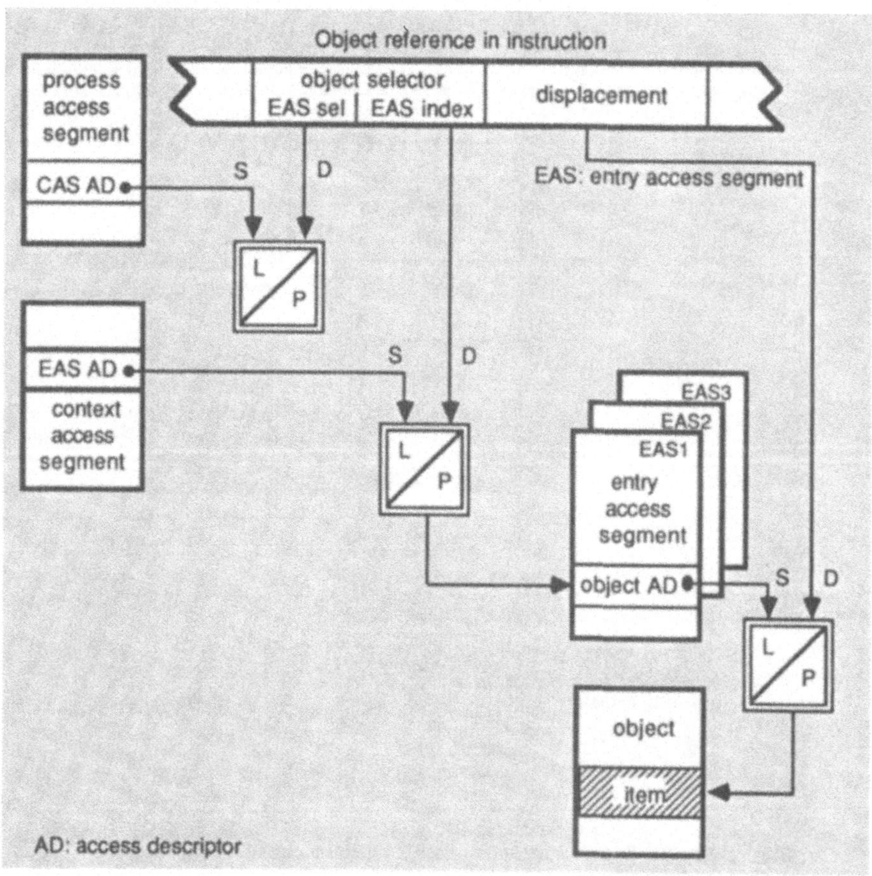

Bild 4-30 Indirektionsstufen zwischen der Referenz eines Datums im Befehl und dem Speicherzugriff

Literatur zu Kapitel 4

[BaN 89] Breternitz E.C.E., Nicolau A.: Tradeoffs Between Pipelining and Multiple Functional Units in Fine Grain Parallelism Exploitation, in Kartashev/Kartashev(eds.): *Proc. Supercomputing '89, Supercomputer Structures and Computation*, Internat. Supercomputing Inst.Inc., St. Petersburg, FA 1989

[BRU 92] Bruening U.: High Performance Processor Architecture, Internal Tech. Report, GMD-TUB FIRST 1992

[CaD 73] Coffmann E.G., Denning P.J.: *Operating Systems Theory*, Prentice-Hall, Englewood Cliffs, NJ 1973

[COS 72] Cosserat D.C.A.: Capability-Oriented Multi-Processor System for Real-Time Applications, *Proc. ICC Conf. 1972* (Washington, D.C., Oktober 1972)

[DaH 66] Dennis J.B., van Horn E,C,: Programming Semantics for Multiprogrammed Computations, CACM 9,3 (March 1966), 143-155

[FAB 74] Fabry R.S.: Capability-Based Addressing, Comm. ACM 17,1 (July 1974), 403-412

[FaN 79] Feiertag R.J., Neumann P.G.: The Foundation of Provably Secure Operating System (PSOS), *Proc. NCC 1979*, 115-120

[INT 81] Anonymous: iAPX43201 / iAPX43202 VLSI General Data Processor, Intel Corporation, Santa Clara, CA 1981

[Kea 62] Kilburn T., Edwards D.B.G., Lanigan M.J., Sumner F.H.: One-level Storage System, IRE Trans. on Electron. Computers EC-11,4 (April 1962), 223-235

[KOB 88] Kober R.: Parallelrechner-Architekturen — Ansätze für imperative and deklarative Sprachen, Springer-Verlag 1988

[KUC 78] Kuck D.: *Computers and Computations*, Vol.1, John Wiley & Sons, New York 1978

[MaD 79] McCauley E.J., Drongoswski P.: KSOS: Design of a Secure Operating System, Proc. NCC 1979

[MOT 90] Anonymous: MC88110 32-Bit Microprocessor, Preliminary Functional Specification, Motorola Inc. 1990

[SLA 91] Slater M.: MIPS Previews 64-Bit R4000 Architecture, Microprocessor Report 5,2 (February 6, 1991), 5-14

[SaK 91] Siewiorek D., Koopman P.J.: The Architecture of Supercomputers — Titan, A Case Study, Academic Press, San Diego 1991

5 Konzepte der Parallelarbeit

5.1 Parallelität und Datenabhängigkeit

Die wichtigste organisatorische Maßnahme zur Leistungssteigerung in einer Rechnerarchitektur ist die Einführung eines möglichst hohen Grades a n Parallelarbeit. Sind die Programme oder die Daten durch ein Operationsprinzip a priori strukturiert, so ist dadurch auch die Art der Parallelarbeit in gewissem Grade vorgezeichnet. Die grundsätzliche Aufgabe ist dabei, für eine gegebene Art und Zahl von Hardware-Betriebsmitteln die Kontrollstrukturen des Operationsprinzips auf die Kooperationsregeln der Hardwarestruktur abzubilden.

Der zentrale Begriff des parallelen Rechnens ist die in den auszuführende Programmen zu findende Parallelität. *Parallelität* ist hierbei eine Kurzform für die Möglichkeit der parallelen (gleichzeitigen) Ausführung mehrerer Operationen. Der *Grad an Parallelität* gibt an, wieviel Operationen parallel ausführbar sind. Dieser Parallelitätsgrad ist im allgemeinen keine konstante Größe, sondern er hängt vom jeweiligen Stand der Ausführung (d.h. von Zustand des zugehörigen Programmlaufs) ab.

Wie bereits ausgeführt unterscheidet man zwei Arten von Parallelität:

- die explizite *Datenparallelität*
- die implizite *Programmparallelität* (die die Datenparallelität mit einschließt).

Eine explizite Datenparallelität ist dann gegeben, wenn strukturierte Datenmengen wie zum Beispiel *Arrays* zu verarbeiten sind, wobei von den Operationen solcher *Datenstrukturtypen* a priori bekannt ist, wieweit sie parallel ausgeführt werden können. Ist zum Beispiel das äußere Produkt (die komponentenweise Verknüpfung) zweier Vektoren der Länge N zu bilden, so ist damit explizit die Möglichkeit der gleichzeitigen Durchführung dieser Verknüpfungen mit dem Parallelitätsgrad N vorgegeben, da bekanntlich keine Datenabhängigkeit zwischen den Teiloperationen besteht.

Eine implizite Programmparallelität ist immer dann gegeben, wenn es in dem Algorithmus eine Menge von Operationen gibt, innerhalb derer es auf die Reihenfolge der Ausführung nicht ankommt (d.h. wenn die Operationen nicht oder allenfalls partiell geordnet sind). Als einfaches Beispiel für Datenabhängigkeit betrachten wir zunächst das folgendes Programmstück [HAB 76]:

```
REPEAT Y := S(X);
    IF X+L(X) = Y  THEN L(X)  :=  L(X)+L(Y);
                        S(X)  :=  S(Y);
                        ELSE X := Y;
    FI;
UNTIL X=STOP;
```

Es ist offensichtlich, daß erst die Wertezuweisung Y := S(X) und die Berechnung der Summe X+L(X) erfolgt sein muß, bevor die Bedingung X+L(X)=Y getestet werden kann (Datenabhängigkeit zwischen dem Wert des Bedingungsausdrucks und dem Ergebnis der ersten Anweisung des Programms bzw. zwischen der Ausführung der IF-Anweisung und dem Wert des Bedingungsausdrucks). Hingegen ist die Reihenfolge der Anweisungen L(X) := L(X)+L(Y) und S(X) := S(Y) gleichgültig (und damit könnten diese Anweisungen auch gleichzeitig ausgeführt werden). Wie dieses Beispiel zeigt, kann man sich die partiell geordnete Menge von Anweisungen eines Programms in eine Menge von Aquivalenzklassen von parallel ausführbaren Anweisungen zerlegt denken. Die Kardinalität dieser Äquivalenzklassen gibt den jeweiligen Parallelitätsgrad an. Die Zerlegung selbst ist nach wie vor geordnet, da es innerhalb der Zerlegung auf die Reihenfolge der Ausführung ankommt.

Bei Programmiersprachen vom von-Neumann-Typ gibt es keine für die Hardware erkennbaren Programm- oder Datenstrukturen; die Möglichkeiten der Parallelarbeit kann diese daher nur ad hoc aus den jeweiligen Programmstrukturen ermitteln. Dies ist das Grundprinzip der Datenflußarchitekturen. Die Parallelarbeitsmöglichkeiten kann aber auch bereits der Compiler beim Programmübersetzen aufgrund einer *Datenabhängigkeitsanalyse* erkennen. Diese Methode hat inzwischen weite Verbreitung gefunden.

In Abschnitt 2.3 haben wir gezeigt, wie die Datenabhängigkeiten zwischen den Operationen eines Algorithmus und damit auch der Parallelitätsgrad eines jeden Rechenschritts durch den Datenabhängigkeitsgraphen des Algorithmus angegeben werden. Wird ein Algorithmus durch ein in einer von-Neumann-Sprache geschriebenes Programm dargestellt, so gibt es zusätzlich zur Einschränkung des Parallelitätsgrads durch die im Algorithmus bestehenden Datenabhängigkeiten noch weitere Einschränkungen, die nicht aus dem Datenfluß resultieren, sondern aus der Natur des Variablenbegriffs des von-Neumann-Rechners. Um dies zu erläutern, konstruieren wir das folgende Beispiel eine Programmblocks.

```
      begin
i:    x := <Ausdruck I>;  y := <Ausdruck 2>;
      .
      .
j:    u := h(y);
      .
      .
k:    y := f(x);
      .
      .
l:    x := <Ausdruck_3>;
      .
      .
m:    z := c*y+b;
      end
```

Weder in den durch Punkte angedeuteten Programmsegmenten zwischen den angeführten Anweisungen, noch in den in diesen Anweisungen vorkommenden Ausdrücken sollen die Variablen x und y vorkommen. f(x) sei eine spezielle Funktion, die von einem bestimmten Hardware-Betriebsmittel (z.B. einem speziell dafür vorhandenen Coprozessor) auszuführen sei. Dieses Betriebsmittel sei beim Eintritt in den **begin-end**-Block verfügbar. Dann wäre es sicher wünschenswert, sofort mit der Berechnung von f(x) zu beginnen und nicht erst später, beim Erreichen der Marke k, da zu dem späteren Zeitpunkt das Betriebsmittel bereits wieder (durch ein anderes Programm) belegt sein kann. Allerdings kann frühestens dann mit der Berechnung von f(x) begonnen werden, wenn das Argument x bekannt ist, also nach Ausführung der Anweisung mit der Marke i; d.h. die Operation k ist *datenabhängig* von der Operation i. Wir haben es hier mit einer durch den Datenfluß im Programm gegebenen Datenabhängigkeit zu tun, die daher *Flußabhängigkeit* (*flow dependence*) oder auch *RAW-dependence* heißt (RAW: *read after write*).

Aber auch nach erfolgter Berechnung des Werts von x kann noch nicht gleich mit der Berechnung von f(x) begonnen werden, da die Variable y, die ja als Behälter für den Wert von f(x) vorgesehen ist, erst noch als Behälter für den Wert von <Ausdruck_2> benutzt wird und damit noch nicht verfügbar ist. Daher kann erst nach Ausführung der Anweisung mit der Marke j mit der Berechnung von f(x) begonnen werden, obwohl schon nach Ausführung der Zeile i der Argumentwert x bekannt ist. Man nennt diese Art *Ausgangs-Datenabhängigkeit* (*output dependence*) oder *WAW-dependence* (WAW: *write after write*).

Wenn nun endlich die Zeile k erreicht worden ist, so sei inzwischen der spezielle Prozessor zur Berechnung von f(x) belegt. Dies wäre an sich nicht so schlimm, da das Ergebnis der Operation f(x) ja erst in der Anweisung mit der Marke m benötigt wird; d.h. es könnte zunächst mit der Programmausführung fortgefahren werden, indem die Ausführung der Operation f(x) einfach aufgeschoben wird. Allerdings ist dies auch nur bis zur Ausführung der Anweisung mit der Marke l möglich, da durch diese der Wert von x ja verändert wird. Man spricht hier von einer *Anti-Datenabhängigkeit* (*anti dependence*) oder *WAR-dependence* (WAR: *write after read*)

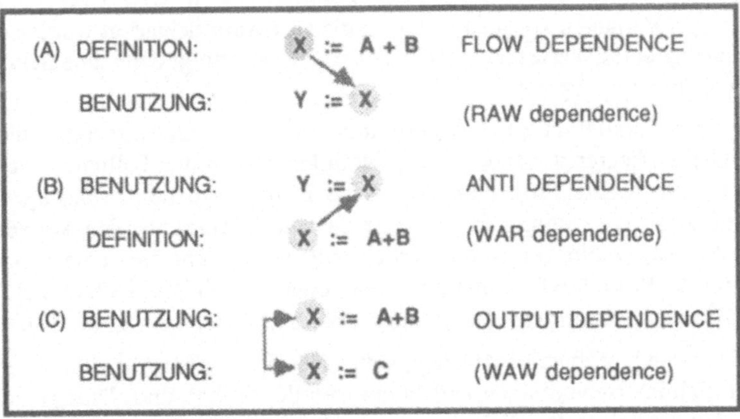

Bild 5-1 Die drei Formen der Datenabhängigkeit

Bild 5.1 stellt die verschiedenen Formen der Datenabhängigkeit mit ihren englischen Bezeichnungen zusammen. Wir führen dazu die Begriffe der *Definition* und der *Benutzung* einer Variablen ein.

DEF: *Definition und Benutzung von Variablen*
Die Zuweisung eines Werts zu einer Variablen X definiert X. Tritt X in dem Ausdruck auf, dessen Wert der Variablen Y zugewiesen wird, so sagt man daß Y X benutzt.

Wir sehen damit, daß das an sich so nützliche Prinzip der von-Neumann-Sprachen, Variable als Behälter von Werten immer wieder zu verwenden, nur zu dem Preis zu haben ist, daß die im Algorithmus vorhandenen Möglichkeiten zur Parallelarbeit unnötig, d.h. über die durch die echten Datenflußabhängigkeiten gegebenen Einschränkungen hinaus beschränkt werden. Nun gibt es die Möglichkeit, die *Anti Dependence* durch Umbenennen von Variablen bzw. die *Output Dependence* durch Einführung von Zwischengrößen zu beseitigen. Die durch die Verwendung von von-Neumann-Variablen entstehenden Pseudo-Datenabhängigkeiten lassen sich durch das Abgehen von den von-Neumann-Variablen auch ganz vermeiden. Hierzu lassen sich folgende Maßnahmen, nach abnehmender "Radikalität" geordnet, aufzählen.

- *Applikatives* oder *funktionales Programmieren*. Man schafft Variablen völlig ab.
- *Prinzip der einmaligen Zuweisung (single assignment)*: Jedem Objekt darf innerhalb seines Gültigkeitsbereichs nur einmalig ein Wert zugewiesen werden. Symbolische Namen in einem solchen Programm bezeichnen damit letztlich keine Variablen sondern Literale, und es gibt keine Nebeneffekte. Dies ist das Grundprinzip der Datenflußarchitekturen. Beim strengen Prinzip der einmaligen Zuweisung ist der Gültigkeitsbereich eines jeden Objekts das gesamte Programm. Dieses strenge Prinzip kann dahingehend abgemildert werden, daß Variable als lokal zu einem Programmblock deklariert werden können, wodurch die "Statisierung" ihrer Umgebung auf den Programmblock beschränkt wird.
- *Prinzip des zukünftigen Werts* (*future variables*): Hier wird die Umgebung nur für diejenigen Variablen konstant gehalten, die als **future** deklariert worden sind. Die Zuweisung eines Wertes zu einem solchen Objekt erfolgt dann zu einem späteren (unbestimmten) Zeitpunkt.

Die implizite Parallelität eines Algorithmus wird aber nicht nur durch die Datenabhängigkeiten begrenzt, sondern auch durch Iterationen und Fallunterscheidungen. Auf die entsprechenden Programme bezogen heißt dies, daß die Anweisungen, die auf eine Programmverzweigung folgen, erst dann ausgeführt werden können, wenn entschieden ist, wohin verzweigt werden soll. Man nennt dies eine *prozedurale Abhängigkeit*. Prozedurale Abhängigkeiten können durch den noch einzuführenden *Kontrollabhängigkeitsgraphen* (*control dependence graph*) angezeigt werden.

Die Freiheit von prozeduralen Abhängigkeiten läßt sich nur bei Algorithmen erreichen, die ohne Fallunterscheidungen und Iterationen darstellbar sind. Dies genau ist der Vorteil der expliziten Parallelität, wie sie durch die Existenz von strukturierten Datenmengen gegeben ist, daß keine induktiven Schleifen für die Bearbeitung solcher Datenmengen benötigt werden. In den von-Neumann-Programmiersprachen ist allerdings explizite Parallelität nicht darstellbar, da es in solchen Sprachen keine wirklichen Datenstrukturtypen gibt. Ein Array ist hier lediglich eine homogene Menge von skalaren Variablen, deren Namen aus der Verbindung des Array-Namens und einem Indexausdruck bestehen und damit berechnet werden können [DIJ 76].

Die tatsächlich durchführbare Parallelarbeit hängt natürlich auch davon ab, welche Betriebsmittel dafür zur Verfügung stehen. Unter Umständen muß eine ausführbereite Aktivität mangels des dazu benötigten Betriebsmittels auf die Ausführung warten. Man spricht in diesem Fall von einer *operationale Abhängigkeit.* Damit kann die Parallelität einer Programmausführung durch drei Faktoren begrenzt sein, nämlich durch

- Datenabhängigkeiten
- prozedurale Abhängigkeiten
- operationale Abhängigkeiten.

Um die gegebene implizite Parallelität eines Algorithmus zur Parallelarbeit nutzen zu können, muß eine Maschine diese kennen. Grundsätzlich gibt es hierfür drei Möglichkeiten :

- das Programm enthält bereits explizite Anweisungen darüber, welche Aktivitäten parallel ausgeführt werden können;
- der Compiler erkennt die Möglichkeiten zur Parallelarbeit und "parallelisiert" das Programm entsprechend;
- die Maschine entscheidet selbsttätig aus dem vorgegebenen Datenfluß, welche Operationen sie parallel ausführen kann.

5.2 Die Ebenen der Parallelarbeit

Bisher haben wir nur die Möglichkeit der parallelen Ausführung mehrerer Anweisungen eines Programms betrachtet. Dies ist aber nicht die einzige Ebene, auf der Parallelarbeit stattfinden kann. Sowohl die Ebene der Operationen eines zusammengesetzten Ausdrucks in einer Anweisung bietet die Möglichkeit zur Parallelarbeit, wie auch die Ebenen, die in einer hierarchischen Programmstruktur über der Anweisungsebene liegen.

Von oben nach unten können wir vier Ebenen unterscheiden, auf denen Parallelität gegeben sein kann: Ein im Multiprogramming zu bearbeitender "Programm-Mix" besteht aus einer Anzahl von in sich abgeschlossenen Benutzerprogrammen oder *Jobs.* Ein Job mag aus einer Anzahl von konkurrenten Prozessen oder *Tasks* bestehen. Das einem Prozeß zugrunde liegende Programm besteht aus einer Folge von Anweisungen, und etwa die Hälfte dieser Anweisungen sind Zuweisungen, die zusammengesetzte Ausdrücke enthalten können.* Dementsprechend lassen sich prinzipiell die folgenden Ebenen unterscheiden:

- die Ebene der Benutzerprogramme
- die Ebene der parallelen Prozesse oder Tasks

---

* Allerdings schreiben die Programmierer in den herkömmlichen prozeduralen Sprachen in der Regel keine langen Ausdrücke. Hingegen können in den Datenflußprogrammen recht komplexe Ausdrücke vorkommen.

- die Ebene der Anweisungen
- die Ebene der Elementar-Operationen.

Es liegt auf der Hand, daß der Parallelitätsgrad auf der Benutzerprogramm-Ebene nicht sehr hoch sein kann. Die Parallelarbeit auf der Ebene der Benutzerprogramme ist verhältnismäßig leicht zu organisieren, aber nur schwer oder auch gar nicht zu optimieren. Andererseits spielt diese Ebene in den Parallelrechner-Architekturen keine sehr große Rolle und soll daher in der Folge nicht mehr weiter betrachtet werden.

Ebenfalls niedrig ist der Parallelitätsgrad auf der Anweisungsebene, wenn man sich auf die *Basisblöcke* beschränkt. Ein Basisblock ist dabei die Anweisungsfolge zwischen zwei Verzweigungsbefehlen. Da in den in einer von-Neumann-Sprache geschriebenen Programmen im Durchschnitt jede fünfte bis siebente Anweisung eine Verzweigungsanweisung ist, ist die Parallelität eines Basisblock etwa nur 2...3. Eine höhere Parallelität auf der Anweisungsebene kann man daher nur dadurch erhalten, daß man größere, über Schleifen hinausreichende Programmteile betrachtet. Die Anzahl der parallel ausführbaren Operationen, die im Mittel in den zusammengesetzten Ausdrücken der Zuweisungen eines Programms vorkommen können, ist bei den üblichen prozeduralen Sprachen ebenfalls gering.

Eine hohe Parallelität findet man hingegen in den iterativen Schleifen des Programms (die in der Regel in Wirklichkeit eine Datenparallelität ausdrücken). Eine weitere Möglichkeit, hohe Parallelitätsgrade zu erhalten, bietet die Prozeßebene. Tabelle 5-1 faßt die Ergebnisse dieser Diskussion zusammen.

Tabelle 5-1 Ebenen der Parallelarbeit in von-Neumann-Sprachen

Programmebene	Kennzeichnung	Parallelitätsgrad
Benutzerprogramme (Jobs)	Mehrere Jobs werden gleichzeitig ausgeführt	niedrig
Prozesse (Tasks)	Mehrere Prozesse laufen konkurrent ab	hoch
Anweisungen	Mehrere Anweisungen eines Programms werden gleichzeitig ausgeführt	niedrig bis hoch*
Elementar-operationen	Mehrere Operationen eines zusammengesetzten Ausdrucks werden gleichzeitig ausgeführt	niedrig

* Je nach dem, über welche Programmeinheiten die parallel ausführbaren Anweisungen ermittelt werden (niedrig für Basisblocks, hoch für Schleifen).

In diesem Zusammenhang hat es sich eingebürgert, jede in sich abgeschlossene Programmeinheit, die, wenn sie einmal initiiert ist, ohne weitere Eingaben vollständig abgearbeitet werden kann, eine *Aktivität* (*activity*) oder einen *Akteur* (*actor*) zu nennen. Je nach der Ebene, auf der Parallelarbeit stattfinden soll, kann es sich bei den Aktivitäten also handeln um:

- die Prozesse eines Jobs
- die Anweisung eines Basisblocks oder einer Schleife oder eines leichtgewichtigen Prozesses
- die Teiloperationen eines zusammengesetzten Ausdrucks

Parallelarbeit auf der Prozeßebene muß beim gegenwärtigen Stand der Technik vom Programmierer festgelegt werden, wofür ihm u.U. Werkzeuge zur Verfügung stehen. An Compilern, die eine automatische Parallelisierung auf der Prozeßebene vornehmen, wird gearbeitet. Die Nutzung der Parallelität auf der Anweisungsebene erfordert eine Analyse der zwischen den Anweisungen bestehenden Datenabhängigkeiten. Dieses Gebiet wird inzwischen weitgehend beherrscht.

Parallelität auf der Ebene der Elementaroperationen ist vom Compiler leicht zu erkennen. Zur Erläuterung betrachten wir hier zunächst ein Beispiel einer solchen Parallelität. Es sei die Ordinate eines Punkts auf einer Geradenstrecke, deren Endpunkte (X1,Y1) bzw. (X2,Y2) sind, als Funktion der Abszisse zu bestimmen. Hierfür gilt

Y=((X—X1)*(Y2—Y1)/(X2—X1))+Y1

Die übliche Darstellung dieses Ausdrucks durch einen Graphen führt auf eine (geordnete) Baumstruktur, in der die Variablen die Blätter und die Operationen die nicht-terminalen Knoten sind (Bild 5-2). Man sieht unmittelbar, daß im Prinzip alle Operationen einer Ebene des Baums gleichzeitig ausgeführt werden könnten, während das Fortschreiten von Ebene zu Ebene nur sequentiell erfolgen kann. Die Menge der Operationen eines Ausdrucks ist damit ebenfalls partiell geordnet, der geordnete Baum entsteht durch Zerlegung dieser Menge und mehrfache Verfeinerung der Zerlegung, entsprechend der Anzahl der Ebenen des Baums, sowie der Einführung einer Ordnung innerhalb der Operationen einer Ebene. Im Beispiel können die 3 Subtraktionen auf der untersten Ebene des Baums gleichzeitig ausgeführt werden.

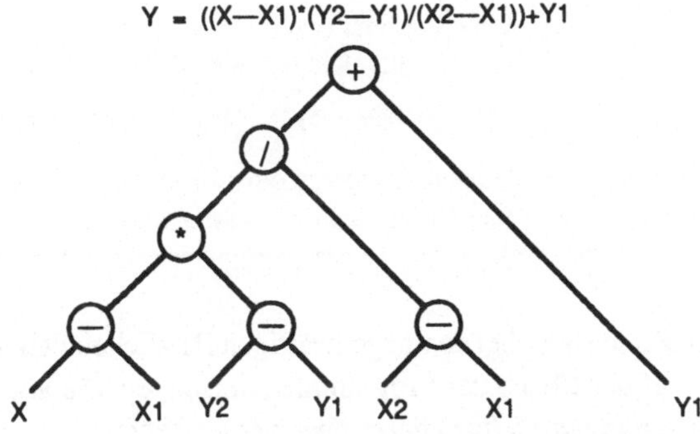

Bild 5-2 Ein Ausdruck und sein Verarbeitungsbaum

Die Transformation eines arithmetischen Ausdrucks in einen solchen binären Baum ist ein wohlverstandener Prozeß. Die Tatsache, daß es für einen Ausdruck eine ganze Klasse von äquivalenten Verarbeitungsbäumen geben kann, kann zur Optimierung genutzt werden. Diese Optimierung besteht darin, durch Anwendung des Assoziativgesetzes (da wo anwendbar) bzw. des Kommutativgesetzes (da wo anwendbar) einen Baum möglichst geringer Höhe zu erhalten (KUC 77]. Die Höhe des Verarbeitungsbaums gibt die Anzahl der sequentiell auszuführenden Schritte an; und je kleiner die Höhe, um so geringer die Ausführungszeit. Die Anzahl der Knoten auf den einzelnen Ebenen des Baumes gibt den jeweiligen Parallelitätsgrad an. Jede Verringerung der Höhe auf Kosten der Breite ist damit ein Schritt zur stärkeren Parallelisierung bei der Berechnung des Ausdrucks.

In der vom Compiler erzeugten Zielsprache (Assemblersprache oder Maschinensprache) kommen zusammengesetzte Ausdrücke nicht mehr vor, da sie vom Compiler in eine Folge von Maschinenbefehlen übersetzt worden sind. Ein Maschinenbefehl des von-Neumann-Rechners steht immer nur für eine elementare Grundoperation. Ein guter Compiler optimiert die Berechnung zusammengesetzter Ausdrücke ebenso und nach den gleichen Prinzipien wie die Ausführung der Ausdrücke selbst. Daher können wir vom praktischen Standpunkt aus die Ebene der Ausdrücke als eigenständige Schicht aufgeben und sie statt dessen mit in die Anweisungsebene einbeziehen. Tabelle 5-2 gibt eine Zuordnung zwischen den einzelnen Parallelitätsebenen und den im folgenden betrachteten Architekturformen an.

Tabelle 5-2 Parallelitätsebenen und Architekturformen

Parallelitätsebene	Architekturformen
Maschinenbefehle	Superskalare Prozessoren und Very Long Instruktion Word (VLIW) Machine Fine Grain Datenflußrechner
Anweisungen der höheren Programmiersprache	Multiprozessorsysteme mit gemeinsamem Speicher und Schleifen-Parallelisierung Vielfädige Architekturen feiner Granularität
Datenstrukturen	Vektorrechner und Arrays von (gleichartigen) Verarbeitungselementen Multiprozessor-Systeme mit verteiltem Speicher
Prozesse	Multiprozessorsysteme mit verteiltem Speicher Nachrichtenorientierte MIMD-Systeme

Eine nennenswerte Rolle spielt bei den gegenwärtigen Parallelarchitekturen somit:

- die Parallelität auf der Ebene der Programmanweisungen, die auch als *feinkörnige Parallelität* (*fine grain parallelism*) bezeichnet werden kann;

- die Parallelität auf der Ebene der konkurrenten Prozesse, die auch als *grobkörnige Parallelität* (*large grain parallelism*) bezeichnet werden kann;
- die *Datenparallelität* (parallel ausführbare Operationen auf Datenstrukturobjekten).

Die Nutzung der Parallelität auf der Anweisungs-Ebene ist das Operationsprinzip der superskalaren Prozessoren. Sie bildet aber auch die Grundlage der in Multiprozessor-Architekturen mit gemeinsamem physikalischen Speicher üblichen Schleifen-Parallelisierung, der *Fine Grain*-Datenflußmaschine und der vielfädigen Architekturen (*multi-threaded architectures*) feiner Granularität.

5.3 Die Anweisungsebene

5.3.1 Übergang zur Maschinenbefehlsebene, allgemeine Optimierungen

Zusammengesetzte Ausdrücke in den Programmen einer höheren Programmiersprache werden bei der Übersetzung durch eine Folge von Maschinenbefehlen, die für elementare Operation stehen, ersetzt. Gegenüber der höheren Programmiersprache ergeben sich damit längere Befehlsfolgen, wobei die Befehle datenabhängig sind, wenn die Operationen verschiedenen Ebenen des Ausdrucksbaums angehören, und nicht datenabhängig, wenn die Operationen auf der gleichen Ebene des Ausdrucksbaums liegen. Wir haben damit die erwähnte Teilordnung vorliegen.

Um diese Tatsache zur Parallelarbeit nutzen zu können, muß der Rechner über mehrere Prozessoren verfügen, die datenunabhängige Befehle gleichzeitig bearbeiten können. Da es sich dabei um verschiedene Befehle handelt, kommt hierfür keine SIMD-Architektur in Frage, sondern nur eine MIMD-Architektur. Aber auch MIMD-Architekturen sind dann auszuschließen, wenn bei ihnen die Ausführung einer Aktivität einen vorhergehenden Kommunikationsvorgang bedingt, wie dies bei den MIMD-Architekturen mit verteiltem Speicher der Fall ist. Würde bei der Ausführung eines einzelnen Maschinenbefehls mehr *Overhead* anfallen als ein einfacher Speicherzugriff, dann würde dies den Leistungsgewinn durch Parallelarbeit stark mindern, ja unter Umständen zu einem Leistungsverlust machen.

Damit findet Parallelarbeit auf der Ebene der Maschinenbefehle im wesentlichen statt:

- im RISC-Prozessor in der Form der Pipeline-Verarbeitung der Befehle;
- im superskalaren Prozessor als Parallelarbeit von Funktionseinheiten;
- in den VLIW-Maschine als Parallelarbeit von Funktionseinheiten;
- in der feinkörnigen Datenflußmaschine als Parallelarbeit von Funktionseinheiten.

Man beachte, daß alle hier aufgezählten Architekturformen gemeinsam haben, keine Multiprozessor-Architekturen zu sein, sondern Architekturen mit einer oder mehreren Funktionseinheiten zur Ausführung elementarer Operationen. Sie alle bedürfen zur Leistungsoptimierung in starkem Maße der Unterstützung durch den Compiler, ja man kann die Grundthese aufstellen:

- *Alle diese Architekturformen sind letztlich so gut oder so schlecht wie ihr Compiler !*

Der Compiler muß dafür sorgen, daß bereits beim Übersetzen möglichst viele datenunabhängige Befehle erzeugt werden. Dazu wird er Optimierungen vornehmen wie:

- die Register-Optimierung;
- die Umordnung der Befehls-Reihenfolge (*rescheduling*);
- das Aufrollen von Schleifen (*loop unrolling*).

Die Register-Optimierung hat mit einer etwaigen Parallelisierung noch nichts zu tun; sie wird von jedem guten Compiler unabhängig von den weiteren, spezielleren Anforderungen der gegebenen Architekturform ausgeführt, d.h. auch für sequentielle Rechner. Die Umordnung der Befehls-Reihenfolge und das Aufrollen von Schleifen dient der Erhöhung der Parallelität auf der Maschinenbefehls-Ebene und damit dem Ziel, die Befehlspipeline des RISC-Prozessors möglichst gut gefüllt halten bzw. die mehrfach vorhandenen Funktionseinheiten des superskalaren Prozessors oder der VLIW-Maschine möglichst gut auszunutzen.

Die Datenflußmaschine hingegen findet selbst heraus, was parallel ausführbar ist, und optimiert sich dabei auch selbst. Die Datenflußmaschine weicht auch in anderer Hinsicht stark von den anderen genannten Architekturformen ab, da sie nicht die (übersetzten) Anweisungen einer von-Neumann-Sprache ausführt, sondern einen Datenflußgraphen interpretiert. Wegen des quasi-funktionalen Charakters der Datenflußsprachen sind in der Regel wesentlich komplexere Ausdrücke zu reduzieren, die aber zunächst auch hier wieder vom Compiler in entsprechende Folgen von Elementarbefehlen übersetzt werden.

Register-Optimierung

Die sich aus der Teilordnung ergebenden Datenabhängigkeiten zwischen aufeinanderfolgenden Befehlen kann dazu ausgenutzt werden, Zwischenergebnisse, die als Ausgangsgröße einer Vorgängeroperation und als Eingangsgröße der Nachfolgeroperation auftreten, im Registerfile zu halten, statt sie in den Speicher zurückzuschreiben. Dies ist eine Aufgabe für den Compiler, die *Registeroptimierung* genannt wird. Der Compiler führt in der Regel dazu einen eigenen Durchlauf (*pass*) durch. Die Registeroptimierung beruht auf dem Verfahren des *Graphen-Einfärbens* (*graph coloring*), das wir im folgenden kurz darlegen wollen. Das Problem ist NP-vollständig, aber es gibt in der Praxis bewährte heuristische Lösungen.

Die Grundidee des *Graph Coloring* - Verfahrens ist, zu einem gegebenen Programmfragment einen *Inferenzgraphen* (*inference graph*) zu konstruieren, der alle Variablen enthält, die Kandidaten für eine Register-Zuweisung sein können. Die Knoten des Inferenzgraphen sind die Variablen, und die Kanten geben die Benutzungsrelation (im Sinne der in Abschnitt 5.1 gegebenen Definition) zwischen den Variablen an. Dadurch werden die Benutzungsspannen (*live ranges*) sowie deren Überlappung ersichtlich. Wenn z.B. B die Variable A benutzt und C die Variable B, so reicht die Benutzungsspanne von A bis C. Der Compiler versucht nun, jedem Register eine Farbe zu geben unter zwei einschränkenden Bedingungen:

- es gibt nur so viele Farben, wie zuweisbare Register vorhanden sind;
- benachbarte Register dürfen nicht dieselbe Farbe erhalten.

Diese Einschränkungen bedeuten, daß nicht zwei Variablen mit überlappender Benutzung demselben Register zugewiesen werden dürfen. Knoten, die nicht durch eine Kante verbunden sind, können dieselbe Farbe erhalten, da sich hier keine überlappende Benutzung gibt. Der Algorithmus ist um so leichter auszuführen, je mehr Register zur Allozierung zur Verfügung stehen.

Schleifen-Aufrollen

Eine weitere, für skalare Pipeline-Prozessoren ("RISC") übliche Optimierung besteht in dem Aufrollen von Schleifen (*loop unrolling*). Darunter versteht man eine Programmtransformation, durch die mehrere Schleifeniterationen als lineares Programmstück hintereinander geschrieben werden. Der Nutzen dieses Vorgehens liegt darin, daß dabei Operationen eingespart werden können. Wir betrachten hierzu ein Beispiel [HaP 90]. Gegeben sei die folgende Assemblerprogramm-Schleife zur Addition eines Skalar zu den Elementen eines Vektors. Die Werte liegen in Gleitpunkt-Darstellung vor. Der Einfachheit halber soll der Vektor bei der Adresse 0 beginnen.

```
Loop: LD    F0, 0 (R1)   ; load the vector element (R = fixed-point register
      ADDD  F4, F0, F2   ; add the scalar in F2 (F= floating-point register)
      SD    0 (R1), F4   ; store the vector element
      SUB   R1, R1, #8   ; decrement the pointer by 8 bytes per data word
      BNEZ  R1, LOOP     ; branch on zero
```

Es wird ein RISC-Prozessor mit Befehlsverzögerung angenommen, der die folgenden Latenzzeiten im Falle von Datenabhängigkeit zwischen zwei Befehlen haben möge:

0 Takte für die STORE Operation nach einem LOAD
1 Takt für eine ALU-Operation nach einem LOAD
2 Takte für die STORE-Operation nach einer ALU-Operation
3 Takte für eine ALU-Operation nach einer anderen ALU-Operation.

Unter Berücksichtigung dieser Wartezeiten durch NOOPs sieht dann das Maschinenprogramm ohne Änderung der Operations-Reihenfolge (*rescheduling*) wie folgt aus:

```
Loop: LD    F0, 0 (R1)
      NOOP
      ADDD  F4, F0, F2
      NOOP
      NOOP
      SD    0 (R1), F4
      SUB   R1, R1, #8
      BNEZ  R1, LOOP
      NOOP
```

Ein Schleifendurchgang benötigt 9 Takte. Dies kann der Compiler verbessern, indem er die Reihenfolge der Befehle ändert. Auf den ersten Blick ist allerdings nicht zu sehen, wie er dies im obigen Beispiel tun kann, da alle Befehle datenabhängig zu sein scheinen. Bei näherem Hinsehen sieht man aber, daß sich die Reihenfolge von SD und SUB umkehren läßt, vorausgesetzt, man ändert das Argument von SD (die Adresse) entsprechend. Eine solche Transformation erfordert allerdings schon einen recht "intelligenten" Compiler.

```
Loop: LD    F0, 0 (R1)
      NOOP
      ADDD  F4, F0, F2
      SUB   R1, R1, #8
      BNEZ  R1, LOOP     ; delayed branch
      SD    8 (R1), F4   ; address change because of swap with SUB
```

Die Zahl der Takte für die Schleife hat sich damit auf 6 vermindert. Aber auch hier ist es noch so, daß nur 3 Takte für die Befehle benötigt werden, die die eigentliche Arbeit leisten. Die anderer 3 Takte sind *Overhead*, der durch NOOP sowie die Organisationsanweisungen SUB und BNEZ verursacht wird. Das Gewicht des *Overheads* läßt sich verringern, wenn es gelingt, mehr Nutzoperationen in einen Schleifendurchgang zu verlegen. Dies kann durch *Aufrollen* der Schleife geschehen (*loop unrolling*). Ein dreifaches Aufrollen bedeutet, daß das Schleifenprogramm viermal aneinandergefügt wird; dadurch werden 3 Sprungbefehle (BNEZ) und 3 Dekrementierbefehle (SUB) eliminiert.

```
Loop: LD    F0, 0 (R1)
      ADDD  F4, F0, F2
      SD    0 (R1), F4   ; SUB and BNEZ occur only at the end of the loop
      LD    F0, 0 (R1)
      ADDD  F4, F0, F2
      SD    0 (R1), F4   ; SUB and BNEZ occur only at the end of the loop
      LD    F0, 0 (R1)
      ADDD  F4, F0, F2
      SD    0 (R1), F4   ; SUB and BNEZ occur only at the end of the loop
      LD    F0, 0 (R1)
      ADDD  F4, F0, F2
      SD    0 (R1), F4
      SUB   R1, R1, #32
      BNEZ  R1, LOOP
```

Allerdings sind alle Operationen datenabhängig voneinander, was wieder zur Einfügung der entsprechenden Zahl von NOOPs zwingen würde. Damit wäre noch nichts gewonnen. Das Ergebnis kann aber durch Änderung der Befehls-Reihenfolge stark verbessert werden. Man erhält somit den folgenden Code, der nur noch 14 Befehle umfaßt. Dies sind bei 4 Schleifeniterationen im Mittel 3,5 Befehle pro Iteration.

```
Loop: LD    F0, 0 (R1)
      LD    F6, —8 (R1)
      LD    F10, —16 (R1)
      LD    F14, —24 (R1)
      ADDD  F4, F0, F2
      ADDD  F8, F6, F2
      ADDD  F12, F10, F2
      ADDD  F16, F14, F2
      SD    0 (R1), F4
      SD    —8 (R1), F8
      SD    —16 (R1), F12
      SUB   R1, R1, #32        ; branch dependence
      BNEZ  R1, LOOP
      SD    8 (R1), F16        ; 8—32 = —24
```

5.3.2 Software-Pipelining

Im obigen Beispiel dient das Aufrollen von Schleifen dazu, die Pipeline eines RISC-Prozessors möglichst ohne Blasen arbeiten zu lassen. Beim superskalaren Prozessor oder auch bei der VLIW-Maschine stellt sich das gleiche Problem noch wesentlich schärfer, da jetzt mehrere Funktionseinheiten mit parallel ausführbaren Befehlen "gefüttert" werden müssen. Dazu sind u.U. noch andere Wege zur Erhöhung der Parallelität zu beschreiten. Ein solcher Weg ist die Software-Pipeline [CYT 86], [LAM 88]. Dieses Verfahren soll hier kurz durch ein Beispiel erläutert werden. Bild 5-3 zeigt eine Programmschleife mit drei Anweisungen, A^1, A^2 und A^3. Ein tiefgestellter Index soll die Iterationen bezeichnen.

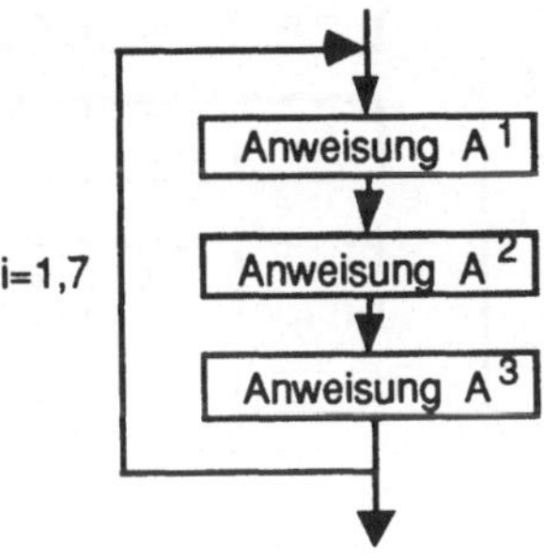

Bild 5-3 Schleife mit 3 Anweisungen

Durch das Software-Pipelining werden die Anweisungen der Schleifen-Iterationen, wie in Bild 5-4(A) angedeutet, pipelinemäßig überlappt. In jedem Rechenschritt können damit 3 Operationen parallel ausgeführt werden, außer beim Füllen und Entleeren der Pipeline. Die Gesamtzahl der Takte, die bei einer rein sequentiellen Ausführung 7*3=21 betragen würde, reduziert sich damit auf 9. Durch das anschließende Falten des Kerns der Software-Pipeline in eine Schleife (Bild 5-4(B) reduziert sich die Zahl der auszuführenden Instruktionen auf 5; die Zahl der Takte bleibt natürlich gleich.

Wie ein Vergleich dieses Verfahrens mit dem in Abschnitt 5.6.3 besprochenen Aufrollen von Schleifen zeigt, führt das Software-Pipelining zu einer besseren Ausnutzung der Prozessoren. Außer während der Start- und Entleerungsphase können alle Prozessoren der Pipeline voll beschäftigt werden.

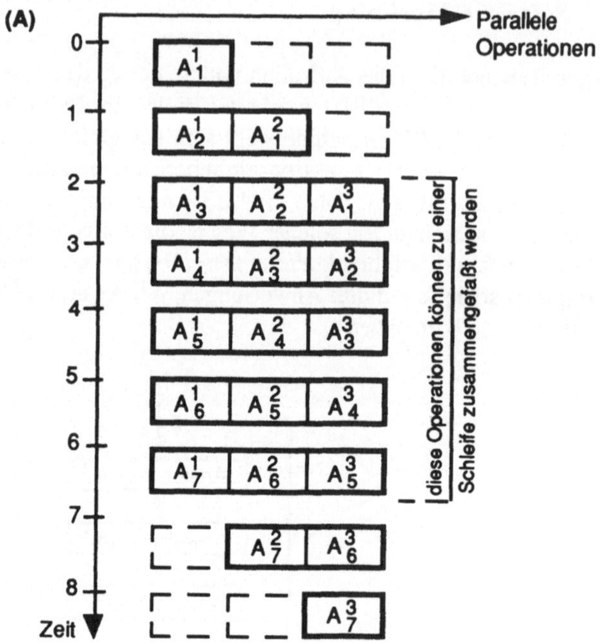

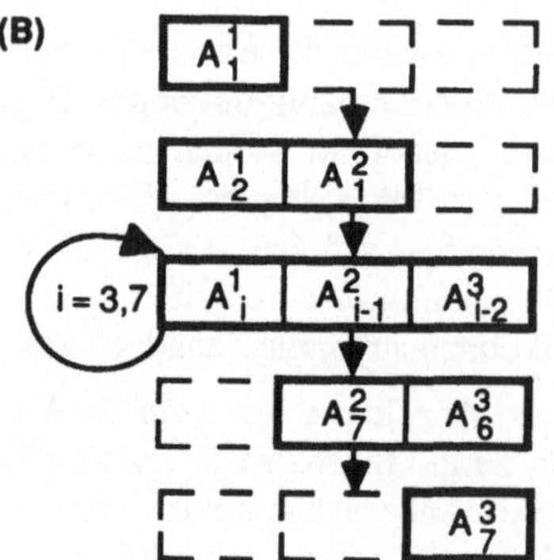

Bild 5-4 (A und B) (A) Pipelining der Schleifen-Iterationen; (B) Falten des Pipeline-Kerns

5.4 Erkennen von Parallelität auf der Anweisungsebene

5.4.1 Datenabhängigkeitsanalyse in Basisblöcken

Für die folgenden Betrachtungen wird das Programm als eine Folge von Grundeinheiten angesehen, die im Englischen als *basic blocks* bezeichnet werden. Bild 5-5 erläutert die folgende Definition.

DEF: *Basisblock*

Ein Basisblock ist eine Folge von Programmanweisungen, die unmittelbar *nach* einer Sprunganweisung beginnt und mit der nächsten Sprunganweisung endet. Als Sprunganweisungen werden dabei die eigentlichen Sprungbefehle wie auch alle Befehle, die Ziele eines Sprungbefehls sind, gewertet.

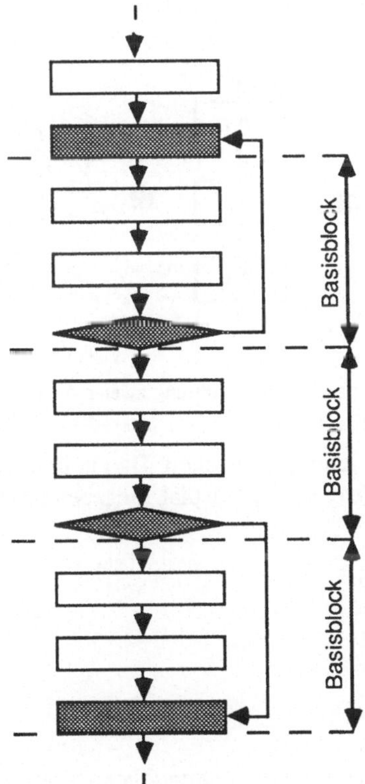

Bild 5-5 Zur Definition von Basisblocks

Bernstein war der erste, der die Bedingungen für Datenabhängigkeit untersuchte [BER 66]. Grundsätzlich gilt, daß zwei Aktivitäten parallel bearbeitet werden können, wenn es auf die Reihenfolge ihrer Bearbeitung nicht ankommt (Bild 5-6).

Sei A_i eine Aktivität mit der Menge der Eingangsgrößen I_i und der Menge der Ausgangsgrößen O_i. Sei Ø die leere Menge. Seien A_i und A_j zwei Aktivitäten, für die die Bedingung erfüllt ist:

$I_j \cap O_i = \emptyset$ (keine *flow dependence*)

$I_i \cap O_j = \emptyset$ (keine *anti dependence*)

$O_j \cap O_i = \emptyset$ (keine *output dependence*) (5-1)

Dann sind A_i und A_j parallel ausführbar, vorausgesetzt, die benötigten Betriebsmittel sind vorhanden. In Worten sagen diese Bedingungen folgendes aus für die parallel ausführbaren Aktivitäten A_i und A_j, die von einer dritten Aktivität A_k gefolgt sein mögen:

(1) A_i verändert nicht die Werte der Eingangsvariablen von A_j und umgekehrt und

(2) A_i und A_j verändern nicht beide zugleich die Werte der Eingangsvariablen von A_k.

Es gelten somit die in Bild 5-6 angezeigten Äquivalenzen bezüglich der Wirkung der Programmausführung (der "Programmsemantik").

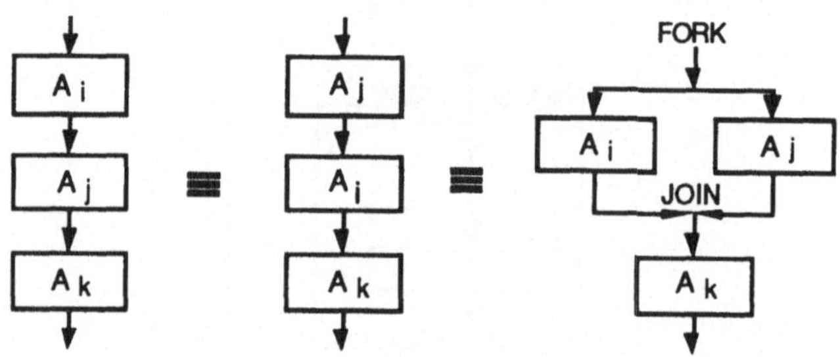

Bild 5-6 Zur parallelen Ausführung zweier Aktivitäten, A_i und A_j

Zur Illustration der Beziehung zwischen Datenabhängigkeit und Parallelarbeit betrachten wir das folgende einfache Beispiel. Gegeben sei der Basisblock:

```
A1:  C := 8
A2:  B := 2
A3:  A := X+C
A4:  D := C*Y
A5:  C := Z+B
A6:  E := X+A
A7:  F := X*Y
```

Für dieses Programmsegment gilt der *Datenabhängigkeitsgraph* nach Bild 5-7, wobei der Graph auch die Art der Datenabhängigkeit angibt. Die Datenabhängigkeiten zwischen A_1, A_3 und A_6 bzw. A_1, A_4 und A_5 bedingen, daß das Segment in nicht weniger als 3 Schritten (gegenüber 7 Schritten bei einer rein sequentiellen Ausführung) ausgeführt werden kann. A_7 ist von keiner anderen Operation datenabhängig und kann daher in jedem Schritt ausgeführt werden. Dies läßt sich zur Herstellung einer möglichst ausgeglichene Arbeitsverteilung nutzen. Beschränkt man sich auf die Nutzung der Parallelarbeitsmöglichkeiten innerhalb eines Basisblocks, so genügt die Konstruktion des Datenabhängigkeitsgraphen. Das Programm besteht dann in der sequentiellen Ausführung von Basisblöcken, und nur innerhalb der Basisblöcke wird

Parallelarbeit geleistet. Wegen der sequentiellen Ausführung der Basisblöcke stellen die zwischen ihnen auftretenden Verzweigungsanweisungen kein Problem dar. Der Preis für die Einfachheit dieses Modells besteht darin, daß dabei u.U. ein wesentliches Potential von Parallelarbeit ungenützt bleibt.

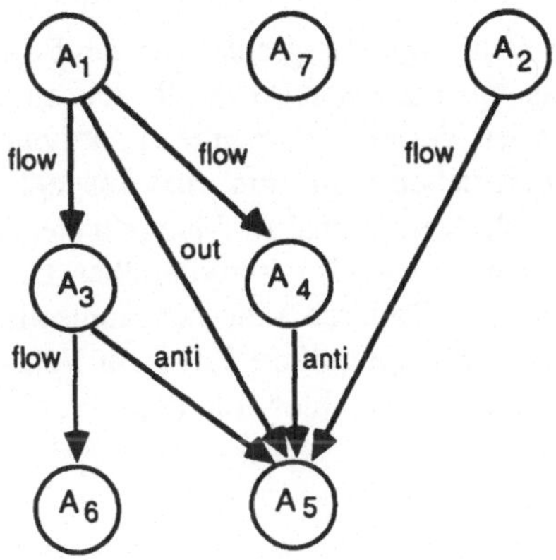

Bild 5-7 Datenabhängigkeitsgraph des Programmsegments

5.4.2 Datenabhängigkeiten über Verzweigungen hinweg

Einen höheren Parallelitätsgrad kann man dadurch erhalten, daß man die Möglichkeiten zur Parallelarbeit auch über Verzweigungen hinweg verfolgt. Dies erfordert zusätzlich zum Datenabhängigkeitsgraphen auch die Konstruktion eines *Kontrollabhängigkeitsgraphen* (*control dependence graph*). Eine Kontrollabhängigkeit entsteht dadurch, daß die Verzweigungsbedingung eines Basisblocks in einem anderen Basisblock errechnet wird. Als einfaches Beispiel betrachten wir das folgende Programmsegment, dessen Kontrollabhängigkeitsgraph Bild 5-8 zeigt.

```
A1
IF <condition> THEN A2
ELSE A3
A4
```

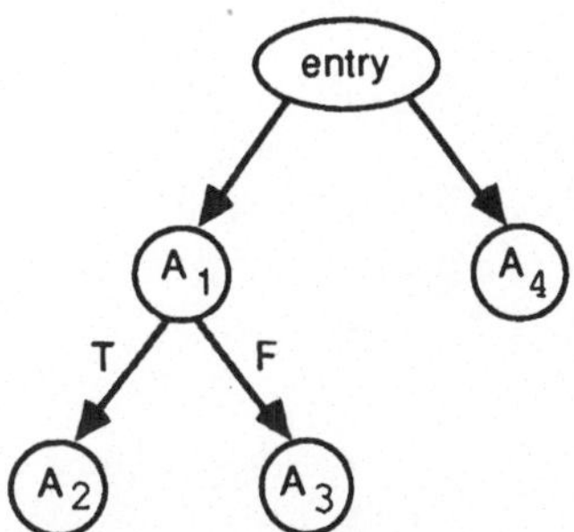

Bild 5-8 Kontrollabhängigkeitsgraph des Beispiels

Aktivität A_4 wird ebenso wie A_1 unter allen Umständen erreicht, unabhängig davon, ob die Bedingung wahr oder falsch ist. Man beachte, daß der Kontrollabhängigkeitsgraph keine Datenabhängigkeiten berücksichtigt; sollten solche zwischen den Aktivitäten bestehen, so wird dies durch einen zusätzlichen Datenabhängigkeitsgraphen angegeben. Die Gesamtheit von Datenabhängigkeitsgraph und Kontrollabhängigkeitsgraph wird auch *Programmgraph* (*program graph*) genannt [FOW 87].

Bild 5-9 zeigt den Kontrollabhängigkeitsgraphen für ein Programmsegment, welches sich über 3 Sprunganweisungen erstreckt [GAS 89]. Die zusätzliche Betrachtung der Kontrollabhängigkeit hat den Vorteil, daß man jetzt Aktivitäten über Verzweigungsanweisungen hinweg verschieben kann, um eine ausgeglichenere Verteilung der Aktivitäten in den Rechenschritten zu erhalten. Man beachte, daß die Verlagerung einer an sich vor einer Verzweigung liegenden Aktivität über die Verzweigung hinweg *in beiden Zweigen* erfolgen muß. Dadurch kann der Kontrollabhängigkeitsgraph sehr komplex werden, wenn er über eine größere Zahl von Verzweigerungsanweisungen berechnet wird. In der Tat ist man hier mit dem Problem der "exponentiellen Explosion" konfrontiert.

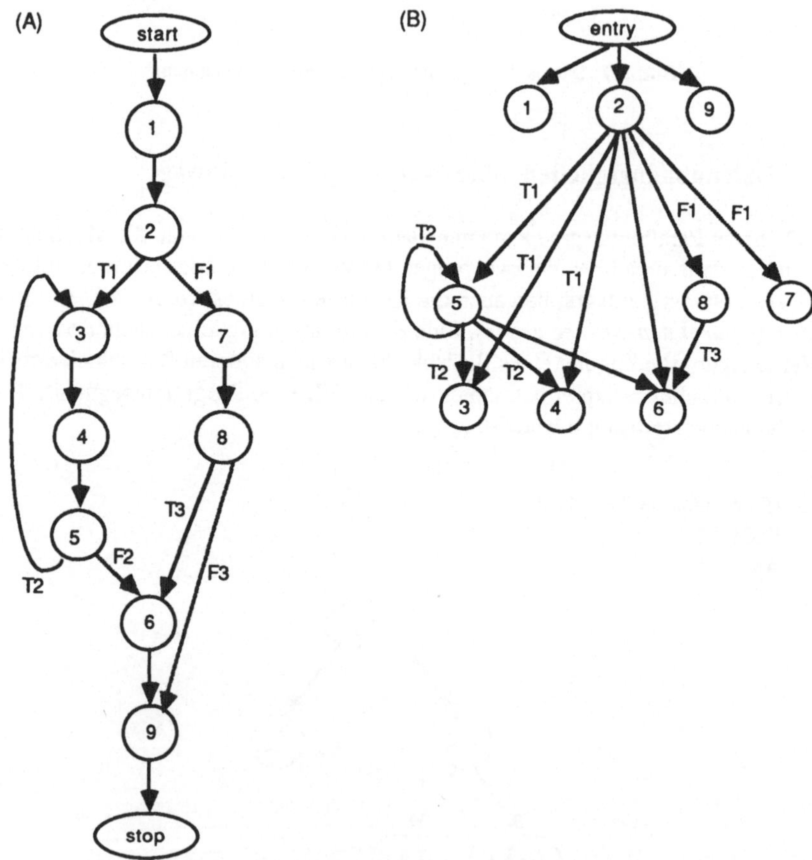

Bild 5-9 Beispiel eines komplexeren Kontrollabhängigkeitsgraphen [GAS 89] (A) ursprünglicher Datenflußgraph, (B) Kontrollabhängigkeitsgraph

Der nächste Schritt zur Ermittlung weiterer Parallelität kann darin bestehen, die Datenabhängigkeitsanalyse über Prozedurgrenzen hinweg zu erstrecken. Eine solche *interprozedurale Datenabhängigkeitsanalyse* ist jedoch sehr aufwendig. Es hat sich andererseits gezeigt, daß der dadurch zu erzielende Gewinn meistens in keinem vernünftigen Verhältnis zum Aufwand steht. Deshalb verzichtet man meistens darauf, d.h. man ermittelt in der Regel die Parallelität auf jeder Ebene einer Prozedurschachtelung getrennt [KUC 77].

Eine Reduzierung der Datenabhängigkeiten kann durch Anwendung des Prinzips der einmaligen Zuweisung erzielt werden, da dadurch sowohl die *Output Dependence* als auch die *Anti Dependence* eliminiert wird. Allerdings verträgt sich dieses Prinzip nicht mit den herkömmlichen Programmiersprachen vom von-Neumann-Typ. Es verträgt sich auch schlecht mit dem Auftreten von iterativen Schleifen, da bei jedem Schleifendurchlauf erneut eine Anzahl von Variablen erzeugt wird, was zu einem unökonomisch großen Speicherbedarf führen kann.

Während die Programmanalyse mit dem Ziel der Ermittlung der impliziten Parallelität mit nennenswertem Aufwand behaftet ist, kann die Synchronisation einer solchen Parallelarbeit sehr einfach gehalten werden. Hat man einmal die Klassen der gleichzeitig ausführbaren Operationen ermittelt, dann führt man so viele Operationen einer Klasse gleichzeitig aus, wie man dazu Betriebsmittel hat, wobei die Auswahl willkürlich erfolgen kann. Der Tatsache, daß die Ausführungszeiten der parallelen Operationen in der Regel verschieden sein wird, kann durch die *Barrieren-Synchronisation* Rechnung getragen werden (s. unten).

5.4.3 Datenabhängigkeiten in Schleifen

Datenabhängigkeiten können weiterhin als *schleifenunabhängig* (*loop independent*) oder *schleifenspezifisch* (*loop carried*) charakterisiert werden. Wir erläutern dies an folgendem Beispiel [Bea 89]:

```
        DO I = 2, N
S1          A(I) = .....
S2          ..... = A(I)
S3          ..... = A(I—1)
```

Die Abhängigkeit A(S1,S2) ist schleifenunabhängig, d.h. sie existiert unabhängig von Schleifen-Konstrukten, von denen sie umgeben ist. Wenn dies die einzige Abhängigkeit in der Schleife wäre, so könnte diese parallel ausgeführt werden. Hingegen ist die Abhängigkeit A(S1,S3) schleifenspezifisch, da S3 einen Wert benutzt, der in der Schleifeniteration S1 definiert wurde. Dadurch wird eine weitere Ordnungsvorschrift für die Ausführung der Schleifeniterationen eingeführt. Die Entdeckung von Abhängigkeiten zwischen beliebigen Referenzen von Array-Elementen wird durch die Möglichkeit der schleifenspezifischen Abhängigkeiten zu einem schwierigen Problem, das zu intensiven Forschungsarbeiten geführt hat [BAN 88]. In den meisten Fällen genügen recht einfache Tests zur Erkennung dieser Art der Datenabhängigkeiten; es gibt aber Fälle, wo auch aufwendige Tests versagen. Im Zweifelsfalle muß daher eine Abhängigkeit angenommen werden, wenn sich die Unabhängigkeit nicht beweisen läßt.

5.5 Die Prozeßebene

5.5.1 Schwergewichtige und leichtgewichtige Prozesse

In Abschnitt 2.5 wurde die übliche Definition eines Prozesses eingeführt als einer Einheit, die aus einem zeitlich invarianten Programm, einem Initialisierungssatz von Daten und einem zeitlich varianten Zustand besteht. Man kann statt dessen auch sagen, daß ein solcher Prozeß die Ausführungsumgebung einer einzelnen *abstrakten Maschine* darstellt. Verschiedene Prozesse entsprechen daher einer entsprechenden Anzahl von abstrakten Maschinen. Die Kommunikation zwischen solchen Prozessen (bzw. den abstrakten Maschinen) geschieht durch das Senden und Empfangen von Nachrichten aufgrund eines *IPC-Protokolls* (IPC: *Inter Process Communication*). Die Kommunikation zwischen den Prozessen wird durch das Betriebssystem ausgeführt. Der Wechsel von einem Prozeß zu einem anderen erfordert einen vollständigen Wechsel der Umgebung.

Es gibt noch einen zweiten, davon abweichenden Prozeßbegriff (s. Abschnitt 2.6.1), bei dem man im Gegensatz zu dem bisher betrachteten von einem *leichtgewichtigen Prozeß* spricht, während das bisher betrachtete Prozeßmodell auch als *schwergewichtigen Prozeß* bezeichnet wird. Leichtgewichtige Prozesse sind nicht mehr als ein *Programmkontrollfluß* oder, kurz *Kontrollfaden* (*thread of control*). Ein *Team* ist eine Anzahl von leichtgewichtigen Prozessen (Kontrollfäden), die alle die gleiche Umgebung haben [SCH 88]. In den Betriebsmitteln der ausführenden Maschine gesprochen haben die Kontrollfäden alle einen eigenen Befehlszähler und Keller aber gemeinsame Adreßbereiche. Die Kommunikation zwischen den Kontrollfäden eines Teams kann damit auf einfache Weise durch gemeinsame Variablen erfolgen. Ihre Leichtgewichtigkeit macht die Ausführung der Kontrollfäden besonders effizient.

5.5.2 Parallelarbeit auf der Prozeßebene

Das Grundproblem der nachrichtenorientierten MIMD-Architekturen mit verteiltem Speicher ist die erhebliche *Kommunikationslatenz* solcher Systeme. Die Kommunikationslatenz ist die Zeit, während der ein Rechenknoten nicht arbeiten kann, weil er auf die Ausführung einer Kommunikation wartet. Das damit verbundene Effizienzproblem versucht man dadurch zu lösen, daß man möglichst große Arbeitseinheiten schafft, bei deren Ausführung möglichst große Kommunikationsobjekte ausgetauscht werden, so daß möglichst wenige Kommunikationsvorgänge anfallen. Wir nennen dies das Verfahren der *Minimierung der Kommunikationslatenz*. Je besser diese gelingt, um so vernachlässigbarer wird der Kommunikations-Overhead sein. In die Praxis umgesetzt heißt dies, daß man ein Programm in möglichst komplexe kooperierende Prozesse zu zerlegen versucht. Wie gut dies gelingt, hängt natürlich stark von der Anwendung ab. Bei den üblichen Relaxationsverfahren zur Lösung partieller Differentialgleichungen auf einem Gitter wird zum Beispiel der einzelne Iterationsschritt in einem Gitterpunkt ein solcher Prozeß sein. Generell gilt damit, daß die Parallelarbeit bei den nachrichtenorientierten MIMD-Architekturen auf der Prozeßebene stattfindet.

Die Zerlegung eines Anwendungsprogramms in eine Vielzahl komplexer Prozesse mit dem Ziel der Minimierung des Kommunikations-Overheads wird zur Hauptaufgabe eines automatisch parallelisierenden Compilers. An solchen Compilern wird intensiv gearbeitet, es gibt aber noch geteilte Meinungen darüber, ob sie in hinreichender Allgemeinheit realisierbar sein werden. Es gibt hier durchaus ermutigende Ansätze wie SUPERB [GER 89] oder parFOR [HAE 93]; die gegenwärtige Praxis ist aber die, daß der Programmierer die Zerlegung vornehmen muß.

In jüngster Zeit wird eine alternative Form einer MIMD-Architektur mit verteiltem Speicher intensiv untersucht. Dies sind die *vielfädigen Architekturen* (*multi-threaded architectures*), bei denen das Verfahren des Verbergens *der Kommunikationslatenz* (*latency hiding*) angewandt wird. Hierbei wartet eine Aktivität nicht auf die Ausführung einer Kommunikation, sondern sie wird im Kommunikationsfalle sofort unterbrochen und durch eine andere, ausführbereite Aktivität ersetzt. Da dies jedesmal einen Umgebungswechsel bedingt, kommen für dieses Verfahren nur *federgewichtige Prozesse* (s. Abschnitt 2.6.1) in Frage. Dies können zum Beispiel kurze, aus wenigen Anweisungen bestehende *Kontrollfäden* zwischen zwei Kommunikationen sein.

Bislang muß die Parallelarbeit auf der Prozeßebene noch vom Programmierer explizit vorgeschrieben werden. Dies schließt ein, daß auch die Synchronisation der parallelen Prozesse vom Programmierer explizit vorgenommen werden muß. Dazu stehen dem Programmierer verschiedene Synchronisations-Strategien zur Wahl, die wir noch besprechen werden. Ferner gibt es bereits recht wirksame Werkzeuge, die den Programmierer bei der Parallelisierung eines Programms unterstützen.

5.6 Nutzung der Anweisungs-Parallelität

5.6.1 Übersicht

Die Möglichkeit der parallelen Ausführung mehrerer datenunabhängiger Anweisungen kann vom Compiler erkannt und optimal genutzt werden, wie es die Compiler für superskalare Prozessoren und VLIW-Maschinen auch tun. Diese Art der Parallelarbeit muß somit nicht programmiert werden. Aus historischen Interesse werden wir den Fall der expliziten Programmierung dieser Parallelität im folgenden Abschnitt dennoch behandeln.

Bei der Nutzung der Schleifen-Parallelität findet man beides: sowohl die explizite Programmierung in einer Sprache, die Anweisungen für die parallele Schleifenausführung hat, wie z.B. Fortran90, als auch die automatische Erkennung durch den Compiler. Die Compiler für Vektormaschinen haben heute immer auch einen automatischen *Vektorisierer*, der Schleifen in skalaren Programmiersprachen (z.B. Fortran77) erkennen und automatisch für die Vektorbearbeitung aufbereiten kann.

5.6.2 Konstrukte für die parallele Ausführung mehrerer Anweisungen

Bereits in den sechziger Jahren wurden Konstrukte für die parallele Ausführung mehrerer Anweisungen als Erweiterungen der damaligen höheren Programmiersprachen (z.B. Algol) vorgeschlagen. Diese sehen so aus, daß die gleichzeitig ausführbaren Anweisungen in einer Liste zusammengefaßt werden, die durch geeignete Schlüsselwörter bezeichnet wird. Als Beispiel betrachten wir das folgende Konstrukt, das bereits 1965 von *Dijkstra* vorgeschlagen wurde [DIJ 68]:

```
parbegin A1; A2; ... ; An end;
```

A1; A2; ... ; An sind Anweisungen, die gleichzeitig ausgeführt werden können. Wieweit sie wirklich parallel ausgeführt werden, hängt davon ab, welche Betriebsmittel für eine solche Parallelarbeit vorhanden sind, und wie das System darüber verfügt. In jedem Fall wird mit der Ausführung der auf die Komplexanweisung **parbegin...end** folgenden Programmzeile erst begonnen, wenn alle Anweisungen, die zwischen **parbegin** und **end** stehen, auch ausgeführt worden sind. Die Synchronisation ist einfach, da vorausgesetzt wird, daß zwischen den durch die Anweisungen A1; ... ; An ausgelösten Aktivitäten keine Abhängigkeiten bestehen. Sie beschränkt sich darauf, solange zu warten, bis alle Aktivitäten beendet sind. Diese einfache Synchronisation nennt man *Barrieren-Synchronisation*. Sie wird vom System automatisch vorgenommen; der Benutzer muß sich darum nicht kümmern.

Die Barrieren-Synchronisation ist weniger gut geeignet, wenn die Ausführungszeit der einzelnen Anweisungen sehr verschieden sein kann. Da die den parallelen Aktivitäten zugewiesenen Prozessoren erst nach der Ausführung aller Anweisungen des Parallelblocks wieder freigegeben werden, können erhebliche Verlustzeiten entstehen. Andererseits ist keineswegs gesagt, daß die durch die Parallelaktivitäten erzeugten neuen Werte sofort gebraucht werden. Es würde ja vollkommen ausreichen, wenn die neuen Werte dann vorhanden sind, wenn die betreffenden Variablen das nächste mal referiert werden.

In der ALGOL68-Erweiterung der *Carnegie Mellon University* [HIB 76] kann der Programmierer daher eine Variable, der ein Wert zugewiesen wird, dessen Berechnung parallel zu anderen Aktivitäten erfolgen soll und einige Zeit in Anspruch nehmen wird, als *eventual value* deklarieren. *Eventual values* sind Variablen, deren Wert irgendwann (*eventually*) vorhanden sein wird. Tritt eine solche Variable als Objekt einer Zuweisung auf, so wird ihr zunächst der Wert *incomplete* zugewiesen, und gleichzeitig wird der die rechte Seite der Zuweisung bildende Ausdruck zusammen mit seinem *Kontext* (den momentanen Werten der in dem Ausdruck referierten Variablen) in die Bearbeitungsschlange eingereiht. Irgendwann wird dieser Ausdruck schließlich berechnet, und der Wert *incomplete* wird dann durch den berechneten Wert ersetzt. Gelangt die Kontrolle im Zuge einer Programmausführung zu einer Anweisung, in der eine als *incomplete* deklarierte Variable referiert wird, so wird diese Anweisung solange nicht ausgeführt, wie der Wert dieser Variablen undefiniert ist. Das heißt, das Programm geht in eine Warteschleife, bis der echte Wert vorliegt. Als Beispiel betrachten wir das folgende Programmsegment mit den von *Hibbard* eingeführten Konstrukte [HIB 76]:

```
event real x, y
pw := z*2**m; x := sin(2*pi*pw);
y := cos(2*pi*pw); i := I+1;
..............................
z1:= x*a1 — y*a2; z2 := x*a2 + y*a1
```

Die Berechnung von sin und cos wird hier einem anderen Prozessor übergeben; d.h. x und y erhalten zunächst die Werte *incomplete real* zugewiesen. Die Programmausführung schreitet dann weiter, bis sie schließlich an die Zeile gelangt, in der z1 und z2 Werte zugewiesen erhalten, die von den Werten von x und y abhängen. Wurden die Werte von x bzw. y inzwischen erhalten, so geht die Programmausführung weiter; andernfalls wird an dieser Stelle gewartet, bis die Werte vorliegen. Es sei noch erwähnt, daß es eine **deevent**-Anweisung gibt, durch die die Deklaration einer Variablen als *Eventual Value*-Variable aufgehoben werden kann (andernfalls könnten solche Variablen nicht mehr wie von-Neumann-Variablen wiederverwendet werden). Die Idee der *Eventual Values*, die zwischenzeitlich etwas in Vergessenheit geraten war, ist in den letzten Jahren in Form der *futures* wieder in verschieden Programmiersprachen zur Bedeutung gelangt [CHA 89].

5.6.3 Schleifen-Parallelisierung

Die Parallelisierung von Schleifen in sequentiellen Programmiersprachen wie z.B. Fortran oder C ist eine hauptsächliche — bei manchen Architekturen, wie den Multiprozessor-Systemen mit gemeinsamem Speicher, die einzige — Quelle der Parallelarbeit, und zwar aus zwei Gründen:

- sie erlaubt ein hohes Maß an Parallelarbeit (oft sehr viel mehr, als die Maschine parallel ausführen kann) und
- sie kann automatisch vom Compiler vorgenommen werden und damit (falls man das wünscht) ohne Erweiterungen der gewohnten Programmiersprachen.

Es gibt zwei Methoden der Schleifen-Parallelisierung, nämlich

- die Vektorisierung und
- die Schleifeniteration.

Diese Verfahren können an Hand eines einfachen Beispiels erläutert werden. Auszuführen sei die folgende Schleife eines Fortran-Programms, in der zunächst das äußere Produkt von zwei Vektoren gebildet wird. Zu diesem Zwischenergebnis wird dann zum einen ein Skalar addiert und zum anderen von ihm abgezogen. Bild 5-10 zeigt den Datenflußgraphen nach dem Aufrollen der Schleife.

```
DO 100 i = 1,8                ; loop 1
       C(i) = A(i) * B(i)
       E(i) = C(i) + D(i)
100    F(i) = C(i) — D(i)
```

Die Vektorisierung kann dabei als Ausführung der Operation entlang der horizontaler Streifen in Bild 5-10 angesehen werden und die Iteration als Ausführung entlang vertikaler Streifen. In Bild 5-10 ist angenommen, daß für die Iteration 4 Prozessoren oder PEs (*processing elements*) zu Verfügung stehen. Die Vektorisierung wird von den Compilern der Vektormaschinen angewandt, aber auch von manchen Compilern für superskalare Prozessoren. Die Iteration wird von den Compilern der Multiprozessor-Systeme mit gemeinsamem Speicher angewandt (s. Kapitel 11). Wir sind an dieser Stelle primär an der Iteration interessiert und folgen der Behandlung dieses Themas durch [KNI 92].

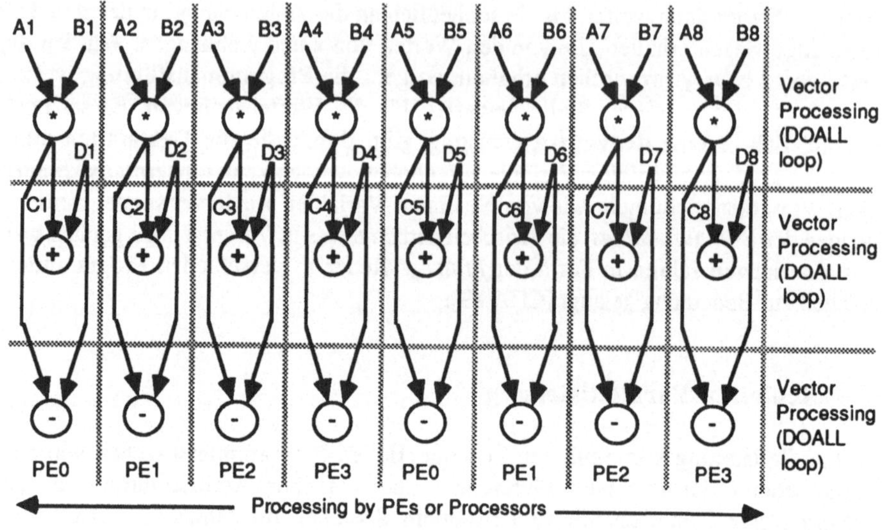

Bild 5-10 Datenflußgraph nach dem Aufrollen von loop 1

Bei der Iteration unterscheidet man verschiedene Schleifentypen (bezüglich ihrer Erkennung siehe z.B. [WIL 91]), die in der Terminologie von Fortran90 wie folgt benannt werden:

- *DOALL loops* : Schleifen, in denen keine Abhängigkeiten bestehen;
- *DOACROSS loops* : Schleifen, in denen Abhängigkeiten zwischen den Iterationen bestehen;
- *DOSERIAL loops* : Schleifen, die keine Parallelisierung zulassen und die uns daher hier nicht weiter interessieren.

In den *DOALL loops* bestehen Datenabhängigkeiten nur innerhalb der Schleifeniteration (*intra loop dependencies*), aber nicht zwischen den Iterationen. Sie können daher in jeder beliebigen Form über die Prozessoren eines Parallelrechners verteilt werden. Dies gilt nicht für die *DOACROSS loops*, bei denen sich durch die zwischen den Iterationen bestehenden Datenabhängigkeiten (*inter loop dependencies*) Einschränkungen bezüglich der Verteilung ergeben.

Weiterhin sind Schleifen noch danach zu unterscheiden, ob sie bedingte Verzweigungen (*conditioned branches*) enthalten oder nicht. Im ersten Falle nennt man die Schleife eine *MCF loop* (*multiple control flow loop*), im zweiten Falle eine *SCF loop* (*single control flow loop*). Der Name *MCF loop* kommt daher, daß bei verschiedenen Durchgängen durch die Schleifen wegen der Verzweigung verschieden Kontrollflüsse durchlaufen werden können. Wir geben im folgenden Beispiele für die einzelnen Schleifentypen.

DOALL Loops

Das Beispiel von Bild 5-10 ist eine typische *DOALL / SCF loop*. Diese Art von Schleife ist ideal für die Vektorisierung, da ein Pipeline-Prozessor sie ohne "Blasen" (*bubbles*) verarbeiten kann. Aber auch bei der iterativen Ausführung durch eine Anzahl von Prozessoren gibt es keine Probleme; es kann jede beliebige Verteilungsstrategie zur Anwendung kommen. Die Vektorisierung und Ausführung durch einen Pipeline-Vektorprozessor ist hierbei das wesentlich effizientere und vor allem auch kosteneffektivere Verfahren. Eine Pipeline, die aus einem Multiplizierer und einem dazu kaskadierten (*chained*) Addierer bzw. Subtrahierer besteht, kann mit jedem Takt ein Paar von Vektorelementen verarbeiten. Mit einem Multiprozessorsystem könnte man das gleiche Ergebnis nur dadurch erreichen, daß man N Prozessoren hat, wenn N die Vektorlänge ist, von denen jeder in einem Takt die vollständige Schleifenoperation ausführt. Dies ist wegen der Datenabhängigkeit der Addition und Subtraktion von der vorhergehenden Multiplikation aber prinzipiell nicht möglich.

Bei geschachtelten Schleifen wird die innerste Schleife vektorisiert. Der Compiler kann aber die Reihenfolge der Laufanweisungen verändern und damit bestimmen, was die innerste Schleife ist. Durch geeignete Transformationen dieser Art können u.U. noch erhebliche Beschleunigungen bei der Ausführung (etwa um den Faktor 2 oder mehr) erreicht werden [CaK 90]. Die Vektorisierung einer Schleife vom *DOALL / MCF*-Typ ist naturgemäß wesentlich komplizierter, da jetzt bei der Verarbeitung jedes Vektorelemente-Paars das Ergebnis aller möglichen Verzweigungen berechnet werden muß. Hat man eine Verzweigung in der Schleife, so sind damit bei der Vektorlänge N 2N Resultate zu berechnen, auch wenn am Ende nur N davon genommen werden. Ein Beispiel für diesen Fall findet der Leser in [HaJ 88].

DOACROSS Loops

Als Beispiel betrachten wir die folgende Schleife [KNI 92], deren Datenflußgraph nach Aufrollen der Schleife Bild 5-11 wiedergibt.

```
        DO 3  i = 1,4                ; loop 2
A:      P(i) = X(I) * 5
B:      Q(i) = P(i) + S(i—1)
C:      R(i) = P(i) - S(i—1)
D:      S(i) = Y(i) + Z(i)
3       CONTINUE
```

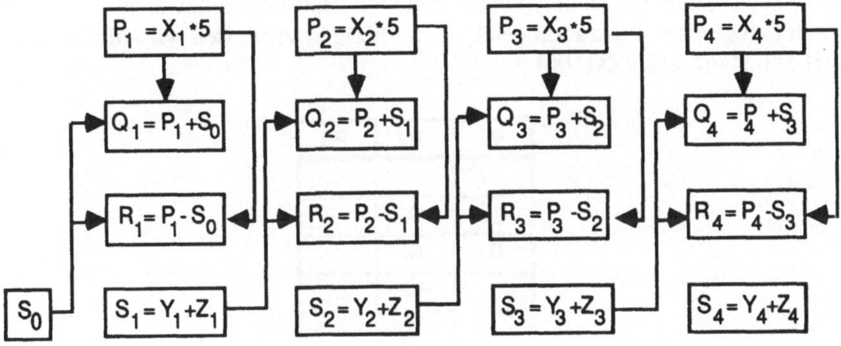

Bild 5-11 Datenflußgraph nach Aufrollen von loop 2

Wir erkennen aus dem Programmtext, daß B und C flußabhängig von A sind, während D flußabhängig von B und C ist. Ferner besteht eine Flußabhängigkeit über zwei Iterationen hinweg durch die Variable S, da im i-ten Schleifendurchlauf der Wert von S(i—1) benötigt wird. Dadurch scheint zunächst eine Vektorisierung wie im Beispiel der DOALL-Schleife nicht möglich zu sein. Wie der Datenflußgraph Bild 5-11 auf einen Blick zeigt, läßt sich zwar die erste Zeile vektorisieren, aber bei der zweiten und dritten Zeile entsteht das Problem, daß Werte benötigt werden, die erst nach Berechnung der vierten Zeile vorliegen. Dieses Problem läßt sich allerdings leicht dadurch beheben, daß man in dem Schleifenprogramm mit der Ausführung der Anweisung D beginnt, gefolgt von den Anweisungen A, B und C. Da D datenunabhängig von A, B und C ist, ist dies ohne weiteres erlaubt.

Dies geht allerdings nicht, wenn D nicht datenunabhängig von den anderen Anweisungen ist. Wir betrachten dazu das entsprechend veränderte Schleifenprogramm *loop 3*.

```
        DO 3  i = 1,4          ; loop 3
A:      P(i)  =  X(I)  *  5
B:      Q(i)  =  P(i)  +  S(i—1)
C:      R(i)  =  P(i)  —  S(i—1)
D:      S(i)  =  Q(i)  /  R(i)
3       CONTINUE
```

Hier ist jetzt nur noch die parallele Ausführung in der Form einer DOACROSS-Schleife auf einem Multiprozessor-System möglich ist. Allerdings können dabei nur die Anweisungen B und C innerhalb der Iteration parallel ausgeführt werden, da sie als einzige datenunabhängig sind. Eine weitere Parallelisierung kann nur noch durch Aufrollen der Schleife gewonnen werden. Bild 5-12 zeigt die dadurch erhaltene *Schedule* der Schleifenoperationen. Durch das Aufrollen ist die zusätzliche Parallelausführung der Anweisungen A(i) und D(i—1) hinzugekommen. Dennoch ist die Auslastung der Prozessoren nicht besonders gut, und mehr als drei Prozessoren einzusetzen wäre sinnlos.

Das optimale Scheduling von DOACROSS-Schleifen auf Multiprozessor-Systemen ist, wie bereits erwähnt, zu einem Compilerproblem geworden, welches theoretisch NP-vollständig ist. Unter gewissen Bedingungen kann es aber, wie *Aiken* und *Nikolau* gezeigt haben [AaN 88], in polynomer Zeit durchgeführt werden. Die obigen einfachen Beispiel mögen als Illustration genügen. Im übrigen verweisen wir auf die Literatur [AaN 88], [GAS 89], [ZaC 90].

P1	P2	P3
A1	—	—
B1	C1	—
D1	A2	—
—	B2	C2
—	D2	A3
—		B3
—		D3

Bild 5-12 Schedule für die DOACROSS-Schleife loop 3

5.7 Synchronisation von Parallelarbeit

5.7.1 FORK-JOIN-Synchronisation von Kontrollfäden

Das älteste Konstrukt zur Synchronisation mehrerer Kontrollflüsse ist das FORK-JOIN-Konstrukt von *Conway* [CON 63]. Die FORK-Anweisung entspricht einer Verzweigung, in welcher beide Wege parallel ausgeführt werden; d.h. die Kontrolle wird dahingehend verzweigt, daß zum einen ein Sprungbefehl (GOTO) zu einer gegebenen Sprungmarke ausgeführt wird und zum anderen gleichzeitig mit der auf FORK folgenden Anweisung des Programms fortgefahren wird. Damit existieren jetzt zwei auszuführende Kontrollfäden — derjenige, der mit der Sprungmarke beginnt, und der, der auf die FORK-Anweisung folgt. In einem Mehrprozessor-System kann daraufhin jedem der beiden Kontrollfäden ein Prozessor zur Ausführung zugewiesen werden. Eine Aufspaltung eines Programms in mehr als zwei Parallelzweige erfordert, daß das FORK-JOIN-Konstrukt mehrfach angewendet wird. Sollen N Kontrollfäden erzeugt werden, so ist die FORK-Anweisung (N—1)-mal aufzurufen. Jeder dadurch erzeugte Kontrollfaden ist mit einem JOIN abzuschließen.

Grundsätzlich arbeitet ein FORK-JOIN-Anweisungspaar so, daß durch FORK die Ausführung eines neuen Kontrollfadens initiiert wird, während der bisherige Kontrollfaden ebenfalls weiter abgearbeitet wird. JOIN schließt einen Kontrollfaden ab und beendet diesen damit. Unter Umständen startet JOIN auch einen neuen Kontrollfaden zur Fortsetzung des Programms. Welcher der beiden Aktionen von JOIN auszuführen ist, hängt von einem Zählerstand ab, der angibt, wieviel weitere parallele Kontrollflüsse noch am Laufen sind.

Zur Mechanisierung dieser Synchronisationsstrategie wird das erste FORK mit drei Parametern aufgerufen: FORK L, C, N. L ist dabei die Marke (*label*), bei der neue Kontrollfaden beginnt. C ist die Speicheradresse für einen Zähler, und N ist der Anfangsstand des Zählers. Damit initiiert das erste FORK nicht nur einen zweiten, parallelen Kontrollfaden, sondern richtet in der Speicherzelle C einen Zähler mit dem Anfangswert N ein. Jeder darauf folgende Aufruf von FORK zur Initialisierung weiterer Kontrollfäden hat nur noch deren *Label* als Parameter, da weitere FORKs den Zähler nicht beeinflussen dürfen.

Die JOIN-Anweisung wird mit nur einem Parameter aufgerufen: JOIN C. Jede JOIN-Anweisung dekrementiert zunächst den Zählerstand und fragt ihn anschließend auf Null ab, wobei diese beiden Operationen eine unteilbare Einheit bilden (aus den gleichen Gründen wie bei einem *test-and-set* [HAB 76]). Ist der Zählerstand nicht null, so wird lediglich die Ausführung des mit dem JOIN abgeschlossenen Kontrollfadens beendet; und der entsprechende Prozessor wird freigegeben. Ist der Zählerstand null, so wird die Programmausführung mit der Sprungmarke C+1 (d.h. auf die Zähleradresse folgend) fortgefahren. Sind durch den wiederholten Aufruf von FORK mehrere Kontrollfäden erzeugt worden, so sorgt das letzte JOIN dafür, daß das Programm jetzt wieder als sequentielles Programm fortgesetzt wird. Als Beispiel zeigen wir in Bild 5-13 die Aufspaltung in vier parallele Kontrollflüsse, die durch dreimaligen Aufruf der FORK-Anweisung erzeugt werden.

```
Anweisungen:
1000   FORK 1100, 1500, 4
1001   FORK 2000
1002   FORK 4000
1003   <continuation of 1>
       ...............
1100   <start of 2>
       ...............
1501   <start of 5>
       ...............
2000   <start of 3>
       ...............
4000   <start of 4>
       ...............
```

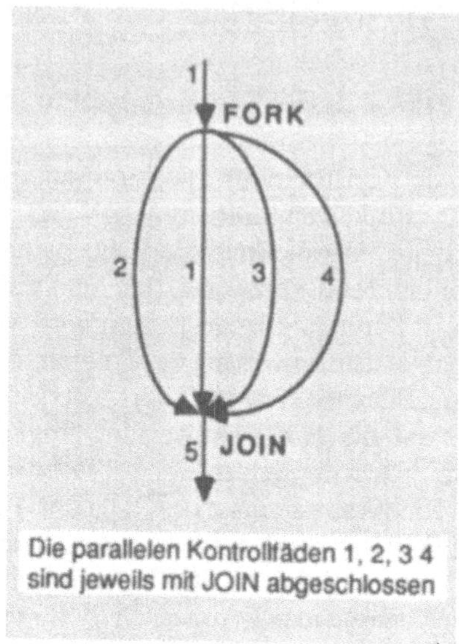

Bild 5-13 Beispiel für die Anwendung des FORK-JOIN-Konstrukts

FORK-JOIN-Konstrukte können auch verschachtelt und schließlich auch in Schleifen auftreten, so daß man — wie beim GOTO — leicht die Übersicht verlieren kann. Alles in allem ist dieses Konstrukt nach heutigen Maßstäben des strukturierten Programmierens zu niedrig und damit zu schwierig anzuwenden und somit unsicher [DaH 66]. Dies gilt auch noch für eine etwas verbesserte Variante, bei das erste FORK einen zu Eins initialisierten Zähler einrichtet und jedes weitere FORK diesen Zähler um 1 inkrementiert.

Gegen den FORK-JOIN-Mechanismus lassen sich damit alle Einwände anführen, die man allgemein gegen Semaphore erheben kann, und die wir in Abschnitt 2.5 aufgezählt haben. *Lorin* [LOR 72] hat darauf hingewiesen, daß das FORK-JOIN-Konstrukt darüber hinaus den Nachteil aufweist, unter gewissen Bedingungen nicht unabhängig von der Zahl der zur Verfügung stehenden Prozessoren zu arbeiten. Dies verstößt aber gegen eine Grundregel, die ein Synchronisationskonstrukt für konkurrente Prozesse erfüllen muß, nämlich in seiner Wirkung unabhängig davon zu sein, ob die konkurrenten Prozesse auf einem Einprozessor-System abschnittsweise sequentiell oder auf einem Mehrprozessor-System echt parallel ausgeführt werden.

Hibbard [HIB 76] weist mit Recht noch auf folgende spezielle Nachteile der Synchronisationsmethode nach der Art des mit Semaphoren arbeitenden FORK-JOIN (oder wie die entsprechenden Konstrukte sonst heißen mögen) hin.

- Sie kann zu umständlichen und unschönen Konstruktionen führen .
- Die FORK-JOIN-Primitive müssen paarweise und damit geschachtelt auftreten, wobei eine solche Schachtelung innerhalb einer Prozedur oder eines Blocks bleiben muß (die Überschreitung einer Prozedurgrenze durch eine Parallel-Aktivität ist nicht zulässig).

- Die parallel ausführbaren Programmeinheiten können weder parametrisiert werden, noch können sie einen Wert liefern; d.h. es kann sich bei ihnen nur um eine Folge von Zuweisungen, nicht jedoch um Prozeduraufrufe handeln.
- Semaphore müssen außerhalb der FORK-JOIN-Klausel deklariert werden und können daher auch von außen verändert werden.

Ein abstrakterer und damit sicherer Konstrukt, welcher das gleiche wie das FORK-JOIN leistet, ist der bereits in Abschnitt 5.6.1 erwähnte, ursprünglich für die parallele Ausführung von Anweisungen eingeführte Konstrukt. Dieser wird abgewandelt geschrieben:

parbegin <list of processes> **parend**

oder auch

cobegin <list of processes> **coend**

Die Prozesse in der <list of processes> repräsentieren jetzt die parallelen Kontrollfäden.

5.7.2 Lock-Step-Betrieb und Barrieren-Synchronisation

Eine sehr einfache und übersichtliche Organisationsform von Parallelarbeit ist der *Lock-Step-Betrieb*. Bei dieser Arbeitsweise wird die Programmausführung in feste Phasen aufgeteilt, und zwar alternieren die beiden Phasen:

- STEP: umfaßt alle Operationen eines Rechenschritts
- LOCK: umfaßt den gesamten Datenaustausch nach einem Rechenschritt

Das heißt, während der STEP-Phase wird nicht kommuniziert, und während der LOCK-Phase wird nicht gerechnet. Während der STEP-Phase kann eine Vielzahl von Kontrollfäden auszuführen sein. Die Synchronisation erfolgt dabei nach dem Prinzip der *Barrieren-Synchronisation* [Dea 89].

DEF: *Barrieren-Synchronisation*
Die Barrieren-Synchronisation (*barrier synchronization*) synchronisiert eine Vielzahl von Kontrollfäden so, daß beim Erreichen einer *Barriere* (*barrier*) alle Kontrollfäden abgearbeitet sein müssen, bevor das Programm weiter fortschreitet. Dazu führt jeder Kontrollfaden am Ende eine **wait**-Instruktion aus. Kontrollfäden, die zuerst fertig sind, verbleiben solange in dem Wartezustand, bis der (zeitlich) letzte Kontrollfaden ebenfalls den Wartezustand erreicht hat.

Die Barrieren-Synchronisation kann softwaremäßig durch *zählende Semaphore* implementiert werden (ähnlich wie bei dem multiplen FORK-JOIN-Mechanismus). Man kann sie aber auch durch Hardware realisieren [BaP 90], wie es Bild 5-14 andeutet.

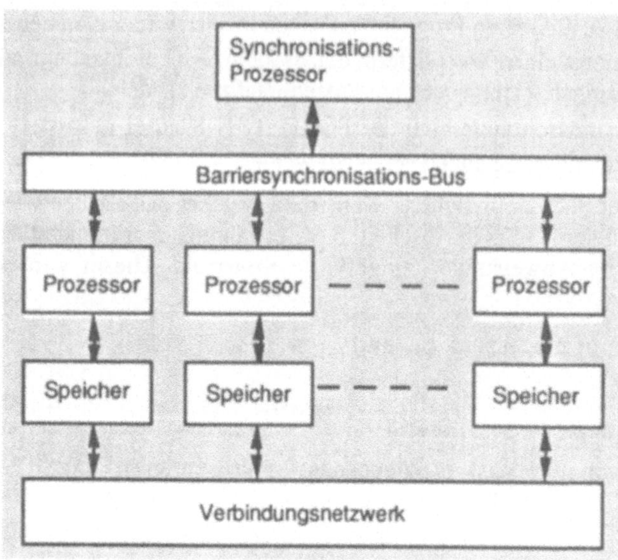

Bild 5-14 Barrieren-Synchronisation durch Hardware

Bei dieser Lösung gibt es im System einen besonderen Synchronisationsbus, auf dem die Knoten melden, wann sie den Wartezustand erreicht haben. Diese Meldungen können von dem Synchronisationsprozessor zur Steuerung des Lock-Step-Programmablaufs ausgewertet werden.

5.7.3 Synchronisation kooperierender Prozesse

Parallelarbeit in Multiprozessor-Systemen mit verteiltem Speicher spielt sich in der Regel auf der Ebene kooperierender Prozesse ab. Dazu werden geeignete Protokolle für die Kommunikation zwischen den Prozessen benötigt. Man spricht hier auch von IPC-Protokollen (IPC: *inter process communication*).

Ein allgemeines Modell zur parallelen Programmausführung auf der Basis kooperierender Prozesse ist ein Netzwerk von *Bearbeitungsknoten* oder, einfacher, *Knoten*, die durch *Kommunikationskanäle* verbunden sind. Ein Knoten führt Operationen auf Daten aus, die er über seine *Eingabekanäle* empfängt, und er produziert Ergebnisse, die er durch *Ausgabekanäle* an andere Knoten weiterleitet. Dabei wird allgemein die Gültigkeit der folgenden Regeln angenommen (KAH 741.

- Die Kommunikationskanäle sind die einzigen Wege, über die die Knoten kommunizieren können.
- Ein Kommunikationskanal überträgt Informationen innerhalb einer endlichen, im übrigen aber nicht beschränkten Zeit. Diese Zeit heißt *Kommunikationslatenz* (*communication latency*).
- Ein Knoten ist zu jedem Zeitpunkt entweder mit der Ausführung einer Operation beschäftigt, oder er wartet auf eine Eingabe über einen seiner Eingabekanäle.

- Jeder Knoten verfügt über einen gewissen Speicherbereich.
- Jeder Knoten führt einen bestimmten Prozeß (*single processing*) oder eine Anzahl von Prozessen (*multi processing*) aus.

Dieses Modell beschreibt eine abstrakte Maschine, für deren programmtechnische Realisierung eine Vielzahl von Möglichkeiten besteht. Physikalisch gesehen muß ein Knoten mindestens über einen Speicher (zur Aufnahme eines Programms und seiner Daten) und einen Prozessor (zur Ausführung eines Programms) verfügen. Ein Kommunikationskanal besteht bei den speichergekoppelten Systemen in einem den kommunizierenden Knoten gemeinsam zugänglichen Speicherbereich, bei den Architekturen mit verteiltem Speicher hingegen tatsächlich auch physikalisch um einen Übertragungskanal mit der Möglichkeit der Informationspufferung an beiden Enden.

Für die Kommunikation zwischen Prozessen sind verschiedene Mechanismen vorgeschlagen worden, die man nach Liskov [LIS 79] in drei Klassen einteilen kann:

- den *Remote Procedure Call*;
- das *Rendezvous*;
- das *No-Wait Send*.

Diese Einteilung gilt auch heute noch. Zusätzlich kann aber auch die Notwendigkeit entstehen, daß ein Prozeß einen anderen Prozeß initiiert, ohne daß eine Datenabhängigkeit zwischen beiden Prozessen besteht. Wir nennen dies eine *Remote Process Invocation.*

DEF: *Remote Process Invocation* (RPI)
Ein Prozeß startet einen anderen Prozeß und fährt dann mit seiner Arbeit fort, ohne daß eine weitere Kommunikation mit dem initiierten Prozeß besteht.

DEF: *Remote Procedure Call* (RPC):
Der sendende Prozeß geht nach dem Aussenden einer Nachricht in den Wartezustand, bis der Empfänger den Vollzug des in der Botschaft enthaltenen Auftrags meldet. Mit dem RPC können in der üblichen Weise Parameter übergeben werden.

DEF: *Rendezvous*:
Der Senderprozeß wendet sich mit der Bitte nach einem Rendezvous an den Empfängerprozeß und geht unmittelbar nach dem Aussenden dieser Nachricht in den Wartezustand, in dem er verbleibt, bis der Empfänger seine Bereitschaft zur Kommunikation durch eine entsprechende Rückantwort angezeigt hat. Die Bitte um Kommunikation enthält eine Beschreibung der Objekte, die der Senderprozess dem Empfänger übermitteln möchte. Dies setzt den Empfängerprozeß in die Lage, zu prüfen, ob er zum Empfang der Nachricht bereit ist. Erst dann meldet er sich zurück. Nachdem auf diese Weise eine Synchronisation zwischen Sender und Empfänger hergestellt worden ist (in Ada *Rendezvous* genannt [Iea 79]), kann die eigentliche Kommunikation zwischen den Prozessen beginnen, die jetzt in einem unmittelbaren Kopieren der Datenobjekte vom Speicherraum des Senders in den Speicherraum des Empfängers bestehen kann.

DEF: *No-Wait Send* (*Asynchronous Communication*):
Der sendende Prozeß fährt nach dem Aussenden der Botschaft in seiner Arbeit fort, bis er an die Stelle kommt, wo er ohne Erhalt einer Rückantwort nicht weiterarbeiten kann und gegebenenfalls darauf warten muß.

Die *Remote Process Invocation* ist strenggenommen keine Kommunikation. Der *Remote Procedure Call* ist von Natur aus eine synchrone Kommunikation. Auch das *Rendezvous* entspricht einer synchronen Kommunikation. Demgegenüber ist das *NO-WAIT SEND* uneingeschränkt asynchron. Natürlich müssen alle Wartepunkte durch ein *Timeout* mit Ausnahmebehandlung dagegen abgesichert werden, daß ein Prozeß durch das Nichtreagieren des Kommunikationspartners für immer wartet. Tabelle 5-3 stellt die Eigenschaften der betrachteten Synchronisationsmodelle zusammen.

Tabelle 5-3 Kommunikationsmodelle und Kommunikationskonstrukte

Kommunikationsmodell	Konstrukte	
Remote Process Invocation	NON-BLOCKING SEND	S → E
Remote Procedure Call	BLOCKING SEND	S → E
Rendezvous	BLOCKING SEND REPLY BLOCKING WAIT (for result)	S → E S ← E S ← E
Asynchronous Communication	NON-BLOCKING SEND BLOCKING WAIT (for result)	S → E S ← E

Die hier aufgeführten Synchronisationsmodelle können realisiert werden durch explizite Kommunikationskonstrukte im Programm zum:

- Senden einer Nachricht durch den Senderprozess (**send**)
- Senden der Rückantwort durch den Empfängerprozeß (**reply**)
- Empfangen der Rückantwort durch den Senderprozeß (**receive**).

Je nachdem, welches Synchronisationsmodell zugrunde liegt, sind das **send** und das **receive** blockierend, d.h. es wird auf eine Antwort gewartet, oder nicht blockierend, d.h. der Prozeß arbeitet weiter. Unabhängig davon, welches Kommunikationsmodell gewählt wird, muß die folgende Autonomie-Bedingungen erfüllt sein:

- Nach einem Nachrichtenaustausch müssen die beteiligten Prozesse wieder unabhängig voneinander arbeiten können.

5.7.4 Synchronisation durch objektorientierte Variablentypen

Statt durch expliziten Kommunikationsanweisungen zum Senden, Quittieren und Empfangen können in objektorientierten Sprachen die obigen Formen des Nachrichtenaustauschs auch implizit mit entsprechenden Variablentypen verbunden sein. Dazu werden 3 Variablentypen definiert (wir verwenden hier die Definitionen der Sprache ABCL [Yea 87]):

- **past**
- **now**
- **future**,

die der Programmierer deklarieren kann und die mit den im folgenden definierten Mechanismen des Nachrichtenaustauschs korrespondieren. Das Versenden von Nachrichten ist hierbei im objektorientierten Sinne zu verstehen. Das bedeutet: das Senden einer Nachricht N durch ein Objekt O an ein anderes Objekt R führt dazu, daß eine Methode M auf das Objekt R angewendet wird.

DEF: *past type message passing*
O sendet die Nachricht N an R. Anschließend wartet O nicht auf irgendeine Rückantwort durch R, sondern setzt seine Arbeit uneingeschränkt fort.

DEF: *now type message passing*
O sendet eine Nachricht N an R und wartet dann auf eine Rückantwort.

DEF: *future type message passing*
O sendet eine Nachricht N an R und erwartet, daß R irgendwann ein Resultat zurückschickt. O wartet nach dem Senden nicht auf das Resultat, sondern fährt mit seiner Arbeit fort, bis es die Stelle erreicht, wo das Resultat benötigt wird. O wartet nötigenfalls an dieser Stelle. Sobald das Resultat vorliegt, fährt O mit seiner Arbeit fort.

Der *past*-Mechanismus entspricht einer *Remote Object Invocation* (ROI), bei der der Sender lediglich eine Aktivität auslöst, ohne sich dann aber weiter darum zu kümmern. Der *now*-Mechanismus entspricht dem *Rendezvous*. Der *future*-Mechanismus entspricht dem *No-Wait Send.*

5.8 Datenstrukturen und Parallelarbeit

5.8.1 Explizite Datenparallelität und Datenstruktur-Architekturen

In von-Neumann-Maschinen existieren keine geordneten Datenmengen. Ist die Programmiersprache eine von-Neumann-Sprache, so gibt es auch in ihr keine vollwertigen Datenstrukturtypen. Der übliche Typ **array** zählt hier nicht, da es als die einzigen zustandsverändernden Funktionen die Deklaration gibt, die ein Array erzeugt, und die indizierte Variable in Verbindung mit der Zuweisung, durch die der Wert eines Elements ersetzt werden kann. Die einzig existierende Funktion, die einen Wert liefert, ist der Aufruf einer indizierten Variablen. Es gibt damit keine Funktionen, die ein Array zum Argument haben, sondern nur Funktionen auf den einzelnen Elementen. Es gibt es aber auch Programmiersprachen, in denen strukturierte Datenmengen echt als solche behandelt werden können. Musterbeispiele sind die Sprachen *APL* und *Fortran90*. In APL gibt es Strukturoperationen auf n-dimensionalen Arrays, innere und äußere Produkte und vieles andere mehr als elementare Operationen der Sprache [GIL 80]. Wesentliche Züge von APL wurden in Fortran90 übernommen (allerdings gibt es nicht die multidimensionalen Arrays).

Parallelverarbeitungsmöglichkeiten sind bei von-Neumann-Sprachen nur aus dem Auftreten bestimmter Konstrukte wie zum Beispiel FOR- oder DO-Schleifen zu ersehen. Als Illustration betrachten wir in Bild 5-15 ein ALGOL-Programmsegment für die (innere) Matrizenmultiplikation.

```
procedure MMULT(I,J,K,A,B,C);
    value I,J,K;
    integer I,J,K;
    real array A,B,C;
    begin
        integer L,M,N;
        for L:=1 step 1 until I do
            for N:=1 step 1 until K do
                begin
                    C[L,N]:=0;
                    for M:=1 step 1 until J do
                    C[L,N]:=C[L,N,]+A[L,M]*B[M,N];
                end
    end
```

Bild 5-15 ALGOL-Programm für das innere Produkt zweier Matrizen

Wieviel einfacher wäre es dagegen, für die als Matrizen deklarierten Variablen A, B und C zu schreiben

C := AxB

und damit die Matrizenmultiplikation zum Ausdruck zu bringen. Wir werden dieses Thema noch einmal in Kapitel 8.3 bei der Behandlung der *Datenstruktur-Architekturen* [GaB 77], [GaB 78] aufgreifen. Dieses sind Rechnerarchitekturen, deren Operationsprinzip darin besteht, daß Datenstrukturtypen als elementare Einheiten der Maschine definiert werden und als solche unmittelbar verarbeitet werden können. Besitzt die Programmiersprache dieselben Typen, so führt die Maschine die Operationen dieser Typen unmittelbar parallel aus, und es bedarf dazu keiner Programmstrukturanalyse. Ein Merkmal von Datenstruktur-Architekturen ist die Existenz eines speziellen Strukturprozessors. In der einfachsten Form ist dies ein Adreßgenerator. Die einfachste Form einer Datenstruktur-Architektur ist die Vektormaschine.

Parallelarbeit in einer Datenstruktur-Architektur bedeutet, daß die in den einzelnen Schritten der komplexen Rechenoperationen der Strukturdatentypen auftretenden Elementaroperationen gleichzeitig ausgeführt werden. Um dies zu ermöglichen, wird man entweder ein *Array von Rechenelementen* (eine Anzahl gleichartiger Datenprozessoren) vorsehen, oder aber einen *Pipeline-Prozessor*. Die Aufgabe des

Strukturprozessors besteht darin, aus der Interpretation eines Variablen-Deskriptors einen entsprechenden Datenstrom zu erzeugen, der dann entweder das Array von Bearbeitungselementen oder die Pipeline durchläuft. Wir haben es in beiden Fällen mit der SIMD-Architektur zu tun.

5.8.2 Wirkungsgrad der Nutzung der Datenparallelität

Rechnerarchitekturen zur Nutzung der Datenparallelität verarbeiten ganze Datenströme in einem Rechenschritt. *Datenströme* in diesem Sinne sind linear geordnete Mengen von Datenelementen. Durch diese Strukturierung ergeben sich verhältnismäßig einfache Rechenvorschriften. Eine solche Rechenvorschrift kann durch ein geschlossenes Gebiet in einem Raum-Zeit-Diagramm dargestellt werden [CHE 74], wobei die Raumkoordinate die Anzahl der zu einem Zeitpunkt gleichzeitig ausführbaren gleichartigen Operationen angibt. Wir nennen ein solches Diagramm das *Auftragsprofil.* Ein ähnliches Diagramm läßt sich auch für den Parallelrechner angeben als die Menge der gleichartigen Operationen, die die Maschine zu jedem Zeitpunkt ausführen kann. Wir nennen dies das *Bearbeitungsprofil* des Rechners. Je nachdem, ob es sich bei den zu verarbeitenden Strömen um räumliche oder zeitliche Ordnungen handelt, gibt es prinzipiell die folgenden beiden Bearbeitungsstrukturen:

(A) *Gleichartige Operationen* werden *gleichzeitig* auf einem *räumlichen Strom* ausgeführt und *verschiedenartige Operationen im zeitlichen Nacheinander* auf *gleichstelligen* Elementen des Stroms (Prinzip der Multiprozessorsystems bzw. des Arrays von Rechenelementen).

(B) *Gleichartige Operationen* werden *im zeitlichen Nacheinander* auf einem *zeitlichen* Strom ausgeführt und *verschiedenartige Operationen gleichzeitig* auf *verschiedenen* Elementen des Stroms (Prinzip der Pipeline).

Es versteht sich, daß eine Berechnung nur dann in der durch das Auftragsprofil gegebenen Form durch die Maschine bearbeitet werden kann, wenn das Bearbeitungsprofil das Auftragsprofil zu jedem Zeitpunkt überdeckt. Ist dies nicht der Fall, so muß das Auftragsprofil entsprechend umgeformt werden. Auf der anderen Seite können auch Umformungen des Auftragsprofils den Zweck haben, dieses dem Bearbeitungsprofil im Sinne einer bestmöglichen Ausnutzung der Maschinen-Betriebsmittel anzupassen. Die Anzahl der gleichzeitig ausführbaren gleichartigen Operationen nennen wir die *innere Höhe* des Rechenauftrags. Nehmen wir als Beispiel das äußere Produkt zweier Vektoren der Länge N, so hat ein solcher Auftrag die innere Höhe N. Im allgemeinen ist das Auftrags-Profil aber kein Rechteck; vielmehr ändert sich die innere Höhe dynamisch.

Sei M die Zahl der zur Verfügung stehenden gleichartigen Rechenelemente oder Prozessoren der Maschine; d.h. sei das Bearbeitungsprofil der Maschine ein Rechteck der Höhe M. Sei H_{max} die maximale innere Höhe des Rechenauftrags. Dann kann dieser solange parallel ausgeführt werden, wie $H_{max} \leq M$. Für $H_{max} > M$ muß das Auftragsprofil zunächst dem Bearbeitungsprofil angepaßt werden, so daß seine innere Höhe an keiner Stelle M überschreitet. (In konventionellen Einprozessor-Systemen werden alle Aufträge zu einem Streifen der Höhe 1 gestreckt, um bearbeitet werden zu können.) Man kann diesen Vorgang auch so betrachten, daß die Teile eines Auftrags, für die H>M ist, nur durch mehrmaliges "Überstreichen" des Auftrags-Profils durch das Bearbeitungsprofil bearbeitet werden, wobei bei jedem neuerlichen Überstreichen in einer anderen Höhe angesetzt wird. Die beste Ausnutzung des Rechners ergibt sich dann, wenn die Höhe der Streifen gleich M und H ein ganzzahliges Vielfaches von M ist (für M=1 ist dies natürlich immer erfüllt).

Eine wichtige Kenngröße dieses Modells ist der *Wirkungsgrad*, der als Quotient der Auftragsprofil-Fläche zur gesamten vom Bearbeitungsprofil überstrichenen Fläche definiert ist. Eine Aussage über die optimale Bearbeitungshöhe einer Maschine für ein gegebenes Auftragsprofil läßt sich natürlich aber nur dann treffen, wenn zu dem Wirkungsgrad noch die *Bearbeitungszeit* hinzugenommen wird. Weitere interessante Kenngrößen sind der *mittlere Ausnutzungsgrad* der Rechenelemente oder Prozessoren und der erzielte *Parallelarbeitsgewinn*. Tabelle 5-4 gibt die Definition dieser Größen an [CHE 74].

Tabelle 5-4 Kenngrößen der Parallelarbeit

Vervielfachungsgrad	M = Anzahl der Prozessoren (PE)
Parallelitätsgrad	$\rho = \dfrac{\text{Auftragsprofil-Fläche für H>1}}{\text{gesamte Auftragsprofil-Fläche}}$
Wirkungsgrad	$\eta = \dfrac{\text{Auftragsprofil-Fläche}}{\text{gesamte vom Bearbeitungsprofil überstriche Fläche}}$
Gewinn	$G = \eta M$

Auch Algorithmen, die auf Datenstrukturen definiert sind, enthalten einen gewissen Anteil an skalaren Operationen. Beschränkt man sich bei der Parallelarbeit nur auf die Datenparallelität, so bedeutet dies, daß die skalaren Teile sequentiell ausgeführt werden. Wir wollen nun betrachten, welche Auswirkungen dies auf die Gesamtleistung des Rechners hat. Dazu nehmen wir das stark idealisierte Auftragsprofil nach Bild 5-15 an [CHE 74], welches aus zwei Teilen besteht, einem Teil mit H=1 (skalare Operationen) und einem Teil mit H=const>1 (Datentransformationen). Realistische Aufträge haben natürlich nicht ein solch extrem einfaches Profil. Man kann aber davon ausgehen, daß Berechnungen auf geordneten Datenmengen, die für eine Parallelbearbeitung in Frage kommen, in ihrem Auftragsprofil so umgeformt werden können, daß sie das Profil nach Bild 5-16 wenigstens grob annähern.

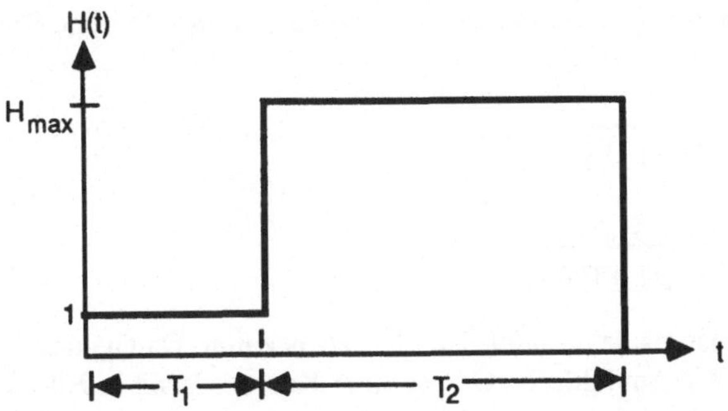

Bild 5-15 Idealisiertes Auftragsprofil bei geordneten Datenmengen

Bei dem idealisierten Auftragsprofil nach Bild 5-16 ist der Parallelitätsgrad jetzt einfach

$$\rho = H_{max}T_2/(T_1+H_{max}T_2),$$

und die anderen Parameter lassen sich ebenso leicht berechnen. Interessant ist die Betrachtung des Wirkungsgrads eines Auftrags mit einer solch ausgeprägten Charakteristik, für die man unter der Annahme $M=H_{max}=10$ die Kurve nach Bild 5-16 erhält. Je größer H_{max} ist, um so näher liegt der Anstieg der Kurve bei $\rho=1$. In der Praxis kann eine solche Kurve etwas anders aussehen, aber prinzipiell wird immer gelten, daß eine Parallelarbeit, bei der der Vervielfachungsgrad M der maximalen inneren Höhe H_{max} des Auftragsprofils angepaßt wird, sich nur bei großem Parallelitätsgrad (über 0,9) lohnt.

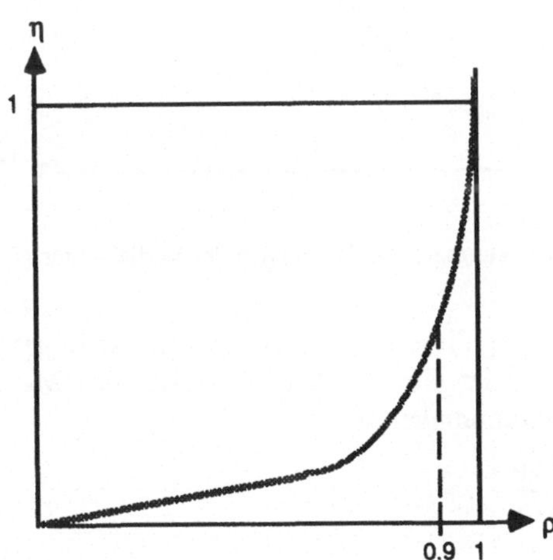

Bild 5-16 Wirkungsgrad als Funktion des Parallelitätsgrades für Bild 5-17 (Amdahlsches Gesetz)

Noch interessanter ist es, den Ausnutzungsgrad A als Funktion des Vervielfachungsgrads M bei gegebenem Parallelitätsgrad ρ als Parameter zu betrachten. Bezeichnen wir mit η_M den Wirkungsgrad, der entsteht, wenn H_{max} durch M ohne Rest teilbar ist, so gilt

$$\eta_M = \frac{1}{M(1-\rho)+\rho}$$

$$G_M = \frac{1}{(1-\rho)+\rho/M}$$

Dieses Ergebnis ist als das *Amdahlsche Gesetz* bekannt. Da G_M und η_M proportional sind, folgt auch das Amdahlsche Gesetz einer Kurve wie sie in Bild 5-17 angedeutet ist. Beispiel: Für M=10 ergibt sich: $G_M = 1/(1-0{,}9\rho)$, und bei einem Parallelitätsgrad von $\rho = 0{,}89$ beträgt der reale Pipeline-Gewinn M nur noch 50 % des asymptotischen Maximalwerts.

Da $\eta < \eta_M$ ist, ist auch $G_M < G$, und der Gewinn $G_M = \eta_M M$ stellt ebenfalls eine obere Schranke für den wirklichen Parallelarbeitsgewinn dar. Bild 5-17 zeigt diese Funktion, die nach dem Grenzwert $1/(1-\rho)$ strebt. Es ist damit nicht sinnvoll, mehr als höchstens so viele Prozessoren einzusetzen, als dieser Grenzwert angibt, da sonst der Wirkungsgrad unter die 50%-Grenze absinkt.

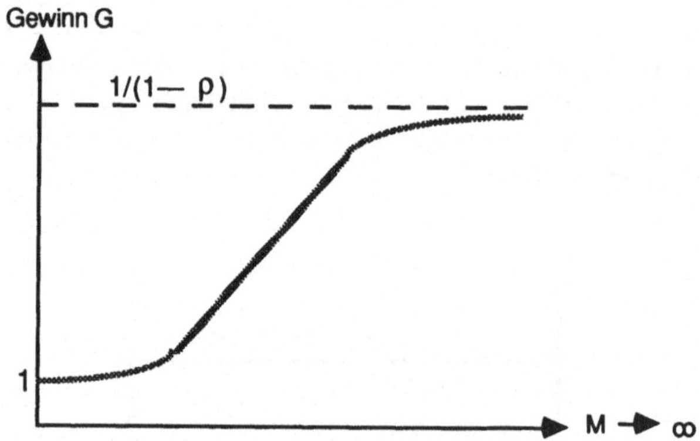

Bild 5-17 Ausnutzungsgrad A als Funktion des Verfielfachungsgrads M für Bild 5-16

Zur Veranschaulichung dieser Ergebnisse wollen wir fragen, bei welchem Wert des Parallelitätsgrads ρ der Gewinn auf die Hälfte des Maximalwerts $G_M = \eta_M M$ abgesunken ist. Hierfür erhalten wir

$$\rho_{M/2} = \frac{M-2}{M-1}$$

Das bedeutet, daß für M=10 ein Parallelitätsgrad von mindestens etwa 90% erreicht werden muß, um noch die Hälfte der theoretischen Maximalleistung zu erzielen. Für M=100 sollte der Parallelitärsgrad über 99% betragen

5.8.3 Vergleich zwischen Pipeline und Array von Rechenelementen

Sei $FE^0, FE^1, \ldots, FE^{k-1}$ eine geordnete Menge von Funktionseinheiten (FEs), die zu einer Pipeline angeordnet sind (Bild 5-18). Jedes Element FE^i möge einen Eingabewert X^i und einen Ausgabewert Y^i haben und zur Transformation eines Eingabewerts in einen Ausgabewert die Verarbeitungszeit τ^i benötigen. Bei einer synchron arbeitenden Pipeline ohne Puffer zwischen den einzelnen FEs muß dann die folgende Kontinuitätsbedingung erfüllt sein:

$$\forall i \in [0:k-2]: \quad X^{i+1} = Y^i \quad \& \quad t^i = t^{i+1}$$

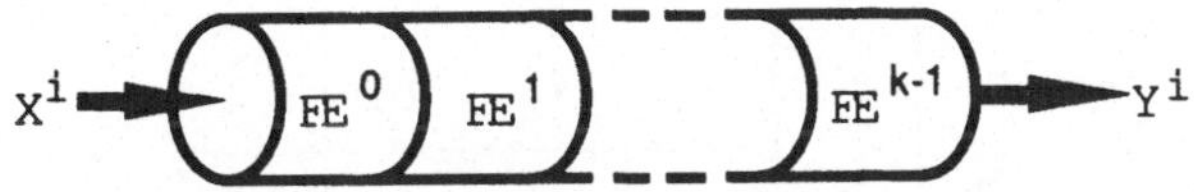

Bild 5-18 Synchrone Pipeline mit k Stufen

Um die Arbeitsweise der Pipeline zu verdeutlichen, betrachten wir das Beispiel einer vierstufigen Pipeline, deren Funktionseinheiten FE^0, FE^1, FE^2, FE^3 die Funktionen f_0, f_1, f_2, f_3 ausführt. Nacheinander soll die Pipeline die Funktionsfolge

$$F^i = f_0{}^i \rightarrow f_1{}^i \rightarrow f_2{}^i \rightarrow f_3{}^i, \quad i = 0,1, \ldots, k-1$$

ausführen. Wenn wir die i-te Funktionsausführung f^i zum Zeitpunkt $t = k\Delta t$ mit $f_k{}^i$ bezeichnen, dann führt die Pipeline im stationären Zustand die in Bild 5-19 gezeigten Operationsfolgen in den einzelnen Stufen aus. Die beiden alternativen Bearbeitungsstrukturen — die Parallelarbeit durch ein Array von Funktionseinheiten und durch eine Pipeline — sind in Bild 5-20 schematisch gegenübergestellt. Alle organisatorischen Rechenschritte, Indexrechnungen, usw. sind dabei vernachlässigt.

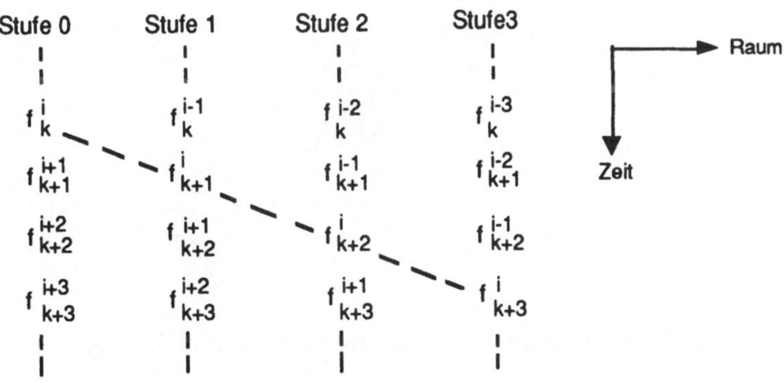

Stufe 0	Stufe 1	Stufe 2	Stufe3
f_k^i	f_k^{i-1}	f_k^{i-2}	f_k^{i-3}
f_{k+1}^{i+1}	f_{k+1}^{i}	f_{k+1}^{i-1}	f_{k+1}^{i-2}
f_{k+2}^{i+2}	f_{k+2}^{i+1}	f_{k+2}^{i}	f_{k+2}^{i-1}
f_{k+3}^{i+3}	f_{k+3}^{i+2}	f_{k+3}^{i+1}	f_{k+3}^{i}

Bild 5-19 Operationsfolgen einer 4-stufigen Pipeline

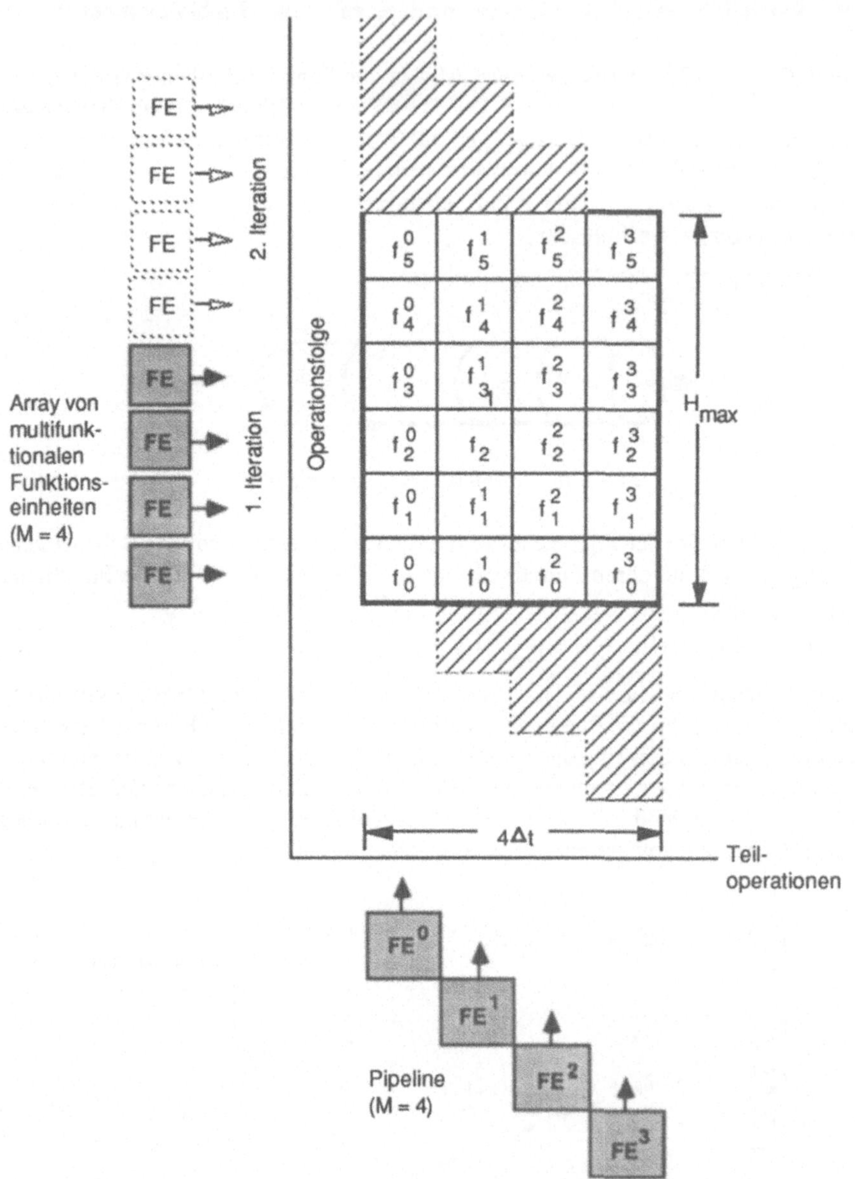

Bild 5-20 Illustration von Parallelarbeit und Pipelinebearbeitung

Damit ist bei der Bearbeitung durch ein Array von Funktionseinheiten der Parallelitätsgrad gleich 1 , und der Wirkungsgrad liegt nur für $H_{max} \neq M$ unter 1 (im Beispiel ist $\eta = 0{,}75$). Bei der Pipelinebearbeitung ist die gesamte, durch den Pipeline-Prozessor überstrichene Fläche nicht wie im ersten Falle $4H_{max}\Delta t$, sondern durch den "Verschnitt" am Anfang und Ende $4(H_{max}+3)\Delta t$.

5.8.4 Datenparallelität auf der Ebene kooperierender Prozesse

Eine hohe Datenparallelität vereinfacht sehr die Anwendung des Programmiermodells der kooperierenden Prozesse: Der Lösungsraum wird in so viele Unterräume aufgeteilt, wie man kooperierende Prozesse haben will — zum Beispiel so viele, wie das System Knoten hat. Jeder Prozeß bearbeitet dann seinen Unterraum. An den Grenzflächen zu anderen Unterräumen müssen dann Daten ausgetauscht werden. Dieses einfache Modell eignet sich besonders gut für alle Algorithmen, die auf n-dimensionalen rechteckigen Gittern definiert sind, wie z.B. die Lösung partieller Differentialgleichungen, strömungsmechanische Probleme, Finite-Elemente-Methoden und ähnliches. Man spricht bei diesem Verfahren auch von einem *Strip Mining* (englisch für *Tagebau*, gemeint ist die streifenweise Verarbeitung).

5.8.5 Eine Sprache zur datenparallelen Programmierung (HPF)

High Performance Fortran (HPF) ist eine Fortran-Erweiterung, die mit dem Ziel vorgenommen wurde [HPF 92], die parallele Programmierung zu unterstützen. Dabei stehen Architekturen mit gemeinsamem Speicher im Vordergrund, die Sprache soll aber auch auf nachrichtenorientierten Architekturen anwendbar sein. Unterstützt werden die folgenden Züge des Parallelrechnens:

- Datenparallele Programmierung (SPMD-Modell, schwach synchronisierte Prozesse);
- Höchste Effizienz der Ausführung auf SIMD und MIMD-Architekturen mit nicht-einheitlichen Kosten des Speicherzugriffs.
- Möglichkeit der Codeoptimierung für verschieden Architekturen.

Dabei wurde aber versucht, die Abweichungen von den existierenden Fortran-Standards möglichst klein zu halten und vor allem direkte Konflikte mit Fortran77 und Fortran90 zu minimieren. Ferner wurde auf Einfachheit Wert gelegt, und es sollten Interfaces zu anderen Sprachen und Programmierstilen geschaffen werden.

Die wesentliche Spracherweiterung besteht in der Einführung eines FORALL-Konstrukts sowie einiger zusätzlicher INTRINSIC FUNCTIONS. Beides dient zur datenparallelen Programmierung. Ferner wurden Compiler-Direktiven in der Form strukturierter Kommentare eingeführt, mit denen der Programmierer die gewünschte Datenverteilung vorschreiben kann. Es ist damit dem Benutzer überlassen, durch eine geeignete Datenverteilung für eine möglichst effiziente Programmausführung zu sorgen. Das Ziel der Code-Optimierung wird durch Einführung von EXTRINSIC-Prozeduren erreicht, die eine maschinennähere Programmierung erlauben.

Die FORALL-Anweisung erlaubt die Parallelisierung von Array-Operationen. Durch eine INDEPENDENT-Direktive kann der Benutzer dem Compiler zusätzliche Informationen über Datenunabhängigkeiten geben. So kann es zum Beispiel dem System anzeigen, daß zwischen den Iterationen einer Schleife keine Datenabhängigkeit besteht. Ähnliche Informationen lassen sich über die Kombinationen von Indexwerten in der FORALL-Anweisung geben. Solche Angaben unterstützen den Compiler bei seinen Optimierungen.

HPF enthält alle *Intrinsics*, die man auch in anderen Fortran-Dialekten (z.B. Fortran90) findet. Zum Teil werden diese aber Funktionen in ihrer Anwendbarkeit erweitert, und es gibt zusätzliche *Intrinsics*, wie zum Beispiel die Abfragefunktionen NUMBER_OF_PROCESSORS und PROCESSOR_SHAPE. Die erste Funktion liefert als Wert die Zahl der Prozessoren, die zur Programmausführung zur Verfügung stehen (eine Maschine kann zur gleichzeitige Bedienung mehrerer Benutzer partitioniert sein). PROCESSOR_SHAPE liefert als Wert die Form des vorliegenden Arrays von Prozessoren. Letzteres zeigt an, daß HPF für die gesamte Variationsbreite von Parallelarchitekturen gedacht ist, die von dem Vektormaschinen mit einem oder mehreren Prozessoren über die SIMD-Architekturen bis zu den MIMD-Architekturen mit gemeinsamem oder verteiltem Speicher reicht. Der Benutzer kann die Kenntnis über die Form des Arrays von Prozessoren dann dazu nutzen, die Datenverteilung optimal zu gestalten. Auf weitere Einzelheiten wollen wir hier nicht eingehen.

Literatur zu Kapitel 5

[AaN 88] Aiken A., Nikolau A.: Optimal Loop Parallelization, Tech. Report 88-905, Cornell University, Dept. of Computer Science 1988

[BAN 88] Banerjee U.: *Dependence Analysis for Supercomputing*, Kluwer Academic Publishers, Boston 1988

[BaP 90] Beckmann C.J., Polychronopoulos C.D.: Fast Barrier Synchronization Hardware. *Proc. Supercomputing '90*, IEEE-Computer Society Press order no. 2056 (1990), 180-189

[CaK 90] Carr S., Kennedy K.: Compiling for Nachines with Complex Memory Hierarchies, Proc. IBM Workshop on Parallel Software Support Tools, IBM Europe Institute, Oberlech, Austria 1990

[CHA 89] Chatterjee A.: Futures: A Mechanism for Concurrency Among Objects, *Proc. Supercomputing '89*, IEEE-CS Order no. 2021 (1989), 562-567

[CHE 74] Chen T.C.: Parallelism, Pipelining and Performance Enhancement by Multiprocessing, in Hasselmeier/Spruth(eds.): *Rechnerstrukturen*, Oldenbourg-Verlag, München 1974, 104-150

[CON 63] Conway M.E.: A Multiprocessor System Design, *Proc. AFIPS FJCC 1963*, 139-146

[CYT 86] Cytron R.: Doacross: Beyond Vectorization for Multiprocessors, *Proc. Internat. Conf. on Parallel Processing 1986*, IEEE Catalog no. 86CH2355-6, 836-844

[DaH 66] Dennis J.B., Van Horn E.C.: Programming Semantics for Multiprogrammed Computations, Comm. ACM 9,3 (March 1966), 143-155

[Dea 89] Dietz H., Schwederski T., O'Keefe M., Zaafrani A.: Static Synchronization Beyond VLIW, *Proc. Supercomputing '89*, IEEE-CS Order no. 2021 (1989), 416-425

[DIJ 68] Dijkstra E.W.: Co-operating Sequential Processes, in Genuys F.(ed.): *Programming Languages*, Academic Press, New York 1968

[DIJ 76] Dijkstra E.W.: *A Discipline of Programming*, Prentice-Hall, Englewood Cliffs, NJ 1976

[FOW 89] Ferrante J., Ottenstein K.J., Warren J.D.: The Program Dependence Graph and Its Use in Optimization, ACM Trans. on Programming Languages and Systems 9,3 (July 1987), 319-349

[GaB 77] Giloi W.K., Berg H.K.: Introducing the Concept of Data Structure Architecture, *Proc. 1977 Internat. Conf. on Parallel Processing*, IEEE Catalog no. 78CH1284-9C, 175-181

[GaB 78] Giloi W.K., Berg H.K.: Data Structure Architectures -- A Major Operational Principle, *Proc. 5th Annual Sympos. on Computer Architecture*, IEEE Catalog no. 78CH1284-9C, 44-51

[GaS 89] Giloi W.K., Schroeder W.: Very High Speed Communication in Large MIMD Supercomputers, *Proc. Supercomputing '89*, ACM Order No. 415891, 313-321

[GAS 89] Gasperoni F.: Compilation Techniques for VLIW Architectures, Tech. Report 435, New York University, Computer Science Department, Courant Institute 1989

[GER 89] Gerndt H.M.: Automatic Parallelization for Distributed-Memory Multiprocessing Systems, Dissertation, University of Bonn 1989

[HAB 76] Habermann A.N.: *Introduction to Operating System Design*, Science Research Associates Chicago 1976

[HaB 85] Hwang K.H., Briggs F.A.: *Computer Architecture and Parallel Processing*, McGraw-Hill, New York 1985

[HaJ 88] Hockney R.W., Jesshope C.R.: *Parallel Computers 2*, Adam Hilger, Bristol and Philadelphia 1988

[HaP 90] Hennesy J.L., Patterson D.A.: *Computer Architecture: A Quantitative Approach*, Morgan Kaufmann Publishers Inc., San Mateo, CA 1990

[HAE 93] Haenich R.: SNAP! Prototyping a Sequential and Numerical Application Parallelizer, Proc. Internat. Workshop on Automatic Distributed Memory Parallelization, Automatic Data Distribution, and Automatic Parallel Performance Prediction (March 1993), Springer WICS

[HPF 92] High Performance Fortran Forum: High Performance Fortran — Language Specification (DRAFT), Version 0.4, November 1992

[Iea 79] Ichbiah J.D. et al.: *Rationale for the Design of the ADA Programming Language*, ACM SIGPLAN NOTICES 14,16 (June 1979)

[KAH 74] Kahne G.: The Semantics of a Simple Language for Parallel Programming, *Proc. IFIP Congress 1974*, North-Holland 1974, 471-475

[KNI 92] Knittel G.: A Scalable Multiprocessor System Based on Hardware Controlled Loop Level Parallelism, Diplomarbeit, Technische Universität Berlin, FB Elektrotechnik 1992

[KUC 77] Kuck D.J.: A Survey of Parallel Machine Organization and Programming, Computing Surveys 9,1 (March 1977), 29-59

[LAM 88] Lam M.: Software-Pipelining: An Effective Scheduling Technique for VLIW Machines, *Proc. SIGPLAN '88 Conf. on Programming Language Design and Implementation* (June 1988), 318-328

[LIS 79] Liskov B.H.: Primitives for Distributed Computing, MIT Laboratory for Computer Science, Computations Structure Group Memo 175 (May 1979)

[LIU 91] Liu D.: Methods of Fine-grain Optimization for Parallel Computer Architectures, Dissertation, Technische Universität Berlin, FB Informatik 1991

[SCH 88] Schröder W.: The Distributed PEACE Operating System and Its Suitability for MIMD Message-passing Architectures, in Jesshope and Reinartz(eds.): *CONPAR 88*, Cambridge University Press 1989, 27-34

[WIL 91] Wildner U.: Entwicklung von Parallelsierungsstrategien für eine asynchrone MIMD-Architektur, Studienarbeit, Technische Universität Berlin, FB Informatik 1991

[Yea 87] Yonezawa A., Shibayama E., Takada T., Honda Y.: Modelling and Programming in an Object-Oriented Concurrent Language ABCL/1, in Yonezawa A., Tokoro M.(eds.): *Object-Oriented Concurrent Programming*, The MIT Press, Cambridge, Mass. 1987

[ZaC 90] Zima H., Chapman B.: *Supercompilers for Parallel and Vector Computers*, Addison-Wesley Publishing Co. 1990

6 Superskalare Prozessoren und VLIW-Maschinen

6.1 Übersicht

Der *superskalare Prozessor* und die *Very Long Instruction Word Machine* (VLIW-Maschine) beziehen beide ihre Leistung aus der Parallelarbeit mehrerer Funktionseinheiten (*functional units*). Dabei kann jede Funktionseinheit einen Maschinenbefehl ausführen; das heißt, beide Prozessorarten nutzen die potentielle *Programmparallelität auf der Anweisungsebene*. Die Funktionseinheiten sind Datenprozessoren, die alle auf einem gemeinsamen *Registerfile* arbeiten und für eine bestimmte Aufgabe spezialisiert sind. Beispiel sind:

- Funktionseinheiten für die Ausführung von Ganzzahl-Operationen
- Funktionseinheiten für die Ausführung von Gleitpunkt-Operationen
- Funktionseinheiten für graphische Operationen.

Jeder Funktionseinheiten-Typ kann mehrfach vorhanden sein. Zusätzlich gibt es spezielle Funktioneinheiten für das Holen von Befehlen und Daten aus dem Hauptspeicher und das Schreiben von Resultatwerten in den Hauptspeicher (*load/store unit*). Caches und Speicherverwaltung vervollständigen die Architektur des superskalaren Prozessors (die VLIW-Maschine arbeitet in der Regel ohne Cache).

6.2 Der erste superskalare Prozessor: CDC 6600

Einer der ersten, wenn nicht der erste superskalare Prozessor kam bereits in den sechziger Jahre auf den Markt. Es war dies der von *Seymour Cray* bei der Firma *Control Data Corporation* (CDC) entwickelte Rechner CDC6600 (später CYBER 74 genannt), dessen Blockbild Bild 6-1 zeigt [THO 64], [LOR 72]. Der CDC6600 enthält 10 Datenprozessoren, die für bestimmte Aufgaben spezialisiert sind. Es gibt spezielle Funktionseinheiten für:

- die Ausführung der Sprungbefehle
- die Festpunkt-ALU-Operationen
- die logischen Operationen
- den Shift
- die Indexrechnung (zweifach vorhanden).
- die Gleitpunkt-ALU-Operationen (Addition, Subtraktion, usw.)

- die Gleitpunkt- und Festpunkt-Multiplikation (zweifach vorhanden)
- die Gleitpunkt- und Festpunkt-Division

Die Datenwortlänge dieser Maschine beträgt 60 Bit, die Befehlswörter sind entweder 30 oder 15 Bit lang. Hauptspeicheradressen haben eine Länge von 18 Bit. Die Befehle sind Dreiadreß-Befehle, wobei im 15-Bit-Befehlswort alle drei Adressen Registeradressen sind (alle Operationsbefehle beziehen sich ausschließlich auf Register). Die Befehle zum Laden und Speichern sind 30-Bit-Befehlswörter, die eine 18-Bit-Hauptspeicheradresse enthalten. Der Operationscode umfaßt 6 Bit.

Die Funktioneinheiten empfangen ihre Operanden aus einer Registerbank (X) mit 8 Registern, in die auch die Resultate geschrieben werden. Eine weitere Registerbank (A) enthält die Basisadressen der speicherbezogenen Befehle. Zu jedem Basisadreßregister gibt es in einer dritten Registerbank (B) jeweils ein Indexregister für die indizierte Adressierung von Feldern.

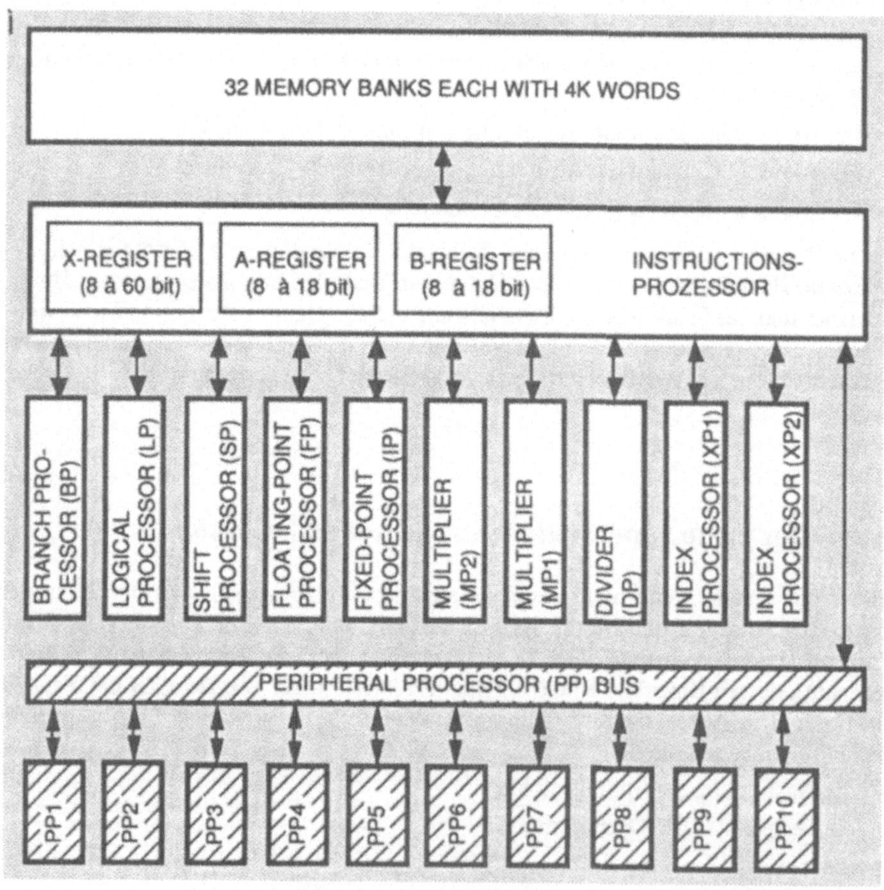

Bild 6-1 Blockbild des CDC6600

Der Rechner CDC6600 ist damit klar als Laden/Speichern-Architektur zu erkennen, wobei das Lesen und Schreiben von Daten vom und in den Hauptspeicher automatisch durch den folgenden einfachen Mechanismus geschieht. Die Register X_0 bis X_5 sind für die Eingabewerte eines zu berechnenden Ausdrucks vorgesehen und die Register X_6 und X_7 für Resultatwerte. Den X-Registern ist jeweils das A-Register gleicher Nummer zugeordnet, und zwar enthält das A-Register die Hauptspeicheradresse für den automatisch ablaufenden Datenaustausch zwischen dem zugehörigen X-Register und dem Hauptspeicher. Jede Änderung des Werts in einem der Register A_0 bis A_5 löst automatisch ein Laden des Inhalts der durch den Inhalt des A-Registers referierten Speicherzelle in das entsprechende X-Register aus, und jede Änderung des Werts in einem der Register A_6 oder A_7 löst automatisch ein Speichern des Inhalts des entsprechenden X-Registers in die durch den Wert des A-Registers referierte Speicherzelle aus. Die B-Register sind Indexregister, durch deren Inhalt die in den A-Registern gespeicherten Adressen additiv oder subtraktiv modifiziert werden können. Indirektes Adressieren ist ebenfalls möglich, und zwar dadurch, daß ein 18-Bit-Teil des Datenworts als Adresse interpretiert werden kann.

Die Berechnung einer indizierten Adresse (durch Addition/Subtraktion des Inhalts eines B-Registers zum/vom Inhalt eines A-Registers) erfolgt durch zwei spezielle *Index-Prozessoren*. Die Index-Prozessoren können ferner dazu dienen, den Inhalt eines A- oder B-Registers durch einen festen Wert zu inkrementieren.

Die genannten speziellen Prozessoren können in asynchroner Weise parallel arbeiten. Das heißt sie sind Datenprozessoren mit eigenem Steuerwerk. Die Befehlsinterpretation erfolgt durch den Instruktionsprozessor. Dieser Prozessor übernimmt auch das *Scheduling* der von den speziellen Prozessoren zu bearbeitenden Tasks sowie die Lastverteilung. Zur Unterstützung dieser Aufgaben steht ihm eine *score board* genannte, spezielle Hardware-Einrichtung zur Verfügung. Der Instruktionsprozessor übt aber nur einen Teil der Systemüberwachungs- und Exekutivfunktionen aus, da alle den Ein/Ausgabe-Verkehr betreffenden Betriebssystem-Routinen in die *peripheren Prozessoren* (PP 1 bis PP 10) verlagert sind.

Die PPs sind damit die Schaltstellen für den Ein/Ausgabe-Verkehr, der auch alle damit verbundenen Aufgaben der Datenformatierung, Codeumwandlung, usw. einschließt. In Wirklichkeit sind die PPs *virtuelle Prozessoren*, die alle auf einen einzigen, speziell dafür konfigurierten physikalischen Prozessor abgebildet werden. Diese Abbildung erfolgt reihum im Zeitmultiplex (*round robin*).

Die Parallelarbeit ist auf die Instruktions-Ebene beschränkt; d.h. ein zu berechnender Ausdruck wird so in Unterausdrücke zerlegt, daß mit den vorhandenen Betriebsmitteln möglichst viele Operationen parallel ausgeführt werden können. Operationen sind hierbei die arithmetischen oder logischen Rechenoperationen auf den Operanden, die Adreßrechnungen und die Speichertransport-Vorgänge (Laden und Speichern).

Als Beispiel betrachten wir die Ausführung der beiden Anweisungen [LOR 72]

```
Z := A * B + C/D — E
V := Z — G + T
```

Für diese Ausdrücke läßt sich der in Bild 6-2 gezeigte, optimierte Verarbeitungsbaum aufstellen (* und / haben Vorrang vor + und —) [LOR 72]. Die Optimierung wird vom Compiler vorgenommen und besteht in einem "Stauchen" des Baums um einen Rechenschritt.

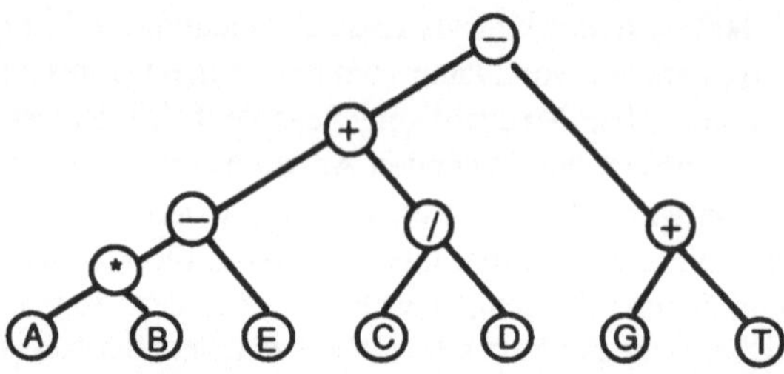

Bild 6-2 Optimierter Verarbeitungsbaum für die obigen Ausdrücke

Prinzipiell können diejenigen Operationen gleichzeitig ausgeführt werden, die auf einer Ebene liegen, während von Ebene zu Ebene nur sequentiell fortgeschritten werden kann. Die Anzahl der Knoten gibt auf jeder Ebene den möglichen Grad der Parallelarbeit an. Damit ist noch nicht gesagt, daß die Parallelarbeitsmöglichkeiten, die unter Berücksichtigung der Abhängigkeiten zwischen den Zwischenvariablen bestehen, auch wirklich genutzt werden können. Es müssen ferner für alle Operationen einer Ebene auch Prozessoren zur Ausführung zur Verfügung stehen (so kann die CDC6600 nicht gleichzeitig zwei Gleitpunkt- bzw. Festpunkt-Additionen ausführen, da dazu nur jeweils ein Prozessor vorhanden ist). Die verbleibenden Möglichkeiten können sich noch weiter einengen, insbesondere bei ungünstiger Wahl der die Zwischenvariablen aufnehmenden Register.

Bild 6-3 gibt ein Assemblerprogramm für die Berechnung nach Bild 6-2 an. Hauptspeicherzellen sind dabei durch den Namen der betreffenden Variablen symbolisch adressiert; die Befehlsnamen sind mnemonisch und erklären sich selbst. Das Befehlsformat sei: <Opcode> <Senke> <Quelle> <Quelle> bei zweistelligen Operationen und <Opcode> <Senke> <Quelle> bei einstelligen Operationen. Die zeitliche Ausführung des Programms auf einer Maschine von der Art der CDC 6600 ist in Bild 6-4 angedeutet [LOR 72]. Die Berechnung dauert in diesem Beispiel 58 Takte, während eine rein sequentielle Ausführung 158 Takte kosten würde.

Anweisung	*Ergebnis*
FETCH X0 A	(X0) = A
FETCH X1 B	(X1) = B
FETCH X2 C	(X2) = C
FETCH X3 D	(X3) = D
MULT X0 X0 X1	(X0) = A*B
FETCH X4 T	(X4) = T
FETCH X1 G	(X1) = G
DIV X2 X2 X3	(X2) = C/D
FETCH X3 E	(X3) = E
SUB X1 X4 X1	(X1) = T — G
SUB X0 X0 X3	(X0) = A*B — E
ADD X6 X0 X2	(X6) = A*B — E + C/D
STORE Z X6	Z := A*B — E + C/D
ADD X7 X6 X1	(X7) = A*B — E + C/D + T — G
STORE V X7	V := Z + T — G

Bild 6-3 Assemblerprogramm zur Berechnung der obigen Ausdrücke

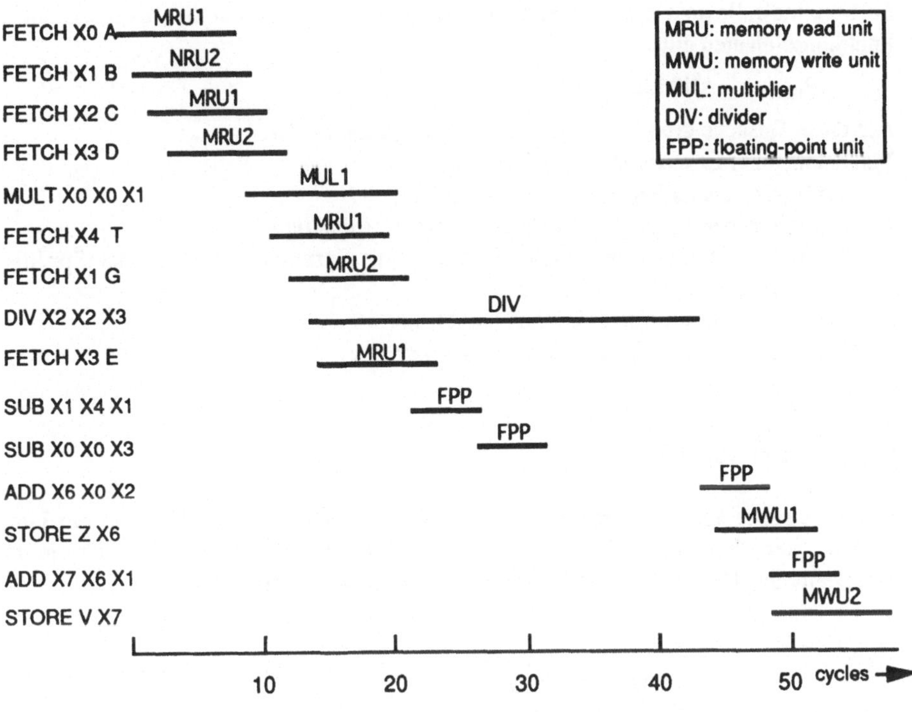

Bild 6-4 Zeitdiagramm der Berechnung eines Ausdrucks

6.3 Moderne superskalare Mikroprozessoren

6.3.1 Allgemeines

Moderne superskalare Mikroprozessoren haben mehrere Funktionseinheiten, die im Rahmen der durch die Datenabhängigkeiten gegebenen Einschränkungen gleichzeitig auf einem Befehlsstrom arbeiten können. Die Befehle und Daten werden dabei einem Befehlscache bzw. einem Datencache entnommen. Das *Scheduling* der Operationen mit dem Ziel einer optimalen Ausnutzung der Hardware-Betriebsmittel wird beim Programmübersetzen vorgenommen; die *Synchronisation* der Operationen erfolgt hingegen durch die Hardware. Dadurch sind Operationen mit variabler Ausführungszeit zulässig. Im übrigen weist ein superskalarer Prozessor alle Eigenheiten eines RISC-Prozessors auf — bis auf die Tatsache, daß der Befehlssatz in der Regel alles andere als reduziert ist. Die Befehlsausführung erfolgt durch eine Pipeline, wie in Kapitel 3 besprochen.

Damit ist der superskalare Prozessor in der Lage, nicht nur wie ein RISC-Prozessor annähernd mit jedem Takt eine Operation auszuführen, sondern mehrere Operationen, im Maximalfalle so viele, wie Funktionseinheiten vorhanden sind. Das heißt, für k Funktionseinheiten gilt:

$$P_{max} = k^{*}f/MHz \quad MIPS$$

Auf diese Tatsache gründet sich die Bezeichnung *superskalar*.
Maßnahmen zur Erreichung dieses Ziels sind:

- Ausführung als Laden/Speichern-Architektur;
- Instruktionsbearbeitung im Fließbandverfahren (*pipelining*);
- Vorabladen von Instruktionen (*prefetch*) mit Sprungvorhersage oder Sprungverzögerung;
- getrennte Caches für Instruktionen und Daten;
- Operations-Synchronisation durch *Scoreboarding*.

6.3.2 Intel i80860XP

Der erste superskalare Mikroprozessor, der auf den Markt kam (1990), war der Intel i80860, der aber seit 1992 über eine die Version i860XP hinaus nicht mehr weiterentwickelt wird. Bild 6-5 zeigt das Blockbild dieses Prozessors.

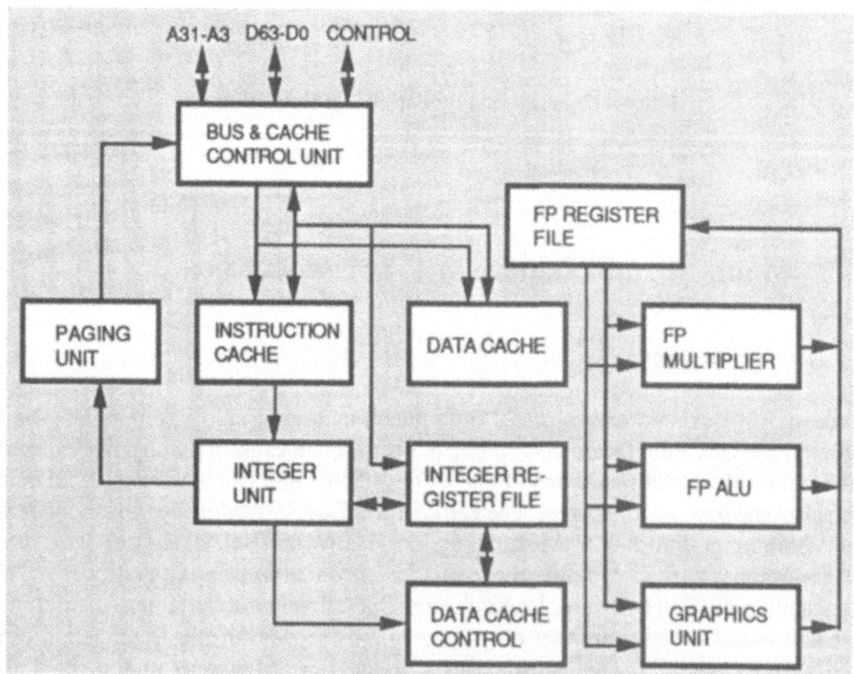

Bild 6-5 Blockbild des Intel-Prozessors i860XP

Der i860XP besitzt eine Ganzzahl-Einheit und zwei getrennte Gleitpunkt-Einheiten, eine Gleitpunkt-ALU und einen Gleitpunkt-Multiplizierer. Zusätzlich gibt es einen einfachen Graphikprozessor. Bei einfacher Genauigkeit (32 Bit) benötigen alle diese Funktionseinheiten einen Takt zur Befehlsausführung im Pipelinebetrieb, bei doppelter Genauigkeit (64 Bit) benötigt der Multiplizierer 2 Takte. Ferner sind auf demselben Chip ein Befehlscache mit 16 Kbyte, ein Datencache mit 16 Kbyte mit Schnüffel-Logik und die Speicherverwaltung untergebracht [KOH 89].

Der i860XP holt mit einem Speicherzugriff eine Cachezeile von 128 Bits. Dies sind beim Befehlscache genau 2 Befehle. Unter der Voraussetzung, daß der erste der beiden Befehle eine Integer-Operation und der zweite eine Gleitpunkt-Operation angibt, können diese Operationen gleichzeitig ausgeführt werden (Intel nennt dies den *Dual Instruction Mode*). Ein Compiler, der den *Dual Instruction Mode* nutzen will, muß für eine solche Befehlsanordnung sorgen und durch Setzen eines Bits den Prozessor in diesen Modus bringen. Ferner gibt es Befehle, die es ermöglichen, eine Gleitpunkt-Multiplikation, gefolgt von einer Addition oder Subtraktion als einen Komplexbefehl auszuführen. Intel nennt dies den *Dual Operation Mode*. Der *Dual Operation Mode* kostet einen Takt bei einfacher Genauigkeit (32 Bit) und zwei Takte bei doppelter Genauigkeit (64 Bit).

Der Intel i860XP ist damit ein superskalarer Prozessor, da er in einem Takt mehr als eine Operation ausführen kann. Genau gesagt sind es zwei Operationen, entweder eine Ganzzahl-Operation plus eine Gleitpunkt-Operation (*Dual Instruction Mode*) oder zwei Gleitpunkt-Operationen (*Dual Operation Mode*). Diese "Superskalarität" ist aber recht beschränkt und kommt nur dann zum Tragen, wenn ein hohes Maß an Gleitpunkt-Operationen auszuführen ist. Bild 6-6 gibt ein Programmbeispiel, in dem der *Dual Instruction Mode* weidlich ausgenutzt wird. Es handelt sich dabei um die Programmierung der innersten Schleife eines *Ray Tracing*-Algorithmus (das Programmbeispiel stammt von *Rüsse*). Um die Zeit für das Umschalten zwischen den Modi zu sparen, werden alle Instruktionen grundsätzlich im *Dual Instruction Mode* ausgeführt. Da wo einer Gleitpunkt-Operation keine gleichzeitig ausführbare Ganzzahl-Operation gegenübersteht, wird statt dessen ein NOOP eingesetzt. Man erkennt ferner, daß die Additionspipeline sehr gut ausgenutzt ist. Das Programm wurde von Hand in Assemblercode geschrieben; gegenwärtig gibt es noch keinen Compiler für den i860, der einen solcherart optimierten Code erzeugen könnte.

Besonders bemerkenswert ist, daß der i860XP der erste Mikroprozessor ist, bei dem auch der Speicherzugriff im Pipelineverfahren geschieht, ein Arbeitsprinzip, das man sonst nur bei großen Supercomputern wie z.B. den CRAY-Rechnern findet. Beim üblichen sequentiellen Speicherzugriff schickt der Prozessor eine Adresse an den Speicher und wartet dann auf die Fertigmeldung des Lese- oder Schreibvorgangs, bevor der nächste Speicherzugriff gestartet wird. Beim Pipelining schickt der Prozessor einen Strom von Adressen zum Speicher und erhält mit einer Verzögerung von einigen Pipelinetakten die gelesenen Datenwerte zurück. Das Pipelining des Speicherzugriffs erlaubt es, den dynamischen Speicher im *page mode* (s. Abschnitt 4.4.1) zu betreiben und dadurch eine Erhöhung der Zugriffsbandbreite etwa um den Faktor 4 zu erzielen, zu dem Preis einer wesentlich komplizierteren Hardware für die Speicher-Ansteuerung.

FP UNIT				CORE UNIT				ADDER PIPELINE 1	2	3	R
LOOP								-	fix(n)	fix(e)	-
d.pfadd	e	de	fe	; bc	DONE			e+de	-	fix(n)	fix(e)
d.pfadd	n	dn	fn	; shl	#2	in	in	n+dn	e+de	-	fix(n)
d.pfsub	zr	dz	--	; fld	terrain(in)		zl	zr-dz	n+dn	e+de	-
d.fxfr	fe	--	ii	; nop				zr-dz	n+dn	e+de	
d.pfix	e	--	e	; nop				fix(e)	zr-dz	n+dn	e+de
d.fxfr	fn	--	in	; shl	#10	ii	ii	fix(e)	zr-dz	n+dn	
d.pfix	n	--	n	; nop				fix(n)	fix(e)	zr-dz	n+dn
d.pfgt	zr	zl	zr	; add				-	fix(n)	fix(e)	zr-dz
d.pfadd	e	de	fe	; bc	DONE			e+de	-	fix(n)	fix(e)
d.pfadd	n	dn	fn	; shl	#2	in	in	n+dn	e+de	-	fix(n)
d.pfsub	zr	dz	--	; fld	terrain(in)		zl	zr-dz	n+dn	e+de	-
d.fxfr	fe	--	ii	; nop				zr-dz	n+dn	e+de	
d.pfix	e	--	e	; nop				fix(e)	zr-dz	n+dn	e+de
d.fxfr	fn	--	in	; shl	#10	ii	ii	fix(e)	zr-dz	n+dn	
d.pfix	n	--	n	; nop				fix(n)	fix(e)	zr-dz	n+dn
d.pfgt	zr	zl	zr	; add				-	fix(n)	fix(e)	zr-dz
d.pfadd	e	de	fe	; bc	DONE			e+de	-	fix(n)	fix(e)
d.pfadd	n	dn	fn	; shl	#2	in	in	n+dn	e+de	-	fix(n)
d.pfsub	zr	dz	--	; fld	terrain(in)		zl	zr-dz	n+dn	e+de	-
d.fxfr	fe	--	ii	; nop				zr-dz	n+dn	e+de	
d.pfix	e	--	e	; nop				fix(e)	zr-dz	n+dn	e+de
d.fxfr	fn	--	in	; shl	#10	ii	ii	fix(e)	zr-dz	n+dn	
d.pfix	n	--	n	; nop				fix(n)	fix(e)	zr-dz	n+dn
d.pfgt	zr	zl	zr	; add				-	fix(n)	fix(e)	zr-dz
d.pfadd	e	de	fe	; bc	DONE			e+de	-	fix(n)	fix(e)
d.pfadd	n	dn	fn	; shl	#2	in	in	n+dn	e+de	-	fix(n)
d.pfsub	zr	dz	--	; fld	terrain(in)		zl	zr-dz	n+dn	e+de	-
d.fxfr	fe	--	ii	; nop				zr-dz	n+dn	e+de	
d.pfix	e	--	e	; nop				fix(e)	zr-dz	n+dn	e+de
d.fxfr	fn	--	in	; shl	#10	ii	ii	fix(e)	zr-dz	n+dn	
d.pfix	n	--	n	; nop				fix(n)	fix(e)	zr-dz	n+dn
d.pfgt	zr	zl	zr	; add				-	fix(n)	fix(e)	zr-dz
DONE											

Bild 6-6 *Ray Tracing*-Programmstück, in welchem der Dual Instruction Mode genutzt wird

6.3.3 Motorola MC88110

Der Motorola MC88110 ist gegenwärtig die wohl komplexeste Ausführungsform eines superskalaren Mikroprozessors. Bild 6-7 zeigt sein Blockdiagramm [MOT 90]. Wir erkennen 8 unabhängige Funktionseinheiten:

- zwei 32-Bit-Integer-Einheiten (ALUs);
- eine 32-Bit-*Bitfeld*, auf dem Shift- und Maskierungsoperationen und ähnliches ausgeführt werden können;

- drei 80-Bit-Gleitpunkt-Einheiten für ALU-Operationen wie Addition/Subtraktion, Multiplikation und Division;
- zwei 32-Bit-Graphikeinheiten (Inkrementierer, Packungseinheit).

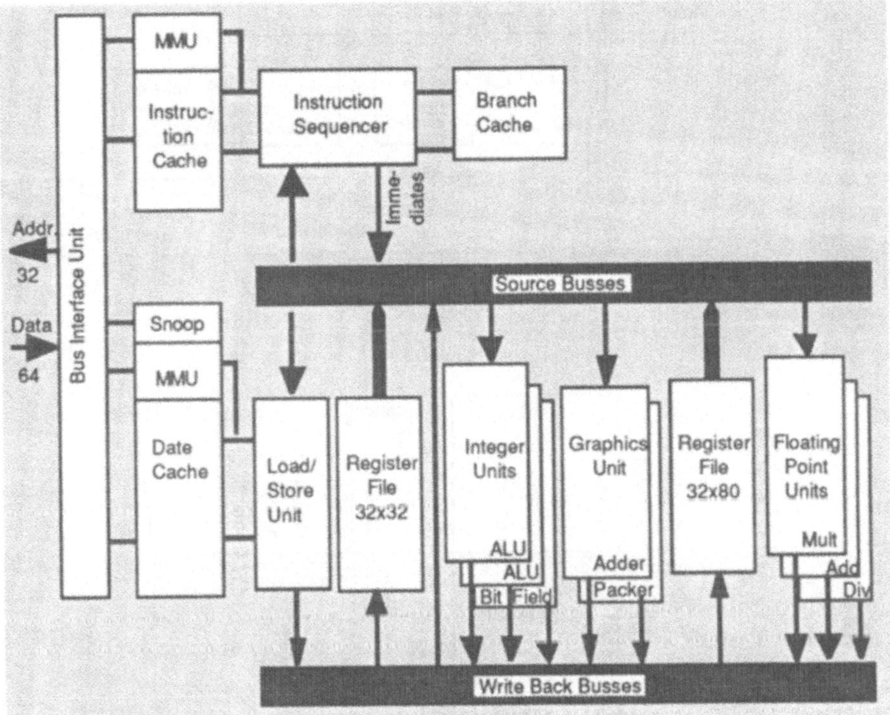

Bild 6-7 Blockbild des Motorola-Prozessors MC88110

Eine Befehls-Ladeeinheit holt jeweils zwei Befehle gleichzeitig aus dem Befehlscache und verteilt sie dann an die Funktionseinheiten. Nach Bild 6-7 enthält der MC88110 an internen Speichern

- einen Befehlscache mit 8 Kbyte (*instruction cache*)
- einen Datencache mit 8 Kbyte (*data cache*)
- ein Ganzzahl-Registerfile mit 32 Registers a 32 Bit (*GRF*)
- ein Gleitpunkt-Registerfile mit 32 Registern a 80 Bit (*XRF*)
- einen Cache für Sprungadressen (*branch cache*).

Pro Taktzyklus werden zwei Befehle geholt und entschlüsselt und, sofern möglich, den Funktionseinheiten zur Ausführung zugewiesen. Bild 6-8 zeigt die Befehlspipeline. Wie das Bild zeigt, werden bei den Sprungbefehlen die Sprungbedingungen innerhalb von 3 Takten ausgewertet. Es wird eine statische Sprungvorhersage gemacht, die durch einen Sprungadressen-Cache unterstützt wird. Dadurch wird im Falle einer falschen Sprungvorhersage nur *ein* falscher Befehl geholt.

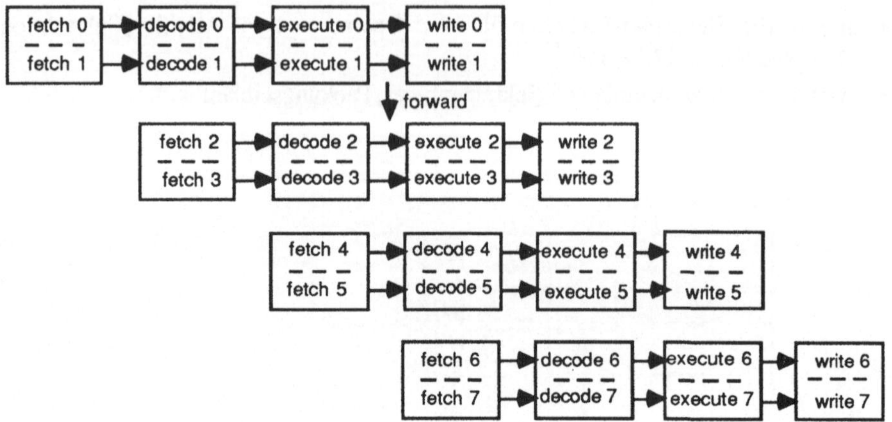

Bild 6-8 Befehlspipeline des MC88110

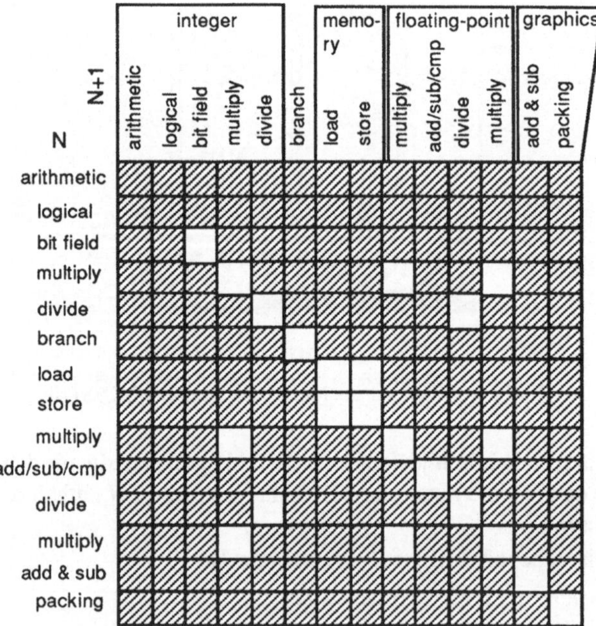

Bild 6-9 Gleichzeitig ausführbare Operationen im MC88110

Nicht alle Operationen sind in einem Takt ausführbar und nicht alle sind parallel ausführbar. Bild 6-9 gibt an, welche Instruktionen gleichzeitig an die Funktionseinheiten gegeben werden können. Danach lassen sich die Funktionseinheiten des MC88110 in die folgende 5 Klassen einteilen:

- die Ausführungszeit beträgt 1 Takt (ALU)
- die Ausführungszeit beträgt mehrere Takte im Pipeline-Betrieb (Multiplikator)
- die Ausführungszeit beträgt viele Takte, kein Pipeline-Betrieb (Dividierer)
- die Ausführungszeit ist variabel und es gibt keinen Instruktionspuffer
- die Ausführungszeit ist variabel und es gibt einen Instruktionspuffer (Laden/-Speichern-Einheit)

Die Laden/Speichern-Befehle werden getrennt in FIFO-Puffer geschrieben. Die Laden-Befehle haben Priorität vor den Speichern-Befehlen.

Durch die variable Ausführungszeit kann eine Abhängigkeit zwischen den Instruktionen bestehen, die eine Synchronisation der Operationen notwendig macht. Dabei kann es sich um die folgenden Abhängigkeiten handeln (s. Kapitel 5):

- eine *Flußabhängigkeit* (RAW), die dadurch entsteht, daß der Operand einer Instruktion erst in der unmittelbar davor ausgeführten Instruktion berechnet wird;
- eine *Ausgabeabhängigkeit* (WAW), die dadurch entsteht, daß das Resultat einer mehrere Takte dauernden Instruktion erst nach Ausführung einer darauffolgenden Instruktion, die nur einen Takt benötigt und die das gleiche Zielregister benutzt, geschrieben wird;
- eine durch Sprungbefehle im Instruktionsstrom gegebene *prozedurale Abhängigkeit*;
- eine *operationale Abhängigkeit*, die dadurch entsteht, daß eine Instruktion eine noch in Benutzung befindliche Funktionseinheit benötigt.

Bild 6-10 illustriert das Entstehen einer Flußabhängigkeit zwischen zwei aufeinanderfolgenden Operationen in einer Pipeline, die aus den Stufen *read*, *execute* und *write* besteht. In diesem Falle müssen zwischen den Befehl i und den Befehl i+1 zwei Leertakte (NOOP) eingeschaltet werden. Dadurch entsteht eine Blase in der Pipeline, die 2 Taktzeiten lang ist.

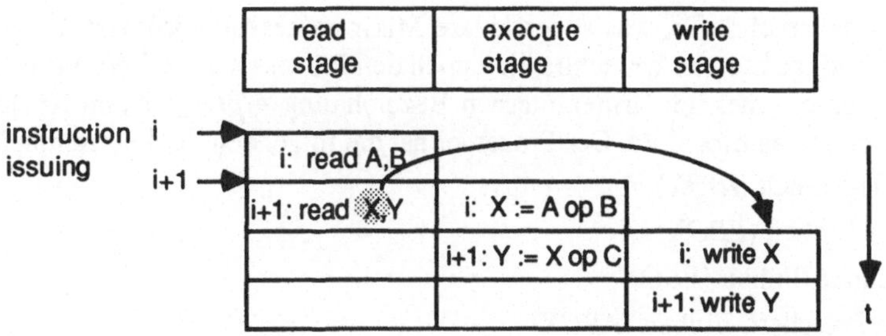

Bild 6-10 Zur Entstehung von *flow dependence* in einem Pipeline-Prozessor

Die Vermeidung von Konflikten durch Flußabhängigkeiten und Ausgabeabhängigkeiten geschieht durch eine spezielle, *score board* genannte Hardware. Das *Scoreboard* besteht für jedes Registerfile aus einem Bitvektor mit n Bits, in dem jeweils ein Bit genau einem der Register zugeordnet ist. Zu Beginn einer Instruktionsausführung wird das Bit für das Zielregister der Instruktion gesetzt; nach Fertigstellung des Resultats wird dieses Bit zurückgesetzt. Eine neue Instruktion wird nur dann an die Ausführungs-Pipeline weitergegeben, wenn der *Scoreboard-Vektor* nur noch Nullen enthält. Ist dies nicht der Fall, so tritt eine Blockierung der Befehlsausführung (*interlock*) ein, und es muß gewartet werden, bis der *Scoreboard*-Vektor der Nullvektor ist. Man kann sich leicht überlegen, daß der gleiche Mechanismus auch das Problem der Ausgabeabhängigkeit löst. Diese kann dann entstehen, wenn eine Befehlsausführung mehrere Takte benötigt (*out of order completion*). Eine Antiabhängigkeit kann hingegen nicht entstehen, wenn sichergestellt wird, daß jeder Befehl seine Operanden in dem auf die Befehlsinterpretation folgenden Takt gelesen hat. Bild 6-11 illustriert das *Scoreboarding*.

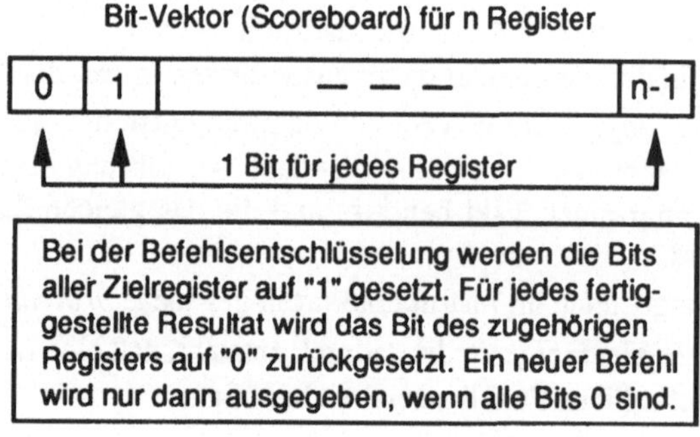

Bild 6-11 Scoreboarding

6.3.4 Digital 21064 (Alpha)

Als Musterbeispiel dafür, was superskalare Mikroprozessoren inzwischen zu leisten imstande sind, betrachten wir schließlich noch den Prozessor 21064 der Firma *Digital*, der noch besser unter der firmeninternen Bezeichnung *Alpha* bekannt ist [DIG 92]. Bild 6-12 zeigt das Blockbild. Der Prozessor hat die folgenden Funktionseinheiten:

- Befehls-Einheit (*IBOX*)
- Integer-Einheit (*EBOX*)
- Gleitpunkt-Einheit (*FBOX*)
- Laden/Speichern-Einheit (*ABOX*)

Die Befehls-Einheit kann gleichzeitig zwei Befehle ausgeben. Damit können eine Ganzzahl-Operation mit einer Gleitpunkt-Operation kombiniert werden oder eine der arithmetischen Operationen mit einem Sprungbefehl oder einem Speicherzugriff. Die "Superskalarität" ist also lange nicht so hoch getrieben wie beim MC88110. Was den Alpha besonders bemerkenswert macht, ist seine Taktfrequenz von bis zu 200 MHz.

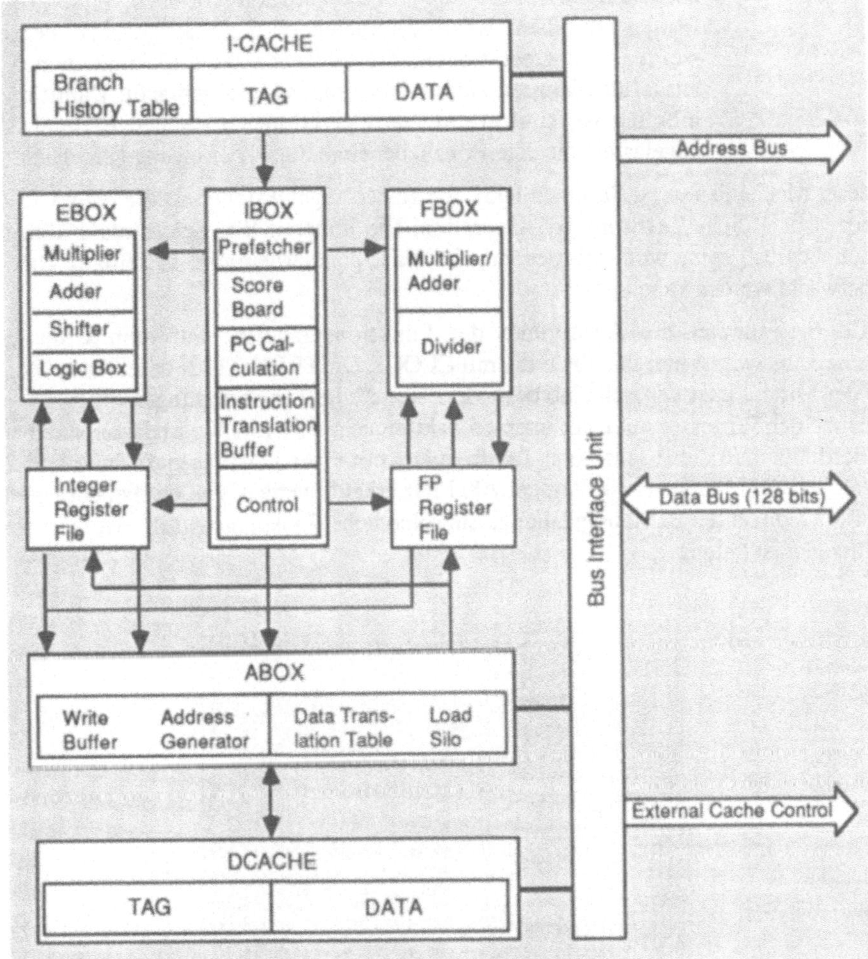

Bild 6-12 Blockschaltbild des Alpha-Prozessors

Eine weitere bemerkenswerte Einrichtung des Alpha ist die Existenz des *Load Link - Store Conditional* -Befehlspaars. Die entsprechenden Befehle heißen LL bzw. SC und bewirken das folgend.

LL <address> Dieser Befehl liest eine Speicherzelle (Laden) und schreibt dabei die Adresse der gelesenen Zelle in ein speziell dafür reserviertes Komparator-Register.

SC <address> Dieser Befehl schreibt das gelesene Wort zurück, aber nur dann, wenn die entsprechende Speicherzelle inzwischen nicht von anderer Seite referiert wurde. Um dies festzustellen, gibt es eine spezielle Schnüffel-Logik, welche die Adressen auf dem Bus mit der im Komparator-Register gespeicherten Adresse vergleicht. Wird eine Verletzung der Bedingung für das Rückschreiben (Zugriff von anderer Seite auf die Zelle, in die zurückgeschrieben werden soll) festgestellt, dann wird das Speichern nicht ausgeführt. Ferner werden alle Operationen, die zwischen dem LL und dem SC ausgeführt worden sind, wieder rückgängig gemacht. Damit dies möglich ist, sind nur solche Operationen zwischen LL und SC zugelassen, die dem Prinzip der einmaligen Zuweisung gehorchen.

Dieser Mechanismus ist für einen RISC-Prozessor angemessener als die beim CISC-Prozessor übliche *Test-and-Set* -Operation. Die hinteren Bits der Adresse können "don't cares" sein, wodurch der Zugriff auf Speicherbereiche beliebiger Größe überwacht werden kann.

Bild 6-13 deutet die Anordnung der Funktionseinheiten auf dem Chip an. Bemerkenswert ist hier vor allem die mit CLOCK DISTRIBUTION bezeichnete Zone in der Mitte, hinter der sich eine besonders ausgefeilte Taktverteilung verbirgt, die es erlaubt, den Prozessor mit einer internen Taktfrequenz von 150/200 MHz zu betreiben. Allerdings muß diese sehr hohe Taktfrequenz mit einer Leistungsaufnahme von 23 Watt bei 150 MHz bzw. 30 Watt bei 200 MHz erkauft werden, und das bei der bereits auf 3,3 reduzierten Betriebsspannung. Ein solch hoher Leistungsumsatz erfordert eine Flüssigkeitskühlung.

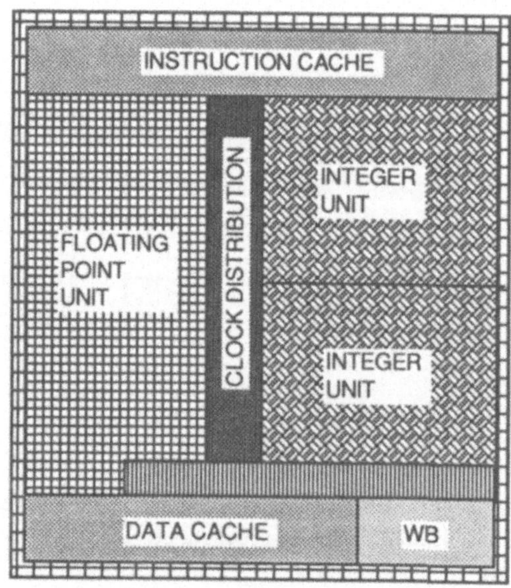

Bild 6-13 *Chip Layout* des Alpha

Die wesentlichsten Merkmale der Architektur des Alpha und seiner Leistungsdaten sind in Tabelle 6-1 zusammengestellt [DIG 92]. Die Tabelle spricht für sich selbst; es soll aber doch auf folgendes hingewiesen werden:

(1) Der Datencache auf dem Chip arbeitet nach dem einfacheren Durchschreibeverfahren, welches gegenüber dem zu einer höheren Speicherzugriffsrate führt.

Dies ist einem Prozessor mit der enorm hohen Leistung des Alpha nicht angemessen.

(2) Die hohe Taktfrequenz hat zur Folge, daß nicht nur der Gleitpunkt-Prozessor, sondern auch die Integer-Einheit als hochstufige Pipeline (10 bzw. 7 Stufen) ausgeführt werden muß. Solche hochstufigen Pipelines wirklich zu nutzen ist eine Aufgabe, die besondere Anforderungen an den Compiler stellt. Es bleibt abzuwarten, wie das Verhältnis der wirklich erzielbaren Benchmark-Leistung zu der theoretischen Spitzenleistung von 150 (bei 150 MHz) bzw. 200 (bei 200 MHz) MFLOPS sein wird. Die genannten 300 bzw. 400 MIPS werden noch weniger in der Realität erreicht werden können, da dies voraussetzt, daß jeder arithmetischen Operation ein Sprungbefehl oder ein Speicherzugriffsbefehl gegenüber stehen würde.

Dennoch setzt der Alpha einen neuen Leistungsmaßstab für superskalare Mikroprozessoren.

Tabelle 6-1 Merkmale und Leistungsdaten des Alpha

Technologie	0,75μ CMOS
Zykluszeit (Takt)	6,6 ns (150 MHz) / 5 ns (200 MHz)
Chipgrösse	13,9 x 16,8 mm
Zahl der Transistoren	1,68 Millionen
Gehäuse	431 pin Pin Grid Array (PGA)
Leistungsaufnahme	23 W bei 150 MHz / 30 W bei 200 MHz
Betriebsspannung	3,3 V
Datencache	(8 Kbyte, physikalisch, direct mapped, write-through
Befehlscache	8 Kbyte, physikalisch, direct mapped
DTC in der MMU	32 Einträge, voll-assoziativ, Seitengröße 8...4096 Kbyte
ITC in der MMU	8 Einträge, voll-assoziativ, Seitengröße 8...4096 Kbyte
Prozessorbus	128-bit Datenbus, 64-bit Adreßbus
Adreßlänge, virtuell	64 bit
Adreßlänge, physik.	34 bit implementiert
Seitengröße	8 Kbyte
Befehlseinheit	gibt gleichzeitig 2 Befehle an A-, E- oder F-Box aus
Integer-Prozessor	7-stufige Pipeline
Gleitpunkt-Prozessor	10-stufige Pipeline

6.4 Das Problem des Multiport-Registerfiles

Mit dem *Motorola*-Prozessor MC88110 ist man bereits bei 8 Funktionseinheiten angelangt. Wie hoch wird man die Zahl der Funktionseinheiten noch treiben können? Vom Standpunkt der verfügbaren Chipfläche könnte man bei den zukünftigen CMOS-Techniken mit bis zu 10^8 Transistoren pro Chip noch sehr viel mehr Funktionseinheiten unterbringen. Ob der Compiler dann immer noch genügend Parallelität in den auszuführenden Programmen findet, um diese Möglichkeit auch befriedigend zu nutzen, ist eine andere Frage und hängt sehr von der Anwendung ab. Es scheint aber eine natürlich Begrenzung zu geben, die es zweifelhaft erscheinen läßt, daß man wesentlich mehr als die 8 Funktionseinheiten wie beim MC88110 wird haben können. Diese Begrenzung ist dadurch gegeben, daß die Funktionseinheiten auf einem gemeinsamen Registerfile arbeiten.

Ein solches Registerfile benötigt pro Funktionseinheit 3 Ports, 2 Leseports und 1 Schreibport. Bild 6-14 zeigt die typische Realisierung einer Zelle eines solchen Registerfiles [BRU 92]. Die Zelle besteht aus 6 Transistoren, 4 zum Speichern des Bits und je einen für den Lese- und Schreibport. Jeder weitere Port führt bei dieser Schaltung zu einer zusätzlich benötigten Chip-Fläche von etwa 25-30 %. Da die Länge der Bitleitung um denselben Prozentsatz anwächst, und da die Verzögerungszeit wiederum proportional zur Länge der Bitleitung ist, ergibt sich somit die in Bild 6-15 gezeigte Gesetzmäßigkeit für die Zugriffszeit auf einen Multiport-Registerfile als Funktion der Portzahl. Andererseits muß die Zugriffszeit auf den Registerfile genügend klein gehalten werden, um die benötigten Zugriffe in einem Takt zu ermöglichen. Bei dem MC88110 ist dies nur dadurch möglich, daß es getrennte Registerfiles für Ganzzahlen und für Gleitpunktzahlen gibt, so daß an jeden Registerfile maximal 4 Funktionseinheiten angeschlossen sind. Dies scheint in der Tat die obere Grenze darzustellen.

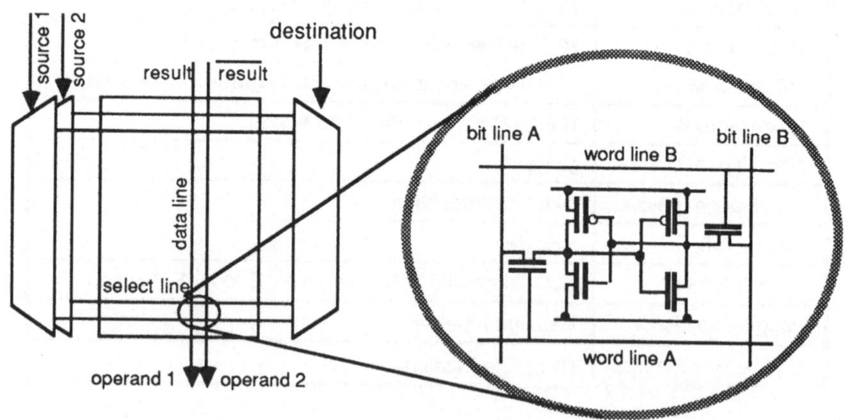

Bild 6-14 Typische Realisierung einer Zelle eines Multiport-Registerfiles

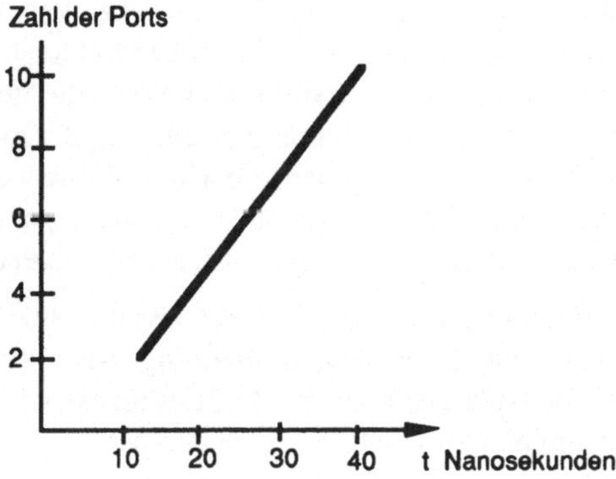

Bild 6-15 Anstieg der Zugriffszeit mit der Portzahl bei einem Multiport-Registerfile

6.5 Das Compilerproblem

Da ein RISC-Prozessor und erst recht ein superskalaren Prozessor nur so gut wie sein Compiler ist, sind wirkungsvolle Compiler-Optimierungen nötig, wie sie in Bild 6-16 angedeutet sind.

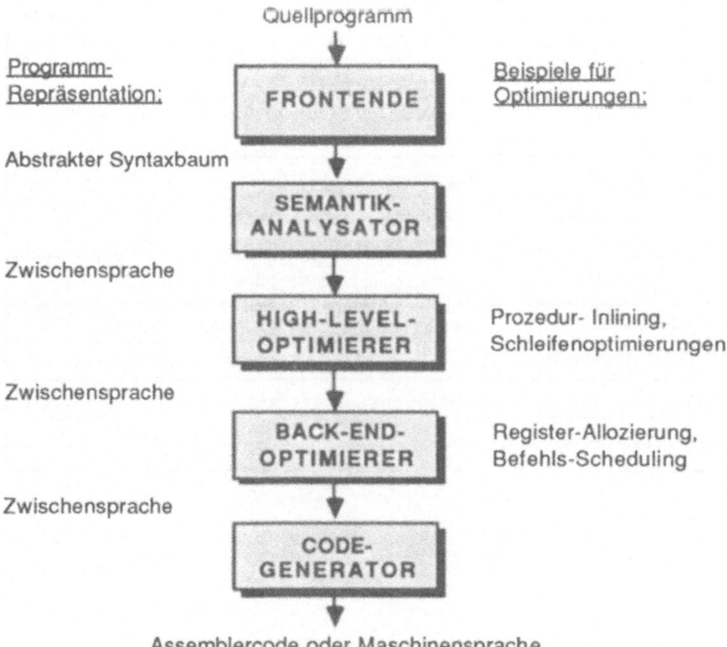

Bild 6-16 Die Phasen eines optimierenden Compilers

Um das theoretisch sehr hohe Leistungspotential eines superskalaren Prozessors von n*f MIPS (bei n Funktionseinheiten und der Taktfrequenz f) auch nur annähernd zu erreichen, sind praktisch alle Optimierungsmöglichkeiten, die heute bekannt sind, auszuschöpfen. Tabelle 6-2 gibt eine detailliertere Auflistung der möglichen Optimierungen [CHO 83]. Die Prozentzahlen geben die Häufigkeiten an, mit denen die genannten Optimierungen in einer Stichprobe von Programmen gemessen wurden (die Fragezeichen sagen aus, daß in diesen Fällen keine Messung vorgenommen wurde).

Die Schwachstelle der Compiler für superskalare Prozessoren sind gegenwärtig noch die Backend-Optimierungen wie das *Befehls-Scheduling*. Andererseits zeigt die sehr hohe Leistung einiger Arbeitsplatzrechner mit RISC-Prozessoren, daß man hierfür offenbar hervorragende Compiler zu schaffen verstanden hat.

Tabelle 6-2 Übersicht über die üblichen Compiler-Optimierungen

Optimierung	Erläuterung	Anteil
High-Level	**Ebene der Quellsprache**	
Integration von Prozeduren	Prozeduraufruf wird durch Prozedurkörper ersetzt	?
Local	**Innerhalb eines Basisblocks**	?
Lokale Elimination gemeinsamer Unterausdrücke	Zwei Instanzen derselben Berechnung werden durch eine Kopie ersetzt	18 %
Propagation von Konstanten	Alle Variablen mit konstantem Wert werden durch Konstante ersetzt	22 %
Reduktion der Kellerhöhe	Transformation von Ausdrucksbäumen	?
Global	**über Verzweigungen hinweg**	
Globale Elimination gemeinsamer Unterausdrücke	Zwei Instanzen derselben Berechnung werden durch eine Kopie ersetzt	13 %
Propagation von Kopien	Wegfall einer von zwei gleichgesetzten Variablen	11 %
Code-Migration aus Schleifen	Entfernung von Codeteilen aus einer Schleife, die bei jeder Iteration zum gleichen Wert führen	16 %
Laufanweisungsvereinfachung	Vereinfachung bzw.Wegfall von Adreßrechnungen	2 %
Backend	**Maschinenabhängige Code-Optimierungen**	
Reduktion der Operationsstärke	Ersatz komplexer Operationen durch einfachere	?
Pipeline-Scheduling	Befehls-Umordnen zur Erhöhung der Pipelineeffizienz	?
Verzweigungs-Optimierung	Wahl des kürzesten Verzweigungswegs	?

6.6 Die VLIW-Maschine

6.6.1 Grundprinzip der VLIW-Maschine

Auch die VLIW-Maschine (*very long instruction word machine*) [FIS 84] hat eine Anzahl von Funktioneinheiten, die die verschiedenen Operationsarten eines Rechners — u.U. auch mehrfach — ausführen können. Im Unterschied zum superskalaren Prozessor gibt es aber nicht nur einen Befehlsstrom, der im Pipeline-Betrieb abgearbeitet wird, sondern so viele Befehlsströme, wie Funktionseinheiten vorhanden sind. Die Funktionseinheiten arbeiten parallel. Die entsprechenden Befehlsströme werden dadurch erzeugt, daß das Befehlswort der Maschine so viele Operationsfelder umfaßt, wie Funktionseinheiten vorhanden sind (Bild 6-17) [GAS 89]. Dadurch kann mit jedem Rechenschritt — jeder Ausführung eines Komplexbefehls — eine individuelle Anweisung an jede der Funktionseinheiten gegeben werden. Man beachte, daß die Befehle zum Laden und Speichern für den Registerfile und den Datenspeicher ebenfalls explizit in entsprechenden Befehlsfeldern angegeben werden. Der VLIW-Befehl enthält ferner auch seine Nachfolge-Adresse. Man erkennt die starke Ähnlichkeit mit der horizontalen Mikroprogrammierung.

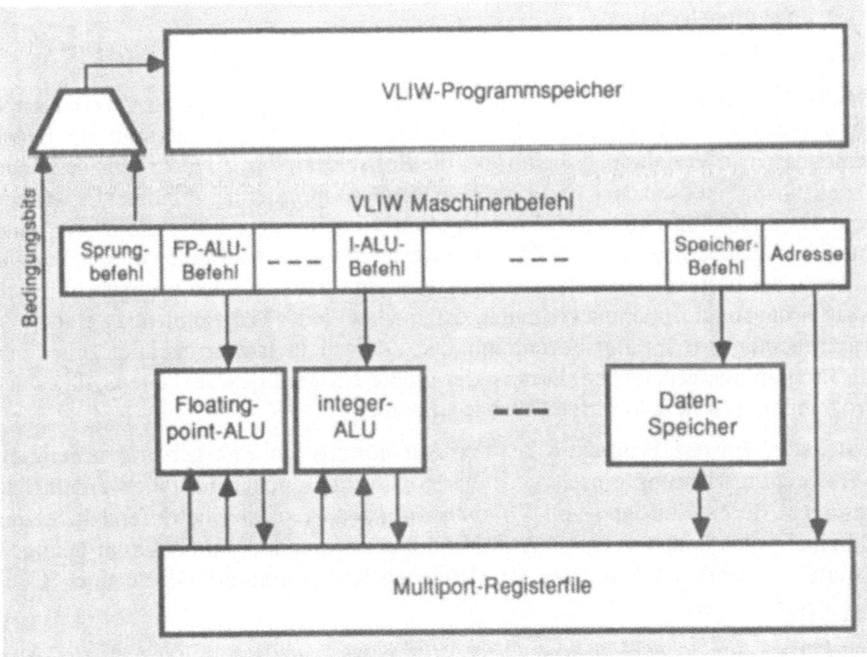

Bild 6-17 Grundschema einer VLIW-Maschine

Die Planung (*scheduling*) der einzelnen Operationen einschließlich der Speicherzugriffe erfolgt bereits durch den Compiler auf der Grundlage der parallelen Ausführung von Programmanweisungen (*fine grain parallelism*). Dazu müssen dem Compiler die Quell-

und Zielregister der Daten und die Zeiten für die einzelnen Datentransporte bekannt sein. Es wird ferner vorausgesetzt, *daß alle Operationen die gleiche Ausführungszeit haben*. Der Datenverkehr zwischen Registerfile und Datenspeicher erfolgt über Laden/Speichern-Befehle.

Die Operanden werden einem allen Funktionseinheiten zugänglichen Registerfile entnommen, und in dieses werden auch die Resultate gespeichert. Das Registerfile ist zu diesem Zwecke als *Multiport-Speicher* ausgeführt. In einer Maschine mit N Funktionseinheiten werden N+1 Ports benötigt (das zusätzliche Port dient der Verbindung zum Datenspeicher). Damit stellt sich das in Kapitel 6.4 angesprochene Problem der Multiport-Registerfiles bei der VLIW-Maschine in noch größerer Schärfe als beim superskalaren Prozessor. Hierin liegt ein starker leistungsbegrenzender Faktor dieser Architekturform [BaN 89].

6.6.2 Compiler-Optimierungen und Operationsplanung

Für die Planung (*scheduling*) der Operationenausführungen gibt es drei Verfahren [GAS 89]:

- Trace Scheduling
- Percolation Scheduling
- Region Scheduling

Das *Trace Scheduling* [FIS 81], [ELL 86] ist das älteste und bekannteste Verfahren; es hat überhaupt erst der Idee der VLIW-Maschine zum Durchbruch verholfen. Es war ferner das erste Verfahren, das eine über die Basisblocks (*basic blocks*) hinausgehende Datenabhängigkeitsanalyse und eine Ausführungs-Optimierung erlaubte. Es wird auf dem Datenabhängigkeitsgraphen ausgeführt, indem dort der wahrscheinlichste Ausführungspfad gesucht wird. Die Operationen längs dieses Pfades werden dann im Rahmen der bestehenden Datenabhängigkeiten parallelisiert. Den wahrscheinlichsten Ausführungspfad findet man dadurch, daß man bei jeder Programmverzweigung das wahrscheinlichere Sprungziel annimmt. Die Verzweigungswahrscheinlichkeiten muß der Programmierer angeben. Dies ist der größte Nachteil des Verfahrens, da es dem Programmierer eine schwierige Aufgabe aufbürdet.

Die Fälle, wo das Programm bei der Ausführung die weniger wahrscheinliche Verzweigungsrichtung einschlägt, müssen natürlich auch behandelt werden. Dies geschieht durch Einfügen von *Kompensationscode* an den betreffenden Stellen. Geschieht dies über eine größere Zahl von Verzweigungen hinweg (um genügend Parallelität zu erhalten), so kann die Menge des Kompensationscode zu einer "Code-Explosion" führen.

Das *Percolation Scheduling* arbeitet ebenso wie das *Trace Scheduling* auf dem Datenabhängigkeitsgraphen, vermeidet aber gewisse Nachteile des *Trace Scheduling*.

Das *Region Scheduling* arbeitet auf dem Kontrollabhängigkeitsgraphen (s. Kapitel 5). Dies erlaubt es, Operationen über Sprungbefehle hinweg zu verschieben, um eine ausgeglichenere Verteilung und damit eine bessere Ausnutzung der Funktionseinheiten zu erzielen. Wir wollen auf diese Verfahren hier nicht näher eingehen, sondern auf die ausgezeichnete Übersicht in [GAS 89] bzw. die dort angeführte Literatur verweisen. Eine weitere Verbesserung des *Region Scheduling* wird in [Liu 91] berichtet.

Alle Compiler-Optimierungsverfahren verbessern den Wirkungsgrad der Programmausführung durch das Schleifen-Aufrollen (*loop unrolling*) oder, noch wirkungsvoller, durch das Software-Pipelining. Diese Verfahren sind in Abschnitt 5.6.3 erläutert.

6.6.3 Die Speicherorganisation der VLIW-Maschine

Die VLIW-Maschine arbeitet normalerweise nicht mit Cache-Speichern. Der Grund hierfür ist, daß man beim parallelen Zugriff von N Funktionseinheiten auch N Datencaches benötigen würde, was erhebliche Probleme bezüglich der Gewährleistung der Cache-Kohärenz zur Folge hätte [NaF 89]. Man zieht es daher vor, die Inhalte der Multiport-Registerfiles unmittelbar mit dem Hauptspeicher auszutauschen. Dazu sind zwei Bedingungen zu erfüllen:

- die Speicherbandbreite muß genügend hoch sein und
- es müssen die benötigten Datenweg zur Verfügung stehen.

Die hohe Speicherbandbreite erreicht man mit Hilfe der Speicherverschränkung. Die Tatsache, daß bereits zur Übersetzungszeit bekannt ist, welche Datenwerte wann benötigt werden, erlaubt es einem hinreichend "intelligenten" Compiler, für eine optimierte Verteilung der Datenobjekte über die Bänke des verschränkten Speichers zu sorgen. Die zweite Bedingung kann zum Beispiel durch eine Kreuzschienenverbindung zwischen den Speicherbänken und den Funktionseinheiten erfüllt werden.

6.6.4 Vergleich der VLIW-Maschine mit dem superskalaren Prozessor

Der superskalare Prozessor und die VLIW-Maschine verfolgen beide das gleiche Ziel, nämlich durch die Parallelarbeit einer Anzahl von Funktionseinheiten eine entsprechende Leistungssteigerung zu erzielen. Dabei sollen möglichst mit jedem Takt so viele Operationen ausgeführt werden, wie die Maschine Funktionseinheiten besitzt. Ein Vergleich zwischen beiden Architekturformen muß die folgenden Gesichtspunkte berücksichtigen [NaF 89], [BaN 89]:

- die Sicht des Programmierers
- die erforderlichen Compiler-Optimierungen und die Operationsplanung
- die Synchronisation der Operationsausführung
- die erzielbare Leistung
- der Hardware-Aufwand für die Funktionseinheiten und das Speichersystem.

Die Sicht des Programmierers

In beiden Fällen muß sich der Programmierer nicht um die Parallelarbeit kümmern. Es sind keine Konstrukte für eine parallele Programmierung notwendig, und die Programme unterscheiden sich in nichts von denen eines sequentiellen Rechners.

Compiler-Optimierungen und Operationsplanung

Beide Architekturformen setzen voraus, daß es einen Compiler gibt, der die Programmanweisungen im Sinne einer möglichst guten Ausnutzung der Funktionseinheiten optimal zeitlich anordnet (*optimal scheduling*). Der Compiler der VLIW-Maschine muß außer den Operationen auch noch die Speicherzugriffe in die Operationsplanung einbeziehen, während die Speicherzugriffe des superskalaren Prozessors automatisch von seiner Laden/Speichern-Einheit vorgenommen werden. Es hat sich gezeigt, daß die gleichen Optimierungstrategien bei der Codeerzeugung (das *Trace Scheduling* und seine Weiterentwicklung) in beiden Fällen mit Erfolg angewandt werden kann. Auch die üblichen *Frontende-Optimierungen* des Compilers sind die gleichen.

Synchronisation der Operationsausführungen

Der Compiler der VLIW-Maschine muß ferner auch die *Synchronisation* der Operationen vornehmen, während dies beim superskalaren Prozessor durch die Hardware geschieht. Aus diesen Gründen sind die Anforderungen an den Compiler bei der VLIW-Maschine noch komplexer als beim superskalaren Prozessor. Ferner ist die VLIW-Maschine wegen ihrer völlig synchronen Arbeitsweise wesentlich starrer als der superskalare Prozessor. Der im superskalaren Prozessor benötigte Hardware-Mehraufwand für die Synchronisation fällt dagegen nicht ins Gewicht, da der gesamte Prozessor einschließlich seiner Funktionseinheiten, Registerfiles, Caches, *Scoreboard*-Hardware, Speicherverwaltung und Schnüffel-Logik auf einem ULSI-chip (ULSI: *ultra large scale integrated*) Platz findet.

Erzielbare Leistung

Im Idealfalle wird in beiden Fällen eine Leistung von N Operationen pro Takteinheit erzielt, wenn N die Zahl der Funktionseinheiten ist. Zusätzlich hat der superskalare Prozessor noch den Pipeline-Gewinn, der sich im Idealfalle bei einer k-stufigen Pipeline dem Wert k annähert. Das Pipelining der Funktionseinheiten führt dazu, daß deren Operationsrate sich dem Wert k*f asymptotisch annähert, wenn f die Taktfrequenz ist. Die (nicht als Pipeline ausgeführten Funktionseinheiten der VLIW-Maschine haben hingegen nur eine asymptotische Rate von f.

Wir halten damit fest, daß die VLIW-Maschine mehr Funktionseinheiten als der superskalare Prozessor benötigt, um die gleiche Leistung zu erzielen. Dadurch wirkt sich die Abnahme der Zugriffsgeschwindigkeit eines Multiport-Registerfiles mit der Zahl der Ports bei der VLIW-Maschine noch stärker aus als beim superskalaren Prozessor.

Hardwareaufwand

Der Aufwand für die Funktionseinheiten ist bei gleicher Leistung beim superskalaren Prozessor geringer als bei der VLIW-Maschine, da bei dem ersteren der Pipeline-Gewinn voll zum Tragen kommt. Die Speicherorganisation ist bei der VLIW-Maschine ebenfalls ungünstiger. Der superskalare Prozessor kommt mit je einem Datencache und einem Befehlscache aus. Diese Caches befinden sich auf dem Chip. Eine aufwendige Kreuzschienen-Verbindung wird nicht benötigt.

Die Ergebnisse dieser Gegenüberstellung sind in Tabelle 6-3 noch einmal kurz zusammengefaßt. Die Gegenüberstellung zeigt die Gründe auf, weswegen sich die VLIW-Maschine nicht durchsetzen konnte. Ein im Markt zunächst ganz gut eingeführtes Produkt (*Multitrace Computer*) [COL 87] ist wegen seiner im Vergleich zum Aufwand schwachen Leistung (niedrige Taktfrequenz wegen der Langsamkeit des Multiport-Registerfiles) wieder verschwunden. Inzwischen gibt es extrem leistungsfähige superskalare Einchip-Prozessoren, jedoch keine Einchip-VLIW-Maschinen.

Tabelle 6-3 Vergleich von superskalarem Prozessor und VLIW-Maschine

Aspect	Superscalar	VLIW
Characteristics	Multiple functional units, pipelined	Multiple functional units, parallel
Compiler optimizations, op. scheduling	in a first approximation, the same in both architecture	
Synchronization	can be done by hardware	must be done by the compiler
Instruction processor	Multiple instruction streams, one dispatch unit	Multiple instruction streams, multiple dispatch units
Data processors	A pipelined processor costs the same as a non-pipelined processor but yields the pipeline gain	Because of the lack of pipeline gain, more functional units are needed to obtain the same performance
Memory	One access per clock→ one fast cache	Multiple accesses per clock→ many caches (coherence problem) or one multi-port memory (speed problem)

Was somit von den intensiven Forschungsarbeiten, die zur Entwicklung der VLIW-Maschinen führten, geblieben ist, ist ein Durchbruch auf dem Gebiet der Theorie und Praxis des optimalen Befehls-*Scheduling* durch den Compiler. Die enormen Fortschritte, die hier bei der Entwicklung immer besserer Compiler für die VLIW-Maschine erzielt worden sind, kommen heute dem superskalaren Prozessor zugute.

Literatur zu Kapitel 6

[BaN 89] Bretemitz M., Nicolau A.: Tradeoffs Between Pipelining and Multiple Functional Units in Fine-grain Parallelism Exploitation, in L.P. and S.I. Kartashev(eds.): *Proc. Fourth Internat. Conf on Supercomputing*, Internat. Supercomputing Institute 1989, 239-247

[BRU 92] Bruening U.: Architecture of High-Performance Processors, Internal Tech. Report, GMD-TUB FIRST 1992

[CHO 83] Chow F.C.: A Portable Machine-Independent Global Optimizer—Design and Measurements, Ph.D. thesis, Stanford University 1983

[COL 87] Collwell R.P.: A VLIW Architecture for a Trace Scheduling Compiler, Multiflow Computer Corp. 1987

[DIG 92] Anonymous: Digital's 21064 Microprocessor, Digital Equipment Corporation, Maynard, Mass. 1992

[ELL 86] Ellis J.R.: Bulldog. A Compiler for VLIW Architectures, MIT Press, Cambridge, Mass. 1986

[FIS 81] Fisher J.A.: Trace Scheduling: A Technique for Global Microcode Compaction, IEEE Trans.Computers C-30,7 (July 1981), 478-490

[FIS 84] Fisher J.A.: The VLIW Machine: A Multiprocessor for Compiling Scientific Code, COMPUTER 17,7 (July 1984), 45-53

[GAS 89] Gasperoni F.: Compilation Techniques for VLIW Machines, Tech. Report 435, New York University, Dept. of Computer Science, Courant Institute 1989

[KOH 89] Kohn L.: Architecture of the Intel i860™ 64-bit Microprocessor, *Proc. Spring Compcon* (March 1989)

[Liu 91] Liu D.: Methods of Fine-grain Optimization for Parallel Computer Architectures, Dissertation, Technische Universität Berlin, FB Informatik 1991

[LOR 72] Lorin H.J.: *Parallelism in Hardware and Software*, Prentice-Hall, Englewood Cliffs, NJ 1972

[MOT 90] Anonymous: MC88110 32-Bit Microprocessor, Preliminary Functional Specification, Motorola Inc. 1990

[NaF 89] Nowka K.J., Flynn M.J.: The Pipelined Processor as an Alternative to VLIW, in L.P. and S.I. Kartashev(eds.): *Proc. Fourth Internat. Conf on Supercomputing*, Internat. Supercomputing Institute 1989, 231-238

[THO 64] Thornton J.E.: Parallel Operation in CDC 6600, *Proc. AFIPS FJCC 1964*,

7 SIMD-Architekturen

7.1 Vektormaschinen und Anordnungen von Rechenelementen

SIMD-Architekturen existieren in der Form der *Vektormaschine* und der *Anordnung von Rechenelementen* (*array of processing elements*). Letzteres wollen wir in der Folge kurz als *RE-Array* bezeichnen. Den Unterschied zwischen beiden wollen wir noch einmal an einem einfachen Beispiel klarstellen.

Gegeben seien 4 Vektoren mit n Elementen:

$$A = [a_0 \;\; a_1 \;\; \ldots \;\; a_{n-1}]$$
$$B = [b_0 \;\; b_1 \;\; \ldots \;\; b_{n-1}]$$
$$C = [c_0 \;\; c_1 \;\; \ldots \;\; c_{n-1}]$$
$$D = [d_0 \;\; d_1 \;\; \ldots \;\; d_{n-1}]$$

Es sei die Vektoroperation $D = A * B + C$ auszuführen. Die parallele Berechnung der Elemente des Ergebnisvektors

$$D = [a_0{*}b_0{+}c_0 \;\; a_1{*}b_1{+}c_1 \;\; \ldots \;\; a_{n-1}{*}b_{n-1}{+}c_{n-1}]$$

kann nach Bild 7-1 auf zwei Arten erfolgen:

(1) indem man n Rechenelemente hat, die in einem ersten Schritt alle Multiplikationen und in einem zweiten Schritt alle Additionen durchführen;

(2) indem man die Ausdrücke $a_i{*}b_i{+}c_i$ nach dem Pipeline-Prinzip berechnet, wozu man einen Multiplizierer und einen Addierer benötigt.

Die erste Möglichkeit ist das Prinzip der RE-Arrays, die zweite Möglichkeit führt auf die Pipeline von Funktionseinheiten, auch *Vektormaschine* genannt. Die Rechenelemente des RE-Arrays sind in der Regel Datenprozessoren (ALUs), die von außen gesteuert werden. Das heißt, die Rechenelemente können die üblichen arithmetischen und logischen Grundoperationen ausführen. Zu jedem Zeitpunkt führen sie aber alle dieselbe Operation aus, in verschiedenen Zeitpunkten können dies verschieden Operationen sein.

Die Funktionseinheiten des Pipeline-Prozessors können in der Regel nur eine einzige Grundoperation ausführen, d.h. es handelt sich hier um Addierer/Subtrahierer, Multiplizierer, Vergleicher, usw. Die Zusammenschaltung der Rechenelemente zu einer Pipeline — man nennt dies auch die Konfiguration der Pipeline — kann veränderbar sein, um verschiedene komplexe Operationen ausführen zu können. Man erhält auf diese Weise einen *multifunktionalen Pipeline-Prozessor*.

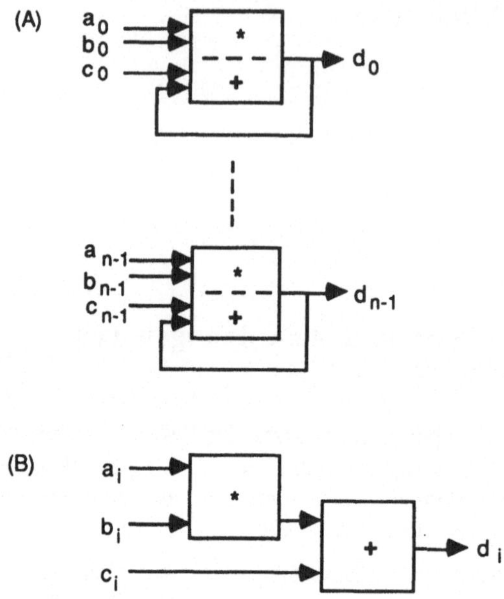

Bild 7-1 (A) RE-Array und (B) Pipeline-Vektorprozessor

Beide Architekturformen, die Anordnung von Rechenelementen und der Pipeline-Prozessor arbeiten nach dem SIMD-Prinzip, d.h. mit einem Befehl wird eine Anzahl von Datenwerten transformiert.

7.2 Das Operationsprinzip der Vektormaschinen

Das Prinzip der Fließbandverarbeitung durch eine Pipeline von Rechenelementen ist immer dann anwendbar, wenn eine komplexe Maschinenoperation mehreren Rechenschritten besteht, so daß jeder einzelne Rechenschritt von einem speziellen Rechenelement ausgeführt werden kann. Die Bedingung für einen möglichst gleichförmigen Datenfluß durch die Pipeline ist dabei, daß die einzelnen Schritte alle etwa die gleiche Bearbeitungszeit haben. Da wo der auszuführende Algorithmus nicht schon von Natur aus eine solche Zerlegung in gleichgewichtige Schritte erlaubt, muß man durch hardwaremäßige Auslegung der Bearbeitungseinheiten (eventuell durch weitere Parallelisierung innerhalb eines Bearbeitungsschritts) für die Erfüllung dieser Bedingung sorgen.

Wie bereits ausgeführt, bieten sich auf der Ebene der Maschinenoperationen vor allem die Gleitpunkt-Operationen für eine Pipeline-Verarbeitung an. Da sich die Gleitpunkt-Operationen in ihren Teilschritten unterscheiden (zum Beispiel ist bei der Gleitpunkt-Addition eine Mantissen-Addition, bei der Gleitpunkt-Multiplikation eine Mantissen-Multiplikation auszuführen), können nicht immer alle Rechenelemente gemeinsam benutzt werden (Bild 3-13). Die Pipeline ist somit von Fall zu Fall für die durchzuführende Operation zu konfigurieren.

Bei den heutigen Möglichkeiten der Großintegration lohnt sich aber eine gemeinsame Benutzung einzelner Rechenelemente bei verschiedenen Maschinenoperationen kaum. Es ist vielmehr effizienter, getrennte Pipelines für die Grundrechenarten aufzubauen. Hat man z.B. einen unabhängigen Addierer und Multiplizierer, so lassen sich Additionen und Multiplikationen vollständig parallel ausführen, oder aber die beiden Recheneinheiten können zur Durchführung einer komplexeren Operation, wie z.B. zur Berechnung des inneren Produkts, zusammenwirken.

Zur Division sieht man in der Regel keinen eigenen Dividierer vor, sondern die Division R = Z/N wird durch iterative Lösung der Divisionsaufgabe N*R—Z=0 ausgeführt, was auf die mehrmalige Durchführung einer Multiplikation führt. Um eine möglichst schnelle Konvergenz zu erreichen, kann man als Anfangswert einen Wert nehmen, der aus einer Divisionstafel mit einer verhältnismäßig geringen Zahl von Stützstellen entnommen ist. Die Divisionstafel ist in einem ROM gespeichert. Die mehrmalige Multiplikation ist auf einem Fließband-Multiplizierer besonders effizient durchzuführen.

Die Fließbandverarbeitung führt ihrer Natur nach auf die *Verarbeitung von Datenströmen.* Die bisherige Diskussion der Pipeline-Verarbeitung hat gezeigt, daß das Laden und Speichern der Datenelemente als Teiloperationen einbezogen ist. Die Datenströme fließen von einem Speicher durch die Pipeline zurück in den Speicher, wie in Bild 7-2 schematisch dargestellt. Eine Pufferung in der Pipeline ist nur für so viele Datenwerte nötig, wie sich zu einem gegebenen Zeitpunkt in der Pipeline befinden können.

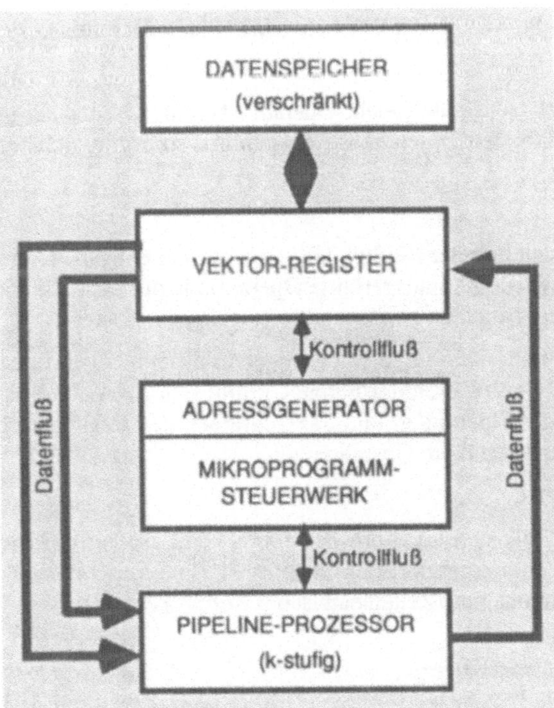

Bild 7-2 Schematische Darstellung der Arbeitsweise der Vektormaschine

Die Zwischenpufferung zwischen zwei Bearbeitungselementen der Pipeline ist zur Synchronisation nötig. Arbeiten alle Elemente mit dem gleichen Takt (*synchrone Pipeline*), dann muß jeder Puffer genau einen Datenwert aufnehmen können. Ist die Bearbeitungszeit der einzelnen Pipeline-Elemente variabel, wobei allerdings die mittlere Bearbeitungszeit der einzelnen Elemente gleich sein muß (*asynchrone Pipeline*), dann müssen die Puffer als FIFO-Puffer ausgeführt sein, um die Schwankungen der Bearbeitungszeit auszugleichen. Pipeline-Prozessoren arbeiten in der Regel aber synchron.

7.3 Leistungskenngrößen der Vektormaschine

Für die Beurteilung der Leistungsfähigkeit eines Pipeline-Prozessors sind die folgenden Zeiten maßgeblich:

(1) die Startzeit (*start time, set-up time*) t_s der Pipeline für eine bestimmte Operation;

(2) die Durchlaufzeit (*flushing time*) t_f eines Werts durch die Pipeline; diese Zeit schließt auch die Zeiten für das Holen eines Werts aus dem Speicher und das Schreiben des Resultats in den Speicher ein, da die Einrichtungen zum Holen und Schreiben Pipeline-Stufen sind;

(3) die Taktzeit (clock time) t_c der Verarbeitungselemente der Pipeline.

Für die Zeit, die die Ausführung einer einzelnen Skalaroperation kostet, gilt allgemein

$$T_s = t_f + t_s \tag{7-1}$$

Wird bei der Skalararbeit die gleiche Operation N-mal (z.B. in einer Programmschleife) auf einer ungeordneten Datenmenge ausgeführt, so ergibt sich pro Operation eine Ausführungszeit von

$$T_i = t_f + t_s / N \tag{7-2}$$

Man sieht, daß sich hier der Einfluß der Startzeit zwar entsprechend verringert (da die Pipeline für die wiederholt ausgeführte Operation ja nur einmal konditioniert werden muß), daß aber die Durchlaufzeit weiterhin voll eingeht.

Wir nehmen nun an, daß die zu verarbeitenden Datenmengen linear (vektorförmig) geordnet seien. Für Vektoren der Länge L ergibt sich dann unter der Voraussetzung, daß das Holen der Operanden und das Schreiben des Resultats ebenfalls nur eine Taktzeit t_c kostet, die Zeit pro Operation

$$T_v = t_c + (t_s)/L \tag{7-3}$$

Erst in diesem Falle und auch nur bei hinreichend großem L kommt die maximal erzielbare Verarbeitungsgeschwindigkeit einer Pipeline-Maschine voll zum Tragen. Die Anzahl der Operationen pro Zeiteinheit ist der Reziprokwert

$$P = \frac{1}{T_v} = \frac{1}{t_c\,(1 + t_s / t_c\, L)} \tag{7-4}$$

Wir wollen nun die Abhängigkeit der Leistung des Pipeline-Vektorprozessors von der Vektorlänge L näher betrachten. Aus (7-4) läßt sich ableiten: für $L=\infty$ ergibt sich die Maximalleistung $P_\infty = 1/t_c$, und für $L_{1/2} = t_s/t_c$ ergibt sich die halbe Maximalleistung $P_\infty/2$. Damit kann man auch schreiben:

$$P = \frac{P_\infty}{1 + L_{1/2}/L}; \qquad P_\infty = 1/t_c; \qquad L_{1/2} = t_s/t_c \tag{7-5}$$

Zur Darstellung des durch (7-5) ausgedrückten Zusammenhangs definieren wir die Funktion pipe(x) wie folgt:

$$\text{pipe}(x) = \frac{1}{1 + x^{-1}} \tag{7-6}$$

Bild 7-3 zeigt den Funktionsverlauf. Mit der Funktion pipe(x) läßt sich die Leistung des Pipeline-Vektorprozessors wie folgt ausdrücken:

$$P = P_\infty \; \text{pipe}(L/L_{1/2}) \tag{7-7}$$

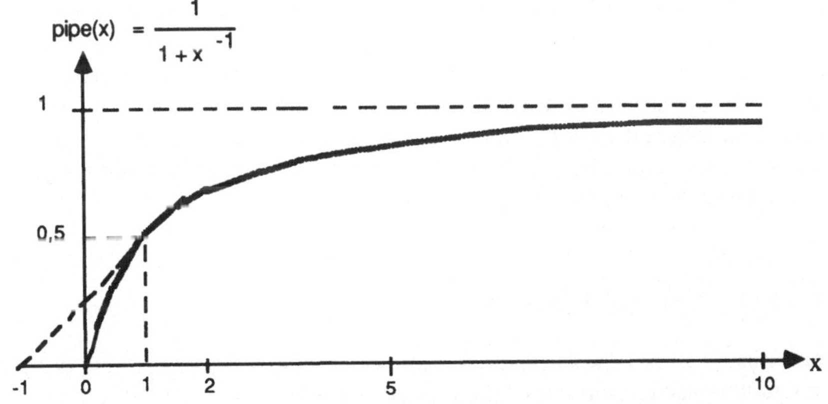

Bild 7-3 Verlauf der Funktion pipe(x)

P_∞ ist die Leistung, die sich unter günstigsten Bedingungen und bei sehr langen Vektoren erzielen läßt, und $L_{1/2}$ ist eine Gerätekonstante, die angibt, bei welcher Vektorlänge die theoretische Maximalleistung gerade noch zur Hälfte erreicht wird. "Sehr lange" Vektoren sind damit Vektoren, die sehr lang gegen $L_{1/2}$ sind. Die Tatsache, daß $L_{1/2}$ proportional zur Startzeit t_s der Pipeline ist, wobei die Startzeit ihrerseits mit der Zahl der Pipelinestufen ansteigt, macht plausibel, daß $L_{1/2}$ eine Größe ist, die mit der Zahl der Pipelinestufen ansteigt.

7.4 Speicherverschränkung

In der obigen Leistungsanalyse wurde angenommen, daß der Pipeline-Vektorprozessor mit jedem Takt beide Operanden holen und den Resultatwert schreiben kann. Das bedeutet, daß für einen Vektorprozessor mit einer Leistung von P_∞=N MFLOPS (MFLOPS: *million floating-point operations per second*) die folgende resultierende Speicherbandbreite benötigt wird:

$$B_{speicher} = 3N \text{ Megawörter/s}$$

Moderne Höchstleistungs-Vektorprozessoren (*VHSIC Technology*) haben eine Spitzenleistung P_∞ in der Größenordnung von bis zu 1 GFLOPS. Vektorprozessoren in hochintegrierter Technik (*VLSI Technology*) leisten gegenwärtig etwa 100-200 MFLOPS. Dies verlangt Speicherbandbreiten von einigen 10 Gbytes im ersten Falle und immer noch einigen Gbytes im zweiten Falle. Solche Speicherbandbreiten sind mit Hauptspeicher, der ja einige 10-100 Mbytes Kapazität haben soll, nicht wirtschaftlich zu erzielen.

Dieses Problem läßt sich nur durch Rückgriff auf das Prinzip der *Speicherverschränkung* lösen. Die bedeutet, daß man den Hauptspeicher in k unabhängige Speicherbänke aufteilt, wie es in Kapitel 4.4 beschrieben ist. Ein verschränkter Speicher kann als Matrix mit so vielen Spalten betrachtet werden, wie er Bänke hat. Für die Aufteilung der Datenelemente von Feldern (Vektoren, Matrizen, Felder höherer Ordnung) auf den verschränkten Speicher sind die verschiedensten Strategien entworfen worden. Wir betrachten im folgenden einige dieser Strategien für den Fall der Speicherung einer Matrix, wobei wir den kritischen Fall heranziehen, daß die Zeilendimension der Matrix (die Anzahl ihrer Spalten) gleich der Zahl der Bänke ist.

7.4.1 Konsekutive Adressierung

Der einfachste Fall besteht darin, die Vektorelemente beim Abspeichern in der gegebenen Ordnung nacheinander über die k Speicherbänke zu verteilen, indem man alle T_Z/k Zeiteinheiten einen Wert jeweils von einer anderen Bank liest oder in eine andere Bank schreibt. t_Z bezeichnet dabei die Speicherzugriffszeit. Nach der letzten Bank geht es wieder mit der ersten Bank weiter. k nennt man auch den Verschränkungsgrad. Durch Einführung des Verschränkungsgrads $k = 3t_Z/t_C$ kann man eine resultierende Speicherbandbreite erzielen, die es erlaubt, innerhalb der Taktzeit t_C zwei Lese- und ein Schreibzugriff auszuführen. Wird k als Potenz von 2 gewählt, dann erfolgt die Adreß-Entschlüsselung in einfacher Weise dadurch, daß die letzten k Bits der Adresse als *Bankadresse* interpretiert werden. Bild 7-4 zeigt die Aufteilung der Elemente einer 4x4 Matrix auf 4 Speicherbänke (s. auch Bild 4-8).

Wie bereits in Kapitel 4.4 erwähnt, wird die Bedingung für das Funktionieren der Speicherverschränkung, daß nämlich die Elemente des Feldes in der gleichen Ordnung, in der sie in den Speicher geschrieben wurden, auch gelesen werden, im praktischen Anwendungsfalle oft nicht erfüllt. Bei allen inneren Produkten wird nacheinander auf Zeilen und Spalten zugegriffen. Andere Algorithmen erfordern den Zugriff auf die Diagonalen (z.B. beim *Pivotisieren* einer zu invertierenden Matrix). In manchen Fällen kann gefordert sein, daß nur auf die geraden oder ungeraden Elemente einer Zeile oder

Spalte zugegriffen werden soll. Vielfach gilt es auch, rechteckige oder dreieckige Untermatrizen auszuwählen. Alle diese Fälle können bei der konsekutiven Adressierung zu leistungsmindernden *Zugriffskonflikten* (mehrere Zugriffe hintereinander auf dieselbe Bank) führen. Im Speicherschema nach Bild 7-4 ist dies beim Zugriffs auf die Spalten der Matrix der Fall.

Speicherbank Nummer

0	1	2	3
a_{00}	a_{01}	a_{02}	a_{03}
a_{13}	a_{10}	a_{11}	a_{12}
a_{22}	a_{23}	a_{20}	a_{21}
a_{31}	a_{32}	a_{33}	a_{30}

Bild 7-4 Aufteilung der Elemente einer 4x4-Matrix auf 4 Speicherbänke bei konsekutiver Adressierung

7.4.2 Verschobene Speicherung (skewed storage)

Eine Abhilfe bietet hier die Einführung komplizierterer Speicherungs-Schemata, die als *verschobene Speicherung* (*skewed storage*) bezeichnet werden [KUC 78]. Alle diese Schemata komplizieren natürlich die Adreßbildung. Durch Ausführung der notwendigen Adreßrechnungen durch Hardware als Teil der Pipeline kann aber vermieden werden, daß dadurch der Speicherzugriff mehr Zeit kosten; d.h. man zahlt nur mit einem höheren Hardware-Aufwand und einer Erhöhung der Pipeline-Stufenzahl. Dies gilt auch für die Zufalls-Adressierung (*randomization*).

Als Beispiel für eine verschobene Speicherung, die Zugriffskonflikte sowohl beim Zeilen- wie auch beim Spaltenzugriff vermeidet, betrachten wir das in Bild 7-5 gezeigte Schema.

Speicherbank Nummer

0	1	2	3
a_{00}	a_{01}	a_{02}	a_{03}
a_{13}	a_{10}	a_{11}	a_{12}
a_{22}	a_{23}	a_{20}	a_{21}
a_{31}	a_{32}	a_{33}	a_{30}

Bild 7-5 Verschobene Speicherung der Elemente einer 4x4 Matrix in einer vierfachen Speicherbank

Hierbei werden die Zeilen der Matrix über die Bänke verteilt, wobei aber das erste Element einer Zelle jeweils auf der Hauptdiagonalen beginnt. Man kann auch sagen, daß die Zeilenelemente gegenüber der normalen zeilenweisen Darstellung um so viele Stellen nach rechts zyklisch verschoben werden, wie der Zeilenindex beträgt. Zyklische Verschiebung bedeutet, daß, wenn das Ende einer Zeile erreicht ist, die Speicherung am Anfang der Zeile fortgesetzt wird. Die Adreßrechnung besteht in einem einfachen Inkrementieren. Dieses einfache Schema ist aber genau dann nicht mehr zugriffskonfliktfrei, wenn auf die Diagonalen der Matrix zugegriffen wird.

Man kann zeigen, daß es grundsätzlich kein Schema zur Speicherung einer nxn-Matrix in n Speicherbänken für gerades n gibt, das für Zeilen, Spalten und Diagonalen konfliktfrei wäre. Macht man jedoch die Zahl der Speicherbänke größer als n, dann läßt sich die Konfliktfreiheit durch ein entsprechendes Speicherschema erreichen [KUC 78]. Bild 7-6 zeigt ein solches Schema für den Fall der Speicherung einer 4x4-Matrix in 5 Speicherbänken [BaK 71].

Speicherbank Nummer

0	1	2	3	4
a_{00}	a_{01}	a_{02}	a_{03}	
a_{13}		a_{10}	a_{11}	a_{12}
a_{21}	a_{22}	a_{23}		a_{20}
	a_{30}	a_{31}	a_{32}	a_{33}

Bild 7-6 Verschobene Speicherung für den konfliktfreien Zugriff auf Zeilen, Spalten und Diagonalen

7.4.3 Adressierung mit Zufallsadressen

In den Fällen, in denen ein verschränkter Speicher zur Speicherung beliebiger Datenstrukturen dienen soll (z.B. rechteckige Matrizen, nicht-rechteckige Matrizen, Bäume und andere Konfigurationen), läßt sich kein allgemeingültiges Zugriffsschema angeben, durch welches Zugriffskonflikte vermieden werden könnten. Man kann aber die Wahrscheinlichkeit für Zugriffskonflikte dadurch verringern, daß man die Elemente der Datenstruktur aufgrund zufälliger Adressen vornimmt. Die Zufallsadressen werden in der Regel durch *Hash-Codierung* erzeugt. Da man ja schreiben und lesen will, muß die Hash-Funktion bijektiv sein. Wie in Bild 7-7 angedeutet, kann die Adreßerzeugung für diese Art der Speicherung durch eine zusätzliche Pipeline-Stufe für die Ausführung der Hash-Funktion erfolgen.

Bild 7-7 Erzeugung von Zufallsadressen

7.4.4 Vektorregister

Der verschränkte Speicher bringt dann keinen Gewinn, wenn einzelne skalare Werte zu verarbeiten sind. Die Leistung eines Vektorprozessors für Skalaroperationen und sehr kurze Vektoren läßt sich dadurch steigern, daß man zwischen den Prozessor und den (verschränkten) Speicher wie in Bild 7-2 angedeutet noch einen sehr schnellen Pufferspeicher einschaltet. Dieser Pufferspeicher spielt eine ähnliche Rolle wie die Register im skalaren Prozessor und wird daher auch als Vektorregister oder Vektorspeicher bezeichnet.

Der Vektorspeicher ist in seiner Zugriffsgeschwindigkeit der Arbeitsgeschwindigkeit des Prozessors angepaßt. Reicht die natürliche Arbeitsgeschwindigkeit des Vektorspeichers nicht aus, dann kann man wie in dem nachfolgenden Beispiel mehrere Vektorspeicher vorsehen. Da der Vektorspeicher nicht verschränkt ist, verliert er seine effektive Zugriffsbandbreite auch beim Auftreten beliebiger Adreßfolgen nicht. Nachgeladen wird es von einem langsameren, entsprechend verschränkten Hauptspeicher. Nachgeladen werden nicht einzelne Werte in der Reihenfolge ihrer Verarbeitung, sondern ganze Objekte wie Vektoren oder Matrizen.

Aus Kostengründen muß der Vektorspeicher verhältnismäßig klein gehalten werden, so daß er in der Regel nicht ein ganzes Objekt aufnehmen kann. Das bedeutet, daß Datenstrukturobjekte wie Vektoren und Matrizen bei der Anwendungsprogrammierung in Teilobjekte — Untervektoren bzw. Untermatrizen — so zerlegt werden müssen, daß diese im Vektorspeicher Platz finden. Man kommt damit zu dem in Abschnitt 12.2.1 betrachteten *strip mining*.

Da andererseits der Wirkungsgrad der Pipeline-Vektorverarbeitung, wie wir im vorhergehenden Abschnitt gesehen haben, eine Funktion der Vektorlänge ist, dürfen die Untervektoren und damit der Vektorspeicher auch nicht zu klein sein. Je höher die Stufenzahl des Pipeline-Prozessors und damit auch die Vektor-Halbwertlänge ist, um so größer muß der Vektorspeicher sein.

Durch die endliche Kapazität des Vektorspeichers tritt immer dann, wenn die Vektorlänge größer als ein Vielfaches der Anzahl der Vektorregister wird, ein Leistungseinbruch auf, der durch das Nachladen des Vektorspeichers entsteht. Dies ist in Bild 7-11 für den Fall der CRAY-1 mit 64 Vektorregistern deutlich zu erkennen.

Eine andersartige Organisation von Vektorspeichern ist im SUPRENUM-Rechner [GIL 89], [BaM 89] zu finden (Bild 7-8). Der SUPRENUM ist ein MIMD/SIMD-Rechner, der aus bis zu 256 parallel arbeitenden Einplatinen-Vektorrechnern besteht. Aus Kosten- und Platzgründen ist der Knotenspeicher als DRAM ausgeführt ist. Um die zum Lesen von zwei Operanden und zum Schreiben des Resultats notwendige Speicherbandbreite zu erhalten, wurde zusätzlich zum Knotenspeicher noch ein Vektorspeicher vorgesehen, der aus zwei parallelen Bänken besteht. Beim Schreiben in den Vektorspeicher wird das zu speichernde Datenstrukturobjekt gleichzeitig in beide Bänke geschrieben (entweder direkt vom Vektorprozessor oder als Kopie eines im Knotenspeicher befindlichen Objekts). Beim Lesen aus dem Vektorspeicher können hingegen zwei getrennte Datenströme aus den beiden Bänken gleichzeitig fließen. Man beachte, daß der verdoppelte Vektorspeicher nur die Kapazität einer Bank hat, jedoch die doppelte Lese-Bandbreite.

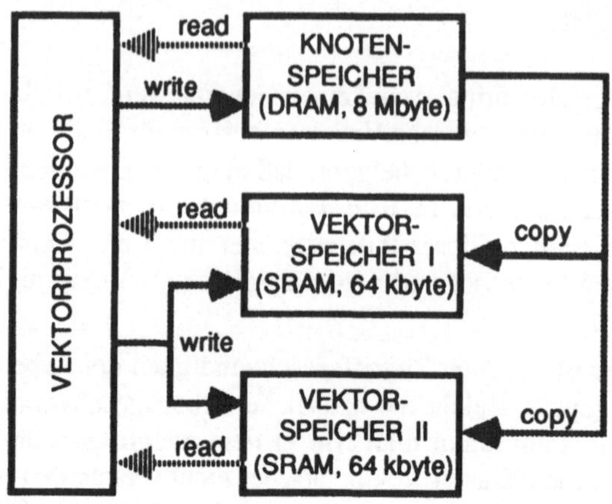

Bild 7-8 Parallele Vektorspeicher im SUPRENUM-Rechner

7.5 Frühe Vektormaschinen: STAR-100, CYBER 203, CRAY-1

7.5.1 STAR-100 und CYBER 203

Die erste Vektormaschine war der STAR-100 der Firma *Control Data Corporation* (CDC), der Anfang der siebziger Jahre entstand. Der STAR-100 wurde nur in 4 Exemplaren gebaut, er fand aber später in einer modernisierten Form, der CYBER 203 einen Nachfolger. Bild 7-9 zeigt das Blockbild des STAR-100 [HaT 72]. Diese Maschine besteht im wesentlichen aus einem 32-fach verschränkten Kernspeicher mit einer Kapazität von 4 Mbyte und einer effektiven Zugriffszeit von 40 ns, einer *Stromeinheit* (*stream unit*) zur Interpretation des Befehlsstroms, zwei Pipeline-Prozessoren und einer Anzahl von peripheren Prozessoren für die Ein/Ausgabe und die Betriebssystemaufgaben einschließlich einer Dateiverwaltung. Die Zahl der Pipelinestufen ist verschieden für verschiedene Operationen; ihre Maximalzahl liegt bei etwa 30. Der Arbeitstakt beträgt 40 ns. Die Skalaroperationen werden ebenfalls von den Vektorprozessoren ausgeführt.

Die CYBER 203 arbeitet mit den Prozessoren der STAR-100. Der wesentliche Unterschied zwischen der STAR-100 (Anfang der siebziger Jahre) und der CYBER 203 (Ende der siebziger Jahre) besteht darin, daß bei letzterer der Kernspeicher durch einen Halbleiterspeicher von 80 ns Zugriffszeit und wesentlich größerer Kapazität ersetzt wurde. Außerdem wurde der Tatsache, daß die Vektorprozessoren der STAR-100 eine schlechte Skalarleistung hatten, durch Einbau eines zusätzlichen Skalarprozessors Rechnung getragen. Nachteilig bei beiden Maschinen ist die verhältnismäßig hohe Startzeit der Pipeline, die zu einer Vektor-Halbwertslänge von etwa 200 führt.

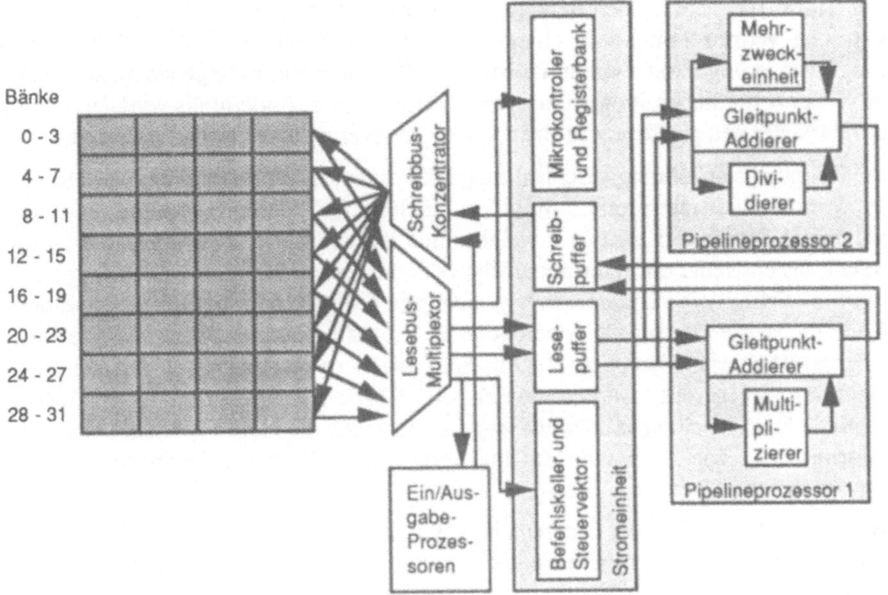

Bild 7-9 Blockbild der STAR-100

Tabelle 7-2 gibt die Verarbeitungsleistung der CYBER 203 in MFLOPS als Funktion der Vektorlänge an [KAS 79].

Tabelle 7-2 Vektorverarbeitungsleistung der CYBER 203 (MFLOPS)

Vektorlänge	Addition	Multiplikation
25	7,5	3,4
50	13,0	6,0
100	20,7	9,7
500	38,9	19,0
1000	43,8	21,6
10000	49,3	24,6
50000	49,9	24,9

Zur Verbindung des Speichers mit den beiden Pipeline-Prozessoren sowie den Ein/Ausgabe-Prozessoren gibt es 4 Busse. Jeder Bus hat eine Breite von 128 Bits und benötigt für den Transport eines 128-Bit-Worts einen Takt (40 ns). Bei der Vektorverarbeitung dienen zwei Busse zum Transport der Operandenströme vom Speicher zu den Pipeline-Prozessoren und der dritte zum Transport des Resultatstroms zurück in den Speicher. Der vierte Bus kann wahlweise zum Transport eines Ein/Ausgabestroms oder eines Kontrollvektors dienen. Die Gleitpunkt-Rechenwerke sind mehrstufige Pipelines (6 Stufen im Addierer, 7 Stufen im Multiplizierer), der Dividierer ist nicht als Pipeline ausgeführt.

Der STAR-100 besitzt einen Befehlskeller, der 16 128-Bit-Wörter aufnehmen kann. Je 4 solche Wörter können in einem Takt in den Befehlskeller geladen werden. Programmsprünge können unmittelbar ausgeführt werden, solange sie nicht aus dem im Keller befindlichen Programmsegment herausführen. Andernfalls wird der gesamte Befehlskeller neu geladen, was einen vollen Speicherzyklus (1280 ns) erfordert.

Die Operationsausführung geschieht folgendermaßen: Zunächst wird die Anweisung in der Stromeinheit interpretiert. Wird ein Vektorbefehl erkannt, so wird das Mikroprogramm-Steuerwerk aktiviert, welches nun die Kontrolle übernimmt und solange behält, bis entweder ein Interrupt erfolgt oder die Vektoroperation vollständig ausgeführt ist. Erfolgt eine Unterbrechung, dann gibt das Mikroprogramm-Steuerwerk die Kontrolle an die Interrupt-Serviceroutine ab. Programmunterbrechungen führen allerdings zu erheblichen Störungen des Pipelinebetriebs, da nun die Werte in den einzelnen Pipelinestufen gerettet werden müssen. Der STAR-100 enthält zu diesem Zwecke spezielle Unterbrechungszähler und -register, in denen die zum Wiederstart benötigten Informationen wie Adressen, Maximalwerte der Zählindizes, Feldlängen-Angaben usw. gespeichert werden.

Wegen der Problematik der Unterbrechung bei der Pipelineverarbeitung vermeidet man in den heutigen Vektormaschinen die Unterbrechung von Vektoroperationen. Beim Auftreten einer Ausnahmesituation (z.B. Überlauf) wird die Vektoroperation zunächst zu Ende geführt. Anschließend wird die Fehlerursache ermittelt und eine Ausnahmebehandlung gestartet, die z.B. die ausgeführte Operation wieder rückgängig macht.

7.5.2 CRAY-1

Der Vektorrechner *CRAY-1* [RUS 78], [KOG 81] der 1976 auf den Markt kam, repräsentierte gegenüber dem STAR-100 den inzwischen erreichten Fortschritt der Halbleitertechnik: Der Arbeitsspeicher der CRAY-1 ist ein Halbleiterspeicher mit nur 50 ns Zugriffszeit, und der Arbeitstakt des Pipeline-Prozessors hat den extrem guten Wert von 12,5 ns. Bild 7-10 zeigt ein vereinfachtes Blockbild des CRAY-1-Prozessors mit seinen Registern.

Im Vergleich zum CYBER 200 erkannt man deutlich wesentliche architektonischen Verbesserungen. Der CRAY-1-Prozessor arbeitet nicht unmittelbar auf dem Hauptspeicher, sondern auf Vektorregistern (vgl. Bild 7-2). Als Arbeitsregister sind vorhanden:

- 8 *Vektorregister* (V-Register) für Vektoren mit je 64 Komponenten
- 8 *Skalarregister* (S-Register) für skalare Operanden
- 8 *Adreßregister* (A-Register) für 24-Bit-Adressen.

Das bedeutet, daß die CRAY-1 eine Laden/Speichern-Architektur ist. Eine typische Vektoroperation entnimmt die beiden Operanden zwei dieser V-Register und schreibt das Resultat in ein drittes V-Register zurück. Die Zugriffszeit der V-Register beträgt nur 6 ns, so daß hier Speicherbandbreite und Verarbeitungsbandbreite der Pipeline einander angepaßt sind. Natürlich ist auch hier eine Verschränkung des Arbeitsspeichers notwendig, um die Arbeitsspeicher-Bandbreite der Registerspeicher-Bandbreite anzupassen. Der Verschränkungsgrad ist 16.

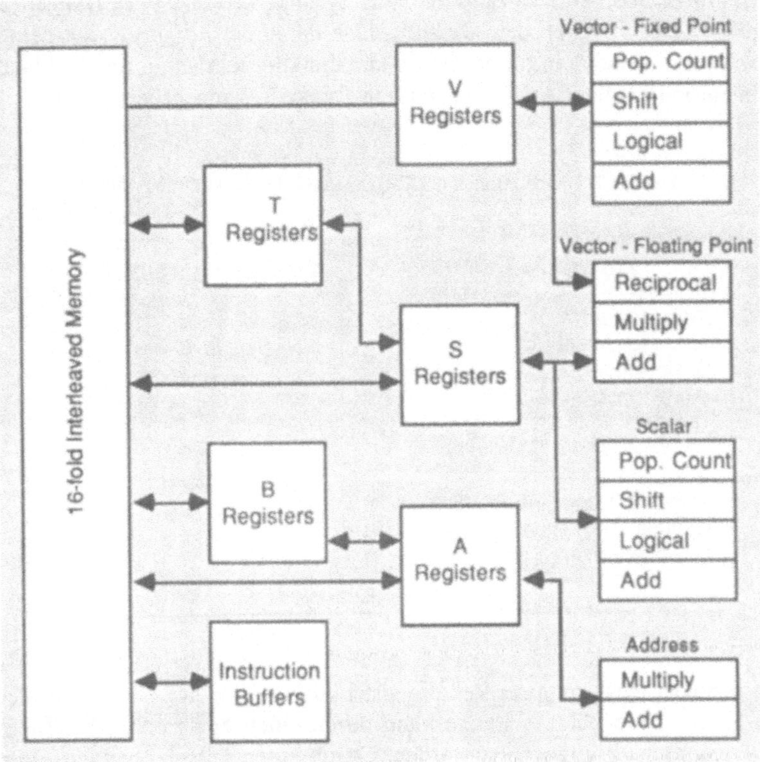

Bild 7-10 Prozessor der CRAY-1 mit Registern

Zwischen die S- und A-Register und den Speicher sind jeweils noch Pufferregister mit 64 Zellen geschaltet. Diese Pufferregister können vom verschränkten Speicher in einem Blocktransfer geladen werden. Dadurch wird eine angepaßte Speicherzugriffs-Bandbreite erreicht. Die S- und A-Register können aber auch direkt vom Speicher geladen werden. Die Funktionseinheiten des Prozessors können jedoch unmittelbar nur auf die Arbeitsregister zugreifen.

Der *Population Counter* liefert als Ergebnis einen 7-Bit-Wert, der entweder die Zahl der Nullen vor der ersten 1 oder die Anzahl der Einsen im Operanden angibt. Der Reziprokwert (anstelle der Division) wird iterativ berechnet. Der Adressen-Multiplizierer wird zur Adreßgeneration für mehrdimensionale Felder benötigt. Die anderen Funktionseinheiten brauchen kaum erklärt zu werden. Alle Funktionseinheiten sind Pipeline-Prozessoren, wobei je nach Operation die Stufenzahl zwischen 2 und 14 beträgt. Diese niedrige Stufenzahl äußert sich in einer günstigen Startzeit. Dadurch zeigt der Vektorprozessor auch bei skalaren Operationen noch eine gute Leistung.

Die A-Register werden primär als Adreß- und Indexregister verwendet, aber ebenso auch für die Schleifenkontrolle, die Ein/Ausgabe-Operationen und für *Shift Counts*. Die S-Register enthalten nicht nur die Operanden für die skalaren Operationen, sondern auch für die Verkettung (*chaining*) einer skalaren Operation mit einer Vektoroperation.

Daneben gibt es noch eine Anzahl von Hilfsregistern wie dem *Vektorlängenregister*, dem *Vektormaskenregister*, dem *Befehlszähler*, dem *Basisadreßregister*, dem *Adressentauschregister* und dem *Flagregister*. Die Funktionseinheiten für die Maschinenoperationen sind mit ihrer Ausführungszeit in Tabelle 7-3 angegeben.

Tabelle 7-3 Operationen der CRAY-1 und ihre Ausführungszeiten

Funktionseinheit	Ausführungszeit (Takte)
Adressen-Addition	2
Adressen-Multiplikation	6
Skalar-Addition	3
Skalar-Shift	2-3
Logische Verknüpfung von Skalaren	1
Vektor-Addition (Festpunkt)	3
Vektor-Shift	4
Logische Verknüpfung von Vektoren	2
Gleitpunkt-Addition	6
Gleitpunkt-Multiplikation	7
Gleitpunkt-Division	14

Entsprechend der Auslegung der Vektorregister können Vektoren eine maximale Länge von 64 haben. Eine kürzere Länge kann durch einen entsprechenden Eintrag im Vektorlängenregister angegeben werden. Durch einen entsprechenden Eintrag im Vektormaskenregister kann eine Vektoroperation nur auf einen Teil der Elemente angewandt werden. Vektoren mit mehr als 64 Elementen müssen in entsprechende Teilvektoren zerlegt werden. Der Mechanismus der Zerlegung langer Vektoren in Teilvektoren von 64 Elementen mit der Notwendigkeit, jeweils nach 64 Elementen einen weiteren Teilvektor nachladen zu müssen, führt zu gewissen Leistungseinbrüchen immer dann, wenn die Vektorlänge ein Vielfaches von 64 Elementen übersteigt, wie dies in Bild 7-11 für die Matrizenmultiplikation angegeben wird [HaJ 81]. Die theoretische Spitzenleistung für zwei verkettete Operationen beträgt 160 MFLOPS.

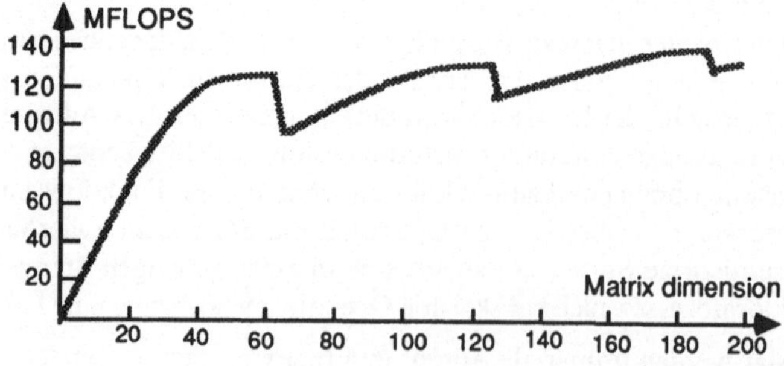

Bild 7-11 Leistung der CRAY-1 bei der Matrizenmultiplikation

Verkettung (*chaining*) bedeutet, daß auf einem Datenstrom mehrere Operationen ausgeführt werden, wie zum Beispiel die Gleitpunkt-Multiplikation, gefolgt von der Gleitpunkt-Addition (Summation), wie es bei allen Skalarprodukten erforderlich ist. Dazu werden die Multiplizier-Einheit und die Addier-Einheit des Pipeline-Vektorprozessors kaskadiert. Verkettet werden kann aber nur eine Vektor-Operation mit einer skalaren Operation auf dem Vektor. Als Beispiel betrachten wir die Folge von Operationen:

```
V0 = Memory     C  Laden des Vektorregisters
V1 = V0*S1      C  Multiplikation mit einer Konstanten (skalare Operation)
V3 = V1+V2      C  Addition zweier Vektoren (Vektor-Operation)
```

Bild 7-12 gibt die Konfiguration des Vektorprozessors für diese Operationsfolge an.

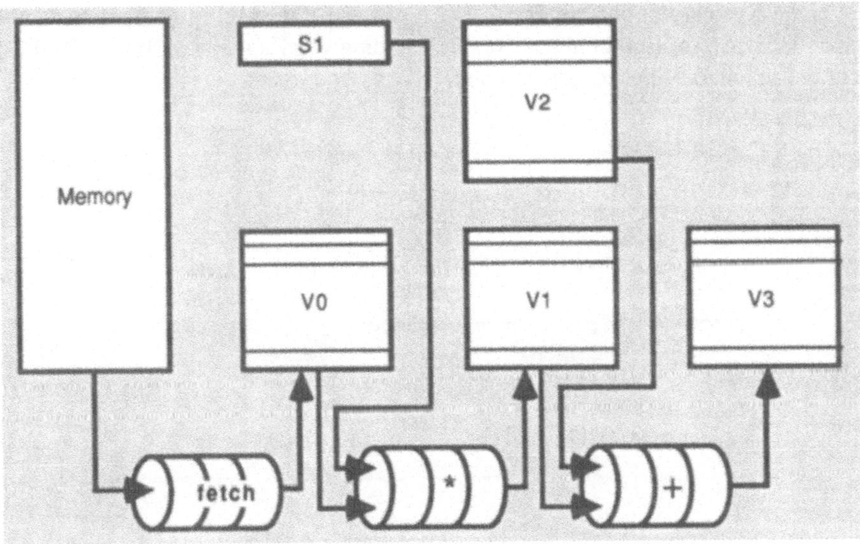

Bild 7-12 Verkettung von Vektoroperationen

Der Prozessor der CRAY-1 enthält 4 Befehlspuffer für je 64 Befehle. Wird ein auszuführender Befehl nicht im Befehlspuffer gefunden, so wird ein neuer Befehlsblock mit 64 Befehlen vom Speicher in einen der Befehlspuffer nachgeladen. Die Befehle selbst werden durch den Befehlszähler (P-Register) referiert. Ein Befehl kann nur dann ausgeführt werden, wenn die Zustände der Funktionseinheiten und Register dies zulassen, d.h. wenn die Befehlsausführung nicht im Konflikt mit einer vorhergehenden, noch nicht beendeten Befehlsausführung steht. Diese Bedingung wird durch eine von Hardware ausgeführte Semaphor-Verriegelung der Register (*Scoreboard*) überwacht.

7.6 Moderne Multiprozessor-Vektormaschinen: CRAY-X MP

7.6.1 Zentraler Speicher

Kennzeichen dieser Vektormaschine ist ihre Ausstattung mit 2 oder 4 Pipeline-Prozessoren, die auf einem gemeinsamen zentralen Vektorspeicher arbeiten. Bild 7-13 zeigt das Blockbild der CRAY-X MP mit 2 Prozessoren [WaB 84]. Die Prozessoren greifen gemeinsam auf den Hauptpeicher mit 4M 64-Bit-Wörtern zu, der zur Erzielung der notwendigen Zugriffsbandbreite 32-fach verschränkt ist (*low end interleaving*). Jeder Prozessor hat 4 Speicherports, zwei für das Holen der Vektoroperanden, einen für das Abspeichern des Resultats und einen für I/O-Datenströme. Der Zugriffszyklus für einen Speichermodul beträgt 4 Takte (38 ns). Die Multiport-Speicher haben spezielle Hardware-Einrichtungen zur Behandlung von Zugriffskonflikten. Bild 7-14 veranschaulicht die Speicherorganisation.

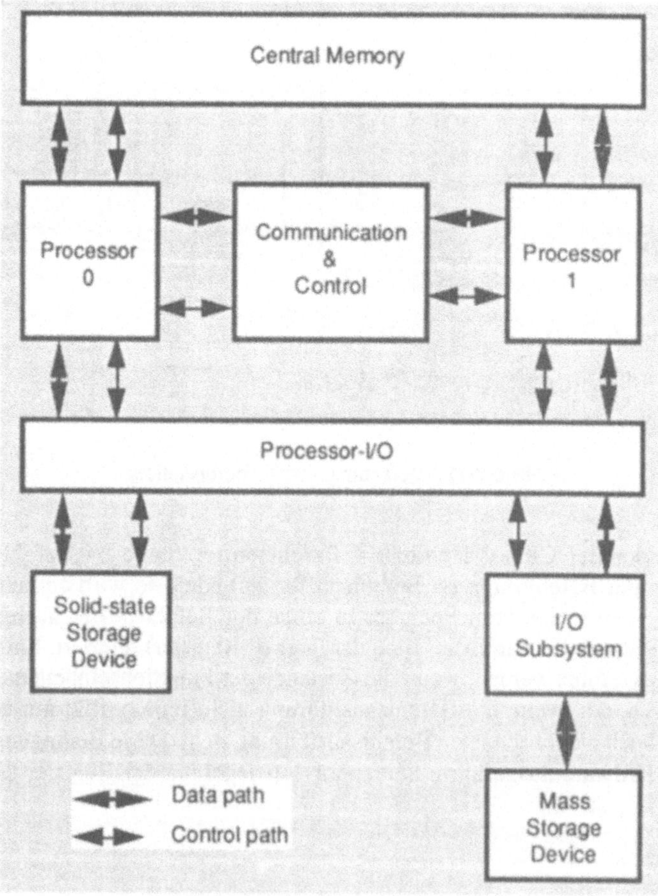

Bild 7-13 Blockbild der CRAY-X MP

7.6.2 Prozessor

Jeder Prozessor arbeitet mit einer internen Taktfrequenz von etwa 115 MHz (die ursprüngliche Taktzeit von 9,5 ns konnte später auf 8,5 ns gesenkt werden). Jeder Prozessor enthält 4 Befehlspuffer, von denen jeder 128 16-Bit-Befehlswörter aufnehmen kann. Die Befehlspuffer können innerhalb einer Taktzeit vom Speicher her mit einem Block von 8 Befehlen geladen werden. Benutzerprogramme und Daten befinden sich in getrennten Speicherbereichen. Jeder Prozessor arbeitet mit der theoretischen Spitzenleistung von etwa 115 MIPS bzw. 230 MFLOPS für die einzelne Gleitpunkt-Operation und 460 MFLOPS für zwei verkettete Operationen. Das Blockschaltbild des Prozessors entspricht Bild 7-10. Wie schon erwähnt enthält die CRAY-X MP zwei oder vier Pipeline-Prozessoren, die gemeinsam an einer Rechenaufgabe arbeiten können. Dazu ist der Rechenauftrag in entsprechend viele Teilaufträge zu zerlegen, ein Vorgang, der als *Mikrotasking* bezeichnet wird.

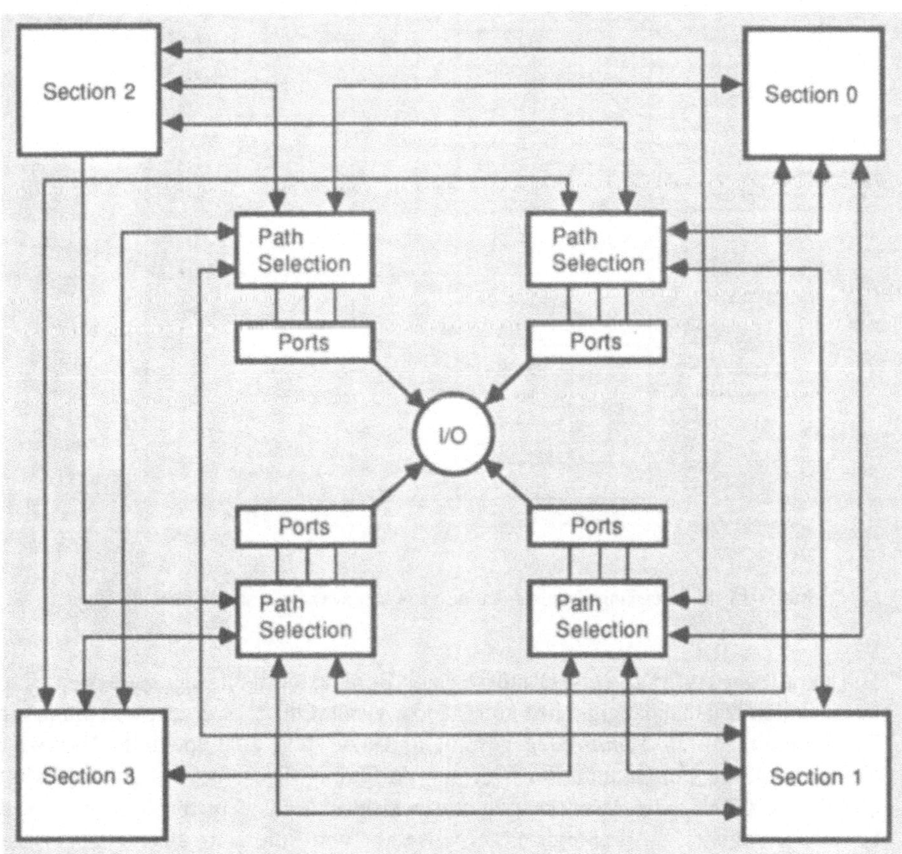

Bild 7-14 Speicherorganisation in der CRAY X-MP/4

Für die Kommunikation zwischen kooperierenden Prozessoren sind spezielle, Cluster genannte Hardware-Einrichtung vorgesehen (Bild 7-15). Zwei Prozessoren, die einen Auftrag gemeinsam ausführen, werden über eines der Cluster miteinander gekoppelt. Dies geschieht auf der Hardware-Ebene über die in Bild 7-15 angedeutete Kreuzschienen-Verbindungsstruktur und auf der Software-Ebene dadurch, daß das Betriebssystem die entsprechende Cluster-Nummer in den Task-Kontrollblock des gemeinsam ausgeführten Auftrags schreibt. Die Parallelisierung im Sinne des *Mikrotasking* muß der Programmierer vornehmen. Dazu gibt es im CRAY-Fortran Direktiven, die von einem Vorübersetzer in die entsprechenden Anweisungen an das Betriebssystem und die Hardware umgewandelt werden. Der Vorübersetzer setzt auch die entsprechenden Semaphor-Befehle in den Code ein.

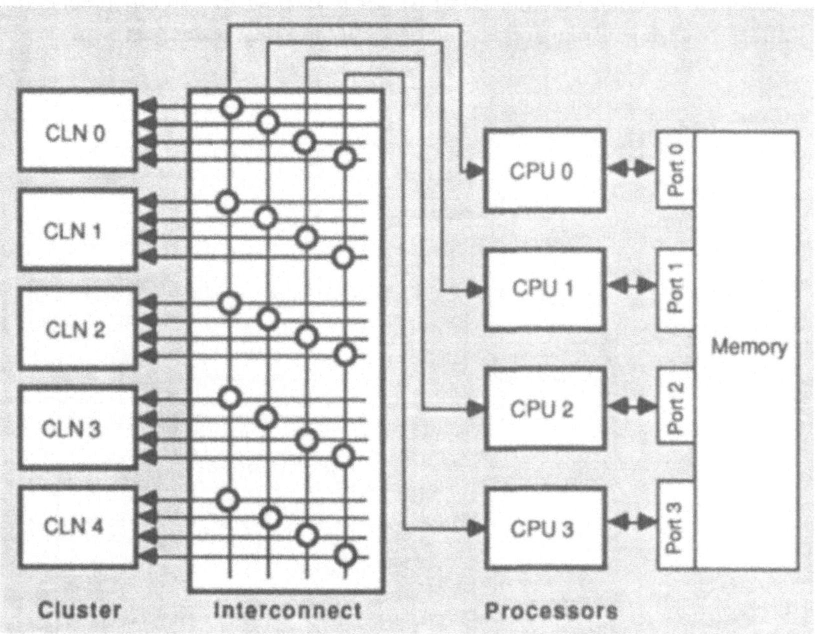

Bild 7-15 Mikrotasking-Kommunikation zwischen zwei Prozessoren über ein Cluster

Die parallelen Aufträge (*tasks*) müssen zur Berücksichtigung der zwischen ihnen bestehenden Datenabhängigkeiten aufeinander synchronisiert werden, was durch eine Verriegelung durch *Semaphore* geschieht. Dazu steht eine spezielle Hardware-Einrichtung, die *Communication Unit* zur Verfügung. Diese besteht aus 5 Moduln, CLN0 bis CLN4, die *Cluster* genannt werden. Jedes Cluster besteht aus 32 Semaphoreregister, 8 Adreßregister zur Übergabe von Adressen von einem Prozessor zum anderen und 8 Skalarregister zum Austausch von Werten. Spezielle Befehle wie TEST-AND-SET und CLEAR erlauben die effiziente Benutzung der Semaphoreregister.

7.7 Die Programmierung von Vektormaschinen

Vektormaschinen unterscheiden sich in ihrem Operationsprinzip von den von-Neumann-Maschinen dadurch, daß sie Skalare zwar wie jene verarbeiten, daneben aber auch noch Vektoren als Datenstrukturtypen der Maschine darstellen und als Einheit verarbeiten können. Ein Vektor wird dabei als eine Anzahl von zusammenhängenden (konsekutiven) Speicherplätzen definiert; d.h. im Gegensatz zu den Datenstruktur-Architekturen (Kapitel 8.3) gibt es keinen Unterschied zwischen der logischen Struktur des Datenobjekts *Vektor* und seiner Speicherdarstellung. Die Vektoren werden in der Vektormaschine durch *Deskriptoren* beschrieben, die von der Hardware interpretiert werden können. Im einfachsten Falle genügt dazu die Angabe einer Anfangsadresse (eines Zeigers) und der Vektorlänge.

Dadurch, daß Vektoren und Vektoroperationen als Maschinen-Datentypen zur Verfügung stehen, kann man bereits auf der Maschinenebene komplexe Algorithmen durch einen einzigen Maschinenbefehl aufrufen, d.h. ohne auf die beim sequentiellen Rechner notwendigen Programmschleifen. Als Beispiel betrachten wird die Addition von zwei Vektoren

C := A + B

auf der CYBER 200 [KAS 79]. Hierzu werden zunächst die Deskriptoren für die Vektoren A,B und C (Deskriptoren sind ein spezieller Datentyp der Maschine) durch den Aufruf deklariert:

```
DESCRIPTOR AD,
DESCRIPTOR BD,
DESCRIPTOR CD,
```

Durch die Zuweisungen

```
ASSIGN AD,A(1:N),
ASSIGN BD,B(1:N),
ASSIGN CD,C(1:N),
```

werden dann die Vektoren A, B und C mit der Länge N erzeugt, und es werden ihnen Deskriptoren zugewiesen. Die Anweisung für die komponentenweise Addition der Vektoren A und B und die Zuweisung des Resultats zu C kann dann in der folgenden einfachen Form gegeben werden

```
CD = AD + BD
```

Diese Erweiterung skalarer Operationen auf Vektoren durch komponentenweise Anwendung heißt *äußeres Produkt* oder *Vektorprodukt*. Daneben gibt es das *innere Produkt* oder Skalarprodukt, welches der üblichen Vektor- oder Matrixmultiplikation entspricht. Das heißt, es wird zunächst komponentenweise multipliziert und dann über die Teilprodukte aufsummiert. Man nennt solche Operationen auch *Reduktionen*.

Vektormaschinen können daneben eine Reihe von *Strukturoperationen* ausführen, die nicht neue Datenwerte produzieren, sondern neue Strukturen durch Auswahl oder Zusammenfügen der Elemente gegebener Vektoren. Typische Strukturoperationen sind:

- **compress**
- **expand**

- **merge**
- **gather**

Die **compress**-Operation ist eine Selektionsoperation, die durch Auswahl von Elementen eines Quellvektors einen Zielvektor bildet, wobei die relative Ordnung der Elemente erhalten bleibt. Die Auswahl wird durch einen booleschen Vektor vorgegeben, der von gleicher Länge wie der Quellvektor ist. Eine 1 im booleschen Vektor zeigt an, daß das entsprechende Element (gleicher Position) im Quellvektor in den Zielvektor zu übernehmen ist ; eine 0 zeigt an, daß das entsprechende Element nicht im Zielvektor auftreten soll (vgl. die entsprechende Operation von APL [GIL 77]). Die **compress**-Operation erlaubt es, *sparse vectors* effizient zu verarbeiten. Damit wird nicht nur die Speicherung von Elementen eines Zahlenvektors, die null oder näherungsweise null sind, umgangen, sondern es wird auch verhindert, daß auf solchen insignifikanten Werten Operationen überhaupt erst ausgeführt werden.

Die **expand**-Operation bewirkt das Inverse der **compress**-Operation, d.h. es wird jetzt ein kleinerer Quellvektor auf einen größeren Zielvektor expandiert. Auch hierzu ist wieder ein boolescher Vektor anzugeben, dessen Länge jetzt gleich der Länge des Zielvektors ist, und der so viele Einsen enthält, wie der Quellvektor lang ist. Die Einsen zeigen an, an welche Stellen des Zielvektors die Elemente des Quellvektors in der gegebenen Reihenfolge einzufügen sind. An den Stellen, an denen im booleschen Vektor Nullen stehen, werden im Zielvektor (numerische) Nullen eingesetzt. Auch diese Operation wurde von APL übernommen.

Als Argumente der **merge**-Operation werden zwei Quellvektoren und ein boolescher Vektor angegeben. Die Anzahl der Einsen im booleschen Vektor muß der Länge des ersten Quellvektors entsprechen und die Anzahl der Nullen der Länge des zweiten Quellvektors. Die Länge des Zielvektors ist gleich der Länge des booleschen Vektors, d.h. gleich der Summe der Längen der Quellvektoren. Für jede 1 im booleschen Vektor wird an die entsprechende Stelle im Zielvektor ein Element des ersten Quellvektors (in der gegebenen Ordnung) eingesetzt, für jede 0 ein Element des zweiten Quellvektors.

Die **gather**-Operation erlaubt die beliebige Auswahl von Elementen eines Quellvektors aufgrund einer vorgegebenen Indexmenge (eines Vektors von Indexzahlen). Die Konstruktion des Zielvektors, der die gleiche Länge wie der Indexvektor hat, erfolgt derart, daß die durch die Indexzahlen benannten Elemente des Quellvektors in der Ordnung, in der die Indexahlen im Indexvektor auftreten, zum Zielvektor aneinandergefügt werden. Mit der **gather**-Operation läßt sich zum Beispiel jetzt auch aus einer Matrix, deren Elemente zeilenweise in einem Quellvektor aufgereiht sind (*row major order storage*) jeder beliebige Spaltenvektor auswählen. Allerdings ist zu beachten, daß die **gather**-Operation (wie auch z.B. die **compress**-Operation) immer konsekutiv auf den Elementen des Quellvektors ausgeführt wird; d.h. das Überspringen eines Elements kostet genau so viel Zeit wie das Auswählen.

Zur Illustration betrachten wir eine quadratische Matrix der Dimension NxN, deren N^2 Elemente zeilenweise in einem Vektor abgespeichert seien. Für die Auswahl eines Spaltenvektors sind dann N^2 Taktzeiten nötig, für die Auswahl aller N Spalten somit N^3 Taktzeiten; d.h. die Transposition einer NxN-Matrix kostet ebensoviel wie z.B. N^3 Additionen. Dennoch kann diese Arbeitsweise trotz der vielen Leertakte immer noch einer entsprechenden Skalarverarbeitung vorzuziehen sein.

Eine wichtige Erweiterung der Vektoroperationen ist die Einführung *triadischer Operationen*, die es erlauben, bei der komponentenweisen Verknüpfung zweier Vektoren die Elemente eines der beiden Vektoren noch mit einem (konstanten) Skalarwert zu verknüpfen, also z. B. die Operationskomplexe

<Vektor> + <Skalar>*<Vektor> oder (<Vektor>+<Skalar>) * <Vektor>

in einem Schritt auszuführen. Solche Kombinationen sind typisch bei Aufgaben der linearen Algebra [KAS 79].

Bereits für die CYBER 203 gab es eine entsprechende Fortran-Erweiterung, die es dem Programmierer erlaubte, die genannten Maschinenoperationen innerhalb des Fortran-Programms aufzurufen. Inzwischen sind diese Operationen (und noch andere) in Fortran90, das ja einige Züge von APL übernommen hat, enthalten.

Die Programmiersprache der Vektormaschinen wie der CRAY kann aber auch in dem vollständig skalaren Fortran77 vorgenommen werden, das ja keinerlei Konstrukte für die Array-Verarbeitung enthält. In diesem Falle wird das in Fortran77 geschriebene Programm zunächst beim Übersetzen "vektorisiert" und dann auf die Vektoroperationen der Maschine abgebildet. Vektorisierende Compiler haben inzwischen einen hohen Reifestand erreicht, so daß es auf diesem Gebiet keine ungelösten Probleme mehr gibt: Ein guter vektorisierender Compiler erzeugt einen ähnlich guten Code, wie es der Benutzer von Hand vermag. Damit lassen sich auch alte Programme, die für einen sequentiellen Rechner geschrieben wurden ("*dusty deck software*") auf der Vektormaschine ausführen. Dies gilt allerdings nicht für die Parallelarbeit mehrerer Pipeline-Prozessoren wie in der CRAY-X MP, da dies eine Spracherweiterung in der Form von Compiler-Direktiven erforderlich macht.

7.8 Konzepte der ILLIAC IV als Beispiel eines RE-Arrays

7.8.1 Grundstruktur

Bild 7-16 zeigt die Grundstruktur eines Rechensystems, welches aus einer Anordnung von Recheneinheiten (*RE-Array*) besteht. Diese Architekturform hat vielfach die Phantasie der Rechnerarchitekten beschäftigt, aber bis vor wenigen Jahren kaum wirklich benutzbare Ausprägungen erfahren. Eine solche entstand erst mit der Connection Machine CM2, die inzwischen eine größere Verbreitung gefunden hat.

Ausgangspunkt für diese Architekturform war der *Solomon*-Rechner [Bea 62], der Anfang der sechziger Jahre an der *University of Illinois* entstand. Solomon ist eine Matrix von 1-Bit-Rechenelementen (RE), die alle unter der Kontrolle einer zentralen Steuereinheit (CU) stehen. Die Matrix hat die Dimension 32 x 32, d.h. das gesamte System umfaßt 1024 Rechenelemente. Jedes RE besitzt einen kleinen privaten Speicher mit einer Kapazität von 4096 Bit. Die darin gespeicherten Daten können nur von dem zugeordneten RE verarbeitet werden. Das auszuführende Solomon-Programm residiert in der zentralen Steuereinheit, die es interpretiert und danach die REs der Matrix entsprechend aktiviert. In jedem gegebenen Zeitpunkt können alle REs dieselbe Operation auf einem Operanden ausführen, der in allen RE-Speichern dieselbe Adresse hat. Die einzige Autonomie der REs besteht darin, daß sie sich von einer Operationsausführung suspendieren können. Jedes RE kann mit seinen vier unmittelbaren Nachbarn verkehren; die Rand-REs, die weniger als 4 Nachbarn haben, nutzen die vorhandenen Verbindungen zur Ein/Ausgabe. Die CU hat keinen Zugriff auf die privaten Speicher der REs. Sie kann aber Befehle und Daten zu allen REs gleichzeitig senden. Dadurch wird vermieden, daß gemeinsam benutzte Konstanten in den RE-Speichern gespeichert werden müssen. Der Haupteinwand gegen Solomon war neben dem sehr großen Aufwand die Umständlichkeit des Datenaustauschs zwischen den REs bzw. den REs und den Peripheriegeräten sowie der CU.

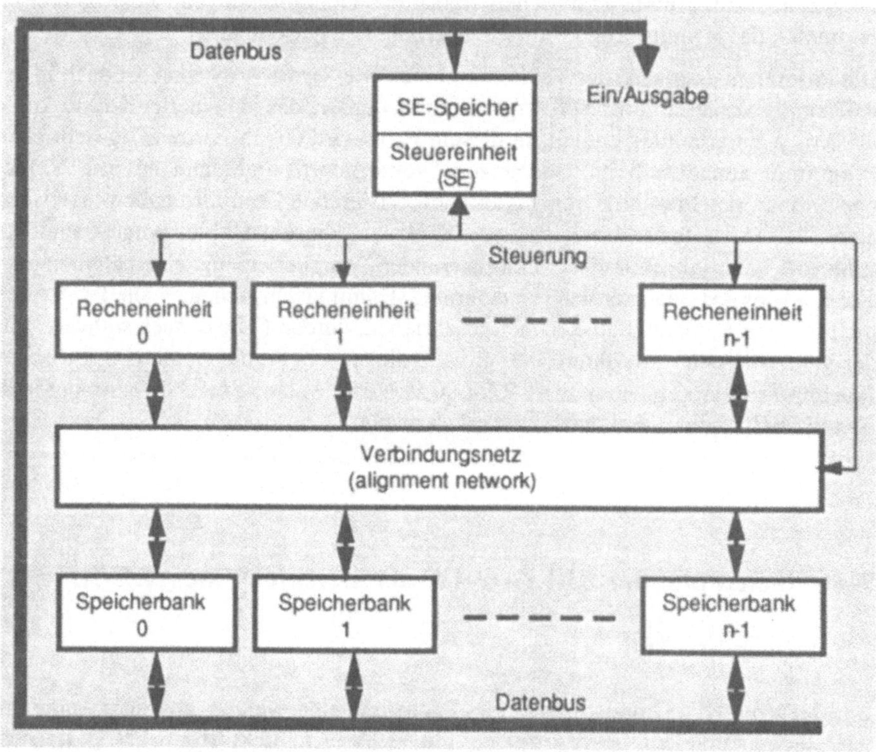

Bild 7-16 Grundstruktur der aus einer Anordnung von Recheneinheiten bestehenden Architektur

Der erste Supercomputer, der als Anordnung von Recheneinheiten ausgeführt war, war der ILLIAC IV [KUC 78], [McI 70]. Gegenüber dem Solomon-Rechner stellte der ILLIAC IV eine wesentliche Verbesserung dar. Die Matrixdimensionen wurden gegenüber Solomon halbiert (16x16); die Rechenleistung der REs wurde auf andererseits stark gesteigert; jeder RE erhielt den Operationsumfang eines wortbreiten Allzweck-Prozessors. Wie im Solomon, so kann auch im ILLIAC IV jedes RE mit seinen 4 Nachbarn Daten austauschen, darüber hinaus aber auch unmittelbar mit der Ein/Ausgabeperipherie. Die zentrale Steuereinheit hat Zugriff zu den privaten Speichern der REs, deren Kapazität 2048 64-Bit-Wörter groß ist.

Bild 7-17 gibt eine makroskopische Übersicht über die Struktur des ILLIAC IV. Das System besteht aus 4 Untermatrizen. Jede Untermatrix besteht aus 8x8 Rechenelementen. Jede Untermatrix, auch *Quadrant* genannt, hat eine eigene Steuereinheit (CU), und die vier CUs des Systems stehen wiederum unter der Kontrolle einer zentralen Steuereinheit. Es wurde nur ein einziger ILLIAC IV gebaut, der auch nur aus einem (statt der geplanten vier) Quadranten bestand.

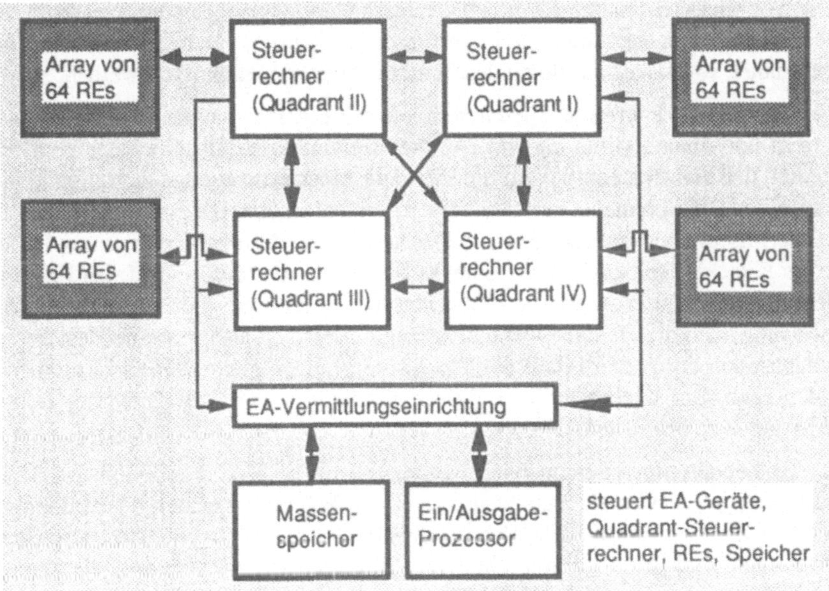

Bild 7-17 Blockbild der ILLIAC IV

7.8.2 Die Organisation der ILLIAC IV

Verarbeitungseinheiten

Jedes RE besteht im wesentlichen aus einer ALU, einem 18-Bit-Indexregister, vier 64-Bit-Datenregistern und acht 1-Bit-Statusregistern. Zwei der Datenregister (A- und B-Register) nehmen die Operanden einer zweistelligen Operation auf. Das Ergebnis wird in das A-Register geschrieben. Das S-Register dient als schnelle Zwischenspeicherzelle, d.h. zur Aufnahme von Zwischenresultaten. Schließlich gibt es ein R-Register, welches als Tor zum Datenaustausch mit den vier Nachbar-PEs dient.

Zu diesem Zweck ist das R-Register einer Verarbeitungseinheit PE_i direkt mit den R-Registern der Verarbeitungseinheiten PE_{i+1}, PE_{i-8}, PE_{i-1} und PE_{i+8}, $1 \leq i \leq 64$, verbunden. Man kann sich die 64 64-Bit-R-Register einer 8x8 Matrix von PEs zu einem einzigen, 4096bit langen Register zusammengeschaltet denken. Der Befehl "Verschiebe um 1 nach rechts" bewirkt dann, daß der *gesamte* Inhalt des 4096bit langen Registers um 64 Bitpositionen nach rechts rotiert wird. Dadurch übergeben *alle* PEs gleichzeitig den Inhalt ihres R-Registers an ihren rechten Nachbarn (die PE-Matrix erscheint somit periodisch fortgesetzt). Soll jeder PE den Inhalt seines R-Registers an seinen linken Nachbarn übergeben, so geschieht dies durch eine 64-Bit-Linksrotation; sollen die Inhalte an die unteren Nachbarn übergeben werden, so ist eine 512-Bit-Rechtsrotation durchzuführen, usf. Eine solche Verschiebung um eine bzw. acht PE-Positionen erfolgt in etwa 100 Nanosekunden.

Alle PEs eines Quadranten führen in jedem gegebenen Zeitpunkt dieselbe Operation aus. Die einzige Autonomie des PEs besteht darin, daß es sich in Abhängigkeit von einem von ihm errechneten Resultatwert abschalten kann (z.B. beim Negativwerden eines Wertes oder bei einer Division durch Null, usw.). Hat sich ein PE einmal abgeschaltet, so kann es nur durch den Steuerrechner wieder aktiviert werden.

Jedes PE verfügt über eine Speichereinheit mit einer Kapazität von 2048 64-Bit-Wörtern und einer Zykluszeit von 240 Nanosekunden (Dünnschichtspeicher). Das bedeutet, daß alle PEs parallel auf die Elemente einer Datenmenge zugreifen können, vorausgesetzt, die Elemente verteilen sich entsprechend über die einzelnen PE-eigenen Speicher. Es ist aber nicht so, daß alle PEs den Operanden eines bestimmten Rechenschritts unter der selben Speicheradresse holen müssen; dafür sorgt das PE-eigene Indexregister. Zwar erhalten alle PEs nach wie vor von dem Steuerrechner mit einer Anweisung auch die gleiche Operandenadresse. Diese ist aber nur eine Basisadresse, die dann noch durch den Inhalt des PE-eigenen Indexregisters (additiv) modifiziert werden kann. Ein solches Indizierungsschema ist besonders geeignet, um Vektoren und Matrizen zu bearbeiten.

Die PEs können entweder im 64-Bit- oder im 32-Bit-Modus arbeiten. Im 32-Bit-Modus wird jedes Wort als 2 unabhängige 32-Bit-Wörter betrachtet, die beide etwa in derselben Zeit wie ein 64-Bit-Wort verarbeitet werden können. Die ausführbaren Operationen sind die 4 Grundrechenarten (Gleitpunkt-Operationen), die üblichen logischen Operationen und der Shift.

Steuereinheit

Die Steuereinheit besitzt zwei eigene Speicher mit je einer Kapazität von 64 64-Bit-Wörtern. Diese Speicher heißen *Programmvorschau-Speicher* (*program look-ahead*, PLA) und *lokaler Speicher* (*local memory*, LM). Ferner enthält sie eine einfache arithmetische Einheit (logische Operationen, Festpunkt-Addition und -Subtraktion), die hauptsächlich zur Durchführung von Adreßrechnungen dient.

Für den Datenverkehr zwischen der Steuereinheit (CU) und den PEs bestehen folgende Möglichkeiten.

(1) Die CU sendet ein 64-Bit-Wort gleichzeitig an alle PEs. Dieses Wort kann seinen Ursprung in der arithmetischen Einheit der CU oder in seinem lokalen Speicher haben. Empfänger kann jedes der Datenregister der PEs sein.

(2) Die CU sendet ein 64-Bit-Wort aus, aber so, daß das erste Bit zum ersten PE, das zweite zum zweiten PE, und so fort übertragen wird. Empfänger sind in diesem Falle jeweils eines der 1-Bit-Statusregister (*mode register*) des PE. Auf diese Weise können PEs aktiviert oder deaktiviert werden.

(3) Die CU empfängt in umgekehrter Weise Statusinformationen von den PEs (1 Bit von jedem PE).

(4) Die CU empfängt Daten aus dem Speicher eines beliebigen PE, und zwar entweder wortweise oder in Blöcken von S Worten (der Blocktransfer dauert kaum länger als der Worttransfer). Ziel des Transfers kann entweder der lokale Speicher oder der Programmvorschau-Speicher sein.

Das ILLIAC IV-Befehlswort ist 32 Bit lang. Das bedeutet, das ein Speicherwort zwei Befehle enthalten kann. Der gesamte PLA der Steuereinheit kann als eine Befehls-Warteschlange aufgefaßt werden, die bis zu 128 Befehle enthalten kann. Programmschleifen, die nicht mehr als 128 Befehle umfassen, können somit ohne Referieren der PE-Speicher abgearbeitet werden. Ferner sind die 64 Wörter des Programmvorschau-Speichers in 8 Abschnitte von je 8 Wörtern unterteilt. Wenn die Befehlsinterpretation in der Steuereinheit beim 5. Wort eines Abschnitts angelangt ist, dann prüft ein Vorausschau-Mechanismus, ob sich die nachfolgenden Befehle bereits im nachfolgenden Abschnitt befinden. Ist dies nicht der Fall, so werden sie vorsorglich schon geholt, wobei der älteste gespeicherte Befehlsabschnitt zerstört wird (LRU-Mechanismus). Die Vorausschau wird wie immer durch Verzweigungsbefehle gestört.

Wird bei der Befehlsinterpretation durch die Steuereinheit eine Operation erkannt, die durch das PE-Array auszuführen ist, so erzeugt ein Mikroprogramm-Steuerwerk die entsprechende Folge von Mikrobefehlen, die dann an die PEs ausgesandt wird. Ist der Befehl eine Indexoperation oder ein Sprungbefehl, so wird er in der Steuereinheit selbst ausgeführt. Das gleiche gilt für Adreßrechnungen.

Ein/Ausgabe-Prozessor

Alle Ein/Ausgabegeräte, der Sekundärspeicher, sowie die Hintergrundspeicher werden von einem Ein/Ausgabe-Prozessor verwaltet. Der Ein/Ausgabe Prozessor enthält auch das Betriebssystem einschließlich des Compilers für die speziell für den ILLIAC IV entwickelte höhere Programmiersprache (TRANQUIL). Es bietet sich damit der Einsatz eines Allzweckrechners als Ein/Ausgabe-Prozessor an (im ausgeführten System ist dies ein *Burroughs*-Rechner vom Typ 6500).

7.8.3 Programmierung der ILLIAC IV

Im folgenden wollen wir die Programmierung des ILLIAC IV etwas näher betrachten, da diese das Urbild der Programmierung nach dem Prinzip der Schleifen-Parallelisierung darstellt. In der Tat hat der im folgenden betrachtete Konstrukt SIM (für "simultan") im Prinzip die gleiche Wirkung, wie die späteren Konstrukte **pardo** oder **dotogether**.

Zur Programmierung des ILLIAC IV wurde eine eigene höhere Programmiersprache, TRANQUIL, entwickelt [KUC 68]. Diese Sprache kann als eine Obermenge von ALGOL 60 angesehen werden, in der auch gewisse Züge von PL/I zu finden sind. An und für sich war nicht daran gedacht, eine neue höhere Programmiersprache zu kreieren, sondern TRANQUIL wurde als einen Satz von Datentyp-Deklarationen, Operationen auf diesen Datentypen und Kontrollkonstrukten gesehen, durch die der Benutzer die von ihm bevorzugte Programmiersprache erweitern können sollte. Eine vollständige syntaktische Definition von TRANQUIL findet man in [BMW 67].

Deklarationen

Neben der Typendeklaration von Konstanten und Variablen kann auch nur deren Wortlänge (8, 32 oder 64 Bit) angegeben werden. Das gleiche gilt für die Typendeklaration der Elemente (homogener) Arrays. Bei der Array-Deklaration kommt naturgemäß noch die Dimensionsangabe hinzu, sowie ferner — als Spezifikum von TRANQUIL — die Angabe darüber, ob die Elemente des Array zeilenweise (*row major order*) oder in der in Abschnitt 7.4.4 behandelten, in Bild 7-5 illustrierten verschobenen Ordnung (*skewed order*) über die PE-Speicher verteilt werden sollen (das Prinzip der verschobenen Speicherung war für den ILLIAC IV erfunden worden). Im ersten Falle schreibt der Benutzer zusätzlich zu der Array-Deklaration das Schlüsselwort STRAIGHT, im zweiten Falle schreibt er SKEW.

Felder, die nicht in das Array von PE-eigenen Speichern passen, müssen zerlegt werden, und die dabei erhaltenen Unterfelder müssen so neu zusammengepackt werden, daß das entstehende neue Feld in die Speichermatrix paßt. Die Tatsache, daß beim *skewed storage* der Spaltenzugriff ebenso schnell wie der Zeilenzugriff ist, erlaubt es, beim Zusammenpacken gewisse Unterfelder zu transponieren, damit sie sich besser zusammenfügen lassen. Bild 7-18 veranschaulicht dies. Das Zerlegen und Neupacken eines Arrays ist normalerweise Aufgabe des Compilers. Der Programmierer verfügt jedoch auch über Partitionierungs-Deklarationen, durch die er Felder in Unterfelder zerlegen kann.

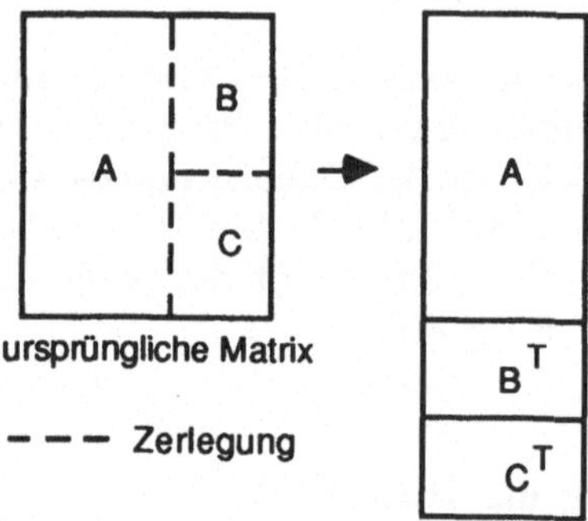

Bild 7-18 Zerlegung und Neupacken einer Matrix

Operationen

Neben den gängigen logischen und arithmetischen Operationen auf Skalaren enthält TRANQUIL die (von PL/I her bekannte) Erweiterung skalarer Operationen auf Felder oder (durch Indizierung ausgewählte) Unterfelder durch komponentenweise Anwendung. Eigentliche Array-Operationen gibt es nicht. Als Besonderheit sei die Möglichkeit erwähnt, Indexmengen zu erzeugen und mit deren Hilfe Elemente von Arrays beliebig auszuwählen.

Kontrollkonstrukte

Für zeitsequentielle und raumsequentielle Iterationen stehen verschiedene Varianten des FOR-Konstrukts zur Verfügung. Es sei I_k, $1 \leq k \leq n$, eine Indexmenge und i_k eine

Indexvariable, die nacheinander alle Werte von I_k annehmen kann. S möge eine Anweisung bzw. ein Programmsegment bezeichnen. In TRANQUIL lassen sich dann die folgenden Iterationsschemata programmieren. Wir geben zuerst die syntaktische Form an und erläutern dann die Operation.

FOR i_k SEQ I_k DO S;

Gewöhnliche zeitsequentielle Iteration. S wird c_k-mal ausgeführt, wobei c_k die Mächtigkeit von I_k bezeichnet; d.h. es wird abgebrochen, nachdem i_k alle Werte von I_k durchlaufen hat.

FOR (i_1, ... , i_n) SEQ (I_1, ... , I_n) DO S;

Zeitsequentielle Iteration über mehrere Indexgrößen. S wird c_{min}-mal ausgeführt, wobei c_{min} = MINIMUM (c_1, ... , c_n). Im ersten Schritt hat i_1 den Wert des ersten Elements von I_1, ... , i_n den Wert des ersten Elements von I_n, und so fort, bis das letzte Element der Indexmenge mit der kleinsten Mächtigkeit erreicht worden ist.

FOR (i_1, ..., i_n) SEQ (I_1* ... *I_n) DO S;

Zeitsequentielle Iteration über Kreuzprodukt von Indexmengen. Das n-Tuple (i_1,...,i_n) nimmt nacheinander alle Werte des kartesischen Produkts (I_1x(I_2x(... x(I_n)))) an.

Beispiel:
```
I1 = (2, 4, 6, ... , 30); I2 = (5, 10, 15, ... , 50);
FOR (i1, i2) SEQ (I1 * I2) DO
    A[i1, i2] = B[i2, i1]
```

Die durch die Indexmenge spezifizierten Elemente von B^T werden in A gespeichert.

Die folgenden Iterationsanweisungen erlauben es, die Parallelverarbeitungsmöglichkeiten der Maschine zu nutzen. Der Aufbau der Datenwege, die Indizierung und die Kontrolle des Arbeitsmodus der PEs ist in die Implementierung dieser Konstrukte eingeschlossen.

SIM BEGIN (S_1; ... ; S_p) END;

Einfacher Simultanablauf. Die Anweisungen oder Programmsegmente S_1,...,S_p werden für alle i≠j parallel ausgeführt. Die Segmente S_i benutzen keine gemeinsamen Variablen.

FOR i SIM I DO S;

Simultanablauf mit einer Indexgröße. Sei S eine Folge von r Anweisungen, d.h. S = (S_1,..., S_r), und sei J∈ [1:r]. Dann läßt sich die Wirkung dieser Anweisung auch als Kombination einer zeitsequentiellen (SEQ) mit einer ortssequentiellen (SIM) Iteration angeben, d.h. man kann auch schreiben:

FOR j SEQ J DO FOR i SIM I DO S_j;

Im j-ten Schritt der zeitsequentiellen Iteration wird simultan $S_j(i_1)$, $S_j(i_2)$, ... , $S_j(i_m)$ berechnet, wenn m die Mächtigkeit der Indexmenge I ist.

Beispiel:
```
FOR i SIM (1,2, ... ,m) DO A[i] = A[i—1];
bedeutet: SIM (A[1] = A[0], A[2] = A[1], ... ,A[m] = A[m—1])
```

FOR (i_1, ... , i_n) SIM(I_1, ... , I_n) DO S;

Simultanablauf mit mehreren Indexgrößen: Wie zuvor, nur mit mehreren Indexgrößen.

Beispiel:
```
FOR (i,j) SIM ((1, 3, 5), (2, 4, 6)) DO
A[i] = B[j];
```
bedeutet
```
SIM (A[1] = B[2];
     A[3] = B[4];
     A[5] = B[6]);
```

FOR (i_1, ... , i_n) SIM (I_1 * ... * I_n) DO S;

Simultanablauf über dem Kreuzprodukt von Indexmengen: Damit läßt sich ein mehrdimensionales Feld auf einen Schlag bearbeiten (das Beispiel zeigt die Multiplikation zweier Matrizen).

Beispiel:
```
FOR (i,j) SIM (I * J) DO
BEGIN C[i,j] = 0;
      FOR k SEQ (1, ... , n) DO
        C[i,j] = C[i,j] + A[i,k]*B[k,j]
END;
```

IF { ANY / ALL } R THEN S1 ELSE S2;

Anweisung für bedingte Programmverzweigungen: R ist eine Relationsoperation, deren Ergebnis ein boolescher Wert ist. Das besondere hieran ist, daß sich die Relationsoperation auf Felder beziehen kann, wobei dann die Komponenten gleicher Position in beiden Feldern in Relation gesetzt werden. (Beispiel: X und Y seien Vektoren der Länge n. X≤Y bedeutet dann: $\forall i \in [1:n]$: $x_i \le y_i$.) Im Falle ANY genügt es, wenn eine dieser Relationen wahr ist (disjunktive Verknüpfung), im Falle ALL müssen alle Relationen wahr sein (konjunktive Verknüpfung).

7.9 Die Connection Machine CM2

Die *Connection Machine* CM2 der Firma *Thinking Machines* ist ein moderner Vertreter der Architekturform, die aus einer Anordnung von Recheneinheiten besteht. Die Maschine umfaßt im Maximalausbau 4 Quadranten mit je 16K Rechenelementen (RE). Jeder Quadrant wird von einem eigenen Mikroprogrammsteuerwerk mit Instruktionen versorgt. Das System kann bis zu 4 Vorrechner enthalten, deren Aufgabe es ist, die Benutzerschnittstelle bereitzustellen, die Programme zu übersetzen und den Verkehr mit der Peripherie (Sekundärspeicher, Netzwerk) durchzuführen (Bild 7-19). Die Vorrechner sind handelsübliche Arbeitsplatzrechner (Sun).

Die REs sind 1-Bit-ALUs, d.h. sie arbeiten bitseriell. Jedes RE hat einen lokalen Speicher mit einer Kapazität von 4 Kbyte. Ferner besitzt es ein Statusregister (*flag register*), welches auch von außen zugänglich ist. Über das Statusregister kann das Mikroprogrammsteuerwerk z.B. ein RE von der Ausführung des allen gemeinsamen Befehls ausschließen (inhibieren). 16 REs sind zusammen mit der Hardware für die

Datenweg-Vermittlung (*router*) und 4 Speicherbänken mit je 16 Kbyte auf einem Chip untergebracht. Ein Quadrant besteht damit aus 1024 solcher Cluster mit 16 REs.

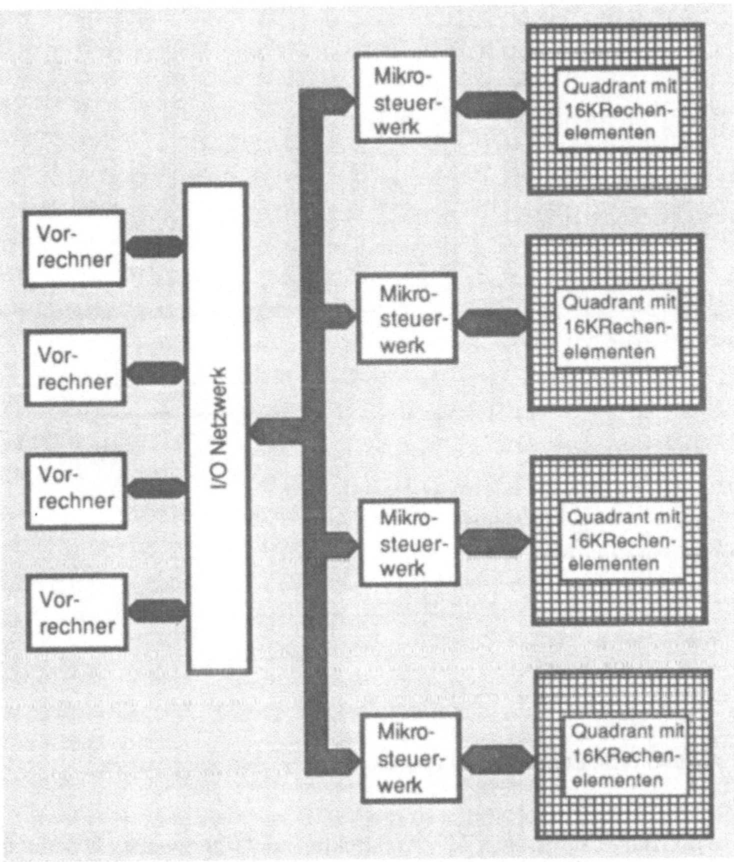

Bild 7-19 Blockbild der ursprünglichen Connection Machine

Bild 7-20 zeigt das Blockbild eines Clusters und eines Rechenelements (RE) des Clusters. Die Rechenelemente können wahlweise auf zwei Wegen miteinander verbunden werden, durch das NEWS-Gitter oder durch einen Hypercube.

Das NEWS-Gitter ist ein zweidimensionales, rechteckiges Gitter der Dimension 8K*8K, durch das jedes RE genau mit seinen 4 nächsten Nachbarn (links, rechts, oben, unten) verbunden wird. Bei Anwendungsalgorithmen mit sehr starker Lokalität der Verbindungen — z.B. einer Verbindung nur mit den nächsten Nachbarn im Gitter — ist diese Verbindung sehr schnell. Grundsätzlich können über das Gitter auch weiter entfernte REs angesprochen werden, wobei aber dann die dazwischen liegenden REs die Weitervermittlung der Nachricht nach dem *store-and-forward*-Verfahren übernehmen müssen. Damit steigt die Übertragungszeit einer Nachricht linear mit der Anzahl der dazwischen liegenden REs an; die Kommunikation kann somit für weit auseinander liegende REs verhältnismäßig ineffizient werden.

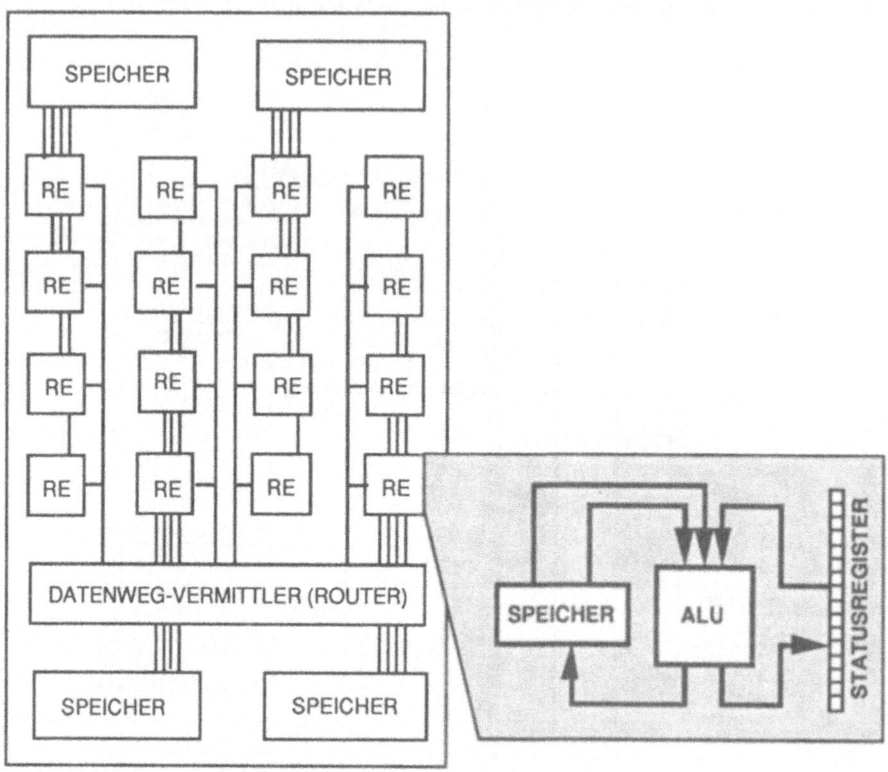

Bild 7-20 Blockbild eines Clusters und eines Rechenelements der CM2

Aus diesem Grunde stellt die CM2-Architektur noch ein zweites Verbindungsnetz bereit, welches die Topologie eines 16-dimensionalen Würfels (*hypercube*) hat. In dem Hypercube-Verbindungsnetz wird das *worm hole routing*-Verfahren angewandt, bei dem die Übertragungszeit in erster Näherung unabhängig von der Distanz der Verbindung ist. Die Hypercube-Verbindung kostet damit bei kurzer Distanz mehr Zeit als die Gitter-Verbindung, bei längerer Distanz ist sie jedoch günstiger. Die Entscheidung, welche Verbindungstopologie genommen werden soll, trifft der Benutzer .

Die *Connection Machine* war ursprünglich als Maschine für nichtnumerische Anwendungen konzipiert, wie z.B. Anwendungen der künstlichen Intelligenz [HIL 85]. Dem entspricht auch die ursprüngliche Idee, Lisp als die hauptsächliche Sprache des Rechners zu verwenden. Es ergaben sich dann aber große Schwierigkeiten mit Lisp, was letztlich die Tatsache widerspiegelt, daß Lisp-Programme einer Parallelisierung erhebliche Schwierigkeiten entgegensetzen. Es zeigte sich ferner, daß es für einen solchen nichtnumerischen Supercomputer kaum einen Markt gab.

Seitens der Firma *Thinking Machines* wurde dieser Erkenntnis durch Weiterentwicklung der *Connection Machine* zu einem numerischen Supercomputer Rechnung getragen. Die Weiterentwicklung bestand darin, die 64K 1-Bit-Rechenelemente der

Connection Machine durch 64-Bit-Gleitpunktprozessoren zu ergänzen. Insgesamt enthält die vollbestückte CM2 2K Gleitpunkt-Prozessoren, d.h. einen Gleitpunkt-Prozessor auf je 32 REs. Die Gleitpunkt-Prozessoren wurden mit Bausteinen der Firma *Weitek* realisiert. Die Rolle des RE reduziert sich damit darauf, die Parallelarbeit der Gleitpunkt-Prozessoren zu steuern und die Datenkommunikation zwischen ihnen durchzuführen. Damit wurde die Connection Machine primär zu einem "*number cruncher*", d.h. einem Supercomputer für numerische Anwendungen. Die hauptsächlichen Programmiersprachen sind Fortran und C*, das ist eine speziell für die *Connection Machine* entwickelte, durch Vektorkonstrukte erweiterte Version der Sprache C. Der inzwischen erfolgte breitere Einsatz der CM2 als numerischer Rechner weist diesen gegenwärtig als einen der leistungsfähigsten Supercomputer auf dem Markt aus.

Literatur zu Kapitel 7

[BaK 71] Budnik P.P., Kuck D.J.: The Organization and Use of Parallel Memories, IEEE Trans. Computers C-20,12 (Dec. 1971), 1566-1569

[BaM 89] Behr P., Montenegro S.: The SUPRENUM Node Computer, in Jesshope/Reinartz(eds.): *CONPAR 88*, Cambridge University Press 1989, 18-26

[Bea 62] Ball J.R. et al.: Use of Solomon Parallel Processing Computer, *Proc. AFIPS FJCC 1962*

[BMW 67] Budnik P., Muraoka Y., Wilhelmson R.: Syntax and Semantic Specification for a High-Level Language on ILLIAC IV, Dept. of Computer Science, University of Illinois, Doc. 158, 1967

[GIL 77] Giloi W.K.: *Programmieren in APL*, DeGruyter, Berlin 1977

[GIL 89] Giloi W.K.: The SUPRENUM Architecture, in Jesshope/Reinartz(eds.): *CONPAR 88*, Cambridge University Press 1989, 10-17

[HaB 84] Hwang K., Briggs F.A.: *Computer Architecture and Parallel Processing*, McGraw-Hill, International Edition 1984

[HaJ 81] Hockney R.W., Jesshope C.R.: *Parallel Computers* (1st Edition 1981, 2nd Edition 1988), Adam Hilger, Bristol and Philadelphia 1988

[HaT 72] Hintz R.G., Tate D.P.: Control Data STAR 100 Processor Design, *Proc. COMPCON 1972*, 1-4

[HIL 85] Hillis W.D.: *The Connection Machine*, MIT Press, Cambridge, Mass. 1985

[KAS 79] Kascic M.J.: Vector Processing on the CYBER 200, in: Infotech State of the Art Report "Super Computers", Infotech International, Maidenhead, UK 1979

[KOG 81] Kogge P.M.: *The Architecture of Pipelined Computers*, McGraw-Hill, New York 1981

[KUC 68] Kuck D.J.: ILLIAC IV Software and Application Programs, IEEE Trans. Computers C-17,8 (Aug. 1968), 758-770

[KUC 78] Kuck D.J.: *The Structure of Computers and Computations*, John Wiley & Sons, New York 1978

[McI 70] McIntyre D.E.: An Introduction to the ILLIAC IV Computer, Datamation, April 1970, 60-67

[RaL 77] Ramamoorthy C.V., Li H.F.: Pipeline Architectures, Computing Surveys 9,1 (March 1977), 61-102

[RUS 78] Russel R.M.: The Cray-1 Computer System, Comm. ACM 21,1 (Jan. 1978), 63-72

8 Typenkennung, Datenstruktur-Architekturen, Sprach-Architekturen

8.1 Architekturen mit Typenkennung

Ein Rechner, bei dem auf der Hardware-Ebene die verschiedenen in ihm existierenden Datentypen gekennzeichnet sind, nennen wir eine *Architektur mit Typenkennung* (*tagged architecture*). Die Kennzeichnung kann dabei durch zusätzliche Kennbits (*tags*) in jedem Speicherwort erfolgen. Handelt es sich dabei um die Datentypen einer höheren Programmiersprache bzw. der in ihr geschriebenen Anwendungsprogramme, so sprechen wir von einer *Datentypen-Architektur*. Werden insbesondere Datenstrukturtypen eingeführt, so sprechen wir auch von einer *Datenstruktur-Architektur*. Die im vorhergehenden Kapitel betrachteten Vektormaschinen stellen eine einfache Form einer Datenstruktur-Architektur dar.

8.1.1 Vorteile der Typenkennung

In der von-Neumann-Maschine werden Befehle und Daten nicht unterschieden. Es gibt vielmehr nur eine einzige Form der Informationsdarstellung: die *binären Speicherzellen-Inhalte*. Diese Informationseinheit kann einer Menge von sehr allgemeinen Operationen unterworfen sein, und im Prinzip können diese Operationen ebenso auf Befehle wie auf Daten angewandt werden — eine Möglichkeit, auf deren Gebrauch man aus guten Gründen nicht nur verzichtet [WEG 71], sondern die man in modernen Architekturen sogar unterbindet. Auf der anderen Seite hat es unverkennbare Vorteile, die Informationseinheiten in einem Rechner für die Hardware bezüglich der Informationstypen, die sie repräsentieren, kenntlich zu machen. Ein unmittelbar ins Auge fallender Vorteil ist, daß dadurch das gesamte Rechnersystem, das wir in Abschnitt 1.4 als eine Software-Hardware-Hierarchie von abstrakten Interpretationssystemen dargestellt haben, konsistenter wird.

Nach dem Modell von Abschnitt 1.4 sieht der Programmierer nur die oberste Ebene, die der höheren Programmiersprache: das ist eine Sprache, die nicht nur reich an verschiedenartigen Datentypen ist, sondern in der man aus Sicherheitsgründen die einzelnen Typen säuberlich unterscheidet. Eine solche typenmäßig strukturierte Sprache muß dann durch die weiteren Ebenen der Hierarchie hindurch im Falle des von-Neumann-Rechners auf eine völlig typenlose Maschine abgebildet werden, was mit einem gewissen Verwaltungsaufwand verbunden ist. Ein wesentlicher Teil des Compilers und des Laufzeitsystems ist speziell dazu da, die hardwaremäßig unspezifischen Speicherzellen-Inhalte der von-Neumann-Maschine nach Bedarf als Befehle, Adressen, Ganzzahlen, Gleitpunktzahlen, Zeichen, usw. zu identifizieren.

Bei den stark typisierten Programmiersprachen mit statischer Typenkennung können alle Typenkonsistenz-Prüfungen vom Compiler und damit zur Übersetzungszeit vorgenommen werden; sie verschlechtern somit nicht das Laufzeitverhalten. Anders ist es bei Sprachen mit dynamischer Typenbindung, d.h. typengesteuerter Operationsausführung, wie in z.B. Lisp oder Prolog. Bei diesen Sprachen müssen bei der Ausführung die aktuelle Typenzugehörigkeiten der Variablen festgestellt werden. Dies verlangsamt die Programmausführung entscheidend, es sei den, die Typenkennung wird auf der Hardware-Ebene mitgeführt. Um dem Leser einen Begriff von der Typenvielfalt zu geben, an die man dabei denken kann, geben wir in Tabelle 8-1 eine in [FEU 73] zu findende Übersicht wieder.

Tabelle 8-1 Mögliche von der Rechnerhardware unterschiedene Datentypen

Bezeichnung	Bedeutung
int	Ganzzahl einfacher Genauigkeit
real	Ganzzahl doppelter Genauigkeit
long int	Gleitpunkt-Zahl einfacher Genauigkeit
long real	Gleitpunktzahl doppelter Genauigke it
complex	Komplexe Zahl einfacher Genauigkeit
long complex	Komplexe Zashl doppelter Genauigke it
undef	Typ ist undefiniert
mixed	Gemichte Typen
char	Zeichen
bool	Bitkette
vec	Vektor
ref	Zeiger (Adresse)
label	Marke
matrix	Matrix
svec	Dünn besetzter Vektor (sparce vect or)
sll	Einfach verkettete Liste (singly linked list)
dll	Doppelt verkettete Liste (doubly l inked list)
stack	Keller
queue	Warteliste
ms	Maschinenzustand (machine state)
msg	Nachricht (message) von ... an ...
ipt	Unterbrechung (interrupt)
evt	Ereignis (event)
ps	Parameter-Menge (parameter set)
proc	Zeiger auf Prozedur-Umgebung (proc edure environment)
name	Variablennamen
id	Identifikator eines Prozesses oder Benutzers
instr	Befehl
file	Datei
formal	Formaler Parameter
sema	Semaphor
garbage	Garbage

Eine Typenkennung in der Hardware ist damit entscheidend bei Sprach-Architekturen für Sprachen mit dynamischer Typenbindung und typengesteuerter Operationsausführung. Darüber hinaus bietet sie allgemein Vorteile beim Aufbau von Datenstrukturtypen auf Maschinenebene, bei der Vereinfachung des Maschinenbefehls-Satzes durch typengesteuerte Operationsausführung, bei der hardwaremäßigen Unterstützung von Betriebssystemfunktionen, und bei der so wichtigen Aufgabe der Datensicherung und des Datenschutzes. Diese Vorteile wurden in [FEU 73] ausführlich erörtert, wobei viele der von *Feustel* angeführter Anwendungen heute effizienter durch den segmentierten Speicher mit Typenkennung der Segmente erledigt werden.

8.1.2 Typengesteuerte Befehlsausführung

Die Datentypen-Kennung erlaubt es, mit einer minimalen und übersichtlichen Menge von Befehlen auszukommen. Als Beispiel mögen die arithmetischen Befehle dienen, bei denen es im Falle einer Typenkennung genügt, für die Durchführung einer bestimmten Grundrechenoperation wie Addition, Subtraktion, Multiplikation, Division unabhängig vom Typ der Operanden (Ganzzahl oder Gleitpunktzahl einfacher oder doppelter Genauigkeit) einen einzigen Befehl vorzusehen. Die Anweisung A+B kann in diesem Falle vier verschiedene Operationen bedeuten, je nach dem Typ der Operanden. Man kann dieses Prinzip noch weiter treiben und zum Beispiel unter der Anweisung A+B die Ausführung der Addition auf den Wertepaaren zu verstehen, die aus den Elementen gleicher Position zweier Vektoren gebildet werden (Vektorerweiterung einer skalaren Operation durch komponentenweise Anwendung), falls die Operanden als vom Typ **vector** gekennzeichnet sind.

8.1.3 Unterstützung der Mechanismen höherer Programmiersprachen

Die Möglichkeit, Datenstrukturtypen aufzubauen und für die Rechnerhardware als solche manipulierbar zu machen, sowie die Möglichkeit, alle vom Programmierer getroffenen Typenvereinbarungen in die interne Informationsdarstellung der Maschine zu übernehmen, unterstützt, wie bereits ausgeführt, den Prozeß der Abbildung der Konstrukte einer höheren Programmiersprache auf die der Maschine und fördert eine fehlerfreie Ausführung.

Feustel führt noch weitere Möglichkeiten der hardwaremäßigen Unterstützung bei der Ausführung von HLL-Konstrukten an. So kann man daran denken, in einem speziellen Datentyp **label** eine Befehlsadresse mit einem Kontext-Zeiger (*context pointer*) zusammenzufassen. Der Umgebungszeiger bezeichnet dabei einen Eintrag in einer speziellen Liste, in dem alle Information zur Herstellung einer bestimmten Umgebung nach der Ausführung des Sprungbefehls enthalten ist [JOH 71]. Auf diese Weise kann zum Beispiel die Implementierung von *event-driven constructs* wirkungsvoll unterstützt werden. In der Tat wird ein solcher Mechanismus auch bei den dynamischen Datenflußmaschinen wie auch bei manchen vielfädigen Architekturen angewandt. In ähnlicher Weise könnte ein Datentyp **parameter_set** den Prozedurmechanismus einer höheren Programmiersprache und seine fehlerfreie Anwendung unterstützen.

8.1.4 Unterstützung des Betriebssystems

Warteschlangen, Keller und Listen sind Datenstrukturen, die innerhalb eines Betriebssystems besonders häufig verwendet werden. Die Kennzeichnung des Datentyps **queue** unterstützt die Warteschlangen-Manipulation durch die Rechnerhardware. Das gleiche gilt für die Keller, die zur Programmausführung benutzt werden oder die sich der Programmierer anlegt. Es ist daher auch nur folgerichtig, daß solche *tagged architectures* wie zum Beispiel die *Burroughs B5200/B6200* [ORG 73] ausgiebig von Hardwarekellern Gebrauch machen. Eine Typenkennung, die den Typ **stack** einschließt, unterstützt die Organisation der Kellermaschine. Daß die Einführung einer Typenkennung die Realisierung von ereignisgesteuerten Programmkonstrukten (*event-driven constructs*) einfacher und sicherer macht, wurde bereits erwähnt. Dies kommt auch dem Betriebssystem, das solche Mechanismen ja benötigt, zugute. Wie in Kapitel 4 dargelegt, macht insbesondere die Realisierung der *Capability*-Adressierung die Einführung eines Kennbits unabdingbar, da *Capabilities* von anderen Informationseinheiten auf der Hardware-Ebene unterschieden werden müssen.

Es gibt darüber hinaus noch weitere Fälle, in denen eine Datentyp-Kennung auf der Hardware-Ebene entscheidende Vorteile bei der Betriebssystem-Implementierung bieten kann. Um dies zu zeigen, betrachten wir als Modell die Schichten eines wohlstrukturierten Betriebssystem-Kerns für einen *eindringsicheren Rechner*, das ist ein Computer, bei dem ein unauthorisierter Eingriff in die Systemsoftware unmöglich gemacht wird [Rea 78]. Dieser Kern ist nach Tabelle 8-2 durch eine Hierarchie von nach außen abgekapselten Softwaremoduln gegeben. Das heißt, die Moduln auf einer gegebenen Ebene der Hierarchie sind nur aus Moduln der darunter liegenden Ebenen aufgebaut, aber niemals aus Moduln einer darüber liegenden Ebene. Die Realisierung eines solchen Betriebssystem-Kerns bedarf einer hardwaremäßige Kennung geschützter Objekte. Eine Typenkennung unterstützt im PSOS-Betriebssystem (PSOS: *provable secure operating system*) [Rea 78] die folgenden Funktionen:

- Zugriffsrecht-Kontrolle (*capabilities*, Ebene 0)
- Management von abstrakten Datentypen (Ebene 5)
- Speicherverwaltung (*storage management*, Ebene 3)
- Fehlersuche zur Laufzeit (*debugging*, keine Kernfunktion).

Das Management von abstrakten Datentypen (*type manager*) ist mit dem Problem der Zugriffsrecht-Kontrolle eng verwandt, insbesondere dann, wenn es sich um parametrisierte und qualifizierte Datentypen handelt. Ein vom Betriebssystemkern benutzter abstrakter Datentyp **stack** mag zum Beispiel so parametrisierbar sein, daß zum einen Keller erzeugt werden können, die Prozessor-Statuswörter enthalten und zum anderen Keller, die Programmadressen (Marken) enthalten. Die Zugriffsrechte mögen so festgelegt sein, daß das Betriebssystem in beiden Fällen alle O- und V-Funktionen uneingeschränkt aufrufen kann. Der Benutzer der Maschine kann hingegen im Falle des Kellers von Programmadressen nur die Funktionen **push**, **pop** und **top** aufrufen (d.h. er kann einen solchen Keller zwar verändern, jedoch nicht erzeugen oder zerstören), während ihm im Falle des Kellers von Prozessor-Statuswörtern nur die V-Funktion **top** zur Verfügung steht, um damit aus dem erhaltenen Wert eine ganz bestimmte Information (z.B. den Befehlszählerstand) abzufragen.

Tabelle 8-2 Beispiel für die Schichtenstruktur eines Betriebssystemkerns [Rea 78]

Representation Level	Level	Primitive objects	Operations at this level	Concepts invisible above this level
Logical names	12	User commands	Command interpretar.	User environment formats. Command
	11	User environments	System commands. End user programs.	implementations.
	10	User processes and signals	Scheduling, inter process communication.	Fixed number of scheduled processe.s
	9	User name space	Handling of linkage faults and searching.	Linkage faults and linkage sections.
	8	Linkage tables	Linkage table management	Linkage section implementation
Logical addresses	7	Named objects	Use of directories and objects.	Uncatalogued objects.
	6	Directories (descriptorss)	Maintenance of directories and entries.	Directory implementation.
	5	Abstract types	Creation and deletion of new types and objects.	Backup (representation) of objects.
	4	Segments, revokation	Creation, deletion, revokation of segments.	Memory faults, storage addresses
Physical addresses	3		Memory fault handling, memory management.	Memory and I/O addresses.
	2		Dispatching, interrupt handling, synchroniz.	Processors, interrupts.
	1		Load, store, call, return, stack operations.	Effective address computation.
	0		Basic hardware, interrupt decoding	Hardware implementation.

Prinzipielle könnten Kennbits auch dazu dienen, die Speicherverwaltung zu unterstützen. Dies wird aber durch die heute übliche *Speichersegmentierung* in ökonomischerer Weise erreicht. Eine Speichersegmentierung und eine (begrenzte) Typenkennung der einzelnen Informationseinheit (z.B. im einzelnen Speicherwort) ergänzen sich sehr gut. Viele der in Tabelle 8-1 angeführten Typen lassen sich sogar zweckmäßiger in der Form typisierter Speichersegmente darstellen. Warum sollte man zum Beispiel bei einem Keller, der sich über Hunderte von Speicherwörtern erstreckt, in jedem dieser Wörter zum Ausdruck bringen, daß es einem als Keller definierten Datenobjekt angehört ? Es genügt ja, eine solche Kennzeichnung nur ein einziges Mal für den gesamten Speicherbereich des Kellers zu geben, der seinerseits als Segment definiert werden kann. Eine Typenkennung des einzelnen Speicherworts ist daher nur für die elementaren Typen der Maschine (*integer, real, boolean, character, pointer, instruction, capability, descriptor*, usw.) und auch nur bei Maschinen mit typengesteuerter Operationsausführung sinnvoll.

Eine Fehlersuche zur Laufzeit (*debugging*) besteht darin, die Ausführung einer Instruktion oder einer Folge von Instruktionen interpretativ verfolgen und dabei die Werte von Speicherplätzen oder die aufgerufenen Adressen ermitteln zu können. Auch dies kann durch Kennbits unterstützt werden, die jetzt dazu dienen, diejenigen Instruktionen zu kennzeichnen, die untersucht werden sollen. Dazu wird dem

Programmierer die Möglichkeit gegeben, solche Kennbits dynamisch, d.h. während der Programmausführung, zu setzen oder zu löschen. (Ein solcher Mechanismus wurde in dem R2-Computer der *Rice University* angewandt.) Ferner kann eine Typenkennung der Informationseinheiten einer Maschine natürlich auch dazu benutzt werden, etwaige Unvereinbarkeiten des Zugriffs zu einer Informationseinheit mit dem Zustand der Maschine zu erkennen. Wird eine Unvereinbarkeiten erkannt, so wird ein *Trap* herbeigeführt, d.h. die reguläre Programmausführung wird unterbrochen und statt dessen eine entsprechende Fehlerbehandlungsroutine aufgerufen.

8.1.5 Probleme der Typenkennung und Wege zu ihrer Überwindung

Die Vorteile einer Typenkennung sind gegenüber dem erhöhten Aufwand abzuwägen. Wendet man eine Anzahl zusätzlicher Kennbits in jedem Speicherwort auf, so erhöht sich der Speicheraufwand entsprechend. Auf der anderen Seite ist dieser Mehraufwand von einer ähnlichen Größe, wie man ihn für Fehlererkennung und -korrektur (EDC) im Speicher benötigt und kann sehr wohl die Sache wert sein.

Man kann den Speichermehraufwand vermeiden, indem man nur die Register des Prozessors um die k Kennbits breiter macht, nicht jedoch den Speicher [RAS 90]. Der Speicher muß seitenadressiert oder segmentiert sein. Die Typeninformation steht dann im Seitendeskriptor bzw. Segmentdeskriptor. Die Speicherverwaltung wertet die Typenkennung im Seiten- oder Segmentdeskriptor aus, erzeugt beim Lesen von Speicherwörtern automatisch die entsprechenden Kennbits und liefert diese mit dem gelesenen Wort mit. Dieser Weg, der in der Lisp-Maschine ULM beschritten wurde (s. unten), ist dann gangbar, wenn man einen eigenen Prozessor einschließlich seiner Speicherverwaltung entwerfen kann.

Das eigentliche Problem der Typenkennung entsteht dann, wenn man handelsübliche Prozessoren verwenden will. Diese Prozessoren sind dafür ausgelegt, 32-Bit- oder 64-Bit-Datenwörter zu handhaben, nicht jedoch zusätzliche Typenkennbits. In diesem Falle hilft nur das sogenannte *BEBOP-Verfahren.* Dieses Verfahren besteht darin, den gesamten Speicher in so viele Segmente aufzuteilen, wie man Typen hat, so daß man für jeden Typ genau ein Speichersegment erhält. Teilt man den Speicher zum Beispiel in 2^k Segmente auf, dann geben die k höchstwertigen Bits die Segmentnummer und damit auch den Typ an; d.h. die Typenkennung wird den vorderen Bits der Speicheradresse entnommen. Nachteil des BEBOP-Verfahrens ist, daß es zu einem verschwenderischen Umgang mit dem Speicher führen kann, da die typisierten Segmente u.U. nur in geringem Maße ausgenutzt werden.

8.2 Aufbau von Datenstrukturtypen, DRAMA-Prinzip

8.2.1 Das DRAMA-Prinzip

Die Typenkennung erlaubt es, Datenstrukturtypen aufzubauen, etwas, was in der von-Neumann-Maschine auf der Hardware-Ebene nicht möglich ist. Als Beispiel betrachten wir die typengesteuerte Ausführung eines Addierbefehls

ADD R <adr>

Der gleiche Befehl kann auf Skalaren (Bild 8-1A) wie auch auf Vektoren (Bild 8-1B) ausgeführt werden. Im skalaren Falle handelt es sich um eine Festpunkt- oder eine Gleitpunkt-Addition, je nach dem Wert der Typenkennung (schraffiert angedeutet). Die Darstellung eines Vektors geschieht mit Hilfe des speziellen Datentyps **vectordescriptor**. Bei der Vektorverarbeitung werden als Argumente des Befehls die Deskriptoren der Operandenvektoren referiert. Im Gegensatz zum Vektor selbst kann sein Deskriptor durch eine einzige Adresse aufgerufen werden.

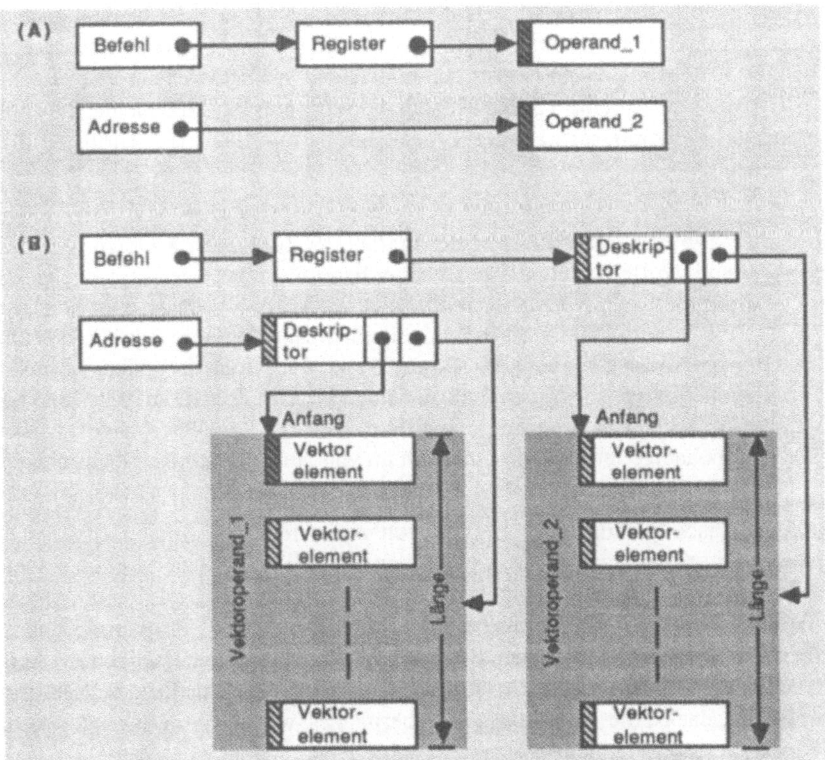

Bild 8-1 Unterschiedliche, typengesteuerte Ausführung des Assemblerbefehls ADD R <adr> (A) auf skalaren Operanden; (B) auf Vektoren

Ein Vektordeskriptor ist wie folgt definiert:

<Vektordeskriptor> ::= <Typenkennung> <Basisadresse> <Zahl der Elemente>

<Typenkennung> gibt hierbei den Datentyp der Vektorelemente an. Mit dieser Angabe und der im Deskriptor angegebenen Zahl der Elemente kann leicht die Anzahl der zu holenden, konsekutiv adressierten Speicherwörter berechnet werden. Damit Vektoren wirklich von der Rechnerhardware gehandhabt werden, ist es nötig, die konsekutiven Speicheradressen für den Vektor nicht wie in konventionellen Rechnern von der CPU berechnen zu lassen, sondern diese durch eine speziellen Hardware-Einrichtung, die wir *Adreßgenerator* nennen, zu erzeugen. Die Angaben im Vektordeskriptor dienen in diesem Falle also dazu, den Adreßgenerator zu initialisieren. Von da ab erfolgt das Holen der Vektorelemente automatisch. Wir nennen dies das *DRAMA-Prinzip* (DRAMA: *Descriptor Referenced Autonomous Memory Access*) [GIL 79].

8.2.2 DRAMA-Prinzip und Typenkennung

Typenkennung und DRAMA-Architekturen sind miteinander verwandt. Beide sind Realisierungen des Prinzips der selbst-beschreibenden Daten. Es bleiben dabei aber gewisse grundsätzliche Unterschiede bestehen, die wir im folgenden hier betrachten wollen. Dazu gehen wir vom Begriff der *von-Neumann-Variablen* aus und zeigen, daß das DRAMA-Prinzip eine völlige Abkehr von diesem Variablenbegriff vornimmt, während das Operationsprinzip der Typenkennung nur einen Teilschritt auf diesem Wege bedeutet.

Auf der Maschinenebene sind von-Neumann-Variablen "Behälter", die jeden beliebigen Informationstyp aufnehmen können, der in ihn paßt. Im Gegensatz dazu wird bei der Typenkennung die Benutzung dieser Behälter bereits auf der Hardware-Ebene nur für einen bestimmten Datentyp zugelassen. In der DRAMA-Maschine wird noch weiter gegangen: Für jedes Objekt wird individuell ein Deskriptor angelegt, der das Objekt vollständig spezifiziert, nach Art, Struktur, Größe, Art seiner Komponenten und dem Ort im Speicher, wo es im Augenblick zu finden ist. Der Zugriff auf ein Objekt eines Programms geschieht damit grundsätzlich nur über den Objektdeskriptor, und einen Behälter für beliebige Informationseinheiten im von-Neumann-Sinne gibt es nicht.

Tatsächlich besteht wie bei der von-Neumann-Maschine auch der Speicher einer DRAMA-Maschine aus einer Menge von adressierbaren Speicherplätzen, d.h. Behältern. Im Gegensatz zur von-Neumann-Maschine sieht der Benutzer bei der DRAMA-Maschine jedoch allenfalls diejenigen Behälter, die Deskriptoren enthalten; die Behälter hingegen, die die eigentlichen Datenobjekte eines Programms enthalten, bleiben ihm verborgen. Für den Benutzer repräsentieren die Objektdeskriptoren vollständig die Objekte, die sie beschreiben. Aus diesem Grunde kann der Deskriptor-Identifikator, das ist die Adresse des Speicherplatzes, wo sich der Deskriptor befindet, als Objektnamen verwendet werden.

In dieser Form ist das DRAMA-Prinzip sehr geeignet für die Darstellung von Datenstrukturtypen, jedoch ineffizient bei der Darstellung von skalaren Objekten. Dieser Nachteil läßt sich dadurch mildern, daß man bei skalaren Objekten anstelle der jetzt entfallenden Struktur- und Größenangaben und der dann überflüssigen Speicheradresse unmittelbar den Wert des skalaren Objekts im Deskriptor angibt. Es verbleiben damit im Deskriptor neben der Angabe des Werts des Objekts als einzige weitere Information die Objekt-Typenkennung. Ein solcher Deskriptor ist aber identisch mit der Darstellung einer skalaren Größe eines bestimmten Datentyps mit Typenkennung (*tags*), d.h. hier haben wir einen unmittelbaren Berührungspunkt zwischen beiden Architekturklassen. Allgemein ausgedrückt ist der Unterschied zwischen der von-Neumann-Architektur (mit oder ohne Typenkennung) und der DRAMA-Architektur der, daß der Benutzer bei der ersten die Speicherbereiche der Datenobjekte sieht, bei der zweiten aber nur die Objekte selbst.

Es liegt auf der Hand, daß man in einer DRAMA-Maschine bei der Spezifikation von Zugriffsrechten diese bzw. die darauf gegründeten *Capabilities* nicht auf Speichersegmente, d.h. die Behälter für irgendwelche zu schützenden Objekte bezieht, sondern auf die Objekte selbst. Da in einer DRAMA-Architektur der Objektzugriff immer über den Objektdeskriptor erfolgt, ist es ein sinnfälliger, den Objektschutz dadurch zu gewährleisten, daß man im Objektdeskriptor ein entsprechendes Feld für die Zugriffsrecht-Spezifikation vorsieht. Durch diese Maßnahme werden die Objekte jetzt Objekte eines eingeschränkten abstrakten Datentyps. Der Zusammenhang zwischen dem DRAMA-Prinzip und der *Capability*-Adressierung läßt sich jetzt leicht herstellen, indem man als Objektnamen eindeutige (einmalig verwendete) Identifikatoren einführt.

8.2.3 Beispiel einer DRAMA-Maschine

Die Möglichkeiten, die das Operationsprinzip der Architektur mit Typenkennung zur Darstellung gewisser Programmstrukturen oder Datenstrukturen auf der Ebene der Computerhardware bietet, wurden zum Beispiel von *Iliffe* ausführlich in einer Monographie [ILI 72] erörtert. *Iliffe* führt als einen der Datentypen seiner *Basic Language Machine* (BLM) einen Deskriptor für lineare Listen ein, den er *code word* nennt. Bild 8-2 zeigt das Format eines solchen Deskriptors. Die Deskriptoren werden im wesentlichen dazu benutzt, Baumstrukturen durch ein mehrstufiges Referenzschema über *code words* aufzubauen.

tag field	type field	number of memory locations	base address

Bild 8-2 Deskriptor in der Basic Language Machine

Als Beispiel hierfür zeigt Bild 8-3 eine auf diese Weise erzeugte Baumstruktur. In ihr werden Deskriptoren durch eine "0" gekennzeichnet, während der numerische Datentyp der Werte, die den Knoten des Baums zugeordnet sind, durch "1" gekennzeichnet ist. Die 0 im *tag field* bezeichnet Daten, die damit von anderen Informationsarten wie z.B. Programmcode unterschieden werden; Deskriptoren zählen in diesem Sinne zu den Daten. Zu jedem Knoten möge ein aus vier Speicherwörtern bestehendes Datenfeld gehören. Zur Bezeichnung des Zugriffspfads zu einem bestimmten Element der Struktur wird die übliche Punktnotation benutzt. So lautet zum Beispiel der Zugriffspfad zu dem im Programm P aufrufbaren Knotenelement C8 im

Raum C1: <P.C1.C3.C8>. Arrays werden auf Baumstrukturen abgebildet. Die Kennzeichnung von Informationseinheiten durch das *tag field* zusätzlich zu der Typenkennung im *type field* ist für die richtige Interpretation durch die Hardware notwendig. Zusätzlich kann durch die Kennzeichnung von Programmcodes verhindert werden, daß solcherart gekennzeichnete Speicherwörter geschrieben werden können.

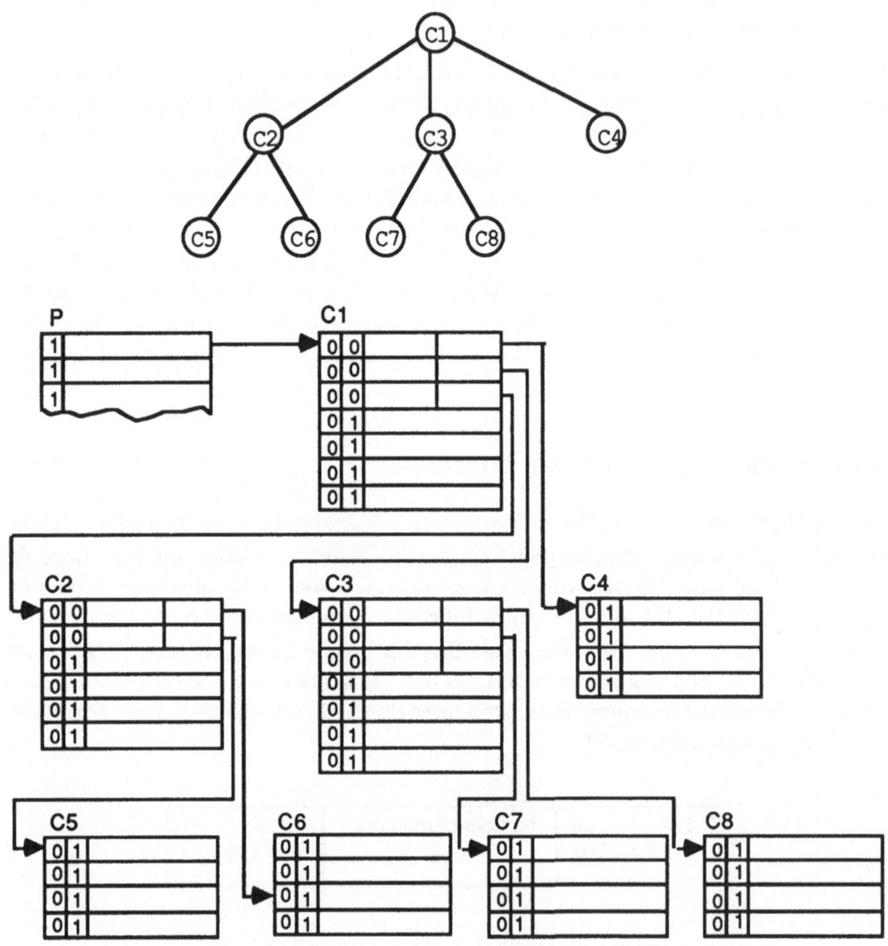

Bild 8-3 Baumstruktur (oben) und ihr Aufbau mit den BLM-Deskriptoren (unten)
tag = 0: data type = 0: code word (descriptor)
1: code (instructions) 1: numerical type

Man erkennt die starke Verwandtschaft dieses Prinzips mit der *Speichersegmentierung*. Iliffe weist in seiner Monographie [ILI 72, pp. 32 ff.] dann auch darauf hin, daß die Speichersegmentierung eine einstufige — und damit sehr grobe — Anwendung des BLM-Prinzips des Adressierungsbaums sei. Allerdings können wir uns den meisten der dort getroffenen Schlußfolgerungen nicht anschließen. Es scheint uns vielmehr, daß zu dem frühen Zeitpunkt (um 1970) die Speichersegmentierung noch nicht so ganz in dem Sinne, in dem sie heute hardwaremäßig realisiert wird (s. Kapitel 4.5) verstanden wurde. Das hier vorgestellte Verfahren des Aufbaus von Baumstrukturen durch *code words* wurde z.B. in den *Burroughs*-Rechnern angewandt. Es läuft letztlich auf eine mehrstufige indirekte Adressierung hinaus.

Die Realisierung des DRAMA-Prinzips birgt die Gefahr in sich, ineffizient zu werden, falls beim Zugriff auf ein Datum mehrere Indirektionsstufen zu durchlaufen sind. Im Extrem war dies der Fall bei dem in Kapitel 4.8 besprochenen Prozessor iAPX432, der zum Aufbau besonders sicherer Rechner entworfen wurde. Beim iAPX432 wird der Schutz der Programmobjekte durch Hierarchien von Zugriffsberechtigungslisten gewährleistet, die *bei jedem einzelnen Speicherzugriff* durchgegangen werden müssen, was natürlich sehr ineffizient ist. Das DRAMA-Prinzip bietet nur dann Vorteile, wenn man es mit komplexen Datenstrukturobjekten zu tun hat. Daß das richtig angewandte DRAMA-Prinzip erhebliche Leistungsvorteile bieten kann, zeigen die im folgenden behandelten Beispiele von Datenstruktur-Architekturen.

8.3 Datenstruktur-Architekturen

8.3.1 Allgemeines über Datenstruktur-Architekturen

Beim Operationsprinzip der *Datenstruktur-Architekturen* [GaB 78] wird auf Datenstrukturobjekte nicht elementeweise über Speicheradressen zugegriffen, sondern durch Berechnung geeigneter *Zugriffsfunktionen* deren Werte dann die Speicheradressen liefern. Zur Ausführung der Zugriffsfunktionen wird eine spezielle Hardware in der Form von *Adreßgeneratoren* bereitgestellt. Datenstrukturobjekte werden als ganzes adressiert und nicht als eine Menge von skalaren Speicherobjekten betrachtet, wie es beim von-Neumann-Rechner üblich ist. Vektorrechner mit einem Vektorbefehlssatz sind ein einfaches Beispiel einer Datenstruktur-Architektur; man kann aber, wie wir im folgenden zeigen werden, wesentlich weiter gehen.

Beispiele für Architekturentwürfe, in denen das verallgemeinerte Prinzip der Datenstruktur-Architektur angewandt wurde, sind unter anderem:

- der *STARLET*-Rechner (*Technischen Universität Berlin,* 1981, als Prototyp realisiert) [GaG 82], [GUE 82];
- die hybride Reduktionsmaschine (*Universität Kiel,* 1986) [SMI 86];
- die *ASTOR*-Maschine (*Universität Augsburg,* 1986) [UNG 86], [TUZ 88];
- die *DATYPAR*-Maschine (*Technischen Universität Berlin und GMD FIRST*, 1990, als Prototyp realisiert) [BaG 89], [BOT 92a];
- die LGDG-Datenflußarchitektur (*GMD FIRST,* 1989) [DAI 88].

Das Prinzip der Datenstruktur-Architektur hat sich auch als tragfähig zur Realisierung leistungsfähiger Spezialrechner erwiesen, z.B. für die Bildanalyse [GIL 90].

Die vorhergehende Diskussion hat aufgezeigt, daß eine allgemeine Methodik des Aufbaus komplexer Datenstrukturtypen aus standardisierten Grundbausteinen eine hierarchische Typenkennung erforderlich macht. Das bedeutet, daß man zusätzlich zu den Elementar-Datentypen, deren Objekte Skalare sind, auch *Datenstrukturtypen*, deren Objekte strukturierte Datenmengen sind, der Hardware kenntlich machen muß. Dies geschieht, wie bereits ausgeführt, durch *Deskriptoren*.

8.3.2 Definitionen

DEF: *Datenstruktur-Architekturen*

Datenstruktur-Architekturen sind Rechnerarchitekturen, bei denen bereits die unmittelbar von der Hardware bearbeiteten *Maschinen-Datentypen* komplexe *Datenstrukturtypen* sind.

DEF: *Datenstrukturtyp*

Ein Datenstrukturtyp ist definiert als eine Menge von Datenstrukturobjekten und den darauf definierten Operationen.

DEF: *Datenstrukturobjekt*

Ein Datenstrukturobjekt ist eine Menge von Daten mit einer darauf definierten Relation. Die Eigenschaften der Relation bestimmen die Datenstruktur.

DEF: *Variablen-Deskriptor*

Die spezielle Informationseinheit in der Maschine, die die Struktur-Spezifikation (möglicherweise in Verbindung mit einer Typenkennung für die Elemente der Struktur und anderen Angaben wie z.B. der Festlegung von Zugriffsrechten) liefert, nennen wir einen Variablen-Deskriptor oder kurz: Deskriptor.

Variablen-Deskriptoren kann man entweder als zusätzliche Datentypen zu den üblichen elementaren Datentypen (**real**, **integer**, ...) einführen, oder aber man kann sie als eine Zwischenschicht zwischen die Befehle und die Daten einfügen, d.h. den Zugang zu den Daten grundsätzlich nur über Dekriptoren ermöglichen. Ersteres gilt für die *tagged architectures*, letzteres für die DRAMA-Maschinen.

Bei den Datenstruktur-Architekturen treten damit Datenstrukturen als elementare Informationseinheiten der Maschine auf. Der übliche Variablenbegriff, der durch das geordnete Paar

Variable ::= (<Namen>, <Wert>)

gegeben ist, wird damit durch die zusätzliche Festlegung

Wert ::= (<Struktur-Spezifikation>,<Datendarstellung>)

erweitert. Die Strukturspezifikation kann durch einen *Deskriptor* gegeben werden, die *Datendarstellung* besteht üblicherweise in einem *Datenvektor*.

Anwendungs-Datentypen können in einer Datenstruktur-Architektur so dargestellt werden, daß man die Maschinen-Datenstrukturtypen als Darstellungen der Objekte des Anwendungs-Datentypes verwendet. Dieses Vorgehen ist in Bild 8-4 schematisch angedeutet. Die Darstellung eines Werts durch zwei weitgehend unabhängige Komponenten, der Struktur und der Datenmenge, implizieren zwei Arten von Transformationen: (1) Transformationen, die die Struktur verändern und (2) Transformationen, die die Daten verändern.

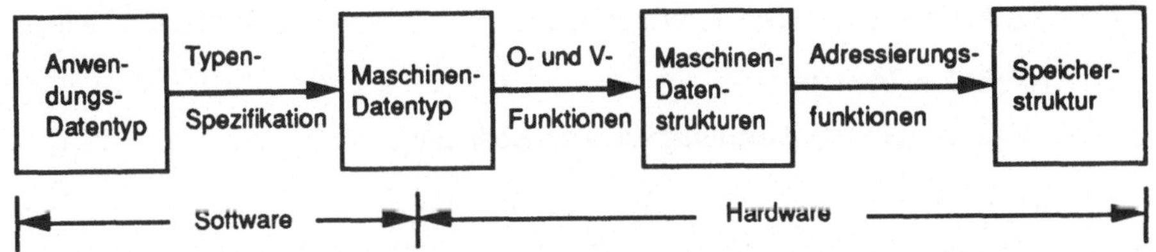

Bild 8-4 Darstellung von Anwendungs-Datentypen in einer Datenstruktur-Architektur

In den Operationen der Maschine auf strukturierten Werten kann die eine oder die andere Art allein vorkommen, oder beide Arten können kombiniert auftreten. Die Datenmenge ist an und für sich eine allgemeine, ungeordnete Menge. Da sie jedoch in irgendeiner Form im Speicher des Rechners gespeichert werden muß, erfährt sie durch die Art der Speicherung eine Ad-hoc-Ordnung. Diese Ordnung kann an sich willkürlich sein; man wird sich jedoch eines möglichst einfachen und ökonomischen *kanonischen Schemas* bedienen, das insbesondere auf möglichst einfache Adreßrechnungen führt. Das einfachste Schema ist das lineare Abspeichern unter konsekutiven Adressen, d.h. der *Datenvektor*. Ein Datenvektor der Länge L, gebildet aus den Elementen einer Menge S, wird definiert durch eine Zugriffsfunktion

$$\zeta: M \supset [b: b-1+[c*L]] \rightarrow S,$$

wenn M die Menge der Speicheradressen und $b \in M$ eine Basisadresse bezeichnet. c ist ein Faktor, der angibt, welches Vielfache oder welcher Bruchteil eines Speicherworts zur Speicherung eines Elements $s_i \in S$ benötigt wird.

Für ein r-dimensionales, rechteckiges und homogenes Feld A, dessen Komponenten Elemente $s_i \in S$ sind, führen wir die *Strukturbildungsfunktion* genannte bijektive Abbildung ein:

$$\sigma_r: N^r \rightarrow N, \quad N = \text{Menge der natürlichen Zahlen.}$$

Die Positionen in den r-Tupeln $(n_0,...,n_{r-1}) \in N^r$ seien die *Koordinaten* des Feldes genannt und r seine *Dimensionalität*. Für die Komponenten der r-Tupel möge gelten:

$$1 \leq n_i \leq d_i, \quad 0 \leq i \leq r-1$$

Die Maximalwerte d_i seien die *Dimension des Feldes in der i-ten Koordinaten* genannt, und das r-Tupel $(d_0, ... ,d_{n-1})$ ist der *Dimensionsvektor* des Feldes (*Tupel* und *Vektor* sind unterschiedliche Notationen desselben Begriffs). Durch die Angabe eines Dimensionsvektors ist die Struktur eines Feldes vollständig beschrieben. Dies gilt auch für *Strings*, die ja eindimensionale Felder sind. Damit läßt sich die Definition einer Feldvariablen konkretisieren:

Feldvariable ::= (<Dimensionsvektor>,<Datenvektor>).

Es sei in diesem Zusammenhang noch erwähnt, daß die Funktion ζ die *physikalische Struktur* der durch S repräsentierten Daten begründet, während σ_r die *logische Struktur* definiert. Um von den r-Tupeln $(n_0, ... n_{r-1}) \in N^r$ auf die Elemente $s_i \in S$ zu kommen, benötigen wir noch eine Abbildung

$$\alpha: N \rightarrow M,$$

die wir die *Adreßfunktion* nennen. Wir haben damit eine Folge von Transformationen:

$$N_r \rightarrow N \rightarrow M \rightarrow S,$$

die wir zu der *Indizierungsfunktion* genannten Abbildung

$$\zeta \circ \alpha \circ s_r: N^r \rightarrow S$$

zusammenziehen können und durch die der Zugriff auf die Elemente einer r-dimensionalen Struktur geliefert wird. In höheren Programmiersprachen treten die Indizierungs-r-Tupel gewöhnlich in der syntaktischen Form von einer dem Variablennamen angehängten Indexliste auf. Die Adreßfunktion α: N→M ist dabei zu spezifizieren:

$$\alpha(i) = b + [c^*i], \quad i \in N$$

Die Einführung einer *standardisierten Speicherabbildung* ($\alpha \circ \sigma$ bezeichnet den Verbund der beiden Funktionen)

$$\alpha \circ \sigma: N^r \rightarrow M$$

spezifiziert eine *kanonische Ordnung* für die Abbildung der Positionen der Struktur (gegeben durch N^r) auf die Positionen des zugehörigen Datenvektors. Beispiele für gängige kanonische Ordnungen für Matrizen sind:

- zeilenweise Speicherung (*row major order*)
- spaltenweise Speicherung {*column major order*)
- verschobene Speicherung (*skewed order*).

Eine Funktion, die nur strukturverändernd wirkt, kann durch die folgende, *Strukturoperation* genannte Abbildung bezeichnet werden:

$$s: N^t \rightarrow N^r,$$

Die Funktion s bildet Index-t-Tupel, durch die Komponenten eines Operandenfeldes identifiziert werden, auf Index-r-Tupel des Resultatfeldes ab. Beispiele für solche Strukturoperationen findet man in den Sprachen APL oder Fortran90.

Als Beispiel für einen Datenstrukturtyp betrachten wir den Typ **matrix**. Die Funktionen dieses Typs lassen sich in folgende Klassen einteilen:

- Deklarationen;
- Werteübertragung;
- Arithmetische Operationen;
- Vergleichsoperationen;
- Logische Operationen;
- Selektionsopertationen;
- Strukturoperationen;
- inneres Produkt;
- Zustandsabfragen.

Deklarationen erzeugen Datenobjekte des Typs **matrix**; d.h. erzeugt wird ein zweidimensionales Feld der in der Deklaration angegebenen Dimension, mit dem in der Deklaration angegebenen Namen, dessen Elemente von dem in der Deklaration angegebenen Elementartyp sind. Deklarationen können ohne oder mit Initialisierung erfolgen. Im letzteren Falle ist der Wert ebenfalls in der Deklaration angegeben. Alle Operationen außer den Deklarationen ohne Initialisierung sind automatisch mit einer Zuweisung verbunden.

Werteübertragung kopiert den Wert eines Datenobjekts und macht ihn zum Wert eines anderen Datenobjekts; d.h. die Operation, durch deren Anwendung auf das Quellobjekt der Wert des Zielobjekts hervorgeht, ist in diesem Falle die Identitätsoperation.

Arithmetische Operationen sind die vier Grundrechenarten, die auf zwei Matrizen komponentenweise ausgeführt werden, und zusätzlich noch die Negation. Je nach Typ des (der) Operanden handelt es sich dabei um Festpunkt- oder Gleitpunkt-Operationen.

Vergleichsoperationen sind zunächst die üblichen relationalen Operationen, die auf zwei Vektoren komponentenweise ausgeführt werden. Ferner gibt es die ⌈-Reduktion (kleinstes Element) und die ⌊-Reduktion (größtes Element).

Logische Operationen sind die üblichen Grundverknüpfungen **not, and, or,** zu denen noch **AND_reduction** (boolesches Produkt aller Elemente) und **OR_reduction** (boolesche Summe aller Elemente) kommen.

Selektionsoperationen ermöglichen die Auswahl von Untermatrizen, Zeilen- oder Spaltenvektoren, oder die Generierung eines Ergebnisvektors durch Aneinanderreihung (*concatenation*) von Elementen, die aus einer Operandenmatrix ausgewählt werden. Dabei entspricht die Ordnung der Elemente im Ergebnisvektor der Reihenfolge ihrer Auswahl aus der Operandenmatrix.

Reine *Strukturoperationen* erzeugen keine neue Werte, sondern ändern nur die Ordnung der Elemente. Ein Beispiel ist die Transposition einer Matrix. Strukturoperationen können aber auch in Kombination mit datentransformierenden Operationen definiert sein.

Inneres Produkt ist das übliche Skalarprodukt zweier Matrizen.

Zustandsabfragen schließlich erlauben es, den Elementetyp bzw. die Dimension der Matrix abzufragen .

8.3.3 Datenstrukturspeicher mit parallelem Zugriff

Ein *Datenstrukturspeicher* mit parallelem Zugriff [GRC 89] ist eine Speicherorganisation, die für einen bestimmten Datenstrukturtyp so konstruiert wird, daß ein optimierter, paralleler Zugriff auf die Elemente der Struktur ermöglicht wird. Optimierungsziele können dabei sein:

- eine möglichst hohen Zugriffsbandbreite zu erzielen
- eine möglichst einfache Adressierungsfunktion zu erhalten.

Bild 8-5 zeigt das Grundschema eines Datenstrukturspeichers [GRC 89]. Dieser besteht aus einer Anzahl von Speichermoduln, einem Adreßgenerator und einem Permutationsnetzwerk (s. Kapitel 10). Der Entwurf eines solchen Speichers hat das Ziel, einen parallelen Zugriff auf die Elemente der gespeicherten Datenstrukturen bei möglichst einfacher Adreßrechnung zu ermöglichen. Man kann Speicher für Arrays, Baumstrukturen oder andere Datenstrukturen entwerfen. Ein solcher Speicher findet seine Anwendung vorwiegend in Spezialrechnern, z.B. für die Bildverarbeitung. Nähere Einzelheiten sind der Monographie von *Gössel* et al. [GRC 89] zu entnehmen.

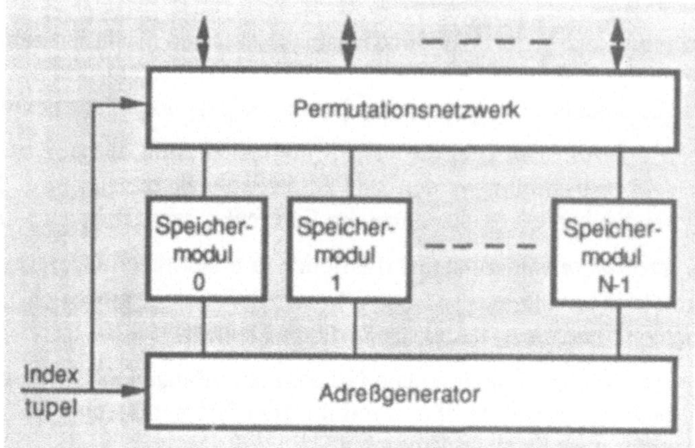

Bild 8-5 Grundschema eines Datenstrukturspeichers mit parallelem Zugriff

8.3.4 Beispiel einer frühen Datenstruktur-Architektur: STARLET

Die STARLET-Entwicklung hat eine Reihe weiterer Entwicklungen in den Vereinigten Staaten und in Deutschland beeinflußte. So kann z.B. der ASTOR-Rechner der *Universität Augsburg* [UNG 86],[TUZ 88] als eine bedeutsame Weiterentwicklung des STARLET angesehen werden kann.

Bild 8-6 zeigt das grundsätzliche Blockdiagramm der STARLET-Architektur. Diese besteht aus der *Betriebssystem-Maschine* und der *Programmausführungs-Maschine*, die gemeinsam auf einen globalen Multiport-Speicher zugreifen. Die Betriebssystem-Maschine führt alle Betriebssystemfunktionen aus wie: Ein/Ausgabe, Prozeßverwaltung und Steuerung der Programmausführungs-Maschine, einschließlich der Inter-Prozeß-Kommunikation und -synchronisation. Auf ihr werden auch die STARLET-Programme compiliert. Die Betriebssystem-Maschine unterscheidet sich im Gegensatz zur Programmausführungs-Maschine nicht von einem konventionellen Mikrorechner.

Die Programmausführungs-Maschine ist ein asymmetrisches Multiprozessorsystem mit den folgenden Komponenten:

- dem *Instruktionsprozessor* zur Verwaltung der Laufzeitumgebung und zur Interpretation der Befehle und Deskriptoren;
- den *Strukturprozessoren* — je einen für die beiden Operanden und einen dritten für das Resultat — zum Holen und Speichern der Datenstrukturobjekte bei gleichzeitiger Ausführung der Selektions- und Strukturoperationen;
- dem Datenprozessor zur Ausführung der wertetransformierenden Operationen.

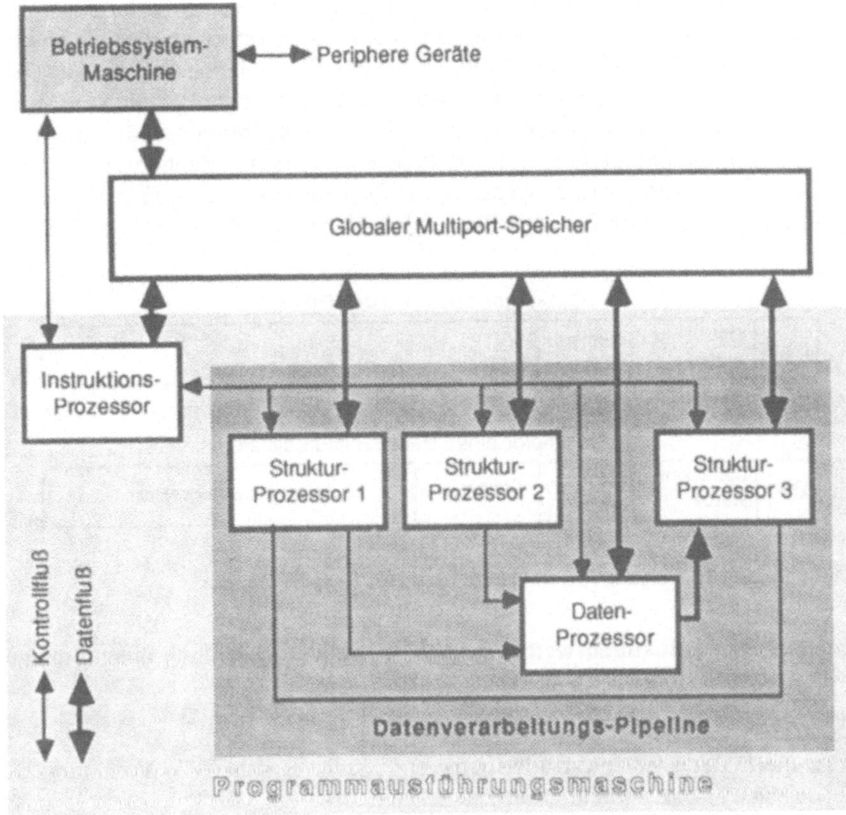

Bild 8-6 Prinzipielles Blockdiagramm des STARLET-Rechners

Strukturprozessoren und Datenprozessor bilden zusammen eine konfigurierbare, asynchron arbeitende Datenverarbeitungs-Pipeline. Die Prozessoren der Pipeline kommunizieren über bilaterale Puffer, welche durch eine geeignete Semaphor-Steuerung (*full-empty bits*) auch gleichzeitig für die hardwaremäßige Synchronisation der Kooperation dieser Prozessoren sorgen. Die Betriebssystem-Maschine, der Instruktionsprozessor und die Datenverarbeitungs-Pipeline arbeiten parallel. Eine Besonderheit sind die Strukturoperationen, bei denen es sich um ausschließlich auf Deskriptoren ausgeführten *Pseudooperationen* handelt. Es werden dabei keine Daten bewegt; vielmehr erfolgen Datenbewegungen vom oder zum Speicher erst bei den nachfolgenden wertetransformierenden Operationen, die den durch die Strukturoperation veränderten Deskriptor und damit eine veränderte Datenstruktur erhalten.

Im globalen Speicher können sich gleichzeitig Programme und Daten mehrerer Anwenderprozesse befinden. Durch Angabe eines aktuellen Prozeßindexes ordnet die Betriebssystem-Maschine der Programmausführungs-Maschine einen lauffähigen Anwenderprozeß zu. Der Zugriffsbereich der Programmausführungs-Maschine ist jeweils auf die Speicherbereiche des aktuellen Anwenderprozesses beschränkt.

Die Deskriptoren werden vom Compiler erzeugt und von den Strukturprozessoren interpretiert und manipuliert. Bild 8-7 gibt die Deskriptorformate des STARLET-Rechners an. Der Definitionsstatus gibt an, ob das Objekt bereits durch einen Wert initialisiert worden ist. Datenstrukturen sind homogene Mengen, so daß eine Typenangabe für alle Elemente genügt. Element-Typen sind: **integer, real, character, boolean, type,** und **identifier**. Der Typ **type** erlaubt es, Element-Typen selbst als Werte behandeln und somit Prozeduren zur Realisierung *generischer Datentypen* schreiben zu können. Der Typ **identifier** umfaßt Namen von Objekten.

Deskriptor eines skalaren Objekts

dim=1	Definitions-status	Element-typ	Wert

Deskriptor eines Datenstrukturobjekts

dim>1	Definitions-status	Element-typ	Dimension	Zeiger auf Datenvektor

Bild 8-7 Deskriptorformate im STARLET-Rechner

Komplexe Datenstrukturen werden gemäß Abschnitt 8.3.2 durch einen einzigen, universal anwendbaren Maschinen-Datenstrukturtyp

vector[<element_typ>,<dimension>]

repräsentiert. Der Elementtyp **identifier** ermöglicht es dabei, die Verkettung von Datenobjekten in Datenstrukturen auszudrücken.

Die Objekte eines STARLET-Programms — das sind Prozeduren und Datenobjekte — werden durch eine *lexikalische Adressierung*, d.h. durch Objekte vom Typ **identifier** (Namen) bezeichnet. Jeder solcher Name besteht aus einem Schlüsselteil und einer individuellen Kennung. Dadurch kann die Anwendung von Prozeduren auf solche Objekte beschränkt werden, die in ihrem Namen den gleichen Schlüssel haben. Damit wird der Kapselungsmechanismus *abstrakter Datentypen* realisiert.

Es liegt auf der Hand, daß die Programmiersprache eines Rechners mit so mächtigen Eigenschaften, wie sie der STARLET-Rechner aufweist, nicht in einer konventionellen höheren Programmiersprache wie Pascal, Modula2, C, usw. erfolgen kann, da die Maschinensprache des STARLET-Rechners eine sehr viel größere Abstraktionshöhe als diese Sprachen hat. Daher wurde eine eigene sehr hohe Programmiersprache, ASTRAL, definiert und ein Übersetzer dafür erstellt, der aber sehr einfach sein konnte, da viele Konstrukte von ASTRAL unmittelbar Konstrukte der Maschinensprache sind. Beim Entwurf der STARLET-Architektur bestand das Fernziel, diesen Rechner später als effiziente Maschine für die datentypen-orientierte Sprache CLU [Lea 77] einzusetzen. Da sich CLU nicht durchsetzte, wurde dieser Plan wieder fallengelassen.

Durch die STARLET-Entwicklung wurde die grundsätzliche Tragfähigkeit der Konzepte der Datenstruktur-Architektur aufgezeigt: Der STARLET-Rechner konnte aber trotz der für die damalige Zeit hohen Verarbeitungsleistung des Pipeline-Datenprozessors (2 MFLOPS) leistungsmäßig nicht überzeugen. Dies lag daran, daß die an sich sehr eleganten Mechanismen zum Aufbau und zur Handhabung von

Datenstrukturen mit zuviel Laufzeit-*Overhead* behaftet waren. So wurden die Strukturprozessoren als programmierte Mikroprozessoren (MC68000) realisiert. Die Adreßgeneratoren wurden auf diesen Prozessoren emuliert, da für die Entwicklung von mikroprogrammgesteuerten Adreßgeneratoren — was die angemessene Lösung gewesen wäre — keine Personalkapazität zur Verfügung stand. Bei den Skalaroperationen, bei denen ja mit jedem Zugriff auf den Speicher erst ein Deskriptor zu interpretieren ist (was bei der Vektorverarbeitung zu vernachlässigen ist), schlugen die zusätzlichen Indirektionsstufen, und damit das Amdahlsche Gesetz, voll zu. Letztlich wurden beim STARLET-Rechner ähnliche Erfahrungen gemacht, wie sie die Firma *Intel* mit dem iAPX 432 machen mußte. Diese Schwächen wurden bei der 10 Jahre späteren Entwicklung der DATYPAR-Maschine vermieden.

8.3.5 Beispiel einer modernen Datenstruktur-Architektur: DATYPAR

Mit der an der gemeinsam vom *GMD FIRST*, der *Technischen Universität Berlin* und der *Shanghai Jioa Tong University* durchgeführten DATYPAR-Entwicklung wurde der überzeugende Beweise der besonderen Leistungsfähigkeit der Datenstruktur-Architektur für Anwendungen der linearen Algebra erbracht.

Der Projektname *DATYPAR* (für: Datentypenarchitektur) soll darauf hinweisen, daß es sich hier um eine Rechnerarchitektur zur Handhabung komplexer Datenstrukturtypen handelt, jedoch nicht wie beim STARLET-Rechner um die gleichzeitige hardwaremäßige Unterstützung des Kapselungsmechanismus abstrakter Datentypen. Entsprechend dem Wissensstand der späten achtziger Jahre überläßt DATYPAR vielmehr alle Aufgabe der Überwachung von Typenkonsistenz und geschützten Bereichen dem Compiler. Wie bei den RISC-Prozessoren ist DATYPAR ausschließlich auf maximale Rechenleistung hin konzipiert, wobei es die Aufgabe eines hochoptimierenden Compilers ist, dafür zu sorgen, daß man der theoretischen Spitzenleistung der Maschine möglichst nahe kommt. Der Unterschied zu den RISC-Prozessoren besteht darin, daß die DATYPAR-Maschine kein skalarer Prozessor sondern eine Datenstruktur-Architektur ist und daß sie der theoretischen Spitzenleistung sehr viel näher kommt als die skalaren oder superskalaren Prozessoren.

Das besondere der DATYPAR-Architektur ist die Verbindung eines Pipeline-Vektorprozessors hoher Leistung mit einer besonderen Speicherorganisation und der Anwendung des DRAMA-Prinzips. Die von den Adreßgeneratoren ausgeführten Adressierungsfunktionen werden dabei in besonderem Maße den Anforderungen der linearen Algebra gerecht [BIH 91], [BaG 92]. Die DATYPAR-Architektur weist dadurch recht ungewöhnliche Konzepte auf [BOT 92]. Die Realisierung dieser Architektur, der DATYPAR-Rechner, wurde nach einem von *Brüning* stammenden Grundkonzept [BRU 88],[BaG 89] von *Böttcher* im Detail entworfen [BOT 92a], [BOT 92b] und im Rahmen des deutsch-chinesischen Kooperationsprojekts als Prototyp realisiert. Bild 8-8 zeigt das Blockdiagramm des Kernstück des Rechners, dem DATYPAR-Prozessor mit seiner speziellen Speicherorganisation.

Dieser Pipeline-Vektorprozessor arbeitet mit einem handelsüblichen ECL-Prozessorbaustein, der bei einem Takt von 100 MHz eine Gleitpunkt-Spitzenleistung von 100 MFLOPS bei doppelter Genauigkeit erbringt. Zwei verkettete Operationen (*chaining*) — z.B. Multiplikation und nachfolgende Addition — werden mit einer Spitzenleistung von 200 MFLOPS ausgeführt. Bei dem Arbeitstakt von 100 MHz müssen innerhalb von 10 ns zwei 64-Bit-Operanden geladen und ein 64-Bit-Resultat gespeichert werden.

Der Pipeline-Vektorprozessor arbeitet mit vier unabhängigen Vektorspeichern, die als schnelle SRAM mit 10 ns Zugriffszeit realisiert sind. Der 5x4-*Crossbar-Schalter* erlaubt dem Prozessor den wahlfreien Zugriff auf jeden der 4 Vektorspeicher mit jedem Takt. Ein fünfter Datenweg durch den Crossbar-Schalter dient dazu, Datenströme zwischen dem Hauptspeicher und jedem der 4 Vektorspeicher fließen zu lassen. Dadurch können zu jedem Zeitpunkt im Pipelining die beiden Operanden aus zwei der Vektorspeicher geholt werden, während gleichzeitig das vorhergehende Resultat in den dritten Vektorspeicher geschrieben und ein Datenobjekt aus dem Hauptspeicher in den vierten Vektorspeicher geladen wird. Der Datenstrom aus dem Hauptspeicher kann aber auch unmittelbar durch den Vektorprozessor fließen.

Die zu verarbeitenden Datenstrukturobjekte werden somit als ganzes auf die Vektorspeicher aufgeteilt. Dies steht im Gegensatz zur bisher betrachteten Speicherverschränkung, bei der die Elemente eines jeden Vektors reihum über die Speicherbänke verteilt werden. Dementsprechend erfolgt die Adressierung der vier Vektorspeicher durch die beiden Bits höchster Wertigkeit der Speicheradresse(*high end interleaving*). Durch diese vierfache Speicherverschränkung können alle 10 ns vier Werte gelesen oder geschrieben werden.

Der DRAM-Hauptspeicher kann wegen der linearen Adressierung beim Lesen (Rückschreiben) von Datenobjekten in den (aus dem) Vektorspeicher im *Page Mode* betrieben werden. Dadurch ist dieser Speicher in der Lage, alle 40 ns ein Wert zu lesen oder zu schreiben. Um die Anpassung an die Arbeitsgeschwindigkeit des Vektorspeichers (10 ns) zu erhalten, wird der Hauptspeicher vierfach verschränkt, und zwar jetzt im Sinne des *low end interleaving* (Kapitel 4.4). Insgesamt wird durch diese Maßnahme die Zugriffsbandbreite des einzelnen DRAMs von 25 M-Wörtern pro Sekunde auf das 12-fache, das sind 300 M-Wörter pro Sekunde erhöht, was dem von der Prozessor-Spitzenleistung her zu fordernden Wert entspricht. Zusätzlich besteht noch eine Reserve von 100 M-Wörtern pro Sekunde für den Transfer von Datenobjekten zwischen Hauptspeicher und Vektorspeicher.

Jeder Vektorspeicher ist mit einem eigenen Adreßgenerator ausgerüstet. Der Prozessor adressiert ein Datenstrukturobjekt durch Angabe eines *Objektdeskriptors* in der Objektdeskriptor-Liste des Programms. Der Objektdeskriptor wird dann in den Adreßgenerator des Speichermoduls, in dem sich das Objekt befindet, geladen und steuert dort den Zugriff auf das Objekt (DRAMA-Prinzip). Die Adreßgeneratoren ermöglichen die Adressierung von zweidimensionalen Arrays (Matrizen).

Man kann zeigen, daß es einen *kanonischen Satz* von zweidimensionalen Adressierungsfunktionen gibt, der es erlaubt, alle Zugriffsschemata auszuführen, die in den gängigen Algorithmen der linearen Algebra vorkommen. Dieser umfaßt den im folgenden angegebenen Satz von Adressierungsfunktionen [BIH 91],[BOT 92a].

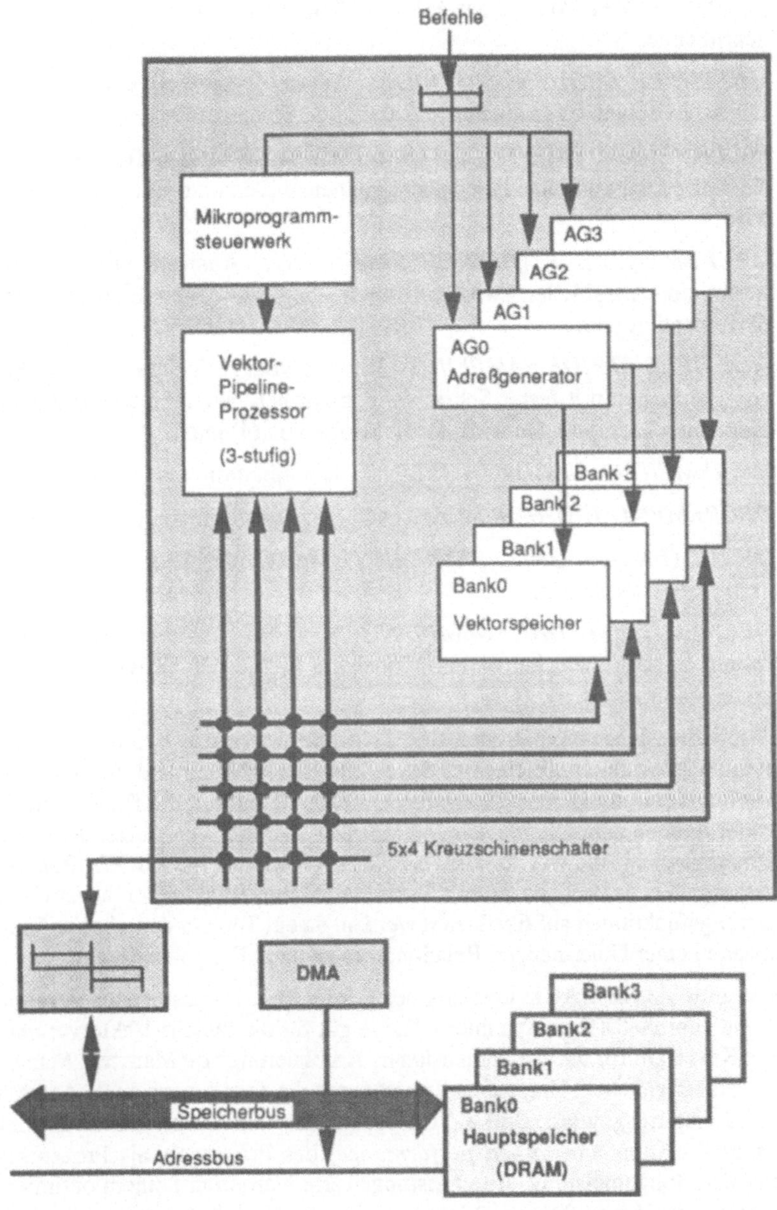

Bild 8-8 Der DATYPAR-Prozessor

(1) *INDEXING*: Auswahl aufgrund eines Indexvektors.

(2) *MASKING*: Auswahl aufgrund eines Bitvektors, es werden diejenigen Elemente ausgewählt, für die der Bitvektor mit einer 1 besetzt ist.

(3) *SEQUENCE SAMPLING*: Auswahl eines Teilvektors mit gegebenem Startelement und gegebener Länge.

(4) *STRIDE SAMPLING*: Auswahl von Elementen mit einer gegebenen festen Schrittweite.

(5) *MULITIPLE SEQUENCE STRIDE*: Auswahl von Teilvektoren gegebener Länge, zwischen denen eine feste Anzahl von Elementen übersprungen wird.

(6) *INCREMENTAL SEQUENCE SAMPLING*: Auswahl von Teilvektoren, wobei die Anzahl der zwischen ihnen übersprungenen Elemente jedesmal inkrementiert wird.

(7) *DECREMENTAL SEQUENCE SAMPLING*: Auswahl von Teilvektoren, wobei die Anzahl der zwischen ihnen übersprungenen Elemente jedesmal dekrementiert wird.

(8) *MULTIPLE STRIDE SAMPLING*: Bildung von Teilvektoren durch Auswahl von Elementen mit fester Schrittweite, zwischen denen eine feste Anzahl von Elementen übersprungen wird; Kombination von (4) und (5).

(9) *INCREMENTAL STRIDE SAMPLING*: Kombination von (4) und (6).

(10) *DECREMENTAL STRIDE SAMPLING*: Kombination von (4) und (7).

(11) *INCREMENTAL UNIT SAMPLING*: Mehrfacher Zugriff auf denselben Teilvektor oder Schritt.

(12) *DECREMENTAL UNIT SAMPLING*: Auswahl mehrerer Teilvektoren mit festem Sprung zwischen ihnen, wobei die Länge der Teilvektoren jedesmal inkrementiert wird.

Alle diese Adressierungsfunktionen sind *Selektionsoperationen*, durch die ein neuer Vektor durch Auswahl von Elementen des Arguments gebildet wird. Je nach gewählter Adressierungsfunktion stellen die erhaltenen neuen Vektoren die Datenvektoren von Zeilen oder Spalten oder Diagonalen von Matrizen dar oder von ganzen Bandmatrizen oder Dreiecksmatrizen, wie dies in Bild 8-9 angedeutet ist [BOT 92a]. Bei der Realisierung der Adreßgeneratoren kann dabei die Anzahl der auszuführenden Adressierungsfunktionen auf 6 reduziert werden, da ein Teil der den oben aufgelisteten Funktionen in einer Untermengen-Relationen zu anderen Funktionen steht.

Bild 8-10 gibt die LINPACK-Leistung des DATYPAR-Prozessors im Vergleich zur Cray-1 und zum i860XP an. Die untere Kurve gilt für die übliche Vektorverarbeitung, die obere Kurve gilt für die zweidimensionale Adressierung von Matrizen. Man erkennt deutlich den bei gleichem Hardwareaufwand durch die zweidimensionale Adressierung erzielten Leistungsgewinn. Bild 8-11 zeigt für das innere und äußere Produkt die Benchmark-Leistung (*sustained performance*) des Prozessors als Prozentsatz der theoretischen Spitzenleistung. Alle Leistungswerte wurden mit einem optimierenden Compiler für die Array-Sprache Modula-S erzielt. Modula-S ist eine durch Datenstrukturobjekte [BIH 91] (N-dimensionale Felder) erweiterte Version von Modula2, die eigens für den DATYPAR-Rechner konzipiert und implementiert wurde [BDB 91].

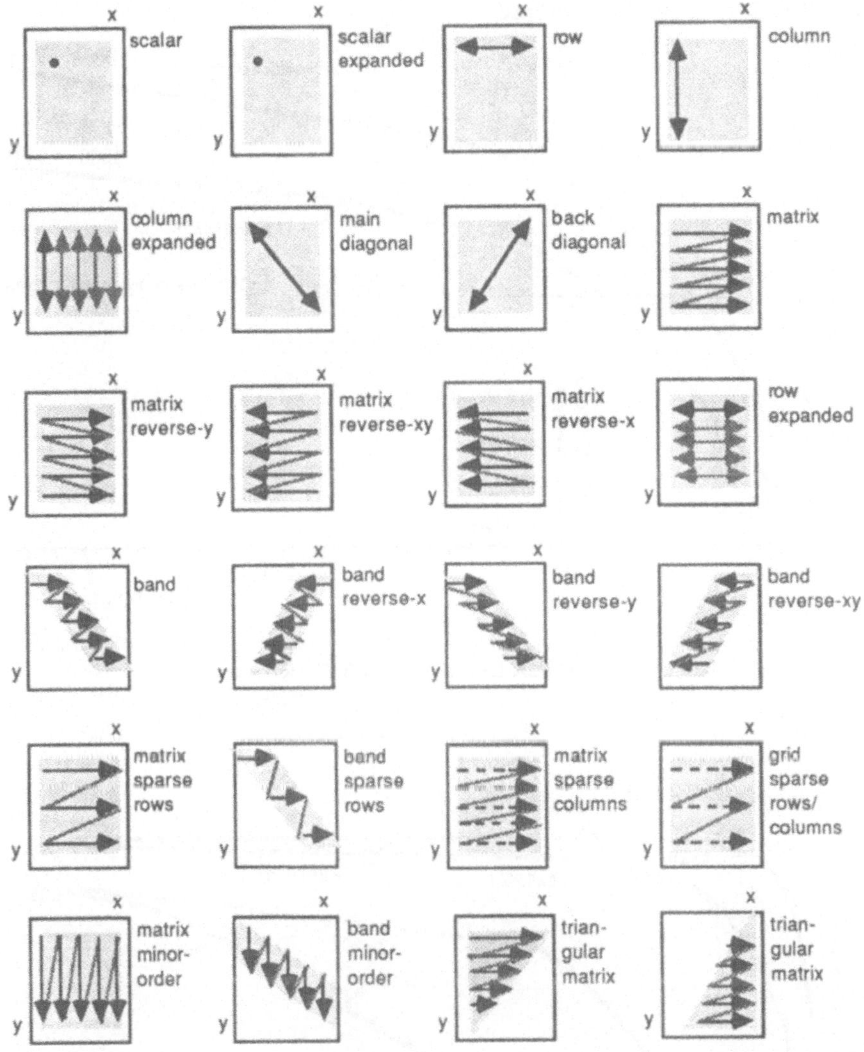

Bild 8-9 Zugriffsmuster, die durch den kanonischen Satz von Zugriffsfunktionen ermöglicht werden

In hochintegrierter Ausführung (*Gate Arrays* und Spezialbausteine) findet ein DATYPAR-Prozessor mit der Kommunikationseinrichtung und dem 64-MByte-Hauptspeicher auf einer Leiterplatte Platz. Gegenüber einem nur mit einem superskalaren Prozessor bestückten Knoten (z.B. dem in Kapitel 12.3.2 gezeigten MANNA-Knoten) ist der Aufwand etwa 2,5 mal so hoch. Die erzielbare Leistung ist dafür aber etwa um eine Größenordnung höher, und die Compilerprobleme sind wesentlich geringer. Dies zeigt die Überlegenheit der Datenstruktur-Architektur auf. Es ist zu hoffen, daß man eines Tages die Fortschritte der Größtintegration von CMOS- oder BiCMOS-Schaltkreisen dazu nutzen wird, solche Prozessoren auf einem Chip zu realisieren.

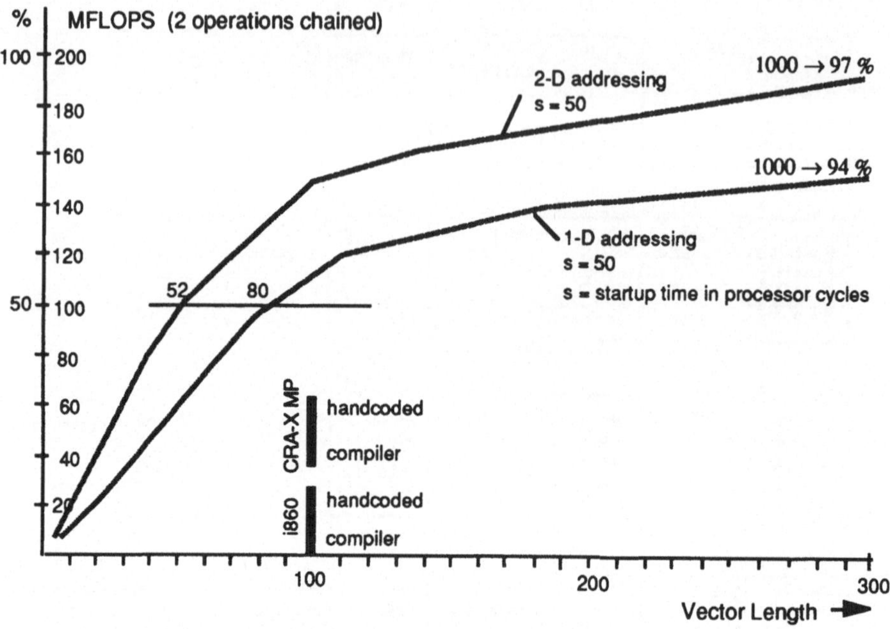

Bild 8-10 LINPACK-Leistung des DATYPAR-Prozessors

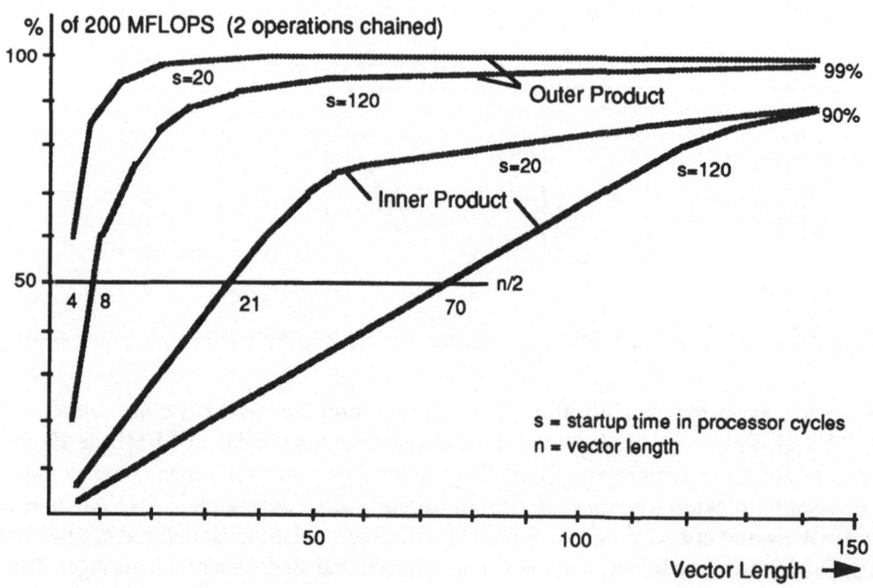

Bild 8-11 Gemessene Leistung des DATYPAR-Prozessors für das innere und äußere Produkt

8.3.6 Beispiel einer Spezialrechner-Architektur für die Bildanalyse

Bilder sind zweidimensionale Felder, also Arrays, deren Elemente *Grauwerte* sind. Grauwerte werden als Ganzzahlen dargestellt. Das "klassische" Vorgehen bei der Bildanalyse ist in Bild 8-12 skizziert [GIL 90].

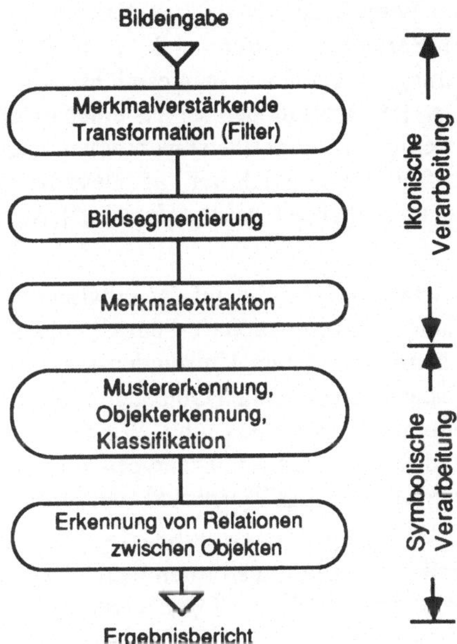

Bild 8-12 Die prinzipiellen Rechenschritte einer Bildanalyseprozedur

Als ersten Schritt wendet man *merkmalsverstärkende Transformationen* (Filter) auf die eingegebenen Bilder an, deren Resultate wieder Bilder sind. Dadurch werden Merkmale wie Flächen, Kanten, Texturen usw., auf denen die nachfolgende Bilderkennung basiert, hervorgehoben.

Es folgt dann ein *Bildsegmentierung* genannter Vorgang, in dem man versucht, die relevanten Bildinformationen (z.B. die zu erkennenden Objekte) von den irrelevanten Komponenten des Bildes (z.B. Hintergrund oder nicht interessierende Objekte) zu trennen. In der Regel ist das Ergebnis der Segmentierung ein binäres Bild, in dem die Bildelemente (Pixel) nur noch die Werte *hell* oder *dunkel* annehmen können. Im Idealfalle gehören alle signifikanten Pixel, d.h. die Pixel der zu erkennenden Merkmale oder Objekte, der einen Klasse und alle anderen Pixel der anderen Klasse an. Zusammenhängende, aus signifikanten Pixel bestehende Gebiete nennt man *Blobs*. Bei einer richtig durchgeführten Segmentierung repräsentieren diese *Blobs* dann die interessierenden Objekte. Durch ein häufig angewandtes, *blob labeling* genanntes Verfahren lassen sich die Objekte separieren, so daß man im folgenden Schritt bestimmte charakteristische Merkmale der einzelnen Objekte ermitteln kann.

Dieser nächste Schritt heißt daher *Merkmalextraktion*. Man erhält daraus eine Anzahl von Kenngrößen, die man zu einem *Merkmalvektor* zusammenfassen kann. Die so erhaltenen Merkmalvektoren sind dann die Objekte, auf die die Bilderkennungsalgorithmen angesetzt werden. Zum Teil extrahiert man Merkmale aber auch nicht unmittelbar aus den Bildern, sondern aus statistischen Größen wie zum Beispiel *Histogramme* (Grauwert-Häufigkeitsverteilung) oder *Profile* (Summe der Grauwerte entlang vorgegebener Linien), die man aus den Bildern gewonnen hat.

Alle Operationen, die auf Bilder (Grauwertbilder oder binäre Bilder) angewandt werden, zählt man zum Bereich der *ikonischen Verarbeitung*. Mit der Merkmalextraktion wird dieser Bereich verlassen, und es schließt sich der Bereich der *symbolischen Verarbeitung* an, bei denen man es nicht mehr mit Bildern zu tun hat, sondern mit symbolischen Repräsentationen der aus ihnen extrahierten Merkmale. Um Rechenzeit zu sparen, werden die ikonischen Operationen nicht auf das gesamte Bild angewandt, sondern so früh wie möglich nur auf relevante Bildausschnitte, die die interessierenden Objekte umschließen ("*areas of interest*"). Solche Gebiete nennen wir *Fenster*.

Die *Muster- oder Objekterkennung* erfolgt auf den erhaltenen Merkmalvektoren, zum Beispiel durch Anwendung von Korrelationsverfahren (*template matching*) oder durch neuronale Netze oder ähnlichem. Unter Umständen sind als weiterer Schritt noch gewisse Relationen zwischen den erkannten Objekten zu ermitteln, was noch tiefer in den Bereich der symbolischen Verarbeitung führt. Wir skizzieren diesen Vorgang hier deshalb, um die Fülle und Komplexität der Datentypen aufzuzeigen, mit denen man es bei der Bildanalyse zu tun hat. Wichtige Typen sind zum Beispiel:

- der Typ **window**, das sind Bildausschnitte, die auch das gesamte Bild sein können, mit einer Fülle von Bildtransformationen, Filterfunktionen, Segmentierungsoperatoren und merkmalsbildenden Operatoren;
- der Typ **grayscale_distribution** mit einer Fülle von Operationen zur Glättung, Ermittlung von statistischen Kenngrößen, dem Auffinden von Minima und Maxima, usw.;
- der Typ **feature_vector** mit einer Fülle von relationalen Operationen, Korrelationen und anderen Mustererkennungs-Algorithmen, usw.

Als Definitionsbereiche der Funktionen des Datentyps **window** können recht unterschiedlich sein. So findet man, um nur die wichtigsten Definitionsbereiche zu nennen:

- rechteckige Bildbereiche (dies kann auch das gesamte Bild sein);
- kreisrunde Bildbereiche;
- rechteckige, kreuzförmige oder oktagonale Nachbarschaften eines Bildpunktes (Pixel);
- horizontale, vertikale oder diagonale Linien im Bildbereich.

Diese Variationsbreite stellt besondere Anforderungen an die Adreßgeneratoren einer Datenstruktur-Architektur zur Bildanalyse, die die unterschiedlichsten, u.U. recht komplexen Adressierungsfunktionen ausführen müssen. In der Regel geschieht dies durch eine spezielle, mikroprogrammgesteuerte Hardware. Bild 8-13 zeigt die prinzipielle Struktur einer auf diesen Überlegungen aufbauenden Bildanalyse-Architektur [GIL 90]. Die einzelnen Datentypen-Prozessoren sind mikroprogrammierte, multifunktionale Pipeline-Prozessoren. Der Bildspeicher ist ein geeignet organisierter Datenstruktur-Speicher.

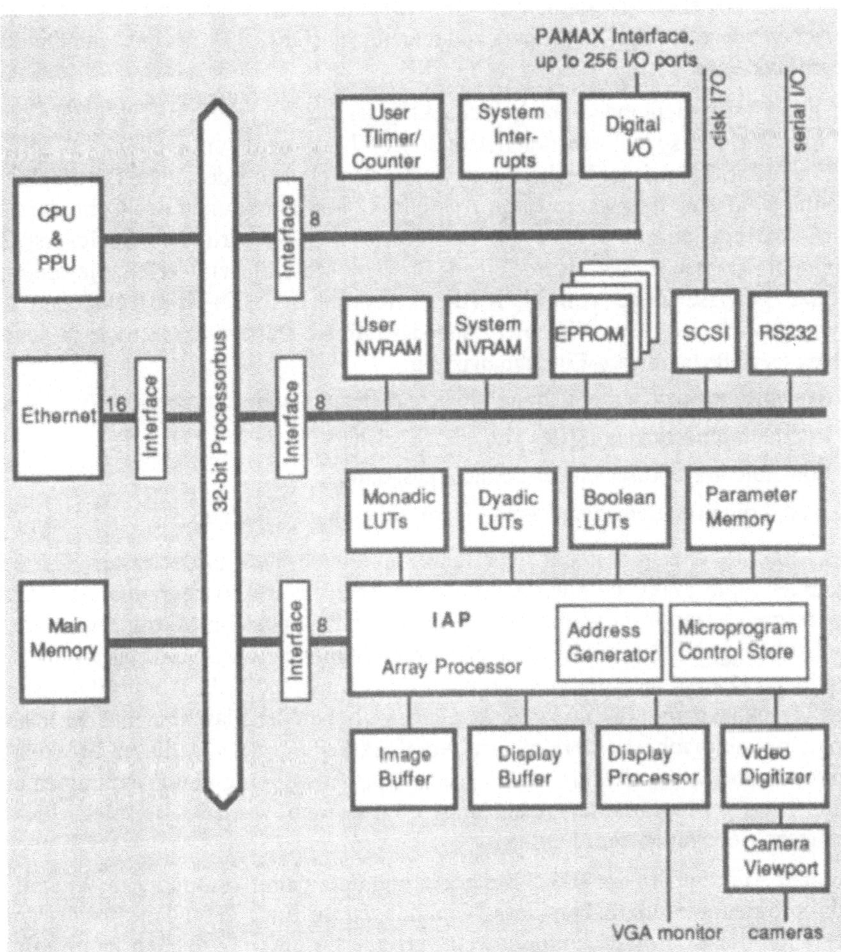

Bild 8-13 Struktur einer Datenstruktur-Architektur für die Bildanalyse

8.4 Sprach-Architekturen

8.4.1 Übersicht

In den siebziger Jahren gab es eine Reihe von Bemühungen, Rechnerarchitekturen zu entwerfen, die wesentliche Mechanismen der damals gängigen höheren Programmiersprachen wie Fortran, Algol, Pascal unterstützen oder sogar mehr oder weniger unmittelbar die Konstrukte einer höheren Programmiersprache interpretieren konnten [GIL 81]. So wurden zum Beispiel die Rechner B5700/B6700 der Firma *Burroughs* ursprünglich speziell dazu entworfen, mit Hilf einer ausgefeilten Kellerorganisation und eines *Tagging*-Mechanismus die Prozedurschachtelung blockstrukturierter Sprachen wie z.B. Algol besonders zu unterstützen [ORG 73] . Es entstand damit der Begriff der *Sprach-Architekturen* [MYE 78].

Ein gutes Beispiel für eine Sprach-Architektur war der von der Firma *Fairchild Camera* entwickelte und später von der *University of Iowa* weiterentwickelte SYMBOL-Rechner [RaS 71]. Dieser Rechner ging weiter als vielleicht jede andere Entwicklung in Richtung auf eine hardwaremäßige Ausführung von Funktionen des Compilers, des Time-sharing-Betriebssystems und der Verwaltung des virtuellen Speichers. Eine Programmiersprache, SPL, wurde eigens für diese Maschine entworfen. Sie vereinigte in sich gewisse Züge von PL/1 (Blockstruktur und ON-Konstrukt) und Lisp (Typenfreiheit und Listen variabler Länge als primäre Datenstrukturen). Insbesondere gab es spezielle Hardware-Einrichtungen für:

- dynamische Speicherverwaltung (Speicherbelegung und -freigabe)
- automatische Verwaltung des virtuellen Speichers
- Editieren und Übersetzen der Benutzerprogramme
- Ausführung der Benutzerprogramme im Time Sharing-Betrieb.

Die Tatsache, daß in den siebziger Jahren und auch noch in der ersten Hälfte der achtziger Jahre praktisch alle damaligen Rechner mit mikroprogrammierten CISC-Prozessoren ausgerüstet waren, wurde dazu benutzt, spezielle Mikroprogramme zur Unterstützung von Konstrukten höherer Programmiersprachen vorzusehen, die keine primitiven Operationen der von-Neumann-Maschine sind (z.B. Kontrollkonstrukte). Man versuchte damit, die *semantische Lücke* zwischen der Maschine und der höheren Programmiersprache zu verkleinern. Noch stärker wurde von dieser Möglichkeit Gebrauch gemacht in Rechnern, die speziell zur Ausführung von Programmen einer interpretierten Programmiersprache entworfen wurden, wie zum Beispiel APL oder dem (sehr viel einfacheren) FORTH.

Mit dem Aufkommen der RISC-Methodik und dem damit verbundenen Wegfall der Mikroprogrammierung haben diese Bemühungen ihr Ende gefunden. Inzwischen ist aber auch die Compilertechnik soweit verfeinert worden, daß man heute mit der semantischen Lücke durchaus leben kann. In den achtziger Jahren wurden Veröffentlichungen geschrieben mit Titeln wie: "*Parallel processing: a smart compiler and a dumb machine*" [Fea 84]. Dementsprechend hat sich das Konzept der Sprach-Architektur auf die Unterstützung jener Programmiersprachen verlagert, bei denen auch der "smarteste" Compiler die semantische nicht Lücke schließen kann. Dies sind Sprachen mit dynamischer Typenbindung und typengesteuerter Operationsausführung wie Lisp und Prolog.

8.4.2 Vorteile der Array-Sprachen und Datenstruktur-Architekturen

Gegenwärtig wird häufig in den Compilern für superskalare Prozessoren intern ein Vektormodell angewendet, um die gestellten Anforderungen erfüllen zu können. Das heißt, Schleifen im skalaren Programm werden vom Compiler vektorisiert; der für eine effiziente Ausführung nötige Befehlsstrom entsteht dadurch in natürlicher Weise. Bei Array-Operationen führt dies zu einem paradoxen Zustand: Array-Operationen werden zunächst in einer skalaren Programmiersprache durch Schleifen ausgedrückt, anschließend vom Compiler wieder in Vektoroperationen umgeformt, um dann schließlich von einem skalaren Prozessor — allerdings im Pipelinebetrieb — verarbeitet zu werden. Der Prozessorcache bringt bei der Verarbeitung größerer Vektoren wenig Nutzen, es sei denn, man kann ihn als Vektorregister benutzen.

Wieviel einfacher ist es hingegen, Array-Operationen als solche in der Programmiersprache auszudrücken und unmittelbar von einem Vektorprozessor oder, im verallgemeinerten Falle, von einer Datenstruktur-Architektur ausführen zu lassen. Bei einem solchen Vorgehen gibt es weder Cache-Probleme noch Compilerprobleme. Man muß dazu lediglich zur Verwendung von Programmiersprachen mit Array-Typen, wie zum Beispiel Fortran90, übergehen. Daß dies nicht oder nur zögernd geschieht, liegt an dem dadurch entstehenden "*dusty deck*-Problem", d.h. der Notwendigkeit, vorhandene alte Programme neu schreiben zu müssen.

Es gibt noch einen weiteren, sehr gewichtigen Grund für die Einführung moderner Array-Sprachen mit geeigneten Datenstrukturtypen. Dieser liegt in der Schwäche der üblichen Art der Ausführung von Vektor-Skalarprodukten, das Aufsummieren der Produkte als Gleitpunkt-Addition auszuführen, wobei bei jeder Addition gerundet wird. Wenn $\square$ den Rundungsoperator bezeichnet, dann gilt somit für das innere Produkt der beiden Vektoren $x = [x_1 \dots x_n]$ und $y = [y_1 \dots y_n]$:

$$z = \sum_{i=1}^{n} \square \, (x_i * y_i)$$

d.h., die bei der Gleitpunkt-Addition entstehenden Rundungsfehler werden akkumuliert. *Kulisch* hat viele schlagende Beispiele angeführt, in denen dies zu katastrophalen Fehlern führt [KaM 81],[KUL 89].

Das Problem wird vermieden, wenn man die Akkumulation als Festpunkt-Addition ausführt und erst am Ende rundet, so daß jetzt gilt [Bea 92]:

$$z = \square \left(\sum_{i=1}^{n} (x_i * y_i) \right)$$

Kulisch nennt diese Form des Skalarprodukts *maximalgenau*. Um maximalgenaue Skalarprodukte oder maximalgenaue Matrixmultiplikationen zu erhalten, ist somit durch die Computerhardware zusätzlich zu den üblichen Gleitpunktoperationen *Addition*, *Subtraktion*, *Multiplikation* und *Division* noch eine fünfte Operation auszuführen, nämlich das *Skalarprodukt mit Festpunkt-Akkumulation*. Diese Operation läßt sich im Pipeline-Verfahren mindestens ebenso schnell ausführen wie das herkömmliche Skalarprodukt. Die einzige zusätzliche Anforderung an die Hardware ist die Bereitstellung eines Akkumulatorregisters, welches hinreichend lang sein muß ($\geq$ 512 Bit), um Überläufe zu vermeiden.

Aber auch wenn man das Skalarprodukt mit Festpunkt-Akkumulation als Maschinen-Datentyp in einen Rechner einbauen würde, hätte man immer noch das Problem, daß herkömmliche Programmiersprachen wie zum Beispiel Fortran, Pascal, Modula2 oder C diesen Datentyp nicht besitzen. Eine maximalgenaues Skalarprodukt oder eine maximalgenaue Matrixmultiplikation läßt sich in diesen Sprachen nicht ausdrücken.

Als Ausweg aus dieser Situation bietet sich an, die Programmiersprachen so zu erweitern, daß alle Verknüpfungen in den reellen und komplexen Vektorräumen als Elementaroperationen auf den entsprechenden Datentypen hinzugenommen werden.

Damit hat man aber genau die Array-Operationen erhalten, die man für eine Datenstruktur-Architektur wie den oben vorgestellten DATYPAR-Rechner braucht. Man kann dann auch noch einen Schritt weiter gehen, und die Sprache durch die entsprechenden Operationen einer *Intervallarithmetik* erweitern, das sind die gleichen Array-Operationen, die aber jetzt auf den entsprechenden Intervallräumen definiert sind. Damit kann man bei Bedarf mit jedem Ergebnis auch gleich noch eine Fehlereingrenzung erhalten [Bea 92], wenn auch mit längerer Ausführungszeit, da die Maschine jetzt jedes Ergebnis zweimal, einmal mit Rundung nach unter und einmal mit Rundung nach oben ausführen muß.

Mit der Einführung von Array-Datentypen in die höheren Programmiersprachen würden auf einen Schlag folgende entscheidenden Vorteile erhalten:

- eine starke Vereinfachung der Programmierung numerischer Probleme durch den Benutzer;
- die Vermeidung der bei superskalaren Prozessoren auftretenden Compilerprobleme;
- maximalgenaue Operationen und damit zuverlässige Rechenergebnisse;
- Schaffung der Voraussetzung für die Anwendung des Prinzips der Datenstruktur-Architektur und den dadurch erzielbaren Gewinn and Leistung und Kosten-effektivität.

8.4.3 Die Lisp-Maschine ULM

Der ULM-Prozessor

Die Entwicklung des ULM-Prozessors war der erste uns bekannte Versuch, eine Lisp-Maschine streng nach RISC-Prinzipien zu entwerfen, um einen Prozessor zu erhalten, der mit hoher Taktfrequenz (40 MHz) arbeitet und dabei mit jedem Takt ein Lisp-Befehl auszuführen imstande ist. Da sich die Sprache Lisp in ihren Datentypen und Konstrukten wesentlich von der Sprache C, für die bis dahin RISC-Prozessoren entworfen wurden, unterscheidet, mußten besondere Lösungen gefunden werden, um das gesteckte Entwurfsziel zu erreichen. Bild 8-14 zeigt die Systemarchitektur der ULM (ULM: *UnicLisp Machine**).

Die eigentliche Datenverarbeitungseinheit (*data processing unit*) besteht aus den folgenden Hauptkomponenten:

- Steuereinheit (*PC unit*);
- Befehls-Ladeeinheit mit Ladepuffer (*prefetch unit*);
- MRS-Registerfile (s. Abschnitt 3.2.3) mit 127 überlappenden Registerfenstern mit je 16 Registern und einem eigenen Register-Adreßgenerator; je zwei Registerfenster sind gleichzeitig zugreifbar;
- ALU-Funktionseinheiten (*processing units*);
- Lese/Schreibeinheit für die Daten (*load/store queue*);

* UnicLisp ist der Name einer vom GMD FIRST auf einem UNIX-Arbeitsplatzrechner implementierten Version eines vollständigen Common Lisp - Systems (Compiler, Interpreter, Programmierumgebung und Debugger). Die ULM-Maschine war dazu gedacht, die Ausführung von UnicLisp wesentlich zu beschleunigen.

- Emulationsspeicher (*emulation memory*).

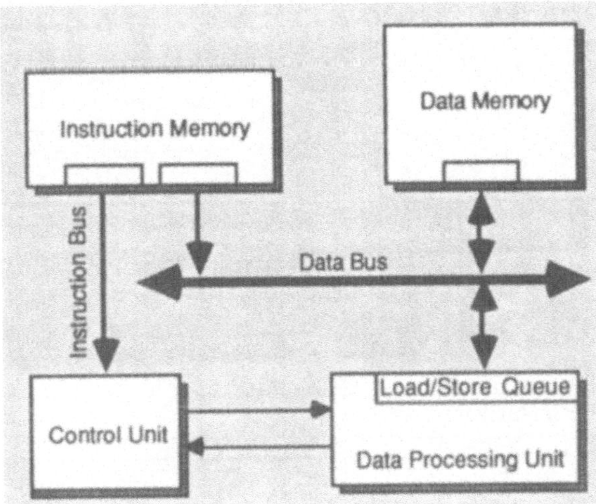

Bild 8-14 Systemarchitektur der ULM

Während alle anderen Funktionseinheiten typisch für jeden RISC-Prozessor sind, fällt die Emulationseinheit aus dem Rahmen. Lisp enthält eine Reihe von Befehlen, die zu komplex sind, um unmittelbar durch die Prozessor-Hardware ausgeführt zu werden. In einem RISC-Prozessor entfällt aber auch die Möglichkeit, diese Operationen als Mikroprogramme zu implementieren. Daher bleibt nur der Weg, sie durch Maschinenprogramme (Makros) zu emulieren. Um nun den Code dieser Makros nicht bei jedem Aufruf aus dem Hauptspeicher holen zu müssen, wurde speziell für sie ein schneller SRAM-Speicher vorgesehen, aus denen die Makros ausgeführt werden. Man erhält damit eine Ausführungsgeschwindigkeit, wie sie auch ein Mikroprogramm hätte. Die Organisation des MRS-Registerfiles (MRS: *multiple register set*) ist dem Prozeduraufrufmechanismus von Lisp angepaßt.

Befehlsspeicher und Datenspeicher sind DRAM, die mit Speicherverschränkung und im *static column mode* arbeiten, um die nötige Zugriffsbandbreite zu erhalten. Der ULM-Prozessor ist als vierstufige Pipeline ausgeführt mit den Stufen:

- Befehl holen und interpretieren (**fetch**)
- Datum holen (**load**)
- Befehl ausführen (**execute**)
- Ergebnis in den Speicher schreiben (**store**).

Bild 8-15 faßt die obige Beschreibung der Datenverarbeitungseinheit (*data processing unit*) in einem Blockbild zusammen.

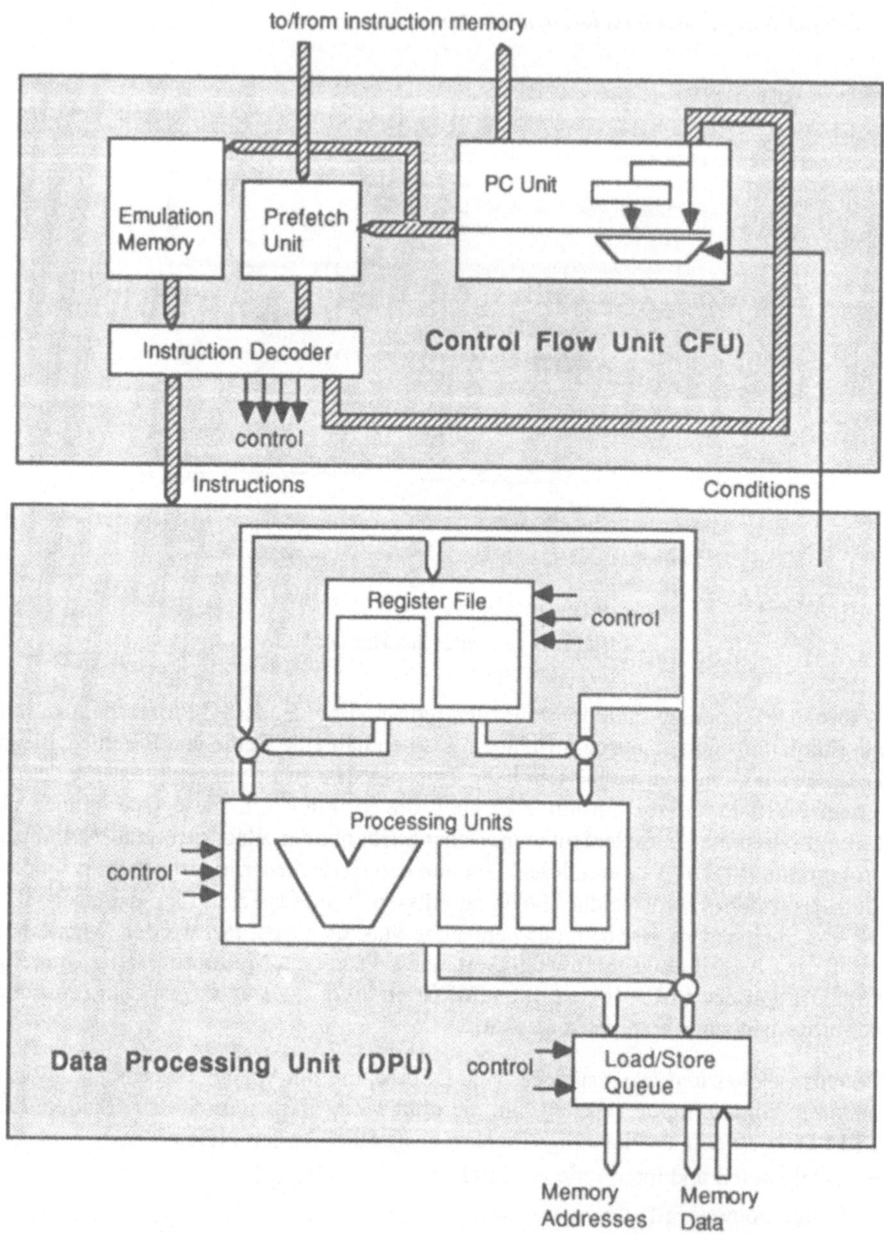

Bild 8-15 Blockbild der Datenverarbeitungseinheit der ULM

Bei der Pipeline-Verarbeitung können immer dann Konflikte entstehen, wenn ein in einem **execute**-Schritt berechneter Zwischenwert im unmittelbar darauffolgenden **execute**-Schritt benötigt wird, wie es in den Ausdrucksreduktionen des quasi-funktionalen Programmierstil von Lisp häufig vorkommt.

Dies erläutern wir durch das folgende einfache Beispiel [RAS 90]. Zu berechnen sei der Ausdruck

```
(let e (— d (+ c (* a b))))
```

was durch das Maschinenprogramm-Segment

```
imul x a,b
iadd y c,x
isub e d,y
```

geschieht, dessen Abarbeitung im Pipeline-Prozessor Bild 8-16 andeutet.

	FETCH	LOAD	EXECUTE	STORE
t_{n-2}	imul			
t_{n-1}	iadd	read a,b		
t_n	isub	read c,	* a,b	
t_{n+1}		read e,	+ c,	write x
t_{n+2}			-d,	write y
t_{n+3}				write e

transfer via bypass

Bild 8-16 Abarbeitung des Programmsegments in der Pipeline

Das Problem ist, daß das Ergebnis von (* a,b) unmittelbar im nächsten Takt für die Operation (+ c,(+ a,b)) benötigt wird, bevor es in den Registerfile zurückgeschrieben worden ist. Das gleiche gilt für die nachfolgende Operation. Würde also mit diesen Ergebnissen über das Registerfile gegangen, so würde jedesmal ein Wartetakt entstehen, den der Compiler entweder mit einer anderen Operation füllen müßte (was seine Schwierigkeiten hat), oder mit einer NOOP (was die Leistung herabsetzt). Da dieser Fall bei Lisp sehr häufig vorkommt, wurde eine besondere Maßnahme in der Hardware vorgesehen, die dieses Problem vermeidet und die darin besteht, daß durch einen am Registerfile vorbei führenden Datenweg (*bypass*) Zwischenergebnisse eines Takts direkt für den nächsten Ausführungstakt wieder in die ALU zurückgeführt werden können, wie es Bild 8-17 andeutet.

Typengesteuerte Befehlsausführung

Lisp-Befehle werden wegen der dynamischen Typenbindung der Sprache *typengesteuert* ausgeführt. Das bedeutet, daß die Maschine bei der Befehlsinterpretation auch gleichzeitig wissen muß, von welchem Typ die Operanden sind. Die starke Ineffizienz von Lisp auf konventionellen Maschinen rührt vornehmlich daher, daß die Maschine vor jeder Befehlsausführung in einer Symboltabelle die Operandentypen nachsehen muß. Eine Abhilfe hilft hier die Typenkennung (*type tagging*), die zur festen Einrichtung aller Lisp-Maschinen geworden ist. Führt man die Typenkennung wie in Abschnitt 8.1 beschrieben durch Kennzeichnung der einzelnen Datenobjekte durch, so handelt man sich damit zwei Nachteile ein:

- der Speicheraufwand ist deutlich höher und
- man weicht von den Standard-Busbreiten ab.

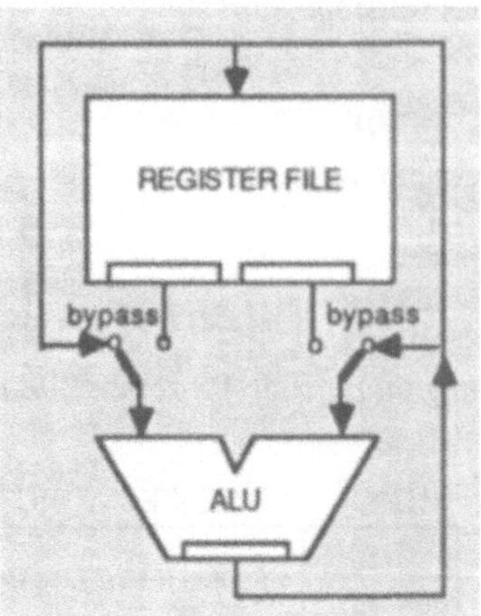

Bild 8-17 Umgehung des Registerfiles

Das folgende, in der ULM angewandte Verfahren vermeidet diese Nachteile. Der Hauptspeicher der ULM ist ein virtueller Speicher mit *Demand Paging*, dessen Seiten im Seitendeskriptor typenmäßig gekennzeichnet sind. Das heißt, in jeder Seite befinden sich nur Objekte des angegebenen Typs. Diese Information kann die Speicherverwaltung dazu benutzen, bei jedem Zugriff auf ein Objekt die vom Prozessor benötigten Typenkennungsbits zu *generieren* und diesem zusammen mit dem Datenwert zu übergeben. Der Prozessor verfügt somit über die Kennbits, ohne daß diese jedem Speicherobjekt hinzugefügt werden müssen.

Die Typenkennung, ganz gleich wie sie realisiert ist, wirft bei einem Pipeline-Prozessor das grundsätzliche Problem auf, daß die Typeninformation bereits bei der Befehlsinterpretation benötigt wird, aber erst zusammen mit dem im nächsten Takt geholten Operanden zur Verfügung steht. Wollte der Prozessor erst abwarten, bis die Typeninformation zur Verfügung steht, so würde er einen Takt verlieren. Um dies zu vermeiden, wird in der ULM wie folgt vorgegangen: Da man aus vielen statistischen Untersuchungen von Lisp-Programmen weiß, daß etwa 70 % aller arithmetischen Befehle vom Typ **integer** sind, führt die Maschine zunächst "auf Verdacht" immer eine Integer-Operation aus. Gleichzeitig wertet die spezielle *TCD-Einheit* (*Type Checker/Decoder Unit*) des Prozessors die Typeninformation aus. Stellt sich dabei heraus, daß in Wirklichkeit ein anderer Datentyp vorliegt, so wird die Maschine die ausgeführte Integer-Operation am Ende annullieren (es wird einfach kein **store** ausgeführt) und die Operationsausführung wiederholen, diesmal mit dem richtigen Datentyp. In solchen Fällen geht somit ein Takt verloren — aber nur in etwa einem Drittel aller Fälle.

Verzweigungsbefehle

Die automatische Typenüberprüfung durch die *TCD-Unit-Hardware* in der ULM verringert die Zahl der bedingten Verzweigungsbefehle. Trotzdem ist diese immer noch hoch (etwa 25 % der Befehle), was bei dem RISC-Prozessor die in Kapitel 3.5 ausführlich besprochenen Probleme aufwirft.

In der ULM wird dieses Problem zunächst dadurch gemildert, daß die Sprungbefehle in zwei Kategorien eingeteilt sind: *lokale* und *nicht-lokale* Sprungbefehle. Lokale Sprungbefehle werden ausschließlich auf dem Befehlsspeicher ausgeführt. Sie können unbedingt oder bedingt sein. Nicht-lokale Sprungbefehle sind immer unbedingt (hauptsächlich handelt es sich dabei um Prozuduraufrufe). Unbedingte Sprünge sind unproblematisch. Bei den bedingten Sprüngen wird in der ULM das in Kapitel 3.5 besprochene Verfahren der Sprungverzögerung mit Compiler-Optimierung (*delayed branches*) angewandt.

Einen eigentlichen bedingten Sprungbefehl wie in konventionellen Prozessoren gibt es in der ULM jedoch nicht. Nur drei Befehle können überhaupt Sprungbedingungen erzeugen, einer für Integer-Bedingungen bzw. logische Bedingungen, einer für Gleitpunkt-Bedingungen, und einer für das Prüfen von Register-Kennungen. Diese Befehle schreiben nicht wie sonst üblich die Bedingung in ein spezielles Register (s. Bild 3-8), wo sie dann abgeprüft werden kann, sondern erzeugen eine Marke (*branch tag*), die dem Prozessor unmittelbar sagt, daß gesprungen werden muß. Dieses Verfahren ist effizienter als das sonst übliche, insbesondere beim Prozeduraufruf und der Ausnahmebehandlung.

Garbage Collection

Der quasi-funktionale Programmierstil von Lisp bedingt das häufige Kopieren von Listenobjekten. Dadurch wird im Laufe einer Programmausführung der Speicher immer mehr mit Zwischenwerten gefüllt. Abhilfe bringt hier nur, den Speicher von Zeit zu Zeit nach nicht mehr benötigten Objekten zu durchforsten und diese zu entfernen, um wertvollen Speicherplatz zurückzugewinnen. Dieser Vorgang heißt *Speicherentrümpelung* (*garbage collection*). Die zeitaufwendige, aber unbedingt notwendige Speicherentrümpelung ist eines der Hauptprobleme eines jeden Lisp-Systems.

Da die Zeit für das Durchsuchen das Speichers proportional zur Größe des durchsuchten Speicherbereichs ist, versucht man die zu durchsuchenden Bereiche möglichst klein zu halten, indem man die Datenobjekte aufgrund ihrer Lebenserwartung in *Generationen* genannte Klassen einteilt [UNG 84]. Die Objekte verschiedener Generationen werden in verschiedenen Speicherbereichen gespeichert. Speicherbereiche mit kurzlebigen Objekten werden verhältnismäßig häufig entrümpelt, während Speicherbereiche mit längerlebigen Objekten seltener entrümpelt werden. Die Frage, welcher Generation ein Objekt zuzuordnen ist, wird aufgrund der Beobachtung des Objektverhaltens beim Entrümpeln beantwortet: Ein Objekt, welches eine gewisse Zahl von Entrümpelungen überlebt hat, wird automatisch in die nächst höhere Generation versetzt.

Die ULM unterstützt das Entrümpeln nach dem Generationen-Prinzip durch gewisse Hardware-Maßnahmen. Objekte werden in vier Generationen eingeteilt [RAS 90]:

- Babies: ein neu erzeugtes Objekt gehört zunächst dieser Generation an;
- Teenies: Hat ein Baby eine vorgegebene Zahl von Entrümpelungen überlebt, so wird es ein Teenager.
- Grown-ups: Lebt ein Teenager lang genug, so gelangt er in die Generation der stabilen, langlebigen Objekte (der "Erwachsenen").
- Old-ones: Dies sind Objekte mit scheinbar unbegrenzter Lebensdauer.

Der Speicherbereich der "Neugeborenen" wird sehr häufig entrümpelt und der Speicherbereich der "Alten" überhaupt nicht. Das Umsetzen eines Objekts in eine andere Generation erfordert das Umkopieren des Objekts aus seinem bisherigen Speicherbereich in einen anderen. Um den *Entrümpeler* (*garbage collector*) in seiner Arbeit zu unterstützen, werden in der ULM die Speicherbereiche für die verschiedenen Generationen so angelegt, daß die Hardware aus der Objektadresse ersehen kann, welcher Generation das Objekt angehört (BEBOP-Verfahren, s. Abschnitt 8.1.5). Für das schnelle Kopien gibt es eine eigene Kopieroperation, welche von einer DMA-Hardware ausgeführt wird.

8.4.4 Der parallele Prolog-Rechner POPE

Übersicht

Der parallele Prolog-Rechner POPE (*Parallel Operating Prolog Engine*) wurde am GMD FIRST als Coprozessor zu einem UNIX-Arbeitsplatzrechner entworfen und realisiert [BEE 87],[BaG 87],[XIA 89],[Gea 91]. POPE besteht aus einer Pipeline von bis zu 8 *Unifikationsprozessoren*, die speziell für die möglichst effiziente Ausführung des Objektcodes eines hochoptimierenden Prolog-Compilers entworfen wurden. Der Befehlssatz von POPE basiert auf einer von *Beer* [BEE 87] konzipierten, verbesserten und parallelisierten Version der *Warren Abstract Machine* [WAR 83]. Das Operationsprinzip von POPE besteht darin, eine Anzahl von Unifikationsprozeduren — die Unifikation ist die Grundoperation jedes Prolog-Programms — im Pipeline-Betrieb auszuführen, indem die Initialisierungs- und Ausführungsphasen verschiedener Prozeduraufrufe überlappt werden [BEE 87]. Zusätzlich wird die UND-Parallelität innerhalb verschiedener *Subgoals* des Prolog-Programms ausgenutzt. Aber selbst rein sequentielle Prolog-Programme ohne erkennbare Parallelität werden durch das Pipeline-Verfahren um ein Mehrfaches schneller ausgeführt. Die POPE-Architektur unterstützt besonders wirkungsvoll die gleichzeitige Ausführung verschiedener unabhängiger Prolog-Programme, was den POPE besonders als Mehrbenutzer-Arbeitsplatzrechner geeignet sein läßt.

Ein neuartiges *Tagging*-Verfahren der Datenwerte erleichtert wesentlich das dabei bestehende Synchronisationsproblem und löst das *Occur-Check*-Problem. Die Datenabhängigkeitsanalyse, die zur Entdeckung der UND-Paralellität notwendig ist, wird nach einem von *Xia* erfundenen *hybriden* Verfahren ausgeführt, bei welchem so viel Arbeit wie möglich bereits zur Übersetzungszeit ausgeführt wird und so wenig wie nötig zur Laufzeit [XIA 89]. Dadurch wird der durch die Datenabhängigkeitsanalyse entstehende Laufzeitaufwand minimiert. Die Datenabhängigkeitsanalyse liefert gleichzeitig auch alle Informationen, die für ein *intelligentes Backtracking* erforderlich sind [XIA 89]. Im Gegensatz zu anderen Konzepten einer parallelen Ausführung von Prolog benötigt der POPE-Rechner keine spezielle, parallelisierte Version von Prolog. Die Programme können im gewöhnlichen sequentiellen Prolog geschrieben werden und werden dann vom Compiler parallelisiert. Dadurch gibt es auch keinerlei Einschränkungen der Sprachkonzepte des sequentiellen Standard-Prologs. So ist zum Beispiel das dynamische *Assert/Retract* und das *CUT* zugelassen wie auch die *Tail Recursion Optimization*.

Die Systemarchitektur des POPE

Das Kernstück des POPE-Rechners ist die Pipeline von Unifikationsprozessoren. Diese ist als unidirektionaler Ring ausgeführt: Jeder Prozessor kommuniziert über einen *Pipeline-Puffer* mit seinem rechten Nachbarn, wobei der Ring durch eine Verbindung vom letzten zum ersten Prozessor geschlossen wird (d.h. der erste Prozessor ist der rechte Nachbar des letzten Prozessors im Ring). Im POPE-Prototyp findet der spezielle, mikroprogrammierte Unifikationsprozessor mit seinem lokalen Speicher und dem Pipeline-Puffer auf einer Leiterplatte Platz. Durch die Mikroprogrammierung werden die speziellen Befehle einer *Parallel Abstract Warren Machine* (PAWN) realisiert. Alle Prozessoren haben Zugriff zu einem globalen Datenspeicher. Zusätzlich besitzt jeder Prozessor einen lokalen Speicher für den Programmcode und für Zwischenwerte. Dadurch wird die Belastung des zentralen Speicherbusses — das ist der potentielle Systemflaschenhals — verringert. Bild 8-18 zeigt ein Blockbild der Unifikationsprozessor-Pipeline des POPE.

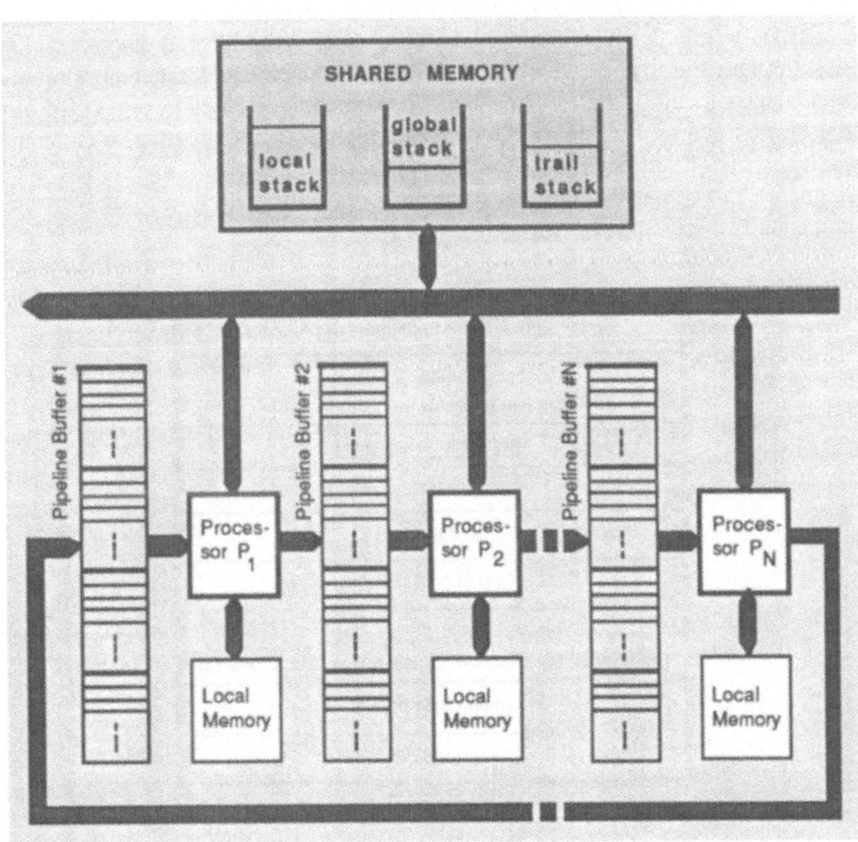

Bild 8-18 Blockbild der POPE-Architektur

Der gemeinsame Speicher enthält die spezifischen Datenbereiche des Prolog-Programms wie:

- den *Global Stack* für Datenstrukturobjekte;
- den *Local Stack* für die Rücksetzpunkte (*choice points*) und die die Ausführungsumgebung definierenden Aktivierungsrahmen (*clause activation records*);
- den *Trail Stack* zur Notierung der Variablenbindungen, die beim Rücksetzen (*backtracking*) rückgängig gemacht werden müssen.

Der Pipeline-Puffer, über den jeweils zwei benachbarte Prozessoren verbunden sind, puffert und synchronisiert den Datenaustausch vom linken zum rechten Prozessor. Die Synchronisation erfolgt über Hardware-Semaphore (*full-empty bits*), die anzeigen ob die Zellen des Pipelinepuffers voll oder leer sind. Der linke Prozessor muß mit dem Schreiben in eine Zelle warten, bis diese leer ist, und der rechte Prozessor kann eine Zelle erst dann lesen, wenn sie voll ist. Dadurch erhält man eine asynchrone Datenfluß-Synchronisation zwischen den Unifikationsprozessoren.

Die Puffer können 4 *Pufferblocks* aufnehmen. Jeder Pufferblock enthält die Information zur Definition der Ausführungsumgebung einer Prozedur und eine Anzahl von Registern, über die Argumente übergeben werden können. Die Umgebungsdefinition besteht aus den in Bild 8-19 gezeigten 8 Kontrollwörtern. Da ein Pufferblock insgesamt 64 Wörter hat, stehen 56 Argumentregister zur Verfügung, was mehr als ausreichend ist, da in der Praxis ein Ziel (*goal* oder *subgoal*) kaum mehr als 10 Argumente hat. Die Bedeutung der Kontrollwörter wird dem mit Prolog Vertrauten unmittelbar klar sein und soll hier nicht erläutert werden.

entry address of the next goal or procedure
size (number of arguments and control words)
previous choice point
top of local stack
top of trail stack
top of global stack
next clause (address of the clause to consider upon backtracking)
continuation pointer
arguments

Bild 8-19 Inhalt des Pufferblocks

Die Ausführung eines Prolog-Programms

Die zeitliche Überlappung von Prozedur-Initialisierungen und Prozedur-Ausführungen in der Prozessor-Pipeline des POPE läßt sich an einem einfachen Beispiel demonstrieren [BEE 87]. Gegeben sei das folgende Prolog-Programmfragment.

```
                       ? - h(X,a,Y,b)
/* clause C1 */        h(e,Z,e,b) :- g(Z,U),s(...), ...
/* clause C2 */        g(a,a)
```

Dieses Programm möge von einer aus den drei Unifikationsprozessoren P1, P2 und P3 bestehenden Pipeline ausgeführt werden, wobei der Prozessor P1 mit der Ausführung des *Goals* h(X,a,Y,b) beginnt. Die weitere Ausführung schreitet dann wie folgt fort. P1 sendet die Adresse von C1 an P2. Anschließend sendet P1 nacheinander alle Argumente von h an seinen rechten Nachbarn, P2. Dieser sendet als erstes die Adresse seines ersten Subgoals, g, an seinen rechten Nachbarn, P3, und versucht anschließend, die Argumente von h mit dem Klauselkopf von C1 zu unifizieren. Während dieses Vorgangs sendet P2 die Argumente von g an P3, sobald sie als Ergebnisse des Unifikationsprozesses verfügbar werden. Dieses ermöglicht P3, seinerseits mit der Arbeit zu beginnen, und so fort. Am besten wird dies sichtbar, wenn man den von den Prozessoren ausgeführten Code betrachtet, wie es Tabelle 8-3 angibt. Die in der Tabelle angegebenen Instruktionen sind vereinfachte Formen der entsprechenden Maschinenbefehle des POPE.

Tabelle 8-3 Code für das Beispiel-Programm und ausführende Prozessoren

P1	P2	P3	P1
call h, Nil			
load X,A1*	h: call g,s´		
load A,A2*	unify e,A1	g: return	
load Y,A3*	unify Z,A2	wait	busy
load b,A4*	load Z,A1*	wait	busy
stop	load U,A2*	unify a,A1	s´: call s,...
	unify e,A3	unify a,A2	load A1*
	unify b,A4	stop	.
			.
	stop		.
			stop

Erläuterung:
Aus der Sicht jedes Prozessors werden die eigenen Argumentregister mit A1...An bezeichnet, während die Argumentregister des rechten Nachbarn durch einen Stern (*) gekennzeichnet sind. Das Register, welches der linke Prozessor Ai* nennt, heißt damit für den rechten Prozessor Ai.

Die **call**-Anweisung übergibt dem rechten Nachbarn zwei Argumente: die Adresse der nächsten Prozedur und einen *Continuation Pointer*. Letzterer gibt an, welches *Goal* als nächstes auszuführen ist, wenn die Reduktion der aufrufenden Klausel erfolgreich war, d.h. die leere Klausel erhalten wurde. In allen Fällen wo ein Argument noch nicht übergeben wurde, muß der Prozessor solange warten, bis das Argument eingetroffen ist. Dies geschieht durch die **wait**-Anweisung, die die entsprechenden *Full-Empty-Bits* abprüft. Die **stop**-Anweisung verursacht den Prozessor, die laufende Ausführung zu terminieren und auf die nächste Aktivierung zu warten.

Mit der Pipeline-Verarbeitung der Unifikationsprozeduren allein läßt sich eine Leistung bis etwa 1 MLISP (MLIPS: *million logical inferences per second*) erreichen, wobei eine Unifikation eine *logical inference* ist [BEE 87]. Diesen Leistungsgewinn erhält man auch bei völlig deterministischen Prolog-Programmen, die keine innere Parallelität haben.

Um eine höhere Leistung zu erreichen und insbesondere die Pipeline von Unifikationsprozessoren möglichst gut zu nutzen, wird im POPE-Rechner auch die in Prolog-Programmen vorkommende UND-Parallität genutzt, indem mehrere *Subgoals* einer Klausel gleichzeitig ausgeführt werden. Damit steht ein höheres Potential an ausführbereiten Unifikationsprozeduren zur Verfügung, so daß die Prozessor-Pipeline besser gefüllt werden kann. *Subgoals* können aber nur dann parallel ausgeführt, wenn sie datenunabhängig voneinander sind. Durch des Vorkommens gemeinsamer Variablen (*shared variables*) können aber Datenabhängigkeiten auftreten. Diese müssen daher erkannt werden, um eine Verletzung der Programmsemantik zu vermeiden. Dazu wurde, wie oben erwähnt, ein hybrides Verfahren der Datenabhängigkeitsanalyse entwickelt und mathematisch als korrekt bewiesen, welches sich durch besondere Effizienz auszeichnet [XIA 89].

Prozessor-Prozessor-Kommunikation und Synchronisation

Bei der Frage, wie der Zugriff auf den gemeinsamen Speicher zu synchronisieren ist, sind drei mögliche Fälle zu berücksichtigen.

(1) Ein Prozessor möchte ein Datenobjekt in einen der drei Prolog-Keller schreiben (*push*) oder aus dem Keller lesen (*pop*) und damit den *Stack Pointer* verändern (dies kommt immer dann vor, wenn ein neuer Aktivierungsrahmen alloziert wird oder ein *Choice Point* oder eine globale Datenstruktur erzeugt wird oder ein *Trailing/Untrailing* einer Variablenbindung vorgenommen wird.

(2) Der Prozessor möchte eine noch nicht gebundene Variable binden.

(3) Der Prozessor greift auf ein existierendes, vollständig instantiiertes Datenobjekt zu. Dieser Fall ist wegen des in Prolog angewandten Prinzips der einmaligen Zuweisung unkritisch und braucht daher nicht weiter berücksichtigt zu werden.

Fall (2) wird dadurch berücksichtigt, daß in jedem Zeitpunkt immer nur ein Prozessor Zugang zu den Prolog-Kellern hat. Die Zugangsberechtigung wird mit der Übergabe der *Stack Pointer* durch den linken Nachbarn verliehen, d.h. die Weitergabe eines *Stack Pointers* stellt eine Synchronisation dar. Insbesondere stellt dieser Mechanismus in Verbindung mit einer speziellen Kennung (*tagging*) der Variablen sicher, daß keine Bindungskonflikte auftreten können [BEE 87]. Man sieht, daß man auch hier nicht ohne spezielle Hardwareunterstützung durch Kennbits auskommt.

Die Unifikationsprozessoren haben kein eigenes Betriebssystem bzw. Laufzeitsystem. Sie müssen aber dennoch komplexe Funktionen der Verwaltung und Synchronisation von Prozessen sowie der Kommunikation zwischen ihnen ausführen, was in konventionelleren Architekturen Aufgabe des Betriebssystems ist. Die Inter-Prozess-Kommunikation geschieht durch die Übergabe von Kontrolldaten und Parameter über die synchronisierenden Pipeline-Puffer in Verbindung mit speziellen Maschinenbefehlen. Für die Prozeßverwaltung stehen ebenfalls entsprechende Maschinenbefehle zur Verfügung. Da alle Maschinenbefehle als Mikroprogramme realisiert sind, bedeutet dies faktisch, daß die benötigte Betriebssystem-Funktionalität in der Form von zum Teil sehr komplexen Mikroprogrammen in die Maschine integriert wurde — ein spektakulärer Fall von vertikaler Verlagerung! Dementsprechend benötigt ein Prozessor sehr viel Mikrocode und damit auch eine große Mikroprogramm-Speicherkapazität.

Der POPE-Compiler

Der Prolog-Parallelrechner POPE wäre ohne den speziell für ihn erstellten Compiler nutzlos. Dieser Compiler nimmt die Parallelisierung der Prolog-Programme für die hier geschilderte spezielle Form der Pipeline-Verarbeitung vor, so daß der Benutzer sich nicht darum kümmern muß, sondern sein Programm in der sequentiellen Standard-Version von Prolog schreiben kann. Grundlage für die Parallelisierung bildet die speziell für POPE entworfene abstrakte Maschine PAWN. Eine weitere Grundlage für die Arbeit des Compilers ist der hybriden Datenabhängigkeitsanalysator, der die Nutzung der UND-Parallelität und ein *intelligentes Backtracking* ermöglicht.

8.5 Assoziative Rechner

8.5.1 Assoziativspeicher

In einem assoziativen Rechner kann assoziativ auf die im Speicher befindlichen Daten zugegriffen werden; d.h. die Daten sind in diesem Falle für die Maschine selbstidentifizierend. So kann man zum Beispiel eine Menge von booleschen Vektoren (Bitketten) auf diejenigen Vektoren durchsuchen, die ein vorgegebenes Bitmuster darstellen; man kann eine Namensliste auf das Auftreten eines bestimmten Namens durchsuchen; oder man kann eine Liste der Beschäftigten auf alle Personen durchsuchen, deren Jahresbezüge über einer bestimmten Schwelle liegen, usw. Prinzipiell kann dieses Suchen von der zentralen Recheneinheit des Rechners durchgeführt werden, und der Speicher ist dann ein konventioneller, adressierter Speicher. Effizienter ist es jedoch, den Speicher selbst zu befähigen, Suchoperationen durchzuführen. In diesem Falle spricht man von einem Assoziativspeicher. Leilich [LEI 74] nennt als charakteristische Systemeigenschaften des Assoziativspeichers folgende Merkmale:

- Die gespeicherten Wörter sind nicht an feste Plätze gebunden; d.h. sie können ungeordnet im Speicher stehen (allgemeine Datenmenge).

- Die Anzahl der zum Suchen benutzten Merkmale in einer Dateneinheit (einem Wort) muß nicht der Gesamtzahl der möglichen Suchschlüssel entsprechen.
- Das gleiche Merkmal kann in mehreren Dateneinheiten (Wörtern) vorkommen.
- Beliebige Teile einer Dateneinheit (eines Worts) können als Merkmale ausmaskiert werden, um mit den vorgegebenen Suchschlüsseln verglichen werden zu können.

Für die Realisierung eines Assoziativspeichers gibt es im wesentlichen drei Möglichkeiten:

- Der Speicher wird als *Hardware-Assoziativspeicher* realisiert. Das bedeutet, daß die Funktion des Ausmaskierens von Merkmalen und Vergleichens der Merkmale mit vorgegebenen Suchschlüsseln von spezieller Hardware ausgeführt wird, die integraler Bestandteil einer jeden Speicherzelle ist. Alle Dateneinheiten im Speicher können damit gleichzeitig den Maskierungs- und Vergleichsoperationen unterworfen werden.
- Der Speicher wird physikalisch als adressierter Speicher ausgeführt. Um Information assoziativ zugreifbar zu machen, wird aus dem Suchschlüssel in der zu speichernden Information über eine *Hash-Funktion* eine Adresse gebildet, unter der die Information dann gespeichert wird. Beim Suchen wird dieselbe Hash-Funktion erneut auf den Suchschlüssel angewandt und damit die Adresse erhalten, unter der die gesuchte Information zu finden ist.
- Der Speicher wird als adressierter Speicher ausgeführt. Zum assoziativen Suchen wird ein Informationsstrom erzeugt, der aus dem Speicher in einen *Suchrechner* fließt. Dort wird dann die gesuchte Information aus dem Strom ausselektiert. Der Informationsstrom kann durch einen von einem Adreßgenerator erzeugten Strom von Adressen aus dem Speicher selektiert werden.

Es gibt bis heute praktisch keine Rechner mit Hardware-Assoziativspeicher, und es ist auch in absehbarer Zukunft nicht mit solchen Rechnern zu rechnen. Der Grund hierfür liegt darin, daß sich der assoziative Halbleiterspeicher nicht für die Großintegration eignet, da man den Assoziativspeicher nicht wie das normale *random access memory* (RAM) aus Bausteinen, die jeweils ein Bit des Speicherworts speichern, aufbauen kann (der Assoziativspeicher läßt sich nicht "*slicen*"). Die verbreitetste Methode, den assoziativen Zugriff auf Daten hardwaremäßig zu unterstützen, ist damit nach wie vor die durch Hardware ausgeführte *Hash-Codierung*.

8.5.2 Assoziativrechner

Ein Kompromiß zwischen Aufwand und Arbeitsgeschwindigkeit beim assoziativen Suchen läßt sich dadurch erhalten, daß man das Suchen nicht durch den zentralen Datenprozessor der Maschine ausführen läßt, sondern von speziellen, sehr einfachen und damit schnellen Suchprozessoren an der Peripherie des Speichers. Man gelangt damit zur Klasse der bitseriell/wortparallel arbeitenden Assoziativrechner. In diesen Systemen ist der Speicher in der herkömmlichen Weise als adressierbare Speichermatrix ausgeführt, bei der jede Zeile genau ein Datenwort aufnimmt. Diese Wörter werden aber nicht wie sonst üblich bitparallel ausgelesen, sondern bitseriell, dafür aber alle gespeicherten Wörter gleichzeitig (daher die Bezeichnung *bitseriell/wortparallel*). Ein solcherart ausgeführter Assoziativspeicher führt den

Schlüssel-Merkmal-Vergleich in jedem Takt für ein einzelnes Bit eines Worts aus, dafür aber für alle Wörter des Speichers gleichzeitig. Dadurch läßt sich immer noch eine hohe Arbeitsgeschwindigkeit beim assoziativen Suchen erzielen. Man nennt eine solche Anordnung auch einen *Assoziativrechner* [ENS 74].

Der Nachteil dieses Verfahrens liegt darin, daß man sich dabei auf eine bestimmte Größe der Speichermatrix festlegt, die überdies verhältnismäßig klein gehalten werden muß. Ein solcher Assoziativrechner wird damit kaum die Merkmale eines Universalrechners erfüllen; als Spezialrechner für bestimmte Aufgaben kann er jedoch sehr leistungsfähig sein. Ein bekannter Vertreter dieser Rechnerart ist der STARAN, den wir im folgenden als Beispiel heranziehen wollen.

8.5.3 Der assoziative Feldrechner STARAN

STARAN [RUD 72], [ENS 74] ist ein Spezialrechner, der im wesentlichen aus einem Speicher von 256 Wörtern mit je 256 Bit, einem Array von 256 bitseriell arbeitenden Rechenelementen (RE), einem Befehlsprozessor mit eigenem Speicher und einem Ein/Ausgabe-Prozessor mit eigenem Speicher und den einschlägigen Peripheriegeräten besteht. Der Speicher ist so organisiert, daß auf ihn sowohl zeilenweise wie auch spaltenweise zugegriffen werden kann. Der Ein/Ausgabe-Prozessor ist ein handelsüblicher Minicomputer (PDP 11). Von den 256 REs ist je eines einem der 256 Wörter des Speichers zur bitseriellen/wortparallelen Verarbeitung zugeordnet. Bild 8-20 zeigt das Blockdiagramm dieses Rechners.

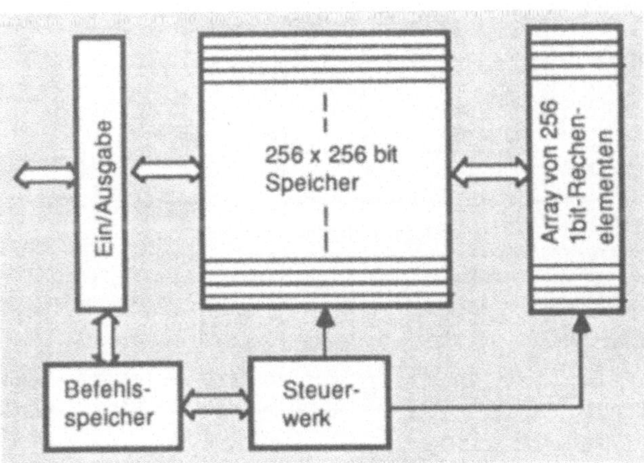

Bild 8-20 Blockdiagramm des STARAN-Rechners

Der Zugriff auf den Assoziativspeicher kann sowohl zeilenweise (Wortweise) als auch spaltenweise (*bit slice* durch alle Wörter) erfolgen, wie es Bild 8-21 illustriert. Beim zeilenweisen Zugriff werden die Bits einer 256-Bit-Zeile durch einen der 256 REs seriell verarbeitet und mehrere (u.U. auch alle) Zeilen parallel; beim spaltenweisen Zugriff werden die Bits einer 256-Bit-Spalte durch einen der 256 PEs seriell verarbeitet und mehrere (u.U. auch alle) Spalten parallel. Statt von Zeilen spricht man auch von

Wörtern, statt von Spalten spricht man auch von *Bit-Schlitzen* (*slice*) durch alle Wörter. Durch Wahl der entsprechenden Zugriffsart in Verbindung mit einer Schreib-Maskierung kann festgelegt werden, ob der Zugriff zu den Daten im Assoziativspeicher wortweise oder schlitzweise oder in einer Mischform zwischen beidem stattfindet. Ferner ist es möglich, in jeder dieser Zugriffsarten das Schreiben jedes beliebigen Bits in einem Wort oder Schlitz zu unterdrücken. Die 256 Rechenelemente werden zentral von einem Steuerwerk gesteuert; d.h. sie alle führen in einem gegebenen Zeitpunkt die gleiche Operation aus.

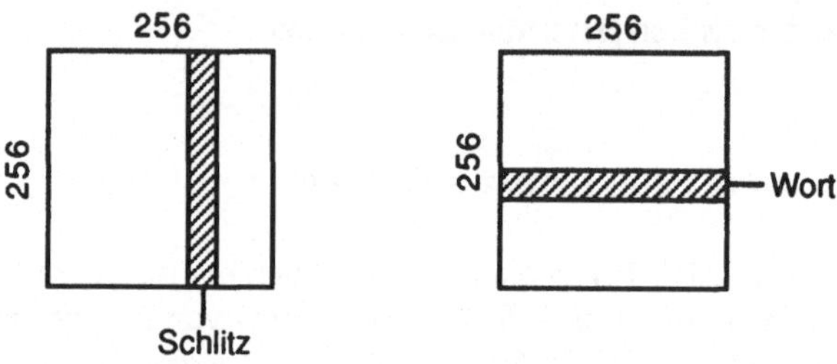

Bild 8-21 Spaltenweiser (Schlitz) und zeilenweiser (Wort) Zugriff

Die Rechenelemente enthalten einen Datenpuffer, so daß auch Bits von nacheinander gelesenen Wörtern oder Schlitzen miteinander verknüpft werden können. Bild 8-22 zeigt das Blockdiagramm 8-22 eines *Array-Moduls* des STARAN.

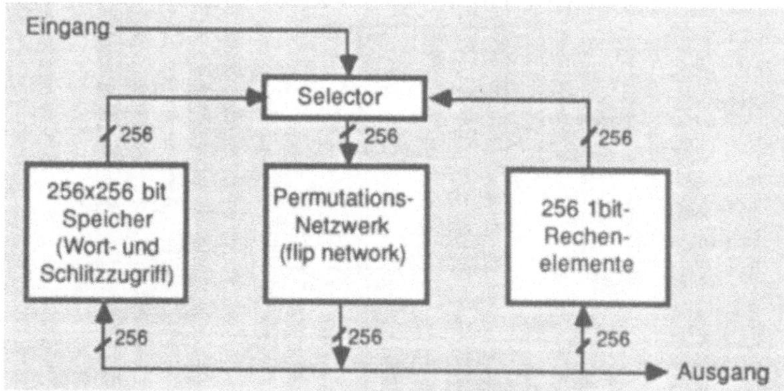

Bild 8-22 Array-Modul des STARAN

Danach enthält der Modul neben dem Speicher und dem Array von Rechenelementen (REs) noch ein *Permutationsnetzwerk* (*flip network*), mit dessen Hilfe Daten im Speicher oder im RE-Array ausgewählt, sortiert oder anderweitig umgeordnet werden können. Eine weitere Möglichkeit, die das Permutationsnetzwerk bietet, ist der zyklische Shift (Rotation) von Schlitzen, die sich im RE-Array befinden. Solche Rotationen können auch beim Transport von Wörtern oder Schlitzen vom Speicher in das RE-Array oder umgekehrt ausgeführt werden. Mit Hilfe des Permutationsnetzwerks kann ferner die Zuordnung der Wörter des Speichers zu den REs beliebig verändert werden. Der Speicher des Array-Moduls kann parallel (d.h. in einem einzigen Speicherzugriff) nach dem Vorkommen eines bestimmten *Suchschlüssels* durchsucht werden. Der Suchschlüssel ist dabei ein 32-Bit-Wort, das in einem bestimmten *Suchregister* steht. Als Ergebnis eines assoziativen Suchens wird die Wortadresse des ersten Auftretens der gesuchten Information von dem zugehörigen RE geliefert. Der STARAN-Computer kann mehrere Array-Moduln (bis zu vier) enthalten.

Bild 8-23 zeigt das Blockbild eines vollständigen STARAN mit vier Array-Moduln. Jeder Array-Modul ist zwei Steuersystemen unterworfen, einem für die Steuerung der Datentransporte (PIO CONTROL) und einem anderen für die Steuerung der Operationen (AP CONTROL). Dadurch können Daten in bestimmte Moduln geladen werden, während gleichzeitig bereits gespeicherte Daten in anderen Moduln verarbeitet werden. Die Datenwege zwischen den Moduln untereinander und zwischen Moduln und Externgeräten sind sehr breitbandig.

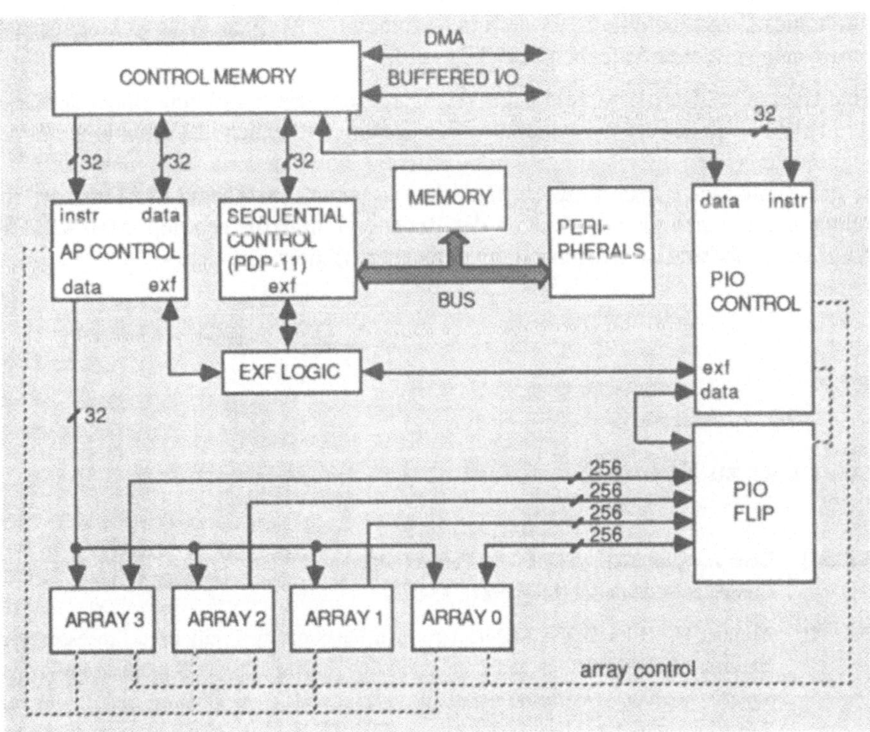

Bild 8-23 Blockdiagramm des STARAN

Die Programmierung des STARAN erfolgt in einer speziellen Assemblersprache (eine höhere Programmiersprache, die die Fähigkeiten der Maschine einschließen würde, wäre APL). Die STARAN-Assemblersprache ist komplexer als die üblichen Assemblersprachen der von-Neumann-Computer, was insbesondere auf die Existenz von Array-Operationen für das Laden, Speichern, Durchsuchen und Umordnen von Arrays bzw. für arithmetische Operationen auf Arrays zurückzuführen ist. Es liegt auf der Hand, daß der STARAN-Assembler in sehr hohem Maße von der Makro-Technik Gebrauch macht. Ferner sei noch erwähnt, daß durch Setzen eines Selektionsregisters festgelegt werden kann, welche Arrays aus der Menge aller Arrays einer bestimmten Operation unterworfen sein sollen. Innerhalb eines Arrays können Felder variabler Länge definiert werden, was durch einen entsprechenden Deskriptor geschieht, dessen Inhalt (Längenzähler und Zeiger auf den Feldanfang) bei der Ausführung in spezielle Register geladen wird.

STARAN ist ein Spezialrechner, der dort seine Stärke hat, wo es auf das assoziative Verarbeiten von Information ankommt, die sich durch boolesche Matrizen darstellen läßt. Dies ist zum Beispiel bei der Verarbeitung von Binärbildern der Fall, d.h. in Anwendungsfällen, wo die Bildinformation nur zwei Helligkeitswerte erfordert. Solche Anwendungen findet man in der Mustererkennung, so daß es nicht verwundert, daß die meisten bisher installierten Anlagen genau für solche Aufgaben — insbesondere in der Radarbild-Auswertung — eingesetzt werden. Der Spezialrechner-Charakter von STARAN macht es erklärlich, daß dieser Rechner üblicherweise nicht als autonomes Computersystem, sondern in Verbindung mit einem Allzweckrechner und zur Lösung spezieller Aufgaben betrieben wird.

Eine Übersicht über die weitere frühe Assoziativrechnerentwicklung findet der Leser bei [TaW 75]. In den letzten Jahren ist das assoziative Rechnen in Verbindung mit den neuronalen Netzen interessant geworden. Hierauf wollen wir hier aber nicht eingehen, da neuronale Netze nach unserem Dafürhalten mehr zum Thema der Mustererkennungs-Algorithmen als zum Thema der Rechnerarchitektur gehören. Man kann sie natürlich auf jedem Hochleistungs-Parallelrechner effizient simulieren.

Literatur zu Kapitel 8

[BaG 87] Beer J., Giloi W.K.: POPE - A Parallel Operating Prolog Engine, Future Generation Computer Systems 3,2 (May 1987), 83-92

[BaG 89] Brüning U., Giloi W.K.: Architecture of a Functionally Parallelized Processor With Hardware Synchronization and Communication, in Kartashev & Kartashev(eds.): *Proc. Supercomputing '89: Supercomputing Structures & Computations, vol. I,* Internat. Supercomputing Inst., Inc., St. Petersburg, FL 1989

[BaG 92] Bi H., Giloi W.K.: Supporting Matrix Operations in Vector Architectures, Proc. Internat. Parallel Processing Sympos. 1992, IEEE Order no. 2672

[BDB 91] Böttcher A., Diestelkamp W., Bi H.: Modula-S, A Language to Exploit Two-dimensional Parallelism, Proc. 1st Internat. Conf. of the Austrian Center for Parallel Computation, Salzburg, Austria 1991

[Bea 92] Bohlender G., Cordes D., Knöfel A., Kulisch U., Lohner R., Walter W.V.: Proposal for Accurate Floating-Point Arithmetic, in Adams/Kulisch(eds.): Scientific Computing with Automatic Result Verification, Academic Press, Orlando, FL 1992, 87-102

[BEE 87] Concepts, Design, and Performance Analysis of a Parallel Prolog Machine, Dissertation, Techn. Universität Berlin, FB Informatik 1987

[BEE 88] Beer J.: The Occur-Check Problem Revisited, Journal of Logic Programming 5 (1988), 243-261

[BIH 91] Bi H.: Exploiting Two-dimensional Explicit Parallelism On Vector Architectures, Dissertation, Techn. Universität Berlin, FB Informatik 1991

[BOT 92a] Böttcher A.: Closing the Parallel Gap — A Data Structure Architecture, Dissertation, Technische Universität Berlin, FB Informatik 1992

[BOT 92b] Böttcher A.: Closing the Parallel Gap — A Data Structure Architecture, Proc. ATABLE 2nd Internat. Workshop on Array Structures, Montreal, Canada 1992

[BRU 88] Brüning U.: Realisierunsgprinzipien von Mikrorechners hoher numerischer Leistung, Dissertation, Techn. Universität Berlin, FB Informatik 1987

[ENS 74] Enslow P.H.(ed.): *Multiprocessors and Parallel Processing*, Wiley-Interscience, New York 1974

[Fea 84] Fisher J.A., Ellis J.R., Ruttenberg J.C., Nikolau A.: Parallel Processing: A Smart Compiler and a Dumb Machine, Proc. ACM SIGPLAN 1984 Sympos. on Compiler Construction (June 1984), 37-47

[FEU 73] Feustel E.A.: On the Advantages of Tagged Architectures, IEEE Trans. on Computers C-22,7 (July 1973), 644-656

[GaB 78] Giloi W.K., Berg H.K.: Data Structure Architectures -- A Major Operational Principle, *Proc. 5th Annual Sympos. on Computer Architecture*, IEEE Catalog no. 78CH1284-9C, 44-51

[GaG 82] Giloi W.K., Güth R.: Concepts and Realization of a High-Performance Data Type Architecture, Internat. J. of Computer and Information Sciences 11,1 (Jan. 1982), 25-54

[Gea 91] Giloi W.K., Beer J., Nozad-Tehrani K., Schramm A., Student M. Xia H.: The Parallel-Operating Prolog Engine POPE, Techn. Report, GMD FIRST 1991

[GIL 79] Giloi W.K.: The DRAMA Principle and Data Type Architectures, in Niedereichholz J.(ed.): Datenbanktechnologie, Teubner-Verlag, Stuttgart 1979, 81-100

[GIL 90] Giloi W.K.: Whither Image Analysis System Architecture ?, in Burkhardt H., Neuvo Y., Simon J.C.(eds): *From Pixels to Features II: Parallelism in Image Processing*, ESPRIT BRA 3030 Workshop, Bonas, France (1990)

[GRC 89] Gössel M., Rebel B., Creutzburg R.: *Speicherarchitektur und Parallelzugriff*, Akademie-Verlag, Berlin1989

[GUE 82] Güth R.: Entwurf einer Datentyp-Architektur, Dissertation, Techn. Universität Berlin, FB Informatik 1982

[ILI 72] Iliffe J.K.: *Basic Machine Principles*, Macdonald, London 1972 (2nd. ed.)

[INT 81] Anonymous: Introduction to the iAPX 432 Architecture, Intel Corporation, Santa Clara, CA 1981

[IVE 62] Iverson K.E.: *A Programming Language*, J. Wiley & Sons, New York 1962

[JOH 71] Johnson J.B.: The Contour Model of Block-Structured Process, in Tou/Wegner(eds.): *Proc. Sympos. on Data Structures*, ACM 1971, 55-82

[KaM 81] Kulisch U., Miranker W.L.: *Computer Arithmetic in Theory and Practice*, Academic Press, New York 1981

[KUL 89] Kulisch U.(Hrsg.): *Wissenschaftliches Rechnen mit Ergebnisverifikation - Eine Einführung*, Akademie-Verlag, Berlin, und Vieweg-Verlag, Wiesbaden 1989

[Lea 77] Liskov B.H., Snyder A., Atkinson R., Schaffert C.: Abstraction Mechanism in CLU, Comm. ACM 20,8 (Aug. 1977), 564-576

[LEI 74] Leilich H.-O.: Assoziative Speicher, in Steinbuch/Weber(eds,): *Taschenbuch der Informatik*, Band 1, Kapitel 4.4, Springer-Verlag 1974

[MYE 78] Meyers G.J.: *Advances in Computer Architecture*, John Wiley & Sons, New York 1978

[ORG 73] Organick E.I.: *Computer System Organization -- The B5700/B6700 Series*, Academic Press, New York 1973

[RaS 71] Rice R., Smith W.R.: SYMBOL -- A Major Departure From Classic Software Dominated von Neumann Computing System, Proc. AFIPS 1971 SJCC, 575-587

[RAS 90] Rasche R.: Die ULM -- Ein RISC für Lisp, Dissertation, Technische Universität Berlin, FB Informatik 1990

[Rea 78] Robinson L., Levitt K.N., Neumann P.G., Saxena A.R.: A Formal Methodology for the Design of Operating System Software, in Yeh R.T.(ed.): *Current Trends in Programming Methodology*, vol. 1, Prentice-Hall, Engewood Cliffs, NJ 1977

[RUD 72] Rudolph J.A.: A Production Implementation of an Associative Array Processor STARAN, *Proc. AFIPS Fall Joint Computer Conf. 1972*, 229-241

[TaW 75] Thurber K.J., Wald L.D.: Associative and Parallel Processors, Computing Surveys 7,4 (Dec. 1975), 215-255

[TUZ 88] Töpfer H.J., Ungerer T., Zehendner E.: Computer Architectures: A Case For Top-Down Design, *Proc. IEEE Workshop on Future Trends of Distributed Computing Systems in the '90s*, Hong Kong, IEEE-CS Press 1988

[UNG 84] Ungar D.: Generation Scavenging: A Non-disruptive High Performance Storage Reclamation Algorithm, Comm. ACM (Aug. 1984)

[UNG 86] Ungerer T.: Die Programmflußsteuerung der Augsburger strukturorientierten Rechnerarchitektur ASTOR, Dissertation, Universität Augsburg 1986

[WAR 83] Warren D.H.D.: An Abstract Prolog Instruction Set, SRI Technical Note 309, Stanford Research Institute International, Menlo Park, CA (1983)

[WEG 71] Wegner P.: *Programming Languages, Information Structures, and Machine Organization*, McGraw-Hill, New York 1971

9 Datenflußarchitekturen

9.1 Übersicht

In einem rein sequentiellen Programmiermodell ist das Resultat — selbst wenn es fehlerhaft ist — immer *reproduzierbar*. Diese wünschenswerte Eigenschaft, die es leichter macht, Fehler zu lokalisieren und zu korrigieren, ist bei der parallelen Ausführung imperativer Programme, bei der von der Ausführungszeit abhängige, nicht-reproduzierbare Fehler auftreten können, nicht mehr unbedingt gewährleistet. Es können Fehler entstehen, die weder zur Übersetzungszeit noch zur Laufzeit systematische zu eliminieren sind. Im funktionalen Programmierstil ist das Resultat einer Berechnung prinzipiell eine zeitunabhängig Funktion der Eingabe. Dadurch kann ein nicht-reproduzierbares Verhalten bei der Parallelarbeit grundsätzlich nicht auftreten.

Das Datenflußprinzip bietet den Vorteil der Nähe zum funktionalen Programmierstil. Durch Anwendung des Prinzips der einmaligen Zuweisung bietet es weiterhin den prinzipiellen Vorteil, ein größtmögliches Maß an Parallelarbeit nutzen zu können. Allerdings können, wie wir noch sehen werden, die Datenflußmaschinen dieses hohe Maß an Parallelität u.U. gar nicht handhaben.

Die Entwicklung der Datenflußarchitekturen nahm bereits Mitte der sechziger Jahre ihren Anfang und hat seitdem viele Phasen durchlaufen. Die Grundidee der Datenflußarchitektur besteht darin, die Ausführung eines Algorithmus im Computer nicht in der üblichen Weise durch einen vorgegebenen Kontrollfluß zu steuern, sondern die Maschine selbst zur Laufzeit entscheiden zu lassen, welche Operationen in welchen Zeitpunkten ausgeführt werden können. Die Grundlage hierfür ist der *Datenflußgraph*, der die Operationen des Algorithmus und die zwischen ihnen bestehenden Datenabhängigkeiten (und damit deren Teilordnung) angibt. Jeder Knoten des Datenflußgraphen repräsentiert eine Operation. Die Operanden der Operation werden durch *Marken* (*token*) repräsentiert, mit denen die Eingänge des Knotens *belegt* werden können. Erst wenn jeder Eingang mit einer Marke belegt ist, d.h. wenn alle Operanden vorhanden sind, kann die Operation ausgeführt werden. Man sagt statt dessen auch, daß der Knoten *zünden* kann und nennt diese Bedingung die *Zündregel-Semantik* des Datenflußprinzips.

Die Zündregel-Semantik in Verbindung mit dem Prinzip der einmaligen Zuweisung führt dazu, daß die Maschine jede Möglichkeit der Parallelarbeit — Datenparallelität wie Programmparallelität — selbst erkennen und mit dem Ziel der bestmöglichen Ausnutzung der vorhandenen Betriebsmittel nutzen kann. Diese potentielle Eigenschaft des Datenflußprinzips hat im Laufe der Jahre zu einer Reihe von Versuchen angeregt, eine effiziente und kosteneffektive Realisierung dieses Prinzips zu finden. Dies ist allerdings bis heute nicht gelungen, was sich nicht zuletzt in der Tatsache ausdrückt, daß es bis heute keine Produkte dieser Art auf dem Markt gibt.

Am Anfang der Entwicklung stand das *statische Datenflußprinzip* [DaM 75]. Man mußte aber recht bald erkennen, daß dieses zu starr ist. Insbesondere erlaubt es nicht, Schleifeniterationen und Unterprogrammaufrufe parallel auszuführen, wodurch ein wesentliches Parallelarbeits-Potential ungenutzt bleibt. Dieser Umstand beschränkt die Anwendungen des statischen Datenflußprinzips auf solche, die durch einen starren, verzweigungsfreien Algorithmus mit hoher Datenparallelität gekennzeichnet sind, wie man es zum Beispiel in der Signalverarbeitung findet.

Um die in universelleren Anwendungen auftretende Programmparallelität (und hier insbesondere die Schleifenparallelität) nutzen zu können, wurde daher das *dynamische Datenflußprinzip* entwickelt [AaG 77]. Bei diesem werden die Marken dahingehend erweitert, daß sie nicht nur Operandenwerte, sondern auch die Kontextinformation für die Ausführung der Operation beinhalten (*token tagging*). Ein Knoten ist jetzt schaltbereit, sobald auf seinen Eingangskanten Marken aus demselben Kontext ("gleicher Farbe") vorhanden sind.

Eine einstellige Operation ist unmittelbar ausführbar, sobald ihr Operand verfügbar geworden ist. Bei einer zweistelligen Operation muß die Maschine hingegen zu jedem Operanden erst den zugehörigen zweiten Operanden finden, bevor die Operation gezündet werden kann. Dieser Vorgang wird *Markenvergleich* (*token matching*) genannt und in der Maschine von einer speziellen *Markenvergleichseinheit* (*matching unit*) durchgeführt. In den ersten Realisierungen der dynamischen Datenflußmaschine geschieht dies dadurch, daß die Marken in einem speziellen Markenspeicher (*matching store*) gespeichert werden, der von der Markenvergleichseinheit ständig assoziativ durchsucht wird. Diese recht sinnfällig erscheinende Lösung stellte sich jedoch als sehr ineffizient heraus und wurde daher inzwischen durch die effizientere, die direkte Adressierung des Markenspeichers erlaubende *Frame Addressing*-Methode ersetzt.

Ferner mußte man recht bald erkennen, daß das Prinzip der einmaligen Zuweisung bei der Array-Verarbeitung extrem speicheraufwendig und wegen des sehr hohen Aufwands für das Kopieren von Datenobjekten auch sehr ineffizient ist. Dieser gravierende Nachteil des reinen Datenflußprinzips wurde dadurch gemildert, daß durch Mechanismen wie die *I-Structure* oder der *Structure Store* eine Rückkehr zum Prinzip des *wiederbeschreibbaren Speichers* des von-Neumann-Rechners stattfand, allerdings nicht in völliger Freiheit wie bei diesem, sondern mit durch Hardware überwachten Einschränkungen, die zur Gewährleistung der Programmkorrektheit notwendig sind.

Durch die Einbeziehung der Schleifenparallelität und der prozeduralen Parallelität kann die dynamische Datenflußmaschine mit einer sehr großen Zahl von parallel ausführbaren Aktivitäten "überflutet" werden, die sie alle auszuführen versucht, wegen der begrenzten Zahl der zur Verfügung stehenden Hardware-Betriebsmittel jedoch nicht parallel ausführen kann. Der hohe Grad an Parallelität führt damit nicht zu einer höheren Leistung, sondern nur zu einem starken Anstieg des organisatorischen Aufwands und damit zu einer Leistungsminderung. Daher wird neuerdings durch eine spezielle Hardware-Einrichtung oder schon beim Übersetzen der Programme die Parallelität auf ein handhabbares Maß begrenzt.

Die klassische Datenflußarchitektur führt Parallelarbeit auf der Ebene der Maschineninstruktionen durch. Bei dieser *feinkörnigen Parallelität* steht der durch Parallelarbeit erzielbare Gewinn in einem ungünstigen Verhältnis zum Verwaltungsaufwand. Hierin liegt letztlich der Hauptgrund für die Ineffizienz dieser Architekturform. Aus dieser Erkenntnis heraus entstand in den letzten Jahren ein Trend hin zur *hybriden Datenflußarchitektur*, die größere Programmeinheiten parallel ausführt, welche ihrerseits intern im herkömmlichen Kontrollfluß ablaufen. Man erhält dadurch eine *grobkörnige Parallelität*. Ein weiterer Vorteil dieser Abkehr vom reinen Datenflußschema besteht darin, daß die enormen Leistungssteigerungen genutzt werden können, die in den letzten Jahren durch die Anwendung des Pipeline-Prinzips in Verbindung mit sehr wirkungsvollen Compiler-Optimierungen ("RISC-Prozessor") erzielt wurden, eine Entwicklung, von der das Datenflußprinzip leistungsmäßig völlig überrundet wurde.

Die Symbiose von Datenflußmechanismen mit dem Operationsprinzip des superskalaren Prozessors und den entsprechenden Compiler-Optimierungen hat in jüngster Zeit zu einer Hinwendung nicht nur zu den hybriden Datenflußarchitekturen, sondern auch zu den *vielfädigen Architekturen* (*multi-threaded architectures*) geführt. Dieses neue Gebiet der Rechnerarchitektur tritt zunehmend an die Stelle der bisherigen Datenflußarchitektur-Forschung [PaT 91].

Das Datenflußprinzip stellt einen allgemeinen Synchronisationsmechanismus dar, dessen Bedeutung über die eines Operationsprinzips für Rechnerarchitekturen hinausgeht. So wurde in [SaL 78] gezeigt, daß sich auch Synchronisationsprobleme in verteilten Datenbanken mit Hilfe des Datenflußprinzips behandeln und lösen lassen. Allerdings ist hierzu ein Datenflußnetz mit verallgemeinerten Regeln notwendig, um verteilte Datenbanken behandeln und insbesondere das dabei bestehende Problem der Datenkonsistenz lösen zu können. Weiterhin besteht eine gewisse Verwandtschaft zwischen dem Datenflußprinzip und den Reduktionsmaschinen [KLU 92].

9.2 Grundlagen der Datenflußarchitekturen

9.2.1 Das reine Datenflußprinzip

Im Datenflußrechner wird von der sequentiellen Programmausführung völlig abgegangen. Die Operationen des Programms werden nach dem Datenflußprinzip grundsätzlich in dem Augenblick ausgeführt, indem

- sie mit allen ihren Operandenwerten versehen sind und
- ein Prozessor zu ihrer Ausführung verfügbar ist.

Einen Befehlszähler wie in der von-Neumann-Maschine gibt es damit nicht.

Entsprechend der durch die Datenabhängigkeiten zwischen den Operationen gegebenen Teilordnung können zu jedem Zeitpunkt mehrere ausführbare Operationen vorhanden sein. Im Idealfalle sind dies mindestens so viele, wie Prozessoren zur Ausführung zur Verfügung stehen, so daß alle Prozessoren beschäftigt werden können. Durch Anwendung des Prinzips der einmaligen Zuweisung wirken sich bei den die Parallelität bestimmenden Datenabhängigkeiten nur die *echte Flußabhängigkeit* aus (vgl. Kapitel

5.1) aus, da es die im von-Neumann-Rechner übliche Mehrfachverwendung von Speicherplätzen (Variablenmechanismus) nicht gibt. Damit ist die Datenflußmaschine eine Rechnerarchitektur, die potentiell ein Höchstmaß an Parallelarbeit gestattet.

Aufgrund dieses Operationsprinzips zeichnet sich die Datenflußarchitektur prinzipiell durch zwei besondere Eigenschaften aus:

- ihre Programmierung erfolgt in einem seiteneffektfreien, funktionalen Stil und
- sie unterstützt von Natur aus die parallele Programmierung.

Die Synchronisation zwischen den datenabhängigen Operationen wird von der Maschine selbst, d.h. zur Laufzeit vorgenommen und zwar auf der Grundlage einer entsprechenden *Zündregel-Semantik*. Man sagt auch, daß die Ausführung eines Datenflußprogramms *datengetrieben* (*data driven*) ist.

Wir definieren zunächst sehr allgemein:

DEF: *Datenflußprinzip*
Das Datenflußprinzip ist das Operationsprinzip einer Rechnerarchitektur, bei der die Steuerung des Ablaufs eines Algorithmus nicht explizit durch einen Kontrollfluß bestimmt wird, sondern implizit aus dem Datenfluß abgeleitet wird, der mit der Berechnung verbunden ist.

Eine einfache Darstellung des Datenflusses eines Algorithmus kann durch einen *Datenflußgraphen* geschehen, den man leicht aus dem Berechnungsgraphen und dem Datenabhängigkeitsgraphen eines Berechnungsschemas (s. Kapitel 2.3) konstruieren kann, und den wir wie folgt definieren.

DEF: *Datenflußgraph*
Ein Datenflußgraph ist ein geordnetes Paar (O, V). Dabei ist O die Menge aller Operationsausführungen eines Algorithmus und V die Menge aller Werte (oder Wertefolgen), die die Eingaben bzw. Ausgaben der Operationsausführungen sind. Die Menge der Knoten des Graphen ist O, und die Menge der gerichteten Kanten ist V. Die Verbindung zweier Knoten durch eine Kante bedeutet, daß der den Kanten zugeordnete Wert Ausgabe der Operationsausführung des Quellknotens und Eingabe der Operationsausführung des Zielknotens ist. Der Datenflußgraph ist zyklenfrei.*

Damit geben die Kanten des Datenflußgraphen die Datenabhängigkeiten an. Die Tatsache, daß es keine Variablen, sondern nur Werte gibt, läßt sich auch so interpretieren, daß die Kanten Speicherplätzen (bzw. Warteräumen) entsprechen, die während der Laufzeit des Algorithmus nur ein einziges Mal mit einem Wert (bzw. einer Wertefolge) belegt werden. Bild 9.1 zeigt den Datenflußgraphen für das in Kapitel 2.3 betrachtete einfache Beispiel eines Berechnungsschemas.

---

* Nach den angeführten Bedingungen ist ein Datenflußgraph eine irreflexive Ordnung. Man erkennt ferner die Verwandtschaft zu einer linearisierten (d.h. schleifenfreien) Form des Berechnungsgraphen nach Karp und Miller [KaM 66]

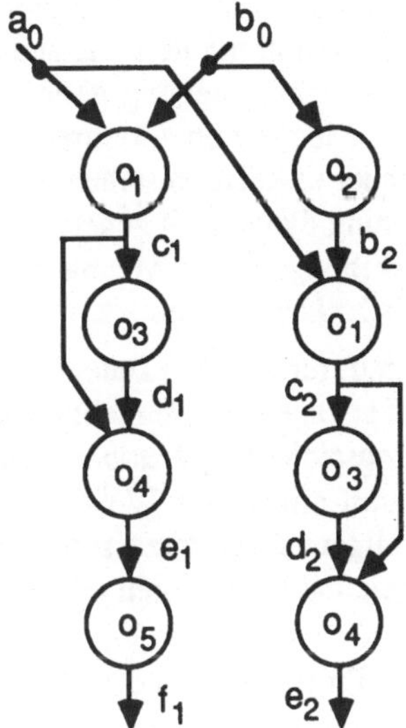

Bild 9-1 Beispiel für einen Datenflußgraphen

Die Einheiten, die in einer Datenflußmaschine verwaltet, synchronisiert und ausgeführt werden, nennt man allgemein *Aktivitäten* (*activities*) oder, kürzer: *Akteure* (*actors*). Ein Akteur kann eine elementare Maschinenoperation im von-Neumann-Sinne sein wie zum Beispiel das Schreiben oder Lesen eines Speicherworts oder eine arithmetische oder relationale Operation. Ein Akteur kann aber auch durch eine Anzahl solcher Operationen gebildet werden. Je nach Größe der Akteure spricht man von einer bestimmten *Granularität* der Ausführung. Die feinste Granularität ist damit diejenige, bei der die Akteure einzelne Elementaroperationen sind. Von einer groben Granularität (*large grain*) spricht man dann, wenn die Akteure komplexe Operationen auf Datenstruktur-Objekten oder auch komplexe Prozesse sind. Man spricht dann mitunter auch von einem "Superakteur" (*super actor*). Dazwischen gibt es beliebig andere Ganularitätsstufen.

Es wurde bereits gesagt, daß ein Akteur genau dann ausführbar (*enabled*) ist, wenn die zur Ausführung benötigten Eingabewerte (Operanden) verfügbar geworden sind. Dies erklärt, warum im Datenflußschema Daten mehr sind als nur die zu manipulierenden Objekte; vielmehr sind sie auch die treibende Kraft bei der Programmausführung. Dies erfordert, daß ein Akteur seine Eingabedaten "konsumieren" muß, damit diese nicht einen weiteren Akteur zünden können. Gleichzeitig produziert die Ausführung des Akteurs neue Werte, die Ausgabewerte, die ihrerseits Eingabewerte nachfolgender Akteure sein können. Damit werden "alte" Werte konsumiert und "neue" Werte erzeugt, aber es werden keine bestehenden Werte verändert. Dies ist eine andere Erklärung der Tatsache, daß es im Datenflußprinzip den üblichen Variablenbegriff nicht gibt. Auf der Hardware-Ebene bedeutet dies, daß es keine veränderlichen Speicherzustände (*updatable memory*) gibt; der Speicher dient vielmehr nur dazu, Zwischenresultate aufzunehmen. Damit kann es auch keine konkurrierenden Datenzugriffe geben, und es entfällt die Notwendigkeit der Synchronisation der Datenzugriffe, wie sie im Multiprozessorbetrieb typisch ist.

Man hat hiermit eine völlige Abkehr von dem üblichen Programmbegriff als einer Folge von Instruktionen, deren Ausführung den Zustand der Maschine verändert, der wiederum durch die aktuelle Speicherbelegung geben ist. Statt dessen besteht ein Datenflußprogramme aus einer Menge von Akteuren, die durch den gemeinsamen Zugriff auf Datenwerte zueinander in Relation stehen, wobei die Datenwerte ihrerseits während der Programmausführung dynamisch generiert und konsumiert werden. Das geeignete Modell zur Beschreibung dieses Mechanismus werden wir in dem im folgenden eingeführten *Datenflußschema* finden.

Der Darstellung eines Algorithmus durch einen Datenflußgraphen liegt die Vorstellung zugrunde, daß in der zugehörigen Datenflußarchitektur für jede Operationsausführung eine entsprechende Verarbeitungseinheit (*operational unit*) zur Verfügung steht. Eine Datenflußarchitektur wird damit sinnvoller Weise immer eine größere Zahl von *Verarbeitungseinheiten* oder, allgemeiner, Prozessoren umfassen. Für die Zuordnung von auszuführenden Operationen und Prozessoren gibt es grundsätzlich zwei Möglichkeiten:

- eine statische Zuordnung der Prozessoren zu den Operationen;
- eine dynamische Zuweisung der Operationen zu den Prozessoren.

Im ersten Fall müssen (mindestens) so viele Prozessoren zur Verfügung stehen, wie im Algorithmus Operationsausführungen vorkommen. Ist dies nicht *a priori* gegeben, so muß der Algorithmus zunächst so sequentialisiert werden, daß diese Bedingung möglichst gut erfüllt wird, d.h. daß zum einen genügend viele Prozessoren zur Verfügung stehen und zum anderen nicht zu viele davon ungenutzt bleiben. Man ersetzt bei einer solchen Sequentialisierung also Aufwand durch Zeit. Die Zuordnung der Prozessoren zu den Operationen wird nur einmal (vor Beginn der Algorithmus-Ausführung) getroffen und bleibt für die Lebensdauer des Algorithmus erhalten (bei Spezialrechnern mag dies für immer sein).

Im zweiten Falle wird eine Betriebsmittel-Verwaltung benötigt, die dynamisch, d.h. von Fall zu Fall, eine auszuführende Operation einer dafür in Frage kommenden, gerade freien Verarbeitungseinheit zuweist. Die Betriebsmittel-Zuweisung wird einfacher und effizienter, wenn die Verarbeitungseinheiten jeden vorkommenden Operationstyp handhaben können, d.h. universelle Prozessoren sind.

Das Prinzip der einmaligen Zuweisung bringt es mit sich, daß bei mehrfacher Verwendung eines Datenwerts entsprechend viele Kopien erzeugt werden. Dem Vorteil, daß damit der Zugriff eines Akteurs auf einen Datenwert völlig vom Zugriff anderer Akteure auf denselben Datenwert entkoppelt wird, ist andererseits mit dem Nachteil verbunden, daß der Speicherbedarf entsprechend vervielfacht wird. Der Mehrbedarf an Speicher durch den Kopiermechanismus kann prohibitiv werden bei der Verarbeitung von Datenstrukturtypen wie Feldern usw. Daher gehen praktisch alle bisher realisierten Datenflußmaschinen hier vom reinen Datenflußprinzip ab.

Bei der festen Zuordnung von Prozessoren zu den auszuführenden Operationen kann ähnliches auch für die Anzahl der benötigten Prozessoren gelten. Dies gilt um so mehr, wenn (was bisher außer acht gelassen wurde) der Algorithmus Verzweigungen aufweist, so daß ganze Zweige des Datenflußgraphen alternativ nicht zur Ausführung kommen können. Man kann sagen, daß sich in diesem Falle das Prinzip der festen Zuordnung von selbst verbietet.

Auf der anderen Seite ermöglicht das Prinzip der dynamischen Zuweisung ein höchstmögliches Maß an Parallelarbeit bei bestmöglicher Ausnutzung der Prozessoren. Die Menge der in einem gegebenen Berechnungsschema vorkommenden Operationsausführungen wird dynamisch in zwei Klassen zerlegt: In die Klasse der ausführbaren Operationen (deren Operanden bereits bekannt sind) und die Klasse der noch nicht ausführbaren Operationen (deren Operanden erst berechnet werden müssen). Die Betriebsmittel-Verwaltung entnimmt bei jedem Freiwerden einer Operationseinheit der Menge der ausführbaren Akteure einen Akteur und weist ihn der Operationseinheit zur Bearbeitung zu. Dadurch wird ein Resultat erzeugt, welches in der Regel wieder andere Akteure zündet. Durch diesen Mechanismus werden laufend Akteure aus der Klasse der noch nicht ausführbaren in die Klasse der ausführbaren Operationen umgesetzt.

Die Ausführung der Akteure geschieht in einer statischen Umwelt (*environment*), so daß die Menge der ausführbaren Operationen tatsächlich eine Äquivalenzklasse ist (es kommt nicht auf die Reihenfolge der Ausführung an). Enthält der Algorithmus Fallunterscheidungen und Verzweigungen, so wird der Grad der möglichen Parallelarbeit allerdings durch diese prozeduralen Abhängigkeiten zusätzlich eingeschränkt.

Aus diesen Gründen ist das reine Datenflußprinzip, wie es bisher beschrieben wurde, nur für Anwendungen geeignet, die durch *elementare Rechenschemata* beschreibbar sind, in denen es keine Verzweigungen gibt. Beim Prinzip der festen Zuordnung ist weiterhin unumgänglich, daß die auszuführenden Algorithmen relativ einfacher Natur sind; bzw. daß bei komplexeren Algorithmen diese sich als eine Folge gleichartiger Rechenschritte darstellen lassen, die repetierend ausführbar sind. Dies führt dazu, daß die Aufgaben der digitalen Signalverarbeitung eine besonders geeignete Anwendungsklasse für das reine Datenflußprinzip bilden, ebenso wie alle Probleme, die durch lineare Rekurrenzen (schrittweise Berechnung) lösbar sind.

9.2.2 Elementares Datenflußschema, elementarer Datenflußprozessor

Der Ablauf eines Algorithmus nach dem Prinzip der datengetriebenen Ausführung kann durch ein *Datenflußschema* beschrieben werden. Das Datenflußschema ist eine spezielle Ausprägungen des in Kapitel 2.3 betrachteten Berechnungsschemas. Im Gegensatz zu jenem wird aber jetzt die Reihenfolge der Operationen eines Algorithmus nicht durch einen Datenabhängigkeitsgraphen *a priori* festgelegt, sondern durch die Datenfluß-Zündregeln bestimmt. Die Operanden eines Akteurs sind entweder Anfangswerte, oder sie sind Ergebnisse anderer, vorhergehender Akteure. Da in jedem Zeitpunkt mehrere Akteure mit unterschiedlichen Ausführungszeiten parallel ausführbar sein mögen, benötigt man eine geeignete Beschreibungsform für konkurrente, asynchrone Abläufe.

In Abschnitt 2.6.2 haben wir als eine solche Beschreibungsform das Petri-Netz betrachtet. Nun läßt sich das Petri-Netz in seiner ursprünglichen Form noch nicht als Datenflußschema benutzen, da es in ihm nur Marken, aber keine Werte gibt. Dies läßt sich aber dadurch beheben, daß man die Marken (*token*) des Petri-Netzes als *Träger von Daten* auffaßt. Dies ist die Grundidee des Datenflußschemas.

DEF: *Datenflußschema*

Ein Datenflußschema ist ein gerichteter Graph, DFS = (S, L, A, I). Dabei ist:

S eine endliche Menge von Akteuren (*actors*);

L eine endliche Menge von Verbindungsknoten mit $S \cap L = \Phi$ (Φ = leere Menge);

A eine endliche Menge gerichteter Kanten (*arc*) mit $A \subseteq S \times L \cup L \times S$;

I eine Initialisierung.

S ist die Menge der Knoten, in denen eine Aktion stattfindet (*sites of action*), während die Elemente von L Knoten sind, die Werte weiter reichen (*conveyors of values*). Die Menge der Knoten ist $S \cup L$ (DFS ist bipartite).

Alle Wurzeln und Blätter von DFS gehören L an. Die gerichteten Kanten verbinden einen Akteur mit einem Verbindungsknoten oder umgekehrt, niemals aber zwei Akteure oder zwei Verbindungsknoten. Sie können mit höchstens einer Marke (*token*) belegt (markiert) werden. Jeder Marke ist ein Wert zugeordnet. Die Menge der Marken, die zu einem gegebenen Zeitpunkt die Elemente von A belegen, wird *Markierung* (auf A) genannt. Die Markierung zu Beginn einer Programmausführung heißt *Initialisierung*. Die Markierung ändert sich im Laufe der Programmausführung nach bestimmten, für die einzelnen Akteure und Verbindungsknoten geltenden Regeln (*firing rules*).

Bei dem elementaren Datenflußschema gibt es nur eine Akteurklasse, nämlich die *elementaren Operationen* (EO). Ein EO-Knoten hat e Eingänge (in der Regel ist e = 2) und einen Ausgang. Die Zündregel des elementaren Datenflußschemas lautet:

- Ein Knoten kann dann zünden (aktiviert werden), wenn alle Eingänge markiert, d.h. jeweils durch eine Marke, die einen Operanden enthält, belegt sind.

Nach der Operationsausführung sind die Eingangsmarken konsumiert worden (d.h. verschwunden). Statt dessen ist jetzt der Ausgang des EO-Knotens mit einer Marke belegt, die das Resultat enthält. Für einen Verbindungsknoten, der ja nur einen Eingang aber mehrere Ausgänge hat, gilt, daß eine Markierung des Knoteneingangs durch eine Markierung aller Knotenausgänge ersetzt wird. Bild 9-2 symbolisiert diese Regeln.

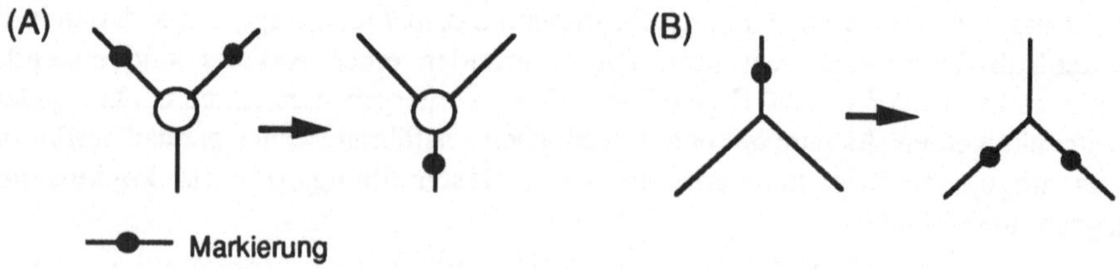

Bild 9-2 Zündregeln für (A) einen Akteur und (B) einen Verbindungsknoten

Als Beispiel betrachten wir das folgenden einfache Programmstück für eine *FFT-Butterfly* -Operation [DML 77].

```
input u, v, w;
x = u + v*w;
y = u — v*w;
output x, y;
```

Bild 9-3 zeigt das zugehörige DFS. Dieses besteht aus den 8 Akteuren S1 bis S8 und den 6 Verbindungsknoten L1 bis L6. Die Akteure Sl, S2, S3 bzw. S7, S8 übernehmen die Eingabe bzw. die Ausgabe.

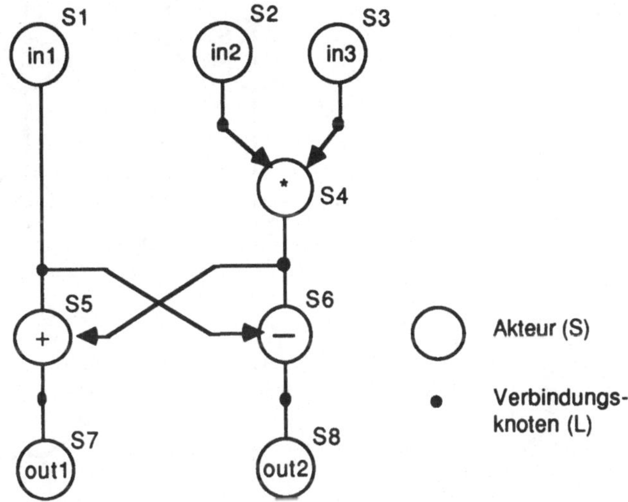

Bild 9-3 Datenflußschema für eine *FFT-Butterfly*-Operation (ohne Markierungen)

Bild 9-4 illustriert den Ablauf des Programms. Bild 9-4(A) zeigt seinen Zustand, nachdem die Eingangsgrößen empfangen worden sind. Es können jetzt die Verbindungsknoten L1 , L2 und L3 aktiviert werden. Wir nehmen an, daß L2 und L3 aktiviert werden und dadurch die Operation S4 ausführbar machen. Bild 9-4(B) zeigt den Zustand nach Ausführung von S4, in dem jetzt die Verbindungsknoten L1 und L4 aktiviert werden können. Nachdem dies geschehen ist, haben wir den Zustand von Bild 9-4(C), in dem jetzt die Operationen S5 und S6 ausführbar sind. Gleichzeitig können bereits wieder neue Werte eingegeben worden sein. In Bild 9-4(D) schließlich ist der Zustand dargestellt, nach dem die Operationen S5 und S6 ausgeführt und damit die Resultatwerte der ersten Iteration erhalten worden sind, während gleichzeitig durch erneute Ausführung der Operation S4 bereits die erste Phase der nächsten Iteration ausgeführt worden ist. Man sieht, daß die Datenfluß-Programmausführung eine Pipeline-Verarbeitung ermöglicht.

Bei den elementaren Datenfluß-Programmen als Realisierung elementarer Berechnungsschemata [KaM 66] stehen zur Formulierung der Algorithmen zwar beliebige Operatoren, jedoch keine Konstrukte für Verzweigungen oder Iterationen zur Verfügung. Solche elementaren Datenfluß-Programme sind daher nur für spezielle Problemklassen geeignet, die allgemein dadurch gekennzeichnet sind, daß ein fest vorgegebener Satz von Operationen repetierend auf eine Folge von Werten, einen — Datenfluß — angewandt wird.

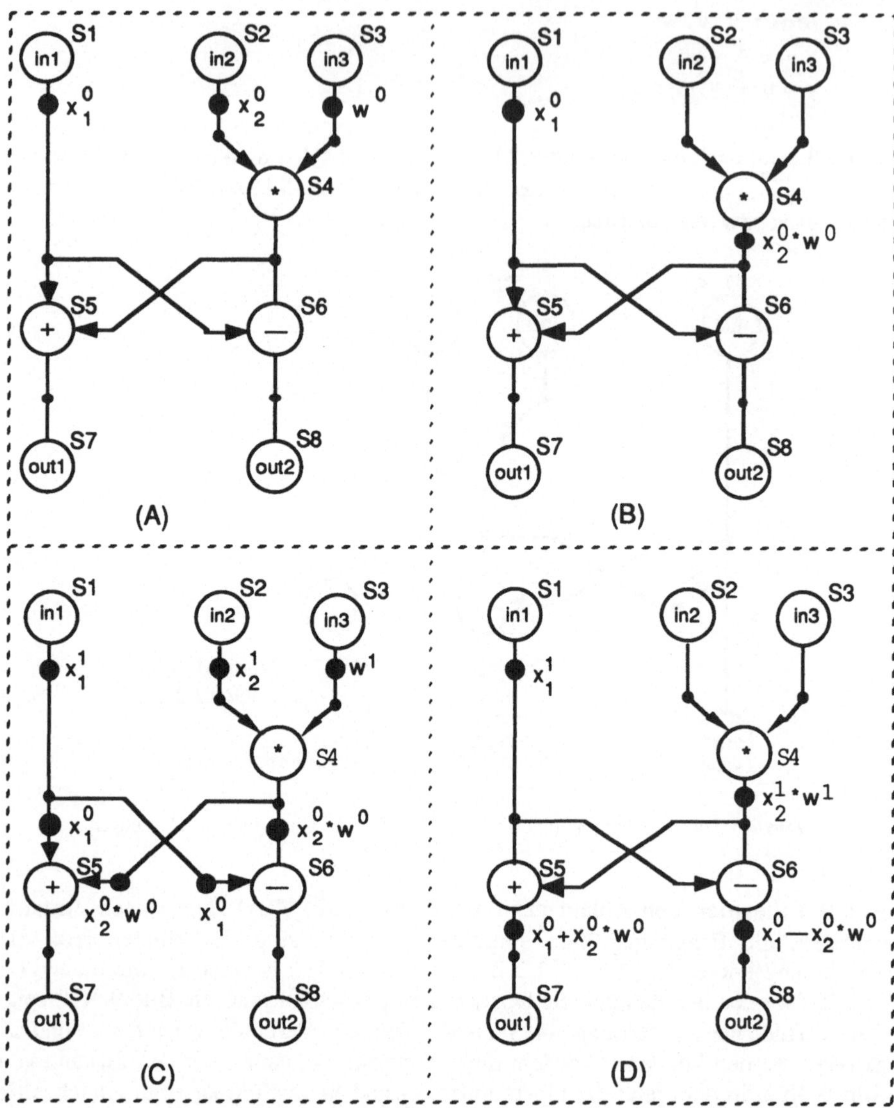

Bild 9-4 Momentaufnahmen verschiedener Phasen der Ausführung eines FFT-Butterfly-Algorithmus auf einer elementaren Datenflußmaschine

Um die Anwendungsbreite der Datenflußarchitekturen zu erhöhen, wurde bei der weiteren Entwicklung dieses Prinzips auch die Möglichkeit des Verzweigens und Iterierens geschaffen, indem zusätzlich zu den Datenpfaden des Netzwerks auch Kontrollpfade angegeben werden können.

9.2.3 Verallgemeinertes Datenflußschema

Das elementare Datenflußschema weist die starke Einschränkung auf, daß es keine Programmverzweigungen beinhalten darf. Nun sind ja auch prozedurale Abhängigkeiten, wie sie durch Fallunterscheidungen und Programmverzweigungen gebildet werden, eine Form der Datenabhängigkeit, da die Zustandsgrößen, die die Fallunterscheidungen bzw. Verzweigungen bedingen, ebenso Werte sind, die im Laufe der Programmausführung berechnet werden. Um solche Abhängigkeiten darstellen zu können, werden weitere Elemente eingeführt, genannt *Entscheider* (*decider*), *Schalter* (*switch*) und *Vereiniger* (*merger*) [DaM 75].

Der *Entscheider* ist ein Element mit einem oder mehreren Dateneingängen, einem Prädikat (d.h. einer Aussage, die wahr oder falsch sein kann) bezüglich der Eingangsgrößen und einem Ausgang. Der Ausgang produziert eine Marke, die im Gegensatz zu den bisher betrachteten Marken Träger eines booleschen Wertes ist, der **wahr** (T) oder **falsch** (F) sein kann. Dieser boolesche Wert wird als *Kontrollmarke* (*control token*) bezeichnet (Bild 9-5)

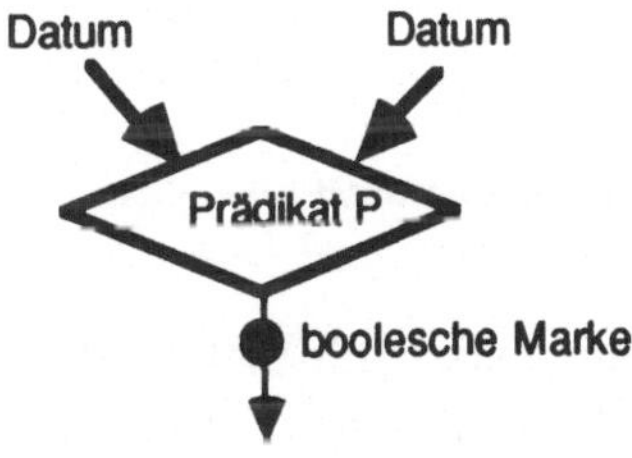

Bild 9-5 Wirkungsweise eines Entscheidungselements (*decider*)

Die von einem *Entscheider* erzeugte Kontrollmarke kann von logischen Verknüpfungselementen (UND-Gatter, ODER-Gatter, NEGATIONS-Gatter) bzw. von den noch zu erklärenden Elementen *Schalter* und *Vereiniger* weiterverarbeitet werden. Damit ist neben dem Datenfluß jetzt auch ein *Kontrolldatenfluß* zu betrachten. Schalter und Vereiniger sind Elemente, die den Datenfluß in Abhängigkeit vom Wert einer Kontrollmarke steuern. Ein Schalter erlaubt die Verzweigung eines Datenflusses in eine von zwei möglichen Richtungen, je nachdem, ob die Kontrollmarke den Wert *wahr* oder *falsch* hat; während ein Vereiniger in Abhängigkeit vom Wert seiner Kontrollmarke einen von zwei alternativen Datenflüssen auswählt und weiterleitet. Bild 9-6 zeigt die Symbole für diese Datenfluß-Kontrollelemente (oben) und illustriert ihre Zündregeln (unten).

Mit diesen zusätzlichen Elementen lassen sich jetzt Bedingungen und Iterationen darstellen. Datenfluß und Kontrolldatenfluß kann man durch verschiedene Strichstärken der Verbindungslinien unterscheiden. Selbstverständlich kann man in einer solchen graphischen Darstellung aber kaum noch sehr komplexe Programme mit vielen Bedingungen und Iterationen übersichtlich darstellen. Umfangreichere Datenfluß-Programme können daher nur dann in handhabbarer Weise entworfen werden, wenn es dafür geeignete höhere Programmiersprachen — *Datenflußsprachen* [Ack 82] — gibt, in der diese Programme geschrieben werden können, sowie einen Übersetzer, der daraus den entsprechenden Datenflußgraphen erzeugt.

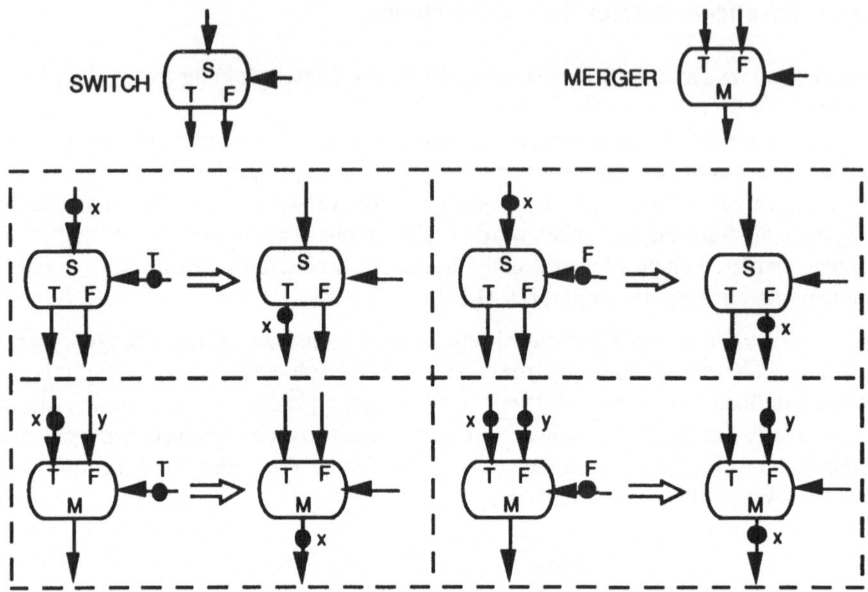

Bild 9-6 Zündregeln für die Datenfluß-Kontrollelemente *Switch* und *Merger*

Für das erweiterte Datenflußschema gilt nicht mehr, daß durch die Programmausführung alle Marken konsumiert werden. Durch die Programmverzweigungen können ganze Subgraphen unausgeführt bleiben. Diese nicht konsumierten Marken müssen von Zeit zu Zeit beseitigt werden, was zu einem Entrümpelungs-Problem (*garbage collection*) führt. Dies ist ein Preis für die größere Universalität des erweiterten Datenflußschemas. Als Beispiel betrachten wir das folgende, eine iterative Schleife enthaltende Programmsegment, das wir zunächst in einer konventionellen Sprache beschreiben. Bild 9-7 zeigt dann den entsprechenden Datenfluß- und Kontrolldatenflußgraphen.

```
input y, x;
n := 0;
  while y>x do
  y := y+x
  n := n+l
  end;
output y, n;
```

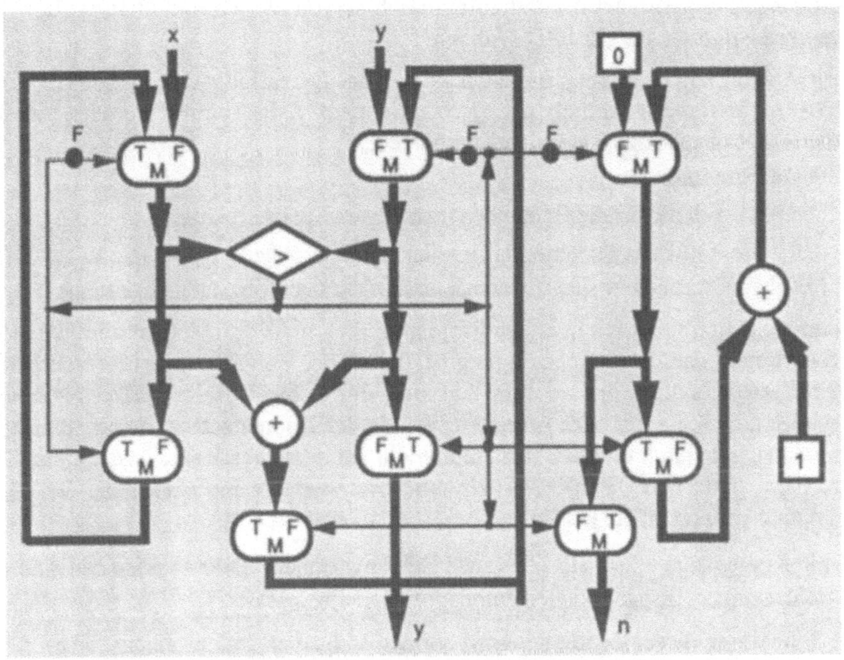

Bild 9-7 Datenfluß- und Kontrolldatenfluß-Diagramm mit Anfangsmarkierung für das "Programm" mit einer iterativen Schleife

9.3 Statische Datenflußarchitekturen

9.3.1 Das Operationsprinzip der statischen Datenflußarchitektur

Die ersten Entwürfe von Datenflußarchitekturen waren durch eine statische Zuordnung von Instruktionen und Datenmarken gekennzeichnet. Diese Form wurde von etwa einem Jahrzehnt durch die dynamische Datenflußarchitektur ersetzt, bei der diese Zuordnung zur Ausführungszeit erfolgt. Aus historischen Gründen wollen wir jedoch die statischen Datenflußarchitekturen im folgenden kurz besprechen.

Die statische Datenflußmaschine ist einfacher aber auch starrer als die dynamische Datenflußmaschine. So ist bei der ersteren kein Markenvergleichs-Mechanismus nötig, der Flaschenhals der Vergleichseinheit wird somit vermieden. Diese Vereinfachung wird dadurch erkauft, daß der Produzent eines Werts diesen bei seinen Konsumenten abzuliefern hat, d.h. den Wert in eine bestimmte Speicherzelle, die für den entsprechenden Operanden des Konsumenten reserviert ist, schreiben muß. Dazu werden bereits beim Übersetzen eines zunächst als Datenflußgraph vorliegenden Programms Datenstrukturen aufgebaut, und es wird Speicher zugewiesen, so daß eine statische Repräsentation des Datenflußgraphen entsteht. Solche Datenstrukturen sind das *Operationspaket* bei der Datenflußmaschine von *Dennis* und *Misunas* bzw. der *data production set* bei der *LAU-Maschine.*

Das Grundprinzip ist hierbei, für jeden Knoten des Datenflußgraphen einen Eintrag in eine *Aktivitätstabelle* (*activity table*) vorzunehmen. Jeder Eintrag, *activity template* genannt, besteht aus den folgenden Komponenten:

- dem Operationscode
- den Adressen der für die Operanden reservierten Speicherplätze
- den Adresse(n) des Speicherplatzes (der Speicherplätze), an die das Resultat (die Resultate) abzuliefern sind (Operandenplätze der nachfolgenden Operation).

Wenn ein Datenflußgraph in einem Programm mehrmals durchlaufen wird, kann der Fall auftreten, daß die Zündbedingung bezüglich der Eingänge eines Knoten bereits wieder erfüllt sind, während sein Ausgang durch die Resultatmarke der zuletzt ausgeführten Operation noch belegt ist. Würde der Knoten sofort wieder zünden, so könnten sich dadurch mehrere Resultatmarken auf derselben Kante ansammeln. Dies wird beim statischen Datenflußprinzip durch eine weitere Einschränkung der Zündbedingung verhindert, die jetzt lautet:

- ein Knoten zündet, sobald auf seinen Eingangskanten Marken vorhanden sind und keiner seiner Ausgangskanten durch eine Marke belegt ist.

Die Einhaltung dieser Zündregel wird bei den statischen Datenflußmaschinen durch Bestätigungssignale (*acknowledgement signals*) erzwungen. Zu diesem Zwecke werden im Datenflußgraphen zusätzliche Kanten von den konsumierenden zu den produzierenden Knoten eingeführt. Über eine solche Kante zeigt der Konsument dem Produzenten an, daß er einen Wert konsumiert hat. Der Produzent kann nun zünden und somit den alten Resultatwert durch einen neuen überschreiben. Dieses Vorgehen wird als *Rückkopplungsmethode* (*feedback interpretation*) bezeichnet [UNG 92].

Das Vorhandensein eines Bestätigungssignals auf einer der zusätzlich eingeführten Bestätigungskanten wird ebenfalls durch eine Marke angezeigt. Mit diesem Modell kann die Zündbedingung wie folgt formuliert werden:

- ein Knoten kann zünden, sobald *alle* seine Kanten durch Marken belegt sind.

Das statische Datenflußprinzip schränkt die Parallelarbeit in einer solchen Maschine stark ein, da die oben eingeführte Verschärfung der Zündbedingungen die parallele Ausführung von Schleifeniterationen verhindert. Dies ist in der Regel aber die wichtigste Quelle für Parallelität. Möglich ist lediglich eine Überlappung der Schleifeniterationen nach dem Pipeline-Prinzip. Entsprechendes gilt auch für Unterprogrammaufrufe. Ein weiterer unerwünschter Effekt der Rückkopplungsmethode ist die dadurch verursachte Verdoppelung des Markenverkehrs auf dem Verbindungsnetz zwischen den Funktionseinheiten und den die Operationspakete aufnehmenden Zellblöcken (s. nächster Abschnitt). Eine grundsätzliche Schwäche des statischen Datenflußprinzips ist schließlich, daß dieses nicht alle Programmkonstrukte moderner Programmiersprachen wie zum Beispiel Rekursionen zu unterstützen vermag [UNG 92].

9.3.2 Die statische Dataflußarchitektur des MIT

Am *Massachusetts Institute of Technology* (MIT) wurde von *Dennis* und seinen Mitarbeitern mehrere Versionen einer statischen Datenflußarchitektur realisiert [UNG 92]. Alle diese Versionen haben gemeinsam, daß die Verarbeitung von Datenstrukturtypen wie Arrays und Listen nicht befriedigend gelöst ist. Grundsätzlich werden die Objekte von Datenstrukturtypen in statischen Datenflußrechnern komponentenweise, d.h. wie Skalare behandelt. Das bedeutet, daß jeder Knoten, der auf ein Element eines Datenstrukturobjekts zugreift, seine eigene Kopie des Objekts haben muß. Für die elementeweise Manipulation von Datenstrukturobjekten gibt es Operationen wie **select** und **append**. Die **select**-Operation konsumiert ein gegebenes Array und einen Index auf das Array und produziert als Wert das indizierte Element. Die **append**-Operation konsumiert ein Array, einen Index und ein skalares Element und produziert eine neue Kopie des Arrays, in welche das Element an die durch den Index bezeichnete Stelle eingefügt worden ist.

Dieser grundsätzliche Nachteil des Datenflußprinzips, keine gemeinsam benutzten Variablen (*shared variables*) zuzulassen, rührt letztlich aus der Anwendung des Prinzips der einmaligen Zuweisung. Um diesen Nachteil zu mildern, enthalten die späteren Versionen der statischen Datenflußmaschine des MIT einen speziellen Arrayspeicher. In den Marken, die die Inhalte des Arrayspeichers repräsentieren, werden keine Werte transportiert, sondern nur Zeiger auf Arrayspeicherplätze. Dadurch können jetzt Unterstrukturen gemeinsam benutzt werden. Die **select**-Operation produziert jetzt nur das indizierte Element, ohne das Array zu zerstören. Entsprechend konsumiert die **append**-Operation ebenfalls nicht mehr das referierte Array, sondern fügt nur ein Element an, ohne die dem alten und neuen Array gemeinsame Struktur zu berühren.

Als Beispiel betrachten wir die älteste Ausführungsform der *MIT Static Dataflow Architecture* nach *Dennis* und *Misunas*, deren Architektur Bild 9-8 andeutet. Das auszuführende Programm, das ein durch Kontrollanweisungen erweitertes Datenflußschema darstellt, befindet sich hier in der *Speichereinheit*, die in *Instruktionszellen* unterteilt ist, die jeweils aus drei Registern bestehen. Zwei der Register enthalten die Operanden einer auszuführenden (im allgemeinen zweistelligen) Operation, und das dritte Register enthält die entsprechende Instruktion. Diese wiederum bestehen aus einem Operationscode und aus Adreßfeldern, welche die Register in anderen Instruktionszellen angeben, in die das Resultat zu verbringen ist. Die Instruktionen, die mit einem *Entscheider*, *Schalter* oder *Vereiniger* verbunden sind, enthalten ferner ein Feld zur Aufnahme des Prädikats (beim Entscheider) oder einen booleschen Operationscode.

Sobald eine Instruktionszelle eine Instruktion und die Operanden enthält, ist die entsprechende Operation ausführbar. Die Zelle signalisiert in diesem Falle dem *Auswahlnetzwerk* (Arbiter), daß sie bereit ist, ein aus der Instruktion und den Operanden bestehendes *Operationspaket* an den *Verarbeitungsteil* zu senden. Es ist dann die Aufgabe des Auswahlnetzwerks, dieses Operationspaket an eine geeignete, freie Verarbeitungseinheit (einen Prozessor) weiterzuleiten.

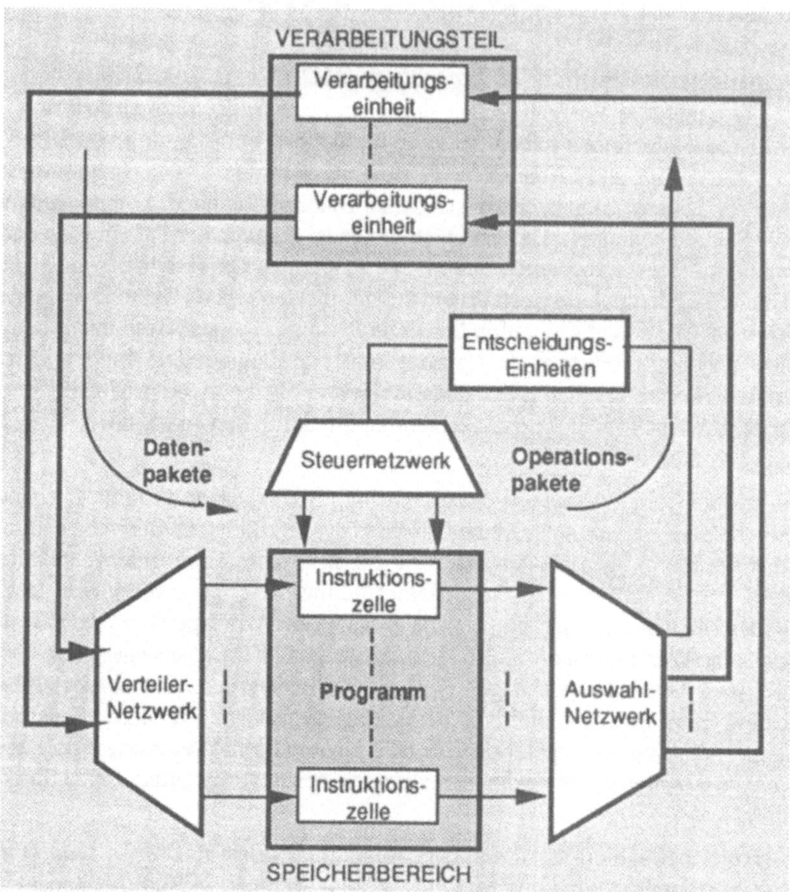

Instruktionszelle = (Operandenregister1, Operandenregister2, Befehlsregister)

Bild 9-8 Die statische Datenflußmaschine nach Dennis und Misunas

Das Resultat der Operation wird von dem Verarbeitungsteil als ein Datenpaket (oder mehrere Datenpakete) über das Verteilernetzwerk an die adressierte(n) Zelle(n) gesandt. Eine Anzahl von Instruktionszellen mögen gleichzeitig ausführbare Operationen dem Auswahlnetzwerk anzeigen. Es ist dann die Aufgabe dieses Netzwerks, für eine möglichst effiziente Ausführung der anstehenden Operationen zu sorgen. Operationspakete, die nicht sofort an eine Operationseinheit weitergeleitet werden können, werden vom Auswahlnetzwerk zunächst in einem Wartespeicher abgelegt.

Das Verteilernetzwerk ist ähnlich aufgebaut. Auch hier müssen Datenpakete, die von verschiedenen Prozessoren gleichzeitig eintreffen, aber nicht gleichzeitig an die betreffenden Instruktionszellen weitergegeben werden können, zunächst zwischengespeichert werden. Der Durchsatz der Prozessoren kann dadurch gesteigert werden, daß sie als Pipelines (z.B. für Gleitpunkt-Operationen) aufgebaut werden. Stehen mehrere Operationspakete im Auswahlnetzwerk — bzw. mehrere Datenpakete im Verteilernetzwerk — zur Weiterleitung an, so werden sie von diesen Netzwerken nach einem einfachen Prioritätsschema, z.B. nach der Reihenfolge ihres Eintreffens (*round robin*) behandelt. Ein solches einfaches Schema setzt voraus, daß die Bearbeitung eines Pakets im Netzwerk sehr viel weniger Zeit als die Bearbeitung durch den Prozessor erfordert. Weitere Einzelheiten der statischen Datenflußarchitektur des MIT, die inzwischen nur noch historisches Interesse genießt, bitten wir der angegebenen Literatur [DaM 75], [DML 77], [MIR 77], [SCH 77], [CaH 79] zu entnehmen.

9.3.3 Die LAU-Architektur

Eine weitere frühe Entwicklung einer statischen Datenflußarchitektur ist die LAU-Maschine, die die Mechanismen des statischen Datenflußprinzips besonders klar aufzeigt. Sie war unseres Wissens nach auch der erste in Europa entwickelte Datenflußrechner [CaH 79], [SCH 77]. Bild 9-9 zeigt ihr stark vereinfachtes Blockbild.

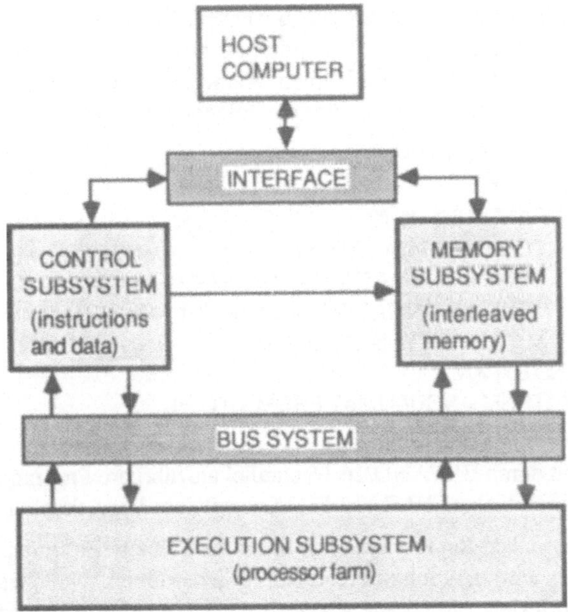

Bild 9-9 Blockbild der LAU-Maschine

Grundlage für die Programmierung des LAU-Systems ist der *Data Production Set* (DPS). Der DPS ist eins geordnetes Paar (I, O), bei der O eine Menge von Objekten und I eine Menge von Anweisungen ist, durch deren Ausführung die Objekte von O erzeugt werden. Als Beispiel sei die Anweisung

N = A+B

betrachtet, durch die ein DPS erzeugt wird, bestehend aus O={N} und I={N = A+B}. In den Anweisungen dürfen nur einfache (nicht-zusammengesetzte) Ausdrücke vorkommen; d.h. die Ausdrücke dürfen nur einen Operator enthalten. Die Syntax der

LAU-Programmiersprache zeigt Anklänge an FORTRAN, bei den Kontrollkonstrukten aber auch an PASCAL. Beispiele für LAU-Anweisungen sind [SCH 77]:

ARRAY assignment: MATRIXSUM = MATRIX1 + MATRIX2

ARRAY operator: SCALAR1 = VECTORSUM (MATRIX1 FROM 0 STEP 1 TO N)

EXPAND statement:
```
EXPAND I = L1 STEP ST1 TO L2:
           A(I)  =  C1*INP1(I);
           B(I)  =  C2*INP2(I);
           C(I)  =  (A(I)—B(I))**2;
           END EXPAND;
```

CASE statement:
```
CASE       (X>1):  A = X;
           (X=1):  A = 0; B = 1;
           (X=—I): A = 0; B = —I;
           (ELSE): A = —x;
END CASE;
```

Diese Beispiele brauchen kaum erklärt zu werden. EXPAND entspricht etwa einem DOTOGETHER; wobei noch die Besonderheit besteht, daß Objekte als lokal zum EXPAND-Block deklariert werden können. Als weiteres Beispiel für die Anwendung des EXPAND-Konstrukts betrachten wir das folgende Programm [SCH 77].

```
S1   INPUT (INMATX);
S2   N = 128;
S3   EXPAND/16 I=1, N:
         LOCAL: TEMP1; TEMP2;
         TEMP1 = INMATX(I) — INMATX(I—1);
         TEMP2 = INMATX(I) + INMATX(I—1);
         MAT(I) = TEMP1*TEMP2;
     END EXPAND;
S4   MATSUM = VSUM (MAT FROM 1 TO N);
S5   OUTPUT MATSUM;
```

Man beachte, daß durch EXPAND/16 16 parallel ausführbare Programmblocks erzeugt werden (entsprechend einem PARALLEL FOR mit dem Vervielfachungsgrad 16).

LOOP-Befehle erlauben Iterationen, ohne dabei das Prinzip der einmaligen Zuweisung zu verletzen. Dies wird dadurch erreicht, daß für jedes Objekt, welches innerhalb eines LOOP-Blocks referiert wird, eine eigene lokale Umgebung gebildet wird. Damit besteht ein referiertes Objekt X in Wirklichkeit aus drei Objekten:

- OLD X gibt den Wert an, den X in der vorhergehenden Iteration erhielt; d.h. OLD X wirkt für die laufende Iteration wie ein konstanter Eingabewert;
- NEW X (oder einfach: X) ist das lokale Objekt, dem als Ergebnis der laufenden Iteration ein Wert zugewiesen wird;
- OUT X (oder einfach: X) ist das Objekt, das nach Verlassen des LOOP-Blocks durch die Iteration einen Endwert erhalten hat.

Die LAU-Sprache enthält ferner auch Prozeduren, die etwa wie in PASCAL deklariert werden. Hingegen gibt es natürlich keine Sprung- oder Verzweigungsbefehle.

Die LAU-Maschine besteht aus drei Haupt-Funktionseinheiten, die wie in Bild 9-9 gezeigt durch ein Bussystem miteinander verbunden sind:

- dem *control subsystem* (CSS)
- dem *memory subsystem* (MSS)
- dem *execution subsystem* (ESS).

Für die Ausführbarkeit einer Anweisung aus dem *Data Production Set* (DPS) gelten die Zündregeln:

R1: die Operations-Eingänge müssen belegt (die Operanden müssen vorhanden) sein;

R2: der Operations-Ausgang (die Speicherzelle zur Aufnahme des produzierten Werts) darf nicht belegt sein.

Diese Bedingung definiert einer einfachen Zerlegung des DPS.

Wir haben gesehen, daß die LAU-Sprache Kontrollkonstrukte enthält wie:

- EXPAND (entspricht einer mehrfachen parallelen Ausführung des **for**);
- LOOP (vereinigt in sich das **while** und **repeat...until**);
- CASE (entspricht dem **case**);
- CALL (ist der Unterprogrammaufruf).

Jeder Kontrollkonstrukt definiert ein Programmsegment, in dem sich die Kontrolle bei der Ausführung des Konstrukts befindet. Dadurch wird eine gewisse Programmstruktur erhalten. Nun kann es aber zunächst Anweisungen geben, die nicht innerhalb eines durch ein Kontrollkonstrukt definierten Programmsegments vorkommen. Um auch hier eine Strukturierung zu erhalten und aus Konsistenzgründen faßt das System die Anweisungen, die zwischen zwei Kontrollkonstrukten auftreten, ebenfalls zu einem Programmsegment zusammen. Ein solches Segment bildet ein DPS, welcher durch eine nur intern verwendete Kontrollanweisung aktiviert werden kann. Damit kommt zu den beiden obengenannten Bedingungen für die Ausführbarkeit einer Anweisung noch als weitere hinzu:

R3: die Anweisung muß einem aktivierten DPS angehören.

Bild 9-10 illustriert die interne Darstellung der Anweisungen des DPS und der erzeugten Werte.

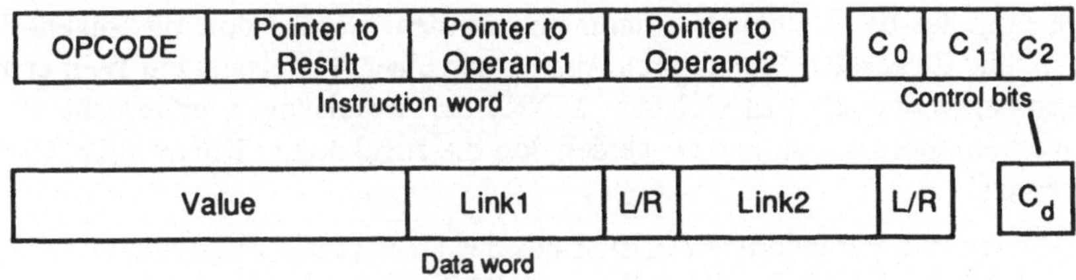

Bild 9-10 Befehlsformat, Datenformat und Kontrollbits der LAU-Maschine

Die Anweisungen bestehen aus Drei-Adreß-Befehlen, die den Operationscode enthalten sowie drei Zeiger auf die Zellen der *Datenliste*, die die Operanden enthalten (OP1, OP2) und auf die Zelle, die das Resultat aufnimmt (RESULTAT). Die Anweisungen bilden eine *Befehlsliste*. Befehlsliste und Datenliste befinden sich im MSS. Das Datenformat besteht aus dem Wert, ergänzt durch die Zeigerfelder (Link1, L/R) und (Link2, L/R). Link1 und Link2 referieren die Adressen von Befehlen, die den Wert als Operanden haben, wobei das L/R-Bit jeweils angibt, ob es sich um den linken oder den rechten Operanden handelt. Natürlich kann im Prinzip ein Wert auch in mehr als zwei Anweisungen als Operand auftreten, obwohl dies selten vorkommen wird. In diesem Falle muß die werterzeugende Anweisung zweimal ausgeführt werden, wodurch dann zwei Datenwörter erzeugt werden, die beide denselben Datenwert haben, aber verschiedene Werte in den Zeigerfeldern.

Wir sehen, daß die Datenstruktur zur statischen Darstellung des Datenflußgraphen aus einer verketteten Zeigerliste besteht. Die Anweisungen in der Befehlsliste und die Werte in der Datenliste sind in beiden Richtungen verkettet. Dies ist notwendig, da zum einen zur Ausführung einer Anweisung jeweils die Operandenwerte aufzusuchen sind und zum anderen nach der Berechnung eines Werts dieser den Anweisungen, in denen er als Operand auftritt, als vorhanden angezeigt werden muß.

Im Kontrollspeicher des CSS wird der Zustand jeder Anweisung des DPS durch die drei Kontrollbits C_0, C_1 und C_2 angezeigt. Diese Bits haben die folgende Bedeutung: C_1 und C_2 zeigen an, ob OP1 bzw. OP2 bereits berechnet sind und damit R1 erfüllt ist. C_0 gibt an, ob die Anweisung (bzw. der DPS, zu. dem er gehört) aktiviert ist und damit R3 erfüllt ist. Der Zustand jedes Werts wird ebenfalls durch ein Kontrollbit im Kontrollspeicher, C_d, angezeigt. Wenn eine Anweisung ausgeführt worden ist, werden die Kontrollbits C_d der Operandenwerte der Anweisung gesetzt, um anzuzeigen, daß die Werte konsumiert worden sind und damit durch neue Werte überschrieben werden dürfen; d.h. daß B2 erfüllt ist.

Eine Anweisung ist damit ausführbar, wenn das mit ihr assoziierte Tripel von Kontrollbits $(C_0,C_1,C_2) = (1,1,1)$ ist und wenn das Kontrollbit C_d des Resultatwerts gesetzt ist. Die Kontrollbits C_1 und C_2 entsprechen damit den Eingangsbelegungen der Operation im Datenflußschema, und das Kontrollbit C_d des Resultatwerts entspricht der Ausgangsbelegung der Operation.

Das *Memory Subsystem* (MSS) handhabt die Ein/Ausgabeströme, die vom Wirtcomputer kommen, und versorgt das *Execution Subsystem* (ESS) mit ausführbaren Anweisungen und den zugehörigen Daten. Wenn immer die Operandenwerte einer Anweisung aus der Datenliste entnommen werden, werden dort die zugehörigen Kontrollbits C_d gesetzt. Wenn durch Ausführung einer Anweisung ein Wert erzeugt worden ist, werden über LINK1 bzw. LINK2 die Anweisungen aufgesucht, für die der Wert ein Operand ist, und es werden dort die zugehörigen Kontrollbits, C_1 oder C_2, gesetzt.

Zur Abfrage und Veränderung des Zustands des I-Teils (angezeigt durch C_0,C_1 ,C_2) und des O-Teils (angezeigt durch C_d) einer DPS gibt es vier Kontrollprimitive, die diese Bits testen und manipulieren, ein DPS durch Rücksetzen der C_d-Bits aller in ihr vorkommenden Werte initialisieren und gegebenenfalls ein DPS durch Rücksetzen der Bits C_1 und C_2 ihrer Anweisungen re-initialisieren (z.B. vor dem neuerlichen Durchlaufen einer Schleife).

Der Teil, durch den sich eine LAU-Maschine am meisten von einer von-Neumann-Maschine unterscheidet, ist das *Control Subsystem*. Es besteht im wesentlichen aus zwei Speichern, dem *Instruction Control Memory* (ICM) und dem *Data Control*

Memory (DCM), und ersetzt den herkömmlichen Befehlszähler der von-Neumann-Maschine. ICM interpretiert die drei Kennbits C_0, C_1 und C_2, und DCM interpretiert C_d. Beim Freiwerden eines Prozessors muß jedesmal das ICM durchsucht werden, bis ein Wert $(C_0,C_1,C_2) = (1,1,1)$ gefunden ist. Es würde sich daher anbieten, das ICM als Hardware-Assoziativspeicher auszuführen, um den Suchvorgang zu beschleunigen.

Die LAU-Maschine wurde wirklich gebaut, wies dann aber eine unbefriedigende Leistung auf. Dies ist vor allem darauf zurückzuführen, daß das *Memory Subsystem* einen gravierenden Flaschenhals darstellte.

9.4 Dynamische Datenflußarchitekturen

9.4.1 Das Operationsprinzip der dynamischen Datenflußarchitektur

Im Gegensatz zur statischen Datenflußarchitektur muß bei der dynamischen Datenflußarchitektur der Produzent eines Werts diesen nicht unmittelbar in die Operandenregister des Konsumenten schreiben. Es genügt vielmehr, wenn der Produzent die erzeugten Marken wie bereits beim elementaren Datenflußprozessor angedeutet in einem *Token Pool* ablegt. Spezielle Kontrollmarken werden nicht benötigt. Dafür braucht man aber jetzt eine Einrichtung, die Sätze von zusammengehörenden Marken bildet und dem Konsumenten zuweist. Auf den Datenflußgraphen übertragen bedeutet dies, daß beliebig viele Marken gleichzeitig auf jeder Eingabekante des Datenflußgraphen vorhanden sein können. Die dynamische Datenflußarchitektur bietet damit gegenüber der wesentlich starreren statischen Datenflußarchitektur den Vorteil einer besseren Auslastung der Hardware-Betriebsmittel.

- Damit die Zuordnung von Instruktionen und Operanden erfolgen kann, werden die Wertemarken mit entsprechenden Kennungen (*tags*) versehen. Dieser Vorgang heißt *token tagging*, und die dynamische Datenflußarchitektur wird daher auch als *Tagged Token Architecture* bezeichnet [Aal 81], [Aea 84]. Das *Token Tagging*-Prinzip wurde erstmalig in [GaT 79] als *Unfolding Interpreter* vorgestellt und später um Mechanismen zur parallelen Ausführung von Schleifeniterationen erweitert [AaG 82].

Die Funktionen, die in der von-Neumann-Maschine von der CPU ausgeführt werden, werden in der Datenflußmaschine durch mehrfach vorhandene Prozessoren ausgeführt. Daten und ausführbare Operationen werden durch Marken (*token*) zwischen den Einheiten der Maschine transferiert. Die Ausführung einer Datenflußinstruktion besteht aus 3 Schritten:

- Auffinden der Marken, die zur Ausführung des Akteurs (zur Zündung) notwendig sind.
- Holen der ausführbaren Instruktionen vom Programmspeicher und Zuweisung an einen Prozessor zur Ausführung.
- Erzeugung der Resultatmarke.

Sobald ein Markensatz vollständig ist, werden die Operanden zusammen mit der Adresse ihres Zielakteurs der *Fetch Unit* übergeben, und der Ziel-Akteur wird aktiviert. Die *Fetch Unit* holt die Instruktion(en) des Akteurs aus dem Programmspeicher, baut die Instruktion(en) und die Operanden zu einem ausführbaren Programmpaket zusammen, und sendet dieses an eine der Prozessoren. Die Programmausführung ist beendet, wenn es keine ausführbaren oder in Ausführung befindlichen Instruktionen mehr gibt.

Die Arbeitsweise der dynamischen Datenflußmaschine legt eine Ringstruktur nahe, in der die Marken solange zirkulieren, bis sie konsumiert worden sind. Bild 9-11 zeigt die Grundarchitektur einer solchen Maschine [DAI 88], die wie folgt arbeitet. Aus dem Befehlsspeicher (*instruction memory*) werden von der für die Befehlsverarbeitung zuständigen Einrichtung (*fetch and update unit*) Befehle des Programms geholt und in einem Puffer abgelegt. Die ersten geholten Befehle werden mit Anfangswerten initialisiert sein und können damit unmittelbar dem Vorrat der ausführbaren Instruktionen (*pool of executable instructions*) einverleibt und von den Prozessoren (Rechenelementen) ausgeführt werden. Dadurch werden weitere Datenmarken erzeugt und dem *Pool of Data Tokens* hinzugefügt.

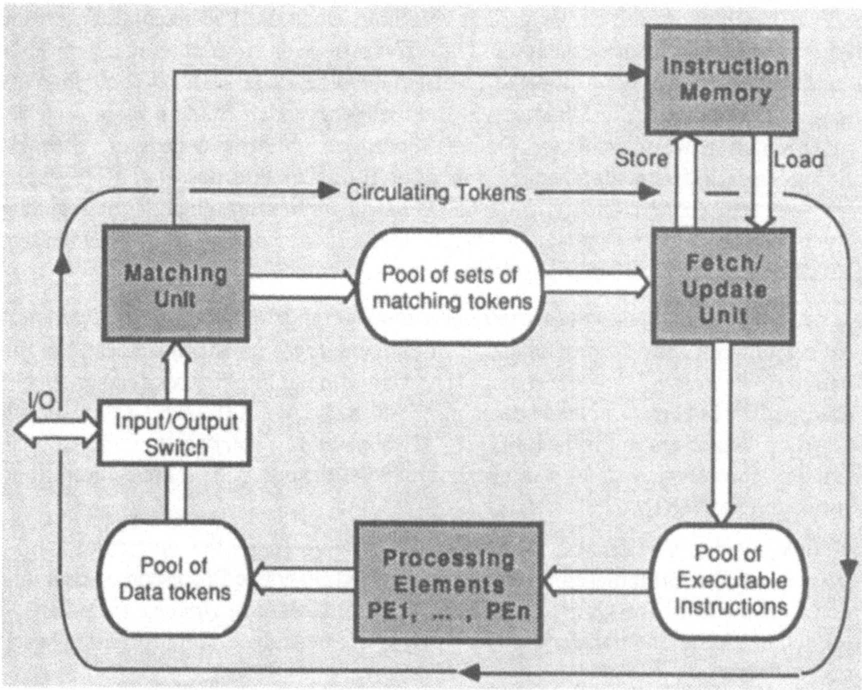

Bild 9-11 Grundarchitektur einer dynamischen Datenflußmaschine

Das Befehlsformat kann von Maschine zu Maschine verschieden sein. Grundsätzlich muß es aber mindestens die folgenden Informationen enthalten:

- die Operation(en), die auszuführen ist(sind);

- die Adresse jeder *Zieloperation*, die auf das Ergebnis der Operationsausführung wartet;
- entweder die Anzahl der Eingabemarken der Operation oder die Anzahl der Eingabemarken der nachfolgenden Zieloperation, je nachdem, wie die Synchronisation von statten geht.

Die zentrale Einrichtung der Maschine ist die *Vergleichseinheit* (*matching unit*). Diese hat die Aufgabe, Sätze von zusammengehörigen Marken zu bilden, das sind alle Marken, die zu einer bestimmten Instruktion gehören. In der Regel sind die Operationen der Maschine monadische (einstellige) oder dyadische (zweistellige) Funktionen. Monadische Operationen haben nur eine Eingabemarke, und es muß daher kein zweiter Operand gesucht werden. Dyadische Funktionen haben zwei Eingabemarken. Hier ist es die Aufgabe der Vergleichseinheit, zu jeder Marke eines Paares die Partnermarke zu finden. Natürlich gilt das *Token Matching*-Verfahren entsprechend auch für beliebige n-adische Funktionen, falls es solche gibt. Sobald ein vollständiger Satz von Marken erhalten wurde, wird dieser dem Vorrat der vollständigen Markensätze (*pool of matching tokens*) einverleibt. Jeder Markensatz ist durch die Adresse der Instruktion, die den Markensatz zur Zündung benötigt, gekennzeichnet. Das Suchen nach zusammengehörigen Marken wird in der Regel durch eine von Hardware ausgeführte Hash-Codierung beschleunigt. Dennoch kann, wie die Erfahrung gezeigt hat, die Vergleichseinheit leicht zu einem gravierenden Systemflaschenhals werden.

9.4.2 Herstellung der Laufzeitumgebung

Wie bei mehr konventionellen Rechnern läßt sich die *Laufzeitumgebung* (*environment*) eines Programm allgemein als eine Abbildung der Menge aller gültigen Variablennamen der in Ausführung befindlichen Codeblocks (Programm-Moduln) auf gewisse Adreßbereiche von Registern und Speicherzellen definieren. Zur Laufzeitumgebung gehört ferner der aktuelle Programmstatus und andere aktivierungsabhängige Informationen. Da die Abbildung von Namen auf Adressen statisch ist, d.h. zur Compilezeit durchgeführt wird, sind bei einem Umgebungswechsel nur die aktivierungsabhängigen Daten zu retten und zu ersetzen. Dies bedeutet in der Regel das Retten und Ersetzen aller Registerinhalte der Maschine einschließlich der Statusregister (wie zum Beispiel dem Befehlszähler). Man nennt die Gesamtheit dieser Informationen auch den *Aktivierungssatz* des betreffenden Programmblocks.

Im Gegensatz zu konventionellen Architekturen hat die reine Datenflußmaschine weder einen beliebig beschreibbaren Speicher (*updatable memory*) noch spezielle Instruktionen für den Umgebungswechsel. Daher stellen die Datenmarken das einzige Mittel zur Kontrolle der Laufzeitumgebung und zur Unterscheidung von Marken, die verschiedenen Programminstanzen angehören, dar. Man beachte, daß in der dynamischen Datenflußarchitektur beliebig Marken der verschiedenen Instantiierungen von Programmblocks oder Prozeduren im *Token Pool* vorhanden sein können. Aus diesem Grunde muß jede Marke nicht nur die Adresse der auf sie wartenden Instruktion mit sich führen, sondern auch die Information darüber, welcher Umgebung der Wert angehört. Dies geschieht ebenfalls durch entsprechende Kennung (*tagging*). Dabei genügt es nicht, nur die Laufzeitumgebung zu spezifizieren; der *Tagging*-Mechanismus muß ferner auch für das Retten oder Wiederherstellen von Kontext-Information sorgen.

Ein Spezifikum der dynamischen Datenflußarchitektur ist, daß bei den Programmschleifen auch die Information darüber, welcher Iteration die auszuführende Operation zuzurechnen ist, zur Ausführungsumgebung gehört. Dies steht im starken Gegensatz zu konventionellen Architekturen, bei denen die Ausführung einer Programmschleife natürlich nicht die Laufzeitumgebung verändert. Der Unterschied rührt letztlich daher, daß es bei der mit feiner Granularität arbeitenden Datenflußarchitektur den von-Neumann-Mechanismus nicht gibt, wonach

- die Iterationen einer Schleife linear geordnet (sequentialisiert) sind und
- alle Schleifendurchläufe auf ein- und demselben Satz von überschreibbaren Variablen ausgeführt werden.

Statt dessen produziert in der dynamischen Datenflußarchitektur jeder Schleifendurchlauf seinen eigenen Satz von Marken.

9.4.3 Kennung der Informationseinheiten (*Tagged Token*)

Wir betrachten als Beispiel hierzu die Mechanismen, die von *Arvind* für seine *Tagged-Token*-Architektur entwickelt wurden [AaK 81]. Diese Architektur wurde zur Unterstützung der Datenflußsprache *Id* [AGP 78] entwickelt. Der Id-Compiler übersetzt jede Programmschleife und jede Prozedur in einen getrennten Codeblock. Daher genügt zur Kennzeichnung der Instruktion die Angabe der zugehörigen Codeblock-Nummer c und der Instruktionsadresse s relativ zum Codeblock-Anfang (*offset*). Da in der *Tagged Token*-Architektur eine Instruktion je nach Zahl der Operanden ein oder zwei *Ports* hat, über die Marken zu ihr gelangen, ist auch noch die Angabe der Portadresse p nötig. Die 3 Parameter c, s, und p definieren eindeutig diejenige Kante des Datenflußgraphen, die von der Marke belegt wird.

Zu diesen beiden Kennungen sind jetzt noch zwei weitere Parameter, u und i, hinzuzufügen, wobei u ein Zeiger auf den *Kontext* (den Aktivierungssatz) ist und i der Wert des Schleifenzählers (*iteration count*). Diese beiden Parameter bewirken ein *Einfärben* (*coloring*) der Marke entsprechend ihrem Kontext und (bei Schleifen) dem Schleifendurchgang. Man nennt sie daher auch die Farbe (*color*) der Marke. Durch das Einfärben können Marken verschiedener Farbe gleichzeitig eine Kante des Datenflußgraphen belegen. Verschiedene Instanzen eines Datenobjekts, die intern unterschieden werden müssen, können so denselben Namen im Programmtext tragen. Das Einfärben spezifiziert damit die Ausführungsumgebung.

Nach dem bisherigen Stand der Diskussion ist eine Datenmarke ein Tripel

$$< x, u.c.s.i >_p$$

bestehend aus dem Datenwert x, der Kennung (*tag*) <u.c.s.i> und der zusätzlichen Kennung p. Die Kennung <u.c.s.i> legt fest, welcher Akteur zündet und wird daher auch als *Namen des Zielakteurs* (*destination actor name*) bezeichnet. Angenommen es gibt zwei Marken, $<x,u.c.s.i>_{p1}$ und $<x,u.c.s.i >_{p2}$. Dann heißt dies, daß es sich um die zwei Operanden für die i-te Iteration der Instruktion s einer dyadischen Operation im Codeblock c handelt, die in der Umgebung u auszuführen ist. Die Parameter c, s und p im Namen des Zielakteurs sind statisch und können daher bereits vom Compiler festgelegt werden. Die Parameter s und i hingegen werden dynamisch zur Laufzeit bestimmt.

Entsprechend der Semantik der Sprache *Id* werden alle Argumente für eine Prozedur in einer einzigen Datenstruktur vom Typ **list** zusammengefaßt, und alle Resultate werden ebenfalls in einer einzigen Liste zurückgegeben. Der erste Befehl einer Prozedur ist der Operator BEGIN, und der letzte Befehl ist immer der Operator END. Sei A die Funktion, die die Prozedur aktiviert. Diese Funktion erwartet zwei Eingaben: eine Prozedur-Definition P und eine Liste der Argumente x. A übergibt x an den Operator BEGIN, der seinerseits die Werte in x an die einzelnen Instruktionen der Prozedur verteilt. Der Operator END baut die Resultat-Datenstruktur auf und übergibt diese an den Operator A^{-1}, der die Prozedur beendet. A^{-1} verteilt dann die Werte in der Umgebung, in dem die Prozedur aufgerufen wurde. Da die Datenflußsprache eine applikative Sprache ist, hat P den Charakter einer mathematischen Funktion; d.h. P hat kein internes "Gedächtnis" und kann nicht durch von anderen Prozeduren erzeugte Seiteneffekte beeinflußt werden.

Umgebungswechsel werden in der *Tagged Token Architecture* durch spezielle Operatoren vorgenommen, die nicht den Wert einer Marke, sondern nur ihre Farbe beeinflussen. Wenn eine Datenmarke von einem Zyklus einer Iteration zum nächsten Zyklus weiter gereicht wird, muß zum Beispiel der Iterationszähler i inkrementiert werden (durch den Operator D). Bevor die Schleife verlassen werden kann, muß der Zähler wieder auf den Wert 1 zurückgesetzt werden (durch den Operator D^{-1}).*

Die einzelnen Instanzen einer inneren Schleife oder einer Prozedur werden durch den Kontextparameter u gekennzeichnet, zu dessen Handhabung es Operatoren gibt, die beim Eintritt in eine Schleife oder Prozedur den alten Zustand retten und beim Verlassen wieder herstellen. Für Prozeduren sind dies die bereits erwähnten Operatoren A und A^{-1}, für Schleifen gibt es einen Satz von Operatoren L und L^{-1}.

Die Arbeitsweise des Operators L kann durch den folgenden Satz von Anweisungen beschrieben werden:

L: INPUT = <x, u.c.s.i>
OUTPUT = <x, u´.c´.t´.1>

wobei u´= (u.c.s.i), c´ der Codeblock-Name der Schleife und t´ die relative Adresse (*offset*) der Zielinstruktion in c´ ist. Der Iterationszähler wird auf 1 gesetzt und gibt damit den Eintritt in die erste Iteration der Schleife an. Man beachte, daß die Kontextkennung rekursiv definiert ist, was technisch bedeutet, daß der alte Kontextwert (u.c.s.i) abgekellert wird (genau genommen muß s nicht mit abgekellert werden). Beim Verlassen der Schleife muß die Resultat-Marke an den Akteur gesandt werden, dessen Kontext identisch mit dem Kontext des Akteurs ist, der die Schleife aufgerufen hat. Dies führt der Operator L^{-1} aus:

L^{-1} INPUT = <x, u´.c´.w´.1>
OUTPUT = <x, u.c.s´.i>

wobei (c.s´) der Nachfolger der Operation L^{-1} ist und u´= (u.c.s.i).

---

* Geschachtelte Schleifen können im Prinzip durch multiple Iterationszähler behandelt werden. Aus Gründen der Einfachheit nimmt man jedoch davon Abstand und betrachtet jede einzelne Schleife wie eine Prozedur.

Dieses sehr einsichtige Verfahren hat den Nachteil, daß wegen des rekursiven Charakters der Umgebungs-Spezifikation bei vielen Schachtelungen der Akteurname sehr lang werden kann, da Iterationsnummer und Kontextnummer u.U. recht große Werte annehmen können. Da man nicht von vornherein weiß, wieviel Iterationen bzw. Unterprogrammaufrufe in einem Programm auftreten werden, müssen diese Werte für den größtmöglichen Fall gewählt werden. Das in Abschnitt 9.4.5 erwähnte *k-begrenzte Schleifenschema* bietet hier den Vorteil, daß die Iterationsnummer unabhängig von der Gesamtzahl der Iterationen im Programm begrenzt bleibt.

Es ist instruktiv, den Aufwand an Wortbreite zu betrachten, der bei dynamischen Datenflußrechnern getrieben wird. Bei der *Manchester-Maschine* werden für eine Marke 96 Bit benötigt, wobei der eigentliche Datenwert nur 37 Bit beträgt. Beim *Monsoon*-Rechner [PAP 91], der neuesten Ausprägung einer *Tagged Token Architecture*, besteht eine Marke sogar aus 144 Bit, davon 64 Datenbits, und beim *SIGMA-1*-Rechner [Hea 87] werden 89 Bit aufgewandt, davon 32 Datenbits. Speicher, Verbindungswege und Prozessoren müssen alle für diese hohen Wortbreiten pro Datenwert ausgelegt werden, was einen erheblichen Hardwareaufwand mit sich bringt.

Aus diesem Grunde wurde von *Arvind* und *Kathail* eine Verbesserung eingeführt [AaK 81], die auf der Einführung von *Tickets* basiert. Ein Ticket verleiht L die Berechtigung zur Veränderung der Umgebung. Dabei wird die alte Umgebung mit Hilfe eines *Dummy Tokens* unmittelbar an den zu L inversen Operator L^{-1} übergeben (der ja die alte Umgebung wiederherzustellen hat). Man erhält dadurch Akteurnamen konstanter Größe. Allerdings kann dieses Vorgehen in ungünstigen Fällen zu Verklemmungen (*deadlocks*) führen. Dies rührt aus der Tatsache, daß alle Argumentmarken eingetroffen sein müssen, bevor eine Schleife oder Prozedur ausgeführt werden kann, daß aber andererseits für den Speicherzugriff eine *read before write*-Semantik besteht (s. Abschnitt 9.4.3). Eine Iteration mag auf das Argument warten, welches von der vorhergehenden Iteration erzeugt wird. Die vorhergehende Iteration wartet aber ihrerseits auf ein Ticket, welches sie dann nicht erhält, wenn alle Tickets für andere Iterationen vergeben worden sind — die dem Datenflußprinzip eigene ungeordnete Reihenfolge der Ausführung macht dies möglich.

9.4.4 Die Manchester-Maschine

Als Beispiel für eine andere führende Entwicklung auf dem Gebiet der dynamischen Datenflußmaschinen betrachten wir zunächst die *Manchester-Maschine*, die an der *University of Manchester* von *Gurd* und seinen Mitarbeitern entwickelt wurde [GKW 85],[Gea 86]. Die Manchester-Maschine hat auch entsprechende Entwicklungen an anderen Stellen angeregt, wie zum Beispiel die vom *Electrotechnical Laboratory* in Japan entwickelte SIGMA-1-Maschine [Hea 87].

Bild 9-12 zeigt das vereinfachte Blockbild der Manchester-Maschine, die der in Bild 9-11 gezeigten Grundarchitektur entspricht. Die Maschine kann aus mehreren der in Bild 9-12 gezeigten *Processing Rings* bestehen. Die Moduln eines Rings bilden eine asynchrone Pipeline. Zwischen den Moduln werden Markenpakete mit einer Rate von 10^7 Paketen pro Sekunde transportiert.

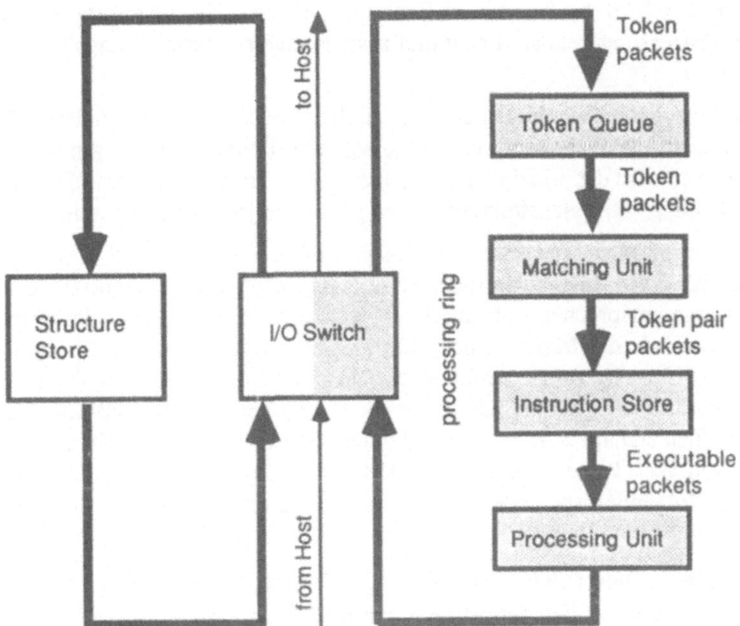

Bild 9-12 Blockbild der Manchester-Maschine

Vor der Programmausführung wird zunächst der Programmcode vom Wirtrechner, wo er compiliert wurde, in einen allen Ringen gemeinsamen Programmspeicher (im Bild nicht gezeigt) geladen. Während der Programmausführung zirkulieren die Marken wie schon beschrieben durch den Ring. Für eine Leistungsoptimierung wäre zu fordern, daß alle Moduln etwa die gleiche Ausführungszeit haben, da die Verarbeitungsrate durch den langsamsten Modul bestimmt wird. In der Tat stellt die *Matching Unit* aber einen Flaschenhals dar, so daß diese Bedingung nicht erfüllt wird.

Die *Matching Unit* arbeitet mit einem pseudo-assoziativen Speicher, welcher durch eine von Hardware ausgeführte Hash-Codierung realisiert ist [GaW 80],[GKW 85]. Wegen der großen Zahl von etwa 10^6 zu verarbeitenden Token scheidet ein echter Assoziativspeicher aus Aufwandsgründen aus. Hash-Funktionen — selbst wenn sie durch Hardware ausgeführt werden — benötigen jedoch verhältnismäßig viel Zeit. Man muß sie daher im Pipeline-Verfahren ausführen, was zu einer langen Pipeline führt. Dies wirkt sich in der Manchester-Maschine negativ auf die Verarbeitungsleistung aus.

Die Ausführungsrate von dyadischen Operationen liegt bei etwa $1{,}11*10^6$ pro Sekunde. Die monadischen Operationen, die ja nur eine einzige Marke benötigen, werden an der *Matching Unit* vorbei geleitet und dadurch mit etwa der fünffachen Rate ausgeführt. Das Verhältnis von monadischen zu dyadischen Operationen liegt bei den betrachteten Anwendungen zwischen 0,55 und 0,7, so daß sich eine effektive Rate von 2,0 bis 2,53 MOPS (Millionen Operationen pro Sekunde) ergibt. Allerdings ist dabei noch zu berücksichtigen, daß die meisten monadischen Operationen reine Kopieroperationen, d.h. Overhead sind. Der Kopieraufwand ist notwendig, weil jede Instruktion nur zwei Zieladressen hat.

Die *Processing Unit* besteht aus 14 Funktionseinheiten, die als mikroprogrammierte Bit-Slice-Prozessoren realisiert sind und zusammen eine Verarbeitungsleistung von 2 MIPS haben.

Datenstrukturobjekte werden in dem speziellen *Structure Store* gehalten [KaG 86], [SaK 86]. Statt der Datenstrukturobjekte selbst zirkulieren im Ring nur Zeiger auf diese. Dadurch wird die prinzipiell starke Ineffizienz der reinen Datenflußmaschine bei der Verarbeitung von Datenstrukturobjekten gemildert, jedoch nicht beseitigt.

Die Manchester-Maschine kann mit einem Befehl maximal zwei Resultatmarken erzeugen. Wird ein Resultat in mehr als 2 Nachfolgebefehlen benötigt, so muß die Resultatmarke entsprechend oft dupliziert werden. Dies führt dazu, daß erfahrungsgemäß etwa 25 % der Maschinenbefehle Kopieranweisungen sind. Speziell bei der parallelen Ausführung von Schleifeniterationen tritt häufig der Fall auf, daß eine Marke an viele Iterationen gesandt werden muß. In solchen Fällen muß ein Baum von Kopierbefehlen erzeugt werden, wobei Bäume zur Erzeugung von mehr als 30 Marken mit gleichem Wert keine Seltenheit sind [BGT 89]. Zur Vermeidung dieses Problems wurden die folgenden speziellen iterativen Befehle eingeführt [BaT 88], [BGT 89], [BaG 90].

- **duplicate** — Dieser Befehl enthält einen Wert **val** und einen Replikator **rep**. Bei der Ausführung werden **rep** Marken mit dem Wert **val** erzeugt und entsprechend vielen, unter aufeinanderfolgenden Adressen gespeicherten Befehlen zugeordnet, beginnend mit der im Adreßfeld des **duplicate**-Befehls enthaltenen Adresse.
- **proliferate** — Mit diesem Befehl wird ein konstanter Wert **val** an alle Schleifeniterationen von einem Startindex **ix** bis zu einem Endwert **lim** gesendet.
- **proliferate-with-offset** — Dieser Befehl wirkt ähnlich wie **proliferate**, inkrementiert aber den Wert **val** für jede folgende Schleifeniteration um **offset**.
- **fetch-stream-from-structure-storage** — Dieser Befehl holt den Strom von Elementen eines referierten Arrays aus dem *Structure Storage*.
- **fetch-subrange-from-structure-storage** — Dieser Befehl holt den Strom von Elementen einer Unterstruktur eines referierten Arrays aus dem *Structure Storage*.

Durch die iterativen Befehle wird in der Regel die Effizienz der Feldverarbeitung verbessert, da das umfangreiche Kopieren von Marken entfällt. Nachteilig ist bei diesen Befehlen aber, daß sie eine große Zahl von Marken erzeugen, wodurch die *Matching Unit* entsprechend belastet wird. Wird insbesondere für einen dieser Marken keine Partnermarke gefunden, so gilt das für alle durch den iterativen Befehl erzeugten Marken. Dies kann zu einer großen Zahl von nicht erfolgreichen Markenvergleichen und damit sogar zu einer Effizienzverschlechterung führen.

Bei den obengenannten Leistungsdaten ist zu berücksichtigen, daß die Hardware der Manchester-Maschine dem technischen Stand Anfang der achtziger Jahre entspricht. Aber auch eine modernere Technologie würde die Leistungsschwäche dieser Architektur nicht entscheidend verbessern, da diese primär nicht von einer zu schwachen Leistung der Prozessoren herrührt, sondern von der inherenten Ineffizienz der Token-Matching-Prinzips in Verbindung mit einer zu feinen Granularität der Verarbeitung. Die gleiche, prinzipielle Leistungsschwäche zeigen ähnliche Entwicklungen ebenfalls auf, wie zum Beispiel ein von der Firma *Nippon Elektric* (NEC) nach dem Modell der Manchester-Maschine Mitte der achtziger Jahre entwickelter Datenfluß-Mikroprozessor. Eine Abhilfe kann daher nur durch Verbesserung der architektonischen Konzepte erfolgen, auf die wir noch eingehen werden.

Der hohe Overhead der dynamischen Datenflußmaschine zeigt sich, wenn man die Zahl der benötigten Instruktionen pro Gleitpunkt-Operation, d.h. das *MIPS/MFLOPS - Verhältnis* betrachtet. In der Manchester-Maschine beträgt dieses bei compiliertem Code (SISAL-Compiler) 8:1. Bei besonders günstigen, handcodierten Problemen kann dieser Wert reduziert werden bis auf ein Minimum, welches aber immer noch bei 2,7:1 liegt. Im modernen superskalaren Prozessor ist dieses Verhältnis nahe bei 1:1.

9.4.5 Das Drosselungsproblem

Ein Problem, das bei der Entwicklung der Manchester-Maschine wie auch der *Tagged Token Architecture* des MIT auftrat, ist das der Überlastung der Maschine mit parallel auszuführenden Operationen. Bei uneingeschränkter Parallelisierung der Schleifeniterationen und rekursiven Unterprogrammaufrufen kann es zu einer Überschwemmung der Hardware-Betriebsmittel durch Zwischenresultate und dadurch zu Datenstaus insbesondere in der *Matching Unit* kommen.

Zur Lösung diese Problems wurde nachträglich in die Manchester-Maschine eine spezielle *Drosseleinrichtung* (*throttle unit*) eingebaut. Durch die Drosseleinrichtung wird beim Erreichen einer bestimmten Auslastung der Hardware-Betriebsmittel die weitere Parallelisierung von Schleifen und Unterprogrammaufrufen unterbunden.

In der *Tagged Token Architecture* wird das gleiche Problem durch Software gelöst, indem die Aufgabe der Drosselung von zuviel Parallelität dem Compiler übertragen ist. Dieses Verfahren kann jedoch nur auf die Schleifen-Parallelisierung angewandt werden; es besteht in der Festlegung einer Schranke k, über die hinaus der Compiler keine weitere Parallelisierung von Schleifeniterationen vornimmt. Das Verfahren heißt daher das *k-begrenzte Schleifenschema* [AaC 86], [AaN 90], [UNG 92]. Damit findet nicht wie bei der Manchester-Maschine eine automatische Drosselung zur Ausführungszeit statt, sondern der Parameter k muß vom Benutzer zur Übersetzungszeit vorgegeben werden.

9.5 Verfeinerungen der dynamischen Datenflußarchitektur

9.5.1 Zuordnung der Akteure zu den Prozessoren

Arvind nennt eine Gruppe von Prozessoren (PE) einen *physikalischen Bereich* (*physical domain*) [AaK 81]. Eine Prozedur oder eine Schleife wird vollständig innerhalb des physikalischen Bereichs, der sie zugewiesen ist, ausgeführt. Die Zuweisung wird von einem Scheduler vorgenommen, das ist entweder ein Programm, oder auch ein spezieller, dedizierter Prozessor im System.

Im einfachsten Falle kann das Scheduling aufgrund der Instruktionsnummer oder der Iterationsnummer erfolgen. Ein physikalischer Bereich möge aus N PEs bestehen, die durch die Ganzzahlen [PE_{basis}: PE_{basis}+N—1] adressiert sein mögen. Die Verteilung der Instruktionen einer Prozedur über den physikalischen Bereich kann dann durch eine der beiden alternativen Adreßabbildungen erfolgen:

PE-Nummer = PE_{basis} + s modulo N oder PE-Nummer = PE_{basis} + (s/j)

Dabei ist s die Instruktionsnummer im Codeblock, und j ist größer oder gleich der Anzahl der Instruktionen im Block, geteilt durch N. Beide Schemata verteilen die Instruktionen gleichförmig über den Bereich. Allerdings kann sich dadurch der mögliche Grad an Parallelarbeit verringern, da alle Instanzen einer Instruktion im selben PE ausgeführt werden. Ein analoges Verfahren kann für die Schleifeniterationen angewandt werden. Allerdings erfordert dies, daß jeder Prozessor eine Kopie des Codeblocks der Schleife haben muß. Dafür können aber jetzt eine Anzahl von Schleifeniterationen gleichzeitig ausgeführt werden, wenn man die bekannten Verfahren des *Software-Pipelining* anwendet. Man kann beide Verfahren auch kombinieren.

Nach *Arvinds* Vorstellung optimiert der Scheduler die Größe des physikalischen Bereichs, wobei er solche Parameter heranzieht wie: die Anzahl der Akteure, die Größe der Codeblocks, die Tatsache, ob ein Codeblock bereits in einem Bereich vorhanden ist, sowie vor allem auch die Größe des zu erwartenden Datenverkehrs zwischen dem aufrufenden und dem neuen physikalischen Bereich. Solche Optimierungen sind ähnlich denjenigen, die auch der Compiler für eine MIMD-Architektur mit verteiltem Speicher durchführen sollte. Hier wie dort ist dies ein noch ungelöstes Problem, bei dem man sich am Ende damit hilft, durch Einführung von Direktiven den Benutzer in die Pflicht zu nehmen, das System entsprechend zu unterstützen.

9.5.2 Die I-Structure

Die Behandlung von Datenstrukturobjekten in Datenflußarchitekturen unterliegt wie die der Skalare dem speziellen Operationsprinzip dieser Architekturform. Insbesondere gibt es zwei stark einschränkende Eigenschaften, die die Effizienz der Programmausführung wesentlich mindern können:

- das *Prinzip der einmaligen Zuweisung*
- die *Striktheit* der Datenstrukturobjekte.

Zur Vermeidung der aus diesen Einschränkungen entstehenden Nachteile sind spezielle Datenstrukturen wie die *I-Structure* [AaT 80], [ANP 89] und der *Structure Store* [KaG 86], [SaK 86] erfunden worden. In beiden Fällen wird die Einschränkung der Striktheit ganz aufgehoben und das Prinzip der einmaligen Zuweisung soweit abgeschwächt, wie es möglich ist, ohne die Korrektheit der Programme zu gefährden. Dies geschieht durch Einführung eines Produzenten-Konsumenten-Modells für die Speicherplätze einer I-Structure. Ein Speicherplatz darf damit mehrmals beschrieben werden, aber immer erst dann, wenn der vorhergehende Wert konsumiert worden ist.

Ganzheitlichkeit einer Datenstruktur und einmalige Zuweisung

Wie in den funktionalen Sprachen resultiert bei den Datenflußsprachen die Modifikation auch nur eines Elements einer Datenstruktur konzeptionell in der Erzeugung einer neuen Datenstruktur [Ack 82]. Das bedeutet, daß zum Beispiel die in imperativen Sprachen übliche Zuweisung eines neuen Werts zu einem Array-Element

```
x[i] := v
```

in der Datenflußsprache durch die Anweisung

```
new x := APPEND(x,i,v)
```

ausgedrückt werden muß. new x und x sind verschiedene Objekte, die aber nur in dem durch den Selektor i bezeichneten einen Wert differieren. Dieser Kopieraufwand ist der Preis für den Vorteil des Prinzips der einmaligen Zuweisung, die die Parallelarbeit limitierenden Datenabhängigkeiten auf die *echte Flußabhängigkeit* zu beschränken. Die Notwendigkeit, bei mehrfacher Verwendung eines Werts entsprechend viele Kopien anfertigen zu müssen, ist insbesondere bei Matrixoperationen besonders nachteilig, bei denen entsprechend der Dimension der Matrizen die Zeilen und Spalten der Matrizen viele male benötigt werden.

Den durch das Prinzip der einmaligen Zuweisung bedingten hohen Kopieraufwand kann man nur dadurch vermeiden, daß man dieses Prinzip aufgibt, d.h. in der Datenflußmaschine einen wiederbeschreibbaren Speicher (*updatable memory*) vorsieht. Da ein solches Vorgehen in der Datenflußarchitektur aber dazu führen würde, daß die Korrektheit der Programme nicht mehr gewährleistet werden kann, läßt sich die Einschränkung der einmaligen Zuweisung nur in begrenztem Maße aufheben.

Striktheit

Eine zweite Eigenheit von Datenstrukturen in reinen Datenflußarchitekturen ist ihre *Striktheit*. Die Striktheit bedeutet, daß erst dann ein Datenstruktur-Wert verfügbar ist, wenn die Werte *aller* Komponenten verfügbar geworden sind. Dies schränkt die Parallelarbeitsmöglichkeiten stark ein. Ohne Aufhebung der Striktheit trifft die Aussage, daß die Datenflußarchitektur ein Maximum an Parallelarbeit gestattet, nicht zu.

Der I-Structure-Mechanismus

DEF: *I-Structure*

Eine *I-Structure* A ist ein Array, welches durch eine erzeugende Funktion als leere Struktur erzeugt wird; d.h. es wird Speicherplatz alloziert und die Elemente werden als **empty** gekennzeichnet. Durch Anweisungen der Art A[i] = w kann dann *einmalig* ein Wert w in eine durch den Index i gekennzeichnet Zelle geschrieben werden. Der Versuch, in eine bereits beschriebene Zelle nochmals zu schreiben wird als Programmfehler gewertet und führt zu einer Laufzeit-Fehlermeldung (*write once* -Regel).

Eine Komponente einer *I-Structure* kann durch Indizierung A[i] gelesen und als Wert eines Ausdrucks verwendet werden. Dies ist, wie noch zu zeigen, auch dann zulässig, wenn die indizierte Zelle leer ist (*deferred read* - Regel). Eine Leseanforderung liefert damit immer einen einzelnen, konsistenten Wert, möglicherweise jedoch erst nach einer Verzögerung.

Die oben definierte Eigenschaft der *I-Structure* wird durch den *I-Synchronisations-Mechanismus* garantiert, der wie folgt implementiert werden kann.

DEF: *I-Synchronisation*

Jede Speicherzelle hat einen Kennteil, der den Akteur-Namen desjenigen Akteurs, der die Zelle lesen will, aufnehmen kann. Jede Zelle wird ferner durch zwei Zustandsbits gekennzeichnet, die die folgenden Zustände unterscheidbar machen:

- EMPTY: Zelle hat keinen definierten Wert, und es liegt keine Leseanforderung vor;
- PENDING: Zelle hat keinen definierten Wert, aber es liegt eine Leseanforderung vor;
- FULL: Zelle hat einen definierten Wert, und es liegt keine Leseanforderung vor.

Für das Lesen und Schreiben von Zellen der *I-Structure* gelten folgende Regeln, deren Einhaltung durch die I-Synchronisation erzwungen wird.

- Trifft eine Leseanforderung auf eine Zelle, die als **full** gekennzeichnet ist, so wird von der Verwaltung der *I-Structure* diese unmittelbar befriedigt; d.h., die entsprechende Wertemarke wird zurückgesandt.
- Triff eine Leseanforderung auf eine Zelle, die als **empty** gekennzeichnet ist, so wird der Name des anfordernden Akteurs in die Zelle eingetragen, und die Zelle wird als **pending** gekennzeichnet. Treffen weitere Leseanforderung auf eine Zelle, die als **pending** gekennzeichnet ist, so wird für diese eine Warteliste angelegt, in die nacheinander die eintreffenden Leseanforderungen (d.h. die Namen der anfordernden Akteure) eingetragen werden.
- Trifft eine Schreibanforderung auf eine Zelle, die als **empty** gekennzeichnet ist, so wird sie unverzüglich ausgeführt.
- Trifft eine Schreibanforderung an eine Zelle, die als **pending** gekennzeichnet ist, so wird die entsprechende Wertemarke unverzüglich zurückgesandt, und die Zelle wird als **empty** gekennzeichnet. Falls es eine Warteliste von Leseanforderungen für diese Zelle gibt (s. oben), so wird eine Marke an jeden der in der Liste eingetragenen Akteure gesandt, bevor die Zelle den Zustand **empty** erhält.
- Triff eine Schreibanforderung auf eine Zelle, die als **full** gekennzeichnet ist, so erfolgt eine Fehlermeldung.

Dadurch erhält die *I-Structure* die Eigenschaft, ein *write-after-read* ausführen zu können. Leseanforderungen können in beliebiger Reihenfolge zu jedem beliebigen Zeitpunkt eintreffen und werden von der *I-Structure* sobald wie möglich durch Einfügen der entsprechenden Marke in den Markenstrom befriedigt. Die Bedingung der Striktheit ist somit völlig aufgehoben, und ein Höchstmaß an Parallelarbeit wird prinzipiell möglich. Ferner wird der Speicher besser genutzt.

Der Preis für diese Vorteile ist gering. Im wesentlichen sind für jedes Speicherwort die beiden Kennbits aufzubringen, sowie eine einfache Zustandsmaschine für die Interpretation dieser Bits.

Es muß aber darauf hingewiesen werden, daß die *I-Structure* zwar eine mehrfache Verwendung von Speicherplätzen ohne Verletzung der Determiniertheit beim Zugriff erlaubt, jedoch das Effizienzproblem der Datenflußarchitektur beim Zugriff auf ganze Datenstrukturen nicht lösen kann. Dies gilt in ähnlicher Weise für den *Structure Store* der Manchester-Maschine und die darauf definierten iterativen Befehle, wie auch für die *Structure-Flow*-Operationen beim SIGMA-1-Rechner. Letztlich handelt es sich hier um ein grundsätzliches Problem, welches nur durch den Übergang zu einer anderen Architekturform, der *hybriden Datenflußarchitektur*, befriedigend gelöst werden kann.

9.5.3 Das Prinzip des expliziten Markenspeichers

Die Markenvergleichs-Einrichtung stellte sich bei den frühen dynamischen Datenflußarchitekturen als der hauptsächliche Systemflaschenhals heraus. Zur Beseitigung dieses Problems wurde von *Arvind* und Mitarbeitern der *explizite Markenspeicher* (*explicit token store*) eingeführt und im *Monsoon*-Rechner verwirklicht [PaC 90], [PAP 91]. Der explizite Markenspeicher erlaubt die unmittelbare Adressierung der Marken, so daß sein assoziatives Durchsuchen entfällt.

Die Grundidee des expliziten Markenspeicher besteht darin, für jede aktivierte Schleifeniteration und jeden Funktionsaufruf einen eigenen Aktivierungsrahmen (*activation frame*) anzulegen. Der Code einer Schleife oder einer Funktion ist in einem Codeblock zusammengefaßt, und bei jedem Aufruf des Codeblocks wird zur Laufzeit ein Aktivierungsrahmen eingerichtet. In diesem sind Plätze für wartende Marken reserviert, die die Befehlsoperanden repräsentieren. Ferner gibt es für jeden Codeblock einen Konstantenbereich. In jedem dyadischen Befehl wird vom Compiler eine Verschiebungsadresse relativ zum Basisadresse des Aktivierungsrahmens (bzw. des Konstantenbereichs) eingetragen, unter der die Marke für den Operanden (bzw. die Konstante) zu finden ist (sobald die Marke existiert). Die getrennte Speicherung von Konstanten und Operanden spart Speicherplatz, da es für jeden Codeblock zwar einen Aktivierungsrahmen für jeden Aufruf gibt, aber nur einen Konstantenbereich.

Der zweite Operand wird dem Befehl von seinem unmittelbaren Vorgängerbefehl im Datenflußgraphen übergeben. Jeder Befehl übergibt zwei Resultatmarken an seine Nachfolgerbefehle. In den Resultatmarken wird auch der Port des Nachfolgerbefehls angegeben, d.h., ob es sich um den linken oder rechten Operanden handelt.

Jede Speicherstelle in einem Rahmen enthält *Präsenzbits*, welche angeben, ob die Speicherstelle leer oder voll ist. Dadurch kann beim Eintreffen des vom Vorgängerbefehl gelieferten Operanden unmittelbar abgefragt werden, ob der zweite Operand bereits vorhanden ist und damit der Befehl ausgeführt werden kann. Somit entfällt ein assoziatives Suchen. Als expliziter Markenspeicher kann der *I-Structure-Store* dienen, der die Präsenzbits ja bereits enthält.

Bild 9-13 zeigt den Datenflußgraphen für einen Algorithmus zur Approximation der Cosinus-Funktion. Bild 9-14 zeigt den dazugehörigen Codeblock, den Aktivierungsrahmen und den Konstantenbereich. Ein Befehl besteht aus dem Operationscode, der Verschiebungsadresse in den Aktivierungsrahmen oder in den Konstantenbereich und einer Liste von bis zu zwei Zielverweisen. L steht für den linken und R für den rechten Operanden.

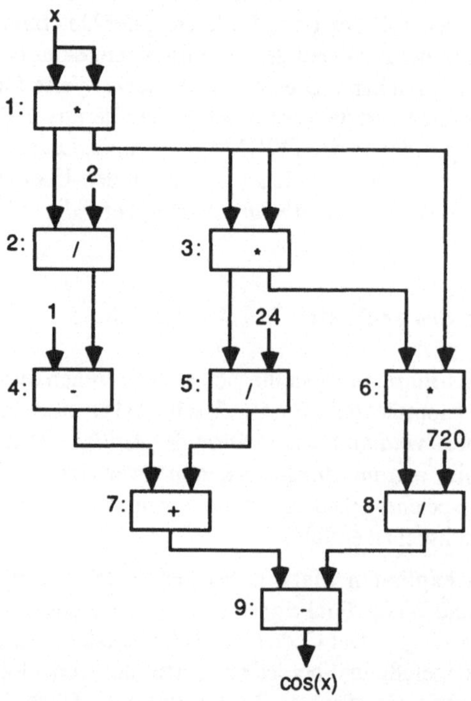

Bild 9-13 Datenflußgraph für die näherungsweise Berechnung der Cosinus-Funktion

Um diese Lösung für Schleifeniterationen praktikabel zu machen, muß die Anzahl der gleichzeitig aktivierten Schleifeniterationen begrenzt sein. Dies wird durch die Einführung des bereits erwähnten Prinzips der *k-begrenzten Schleifen* erreicht. Damit genügt es, beim Eintritt in eine Schleife eine feste Zahl von k Aktivierungsrahmen anzulegen. Die Aktivierungsrahmen können während der Ausführung der Schleife von den Iterationen mehrfach benutzt werden, wobei der Satz von k Rahmen zunächst für die Iterationen 0,1,...k—1, dann für die Iterationen k,k+1,...,2k—1, usw. zur Verfügung steht.

program representation in instruction memory

instruction #	opcode	assigned slot #	destination and port #
1:	MUL	1	2L, 3L, 3R, 6R
2:	DIV	C1	4R
3:	MUL	2	5L, 6L
4:	SUB	C2	7L
5:	DIV	C3	7L
6:	MUL	3	8L
7:	ADD	4	9L
8:	DIV	C4	9R
9:	SUB	5	out

activation fame

slot #	data cell
1:	slot for instruction 1:
2:	sl.ot for instruction 3:
3:	slot for instruction 6:
4:	slot for instruction 7:
5:	slot for instruction 9:

constant area

slot #	data ooll
C1.	2
C2:	1
C3:	24
C4:	720

Bild 9-14 Codeblock für den Algorithmus nach Bild 9-13

9.5.4 Der Monsoon-Rechner

Der *Monsoon*-Rechner [PaC 90], [PAP 91] stellt die neueste und fortschrittlichste Form einer dynamischen Datenflußarchitektur mit *Token Tagging* dar. Der Monsoon-Rechner ist mit dem *I-Structure-Store* ausgerüstet. Ferner wird bei diesem System erstmalig das Prinzip des expliziten Markenspeichers angewandt. In Kooperation mit der Firma *Motorola* wurden einige Prototypen des Monsoon-Rechners hergestellt, die an verschiedenen Forschungseinrichtungen zur Erprobung installiert wurden. Die Sprache, in der der Monsoon-Rechner programmiert wird, ist die Datenflußsprache *Id* [AGP 78].

Bild 9-15 zeigt ein vereinfachtes Blockdiagramm der Monsoon-Verarbeitungspipeline. Diese ist 8-stufig und arbeitet synchron. Sie besteht im wesentlichen aus den folgenden Stufen:

- der Einrichtung zum Befehle holen (*instruction fetch unit*) mit dem Befehlsspeicher;
- der dreistufigen Befehls-Aktivierungseinheit, in der zunächst die effektive Adresse berechnet, dann das Präsenzbit abgeprüft und schließlich die Marke aus dem *Activation Frame Store* geholt wird;
- der ALU zur Operationsausführung einschließlich der Berechnung der Resultatmarke;
- der Einrichtung zur Erzeugung von bis zu zwei Resultatmarken.

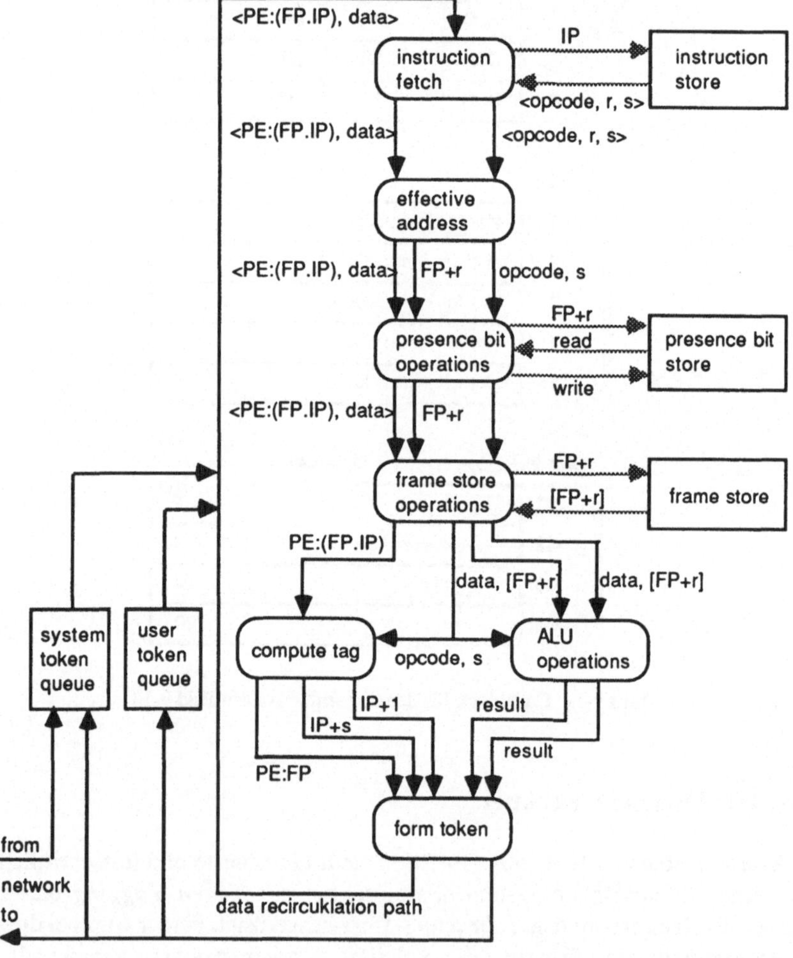

Bild 9-15 Blockbild eines Verarbeitungselements des Monsoon-Rechners

Jede Marke ist 144 Bit breit und besteht aus einem 64-Bit Datenwert mit 8 weiteren Bits für Typen- und Statusinformation sowie einer 72-Bit Kennung. Letztere besteht unter anderem aus:

- der 8-Bit Verarbeitungselemente-Nummer;

- der 24-Bit Befehlsadresse, die bei dyadischen Operationen auch angibt, ob der Datenwert der Marke linker oder rechter Operand des Befehls ist (*port specification*);
- der 24-Bit Rahmenadresse (Basisadresse des Aktivierungsrahmens, zu dem die Marke gehört;
- der 8-Bit Typen- und Statusinformation für die Kennung.

Die Verarbeitungspipeline bearbeitet mit jedem Prozessorzyklus eine Marke. Ein Prozessorzyklus entspricht bei den meisten Operationen einem Maschinentakt. Die Resultatmarke(n) werden entweder im Markenpuffer abgelegt, oder eine der Marken wird unmittelbar wieder in die Verarbeitungspipeline eingespeist. Die Marken können aber auch zu einer anderer Verarbeitungspipeline im System gesandt werden.

Falls eine Marke unmittelbar wieder in die Verarbeitungspipeline eingespeist wird, steht ihr Datenwert nach 8 Prozessortakten zur Weiterverarbeitung zur Verfügung. Dies erlaubt die überlappte Ausführung von 8 sequentiellen Kontrollfäden, wobei bei der Ausführung des sequentiellen Kontrollfadens Register zur Speicherung von Zwischenergebnissen benutzt werden können. Der Monsoon-Rechner besitzt 8 ALU-Registersätze mit je 3 Allzweckregistern, so daß jedem der 8 möglichen Kontrollfäden ein eigener Registersatz zugeordnet werden kann.

Die Lokalität der Daten im Aktivierungsrahmen wird zur Organisation von Parallelarbeit genutzt, indem die Aktivierungsrahmen zur Laufzeit auf verschiedene Verarbeitungspipelines aufgeteilt werden. Dies ist dadurch möglich, daß jeder Rahmen ja den gesamten Ausführungskontext beinhaltet. Wir erkennen im Monsoon-Rechner bereits einige der Züge in Kapitel 11 behandelten vielfädigen Architekturen.

9.6 Hybride Datenflußarchitekturen

9.6.1 Nachteile der feinkörnigen Datenflußarchitekturen

In den vorhergehenden Abschnitten habe wir eine Reihe von Nachteilen der bisher betrachteten feinkörnigen Datenflußarchitekturen (*fine grain dataflow architecture*) kennengelernt.

- Durch die umfangreiche Kennung der Marken werden für diese viele Bits benötigt, was zu sehr breiten Speicherwörtern, Datenwegen und Verarbeitungseinrichtungen und damit zu einem hohen Hardwareaufwand führt.
- Der Zugriff auf Datenstrukturen als Ganzes ist ineffizient, ein Nachteil, der durch Verbesserungen wie *I-Structure* oder *Structure Store* und die Einführung von auf Datenstrukturen definierten Befehlen zwar gemildert aber nicht beseitigt wird.
- Aus der Sicht der Hardware-Realisierung ist die Vielfalt der verschiedenen Speichertypen ein Nachteil. Es werden zumindest ein Markenspeicher, ein Programmspeicher, ein Markenpuffer und die als *I-Structure* oder *Structure Store* ausgeführten Datenspeicher benötigt.

- Für sequentielle Programme ist die Verarbeitungsleistung der für die dynamische Datenflußmaschine typischen Ringstruktur ausgesprochen schwach, da bei zwei sequentiell aufeinanderfolgenden Befehlen der zweite Befehl erst ausgeführt werden kann, nachdem der erste Befehl alle Stufen des Verarbeitungsrings durchlaufen hat. Bei einer dyadischen Operation müssen beide Operandenmarken bei der Vergleichseinheit angekommen sein, und die aufwendige Vergleichsoperation muß zweimal ausgeführt werden.
- Eine Verwendung von Registern als Zwischenspeicher ist beim dynamischen Datenflußrechner nicht möglich, da aufeinanderfolgende Befehle aus verschiedenen Kontrollfäden stammen können.

Diese Nachteile sind der Grund, weshalb trotz der vielen Verbesserungen, die im Laufe der Jahre an den Operationsprinzipien der dynamischen Datenflußarchitektur vorgenommen wurden, diese Rechnerform bisher keine praktische Anwendung hat finden können (ob sie der Monsoon-Rechner wird finden können, ist gegenwärtig nicht abzusehen).

9.6.2 Die Grundidee der hybriden Datenflußarchitekturen

Durch den Übergang zu hybriden Datenflußarchitekturen (*large grain dataflow architecture*) können die oben angeführten Nachteile weitgehend vermieden werden. Dadurch kann der Hauptvorteil des Datenflußprinzips — der quasi-funktionale Programmierstil — genutzt werden, ohne den Preis der Ineffizienz und schlechten Kosteneffektivität der feinkörnigen Datenflußarchitektur zahlen zu müssen.

Die Grundidee ist dabei, in die Datenflußsprache komplexere Datentypen als skalare Datenobjekte mit wesentlich komplexeren Operationen als die üblichen elementaren Anweisungen einzuführen, wie zum Beispiel Datenstrukturobjekte und Operationen auf Datenstrukturen. Die komplexen Operationen werden nach dem Datenflußprinzip gezündet, intern aber nach Kontrollflußprinzipien ausgeführt. Man kann somit alle Verfahren anwenden, aus denen moderne superskalare Prozessoren oder Vektorprozessoren ihre extrem hohe Leistung beziehen, man kann Registeroptimierungen vornehmen, und man kann das Pipelineprinzip nutzen.

Die Vorteile der grobkörnigen Datenflußarchitektur wurde durch die am *Electrotechnical Laboratory* des japanischen *Ministry for International Trade and Industry* (MITI) durchgeführte Entwicklung des Datenflußrechners EM-4 überzeugend bewiesen. Ein Operationsprinzip des EM-4 ist es, bestimmte Untergraphen im Datenflußgraph als *strongly connected graph* zu definieren und auf der Basis der Kontrollfluß-Steuerung zu verarbeiten [Sea 89]. So werden zum Beispiel alle Array-Operationen nach diesem Prinzip ausgeführt. Dadurch hatte dieser 1990 in Betrieb genommene Rechner, der ursprünglich für nicht-numerische Anwendungen (z.B. die Ausführung von Lisp-Programmen) konzipiert wurde, eine hohe numerische Leistung, die über der Leistung der meisten zur gleichen Zeit auf dem Markt befindlichen kommerziellen Supercomputer lag.

Im folgenden wollen wir die *LGDG-Maschine* von *Dai* beschreiben, da diese grobkörnige Datenflußarchitektur theoretisch besonders gut untermauert ist [DAI 88]. Der Name der Maschine rührt daher, daß sie auf der Grundlage des von *Dai* eingeführten *Large Grain Dataflow Graph* (LGDG) arbeitet. *Large grain* bedeutet, daß das Maß an Berechnung, das ein Knoten zur Ausführung einer Operation aufzubringen hat, groß ist gegenüber dem für das *Scheduling* der Operation notwendigen Verwaltungsaufwand.

9.6.3 Das LGDG-Prinzip einer Berechnung

Das wesentliche Ziel der LGDG-Berechnung ist es, das quasi-funktionale Programmiermodell der Datenflußmaschine auf einer hohen Abstraktionsebene zu erhalten und auf anwendungsspezifische, komplexe Datenstrukturtypen anzuwenden. Das heißt, die komplexen Datentypen sind die Primitive das Datenflußprogramms. Dabei ist es auf dieser Abstraktionsebene irrelevant, wie diese Operationen im einzelnen auf der Maschine implementiert sind. Die Implementierung der komplexen Operationen gehört einer niedrigeren Ebene an. Dies führt zu einem Architekturentwurf nach dem *Prinzip der hierarchischen Verfeinerung* [GaB 83].

Beim LGDG-Prinzip werden die Operationen der komplexen Datentypen funktional definiert. Es kann gezeigt werden, daß das Zusammenwirken solchen funktionalen Operationen unter bestimmten Bedingungen zu einem funktionalen Ausführungsmodell einer Berechnung führt. Grundlage hierfür ist die Verbindung von funktionalen Operationsknoten zu einem deterministischen Datenflußgraphen. Auf diese Weise läßt sich ein sich funktional verhaltendes Multiprozessor-System aufbauen. Wir definieren hierzu zunächst den LGDG.

DEF: *Large Grain Dataflow Graph (LGDG)*
Ein LGDG ist ein Quadrupel (O, C, D, B). Dabei ist:
O eine Menge von Operationsknoten (*O-Knoten*), die die Datenmanipulationen ausführen;
C eine Menge von Kontrollknoten (*C-Knoten*), die die Richtung des Datenflusses steuern oder Umgebungsinformation manipulieren;
D eine Menge von gerichteten Kanten, die die Ports der O-Knoten verbinden;
B eine Menge gerichteter Kanten, die die Ports der C-Knoten verbinden.

DEF: *O-Knoten*
Im einfachsten Falle besteht ein O-Knoten aus der Folge der Anweisungen eines Basisblocks, die nach der üblichen Kontrollflußmethode ausgeführt werden. Bedingte Befehle sind innerhalb des Basisblocks nicht zugelassen; die Bedingung wird zwar im Basisblock berechnet, am Ende aber an einen C-Knoten gesandt, der der Verzweigung entsprechend einen anderen O-Knoten aktiviert.

Diese Festlegung bietet die folgenden Vorteile.

- Sie gewährleistet, daß ein O-Knoten ein funktionales Verhalten auf der Knotenebene unter einfachen Bedingungen aufweist. Der Beweis hierfür ist in [DAI 88] zu finden.
- Die Anweisungen eines Basisblocks weisen in der Regel eine besonders hohe Lokalität auf.
- Damit können ihre Daten weitgehend im lokalen Speicher des Knotens gehalten werden, d.h. die Anzahl der Zugriffe auf den globalen Speicher ist gering.

- Methoden zur Zerlegung eines Programms in Basisblocks sowie zur Optimierung seiner Ausführung sind Bestandteil jedes optimierenden Compilers.
- Der Basisblock enthält definitionsgemäß keine Programmverzweigungen, so daß das Prinzip der Pipelineverarbeitung voll genutzt werden kann.
- Die obigen Definitionen resultieren in einem hybriden Programmausführungsschema, bei dem auf der (niedrigeren) Knotenebene komplexe Operationen nach der Kontrollflußmethode ausgeführt werden, während auf der (höheren) Graphen-Ebene eine Berechnung nach dem Datenflußprinzip stattfindet.
- Der *Large Grain Dataflow Graph* (LGDG) eines Programms kann dadurch konstruiert werden, daß man zunächst das Programms in geeignet gewählte O-Knoten und C-Knoten zerlegt und dann diese Knoten durch D-Kanten bzw. C-Kanten verbindet. Der dadurch erhaltene LGDG ist sequentiell und wird daher als *geradliniger LGDG* (*straight line LGDG*) bezeichnet. Die Regeln für die Konstruktion eines geradlinigen LGDG sind in [DAI 88] zu finden. Wir wollen uns hier damit begnügen, das Verfahren an einem Beispiel aufzuzeigen. Es sei aber erwähnt, daß man auch *parallele LGDGs* nach festen Regeln konstruieren kann, die aber wesentlich komplizierter sind [DAI 88]. Insbesondere wird dazu eine globale Datenflußanalyse erforderlich.

Als einfaches Beispiel gehen wir von dem folgenden Fragment eines Modula2-Programms für den Quicksort-Algorithmus aus [DAI 88].

```
PROCEDURE quicksort (m,n: INTEGER);
  VAR i,j,v,x: INTEGER;
  BEGIN
    IF (n<=m) THEN RETURN END;          (* fragment begins here *)
      i:=m—1; j:=n; v:=a[n];
      LOOP
        REPEAT i:=i+1; UNTIL (a[i] >= v);
        REPEAT j:=j—1; UNTIL (a[j] <= v);
        IF (i>=j) THEN EXIT; END;
          x:=a[i]; a[i]:=a[j]; a[j]:=x;
      END;
      x:=a[i]; a[i]:=a[n]; a[n]:=x;     (* fragment ends here *)
      quicksort(m,j); quicksort(i+1,n);
  END quicksort;
```

Bild 9-16 führt den erzeugten Datenfluß-Zwischencode auf. Dieser reflektiert durch die Einführung der temporären Variablen t_i das Prinzip der einmaligen Zuweisung. Es wird angenommen, daß die Wortlänge der Zielmaschine 4 Byte beträgt. Bild 9-17 zeigt die erste, schematische Umsetzung der Programmdarstellung von Bild 9-16 in einen azyklischen LGDG. In dieser Darstellung enthält der Knoten o_5 noch den unbedingten Sprung, und der Knoten o_6 hat keine Verbindung zum Rest des Graphen. Im nächsten Schritt wird daher der LGDG von Bild 9-17 in den in Bild 9-18 gezeigten geradlinigen LGDG umgewandelt.

```
(1)  i:=m-1;
(2)  j:=n;
(3)  t1:=4*n;
(4)  v:=a[t1];
(5)  i:=i+1;
(6)  t2:=4*i;
(7)  t3:=a[t2];
(8)  if t3 < v goto (5);
(9)  j:=j-1;
(10) t4:=4*j;
(11) t5:=a[t4];
(12) if t5 > v goto (9);
(13) if i >= j goto (23);
(14) t6:=4*i;
(15) x:=a[t6];
(16) t7:=4*i;
(17) t8:=4*j;
(18) t9:=a[t8];
(19) a[t7]:=t9;
(20) t10:=4*j;
(21) a[t10]:=x;
(22) goto (5);
(23) t11:=4*4;
(24) x:=a[t11];
(25) t12:=4*i;
(26) t13:=4*n;
(27) t14:=a[t13];
(28) a[t12]:=t14;
(29) t15:=4*n;
(30) a[t15]:=x;
```

Bild 9-16 Datenfluß-Zwischencode des Quicksort-Programms

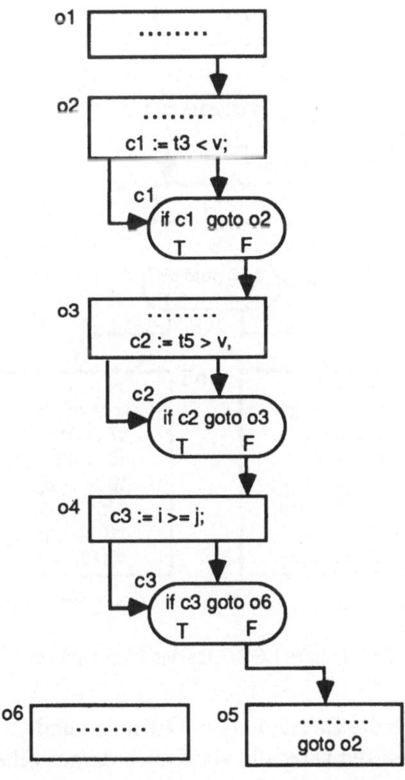

Bild 9-17 Der azyklische partielle LGDG für das Programm Bild 9-16

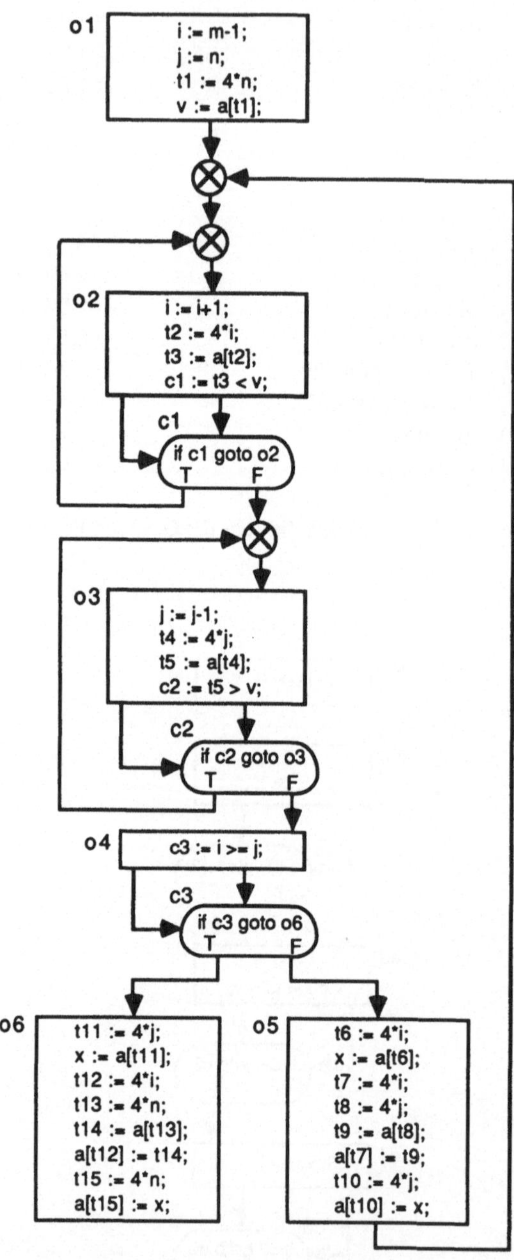

Bild 9-18 Geradliniger LGDG für das Programmstück Bild 9-16

Man erkennt in Bild 9-18 die Zweiteilung in O-Knoten und C-Knoten. Ferner sind zur Einhaltung der Programmsemantik die als Kreise dargestellten Vereinigungsknoten (*merge nodes*) in den Datenfluß eingefügt worden.

Bei dem LGDG nach Bild 9-18 werden die durch die Knoten o2 und o3 repräsentierten inneren Schleifen sequentiell ausgeführt, was im Sinne einer höchstmöglichen

Parallelarbeit nicht wünschenswert ist. Eine eingehendere Datenflußanalyse zeigt, daß man den LGDG von Bild 9-18 in den in Bild 9-19 gezeigten LGDG umwandeln kann, in welchem o2 und o3 parallel ausgeführt werden.

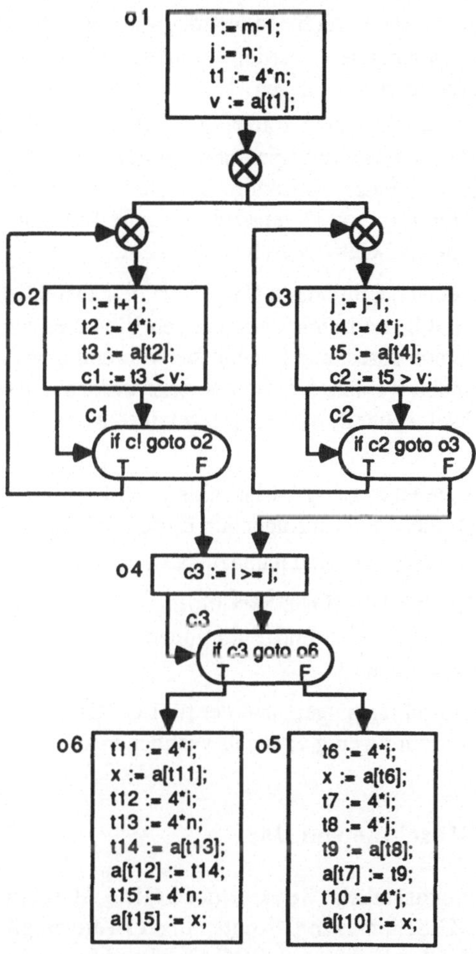

Bild 9-19 Parallelisierte Version des LGDG für das Programmstück Bild 9-16

Die genannten Transformationen kann alle der Compiler ausführen. Der Compiler kann weitere Optimierungen vornehmen, die sich auf die sich auf die einzelnen O-Knoten beziehen, wie das übliche Schleifen-Aufrollen und/oder das Zusammenlegen mehrerer O-Knoten in einen neuen Knoten (*node collapsing*). Durch Kollapsieren von O-Knoten kann man unter gewissen Bedingungen deren Zahl verringern und damit die Effizienz des Programms weiter steigern. Wir gehen auf diese Technik hier nicht ein, sondern verweisen auf [DAI 88].

Das obige einfache Beispiel zeigt bereits einige wesentlichste Eigenschaften des LGDG-Prinzips auf, die seine effiziente Implementierung ermöglichen.

- Statt einzelner Werte bewegen sich ganze Wertegruppen entlang den D-Kanten.
- Durch die Aufspaltung in O-Knoten und C-Knoten werden die eigentlichen, datentransformierenden Rechenoperationen von der Verwaltungsoperationen getrennt. Daraus folgen zwei weitere Eigenschaften.
- In den meisten Fällen ist es nicht notwendig, daß Datenmarken entlang der D-Kanten physisch transportiert werden, sondern es genügen Signale, die die Verfügbarkeit der Datenwerte anzeigen.
- Da die O-Knoten intern nach dem konventionellen Kontrollflußverfahren arbeiten, kann ein wiederbeschreibbarer Speicher verwendet werden. Eine besondere Speicherorganisation wie der I-Strukture-Speicher ist nicht notwendig. Als Folge tritt bei der Verarbeitung von Datenstrukturen die Ineffizienz des feinkörnigen Datenflußprinzips in der LGDG-Maschine nicht auf.

Die vom Compiler erzeugten temporären Namen werden ausschließlich innerhalb eines O-Knotens verwendet, d.h. sie treten weder in den Eingaben noch in den Ausgaben eines Knotens auf. Dementsprechend können sie während eines Prozeßwechsels wie lokale Variablen behandelt werden, die nicht gerettet werden müssen. Dies macht nicht nur die Prozeßwechsel schnell, sondern reduziert auch den Verkehr auf dem Verbindungsnetz.

Als Programmiersprache einer LGDG-Maschine kann jede imperative Programmiersprache Verwendung finden, die den folgenden Einschränkung genügt:

- geschachtelte Prozeduraufrufe sind nicht zugelassen [DaG91];
- GOTO-Anweisungen sind nicht zugelassen;
- als Parameter von Prozeduren und Funktionen sind keine Datenstrukturen und keine Funktionen zugelassen.

Die sind keine große Einschränkungen, und der für LGDG-Architekturen angemessene Programmierstil weicht somit wenig vom gebräuchlichen ab.

9.6.4 Die LGDG-Maschine von Dai

Bild 9-20 zeigt die grundsätzliche Struktur der LGDG-Maschine. Entsprechend der Zweiteilung des LGDG-Schemas in C-Knoten und O-Knoten gibt es einen Graphen-Interpretierer (*graph level unit*) die den LGDG-Graphen interpretiert und die Aktivitäten der O-Knoten entsprechend initiiert, sowie eine Anzahl von Verarbeitungsknoten (*processing nodes*), die die Aktivitäten der O-Knoten ausführen. Der Graphen-Interpretierer und die Verarbeitungsknoten tauschen über ein Verbindungsnetz miteinander Marken aus. Auf der Graphen-Ebene findet wie bei der feinkörnigen dynamischen Datenflußarchitektur ein *Token Matching* statt, während die Aktivitäten der O-Knoten als Kontrollfluß-Programm ausgeführt werden. Bei Beendigung der Ausführung eines O-Knotens werden durch die Ausführung erzeugte Marken an die Graphen-Ebene gesandt. Diese führt in einer assoziativ arbeitenden *Matching Unit* den Markenvergleich durch, führt Programmverzweigungen aus und sendet entsprechende Marken an die als nächstes zu aktivierenden O-Knoten in den Verarbeitungsknoten des Rechners. Wegen der Komplexität der O-Knoten ist die Zahl der Marken selbst bei umfangreichen Programmen gering und dementsprechend auch die Zeit, die für das Übertragen und den Vergleich der Marken anfällt. Damit wird der Flaschenhals der feinkörnigen Datenflußarchitektur vermieden.

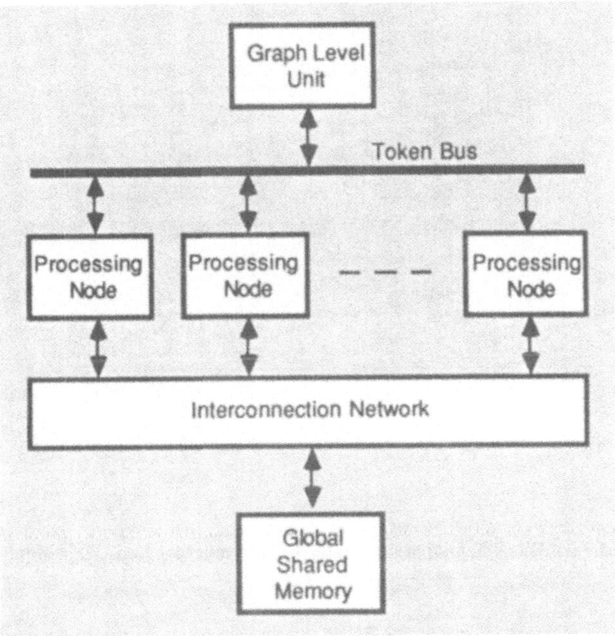

Bild 9-20 Prinzipielle Struktur der LGDG-Maschine von Dai

Bild 9-21 zeigt das Blockdiagramm des Graphen-Interpretierers. Dieser besteht aus der als hash-codiertem Assoziativspeicher ausgeführten Vergleichseinheit (*Matching Unit*, einem OR-Schalter, einem Befehlsspeicher für C-Knoten-Befehle und verschiedenen FIFO-Wartespeichern. Der OR-Schalter entscheidet, ob es sich bei einer Marke um einen Verzweigungsbefehl (*boolean token*) oder eine O-Knoten-Aktivierung (*dummy token*) handelt (s. unten). Der Graphen-Interpretierer ist somit kein Universalprozessor, sondern besteht aus einigen FIFO-Speichern in Verbindung mit schneller Spezialhardware.

Alle Inkarnationen eines O-Knotens arbeiten auf demselben Codesegment. Für jede solche Aktivität wird aber ein eigener Aktivierungsrahmen angelegt. Jede Aktivität ist eindeutig durch den Aktivitätsnamen bestimmt, der aus der Basisadresse des Aktivierungsrahmens and dem Befehlszählerstand (PC) relativ zum Codesegment besteht. Der Aktivitätsname entspricht der Kennung in der dynamischen Datenflußarchitektur. Marken sind entweder *Dummy Tokens*, die nur einen Zielaktivitätsnamen übermitteln, oder *Boolean Tokens*, die zusätzlich einen booleschen Wert enthalten. Bild 9-22 zeigt die Einträge im Aktivierungsrahmen.

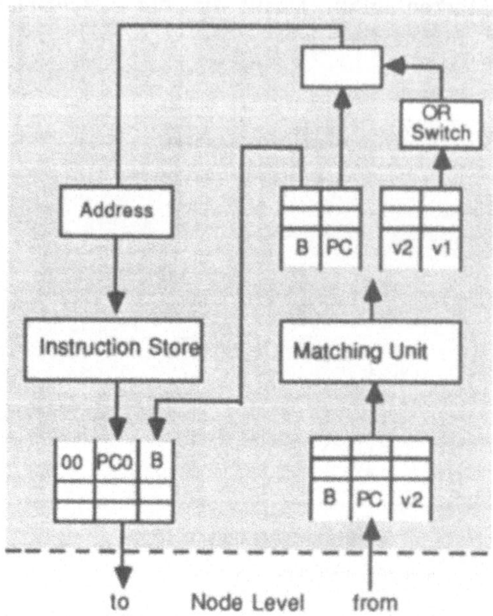

Bild 9-21 Blockdiagramm des Graphen-Interpretierers der LGDG-Maschine

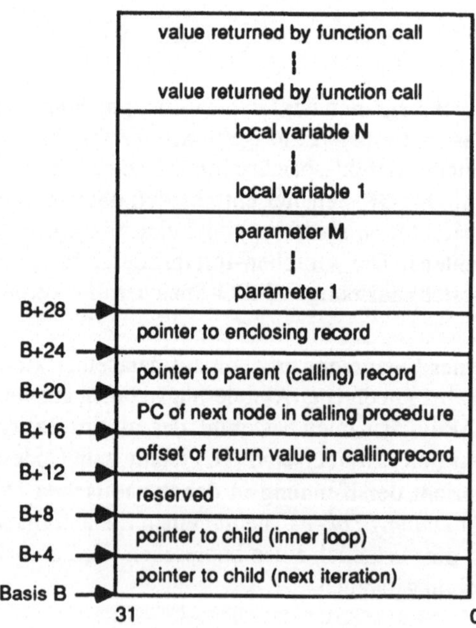

Bild 9-22 Einträge im Aktivierungsrahmen

Die Schleifenverarbeitung geschieht wie folgt. Für jede Schleifeninkarnation wird mit der ersten Iteration ein Aktivierungsrahmen eingerichtet, der den PC für den Anfang des Schleifencodes, die Größe des Rahmens und eine Liste von Verschiebungsadressen enthält. Die Verschiebungsadressen geben die Positionen der Werte an, die der Schleifenkörper verwendet und die daher in den neuen Aktivierungsrahmen kopiert werden müssen. Ferner wird in dem neuen Aktivierungsrahmen die Basisadresse des aktuellen Aktivierungsrahmens vermerkt, damit die Resultatwerte zurück geliefert werden können. Danach kann die Schleifenausführung durch eine entsprechende Marke angestoßen werden. Bei jeder weiteren Schleifeniteration wird entsprechend verfahren. Am Ende einer Schleifeniteration werden die Resultatwerte an die nächste Iteration weitergegeben, und anschließend wird der Speicherbereich für den Aktivierungsrahmen der beendeten Iteration freigegeben. Der Mechanismus ist so eingerichtet, daß Schleifeniterationen überlappt ausgeführt werden können, soweit es die bestehenden Datenabhängigkeiten zulassen. Ferner sind beliebig geschachtelte Schleifen möglich. Bezüglich der Einzelheiten siehe [DAI 88] oder [UNG 92].

Beim Laden eines Programms werden alle Knotenprozessoren mit dem gesamten Code der O-Knoten versorgt. Damit kann jeder O-Knoten unmittelbar auf jedem Prozessor ausgeführt werden. Das Einrichten eines Aktivierungsrahmens legt den Knotenprozessor fest, auf dem die Aktivität des O-Knoten ablaufen soll. Die Auswahl der Knotenprozessoren geschieht nach dem LRU-Verfahren.

Die LGDG Architektur eignet sich in besonderem Maße für eine Realisierung, bei der als Knotenprozessoren handelsübliche superskalare Prozessoren verwendet werden, da die verzweigungsfreie Form der von den O-Knoten zu verarbeitenden Basisblöcke dem Befehls-Pipelining dieser Prozessoren besonders entgegenkommt. Für strukturierte Daten kann man entsprechende Maschinen-Datentypen vorsehen, deren Operationen von speziellen Coprozessoren — z.B. Pipeline-Arrayprozessoren (s. Kapitel 8.3) — ausgeführt werden. Die Werte der Datenstrukturobjekte sind in einem globalen Strukturspeicher untergebracht. Der Zugriff auf die Datenstrukturen geschieht in diesem Falle zweckmäßigerweise nach dem DRAMA-Prinzip (s. Kapitel 8.2). Zur Speicherung von Datenstrukturobjekten ist dafür ein globaler Speicher vorgesehen, der nach dem DRAMA-Prinzip organisiert ist. Im Gegensatz zur *I-Structure* ist dabei ein Lesezugriff vor einem Schreibzugriff nicht erlaubt.

Zur Integration der Datenstruktur-Architektur in die LGDG-Maschine ist eine Modifikation des LGDG-Prinzips angebracht. Da der Zugriff auf den globalen Speicher mit einer Antwortverzögerung verbunden ist, sollte verhindert werden, daß der Knotenprozessor auf diese Antwort warten muß. Dazu wird der O-Knoten, der den Datenstrukturbefehl enthält, unmittelbar nach dem Datenstrukturbefehl (oder einer Kette von Datenstrukturbefehlen) in zwei getrennte Knoten dupliziert. Der Aktivitätsname des zweiten Duplikats wird dem Datenstruktur-Coprozessor mitgeteilt, so daß dieser unmittelbar nach Ausführung des Datenstrukturbefehls das Resultat dem darauf wartenden Knoten übergeben kann. Das erste Duplikat des O-Knotens erlaubt es dem Knotenprozessor, inzwischen mit anderweitigen Arbeiten fortzufahren.

9.7 Reduktionsmaschinen

Reduktionsprogramme sind mathematische Ausdrücke, die Anwendungen von Funktionsausdrücken auf Argumentausdrücken spezifizieren [SMI 86]. Diese Ausdrücke werden auch *Applikationen* genannt. Sowohl Funktionsausdrücke wie auch Argumentausdrücke können rekursiv appliziert werden. Die Bedeutung eines Programmausdrucks ist rekursiv durch die Bedeutung seiner Teilausdrücke definiert und kann somit rekursiv aus den Teilausdrücken berechnet werden. Die Berechnung ist als Folge von bedeutungserhaltenden Transformationen realisiert, über die der Ausdruck systematisch solange in einfachere Ausdrücke umgeformt wird, bis keine weiteren Vereinfachungen mehr möglich sind und somit das Ergebnis der Berechnung vorliegt. Voraussetzung ist, daß das Verfahren terminiert.

Die Transformationen werden auf Applikationen angewandt, deren Funktionsausdrücke dem System bekannte primitive oder definierte Funktionen sind und deren Argumentausdrücke im Definitionsbereich der Funktionen liegen. Die Komponenten einer Applikation werden konsumiert, und an deren Stelle wird ein Ausdruck erzeugt, der das Ergebnis der Funktionsanwendung auf die Argumentenwerte darstellt. Unabhängige Teilausdrücke eines Ausdrucks können prinzipiell in beliebiger Reihenfolge (und damit auch parallel) berechnet werden [KLU 83].

Reduktionsmaschinen sind primär Maschinen zur Ausführung von Reduktionsprogrammen. Solche Maschinen sind damit eng verwandt mit dem *funktionalen Programmieren* (*functional or applicative programming*) [BAC 73]. Ein funktionales Programmiersystem kennt nur eine einzige Operation, die *Applikation*. Wenn f eine Funktion und x ein Wert ist, so ist f: x eine Applikation, deren Resultat der Wert ist, der sich durch Anwendung der Funktion f auf den Wert x ergibt [BAC 78]. In einem solchen Programm gibt es damit keine Variablen im üblichen Sinne, sondern nur geschachtelte Ausdrücke, wobei solche Ausdrücke eine erhebliche Länge annehmen und aus Schachtelungen erheblicher Klammerungstiefe bestehen können. Die Syntax der Programmiersprache für eine Reduktionsmaschine ist in gewissem Grade an den λ-Kalkül [CHU 41] angelehnt. Da die Ersetzungsregeln des λ-Kalkül aber Probleme für eine Hardware-Realisierung aufwerfen, sind gewisse Modifikationen angebracht [BER 71]. Im Gegensatz zum universellen Substitutionsmechanismus des λ-Kalküls werden für die Zuführung von Operanden zu Operatoren gewisse *Konstruktoren* (*combining forms*) benutzt. Hierfür gibt es verschiedene Möglichkeiten.

Als *Reduktionsebene* wird jeweils diejenige Ausführungsebene bezeichnet, die durch einmalige Reduktion aller Teilausdrücke der nächst höheren Ausführungsebene entsteht. Bei der Berechnung des Gesamtausdrucks wird rekursiv von einer Reduktionsebene zur nächsten abgestiegen, bis die Elementaroperationen der untersten Ebene erreicht sind. Diese werden ausgeführt, die Ergebnisse werden der nächst höheren Reduktionsebene zurückgemeldet, und so fort, bis der gesamte Ausdruck vollständig ausgewertet ist. Das Operationsprinzip der Reduktionsmaschine ist somit durch das geordnete Konsumieren und Reproduzieren von Operanden durch Operatoren gekennzeichnet. Von der Reduktionsmaschine wird eine Operation immer dann ausgeführt, wenn ihr Ergebnis von einer Operation der nächst höheren Ebene als Argument angefordert wird. Man sagt daher, daß die Reduktionsmaschine *anforderungsgetrieben* (*demand driven*) arbeitet, im Gegensatz zur Datenflußmaschine, die *datengetrieben* arbeitet [TBH 82].

Man unterscheidet bei den Reduktionsmaschinen zwischen

- *Textersetzungs-Maschinen* (*string reduction machines*) und
- *Graphenreduktions-Maschinen* (*graph reduction machines*).

Bei der Textersetzung wird bei jeder Anforderung einer Ausdruckauswertung durch die höhere Reduktionsebene eine Kopie des auszuwertenden Ausdrucks in den anfordernden Ausdruck eingesetzt, bis die unterste Ebene erreicht ist. Die Elementarausdrücke dieser Ebene werden berechnet, und die Ergebnisse gehen dann in den Ausdruck auf der nächst höheren Ebene ein, usw. Durch die Textersetzung wird eine eindeutige linearisierte Darstellung der Baumstruktur des Reduktionsprogramms in Form einer Zeichenkette erhalten. Das Operationsprinzip der Maschine erfordert in diesem Fall das geordnete literale Kopieren, Löschen, Vergleichen und Ersetzen der die Ausdrücke repräsentierenden Zeichenketten in neue Zeichenketten. Die Ausführungszeiten dieser Operationen sind unmittelbar proportional zur Länge der Zeichenketten. Die Programmausführungszeit wird damit nicht nur durch die Komplexität des Reduktionsprogramms, sondern auch durch die Komplexität seiner Darstellung im Rechner bestimmt.

Als Beispiel betrachten wir die Berechnung des Ausdrucks [UNG 92]

A = C*D + D*COS(L+H)/(E+G) mit den Werten:
C=4, D=5; L=1; H=—1; E=5; G=—4;

Die sukzessive Einsetzung der Teilausdrücke sieht dann in Prefixnotation wie folgt aus:

```
A = (+ A1 A2)
A = (+ (* C D) (/ A3 A4))
A = (+ (* 4 5) (/ (* D A5) (+ E G)))
A = (+ 20 (/ (* 5 (COS(A6))) (+ 5 —4)))
A = (+ 20 (/ (* 5 (COS((+ L H)))) 1))
A = (+ 20 (/ (* 5 (COS((+ 1 —1)))) 1))
A = (+ 20 (/ (* 5 (COS(0))) 1))
A = (+ 20 (/ (* 5 1) 1))
A = (+ 20 (/ 5 1))
A = (+ 20 5)
A = 25
```

Die Umständlichkeit der Textersetzung wird beim Graphenreduktionsverfahren dadurch vermieden, daß der angeforderte Ausdruck der niedrigeren Ebene nicht in den anfordernden Ausdruck eingesetzt wird, sondern jenem nur ein Zeiger auf den angeforderten Ausdruck übergeben wird. Dadurch entstehen *rekursiv zeigerverkettete Listen*. Dies geschieht solange, bis die Elementarausdrücke erreicht und berechnet sind. Anstelle von Ausdrücken werden lediglich deren Referenzen konsumiert und reproduziert, während die Ausdrücke nur in einem Exemplar als *shared expressions* vorhanden sind. Die Bedeutung der Ausdrücke wird somit nur einmal und nur bei Bedarf berechnet ("*lazy execution*"). Wenn keine Zeiger mehr auf einen Ausdruck gerichtet sind, kann dessen Speicherplatz wieder freigegeben werden.

Ein erhebliches Problem aller Reduktionssysteme im strengen Sinne besteht in der u.U. erheblichen Komplexität der Programmkonstruktionen, die sich negativ auf die Programmausführungszeiten auswirkt. Wegen der Kontextfreiheit der Konstruktorsyntax sind als strukturierte Objekte in der Regel nur rekursiv konstruierte Listen zugelassen, deren Komponenten beliebige Ausdrücke der Sprache sein können. Auch

Array-Objekte können nur auf diese Weise dargestellt werden. Wertetransformierende und/oder strukturverändernde Operationen auf solchen Objekten müssen daher als u.U. mehrfach verschachtelte rekursive Funktionen definiert werden, die die Listenstrukturen rekursiv in ihre Komponenten zerlegen, um auf diesen elementare Operationen auszuführen bzw. um aus den Komponenten neue Strukturen zu erzeugen.

Die erste Reduktionsmaschine wurde von *Berkling* und *Kluge* bei der GMD realisiert [BER 71]. Bei dem von *Berkling* entwickelten Verfahren wird dabei von zwei gleichen Kopien des Ausdruckbaums ausgegangen, dem *Quellbaum* und dem *Zielbaum*. Dies erlaubte es, beim Traversieren des Baums bei jedem beliebigen Blatt beginnen und Zwischenergebnisse direkt in den Zielbaum eintragen zu können [BER 71]. Die zum Traversieren des binären Baums erforderlichen Adreßfolgen lassen sich durch einfache Bitmanipulationen bilden und damit auf einfache Weise durch Hardware berechnen. Man findet damit in der Reduktionsmaschine von Berkling eine *standardisierte Adressierungsfunktion*, die von einer speziellen Hardware-Einrichtung — einem Adreßgenerator — repetierend ausgeführt wird.

Die Reduktionsmaschine von Berkling erlaubt auch die Berechnung rekursiver Ausdrücke. Dies bedingt, daß Bäume oder gewisse Unterbäume in sich selbst eingesetzt werden können. Zu diesem Zweck gibt es außer festen Werten und Operationsanweisungen noch Variablen als Knoteninformation, deren Werte erst im Laufe der Rechnung (z.B. als Ergebnis der Reduktion eines anderen, wertedefinierenden Baums) bestimmt werden können. Die Variablen werden dabei als Namen interpretiert, durch die der Zugang zu einer Symboltafel gegeben ist. Man kann diese Reduktionsmaschine als eine spezielle Form einer DRAMA-Architektur (Kapitel 8.2) ansehen. Auch bei ihr gibt es eine Art von Deskriptoren (in der obengenannten Symboltabelle), die durch Angabe von Werten für die Variablen die Umgebung eines Reduktionsprozesses festlegen, und es gibt einen Adreßgenerator, der eine standardisierte Adressierungsfunktion ausführt. Der hauptsächlichste Unterschied ist, daß die Reduktionsmaschine dabei von der logischen Struktur arithmetischer Ausdrücke ausgeht, während die Datenstruktur-Architekturen von Kapitel 8.3 von der logischen Struktur geordneter Datenmengen ausgeht.

Von *Kluge* wurden in der Folge intensive Arbeiten mit dem Ziel der Entwicklung *paralleler Reduktionsmaschinen* durchgeführt [KLU 83]. Dabei zeigte sich aber, daß auch die parallele Ausführung das grundsätzliche Problem der starken Ineffizienz der Reduktionsmaschine bei algebraischen Operationen (Array-Datentypen) nicht beheben kann. Daraus erwuchs die Erkenntnis, daß ähnlich wie bei der Datenflußmaschine dieses Problem nur durch den Übergang zu *hybriden Architekturen* entschärft werden kann, in denen man das Reduktionsprinzip mit dem Operationsprinzip der Datenstruktur-Architektur [GaB 78] verbindet. Das bedeutet, daß man Datenstrukturen als Werte zuläßt und die Operationen der entsprechenden Datenstrukturtypen als Funktionen.

Der Architekturentwurf einer solchen *hybriden Reduktionsmaschine* ist in [SMI 86] zu finden. Dabei stellten sich die Maschinen-Datenstrukturtypen des an der *Technischen Universität Berlin* entwickelten *STARLET-Rechners* [GaG 82], [GUE 82] sowie die in diesem Rechner verwandten internen Darstellungen dieser Typen sowie die Mechanismen zu ihrer Handhabung als besonders geeignet heraus, so daß sie fast unverändert in den Architekturentwurf übernommen werden konnten [SMI 86]. Insbesondere der auf der Hardware-Ebene des STARLET-Rechners realisierte strenge Kapselungsmechanismus im Sinne abstrakter Datentypen [GUE 82] trägt wesentlich dazu bei, daß trotz dieser Erweiterungen, durch die die Effizienz des Reduktionsprinzips stark gesteigert wird, die Applikationssemantik erhalten bleibt. Wir wollen auf diese interessanten Entwicklungen aber hier nicht näher eingehen, sondern auf die zitierte Dissertation [SMI 86] verweisen.

Literatur zu Kapitel 9

[AaC 86] Arvind, Culler D.E.: Dataflow Architectures, in: *Annual Reviews in Computer Science Vol.1*, Annuals Reviews Inc., Palo Alto, CA 1986, 225-253

[AaG 77] Arvind, Gostelow K.P.: A Computer Capable of Exchanging Processors for Time, in Gilchrist B.(ed.): *Information Processing 77*, North-Holland, Amsterdam 1977, 849-853

[AaG 82] Arvind, Gostelow K.P.: The U-Interpreter, IEEE COMPUTER (Feb. 1982), 42-49

[AaK 81] Arvind, Kathail V.: A Multiple Processor Dataflow Machine That Supports Generalised Procedures, *Proc. 8th Annual Symp. on Computer Architecture* (1981), 291-302

[AaN 90] Arvind, Nikhil R.S.: Executing a Program on the MIT Tagged-Token Dataflow Architecture, IEEE Trans. on Computers 39,3 (March 1990), 300-318

[AaT 80] Arvind, Thomas R.E.: I-Structures: An Efficient Data Type for Functional Languages, MIT Laboratory for Computer Science, Computational Structures Group Memo 178

[ACK 82] Ackerman W.B.: Data Flow Languages, IEEE COMPUTER 15,2 (Feb. 1982), 15-25

[Aca 84] Arvind, Culler D.E., Iannuci R.A., Kathail V., Pingali K., Thomas R.E.: The Tagged Token Dataflow Architecture, Tech. Report, MIT Laboratory for Computer Science (Oct. 1984)

[AGP 80] Arvind, Gostelow K.P., Plouffe W.: An Asynchronous Programming Language and Computing Machine, Tech. Report, Dept. of Information and Computer Science, UC Irvine (June 1980)

[ANP 89] Arvind, Nikhil R.S., Pingali K.K.: I-Structures: Data Structures for Parallel Computing, MIT Laboratory for Computer Science, Computational Structures Group Memo 269 (March 1989)

[BAC 73] Backus J.: Programming Language Semantics and Closed Applicative Language, *ACM Symposium on Principles of Programming Languages*, Boston (Oct. 1973), 71-86

[BAC 78] Backus J.: Can Programming be Liberated From the von Neumann Style ? A Functional Style and Its Algebra of Programs, CACM 21,8 (Aug. 1978), 613-648

[BaG 90] Böhm A.P.W., Gurd J.R.: Iterative Instructions in the Manchester Dataflow Computer, IEEE Trans. Parallel and Distributed Systems 1,2 (April 1990), 129-139

[BaT 88] Böhm A.P.W., Teo Y.M.: Resource Management in a Multi-Ring Dataflow Machine, in Jesshope and Reinartz(eds.): *CONPAR 1988*, Cambridge University Press 1989, 566-577

[BER 71] Berkling K.J.: A Computing Machine Based on Tree Structures, IEEE Trans. on Computers C-20,4 (April 1971), 404-418

[BGT 89] Böhm A.P.W., Gurd J.R., Teo Y.M.: The Effect of Iterative Instructions in Dataflow Computers, *Proc. 1989 Internat. Conf. on Parallel Processing*, IEEE Computer Society order no. 1935, 201-208

[CaH 79] Comte D., Hifdi N.: Lau-Multiprocessor: Microfunctional Description and Technological Choices, *Proc. 1st Internat. Conf. on Parallel & Distributed Processing*, Toulouse, France 1979, 8-15

[CHU 41] Church A.: The Calculi of Lambda-Conversion, *Annals Math. Studies 6*, Princeton University Press, Princeton NJ 1941

[DAI 88] Dai K.: Large-Grain Dataflow Computation and Its Architectural Support, Dissertation, Technische Universität Berlin, FB Informatik 1988

[DaM 75] Dennis J.B., Misunas D.P.: A Preliminary Architecture for a Basic Data Flow Processor, *Proc. 2nd Annual Symp. on Computer Architecture*, IEEE Catalog no. 75CH0916-7C (1975), 126-132

[DML 77] Dennis J.B., Misunas D.P., Leuung C.K.: A Highly Parallel Processor Using a Data Flow Machine Language, MIT Laboratory for Computer Science, Computation Structures Group Memo 134 (Jan. 1977)

[GaB 78] Giloi W.K., Berg H.K.: Data Structure Architectures -- A Major Operational Principle, *Proc. 5th Annual Sympos. on Computer Architecture* (1978), IEEE Catalog no. 78CH1253-4C, 44-51

[GaB 83] Giloi W.K., Behr P.: Hierarchical Function Distribution - A Design Principle for Advanced Multicomputer Architectures, *Proc. 10th Internat. Sympos. on Computer Architecture* (1983), IEEE Catalog no. 83CH1889-5, 318-325

[GaG 82] Giloi W.K., Güth R.: Concepts and Realization of a High-Performance Data Type Architecture, Internat. Journal of Computer and Information Sciences 11,1 (Jan. 1982), 25-54

[GaT 79] Gostelow K.P., Thomas R.E.: Performance of a Simulated Dataflow Computer, IEEE Trans. Computers C-29,10 (Oct. 1980), 905-919

[GaW 80] Gurd J.R., Watson I.: Data Driven Systems for High-Speed Parallel Computing (part I and II), Computer Design (June and July 1980), 97-106

[Gea 86] Gurd J.R., Barahona P.M.C.C., Böhm A.P.W., Kikham C.C., Parker A.J., Sargeant J., Watson I.: Fine-Grain Parallel Computing: The Dataflow Approach, in Treleaven and Vaneshi(eds.): *Future Parallel Computers*, Springer-Verlag, LNCS 272, 82-152

[GKW 85] Gurd J.R., Kirkham C.C., Watson I.: The Manchester Prototype Dataflow Computer, CACM 28,1 (Jan. 1985), 34-52

[GUE 82] Güth R.: Entwurf einer Datentyparchitektur, Dissertation, Technische Universität Berlin, FB Informatik 1982

[Hea 87] Hiraki K., Nishida K., Sekiguchi S., Shimada T., Yuba T.: The SIGMA-1 Dataflow Supercomputer: A Challenge for New Generation Supercomputing Systems, J. of Information Procesing 10,4 (April 1987), 219-226

[KaG 86] Kawakami K., Gurd J.R.: A Scalable Dataflow Structure Store, *Proc. 13th Annual Internat. Sympos. on Computer Architecture*, IEEE Catalog no. 86CH2291-3, 243-250

[KaM 66] Karp R.M., Miller R.E.: Properties of a Model for Parallel Computations: Determinacy, Termination, Queuing, SIAM J. Applied Math 14 (Nov. 1966), 1390-1411

[KLU 83] Kluge W.E.: Cooperating Reduction Machines, IEEE Trans. on Computers C-32,11 (Nov. 1983), 1002-1012

[KLU 92] Kluge W.E.: *The Organization of Reduction, Data Flow, and Control Flow Systems*, The MIT Press, Cambridge, Mass. 1992

[MIR 77] Miranker G.S.: Implementation of Procedures on a Class of Data Flow Processors, *Proc. 1977 Internat. Conf. on Parallel Processing*, IEEE Catalog no. 77CH1253-4C, 77-86

[PaC 90] Papadopoulos G.M., Culler D.E.: Monsoon: An Explicit Token Store Dataflow Architecture, *Proc. 17th IAnnual nternat. Sympos. on Computer Architecture* (1990), IEEE Computer Society order no. 2047, 82-91

[PAP 91] Papadopoulos G.M.: *Implementation of a General Purpose Dataflow Multiprocessor*, MIT Press, Cambridge, Mass 1991

[PaT 91] Papdopoulos G.M., Traub K.R.: Multithreading: A Revisionist View of Dataflow Architectures, 1991 ACM

[SaK 86] Sargeant J., Kirkham C.C.: Stored Data Structures on the Mnachester Dataflow Machine, *Proc. 13th Annual Internat. Sympos. on Computer Architecture* (1986), IEEE Catalog no. 86CH2291-3, 235-242

[SaL 78] Shriver B.D., Landry S.P.: An Overview of Dataflow Related Research, Computer Science Department, University of Southwestern Louisiana 1978

[SCH 77] Syre J.C., Comte D., Hifdi N.: Pipelining, Parallelism, and Asynchronism in the LAU System, *Proc. 1977 Internat. Conf. on Parallel Processing*, IEEE Catalog no. 77CH1253-4C, 87-92

[Sca 89] Sakai S., Yamaguchi Y., Hiraki K., Yuba T.: An Architecture of a Dataflow Single Chip Processor, *Proc. 16th Annual Internat. Sympos. on Computer Architecture* (1989), 46-53

[SMI 86] Schmittgen C.: Spezifikation und Realisierung eines Reduktionssystems mit konsequenter Unter-stützung strukturierter Datenobjekte und n-stelliger definierter Funktionen, Dissertation, Technische Universität Berlin, FB Informatik 1986

[TBH 82] Trealeaven P.C., Brownbridge D.R., Hopkins R.P.: Data-Driven and Demand-Driven Computer Architecture, *ACM Computing Surveys*, Vol. 14,1, Association of Computing Machinery 1982

[UNG 92] Ungerer T.: Datenflußarchitekturen, Habilitationsschrift, Universität Augsburg 1992

10 Grundlagen der MIMD-Architekturen

10.1 Allgemeine Gesichtspunkte

10.1.1 Die Hauptformen von MIMD-Architekturen

MIMD-Architekturen verfügen über eine Anzahl von Prozessoren, die unabhängig voneinander parallel arbeiten können. Dabei handelt es sich um Universalprozessoren, die auch in einem Einprozessorsystem als zentrale Recheneinheit arbeiten könnten. Diese Eigenschaft unterscheidet MIMD-Architekturen einerseits von Mehrprozessorsystemen, in denen eine zentrale Recheneinheit von einer Anzahl von *Coprozessoren* zur Durchführung spezieller Aufgaben unterstützt wird, und andererseits von den Anordnungen von Rechenelementen (*RE-Arrays*), in denen die REs keine autonomen Prozessoren sind, sondern arithmetisch-logische Funktionseinheiten, die von außen gesteuert werden.

Man nennt bei den MIMD-Architekturen einen Prozessor mit seinem lokalen Speicher einen *Rechenknoten* oder kurz *Knoten.* Man spricht von einer *symmetrischen* MIMD-Architektur, wenn alle *Rechenknoten* des Systems bezüglich ihrer Rolle im System vergleichbar sind. Über die Knoten verschiedene, spezialisierte Funktionen aus, so spricht man von einer *asymmetrischen* Architektur. MIMD-Architekturen kann man weiterhin danach unterscheiden, ob die Rechenknoten von einer zentralen Systemaufsicht überwacht werden — man spricht dann auch von *Master-Slave-Systemen* — oder ob die Systemaufsicht nach dem *Prinzip der kooperative Autonomie* im System verteilt ist.

MIMD-Architekturen lassen sich bezüglich ihrer physikalischen Struktur in zwei Hauptkategorien einteilen, die in Bild 10-1 angedeutet sind:

- Die *speichergekoppelten Systeme* mit einem zentralen Speicher für alle Knoten (*shared memory architecture*);
- Die *Systeme mit verteiltem Speicher*, bei denen es nur die lokalen Knotenspeicher gibt (*distributed memory architecture*).

Bei den Systemen mit verteiltem Speicher ist zu unterscheiden, ob ein Knotenprozessor nur auf seinen eigenen Knotenspeicher zugreifen kann oder ob er auch Zugriff auf die Speicher in den anderen Knoten hat. Im ersten Falle kann die Kommunikation zwischen den Knoten nur durch das Austausch von Nachrichten geschehen. Man spricht in diesem Falle auch von einem *nachrichtenorientierten System* [UNG 89].

Zur Erhöhung der Zugriffsbandbreite kann der zentrale Speicher der speichergekoppelten Architektur aus einer Anzahl autonomer Speicherbänke bestehen. Die zu bearbeitenden Programme mit ihren Daten befinden sich in dem zentralen Speicher, und die Kommunikation zwischen den Prozessoren findet ebenfalls über diesen statt. Man spricht auch dann von einem *System mit gemeinsamem Speicher*, wenn die Prozessoren zusätzlich zu dem allen gemeinsamen Speicher noch jeweils einen lokalen Speicher haben.

Im Gegensatz dazu müssen in den *Systemen mit verteiltem Speicher* die auszuführenden Programme mit ihren Daten in geeigneter Weise in Teilprogramme zerlegt und dann so über die Speicher verteilt werden, daß jeder Prozessor möglichst denjenigen Teil, den er bearbeiten soll, in seinem lokalen Speicher vorfindet.

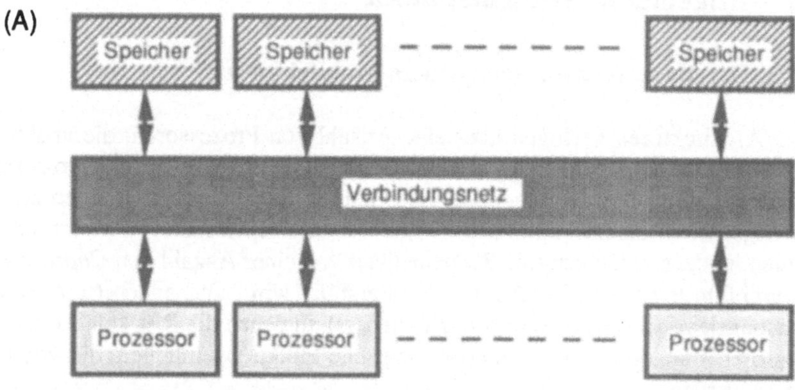

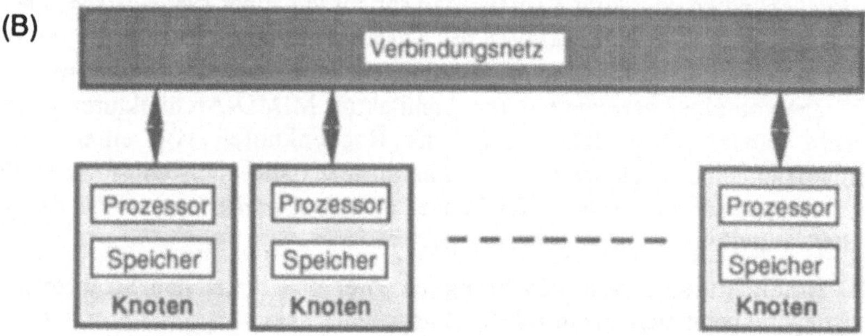

Bild 10-1 Die zwei Kategorien von Multiprozessor-Architekturen
(A) System mit gemeinsamem Speicher; (B) System mit verteiltem Speicher

Haben die Prozessoren nur Zugriff auf den eigenen Knotenspeicher, dann liegt das bereits erwähnte *nachrichtenorientierte System* vor. Können die Prozessoren auch auf die Speicher in den anderen Knoten zugreifen, dann spricht man von einem

- System mit *verteiltem gemeinsamen Speicher*.

Bei diesen Architekturen besteht somit der gemeinsame Speicher aus der Gesamtheit aller Knotenspeicher. Auch diese Systeme arbeiten in der Regel mit verteilter Kontrolle.

Die verschiedenen Formen von MIMD-Architekturen unterscheiden sich zunächst darin, wie die Kommunikation zwischen den Knoten des Systems stattfindet. Sie unterscheiden sich aber darüber hinaus wesentlich auch in anderen Eigenschaften, wie zum Beispiel der im folgenden definierten *Skalierbarkeit* des Systems.

DEF: *Skalierbarkeit*

Eine Rechnerarchitektur heißt ***skalierbar***, wenn sie es ermöglicht, mit den gleichen Hardware- und Software-Komponenten Konfigurationen beliebiger Größe zu erstellen. Eine vollständig skalierbare Architektur hat die Eigenschaft, daß Anwendungsprogramme für sie unabhängig von der aktuellen Konfiguration geschrieben werden können.

Architekturen mit zentralem gemeinsamen Speicher sind nicht skalierbar. Der Grund ist, daß die Speicherbandbreite mit wachsender Prozessorzahl nicht mit wächst, sondern konstant bleibt. Dadurch wird der gemeinsame Speicher sehr schnell zum Systemflaschenhals. Diese Gesetzmäßigkeit zwingt dazu, die Zahl der Prozessoren im System hinreichend klein zu halten. Die Zahl der möglichen Prozessoren ist um so geringer, je höher die Verarbeitungsbandbreite des einzelnen Prozessors ist. Es hat zwar Versuche gegeben, durch besondere Hardware-Maßnahmen den Speicherflaschenhals zu beseitigen oder zumindest zu lindern. Beispiele dafür sind der RP-3 [Pea 85] oder die *TERA Machine* (Abschnitt 11.2.2). Dieser Bemühungen konnten aber entweder letztlich nicht überzeugen (wie bei dem RP-3), oder ein abschließendes Urteil darüber ist gegenwärtig noch nicht möglich (wie bei der TERA Machine). Gegenwärtig liegt die Maximalzahl der Prozessoren bei maximal 30, wie z.B. bei dem Parallelrechner der Firma *Sequent* [SEQ 88]. Natürlich kann ein zentraler Speicher — auch wenn er aus entsprechend vielen Bänken besteht — nur dann diese verhältnismäßig hohe Zahl von Prozessoren unterstützen, wenn der Speicher durch eine leistungsfähige Cache-Hierarchie ergänzt wird.

Systeme mit verteilten Knotenspeicher können hingegen fast jede beliebige Größe haben, da bei ihnen das Verhältnis von Verarbeitungsbandbreite des Prozessors zur Zugriffsbandbreite des Knotenspeichers konstant ist. Wir haben in Kapitel 7 mit der *Connection Machine* ein System mit 64K Prozessoren kennengelernt. Ab einer gewissen Größe spricht man hier von einem *massiv-parallelen System*, wobei diese Grenze aber nicht definiert, sondern eine Funktion der zur Verfügung stehenden Technik höchstintegrierter Schaltungen ist. Bisher sind Systeme mit verteiltem Speicher ausgeführt worden, die bis zu 2K 64-Bit-Prozessoren enthalten. Man beachte, daß ein solches System ebenso parallel ist, wie eine Anlage mit 128K 1-Bit-Prozessoren. Bild 10-2 gibt eine Vorhersage für das Anwachsen der maximalen Knotenzahl in massivparallelen Systemen bis zum Jahr 2000. Diese Vorhersage gründet sich insbesondere auf das japanische *Real World Computing Program* (RWC) [RWC 92].

Systeme mit zentralem Speicher sind nicht wie die Systeme mit verteiltem Speicher skalierbar, dafür bieten sie aber den Vorteil des globalen Adreßraums und damit die Möglichkeit, im herkömmlichen Programmierstil und in den üblichen Programmiersprachen programmieren zu können. Konventionelle Sprachen wie Fortran, Lisp, Modula2, C, usw. setzen einen globalen Adreßraum voraus, der bei den Systemen mit gemeinsamem Speicher von Natur aus vorhanden ist. Dagegen erfordern Systeme mit verteiltem Speicher vom Benutzer oder vom Compiler die Partitionierung der Anwendungsprogramme in eine Vielzahl kooperierender Prozesse, wobei die Programmierung explizit die Kommunikation zwischen diesen Prozessen und damit deren Synchronisation einschließen muß. Die obengenannten Sprachen bieten dazu keine Mechanismen an. Für das Programmiermodell der nachrichtenorientierten

Systeme benötigt man daher im allgemeinen Falle entsprechende Erweiterungen der verwendeten Programmiersprache.

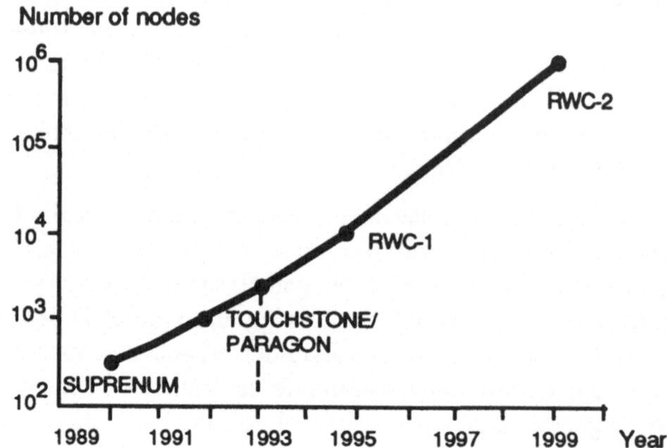

Bild 10-2 Zuwachs der maximalen Knotenzahl bei massiv-parallelen Systemen

Bei "vorgefertigten" Anwendungssoftware-Paketen gibt es hier den Ausweg, anwendungsspezifische Kommunikationsroutinen in einer Laufzeit-Bibliothek bereitzustellen, die der Benutzer dann zu seinen Anwendungsprogrammen hinzubindet. Aber auch dann muß der Benutzer die Partitionierung seines Anwendungsprogramms in kooperierende Prozesse selbst vornehmen. Gegenwärtig gibt es in Verbindung mit der Entwicklung des *High-Performance Fortran* (HPF) Bemühungen, dem Benutzer diese Aufgabe durch die Entwicklung direktivengesteuerter Compiler zu erleichtern.

10.1.2 Programmiermodell und abstrakte Maschine

Ein Programmiermodell legt fest:

- welche Datentypen dem Programmierer zur Verfügung stehen;
- wie ein Programm in Programmeinheiten strukturiert wird;
- wie diese Einheiten miteinander Daten austauschen;
- wie die Ablaufkontrolle eines Programms festzulegen ist.

Speziell bei den Parallelrechnern sind diese Festlegungen noch weiter zu konkretisieren in Hinsicht auf folgende Fragestellungen:

- welche Art von Parallelität genutzt werden soll (Programm- oder Datenparallelität);
- welche Programmeinheiten parallel ausgeführt werden sollen (Granularität);
- wie die Kommunikation zwischen den parallelen Programmeinheiten organisiert werden soll (Kommunikationsprotokolle);
- wie die Korrektheit des parallelen Ablaufs gewährleistet wird (Koordination);

Als Vehikel für die Spezifikation eines Programmiermodells kann die Festlegung einer *abstrakte Maschine* dienen, die wir wie folgt definieren.

DEF: *Abstrakte Maschine*

Eine abstrakte Maschine zeigt die wesentlichen Eigenschaften und Mechanismen eines Programmiermodells auf, ohne auf Realisierungsdetails einzugehen. Insbesondere abstrahiert sie den Kontrollfluß, die Operationen und die Daten von denen der realen Maschine. Die Abstraktion des Kontrollflusses erlaubt es dem Programmierer, die Folge von Aktionen anzugeben, die zur Ausführung eines Lösungsalgorithmus notwendig sind, ohne jeden einzelnen Schritte des physikalischen Rechners vorgeben zu müssen. Die Abstraktion der Operationen gibt dem Programmierer die Operatoren an die Hand, die er zur Ausführung des Lösungsalgorithmus benötigt werden, und die wesentlich mächtiger als die realen Maschinenbefehle sein können. Die Abstraktion der Daten gibt ihm die Sicht der Datenstrukturen, die er für seinen Lösungsalgorithmus benötigt.

Die abstrakte Maschine muß nicht ein isomorphes Abbild der physikalischen Maschine sein. Insbesondere kann man auf physikalischen Architekturen mit verteiltem Speicher eine abstrakte Maschine mit gemeinsamem Speicher, d.h. mit zentralem Adreßraum, softwaremäßig implementieren und architektonisch unterstützen. Hierfür gibt drei Architekturformen, die in Bild 10-3 mit ihren wichtigsten Eigenschaften synoptisch zusammengestellt sind und mit der nachrichtenorientierten Architektur verglichen werden. Die Interpretation von Bild 10-3 ist das Thema der beiden folgenden Kapitel.

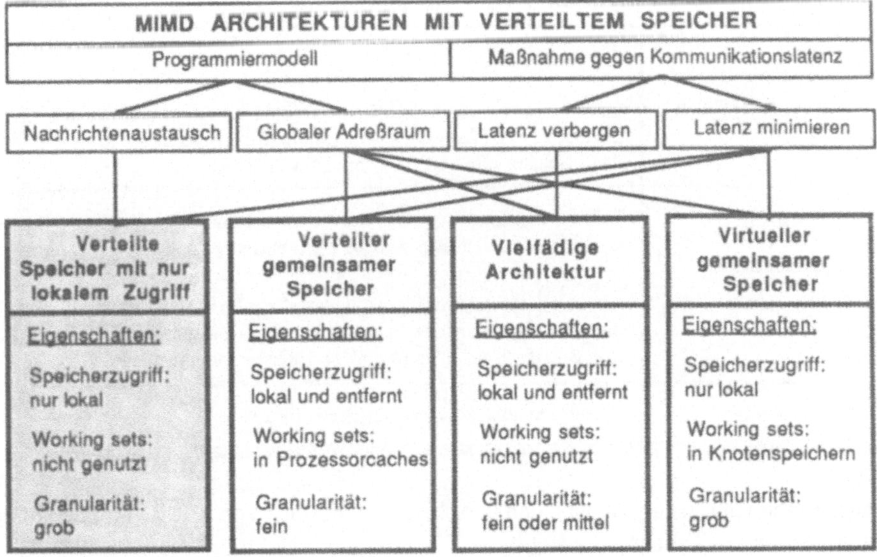

Bild 10-3 Architekturen für das Programmiermodell des gemeinsamen Speichers

10.1.3 Die Granularität der Parallelarbeit

In Abschnitt 5.2 werden die Programmstruktur-Ebenen genannt, auf denen Parallelarbeit stattfinden kann. Unterschieden werden (mit abnehmender Komplexität):

- die Ebene der Benutzerprogramme
- die Ebene der parallelen Prozesse oder Tasks
- die Ebene der Anweisungen
- die Ebene der Elementar-Operationen.

Parallelarbeit auf der Ebene der Benutzerprogramme erfordert, daß man einen Parallelrechner für verschiedene gleichzeitig ablaufende Anwendungsprogramme *partitionieren* kann, indem man die Betriebsmittel (Knoten) des Systems geeignet aufteilt und verschiedenen Benutzern zuweist. Innerhalb eines Benutzerprogramms gibt es dann die weiteren in Abschnitt 5.2 genannten Ebenen. Die Ebene der elementaren Operationen spielt innerhalb des Knotenprozessors eine Rolle, nicht jedoch auf der Ebene der MIMD-Architektur. Unter dem Gesichtspunkt der verschiedenen Formen von Parallelrechner-Architekturen (MIMD-Rechner) ist es zweckmäßig, die Prozeßebene nochmals zu unterteilen. Für die einzelnen Untereinheiten wollen wir die in Tabelle 10-1 eingeführten Bezeichnungen verwenden.

Tabelle 10-1 Programmeinheiten, zwischen denen Parallelarbeit stattfinden kann

Bezeichnung	Charakterisierung
Task	schwergewichtiger Prozess
Komplexer Faden	Leichtgewichtiger Prozess höherer Komplexität (large grain thread of control), der Pfad kann sowohl Sprunganweisungen wie auch Anweisungen zum Laden und Speichern umfassen.
Basisblock	Leichtgewichtiger Prozess (thread of control), in dessen Innern keine Sprunganweisungen vorkommen dürfen
Elementarer Faden	Leichtgewichtiger Prozess niedrigster Komplexität (fine grain thread of control), in dessen Innern keine Anweisungen zum Laden oder Speichern auf einen externen Speicher vorkommen dürfen.
Instruktion	Einzelne Instruktionen der Maschinensprache

Diese Einheiten lassen sich dann den verschiedenen Formen von MIMD-Architekturen zuordnen, wie es Tabelle 10-2 angibt.

Man erkennt eine Vielzahl von MIMD-Architekturformen, die wesentlich durch die Granularität der parallel bearbeiteten Programmeinheiten bestimmt sind. Die Granularität wiederum wird stark beeinflußt durch den Versuch, den Wirkungsgrad des Systems zu optimieren. Granularität und Architekturform gemeinsam sind Konstituenten des Programmiermodells für die gegebene Architektur.

Tabelle 10-2 Zuordnung von parallelen Programmeinheiten und Parallelrechner-Architekturformen

Programmeinheit	Architekturform
Komplexer Faden	Systeme mit verteiltem Speicher, die als nachrichten-orientierte Systeme arbeiten und programmiert werden (Kap. 12). Systeme mit verteiltem Speicher, die als vielfädige Architektur grober Granularität arbeiten Kap. 11.4).
Basisblock	Systeme mit (zentralem oder verteiltem) gemeinsamem Speicher mit Schleifen-Parallelisierung (Kap. 11.1). LGDG-Masschinen (LGDG: large grain dataflow graph) (Kap. 9.6)
Elementarer Faden	Systeme mit verteiltem Speicher, die als vielfädige Architektur feiner Granularität arbeiten (Kap. 11.4).
Instruktion	Datenflußmaschinen feinster Granularität (Kap. 9).

10.1.4 Das Kommunikationssystem

Die in Bild 10-1 zum Ausdruck kommende Sicht ist eine reine Hardwaresicht. Tatsächlich erfordert die Kommunikation zwischen den Knoten einer MIMD-Architektur mehr als nur die Hardware-Einrichtung, über die die Kommunikation stattfindet, d.h. das Verbindungsnetz. Eine ordnungsgemäße Kommunikation muß nach festen Regeln ablaufen, die die korrekte Durchführung gewährleisten. Diese Regeln nennt man das *Kommunikationsprotokoll*. Da eine Kommunikation in der Regel mit der Synchronisation des Ablaufs parallel arbeitender Programmeinheiten verbunden ist, ist eine Kommunikation nur dann korrekt, wenn sie zu einer korrekten Synchronisation dieser Abläufe führt. Bild 10-4 zeigt die Stufen, über die das Kommunikationssystem für eine MIMD-Architektur mit verteiltem Speicher realisiert wird. Hergestellt werden soll eine Verbindung, über die Datenobjekte ausgetauscht werden können.

Wie Bild 10-4 zeigt, können die folgenden Instanzen an der Durchführung der Kommunikation beteiligt sein:

- eine Kommunikationsbibliothek, die mit Hilfe vorgefertigter Kommunikationsroutinen für eine sinnfällige, auf einer entsprechend hohen Abstraktionsebene realisierten Benutzerschnittstelle sorgt;
- der Betriebssystemkern, der für die höheren Ebenen des Kommunikationsprotokolls (die Inter-Prozeß-Kommunikation) zuständig ist;
- die Treibersoftware, die die niedrigen (hardwarenahen) Routinen des Kommunikationsprotokolls ausführt;
- das Verbindungsnetz, über das die Nachricht mit Hilfe der Weginformation zum Empfängerknoten geleitet wird.

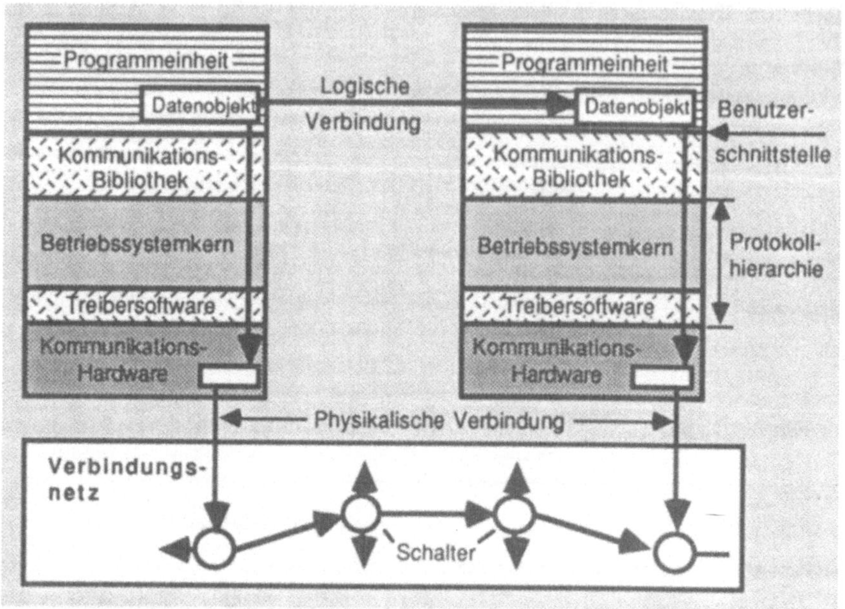

Bild 10-4 Die Stufen des Kommunikationssystems

Ganz entscheidend für die Leistung eines Kommunikationssystems ist seine im folgenden definierte Latenzzeit.

DEF: *Latenzzeit des Kommunikationssystems*
Die Latenzzeit des Kommunikationssystems ist die Zeit, die zwischen der Einleitung eines Kommunikationsvorgangs und dessen Abschluß vergeht.

Die Mehrstufigkeit des Kommunikationssystems führt zu einem Problem bezüglich der Latenzzeit, da jede der Software- und Hardware-Schichten (Betriebssystemkern, Treiber, Verbindungsnetz) einen Beitrag zu ihrer Erhöhung liefert. Die Kommunikationslatenz kann damit insgesamt wesentlich höher sein als die Latenzzeit des Verbindungsnetzes selbst, d.h. die Zeit, die für die Übertragung einer Nachricht durch das Netz benötigt wird.

10.1.5 Kommunikationslatenz

Die Latenzzeit T_k der Kommunikation besteht aus zwei additiven Komponenten:

$$T_k = T_s + T_ü \qquad (10\text{-}1)$$

Dabei ist: T_s = Startzeit (*start-up time*) der Kommunikation
$T_ü$ = Übertragungszeit (*transmission time*) der Nachricht.

Für die Übertragungszeit der Nachricht gilt im blockierungsfreien Falle die Formel

$$T_ü[\mu s] = T_v[\mu s] + T_t[\mu s] = T_v[\mu s] + L_n[\text{byte}]/R_t[\text{Mbyte/s}] \qquad (10\text{-}2)$$

mit T_v = Zeit für den Wegaufbau (*routing*) im Verbindungsnetz
L_n = Nachrichtenlänge in Byte
R_t = Übertragungsrate (*transfer rate*) in Mbyte/s

Um eine möglichst kurze Übertragungszeit zu erreichen, ist die Zeit für den Wegaufbau möglichst klein und die Übertragungsrate möglichst hoch zu machen. Die Zeit für den Wegaufbau hängt wesentlich von der *Übertragungsstrategie* (s. unten) ab. Bezüglich der Übertragungsrate sind heute etwa 50...100 Mbyte/s für die einzelne Verbindung (*link*) ein guter technischer Stand. Entscheidend für die Übertragungszeit ist ferner, daß das Verbindungsnetz möglichst blockierungsfrei oder zumindest blockierungsarm ist, da Blockierungen zu erheblichen zusätzlichen Wartezeiten führen können.

Für die zweite Komponente der Latenzzeit, die Startzeit der Kommunikation, gibt es keine so einfache Formel wie für die Übertragungszeit. Die Startzeit hängt wesentlich davon ab,

- wer die Kommunikation durchführt und
- welche Anforderungen an das Kommunikationsprotokoll gestellt werden.

In nachrichtenorientierten Systemen besteht die "klassische" Lösung darin, daß der Betriebssystemkern für die Kommunikation zwischen den kommunizierenden Prozessen zuständig ist. Eine Hauptanforderung an das Kommunikationsprotokoll ist in der Regel die Forderung nach einer *gesicherten Kommunikation*. Diese Absicherung kann durch eine Rückantwort (*positive acknowledgement*) des Empfängers geschehen, durch welche dieser anzeigt, daß er die Nachricht ordnungsgemäß empfangen hat. Dazu wird die Nachricht so kodiert, daß ein Übertragungsfehler erkannt werden kann, z.B. durch eine zusätzliche *Prüfsummen-Information*. Noch weiter geht das *Rendezvous-Protokoll* (s. Abschnitt 5.4.4), bei dem der Sender erst dann sendet, nachdem ein Rendezvous mit dem Empfänger hergestellt wurde. Dadurch wird sichergestellt, daß der Empfänger auch wirklich bereit ist, die Nachricht entgegenzunehmen.

Die Mechanismen für eine gesicherte Kommunikation sind verhältnismäßig zeitaufwendig. Werden sie durch den Betriebssystemkern durchgeführt, dann spielt es weiterhin eine entscheidende Rolle, ob es sich dabei um ein *Multi-Tasking* - Betriebssystem handelt. In diesem Falle erfordert jeder Kommunikationsvorgang auch noch einen Umgebungswechsel: Jede Kommunikationsanforderung (**send, receive**) führt zu einem *Trap* in die entsprechende Routine des Betriebssystemkerns. Messungen haben gezeigt, daß die damit verbundenen Umgebungswechsel gegenüber einer Kommunikation ohne Umgebungswechsel die Startzeit etwa verdreifachen [GaS 89].

Um unter diesen Bedingungen die Startzeit so klein wie überhaupt möglich zu halten, ist ein extrem effizientes, nach neuartigen Konzepten arbeitendes *paralleles Betriebssystem* erforderlich [SCH 91]. Damit lassen sich bei Verwendung eines superskalaren Prozessors mit hoher MIPS-Rate als optimale Werte erzielen:

$$T_s \approx 70 \ldots 300\ \mu s.$$

Der Wert am unteren Ende gilt dabei für Single-Tasking, und der Wert am oberen Ende gilt für Multi-Tasking. Verwendet man ein konventionelles Mehrbenutzer-Betriebssystem wie UNIX, so kann dieser Wert im Bereich von bis zu einigen 10 Millisekunden betragen. Ähnlich ungünstige Verhältnisse ergeben sich bei Betriebssystemen, welche zwar als verteilte Betriebssysteme konzipiert wurden, aber immer noch die Mechanismen von UNIX benutzen, wie z.B. MACH [Aea 86].

Man sieht aus den genannten Zahlen, daß die Latenzzeit der Kommunikation in nachrichtenorientierten Systemen zum gravierenden Systemflaschenhals werden kann. Aber auch bei Systemen mit gemeinsamem Speicher stellt sich das Latenzzeit-Problem, da hier in der Regel der Zugriff zum zentralen Speicher ein Mehrfaches der Zugriffszeit zum lokalen Speicher beträgt. Diesem Nachteil kann man durch geeignete Cache-Speicher in den Knoten entgegenwirken.

Das Startzeit-Problem ist deshalb so gravierend, da es zu erheblichen *Verlustzeiten* führen kann, d.h. Zeiten, während derer ein Knoten nicht arbeitet, da er auf die Kommunikation wartet. Generell gibt es zwei mögliche Wege zur Überwindung dieses Problems.

- Minimieren: Durch geeignete Organisation der Kommunikation, geeignete Granularität der zu übertragenden Objekte und geeignete architektonische Unterstützung (Hardwareaufwand) werden die Verlustzeiten auf tragbare Werte begrenzt (*latency minimization*).

- Verbergen: Durch geeignete Organisation der Parallelarbeit werden die unvermeidlichen Verlustzeiten durch sinnvolle Arbeit überbrückt. Dazu muß man den Knoten in die Lage versetzen, während des Kommunikationsvorgangs eine andere Aufgabe, die nicht auf diese Kommunikation wartet, zu bearbeiten. Man spricht hier vom "Verdecken" der Latenzzeit (*latency hiding*).

Speziell in Architekturen mit verteiltem gemeinsamen Speicher kann man folgende Maßnahmen zur Latenzminimierung treffen [Gea 89]:

- jeder Prozessor des Systems wird mit einem zusätzlichen, hinreichend großen Cache ausgerüstet [DSB 86];
- Verwendung "schwacher" Konsistenzmodelle, bei denen zugunsten der Leistung auf die strenge (sequentielle) Konsistenz der Speicherzugriffe verzichtet wird;
- Objekte werden bereits vorsorglich von anderen Knoten geholt, bevor sie gebraucht werden (*prefetch*). Dies ist eine reine Software-Lösung, die nicht näher betrachtet werden soll.

10.1.6 Die Grundaufgabe des Verbindungsnetzes

DEF: *Grundaufgabe des Verbindungsnetzes*

Ein Verbindungsnetz muß zwischen einer Zahl N von Sendern und einer Zahl M von Empfängern jede beliebige Verbindung herstellen können. Dabei können eine Reihe von Nebenbedingungen gestellt sein. Im Falle der speichergekoppelten Systeme sind die N Prozessoren mit den M Moduln des zentralen Speichers zu verbinden; im Falle nachrichtenorientierter Systeme sind die N Knoten untereinander zu verbinden, d.h. es ist M=N (Bild 10-1).

Es gibt eine große Mannigfaltigkeit von Netztopologien, die alle im Prinzip die oben definierte Grundaufgabe erfüllen, sich aber in den wesentlichen Parametern stark unterscheiden können. Wesentliche Parameter sind:

- die räumliche Ausdehnung des Verbindungsnetzes
- die Zeit, die für die Übertragung einer Nachricht benötigt wird
- das Blockierungs- und Verklemmungsverhalten
- die Fehlertoleranz
- die Kosten

Im Laufe der Entwicklung wurde eine Vielzahl von Verbindungsnetz-Topologien erfunden und in der Literatur beschrieben. Die hier zu findende Mannigfaltigkeit macht es nicht leicht, eine sinnvolle Taxonomie einzuführen. Wir versuchen dies dennoch und lehnen uns dabei an die Literatur [FEN 81],[MON 89] an.

10.1.7 Synchronisation zur korrekten Programmausführung

In Kapitel 5.1 werden die verschiedenen Formen der Datenabhängigkeit anhand der *Definitions-Benutzungs-Relation* eingeführt. Die Definition einer Variablen bedeutet das Schreiben ihres Werts in den dafür reservierten Speicherplatz, und die Benutzung entspricht dem Lesen des Werts. Dementsprechend gilt für die echte Datenabhängigkeit (*flow dependence*), daß die definierende Operation den Wert erst geschrieben haben muß, bevor die benutzende Operation ihn lesen darf. Bei der *Antidependence* gilt umgekehrt, daß die benutzende Operation den Wert erst gelesen haben muß, bevor die definierende Operation ihn überschreiben darf. In beiden Fällen würde eine Umkehrung der Reihenfolge zu einem anderen Programmverhalten führen. Da nicht alle Operationen zueinander in der Definitions-Benutzungs-Relation stehen, begründen die Datenabhängigkeiten eine *Teilordnung* der Operationen. Jede Verletzung dieser Teilordnung ändert die Programmsemantik und kann zu falschen Ergebnissen führen.

Bei der sequentiellen Ausführung ist die bestehende Teilordnung in die Totalordnung der Befehlssequenz eingebettet. Die Speicherzugriffe sind bei der sequentiellen Maschine *atomische* Operationen, die nur eine nach der anderen ausgeführt werden können. Die Ordnung der Speicherzugriffe ist somit die des sequentiellen Programms, und die Einhaltung der durch die Datenabhängigkeiten definierten Teilordnung ist von Natur aus gewährleistet.

Diese Sicherheit hat man bei der parallelen Ausführung nicht. Bei speichergekoppelten Architekturen können im Prinzip zu jedem Zeitpunkt mehrere Zugriffe auf denselben Speicher gleichzeitig erfolgen. Der Zugriff geschieht in der Regel über das in der Regel mehrstufige Verbindungsnetz und damit mit einer durch das Netz gegebenen Latenzzeit, die je nach Zugriffspfad erheblich variieren kann. Dadurch kann es zu einem Wettlauf (*race*) zwischen den einzelnen Speicherzugriffen kommen. Zugriffe, die durchaus in der richtigen Reihenfolge initiiert worden sind, können sich bei diesem Wettlauf überholen, wodurch die vorgeschriebene Ordnung der Speicherzugriffe und damit die Semantik der Programmausführung verändert wird. Um dies auszuschließen, sind in speichergekoppelten Architekturen besondere Maßnahmen erforderlich, die dafür sorgen, daß die unten definierte *sequentielle Konsistenz* [LAM 79] der Speicherzugriffe gewährleistet ist.

DEF: *Sequentielle Konsistenz*

Ein Multiprozessorsystem ist *sequentiell konsistent*, wenn das Ergebnis einer beliebigen Berechnung dasselbe ist, als wenn die Operationen aller Prozessoren in einer gewissen sequentiellen Ordnung ausgeführt würden. Dabei ist die Ordnung der Operationen der Prozessoren die des jeweiligen Programms.

Um die Bedingungen für sequentielle Konsistenz bzw. für weitere, daraus abgeleitete Konsistenzbegriffe zu definieren, betrachten wir die Schritte, die ein Speicherzugriff im einzelnen durchläuft, etwas genauer. Wir folgen dabei der in [Gea 90] gegebenen Darstellung. Im folgenden werden zwei um einen Speicherzugriff konkurrierende Prozessoren mit Pi und Pk bezeichnet.

DEF: *Speicherzugriff durch mehrere Prozessoren*

Ein Lesezugriff (*load*) durch Pi heißt zu einem bestimmten Zeitpunkt *bezüglich Pk ausgeführt*, wenn ein Schreibzugriff (*store*) durch Prozessor Pk den Wert, den Pi durch den Lesezugriff auf dieselbe Adresse erhält, nicht mehr beeinflussen kann. Ein Schreibzugriff (*store*) durch Pi heißt zu einem bestimmten Zeitpunkt *bezüglich Pk ausgeführt*, wenn ein Lesezugriff durch Pk auf dieselbe Adresse den Wert liefert, der von Pi geschrieben worden ist. Ein Zugriff gilt als ausgeführt, wenn er bezüglich aller Prozessoren im System ausgeführt ist.

DEF: *Globaler Lesezugriff*

Ein Lesezugriff heißt *global ausgeführt*, wenn sowohl er *als auch* der Schreibzugriff, der den gelesenen Wert erzeugt, ausgeführt worden sind.

Ein Unterschied zwischen einem *ausgeführten* und einem *global ausgeführten* Lesezugriff kann nur in Systemen auftreten, in denen der Schreibzugriff kein atomischer Vorgang ist. Ein Schreibzugriff ist *atomisch*, wenn der geschriebene Wert für alle Prozessoren des Systems gleichzeitig lesbar wird. Dies ist bei Systemen mit einem zentralen physikalischen Speicher von Natur aus gewährleistet, jedoch nicht bei Systemen mit verteiltem gemeinsamen Speicher, bei denen sehr unterschiedliche Zugriffslatenzen auftreten können, je nach dem, in welchem physikalischen Speicher sich das Datenobjekt befindet und wie der Zugriffspfad durch das Verbindungsnetz aussieht.

Für die sequentielle Konsistenz der Speicherzugriffe läßt sich folgende hinreichende Bedingung angeben [SaD 87],[Gea 90]:

(1) bevor ein Lesezugriff bezüglich eines anderen Prozessors ausgeführt werden darf, müssen alle vorhergehenden Lesezugriffe global ausgeführt und alle vorhergehenden Schreibzugriffe ausgeführt sein;

(2) bevor ein Schreibzugriff bezüglich eines anderen Prozessors ausgeführt werden darf, müssen alle vorhergehenden Lesezugriffe global ausgeführt und alle vorhergehenden Schreibzugriffe ausgeführt sein.

Die sequentielle Konsistenz stellt zwar die korrekte Ordnung der Speicherzugriffe sicher, nicht jedoch die Korrektheit der Zugriffe auf gemeinsam benutzte Datenobjekte durch parallele Kontrollfäden. Letzteres ist durch geeignete Synchronisationen des Datenzugriffs (z.B. Definition kritischer Bereiche) oder des Prozeßablaufs (z.B. Barrieren-Synchronisation) sicherzustellen, was nach dem heutigen Stand Sache des Programmierers ist und in Zukunft vielleicht Sache eines parallelisierenden Compilers sein wird. Es ist damit nicht so, daß der gemeinsame Speicher generell den Programmierer von allen Synchronisationsüberlegungen freistellen würde.

Die sequentielle Konsistenz führt zu einer überlappenden Ausführung sequentieller Operationsfolgen anstelle einer vollständig parallelen Ausführung. Die dabei entstehenden Wartezeiten können zu einer erheblichen Verringerung des Parallelarbeitsgewinns führen. Nicht alle speichergekoppelten Multiprozessorsysteme gewährleisten daher die sequentielle Konsistenz, sondern manche begnügen sich mit der etwas schwächeren Form der *Prozessor-Konsistenz* [GOO 89]. Bei dieser wird die Bedingung der globalen Ausführung der Lesezugriffe fallen gelassen, d.h. es gilt jetzt [Gea 90]:

(1) bevor ein Lesezugriff bezüglich irgendeines anderen Prozessors ausgeführt werden darf, müssen alle vorhergehenden Lesezugriffe ausgeführt worden sein;

(2) bevor ein Schreibzugriff bezüglich irgendeines anderen Prozessors ausgeführt werden darf, müssen alle vorhergehenden Zugriffe (Lesen oder Schreiben) ausgeführt worden sein.

Die Prozessor-Konsistenz führt nicht mehr unbedingt zur korrekten Sequentialisierung der Speicherzugriffe, da sie das Lesen schon erlaubt, bevor die vorhergehenden Schreibzugriffe alle ausgeführt worden sind. Damit bürdet sie dem Programmierer die Aufgabe auf, nötigenfalls selbst für eine korrekte Reihenfolge der Zugriffe zu sorgen, statt davon ausgehen zu können, daß der Speicher dies automatisch tut.

Nun ist es nicht gesagt, daß eine Änderung der Programmsemantik immer zu einem unkorrekten Ergebnis führen muß. Betrachten wir als Beispiel einen Relaxationsalgorithmen zur Lösung einer partiellen Differentialgleichung. Die Lösung wird in diesem Falle in den Punkten eines Gitters iterativ dadurch erhalten, daß in jedem Iterationsschritt jeder Gitterpunkt die Ergebniswerte seiner Nachbarpunkte, die diese im vorhergehenden Iterationsschritt geschrieben ("definiert") haben, liest ("benutzt") und mit ihnen den neuen Lösungswert berechnet, und so fort, bis das Verfahren zu der endgültigen Lösung konvergiert hat. Wenn nun die Nachbarpunkte die Werte, die der Gitterpunkt liest, noch nicht geschrieben haben (Verletzung der Flußabhängigkeit), so liest der Gitterpunkt statt dessen die Werte, die die Nachbarpunkte im vorletzten Iterationsschritt geschrieben hatten. Dadurch wird das Ergebnis nicht falsch, sondern es verlangsamt sich nur die Konvergenz der Iteration. Noch weniger strikt sind in der Regel statistische Simulationsprobleme wie z.B. Monte-Carlo-Simulationen oder Teilchensimulationen, die im Prinzip nicht die Determiniertheit des Programms erfordern. Bei solchen Anwendungen gilt, daß sich gelegentliche Störungen "herausmitteln", solange diese zufällig und nicht systematischer Natur sind.

Die Beispiele sollen zeigen, daß es Fälle geben kann, wo die Auswirkungen einer Verletzung der Zugriffsordnung in Kauf genommen werden können, insbesondere dann, wenn diese Verletzungen nicht systematischer Natur sind, sondern das Ergebnis von sich stochastisch verhaltenden Wettlaufbedingungen. Es gibt aber natürlich auch Gegenbeispiele, wo eine Verletzung der vorgegebenen Zugriffsordnung zu völlig falschen Ergebnissen führen kann. Und auch da, wo eine nicht-deterministische Programmausführung bezüglich ihrer Ergebnisse in Kauf genommen werden kann, wird sie das Austesten des Programms stark erschweren und im Extremfall unmöglich machen, da Testen voraussetzt, daß über viele Testläufe hinweg ein reproduzierbares Ergebnis erhalten wird.

Wenn sich der Programmierer über die Auswirkungen einer möglichen Verletzung der Zugriffsordnung nicht im klaren ist, so wird er solche Verletzungen unter allen Umständen zu vermeiden suchen. Das heißt, er wird vom System die Einhaltung der sequentiellen Konsistenz fordern und dafür dann den dadurch entstehenden hohen, systemimmanenten Synchronisationsaufwand in Kauf nehmen müssen.

Weiß der Programmierer aber, daß in gewissen Phasen der Programmausführung eine Verletzung der Zugriffsordnung toleriert werden kann, so kann er die Forderung nach einer sequentiellen Konsistenz aufgeben und statt dessen sich mit einer *schwachen Konsistenz*(*weak consistency*) begnügen, um die Effizienz der Programmausführung zu steigern. Schwache Konsistenz heißt, daß die Konsistenz des Speicherzugriffs nicht mehr zu allen Zeiten gewährleistet ist, sondern nur in bestimmten vom Programmierer in das Programm eingesetzten Synchronisationspunkten. Praktisch bedeutet dies die Einführung von *kritischen Bereichen*, innerhalb derer Inkonsistenzen zugelassen werden. Die Synchronisationspunkte sind dabei die Ein- oder Austrittspunkte der kritischen Bereiche. Für eine schwache Konsistenz müssen nur noch die folgenden drei Bedingungen erfüllt sein [DSB 86]:

(1) bevor ein Schreib- oder Lesezugriff bezüglich irgendeines anderen Prozessors ausgeführt werden darf, müssen alle vorhergehenden Synchronisationspunkte erreicht worden sein;
(2) bevor eine Synchronisation bezüglich irgendeines anderen Prozessors ausgeführt werden darf, müssen alle vorhergehenden Schreib- oder Lesezugriffe ausgeführt worden sein;
(3) die Synchronisationspunkte müssen sequentiell konsistent sein.

Die Ordnung der Speicherzugriffe wird damit durch die sehr viel losere Ordnung der Synchronisationspunkte ersetzt. Der Preis für die dadurch erzielbare Leistungssteigerung besteht darin, daß der Programmierer sich jetzt nicht mehr auf eine vom System gewährleistete sequentielle Ordnung der Speicherzugriffe verlassen kann, sondern selbst dafür verantwortlich ist, durch richtige Wahl der Synchronisationspunkte für die Einhaltung der intendierten Programmsemantik zu sorgen.

Bei den nachrichtenorientierten Architekturen gelten analoge Verhältnisse wie bei den speichergekoppelten Systemen mit schwacher Konsistenz. Die Synchronisationspunkte werden jetzt entsprechend dem verwendeten *Inter-Prozeß-Kommunikationsprotokoll* (s. Abschnitt 5.7.3) durch das Auftreten von Kommunikationskonstrukten im Programm gegeben. Bei der asynchronen Kommunikation sind dies nur die (blockierenden) Empfangskonstrukte, während bei der synchronen Kommunikation sowohl die Sende- wie die Empfangskonstrukte blockierend, d.h. auf Synchronisationsereignisse wartend sind und damit Synchronisationspunkte darstellen.

Wie bei der schwachen Konsistenz in speichergekoppelten Architekturen ist der Programmierer dafür verantwortlich, diese Synchronisationspunkte richtig zu setzten, wobei es sich jetzt nicht um die Definition kritischer Bereiche handelt, sondern um die Kooperation paralleler Prozesse. In der Regel sind dies bei der synchronen Kommunikation zwei Punkte (**send** und **receive**) in jedem Prozeß, bei der asynchronen Kommunikation sogar nur einer (**receive**). Die asynchrone Kommunikation ist damit für den Programmierer einfacher zu handhaben als die synchrone. Wie einfach oder kompliziert die Synchronisationsaufgabe für den Programmierer überhaupt ist, hängt weiterhin stark von dem verwendeten Programmiermodell ab.

Bei den datenparallelen Anwendungen für nachrichtenorientierte Systeme bietet sich das in folgenden definierte, einfache SPMD-Programmiermodell an (SPMD: *single program — multiple data*). Das SPMD-Modell verbindet eine globale Homogenität (gleichartige Prozesse) mit einer lokalen Autonomie (autonome Prozeßausführung). Es ist daher irgendwo zwischen SIMD und MIMD anzusiedeln.

DEF: *SPMD-Programmiermodell mit Lock-Step-Synchronisation*
Das SPMD-Programmiermodell basiert auf der Definition einer Anzahl paralleler Prozesse, die alle den gleichen Algorithmus ausführen, jeder Prozeß aber auf einer anderen Datenmenge. Das SPMD-Modell läßt sich leicht mit der besonders einfachen und überschaulichen *Lock-Step-Synchronisation* zu dem *SPMD-Programmierparadigma* verbinden. Bei diesem Paradigma durchläuft jeder Prozeß drei aufeinanderfolgende Phasen:

(1) Empfang eines neuen Satzes von Eingabewerten, die von anderen Prozessen gesendet worden sind.
(2) Mit diesen Werten: Berechnung eines neuer Satzes von Ergebniswerten.
(3) Senden der Ergebniswerte an die anderen Prozesse, die diese benötigen.

Man kann leicht einsehen, daß eine einfache Barrieren-Synchronisation nach dem 3. Schritt hinreicht, um die Korrektheit der Programmausführung zu gewährleisten. Aber nicht alle Anwendungen sind so einfach, und es ist vor allem die Notwendigkeit der expliziten Synchronisation, die viele Anwender vor der Benutzung nachrichtenorientierter Parallelrechner abschreckt. Aus diesem Grunde gilt die speichergekoppelte Architektur als einfacher zu programmieren.

10.1.8 Strategien der Zuweisung der Aufträge zu den Knoten

Die parallel ausführbaren Programmeinheiten werden allgemein als *Aufträge* (*tasks*) bezeichnet. Für die Zuweisung von Aufträgen zu den ausführenden Knoten gibt es zwei Strategien:

- Auftragszuweisung (*task allocation*)
- Auftragsanziehung (*task attraction*).

Bei der *Auftragszuweisung* gibt es eine Instanz im System, die die Zuweisungen nach einem bestimmten *Scheduling-Algorithmus* vornimmt. Diese Instanz kann der Benutzer sein, oder der Compiler oder das Betriebs- bzw. Laufzeitsystem. Die Zuweisung kann für die Dauer der Programmausführung gelten, oder aber dynamisch durch eine spezielle Zuweisungseinrichtung (*task dispatch unit*) vorgenommen werden. Ersteres ist in der Regel bei grober Granularität der Fall (die *Tasks* sind z.B. Prozesse), während letzteres für die feine Granularität (einzelne Instruktionen) das gegeben ist.

Grundsätzlich kann die Auftragszuweisung *statisch*, d.h. zur Übersetzungszeit oder *dynamisch*, d.h. zur Laufzeit erfolgen. In beiden Fällen stellt sich dabei das nicht triviale Problem der *optimalen Lastverteilung*. Dieses ist *NP-hart* und damit nicht theoretisch lösbar. Es gibt aber Heuristiken, die unter gewissen Bedingungen quasioptimale Lösungen liefern. Eine annähernd optimale dynamische Lastverteilung erfordert im Gegensatz zur statischen Lastverteilung, welche zur Übersetzungszeit vorgenommen und zur Laufzeit nicht mehr verändert wird, einen erheblichen Austausch von Informationen zur Laufzeit. Daher kommt sie allenfalls für speichergekoppelte Systeme in Betracht, in der Regel aber nicht für nachrichtenorientierte Systeme. Eine Ausnahme können fehlertolerante System bilden, die sich nach einem Knotenausfall dynamisch neu konfigurieren, was auch eine neue Lastverteilung erforderlich macht.

Eine annähernd optimale Lastverteilung, ganz gleich ob der Benutzer oder der Compiler sie vornimmt, erfordert eine *Estimator* genannte Systemkomponente, die für eine vorgegebene Lastverteilung eine Leistungsvorhersage liefert. Nur so können verschiedene Lastverteilungsstrategien miteinander verglichen und die beste ausgesucht werden. Bei der Erstellung des *Estimators* besteht das Hauptproblem darin, über ein realistisches Modell für das Systemverhalten zu verfügen. Dieses Modell muß insbesondere auch gestatten, die wirklichen Kosten der Kommunikation für verschiedene Lastverteilungen abschätzen zu können. Solche Modelle sind aber schwer theoretisch zu behandeln, weshalb man auch hier meist zu Heuristiken Zuflucht nimmt.

Bei der *Auftragsanziehung* suchen sich die Knoten ihre Aufträge selbst. Dies geschieht in der Regel so, daß ausführbare Aufträge in einer FIFO-Warteliste (*task queue*) abgelegt werden. Sobald ein Knoten frei wird, geht er zu dieser Liste und entnimmt ihr die als nächstes zur Ausführung anstehende Task. Auf ein optimales *Scheduling* verzichtet man bei diesem einfachen Verfahren zwangsläufig, das *Scheduling* ist durch das starre FIFO-Prinzip (*first in — first out*) festgelegt.

10.2 Verbindungsnetz-Topologien

10.2.1 Kriterien für eine Taxonomie von Verbindungsnetzen

Unabhängig von ihrer speziellen Topologie kann man Verbindungsnetze zunächst wie in Bild 10-5 angedeutet nach den vier im folgenden definierten Hauptmerkmalen unterscheiden:

- Verbindungsart
- Art der Topologie.
- Wegsteuerung
- Arbeitsweise

DEF: *Verbindungsart*

Ein Verbindungsnetz kann mit Leitungsvermittlung oder Paketvermittlung arbeiten. Bei der Leitungsvermittlung muß ein fester Übertragungsweg zwischen Sender und Empfänger für die gesamte Dauer der Übertragung hergestellt werden. Bei der Paketvermittlung werden verhältnismäßig kleine Nachrichtenpakete, die verschiedenen logischen Verbindungen zugehören können, gleichzeitig durch das Netz gesandt.

DEF: *Art der Topologie*

Die Netztopologie kann man danach einordnen, ob sie *regulär* oder *irregulär* ist.

DEF: *Wegsteuerung*

Der Aufbau eines Verbindungswegs (*routing*) durch das Netz wird kurz als *Wegsteuerung* bezeichnet. Die Wegsteuerung kann *zentral* oder *dezentral* erfolgen. Bei der zentralen Wegsteuerung wird die Wegangabe (*routing information*) unabhängig von der zu übertragenden Information der Wegsteuerung zur Verfügung gestellt. Bei der dezentralen Wegsteuerung muß die Wegangabe im Kopfteil der zu übertragenden Nachricht vorhanden sein.

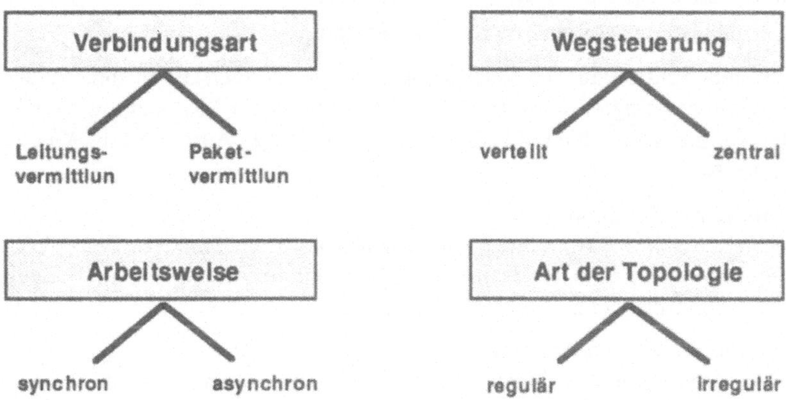

Bild 10-5 Hauptmerkmale von Verbindungsnetzen

DEF: *Arbeitsweise*

Die Arbeitsweise eines Verbindungsnetzes kann *synchron* oder *asynchron* sein. Bei der synchronen Arbeitsweise übertragen alle Sender und Empfänger zu festen Zeitpunkten, die durch einen zentralen Takt definiert werden. Bei der asynchronen Arbeitsweise kann jeder Sender seine Übertragungsanforderungen zu jedem beliebigen Zeitpunkt an das Netz stellen.

Hierzu zunächst einige Anmerkungen.

(1) Die Leitungsvermittlung birgt die Gefahr in sich, daß eine bestehende Verbindung das Netz für die Dauer der Übertragung stark blockiert, d.h. die gleichzeitige Herstellbarkeit weiterer Verbindungen stark einschränkt. Dieser Nachteil wird bei der Paketvermittlung vermieden, zu dem Preis, daß die *Vermittlungsknoten* des Netzes in der Lage sein müssen, die durchlaufenden Pakete zwischenzuspeichern.

(2) Die Skalierbarkeit als Hauptvorteil einer MIMD-Architektur mit verteiltem Speicher verlangt eine dezentrale Wegsteuerung. Ferner kommt für die asynchrone Arbeitsweise nur die dezentrale Wegsteuerung in Frage.

(3) Die synchrone Arbeitsweise ist im Prinzip einfacher zu realisieren. Bei sehr großen und damit räumlich ausgedehnten Verbindungsnetzen wird aber irgendwann der Punkt erreicht, wo eine synchrone Arbeitsweise aus Gründen der Laufzeitunterschiede und der damit verbundenen Taktverschiebungen (*clock skew*) nicht mehr möglich ist.

(4) Bei den irregulären Topologien kann man zwischen *amorphen* und *zufälligen* Topologien unterscheiden. Irreguläre Topologien sind aber im wesentlichen nur von theoretischem Interesse; in der praktischen Realisierung wird den regulären Topologien der Vorzug gegeben. Daher soll auf die irregularen Netztopologien hier nicht eingegangen werden.

Es gibt eine sehr große Vielfalt von regulären Netztopologien, die einer weiteren Klassifizierung aufgrund zusätzlicher Realisierungskriterien und Topologiemerkmalen bedarf. Zusätzliche Realisierungskriterien und Topologiemerkmale sind [FEN 83]:

- statische oder dynamische Verbindungsnetze
- Dimensionalität bei statischen Verbindungsnetzen
- Stufenzahl bei dynamischen Verbindungsnetzen.

Von größtem Einfluß auf die Leistung des Netzes ist auch die in ihm angewandte *Übertragungsstrategie*, da diese stark in die technische Realisierung eingeht. Ein weiteres, für die Anwendung in Parallelrechnern wichtiges Attribut ist die *Konfigurierbarkeit* des Netzes.

DEF: *Statisches Verbindungsnetz*
Ein statisches Verbindungsnetz besteht aus festen Punkt-zu-Punkt-Leitungsverbindungen. Schalteinrichtungen gibt es nur am Anfang und am Ende, jedoch nicht im Zuge der Leitungsverbindung.

DEF: *Dynamisches Verbindungsnetz*
Ein dynamisches Verbindungsnetz enthält eine Vielzahl von *Schaltknoten*, die durch die Wegsteuerung so gesetzt werden, daß ein bestimmter Verbindungsweg (*route*) entsteht.

DEF: *Dimensionalität*
Die Dimensionalität eines regulären statischen Verbindungsnetzes gibt an, in wieviel Dimensionen Verbindungen von jedem Schaltknoten des Netzes ausgehen.

DEF: *Stufenzahl*
Dies ist die Anzahl der Stufen, über die der Verbindungsweg hergestellt wird.

DEF: *Übertragungstrategie bei Paketvermittlung*
Bei der Paketvermittlung gibt es zwei wesentliche Übertragungsstrategien:
Store-and-forward Routing und *Worm Hole Routing*.
Bei der *Store-and-forward*-Strategie werden von den Sendern vollständige Nachrichtenpakete, die aus dem Kopfteil mit der Wegangabe und der eigentlichen Nachricht bestehen, in das Netz gesandt. Die Nachrichtenpakete werden im Netz von Station zu Station weiter gereicht. Man nennt das Weiterreichen einen *Hupf* (*hop*). Jede Zwischenstation (jeder Schaltknoten) speichert das Nachrichtenpaket zunächst ab, und zwar solange, bis der Weg zur nächsten Zwischenstation verfügbar ist. In jeder Zwischenstation wird die im Kopf des Pakets enthaltene Wegangabe erneut interpretiert, um festzustellen, wohin die Nachricht weiter zu reichen ist. Das Weiterreichen erfolgt somit völlig dezentral; eine weitere Flußkontrolle für das Netz ist nicht erforderlich.

Bei der *Worm Hole*-Strategie wird zunächst das Kopfpaket der Nachricht mit der Wegangabe abgesandt, um den Verbindungsaufbau (das *routing*) durch das Netz zu bewerkstelligen. Dem Kopf folgen unmittelbar die weiteren Datenpakete, aus denen die Nachricht insgesamt besteht. Jede Nachricht ist durch ein Schwanzpaket abgeschlossen. Die Blockierung eines Schaltknotens des Netzes wird durch die in einem solchen Netz erforderliche Flußkontrolle dem Sender gemeldet, worauf hin dieser das Aussenden unterbricht, bis die Blockierung wieder aufgehoben wird. Die Nachricht kriecht somit "wie ein Wurm" durch das Netz, wobei dieser Vorgang mehrmalig zeitweilig zum Stillstand kommen kann. In den Phasen des Stillstands verharren so viele Pakete der Nachricht im Netz, wie die freie Speicherkapazität der auf dem Wege liegenden Schaltknoten beträgt. In jedem Schaltknoten, durch den "der Wurm hindurch gekrochen ist", wird durch den Schwanz der Verbindungsaufbau wieder freigegeben. Nach Beendigung eines Sendevorgangs kann der Sender sofort eine weitere Nachricht nachschieben, d.h. das Durchschieben von Nachrichten durch das Netz kann im Pipeline-Verfahren erfolgen (wobei die Pipeline zeitweilig "eingefroren" sein kann).

DEF: *Konfigurierbarkeit eines Verbindungsnetzes*
Ein Verbindungsnetz ist dann konfigurierbar, wenn es für eine beliebige Knotenzahl realisiert werden kann und auf eine Knotenarchitektur führt, die von der Knotenzahl unabhängig ist.

Statische und dynamische Verbindungsnetze unterscheiden sich grob gesagt dadurch, daß die ersteren aus relativ vielen Leitungen und wenigen Schalter bestehen, während umgekehrt die letzteren aus relativ wenigen Leitungen und vielen Schaltern bestehen. Beim heutigen Stand der Technik sind die Leitungen (abgeschirmte verdrillte Adern, Koaxialkabel oder Lichtleiter) mit ihren Steckern wesentlich teuerer als die Schalter, die sich als hochintegrierte Bausteine herstellen lassen. Auf einem Silizium- oder GaAs-Chip kann man praktisch immer so viele Schalter realisieren, wie es die Zahl der Gehäuseanschlüsse zuläßt. Damit sind die dynamischen Verbindungsnetze in der Regel die der heutigen Technik angemessenere Lösung.

Das *Store-and-forward*-Verfahren ist wegen der Zwischenspeicherung der gesamten Nachricht in jedem Schaltknoten sehr zeitaufwendig und wird daher praktisch nicht mehr angewandt. Dahingegen bietet das *Worm Hole*-Verfahren den Vorteil, daß es im blockierungsfreien Fall die Nachricht mit minimaler Verzögerung durch das Netz schleust. Ein weiterer Vorteil ist seine Pipeline-Arbeitsweise.

Jeder Schaltknoten eines Verbindungsnetzes mit *Worm Hole Routing* muß eine bestimmte Speicherkapazität in der Form eines FIFO-Puffers haben, die mindestens so groß wie der Kopf ist, sowie eine Einrichtung für die Interpretation der Wegangabe. Zweckmäßigerweise zerlegt man eine Nachricht in eine Anzahl von Datenpaketen, so daß kurze Nachrichten aus nur einem und lange Nachrichten aus vielen Datenpaketen bestehen. Zur Erreichung einer hohen Effizienz des *Worm Hole*-Verfahrens muß jeder Schaltknoten mindestens ein solches Datenpaket speichern können.

Bild 10-6 gibt eine Taxonomie regulärer Verbindungstopologien nach den hier besprochenen Kriterien an und führt eine Reihe von aus der Literatur bekannten Topologieklassen auf. Es ist hier nicht der Platz, all die vielen existierenden Varianten in aller Ausführlichkeit zu besprechen. Wir wollen nur kurz auf die hauptsächlichen Kategorien von Verbindungsnetzen und deren Eigenschaften eingehen, wobei wir uns auf [FEN 83] abstützen.

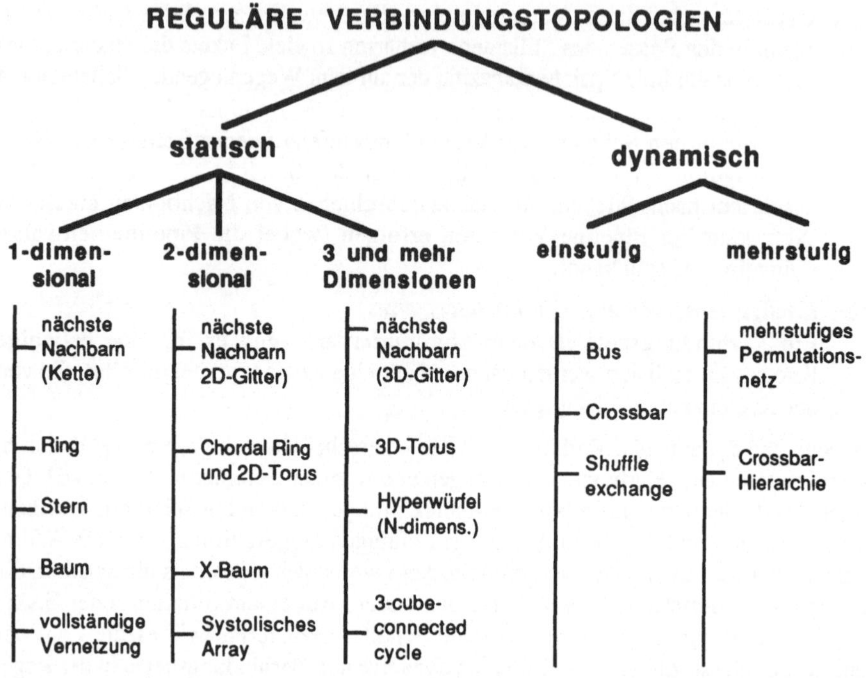

Bild 10-6 Taxonomie regulärer Verbindungstopologien

10.2.2 Beispiele für Verbindungsnetze

Bild 10-7 illustriert einige der wichtigsten Topologien von Verbindungsnetzen. Die wesentlichen, praktisch bedeutsame statische Netze sind:

- Busse
- Ringe, üblicherweise in der Form der Tokenringe
- Gitter (Nächste-Nachbar-Verbindung), üblicherweise zweidimensionale Gitter
- systolische Arrays (bei Spezialrechnern für Signalverarbeitung).
- Hyperwürfel
- Crossbar-Hierarchien, einschließlich den CLOS-Netzwerken

Nach wie vor spielt der Parallelbus eine große Rolle, wenn nur wenige Sender und Empfänger zu verbinden sind. Dem Parallelbus ist inzwischen aber eine starke Konkurrenz durch den Crossbar entstanden, da der Crossbar eine höhere Übertragungsgeschwindigkeit zu realisieren gestattet. Große Crossbar-Hierarchien sind stark im Kommen, da sie etwa gleich gute Verbindungseigenschaften wie die Hyperwürfel aufweisen, in der Realisierung jedoch wesentlich kostengünstiger sind. Zu dieser Kategorie gehört auch die CLOS-Netzwerke.

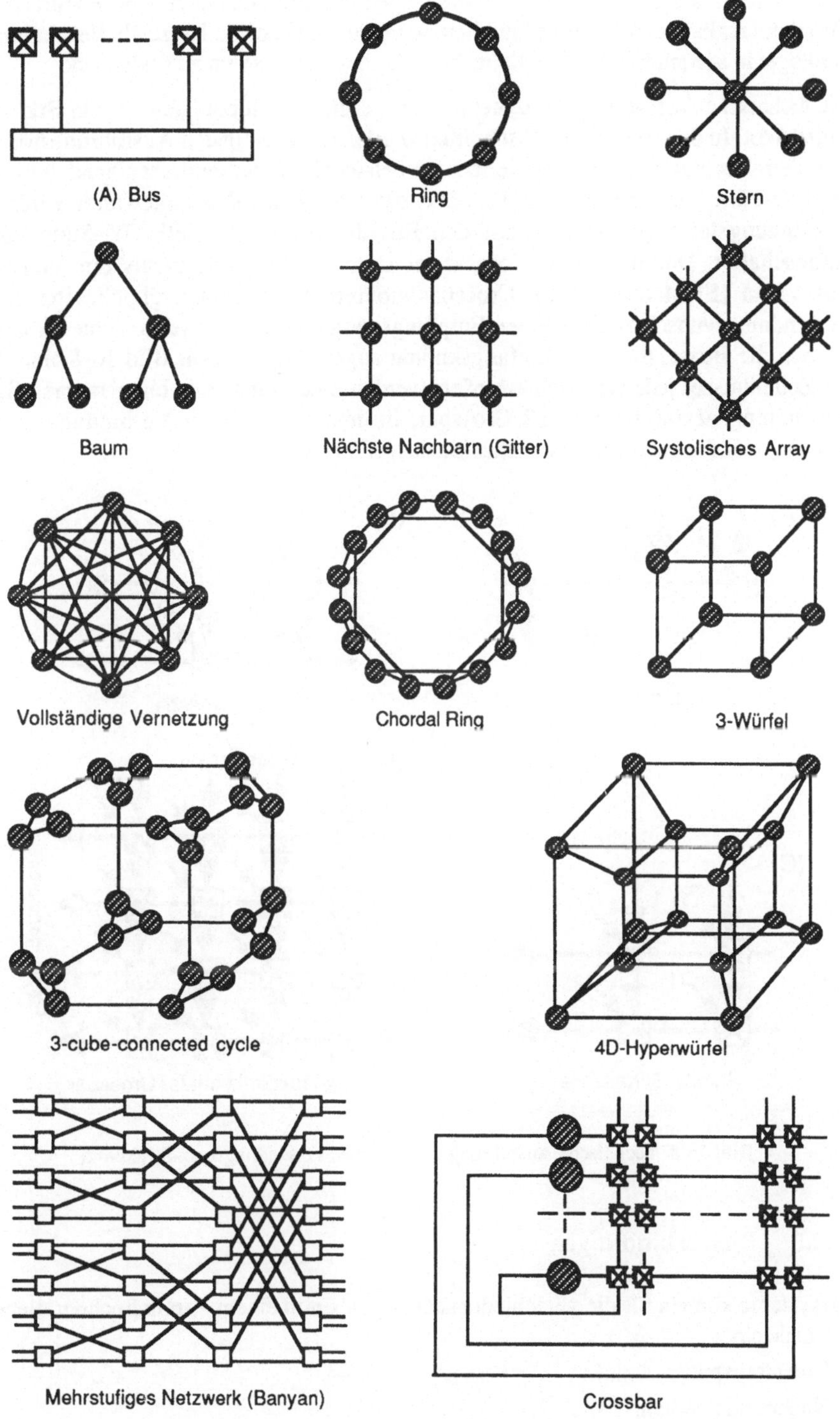

Bild 10-7 Beispiele für Verbindungstopologien

Die Schaltzellen (*switch boxes*) mehrstufiger Permutationsnetze sind ebenfalls als Crossbars realisiert. Allerdings muß betont werden, daß solche Netze als Verbindungstopologie in kommerziellen Parallelrechner-Architekturen kaum zu finden sind.

Die technische Ausführung der dynamischen Verbindungstopologien wird in Bild 10-8 angedeutet. In den folgenden Abschnitten werden die wichtigsten Ausführungsformen von Verbindungsnetzen für Parallelrechner behandelt. Im wesentlichen handelt es sich in allen Fällen um die gleiche Technik, die auch beim Bus angewandt wird: die Verbindungsleitungen werden auf den Bus durch eine spezielle Tri-State-Logik aufgeschaltet. Damit ist ein Crossbar technisch nichts anderes als ein Vielfach-Bussystem [ERM 85]. Da im Crossbar mehrere Sendeknoten gleichzeitig einen Verbindungswunsch zu demselben Empfangsknoten an den Crossbar richten können, müssen die Busse, die den Empfangsknoten zugeordnet sind (in Bild 10-8 sind dies die Zeilenbusse) jeder für sich arbitriert werden. Die Schaltzelle eines mehrstufigen Verbindungsnetzes ist ein 2x2-Crossbar, in dem immer zwei Verbindungen (die geraden oder die gekreuzten) gleichzeitig ausgeführt werden.

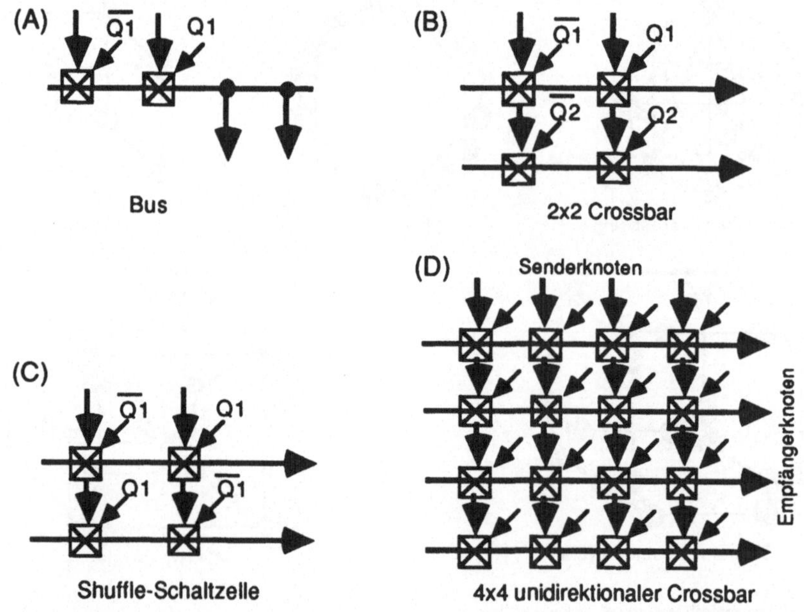

Bild 10-8 Technische Ausführung dynamischer Verbindungsnetz-Strukturen

10.2.3 Busverbindungen

Bussysteme können für die verschiedensten Aufgaben in einem Parallelrechner dienen. Beispiele sind:

- Datentransport
- Nachrichtenverkehr
- Synchronisation

- Interrupts
- Fehlerdiagnose.

Entsprechend der Anwendung kann die Ausführungsform der Busse sowie die Anforderungen an ihre Übertragungsgeschwindigkeit (Datenrate) stark variieren, da diese Parameter für die Anwendung optimiert werden. Busparameter sind außer der Datenrate:

- Wortbreite: seriell bis parallel mit bis zu 128 Bits
- Übertragungsverfahren (synchron, asynchron)
- Hierarchiestufen: lokale Busse, globale Busse.

In der Knotenarchitektur eines Parallelrechners ist der Prozessorbus nach wie vor nicht wegzudenken. Bei Parallelrechnern mit gemeinsamem Speicher erfolgte in der Vergangenheit die Verbindung zwischen den Prozessoren und dem Speicher ebenfalls durch einen Parallelbus. In neuerer Zeit tritt hier aber die Crossbar-Verbindung immer stärker in Konkurrenz zum Parallelbus.

Die Geschwindigkeit eines Bussystems wird durch eine Reihe von Faktoren begrenzt:

- Laufzeit der Leitungen (erfordert kurze Leitungen)
- Kapazitive Last der Empfängerkanäle
- Verzögerungszeit der Port-Ankopplung
- Arbitrierungszeit
- Taktversetzungen (*clock skew*).

Aus diesen Parametern sowie der Treiberleistung der Sender ergibt sich die erzielbare Zeit für einen Buszyklus und damit die Taktrate. Busverbindungen stellen aus diesen Gründen nur solange eine schnelle Verbindungsstruktur dar, wie der Bus kurz gehalten werden kann. Mit einem Parallelbus, der nicht länger als eine Einschubbreite (ca. 40 cm) ist, kann man beim heutigen Stand der Bauteiletechnik mit einem Bustakt von bis zu etwa 50 MHz arbeiten. Bei einem 64-Bit-breiten Bus ergeben sich somit maximal 400 Mbyte/s (der 256-Bit-breite Future2-Bus ist entsprechend mit einer Maximalrate von 1,6 Gbyte spezifiziert). Bei einem Platinenabstand von 20 mm (0.8") kann man auf diese Weise maximal 20 Einplatinen-Knoten verbinden. Man erkennt damit das Problem des Parallelbusses als Knoten-Verbindungsnetz: er ist nur für kleine Systeme mit einer geringen Knotenzahl nutzbar, z.B. innerhalb eines *Clusters* von 16 Knoten. Bild 10-9 zeigt eine solche Lösung, die im SUPRENUM-Rechner angewandt wurde [GIL 89].

Ein SUPRENUM-Cluster besteht aus 20 Einplatinen-Knoten. Dieses sind:

- 16 Arbeitsknoten
- 2 Kommunikationsknoten
- 1 Ein/Ausgabe-Knoten für die in jedem Cluster vorhandenen Plattenspeicher
- 1 Diagnose-Knoten für alle Einrichtungen des Clusters.

Diese 20 Knoten sind über zwei Parallelbusse mit einer Datenrate von je 160 Mbyte/s verbunden. Die genannte Busrate schließt den Speicherzugriff im Knoten mit ein; den Bus selbst hätte man auch noch schneller machen können. Es wurden zwei solche Busse vorgesehen, die beide gemeinsam arbitriert werden. Mit dieser Lösung [GIL 89] erreicht man:

- daß das Bussystem fehlertolerant gemacht werden kann und
- sich dabei die Verbindungsbandbreite auf 320 Mbyte/s verdoppelt.

Dies ergibt für den Fall, daß alle Arbeitsknoten gleichzeitig kommunizieren (d.h. für 8 Kommunikationspaare) eine Verbindungsbandbreite von 40 Mbyte/s pro Paar, was der Knoten-Spitzenleistung von 20 MFLOPS mehr als angemessen ist. Wie oben ausgeführt könnte man mit der heute verfügbaren Technik und bei gleicher Busarchitektur die Verbindungsbandbreite pro Paar auf 100 Mbyte/s erhöhen, was einer Knoten-Spitzenleistung von bis zu 100 MFLOPS angemessen wäre. Da man inzwischen aber noch höhere Knotenleistungen erzielen kann, ist der Clusterbus nicht mehr unbedingt die angemessene Lösung.

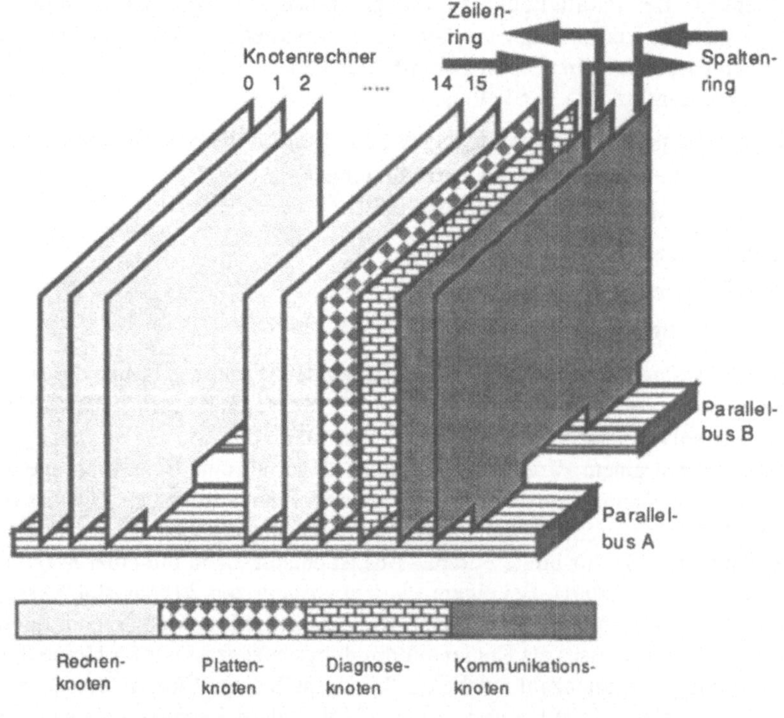

Bild 10-9 SUPRENUM-Cluster mit zwei Cluster-Bussen

Beim SUPRENUM-Clusterbus wurde von der Möglichkeit Gebrauch gemacht, durch Anwendung des Pipelineverfahrens den Datendurchsatz dieses synchron arbeitenden Busses zu erhöhen [BaM 89]. Bild 10-10 illustriert dieses Verfahren. Danach hat die fünfstufig Pipeline die Phasen:

- *Bus Request*: Anforderung des Busses durch den Sender
- *Bus Grant*: Zuteilung des Busses durch den Arbiter
- *Addressing*: Anlegen der Empfängeradresse an den Bus durch den Sender
- *Data Transfer*: Übertragung eines Speicherworts durch den Sender
- *Status Report*: Rückmeldung (Bestätigung oder Fehlermeldung) vom Empfänger

Im Beispiel von Bild 10-10 werden 4 Kommunikationspaare angenommen (*Pair A, Pair B, Pair C, Pair D*), die alle gleichzeitig (mit überlappenden Phasen) den Bus benutzen. Jedes Paar nimmt mit jedem vierten Takt einen Datenaustausch vor.

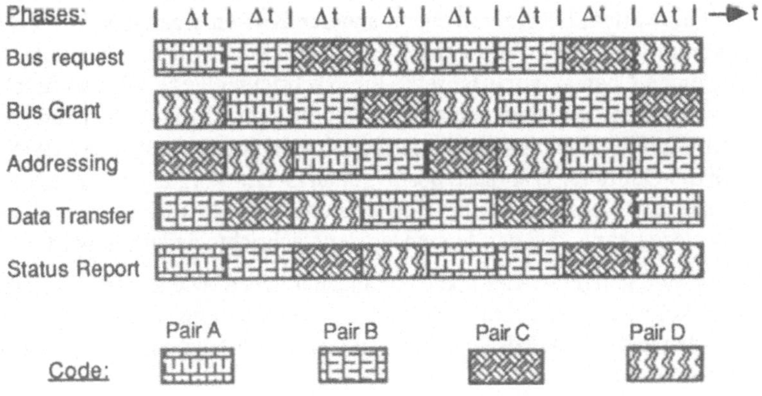

Bild 10-10 Pipeline-Betrieb des SUPRENUM-Clusterbus

10.2.4 Ringstrukturen

Ringbusse werden in der Regel als *Tokenringe* ausgeführt, bei denen das folgende Übertragungsprotokoll zur Anwendung kommt. Auf dem Ring zirkuliert ständig ein spezielles Bitmuster, das *Token*. Wenn niemand sendet, dann ist das Token als *frei* gekennzeichnet. Ein Knoten, der senden will, muß auf das Frei-Token warten. Sobald dieses bei ihm durchkommt, belegt er es, wobei er die Tokenkennung von *frei* in *belegt* ändert. Anschließend schreibt er in ein Kopfpaket (*header*) die Zieladresse und seine eigene Adresse sowie weitere Leitinformationen wie zum Beispiel die Länge der Nachricht, der Type der Nachricht, usw. Die Zieladresse kann auch eine Gruppenadresse sein, was eine Mehrfachverbindung (*multicast*) bewirkt. An das Kopfpaket fügt er dann die paketierte Nachricht an. Es können maximal so viele Datenpakete im Ring kreisen, wie dessen Speicherkapazität beträgt.

Die von Senderknoten ausgesandte Nachricht zirkuliert durch den Ring, bis sie wieder zum Sender zurückkommt. Jeder Zwischenknoten schaut sich sowohl die Empfängeradresse als auch die Senderadresse im Kopfpaket eines jeden Belegt-Tokens an, wenn dieses bei ihm durchkommt. Ist die Empfängeradresse die eigene Adresse, so kopiert der Empfängerknoten die Nachricht in einen Puffer, nimmt sie aber nicht aus dem Ring. Ferner schreibt er im Falle des erfolgreichen Empfangs der Nachricht eine Quittung (*positive acknowledgement*) in das Schwanzpaket (*tail*) der Nachricht. Konnte die Nachricht nicht erfolgreich empfangen werden — zum Beispiel weil sie verstümmelt ankam oder weil der Empfängerknoten gerade keinen Puffer frei hatte — so setzt er anstelle der positiven Quittung eine entsprechende Fehlermeldung ein. Das Endpaket enthält eine Prüfsumme; ist diese falsch, dann gilt die Nachricht als verstümmelt.

Erkennt ein Knoten die Senderadresse als seine eigene Adresse, dann weiß er, daß dies seine Nachricht ist, die jetzt wieder zu ihm zurückkehrt. Daraufhin entfernt der Senderknoten die Nachricht aus dem Ring. Am Ende fügt er ein Frei-Token an (das Belegt-Token wurde ja mit dem Rest der Nachricht entfernt). Will der Senderknoten erneut senden, dann darf er selbst nicht das von ihm eingesetzte Frei-Token belegen, sondern er muß warten, bis ein von einem anderen Knoten erzeugtes Frei-Token bei ihm durchkommt. Auf diese Weise wird das Token-Protokoll *fair*, d.h. alle Knoten haben die gleiche Chance, vorausgesetzt, die Nachrichtenlänge wird so beschränkt, daß nicht ein Knoten den Ring dadurch "monopolisieren" kann, daß er ihn ganz mit seiner Nachricht füllt. Während des Entfernens der Nachricht interpretiert der Senderknoten auch die Quittung. War diese positiv, dann ist der Vorgang beendet; war diese eine Fehlermeldung, dann startet der Senderknoten eine Ausnahmebehandlung, die z.B. darin bestehen kann, daß das Aussenden der Nachricht wiederholt wird.

Jeder Knoten muß gerade so viel Speicherkapazität haben, wie zur Interpretation des Tokens, der Adressen, der Leitinformation und der Quittung notwendig ist. Diese Speicher werden in der Regel als Schieberegister ausgeführt, die mit dem gleichen Takt wie der Ring arbeiten.

Als Beispiel betrachten wir das in Bild 10-11 gezeigte Ringbus-Verbindungsnetz, welches im SUPRENUM-Rechner die Cluster verbindet. Dieses Netz stellt das "obere Verbindungssystem" der hierarchischen SUPRENUM-Verbindungsstruktur dar, während die die Knoten verbindenden Clusterbusse (s. oben) das "untere Verbindungssystem" bilden. Das obere Verbindungsnetz kann man als eine Matrix von Ringbussen ansehen. Diese Topologie wird mitunter auch als zweidimensionale Torusstruktur bezeichnet. Der Leser kann aber auch leicht nachprüfen, daß diese Topologie mit der eines 4-Würfels identisch ist.

Jeder der in Bild 10-11 gezeigten Ringverbindungen wird durch zwei Tokenring-Busse realisiert. Dabei handelt es sich um einen Vorläufer des FDDI-Bus, den *Taxibus*, für den es käufliche Bausteine gibt. Diese Verdopplung erhöht die Übertragungsrate eines jeden Rings auf 20 Mbyte/s und macht gleichzeitig den Ring fehlertolerant. Die Busse selbst können als Koaxialleitungen oder als Lichtleiter ausgeführt werden.

Zum Anschluß des Clusters an die Zeilen- und Spaltenringe dient ein spezieller Kommunikationsknoten. Dieser muß recht komplexe Funktionen ausführen. Zunächst muß er den Anforderungen von zwei verschiedenen Protokollen entsprechen: einerseits dem Nachrichtentransfer-Protokoll der CPU und andererseits dem synchronen Wortübertragungs-Protokoll des Clusterbusses, welches auch auf den Tokenringen benutzt wird. Ferner muß der Kommunikationsknoten die Flußkontrolle im System übernehmen. Dazu muß er Überlastungen oder gar Ausfälle erkennen und durch Herstellung alternative Wege in der Ringbus-Matrix zu kompensieren versuchen, und dies alles mit einer Datenrate von 10 Mbyte/s auf der einzelnen Leitung. Die dazu notwendige Verbindung von Funktionalität und Arbeitsgeschwindigkeit wird durch ein Mikroprogrammsteuerwerk erhalten.

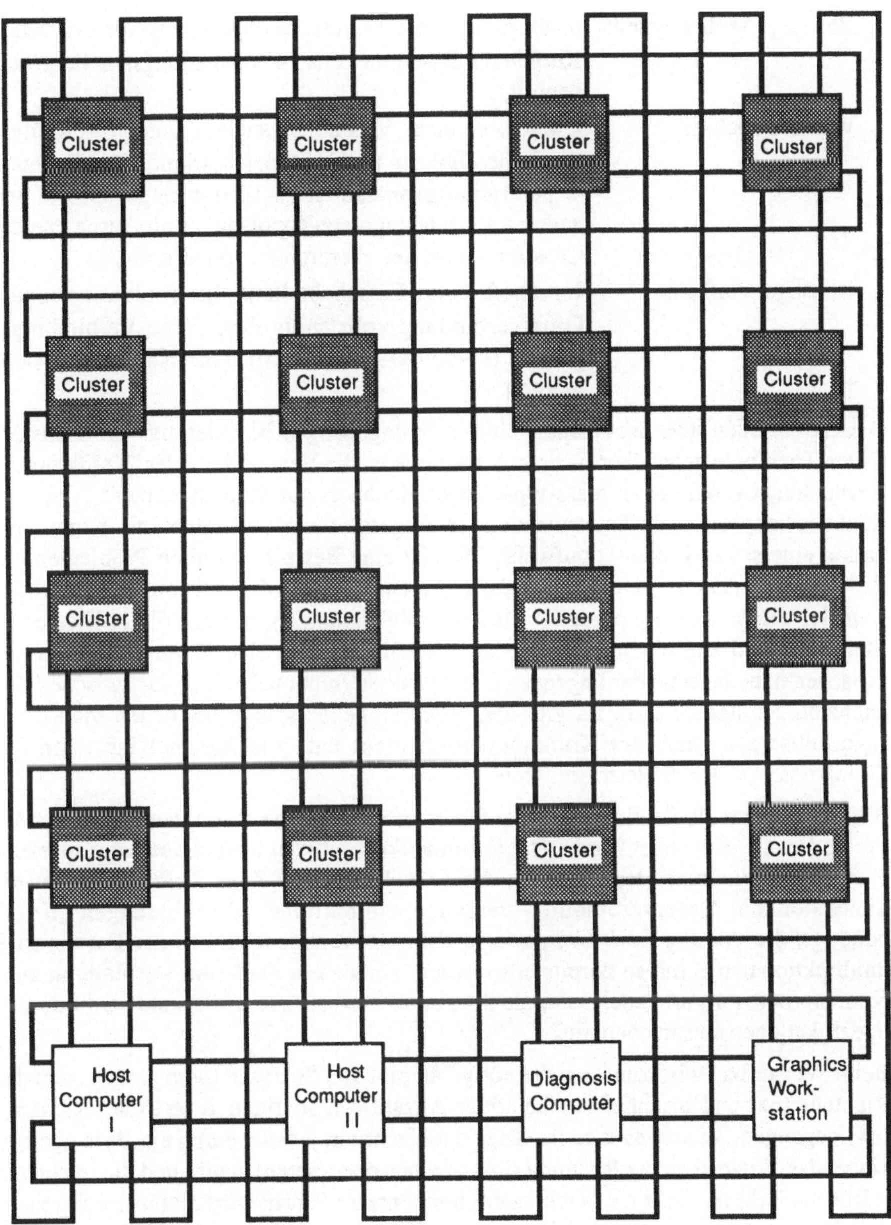

Bild 10-11 Ringbus-Verbindungssystem der SUPRENUM-Cluster

10.2.5 Gitterverbindungen (Nächste Nachbarn)

Die zweidimensionale Gitterverbindung *(2D-mesh)* ist inzwischen bei kommerziellen massiv-parallelen Rechnern zu einer beliebten Verbindungsform geworden, da sie folgende Vorteile aufweist:

- Beliebige Skalierbarkeit: unabhängig von der Größe des Systems werden für jeden Knoten im 2D-Gitter genau 4 Verbindungskanäle (*links*) benötigt.
- Wirtschaftlichkeit: Die Kosten eines Verbindungsnetzes werden wesentlich durch die Zahl der Verbindungen bestimmt. Die Zahl von 4 Verbindungskanälen ist deutlich geringer als bei den anderen Verbindungsnetz-Topologien (mit Ausnahme der Crossbars bzw. der Hierarchien von Crossbars).
- Günstiger Aufbau: Innerhalb eines Einschubs kann die zweidimensionale Gitterverbindung vollständig durch eine Verbindungsplatine (*backplane*) und damit ohne Kabel hergestellt werden.

Diesen Vorteilen steht der Nachteil eines sehr ungünstigen Blockierungsverhaltens der Gitter-Topologie gegenüber (s. unten). Dadurch ist die Verwendung des 2D-Gitters als Verbindungsstruktur eines massiv-parallelen Rechners nur dann angebracht, wenn der Rechner hauptsächlich für Anwendungen eingesetzt wird, bei denen die Kommunikation eine starke Lokalität aufweist. Dies ist zum Beispiel bei allen Problemen der Fall, bei denen der Lösungsraum in der Form eines Gitters diskretisiert wird, wie zum Beispiel bei der Lösung partieller Differentialgleichungen, bei den Finite-Elemente-Methoden und ähnlichem. Bei diesen Problemen findet eine Kommunikation nur zwischen nahe beieinander liegenden Gitterpunkten (nicht unbedingt nur zwischen den nächsten Nachbarn) statt. Es gibt aber auch Gegenbeispiele, bei denen man diese Lokalitätseigenschaft der Kommunikation nicht hat. Als Beispiel läßt sich die Simulation neuronaler Netze anführen.

Bild 10-12 zeigt die Realisierung einer Gitterverbindung, wie sie im Parallelrechner der Firma *Ametek* verwendet wurde. Die Kommunikation findet hierbei über eine spezielle Hardwareeinrichtung des Knotens, die *Link Unit*, statt. Zum Aufbau einer zweidimensionalen Gitterverbindung werden 4 bidirektionale Verbindungen (*links*) benötigt, die von der *Link Unit*, wie in Bild 10-12 angedeutet, in der Form von 8 unidirektionalen Kanälen bereitstellt werden. Außerdem muß eine Verbindung zum Knotenprozessor vorhanden sein, die über den Prozessorbus erfolgt und somit dessen Spezifikationen entsprechen muß.

Beim Wegaufbau wird zunächst die nötige Anzahl von Schritten (*hops*) in horizontaler Richtung (Δx) und anschließend die nötige Anzahl von Schritten in vertikaler Richtung (Δy) gegangen. Δx und Δy sind im Kopf der Nachricht jeweils durch ein Byte codiert, wobei das Vorzeichen die Richtung (links-rechts, oben-unten) angibt und die restlichen 7 Bits die Zahl der Schritte. Nach jedem horizontalen Schritt wird Δx um 1 dekrementiert (falls es positiv ist) bzw. inkrementiert (falls es negativ ist). Ist $\Delta x=0$, dann wird auf den vertikalen Weg umgeschaltet, und es wird jetzt Δy dekrementiert bzw. inkrementiert. Ist $\Delta y=0$, so wird die Nachricht über den P-Ausgang zum Prozessor geleitet. Arbitriert (und damit reserviert) wird ein Weg immer für die gesamte Nachricht. Jeweils nach Erkennen eines Nachrichtenendes (*tail*) wird die nächste wartende Verbindungsanforderungen nach der *Round Robin*-Strategie bedient.

Jede Schaltzelle im 2D-Gitter antwortet auf das vom Sender zu ihr gesandte *request*-Signal mit dem *acknowledge*-Signal (*asynchronous handshake*). Der Sender sendet daraufhin ein Byte in das Netz, nach Empfang des nächsten *acknowledge*-Signals das nächste Byte usw. Ist eine Schaltzelle blockiert, so bleibt das *acknowledge*-Signal aus, und der Sender geht solange in einen Wartezustand, bis er wieder ein *acknowledge*-Signal erhält (*worm hole routing*).

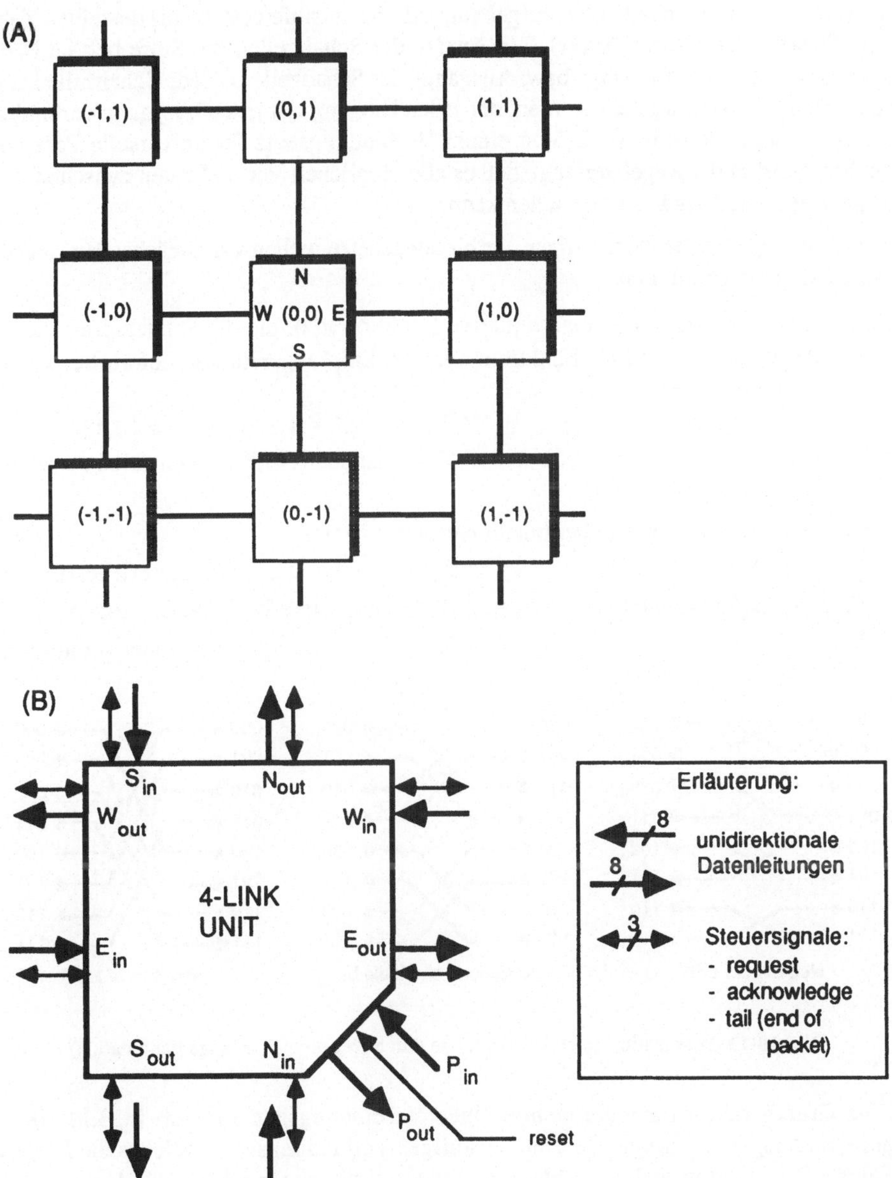

Bild 10-12 Realisierung einer 2D-Gitterverbindung

10.2.6 Mehrstufige Verbindungsnetze

Mehrstufige Verbindungsnetze verbinden N Sender mit N Empfängern bzw. N Knoten untereinander, wobei die Knoten senden oder empfangen können. Die Verbindung wird über mehrere Schaltstufen aufgebaut; jede Schaltstufe besteht aus derselben Zahl von Schaltzellen (*switch boxes*). Die Anzahl der Schaltzellen pro Stufe beträgt N/R, wenn R die Zahl der Eingänge bzw. Ausgänge der Schaltzelle ist. Jede Schaltzelle kann als RxR-Crossbar aufgefaßt werden, der jeden Eingang mit jedem Ausgang verbinden kann. Üblicherweise ist R=2. Von einem Verbindungsnetz für universelle Parallelrechner wird in der Regel verlangt, daß es alle möglichen Verbindungen zwischen den Eingängen und Ausgängen herstellen kann.

Als Grundlage für die mehrstufigen Verbindungsnetze wollen wir zunächst den Begriff der Permutation einführen.

DEF: Eine Permutation ist eine bijektive Funktion $\pi(x)$, die die Senderadresse x als Argument hat und als Funktionswert die Empfängeradresse liefert. Sei x eine binäre Adresse:

$$x = \{b_n, b_{n-1}, \dots, b_1\} = b_n\, 2^{n-1} + b_{n-1}\, 2^{n-2} + \dots + b_1, \quad b_i \in \{0,1\}$$

Dann entstehen die verschiedensten Permutationen durch Manipulation einzelnen Bits der Senderadresse.

Beispiele für häufig benutzte Permutationen sind:

- *Exchange Permutations*: es wird jeweils eines der Bits negiert (Bild 10-13);
- *Perfect Shuffle Permutation*: es werden eine gewisse Zahl von Bits rotiert;
- *Butterfly*: es werden gewisse Bits gegeneinander vertauscht.

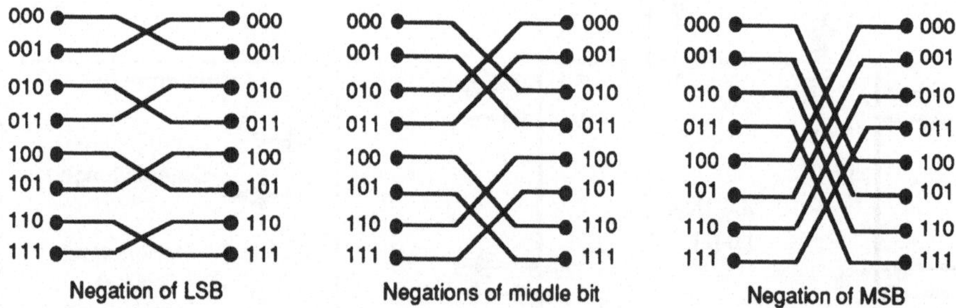

Bild.10-13 Permutation einer 3-Bit-Adresse durch Negation (Exchange Permutation)

Eine Grundstruktur für viele mehrstufigen Verbindungsnetze ist das in Bild 10-14 gezeigte *Shuffle-Exchange-Netz*, ein einstufiges Verbindungsnetz, welches die *Perfect Shuffle*-Permutation realisiert. Man kann theoretisch zeigen [WaF 81], daß man bei mehrmaligem Durchlaufen dieses Netzwerks (mit jeweils anderen Schalterstellungen) alle möglichen Permutationen herstellen kann. Als obere Schranke für die zur Herstellung aller Permutationen notwendigen Zahl von Durchläufen ergibt sich $3^*(\log_2 N)-1$ [WaF 81]. Solche Netze werden auch als *recirculating networks* bezeichnet. Als Verbindungsnetz für Hochleistungs-Parallelrechner kommen sie nicht in Frage, da das mehrmalige Durchlaufen zu einer untragbar hohen Latenzzeit führen würde. Anstatt das *Shuffle-Exchange*-Netzwerk mehrmals zu durchlaufen, kann man auch entsprechend viele Netzwerke dieser oder ähnlicher Art hintereinander schalten (s. z.B. Bild 10-15).

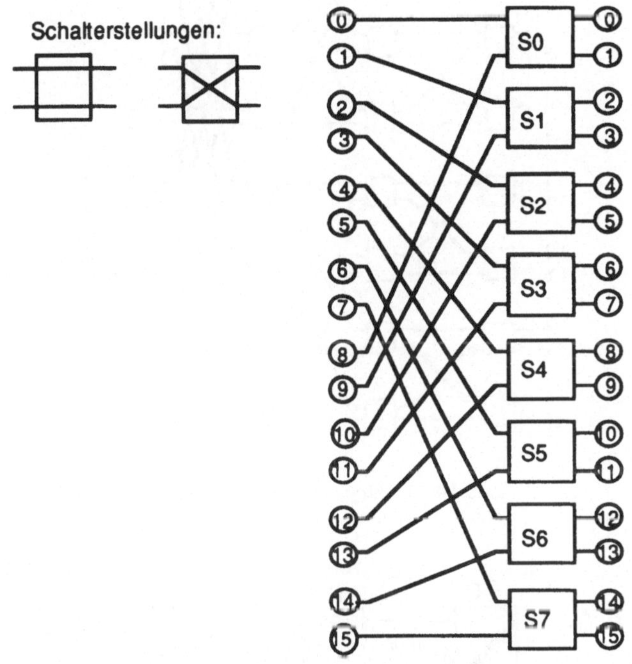

Bild 10-14 Shuffle-Exchange-Netzwerk

Dieses Vorgehen führt allgemein zu dem mehrstufigen Verbindungsnetz, welches von einer Nachricht nur einmal durchlaufen zu werden braucht. Von solchen mehrstufigen Topologien gibt es eine große Zahl von Varianten, die alle so ziemlich das gleiche leisten und auch dasselbe kosten [ERM 85[. Zum Teil werden sogar identisch gleiche Topologien in der Literatur mit verschiedenen Namen belegt [MON 89]. Das in Bild 10-15 gezeigte *Banyan*-Netzwerk (auch als eines der *FFT-Butterfly*-Netzwerke bekannt) ist nur ein Beispiel von vielen. Andere bekannte Mitglieder dieser Klasse sind (um nur einige zu nennen):

- *Data Manipulator, Omega Network, Flip Network, Baseline Network, Delta Network*

Alle diese Netzwerke haben alle die Eigenschaft, daß zu ihrer Realisierung genau $N(\log_2 N)$ binäre Schaltzellen benötigt werden. Der Preis für den verhältnismäßig geringen Aufwand besteht in dem ungünstigen Blockierungsverhalten dieser Verbindungsnetze. Ein einziger Weg durch das Netz kann, wie in Bild 10-16 angedeutet, das halbe Netz blockieren. Aus diesem Grund sind solche Verbindungsnetze für eine Leitungsvermittlung ungeeignet. Aber auch bei der Paketvermittlung kann noch ein erhebliches Maß an zeitweiligen Blockierungen auftreten [ERM 85].

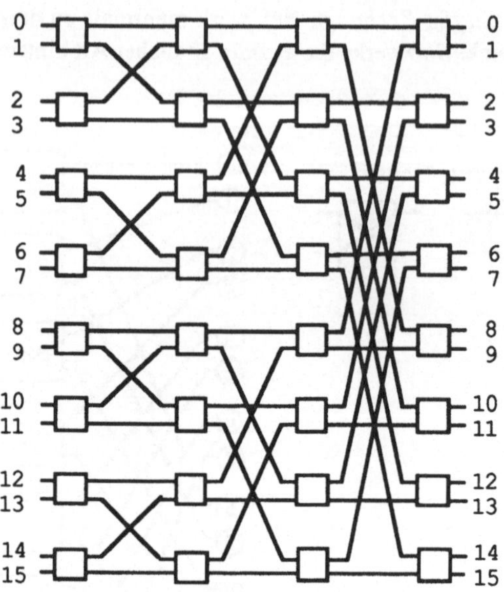

Bild 10-15 Banyan-Netzwerk für N=16

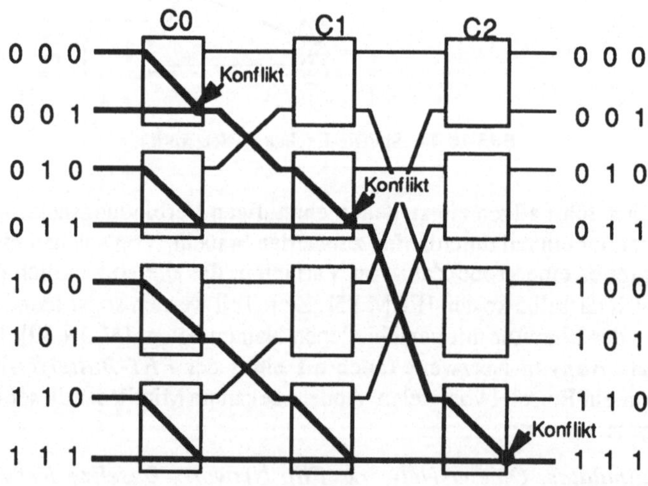

Bild 10-16 Der Weg von 000 nach 111 durch das Banyan-Netz blockiert das halbe Netz

Ein sehr viel günstigeres Blockierungsverhalten weisen die *rearrangeable networks* auf. Diese heißen so, weil sie die Möglichkeit bieten, im Falle von Blockierungen durch Umordnung der Verbindungen alternative Verbindungswege herzustellen. Die bekannteste Klasse von Verbindungsnetzen dieser Art sind die *Benes*-Topologien [BEN 65], von denen Bild 10-17 ein Beispiel zeigt. Die Redundanz, die notwendig ist, um die alternativen Verbindungswege zu erhalten, zeigt sich darin, daß beim *Benes*-Netz $2(\log_2 N)-1$ Stufen notwendig sind [WaF 81],[NaS 81].

um die alternativen Verbindungswege zu erhalten, zeigt sich darin, daß beim *Benes*-Netz $2(\log_2 N)-1$ Stufen notwendig sind [WaF 81],[NaS 81].

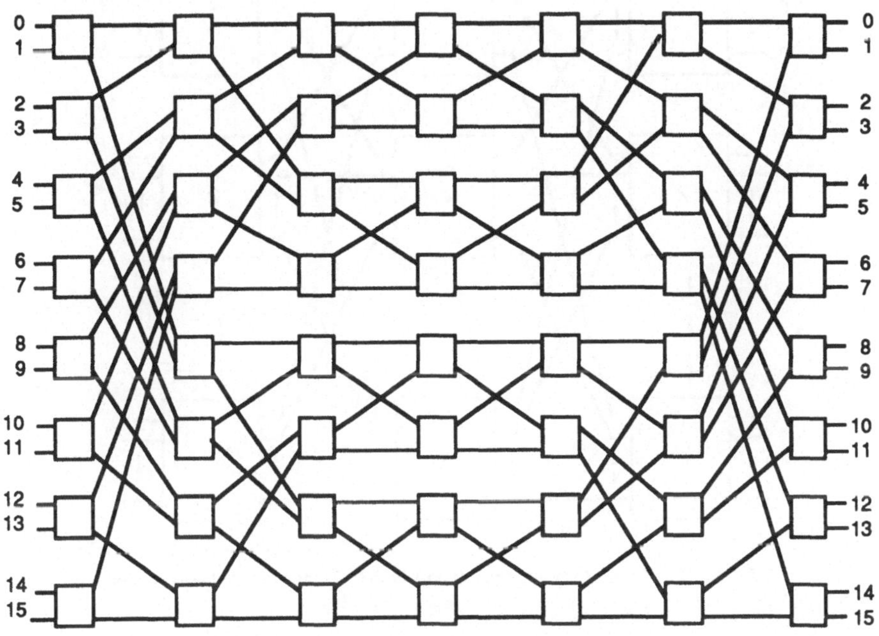

Bild 10-17 Benes-Netzwerk für N=16

Eine Klasse von praktisch blockierungsfreien Verbindungsnetzen sind die CLOS-Netzwerke, für die Bild 10-18 ein Beispiel zeigt. Das CLOS-Netzwerk mit $N = n^*r$ Eingängen und Ausgängen besteht aus 3 Stufen. Die erste und letzte Stufe wird je durch r Crossbar-Schalter mit n Eingängen und m Ausgängen. Die mittlere Stufe besteht aus m Crossbar-Schaltern mit r Eingängen und Ausgängen. Die Crossbar-Schalter können jeweils als ein integrierter Baustein realisiert werden. Dadurch ist nach dem heutigen Stand der Technik ein solches Verbindungsnetz durchaus realisierbar.

10.2.7 Hyperwürfel

Für viele Rechnerarchitekten war lange Zeit die Hyperwürfel-Topologie (*hypercube*) das Non-plus-ultra der Verbindungsnetze. Das Hauptargument für den Hyperwürfel ist, daß er dieselbe $O(N\log_2 N)$-Komplexität wie das mehrstufige Netzwerk hat, dabei aber ein wesentlich besseres Verbindungsverhalten — insbesondere ein viel günstigeres Blockierungsverhalten — als jenes aufweist. In jüngster Zeit ist jedoch eine Abkehr vom Hyperwürfel zugunsten der Gitterverbindung bzw. den Crossbar-Hierarchien zu vermerken.

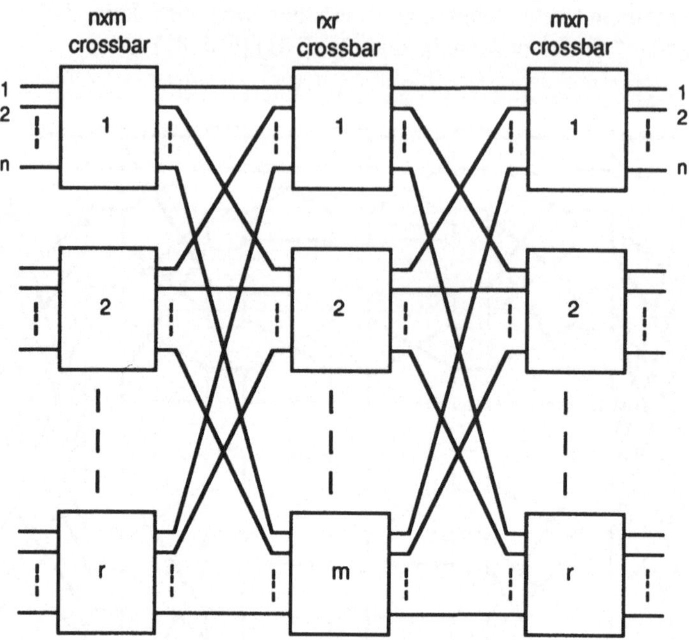

Bild 10-18 CLOS-Verbindungsnetz mit N=n*r Eingängen und Ausgängen

Beim Hyperwürfel fallen wie bei der Gitterverbindung die Schaltzellen mit den Knoten zusammen, d.h. auf dem Wege von einem Knoten zu einem anderen gibt es nicht wie beim mehrstufigen Netzwerk noch Schaltzellen als Zwischenstufen. Die Topologie läßt sich bestenfalls noch bis zum vierdimensionalen Würfel (N=16) zeichnerisch darstellen, wie in Bild 10-7 gezeigt. Man kann darüber hinaus den Hyperwürfel höchstens in einer "abgewickelten" Darstellung veranschaulichen.

Entscheidend dafür, daß der Hyperwürfel aus der Mode zu kommen scheint, sind seine Kosten, die vor allem durch die $M = \log_2 N$ Verbindungskanäle (*links*) verursacht werden. Bei massiv-parallelen Systemen kann M sehr groß werden. Jeder bidirektionale Verbindungsport besteht aus 2 unidirektionalen Verbindungen mit einer aufwendigen Hardware, die zum Beispiel aus den folgenden Komponenten bestehen kann:

- einem sehr schnellen Pufferspeicher (FIFO) hinreichender Größe
- einer Zustandsmaschine zur Steuerung
- einer Logik zur Adreßdekodierung und zum Schalten sowie
- den Leitungstreibern.

Diese Einrichtung, z.B. 20fach vorhanden, kann mehr kosten als der ganze Rechenknoten mit seinen 100 oder mehr MegaFLOPS und seinen vielen Megabytes an Hauptspeicher. Eine zweidimensionale Gitterverbindung hingegen kostet unabhängig von der Größe der Maschine nur 8 unidirektionale Verbindungskanäle pro Knoten, und die Hierarchie von Crossbars kommt im Prinzip mit einem Port aus (s. Kapitel 12).

Als weiterer Nachteil des Hyperwürfels ist festzuhalten, daß diese Topologie von Natur aus nicht skalierbar ist. Man kann dennoch eine gewisse Skalierbarkeit dadurch herstellen, daß man entweder nur unvollständige Würfel aufbaut oder das Verbindungsnetz aus mehreren Würfels verschiedener Dimension zusammensetzt.

10.2.8 Hierarchien von Crossbars

Die einstufige Crossbar-Verbindung stellt die ideale Verbindungsform dar, da jeder Sender jeden Empfänger ohne Zwischenstufen und damit ohne die Gefahr von Blockierungen erreichen kann. Dennoch galt lange Zeit der Crossbar als für größere Systeme zu teuer, und zwar wegen seiner $O(N^2)$-Komplexität, gemessen in der Zahl der Schalter. Bei integrierter Ausführung des Crossbars auf einem VLSI-Chip kosten die Schalter aber lediglich Chipfläche. Die Grenze für die Realisierbarkeit eines Crossbars ist damit nicht durch die Zahl der Schalter gegeben, sondern durch die Zahl der Anschlüsse. Praktisch gibt es heute die in Tabelle 10-3 angegebenen zwei Ausführungsformen von Crossbar-Bausteinen.

Tabelle 10-3 Ausführungsformen von Crossbar-Bausteinen

Anzahl der Datenbits pro Kanal	Crossbar-Grösse	Takt	Überrtragungsrate	Technologie
1	16x16 bis 64x64	0,4...2,4 GHz	50...300 Mbyte/s	GaAs
8	16x16	50...70 MHz	50 Mbyte/s	CMOS

Größere Systeme kann man als Hierarchien von Crossbars aufbauen [MON 89]. Dazu verbindet man auf der untersten Ebene jeweils eine Gruppe von Knoten (je nach Größe des zur Verfügung stehenden Crossbar-Bausteins) zu einem Cluster. Auf der nächsten Ebene werden dann diese Cluster wieder durch Crossbars miteinander verbunden. Dieses Vorgehen läßt sich nötigenfalls rekursiv wiederholen. Bei der Crossbar-Hierarchie führt die Verbindung von zwei Knoten, die verschiedenen Clustern angehören, maximal über (2h+1) Zwischenstufen, wenn h die Zahl der Hierarchieebenen ist. Dadurch können im Gegensatz zur einstufigen Crossbar-Verbindung Blockierungen entstehen. Das Verfahren ist jedoch flexibel; man kann wählen, wieviel Kanäle des Crossbars für die Verbindung der Cluster untereinander benutzt werden sollen und dadurch die Blockierungswahrscheinlichkeit bestimmen [MON 89].

Crossbar-Hierarchien sind deshalb so wirtschaftlich, weil die Zahl der verbindbaren Knoten multiplikativ mit der Zahl der Crossbars anwächst, während die Zahl der Crossbars nur additiv mit der Zahl der Hierarchiestufen zunimmt. Man kann daher annehmen, daß die Crossbar-Hierarchien in Zukunft die vornehmliche Verbindungstopologie für massiv-parallel Systeme sein wird [GaB 91]. Neuere industrielle Entwicklungen gehen in diese Richtung. Bild 10-19 zeigt ein Beispiel für eine zweistufigen Hierarchie, aber es sind auch viele andere Topologien möglich. Wir werden hierauf noch einmal in Abschnitt 12.3.3 zurückkommen.

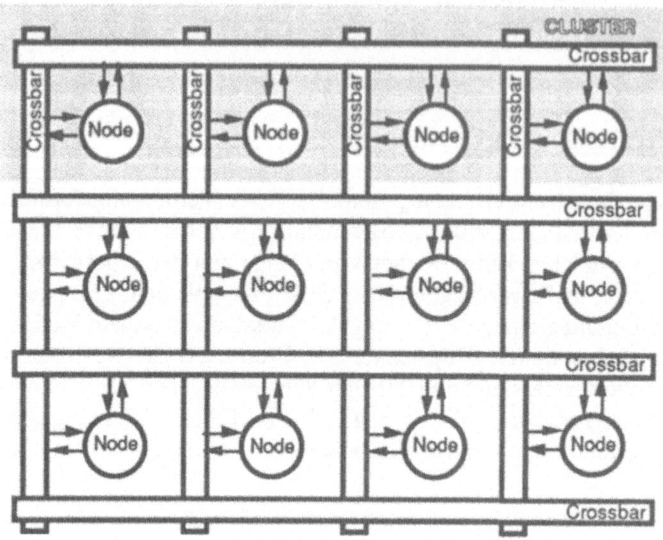

Bild 10-19 Beispiel einer zweistufigen Crossbar-Hierarchie

10.2.9 Eins-zu-N-Kommunikation in Verbindungsnetzen (Broadcast)

Manche Anwendungen wie auch gewisse Systemfunktionen — zum Beispiel die Herstellung eines virtuellen gemeinsamen Speichers (Kapitel 12.4) — erfordern das Versenden von Nachrichten von einem Knoten des Systems zu N anderen Knoten. Man spricht hier von einer Eins-zu-N-Kommunikation oder einem *multicast.* Wenn N die Gesamtzahl der Knoten ist, so nennt man dies einen *broadcast.* Da solche Fälle recht häufig sein können, ist die Suche nach zeitminimalen *Multicast-* oder *Broadcast-*Verfahren äußerst wichtig. Dies bedeutet, daß man ab einer gewissen Systemgröße die Nachrichten nicht sequentiell aussenden wird, sondern eine solche Eins-zu-N-Kommunikation ebenso wie das Rechnen parallelisiert. Nach der Theorie paralleler Algorithmen [AKL 89],[JAJ 92] führt eine optimierte Eins-zu-N-Kommunikation auf baumförmigen Verbindungswegen durch das Verbindungsnetz.

Nach [HAR 92] stellt unter den verschiedenen Baumtopologien der Baum mit logarithmischer Arität (*logtree*) die günstigste Lösung dar, das ist ein Baum, dessen Wurzel $n = \log_2 N$ Kinder hat. Die Tiefe des Baums ist $\log N + 1$. Damit kostet die Verbreitung einer Nachricht durch den *Logtree* auch nur N+1 Schritte. Bild 10-20 illustriert das Bildungsgesetz am Beispiel N=4. Die Zahlen neben den Knoten geben den jeweiligen Übertragungsschritt an, die Zahlen im Knoten sind die Knotenadresse (Index). Diese wird in der Reihenfolge der Nachrichtenübertragung (von oben nach unten und von rechts nach links) gebildet. Natürlich kann man den Baum auch für eine N-zu-eins-Kommunikation verwenden (Beispiel: Abfragen von Zustandsinformation).

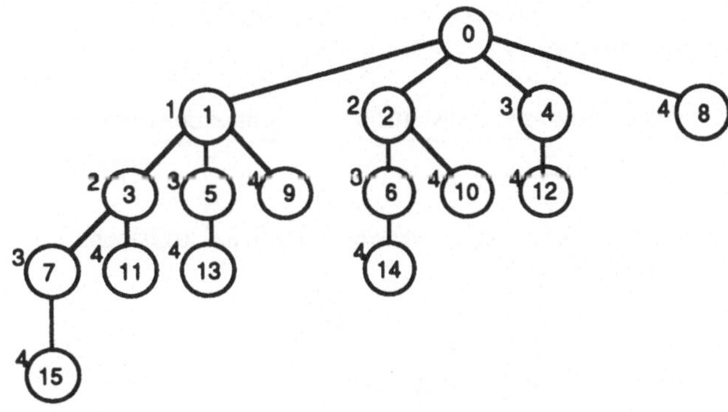

Bild 10-20 Beispiel eines logarithmischen Baums (*Logtree*)

Ein solcher Baum ist *rekursiv selbstähnlich*, d.h. der Unterbaum am ersten Kind der Wurzel entspricht dem *Logtree* des vorherigen Schrittes, und so fort. Das Bildungsgesetz läßt sich auch wie folgt formulieren [HAR 92]:

(1) Anfangs gibt es einen Knoten.
(2) In jedem Dimensionsschritt bekommt jeder Knoten einen Korrespondenten in der neuen Dimension und wird mit ihm verbunden.
(3) Die neuen Knoten werden untereinander genauso vernetzt wie die bisherigen.

Man kann sich leicht überlegen, daß das Bildungsgesetz für den Hyperwürfel genau dem obigen entspricht, bis auf Punkt (3), der beim Hyperwürfel entfällt. Damit ist diese Art der Eins-zu-N-Kommunikation in Hyperwürfel-Netzen besonders sinnfällig. Man kann sie aber auch sehr gut auf die Hierarchien von Crossbars abbilden.

10.3 Verhaltensparameter von Verbindungsnetzen

10.3.1 Benötigte Verbindungsbandbreite

Wir wenden uns zunächst der Frage zu, welche Verbindungsbandbreite zwischen zwei kommunizierenden Knoten wirklich benötigt wird. Eine generelle Antwort gibt es hier natürlich nicht, da die Anforderungen an die Verbindungsbandbreite stark anwendungsabhängig sind. Man kann daher nur versuchen, eine grobe Abschätzung aufgrund einer repräsentativen Anwendung zu finden. Eine solche Abschätzung wird von *Mierendorf* gegeben, wobei er als repräsentative Anwendung die Rot-Schwarz-Relaxation für die Lösung der partiellen Differentialgleichungen vom *Poisson* -Typ betrachtet [GIL 90]. Dieser Algorithmus hat die Eigenschaft, daß er in jedem Iterationsschritt verhältnismäßig wenig Rechnungen aber viel Kommunikation erfordert und somit eine *worst case*-Abschätzung liefert. Wenn man zuläßt, daß die Hälfte der Zeit für einen Iterationsschritt auf die Rechenoperationen und die andere Hälfte auf den Austausch der Ergebnisse zwischen den Gitterpunkten, d.h. auf Kommunikation entfallen darf, dann ergibt sich als *Mindestforderung* für die Kommunikationsbandbreite zwischen zwei Knoten:

$$\frac{\text{Datenrate des Kommunikationskanals}}{\text{Mbyte/s}} \geq \frac{\text{Spitzenleistung des Knotens}}{\text{MFLOPS}}$$

Die erzielbare Datenrate hängt von der verwendeten Schaltkreistechnik ab. Tabelle 10-3 gibt hierfür einen Anhalt.

10.3.2 Aufwand und Verbindungslatenz

Tabelle 10-4 stellt zum Vergleich die wichtigsten Parameter der hier betrachteten Typen von Verbindungsnetzen zusammen [MON 89].

Tabelle 10-4 Aufwands- und Leistungsparameter der hier betrachteten Verbindungsnetze

Topologie	Skalierbarkeit	Durchmesser	Ports per Knoten	Zahl der Schalt-Zellen	Gesamtzahl der Verbindungen
Bus	ja	1	1	n/a	N
Ring	ja	N-1	2	n/a	N
2D-Gitter	ja	$2 \cdot \sqrt{N} - 2$	4	N	2 N
einfaches mehrstufiges Netzwerk	ja	log N	1	N logN/2	N log N
Benes-Netz	ja	2 logN - 1	1	N logN - N/2	N(2logN - 1)
Hyperwürfel	nein	log N	log N	N log N	N log N / 2
Crossbar	ja	1	1	1 NxN-crossbar	2N
Crossbar-Hierarchie, h Stufen	ja	2h+1	h	h*C CxC-crossbars $C = \sqrt[h]{N}$	$2 \cdot h \cdot C$

Als Parameter zur Abschätzung des Aufwands eines Verbindungsnetzes wird oft dessen *Komplexität* angesehen, d.h. das Anwachsen der Zahl der Schaltzellen mit der Zahl N der zu verbindenden Knoten. Unter dem Gesichtspunkt der praktischen Realisierung ist jedoch der wesentlichste Parameter die Zahl der Verbindungskanäle, die im Knoten benötigt werden, sowie natürlich auch die Gesamtzahl der Verbindungen. Ein Parameter, der die Verbindungslatenz wesentlich mit bestimmt, ist die Zahl der Hupfe (*hops*) auf dem Verbindungsweg. Da dies vom jeweiligen Fall abhängt, betrachtet man als kennzeichnenden Parameter des Verbindungsnetzes seinen Durchmesser (*diameter*), das ist die Zahl der Zwischenstufen auf dem längsten Wege.

10.3.3 Blockierungsverhalten

Ein Anhalt über das Blockierungsverhalten von Verbindungsnetzen kann man durch einen Simulator gewinnen, der das Verkehrsverhalten in einem Netz mit vorgegebener Knotenzahl N simuliert [MON 89]. Der Simulator erzeugt logische Verbindungsanforderungen zwischen den Knoten mit zufällig gewählten Adressen und in zufällig gewählten Zeitpunkten, aber einer fest vorgebbaren Rate. Durch eine vorgebbare Wahrscheinlichkeitsverteilung für die Empfängeradressen in Abhängigkeit von ihrer Distanz zur Senderadresse kann jedes beliebige Lokalitätsverhalten simuliert werden. Das (simulierte) Verbindungsnetz versucht dann, die erzeugten Verbindungsanforderungen im Rahmen der vorgegebenen Netztopologie und Verbindungsstrategie herzustellen. Dabei auftretende Blockierungen werden markiert und führen zum Abbruch des Verbindungsversuchs.

Das System führt Buch über:

- die Häufigkeiten der erfolgreichen und der blockierten logischen Verbindungen;
- die Wahrscheinlichkeit für das Gelingen eines Verbindungsversuchs;
- die Wahrscheinlichkeit, daß ein Verbindungsport frei oder benutzt ist;
- die Wahrscheinlichkeit für die Länge der logischen Verbindung bis zur Blockierung oder bis zum Gelingen.

Die Ergebnisse der Simulation sind in den Bildern 10-21 bis 10-25 dargestellt. Dabei wurde eine Zahl von N=1024 Knoten zugrunde gelegt sowie eine Verkehrsdichte im Netzwerk von bis zu 540 gleichzeitigen logischen Verbindungen.

Wir erkennen, daß das Blockierungsverhalten des 2D-Gitters recht schlecht ist, falls alle Verbindungslängen gleichwahrscheinlich sind (keine Lokalität). Bereits bei 82 gleichzeitigen logischen Verbindungen im 32x32-Gitter wird die Wahrscheinlichkeit für ein Blockieren ebenso groß wie die Wahrscheinlichkeit für das Gelingen. Ferner zeigt sich, daß die meisten Blockierungen bereits nach wenigen Hupfen stattfinden. Besser werden die Verhältnisse, wenn die Verbindungsanforderungen eine hinreichend große Lokalität aufweisen, d.h. wenn Verbindungen mit den nächsten Nachbarn wesentlich häufiger gefragt sind als Verbindungen über größere Entfernungen. Für Anwendungen, in denen eine solche Lokalität gegeben ist — z.B. bei der Lösung partieller Differentialgleichungen — ist die 2D-Gitterverbindung durchaus akzeptabel.

Das günstigste Blockierungsverhalten unter den hier untersuchten Netztopologien hat der Hyperwürfel. Dies ist durch die verhältnismäßig hohe Zahl von alternativen Wegen im Würfel zu erklären. Die einfachen mehrstufigen Verbindungsnetze (wie z.B. das als Repräsentant für diese Klasse betrachtete Banyan-Netz) liegen in ihrem Blockierungsverhalten etwa in der Mitte zwischen den 2D-Gittern und den Hyperwürfeln. Bemerkenswert ist vor allem aber das Blockierungsverhalten der zweistufigen Crossbar-Hierarchie, welches fast ebenso gut wie das der Hyperwürfels ist. Die Crossbar-Hierarchie ist in ihrem Realisierungsaufwand aber wesentlich günstiger als der Hyperwürfel, wenn man als hauptsächlichen Kostenfaktor die Zahl der benötigten Verbindungskanäle (*links*) und damit auch die Zahl der Verbindungen zugrunde legt.

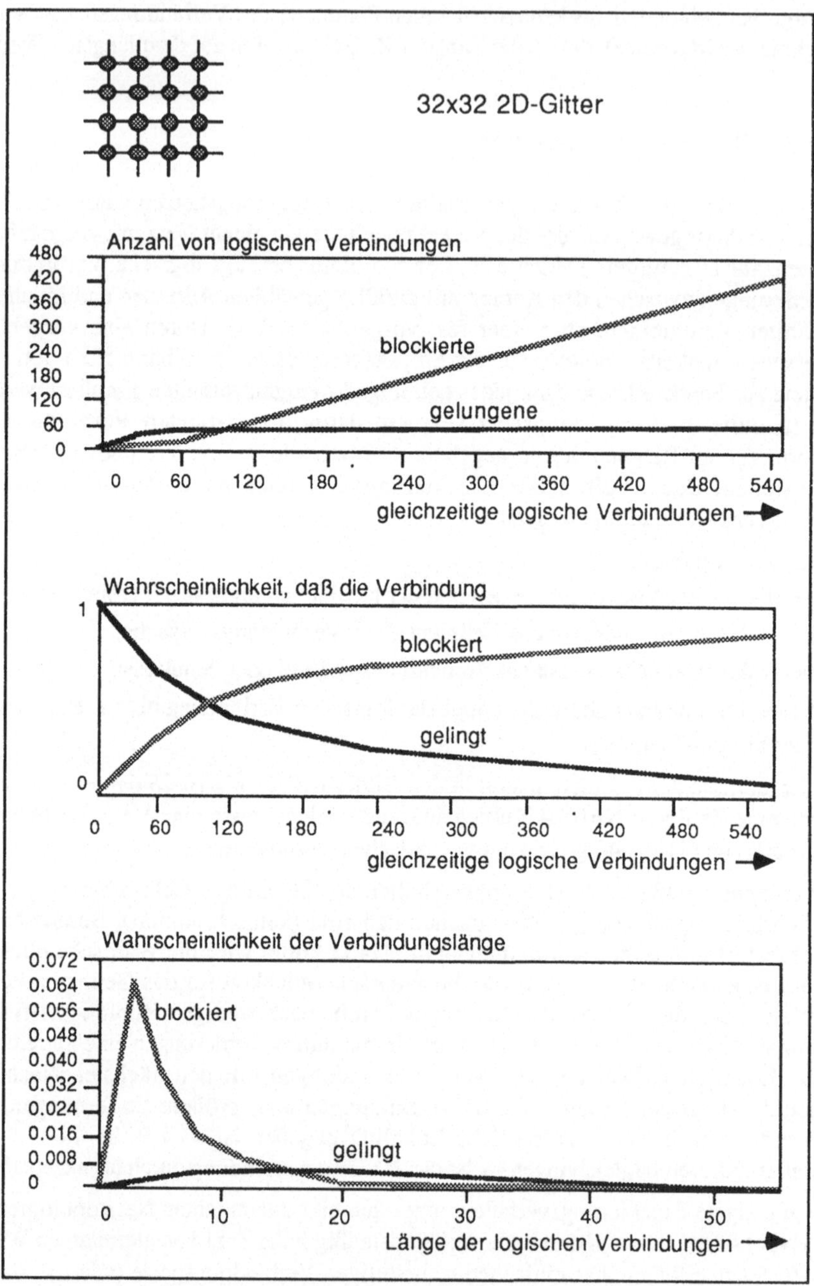

Bild 10-21 Blockierungsverhalten der 2D-Gitterverbindung ohne Lokalität

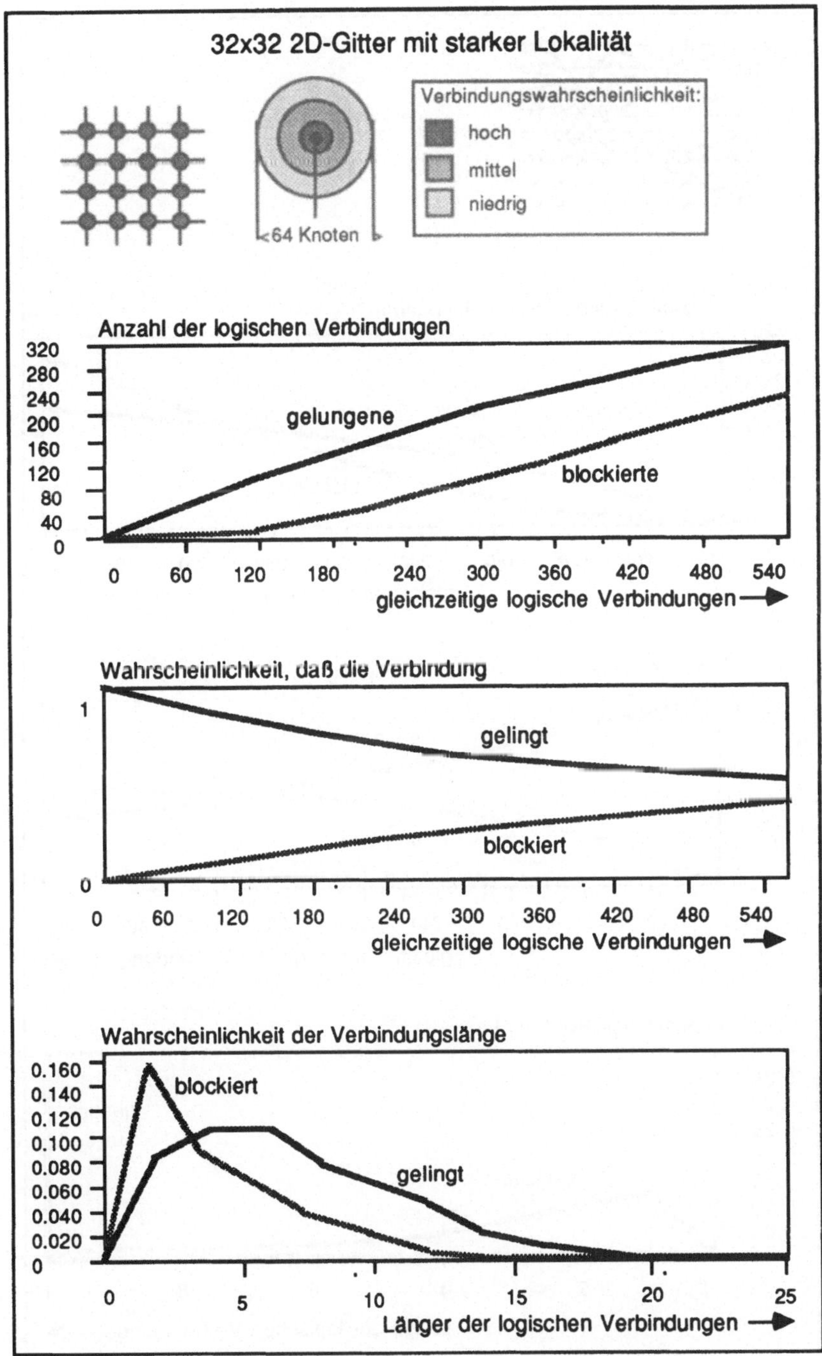

Bild 10-22 Blockierungsverhalten der 2D-Gitterverbindung mit Lokalität

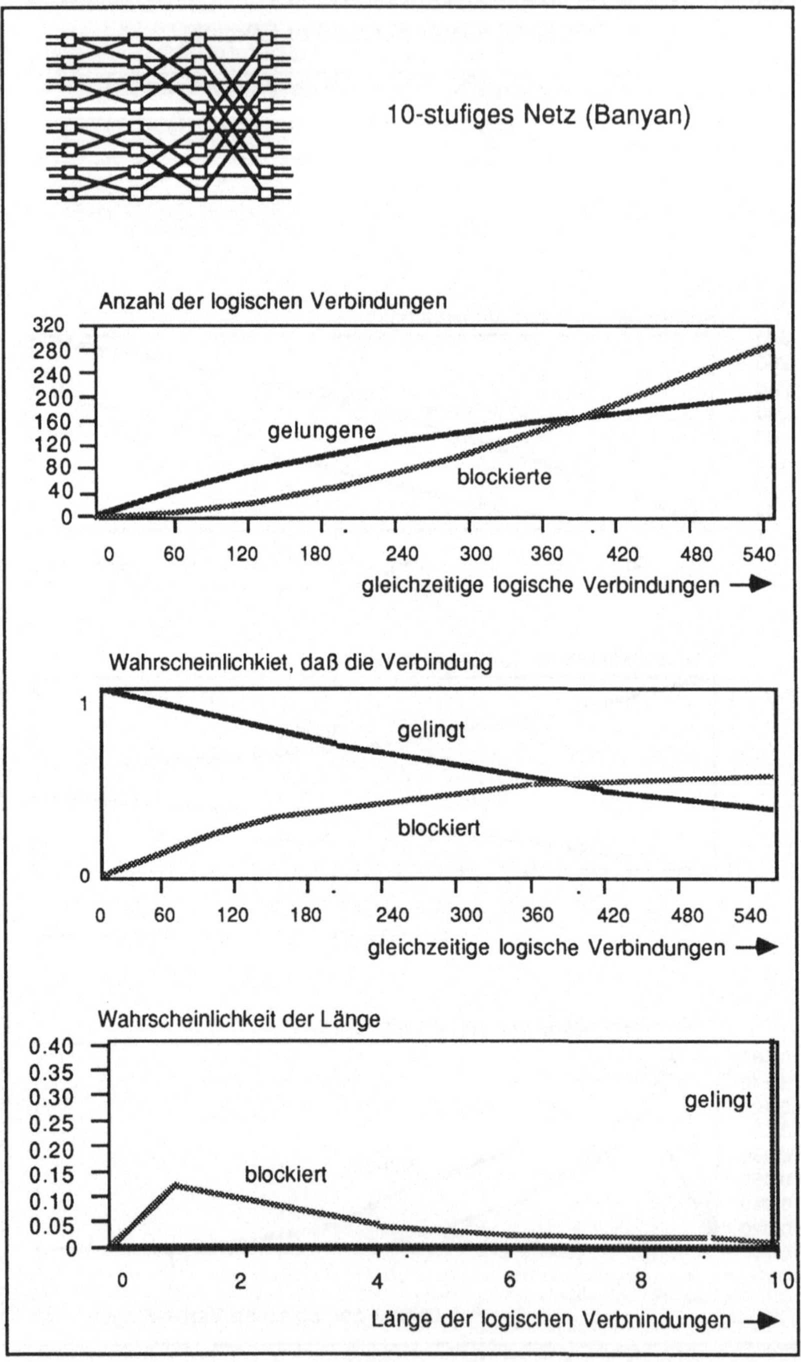

Bild 10-23 Blockierungsverhalten eines mehrstufigen Verbindungsnetzes (Banyan)

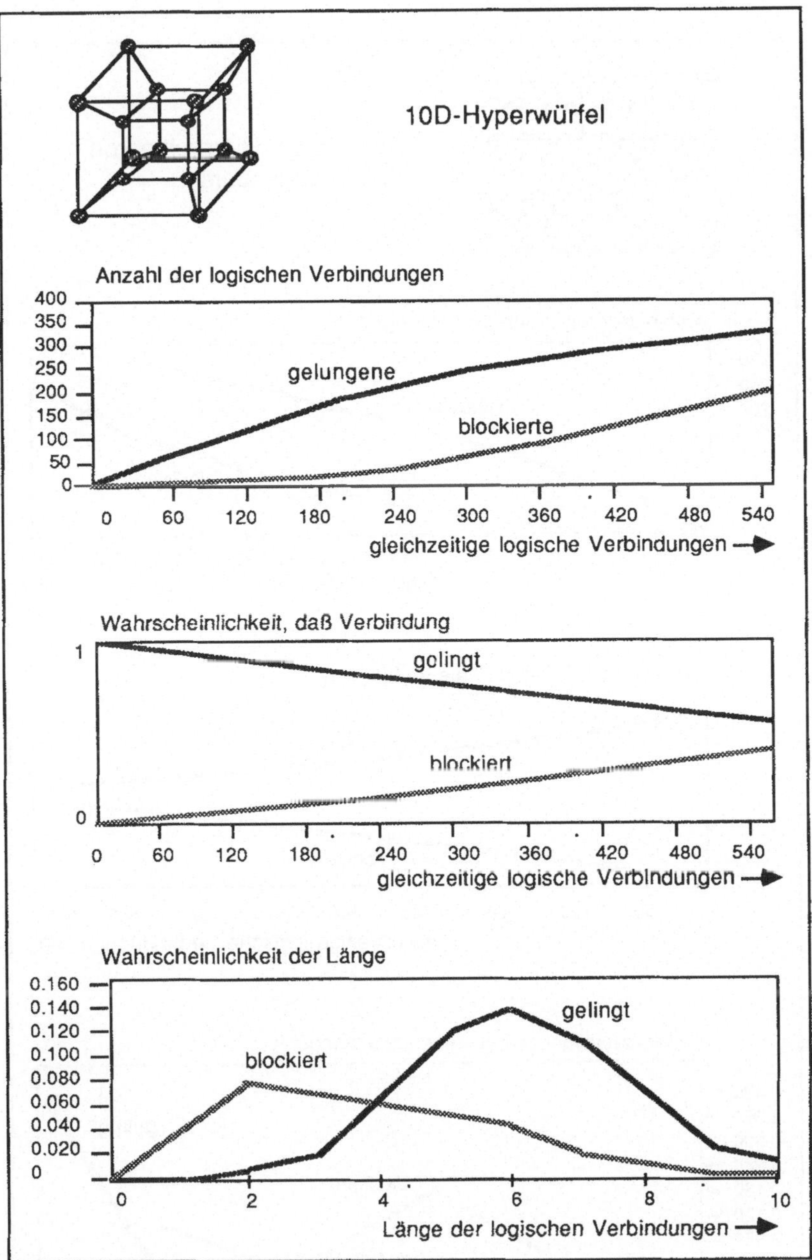

Bild 10-24 Blockierungsverhalten eines 10D-Hyperwürfels

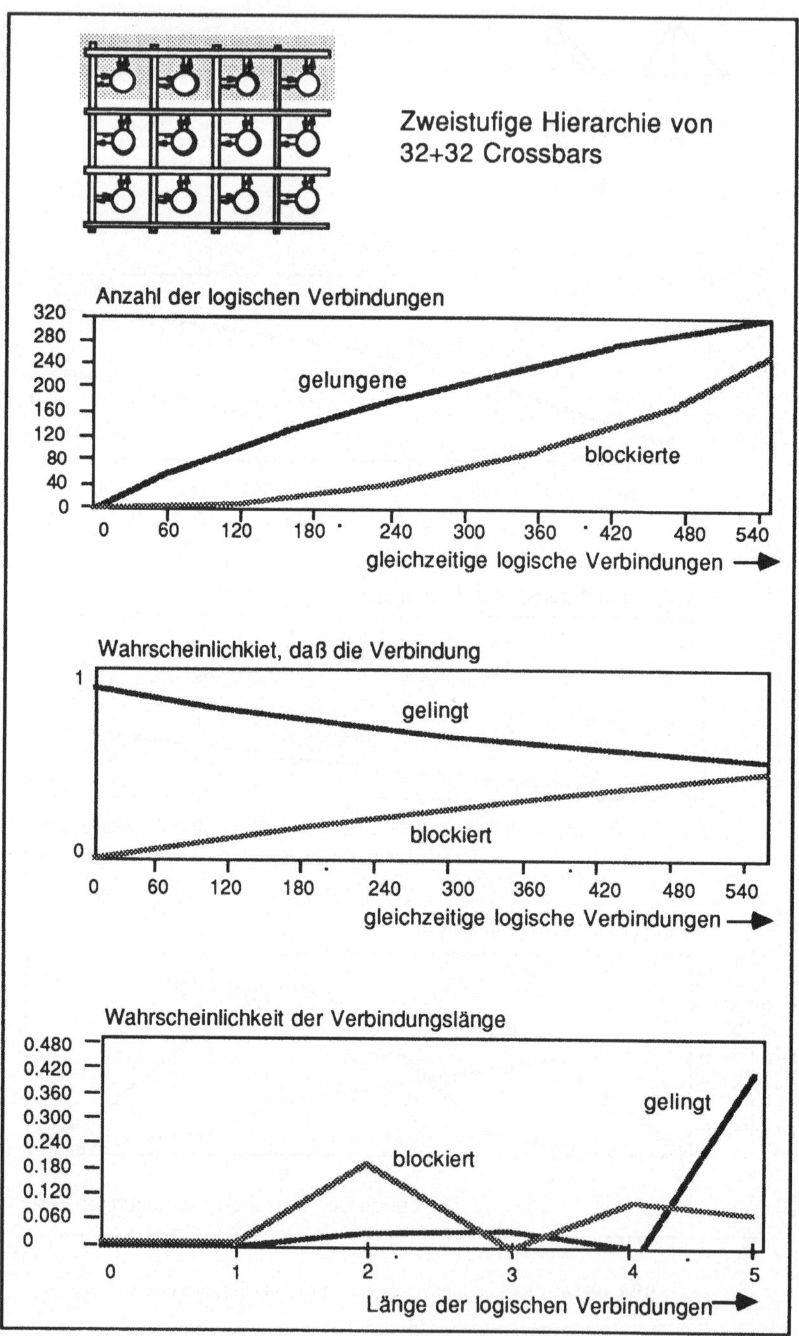

Bild 10-25 Blockierungsverhalten einer zweistufigen Hierarchie von Crossbars

10.4 Übersicht über die behandelten MIMD-Architekturen

Bild 10-26 gibt eine Übersicht über die MIMD-Architekturklassen, die in den folgenden beiden Kapiteln behandelt werden. Kapitel 11 behandelt die *speichergekoppelten Architekturen*, wobei der gemeinsame Speicher zentral oder verteilt sein kann. Kapitel 12 behandelt die *nachrichtenorientierten Architekturen*. Bezüglich des Programmiermodells, d.h. der Sicht durch den Benutzer, kann es sich dabei um Systeme mit einem nachrichtenorientierten Programmiermodell, um Systeme mit virtuellem gemeinsamen Speicher oder um Systeme mit völlig neuartigen Programmiermodellen handeln. Es werden die Konzepte dargelegt sowie deren Realisierung in einem Beispielsrechner. Die betrachteten Rechner sind nur zum kleinen Teil kommerzielle Rechner; zum größten Teil — und dies liegt in der Natur der Sache — sind es experimentelle Systeme, die an Forschungsinstituten entwickelt wurden oder werden. In allen Fällen gibt es aber lauffähige Systeme, an denen reale Leistungsmessungen durchgeführt werden können.

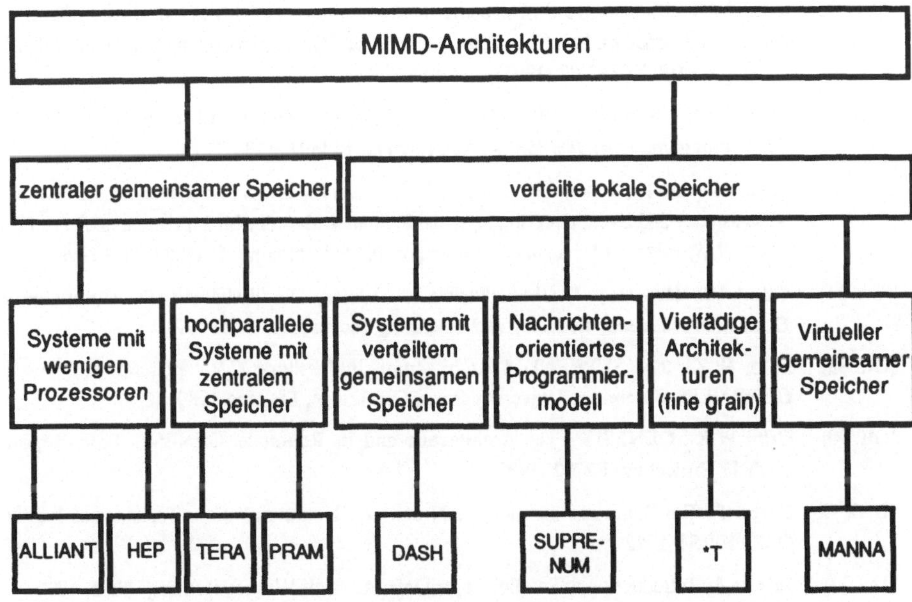

Bild 10-26 Taxonomie von MIMD-Architekturen und in diesem Text behandelte Beispielrechner

Literatur zu Kapitel 10

[Aea 86] Accetta M. et al.: MACH: A new Kernel Foundation for UNIX Development, *Proc. of the Summer 1986 USENIX Conf.* (June 1986)

[AKL 89] Akl S.G.: *The Design and Analysis of Parallel Algorithms*, Addison-Wesley, Reading, Mass. 1989

[BaG 92] Behr P., Giloi W.K.: The SUPRENUM Supercomputer: Concepts, Realization, and Lessons Learned, J. Parallel and Distributed Computing 1992

[BaM 89] Behr P.M., Montenegro S.: The SUPRENUM Node Computer, in Jesshope C.R., Reinartz K.D.(eds.): *CONPAR 88*, Cambridge University Press, Cambridge, England 1989, 18-26

[DSB 86] Dubois M., Scheurich C., Briggs F.: Memory Access Buffering in Multiprocessors, *Proc. 13th Annual Internat. Sympos. on Computer Architecture* (June 1986), 434-442

[ERM 85] Ermel W.: Untersuchungen zur technischen Realisierbarkeit von Verbindungs-netzwerken für Multicomputer-Architekturen, Dissertation, Technische Universität Berlin, FB Informatik 1985

[FEN 81] Feng T.Y.: *A Survey of Interconnection Networks*, COMPUTER 14,12 (1981)

[GaB 91] W.K. Giloi and U. Bruening, "Architectural Trends in Parallel Supercomputers", Proc. 2nd NEC Internat. Symposium on Systems and Computer Architectures, Nippon Electric Corp., Tokyo (August 1991)

[GaM 91] Giloi. W.K., Montenegro S.: Choosing the Interconnect of Distributed Memory Systems by Cost and Blocking Behavior, Proc. 5th Internat. Parallel Processing Symposium, IEEE Catalog no. 91TH0363-02 (1991), 438-444

[GaS 89] Giloi W.K., Schroeder W.: Very High-Speed Communication in Large MIMD Supercomputers, *Proc. ICS '89*, ACM Order No. 415891, 313-321

[Gea 90] Gharachorloo K., Lenoski D., Laudon J., Gibbons P., Gupta A., Hennessey J.: Memory Consistency and Event Ordering in Scalable Shared-Memory Mulriprocessors, *Proc. 17th Annual Sympos. on Computer Architecture*, IEEE catalog no. CH2887-90, 15-26

[Gea 91] Gupta A., Henessey J, Gharachorloo K., Mowry T., Weber W.-D.: Comparative Evaluation of Latency Reducing and Tolerating Techniques, ACM 1991

[GIL 89] Giloi W.K.: The SUPRENUM Architecture, in Jesshope C.R., Reinartz K.D.(eds.): *CONPAR 88*, Cambridge University Press, Cambridge, England 1989, 10-17

[GIL 90] Giloi W.K.: GENESIS - The Architecture and Its Rationale, GENESIS Tech. Report, ESPRIT Project no. P2702, 1990

[HAR 92] Harke T.: Ein Baum zur parallelen 1:N und N:1 Kommunikation, Technisches Papier, GMD FIRST 1992

[JAJ 92] Jaja J.: An Introduction to Parallel Algorithms, Addison-Wesley, Reading, Mass. 1992

[KUS 90] Kuse K.: Standards und Supercomputing - die FX2800, PIK 13,3 (1990), K.G. Saur Verlag München

[MON 89] Montenegro S.: Kommunikationsstrukturen für verteilte Rechnersysteme, Dissertation, Technische Universität Berlin, FB Informatik 1989

[NaS 81] Nassinmi D., Sahni S.: A Self-Routing Benes Networkand Parallel Permutation Algorithms, IEEE Transactions on Computer C-30,5 (May 1981), 332-340

[Pea 85] Pfiater G.F., Brantley W.C., George D.A., Harvey S.L., Kleinfelder W.J., McAuliffe K.P., Melton E.A., Norton V.A., Weiss J.: The IBM Research Parallel Processor Prototype (RP3): Introduction and Architecture, *Proc. 1985 Internat. Conf. on Parallel Processing*, IEEE-CS 637, 764-797

[RWC 92] Feasibility Study Committee for the Real-World Computing Program: The Master Plan for the Real-World Computing Program, Ministry of International Trade and Industry (May 1992)

[SCH 89] Schröder W.: The Distributed PEACE Operating System and Its suitability for Message Passing, in Jesshope C.R., Reinartz K.D.(eds.): *CONPAR 88*, Cambridge University Press, Cambridge, England 1989, 27-34

[SCH 91] Schröder-Preikschat W.: Overcoming the Startup Time Problem in Distributed Memory Architectures, Proc. 24th Hawaii Internat. Conf. on System Sciences (1993), IEEE catalog no. 91TH0350-9

[SEQ 88] Sequent Europe Ltd.: *Profile: SEQUENT NEXUS*, The Magazine of Lancaster University 1988

[WaF 81] Wu C..L, Feng T.Y.: The Universality of the Shuffle-Exchange Network, IEEE Transactions on Computer C-30,5 (May 1981), 324-331

11 Systeme mit gemeinsamem Speicher

In Kapitel 10.1 wurden die beiden Hauptklassen der physikalischen MIMD-Systeme eingeführt, die Architekturen mit gemeinsamem Speicher und die Architekturen mit verteiltem Speicher. Es wurde ausgeführt, daß die ersteren in der Regel nur eine beschränkte Zahl von Prozessoren haben, bis zu etwa 30. Von dieser Art Rechner gibt es seit Jahren Produkte verschiedener Hersteller auf dem Markt, die sich im praktischen Einsatz bewährt haben. Stellvertretend für diese Klasse von kommerziellen Parallelrechnern betrachten wir hier den Rechner FX/2800 der Firma *Alliant*.

Insbesondere wenn die Tatsache, daß es sich um einen Parallelrechner handelt, dem Benutzer verborgen werden kann, treten solche Multi-Mikroprozessor-Systeme mehr und mehr die Nachfolge der bisherigen *Mainframes* an, da sie eine höhere Rechenleistung zu geringeren Kosten zur Verfügung stellen als jene. Für den Benutzer ist die Tatsache, daß es sich dabei um Parallelrechner handelt, dann transparent, wenn er den MIMD-Rechner genauso wie einen sequentiellen Rechner programmieren kann. Das bedeutet, daß der Benutzer sein Programm wie für einen konventionellen Rechner schreiben kann, wobei der Compiler die Parallelisierung des Programms selbsttätig vornimmt. Solche selbsttätig parallelisierenden Compiler gibt es bisher kommerziell nur für den einfachen Fall der im folgenden betrachteten Schleifen-Parallelisierung.

11.1 Schleifen-Parallelisierung

11.1.1 Das Ausführungsmodell

Der Einfachheit halber wendet man bei den kommerziellen Multiprozessor-Systemen mit gemeinsamem Speicher die im folgenden beschriebene Schleifen-Parallelisierung an. Das bedeutet, daß man die Iterationen einer Schleife über die vorhandenen Prozessoren aufteilt, so daß jeder Prozessor eine Iteration ausführt. Gibt es mehr Iterationen als Prozessoren (dies ist der Normalfall), so wird nach der Ausführung des ersten Blocks von Iterationen die Aufteilung der restlichen Iterationen wiederholt, und so fort, bis alle Iterationen ausgeführt sind.

Wenn keine Datenabhängigkeiten zwischen den Iterationen der Schleife bestehen, können die Prozessoren die ihnen aufgetragenen Iterationen alle gleichzeitig ausführen. Allerdings ist diese Vereinfachung in vielen wichtigen Anwendungsfällen nicht gegeben. Es bestehen vielmehr Datenabhängigkeiten zwischen den Iterationen, was eine Synchronisation der Iterationsausführungen notwendig macht.

Iterative Programmschleifen treten in Algorithmen auf, durch die Datenstrukturen verarbeitet werden. Alle Probleme mit einer hohen Datenparallelität — dies trifft auf fast alle technisch/wissenschaftlichen Berechnungen zu — weisen damit auch eine hohe Schleifen-Parallelität auf. Bei der Schleifen-Parallelität handelt es sich letztlich um dieselbe Parallelität, die man auch bei der Vektorverarbeitung in den Vektormaschinen nutzt (s. Kapitel 5.4).

Zwischen den Programmschleifen gibt es aber immer auch nicht-iterative Programmstücke (*serial threads*), zum Beispiel in der Form von Basisblöcken. Bei der einfachen Schleifen-Parallelisierung verzichtet man darauf, die nicht-iterativen Programmstücke auch noch zu parallelisieren, da die Nutzung dieser zusätzlichen Parallelität das einfache Schleifen-Parallelisierungsverfahren sprengen würde. Wir wissen andererseits, daß Basisblöcke im Mittel nur eine innere Parallelität von 2...3 haben. Daher ist die zusätzliche Parallelität in den nicht-iterativen Programmstücken bei den meisten numerischen Verfahren gegenüber der wesentlich höheren Schleifenparallelität vernachlässigbar, so daß man hier auf ihre Nutzung verzichten kann. Sind hingegen die nicht-iterativen Programmstücke in ihrer Ausführungszeit gegenüber den Schleifeniterationen nicht vernachlässigbar, so wird bei diesem einfachen Vorgehen das in Kapitel 5 angegebene Amdahlsche Gesetz voll zuschlagen.

Bei der einfachen Schleifen-Parallelisierung hat man somit das folgende Modell für die Programmausführung. Gegeben sei in einem Programm ein nicht-iteratives Programmstück, gefolgt von einer iterativen Schleife mit den Iterationen I_0 bis I_{N-1}, gefolgt wieder von einem nicht-iterativen Programmstück. Gegeben sei eine Anzahl von Prozessoren, zum Beispiel P0 bis P7, die zur Ausführung zur Verfügung stehen. In diesem Falle führt der erste Prozessor (P0) zunächst das nicht-iterative Programmstück aus, während alle anderen Prozessoren untätig sind. Beim Erreichen der Schleife verteilt der Prozessor P0 die Iterationen I_0 bis I_7 auf die Prozessoren, wobei er sich selbst mit einschließt. Die Iterationen werden dann in dem Maße, in dem die eventuell gegebenen Datenabhängigkeiten dies zulassen, parallel ausgeführt. Wird ein Prozessor fertig, so übernimmt er automatisch die jeweils nächste Iteration. In unserem Beispiel bedeutet dies, daß der Prozessor, der mit seiner Schleifeniteration als erster fertig wird, die Iteration I_8 übernimmt, und so fort. Dies wiederholt sich solange, bis alle Iterationen ausgeführt sind. Derjenige Prozessor, der als erster keine Iteration mehr auszuführen hat, beginnt mit der Ausführung des folgenden nicht-iterativen Programmstücks.

Ein Problem bei diesem Schleifen-Parallelisierungsverfahren ist die Erkennung und Berücksichtigung von Datenabhängigkeiten über die Iterationen hinweg. Ferner können bedingte Verzweigungen innerhalb der Schleifen auftreten, zum Beispiel als bedingter Aussprung. Schließlich können die Schleifen Unterprogrammaufrufe beinhalten. Die möglichen Auswirkungen von Datenabhängigkeiten über Schleifen-Iterationen hinweg sei durch ein Beispiel illustriert. In dem folgenden Programmsegment werden 4 Werte aus dem gemeinsamen Speicher geladen, es wird eine Funktion dieser Werte gebildet, und das erhaltene Resultat wird in den gemeinsamen Speicher zurückgeschrieben.

```
FOR I = 0 TO N—1 DO
      INITIALIZE
      R0 := LOAD M[4I]
      R1 := LOAD M[4I+1]
      R2 := LOAD M[4I+2]
      R3 := LOAD M[4I+3]
      R0 := f(R0,R1,R2,R3)
      M[4I+7] := STORE R0
```

Bild 11-1 zeigt ein "naives" Vorgehen bei der Schleifen-Parallelisierung dieses "Programms" (A) für 4 Prozessoren und (B) für 2 Prozessoren.

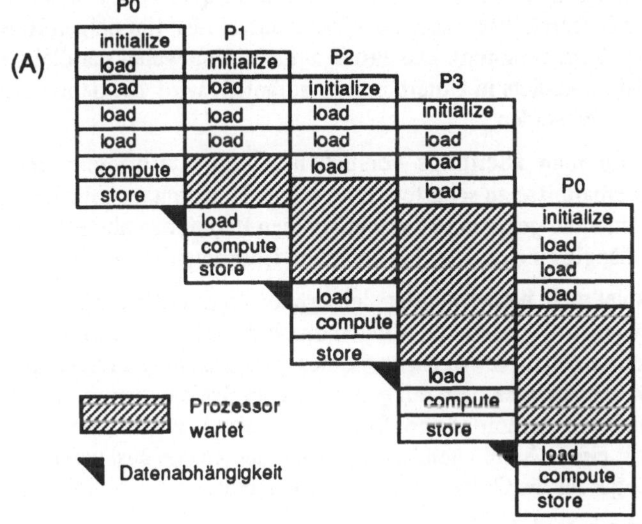

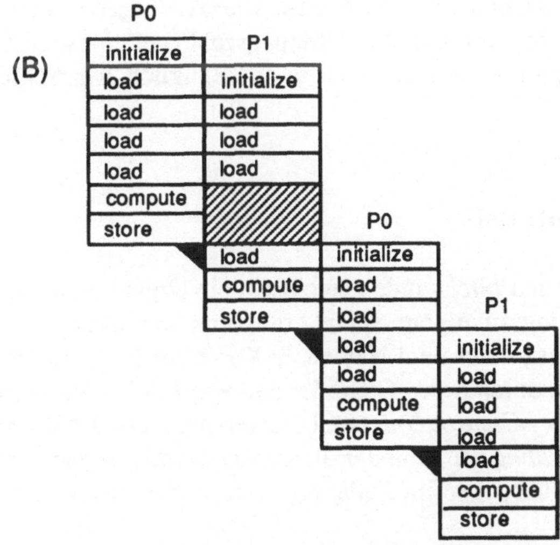

Bild 11-1 Beispiel einer Schleifen-Parallelisierung mit Datenabhängigkeit (A) mit 4 Prozessoren (B) mit 2 Prozessoren

Der geschriebene Resultatwert ist einer der vier Werte, die in der nächsten Iteration benötigt werden; und zwar sei in jedem Schleifendurchgang der vierte gelesene Werte derjenige, der im vorhergehenden Schleifendurchgang geschrieben wurde. Ein solcher Algorithmus ist typisch für Relaxationsverfahren auf zweidimensionalen Gittern, wie sie zum Beispiel beim Lösen partieller Differentialgleichungen angewendet werden.

Die gegebenen Datenabhängigkeiten führen im Falle Bild 11-1(A) zu einer unbefriedigenden Auslastung der Prozessoren. Deshalb ist es in diesem Falle vorteilhafter, nur 2 Prozessoren zu beschäftigen, die dann außer beim Start voll ausgelastet sind (Bild 11-1(B)). Wir lernen daraus, daß selbst bei hoher Schleifen-Parallelität durch Datenabhängigkeiten zwischen den Schleifen die Zahl der sinnvoll einzusetzenden Prozessoren begrenzt sein kann. In Fällen wie dem obigen ist es daher angezeigt, die insgesamt verfügbaren Prozessoren in Cluster aufzuteilen (im obigen Beispiel sind dies Cluster von je 2 Prozessoren). Das Problem kann dann weiter parallelisiert werden, in dem das Lösungsgebiets in Unterbereiche aufgeteilt wird, die dann durch die Cluster parallel bearbeitet werden.

Zunächst wird man allerdings versuchen, durch Umformung des Algorithmus günstigere Verhältnisse zu schaffen. Eine solche Umformung kann zum Beispiel dazu führen, daß man die geraden und die ungeraden Iterationen abwechselnd ausführt, so daß Datenabhängigkeiten immer nur zwischen jeder zweiten Iteration bestehen.

In dem Beispiel nicht berücksichtigt sind eventuelle Zugriffskonflikte auf den gemeinsamen Speicher. In Wirklichkeit können durch diesen Speicher *operationelle Datenabhängigkeiten* (Nichtverfügbarkeit eines gemeinsam benutzten Betriebsmittels) entstehen. In den Architekturen mit gemeinsamem Speicher versucht man die Zugriffskonflikte auf den gemeinsamen Speicher dadurch zu mindern, daß man jeden Prozessor mit einem hinreichend großen externen Cache ausstattet, wobei jetzt eine Schnüffel-Logik für die Cache-Kohärenz sorgen muß.

Der Ausnutzungsgrad der Prozessoren läßt sich im allgemeinen dadurch verbessern, daß man die Schleifen aufrollt, so daß die Prozessoren gleichzeitig Iterationen verschiedener Programmschleifen durchführen. Dieses Vorgehen bedingt, daß die einzelnen Iterationen nicht nur durch ihre Ordnungszahl (Iterationsnummer) gekennzeichnet werden, sondern zusätzlich auch noch bezüglich der Schleife, der sie zugehören.

11.1.2 Das PAX-Protokoll

Von den Firmen *Alliant* und *Intel* wurde gemeinsam ein Organisationsschema für die Schleifen-Parallelisierung in einem speichergekoppelten Multiprozessorsystem entwickelt [AaI 89]. Diese unter dem Namen *PAX-Protokoll* propagierte Standard-Lösung wird von *Alliant* durch deren Compiler und von *Intel* durch einen speziellen Baustein, die *Concurrency Control Unit* (CCU) unterstützt. Das PAX-Protokoll stellt Mechanismen zum *Scheduling* der Schleifen-Iterationen bereit wie auch zur Synchronisation der Iterationsausführungen im Falle von Datenabhängigkeiten zwischen den Iterationen.

Die CCU besteht nach Bild 11-2 im wesentlichen aus einem Satz von 18 für den Programmierer sichtbaren Registern. 16 dieser Register sind *Broadcast Register*. Das bedeutet, daß immer alle zusammengehörigen Register aller CCUs gleichzeitig verändert werden; d.h. das Schreiben eines Werts in das *Broadcast Register* i geschieht als unteilbare Operation in allen Registern mit der Nummer i in allen CCUs. Damit enthalten alle zusammengehörigen Register immer den gleichen Wert. Zwei weitere Register, *NewCURR* und *Status*, sind keine *Broadcast Register*, ihre Inhalte können in den einzelnen CCUs verschieden sein. *NewCURR* ist die aktuelle Iterationsnummer, und *Status* enthält abfragbare Statusinformation über die CCU. Zusätzlich gibt es noch einige interne Register, die aber nicht von außen adressierbar sind. Alle CCUs eines Clusters sind über ein spezielles Verbindungsnetz, dem *Concurrency Control Bus* miteinander verbunden.

Broadcast Register 0	Broadcast Register 8	NewCURR
Broadcast Register 1	Broadcast Register 9	Status
Broadcast Register 2	Broadcast Register 10	
Broadcast Regster 3	Broadcast Register 11	
Broadcast Register 4	Broadcast Register 12	
Broadcast Register 5	Broadcast Register 13	
Broadcast Register 6	Broadcast Register 14	
Broadcast Register 7	Broadcast Register 15	

Bild 11-2 Adressierbare Register der *Concurrency Control Unit* (CCU)

Die *Broadcast Register* Nummer 0 und 1 spielen eine besondere Rolle. Register 0 enthält den Befehlszählerstand, der auf den Schleifenanfang zeigt. Ein Prozessor verharrt solange in einer Abfrageschleife, wie der Inhalt von Register 0 seiner CCU Null ist. Das Schreiben eines von Null verschiedenen Werts in das Register 0 startet somit automatisch den zugehörigen Prozessor. Register 1 enthält einen Zeiger (*frame pointer*) auf einen Kellerbereich (*stack frame*), in dem sich die lokalen Variablen der Schleife befinden. Die übrigen 14 *Broadcast Register*, Nummer 2 bis 15, sind Synchronisationsregister für Datenabhängigkeiten.

Scheduling

Das *Scheduling* der Schleifen-Iterationen funktioniert wie im vorhergehenden Abschnitt besprochen. Eine Anzahl von P Prozessoren sind über ihre CCUs zu einem Cluster zusammengeschaltet. Die Größe des Clusters ist beliebig; ein zu parallelisierendes Programm wird ohne Kenntnis der Clustergröße geschrieben. Einer der Prozessoren (dies kann jeder der Prozessoren des Clusters sein) führt ein sequentielles Programmstück aus, bis er an eine Schleife kommt, die N-mal zu durchlaufen sei, d.h. die Iterationen I_0 bis I_{MAX} umfaßt (MAX = N—1). Daraufhin startet dieser Prozessor die ersten P parallel ausgeführten Iterationen der Schleife, wobei er selbst mit der Iteration I_0 beginnt. Der Prozessor, der als erster fertig wird, übernimmt die als nächste anstehende Iteration, und so fort. Die Nummer der als nächstes auszuführenden Iteration wird einem speziellen Iterationsnummern-Zähler entnommen, dessen Stand bei jedem Lesen automatisch um 1 inkrementiert wird. Dadurch zeigt dieser Zähler immer auf die als nächstes auszuführende Iteration.

Wir nennen den Prozessor, der das sequentielle Programmstück vor Beginn einer Schleife ausführt, den *Leitprozessor.* Die CCU des Leitprozessors führt die folgenden Grundfunktionen aus.

- Sie sendet im *Broadcasting* Kontrollparameter zu jedem Prozessor des Clusters. Parameter sind neben anderen: Statusinformationen, die Anzahl der auszuführenden Iterationen und der Befehlszählerstand, bei welchem die Ausführung begonnen werden soll.
- Sie sorgt für die Synchronisation der von den einzelnen Prozessoren ausgeführten Iterationen der Schleife.

Jeder Prozessor schreibt am Ende einer Iterationsausführung den Wert des Iterationsnummern-Zählers in sein *NewCURR*-Register. Anschließend testet er diesen Wert gegen MAX. Ist NewCURR≤MAX, so beginnt er die nächste Iteration. Ist NewCURR>MAX, so weiß er, daß er gerade die letzte Iteration der Schleife ausgeführt hat. Dies veranlaßt ihn, mit der Programmausführung nach der Schleife fortzufahren, d.h. das nächste sequentielle Programmstück auszuführen.

Das Scheduling erfolgt in der hier beschriebenen Weise mit Hilfe von Makros, die vom Compiler in den Schleifen-Code eingesetzt werden. Einer dieser Makros, CSTART, wird in das sequentielle Programmstück vor die Schleife gesetzt und führt dazu, daß der Leitprozessor alle nötigen Funktionen ausführt. Ein zweiter Makro, CREPEAT, steht am Ende der Schleifenausführung und ermächtigt den ausführenden Prozessor, die nächste Schleifeniteration vorzubereiten bzw. festzustellen, daß er gerade die letzte Schleifeniteration ausgeführt hat.

Synchronisation

Der Iterationsnummern-Zähler weist den Iterationen eindeutige Nummern zu. Die Iterationsnummern dienen wie oben besprochen dazu, festzustellen, wann die letzte Iteration ausgeführt worden ist. Darüber hinaus werden sie für die Synchronisation aufgrund von Datenabhängigkeiten benutzt, was dadurch geschieht, daß Iterationen mit höherer Nummer auf die Iteration mit niedrigeren Nummer, von denen sie datenabhängig sind, warten müssen.

Dies geschieht mit Hilfe eines der 14 *Broadcast Register* in Verbindung mit einem CAWAIT-Makro. In das Register wird ein *Offset* geschrieben (eine negative Ganzzahl), der angibt, wie viele davor liegende Iterationen Werte geschrieben haben müssen, bevor die wartende Iteration weiterarbeiten kann. Jede der werteerzeugenden Iterationen inkrementiert (durch Ausführung eines entsprechenden Makros) den Registerinhalt um 1. Sobald der Inhalt des *Broadcast Registers* Null wird, verläßt die wartende Iteration den Wartezustand und fährt mit der Schleifenausführung fort. Insgesamt kann es bis zu 14 solche Synchronisationspunkte geben; in der Regel werden wesentlich weniger benötigt.

Serialisierung von Traps

Eine weitere wichtige Eigenschaft des PAX-Protokolls ist seine Fähigkeit, die Handhabung von Traps zu "serialisieren", d.h. dafür zu sorgen, daß bestimmte

Ereignisse nur in einer bestimmten Reihenfolge auftreten können. Ohne eine solche Einrichtung könnte es geschehen, daß eine Ausnahmesituation (*trap*) in einer späteren Iteration vor den *Traps* früherer Iterationen auftreten kann. In diesem Fall könnten sogar *Traps* auftreten, die bei der sequentiellen Programmausführung nicht vorkommen würden, da die Schleife vorher verlassen wird.

Um diese Probleme zu lösen, setzt die CCU jedesmal, wenn eine neue Iteration von einem anderen Prozessor begonnen wird, für diesen Prozessor eine Flagge, die angibt, daß dieser Prozessor eine spätere Iteration ausführt. Wenn auf diese Weise alle anderen Prozessoren mit einer Flagge markiert worden sind, so ist der Prozessor ohne Flagge derjenige, der die niedrigste Iteration ausführt. Wenn der Prozessor mit der niedrigsten Iteration eine neue Iteration beginnt, setzt er zunächst alle Flaggen zurück. Mit dem gleichen Mechanismus läßt sich auch der bedingte Schleifenaussprung behandeln.

Bei geschachtelten Schleifen wird nur die äußerste Schleife parallelisiert, während die inneren Schleifen einen Prozessor zur sequentiellen Ausführung erhalten. Auch hierfür stellt das PAX-Protokoll die geeigneten Mechanismen bereit, die ebenfalls als Makros implementiert sind.

Es sei noch darauf hingewiesen, daß natürlich auch andere Implementierungen des PAX-Protokolls möglich sind [KNI 92]. An sich würde es ein System mit gemeinsamem Speicher ja nahe legen, die CCU als zentrale Einrichtung vorzusehen und alle Informationen in dem gemeinsamen Speicher zu halten. Daß man bei der CCU von *Intel* eine verteiltes Netzwerk von dezentralen CCU-Einrichtungen — eine in jedem Prozessor — vorgesehen hat, wobei durch die *Broadcast Register* und ihre Verbindungsstruktur für eine konsistente Sicht der CCU in jedem Prozessor gesorgt wird, hat den Grund, den Flaschenhals einer zentralisierten Lösung zu vermeiden.

11.1.3 Der Parallelrechner Alliant FX/2800

Als typischen Vertreter der Multiprozessorsysteme mit gemeinsamem Speicher und einer beschränkten Zahl von Prozessoren betrachten wir den Rechner FX/2800 der Firma *Alliant* [KUS 90]. Bild 11-3 zeigt sein Blockbild.

Die hauptsächlichen Komponenten der FX/2800-Architektur sind:

- Speichermoduln (MM)
- sekundäre Cache-Speicher (zusätzlich zu den *on-chip Caches* des Prozessoren)
- Crossbar-Verbindungsnetz
- Prozessormoduln (PM)
- I/O-Moduln (IOM)
- Graphik-Subsystem.

Das FX/2800-System kann bis zu 16 Speichermoduln (MM) mit je 64 MByte enthalten, was einer Gesamtkapazität des Hauptspeichers von 1 GByte entspricht. Jeder Speichermodul besteht aus zwei 32-Mbyte großen, verschränkten Speicherbänken, die jeweils über einen eigenen Speicherbus mit einem der prozessorexternen Caches ("Sekundär-Caches") verbunden sind (die Primär-Caches befinden sich auf dem Chip des Prozessors). Die maximale Zugriffsbandbreite zum gesamten Speicher beträgt 640 MBytes/s.

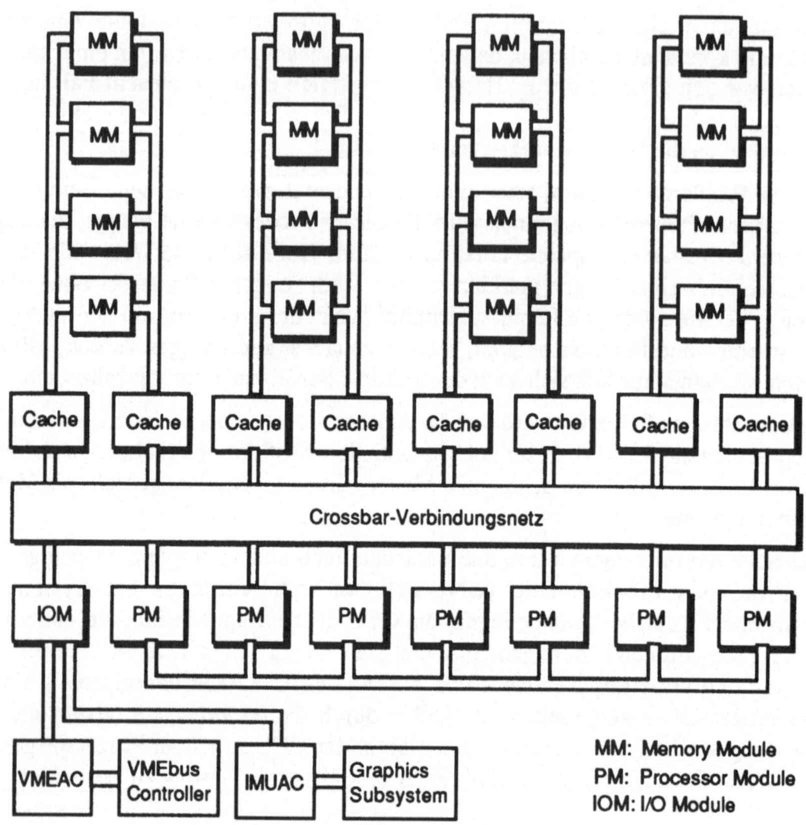

Bild 11-3 Blockbild des Alliant FX/2800

Der mengenassoziative Sekundär-Cache hat eine Kapazität von 512 KBytes und ist mit schnellen SRAM-Bausteinen realisiert. Eine Cachezeile umfaßt vier 64-Bit Wörter. Das System kann je nach Ausbaustufe 2, 4 oder 8 Sekundär-Caches enthalten. Der Cache-Zugriff geschieht überlappend, wobei der Überlappungsfaktor gleich der Anzahl der Cache-Moduln ist. Im vollausgebauten System mit 8 Caches beträgt die gesamte Zugriffsbandbreite aller Caches 1,28 GBytes/s. Jeder Prozessor kann über das Crossbar-Verbindungsnetz auf jeden der Sekundär-Caches zugreifen.

Das System kann mit maximal 7 Prozessormoduln (PM) ausgestattet werden, wobei jeder PM 4 Prozessoren vom Typ Intel i860XL enthält. Die Prozessoren können als Cluster arbeiten, wobei die im vorhergehenden beschriebene Schleifen-Parallelisierung zur Anwendung kommt; sie können aber auch als Einzelprozessoren, z.B. für Betriebssystemaufgaben oder für Graphikanwendungen, betrieben werden. Die Schleifen-Parallelisierung erfolgt nach dem *PAX-Protokoll* und wird in der im vorhergehenden Abschnitt besprochenen Weise durch Hardware unterstützt. Dazu gehört auch der *Concurrency Control Bus*, über den die *Concurrency Control Units* der Prozessoren miteinander kommunizieren.

Das I/O-Interface wird durch ein oder mehrere I/O-Moduln (IOM) gebildet. Jeder IO-Modul enthält einen i860-XL-Prozessor (40 MHz) und eine DMA-Hardware für den

Blocktransfer von Daten. Jeder I/O-Modul hat 2 VME-Kanäle mit einer Übertragungsrate von 40 MByte/s, einen für die Peripheriegeräte, und den anderen für das graphische Subsystem.

Die Leistung einer solchen Maschine hängt naturgemäß sehr stark von ihren Compilern ab (unterstützt werden vom FX/2800 die Sprachen Fortran und C). Wie bei superskalaren Prozessoren üblich basiert der Compiler auf einem Vektormodell. Der on-chip Cache wird in diesem Falle als Vektor-Cache benutzt (der i860XL besitzt keine Schnüffel-Logik). Zur Optimierung kann der Compiler die Reihenfolge der Schleifenausführung bei mehrfach geschachtelten Schleifen vertauschen.

11.2 Speicherkopplung mit vielen Kontrollfäden

11.2.1 Gründe für diese Architekturform

Um einen Parallelrechner höchster Leistung zu erhalten, muß man die Zahl der Prozessoren möglichst groß machen. Vom Standpunkt der Programmierung solcher Systeme ist es ferner wünschenswert, einen gemeinsamen Speicher und damit einen globalen Adreßraum beizubehalten. Andrerseits stellt der gemeinsame Speicher einen starken Systemflaschenhals dar: Es liegt auf der Hand, daß mit steigender Zahl von Prozessoren, die alle auf den gemeinsamen Speicher zugreifen, die Häufigkeit von Zugriffskonflikten und damit die mittlere Wartezeit für einen Zugriff anwächst.

Bereits recht früh entstand daher die Lösungsidee, die Zugriffslatenz auf den gemeinsamen Speicher dadurch tolerierbar zu machen, daß man sie durch eine geeignete Organisation der Maschine "verbirgt", d.h. vom Prinzip des *Latency Hiding* Gebrauch macht. Die erste Maschine dieser Art war der *HEP-Rechner* [SMI 78],[SMI 85]. Eine Weiterentwicklung der HEP-Konzepte begann Ende der achtziger Jahre mit der Entwicklung der *TERA-Maschine* [Aea 91].

Valiant stellte das Konzept der hochparallelen MIMD-Architektur mit gemeinsamem Speicher auf eine neue theoretische Grundlage mit der Einführung der PRAM-Architektur (PRAM: *parallel random access memory*) [VAL 91]. Für diese Architekturform erhebt er den Anspruch, daß sie die fundamentale Form des Parallelrechners darstelle, ähnlich wie der von-Neumann-Rechner die fundamentale Form des sequentiellen Rechners ist.

11.2.2 HEP-Architektur und TERA-Maschine

Der *HEP-Rechner* (HEP: *Heterogeneous Element Processor*) war der erste kommerzielle Rechner mit MIMD-Architektur [SMI 78],[JOR 83],[JOR 85],[SMI 85],[HaB 85]. Der HEP-Rechner war auch die erste vielfädige Architektur. Und schließlich war er auch der erste Rechner mit Pipeline-Skalarprozessoren. Der Rechner behauptete sich einige Jahre lang auf dem Markt, bis er durch moderne Entwicklungen (wie z.B. die konventionelleren MIMD-Architekturen mit gemeinsamem Speicher) leistungsmäßig überholt war. Es gab weder ein Nachfolgemodell, noch existiert mehr die Firma

Denelcor, die den HEP-Rechner herstellte und vermarktete. Bild 11-4 zeigt das Blockbild eines HEP-Rechners mit 4 *Process Execution Modules* (PEM) und 4 *Data Memory Modules* (DMM). In der Maximalkonfiguration kann der Rechner bis zu 16 PEMs und bis zu 128 DMMs enthalten, sowie ein Massenspeicher-Untersystem.

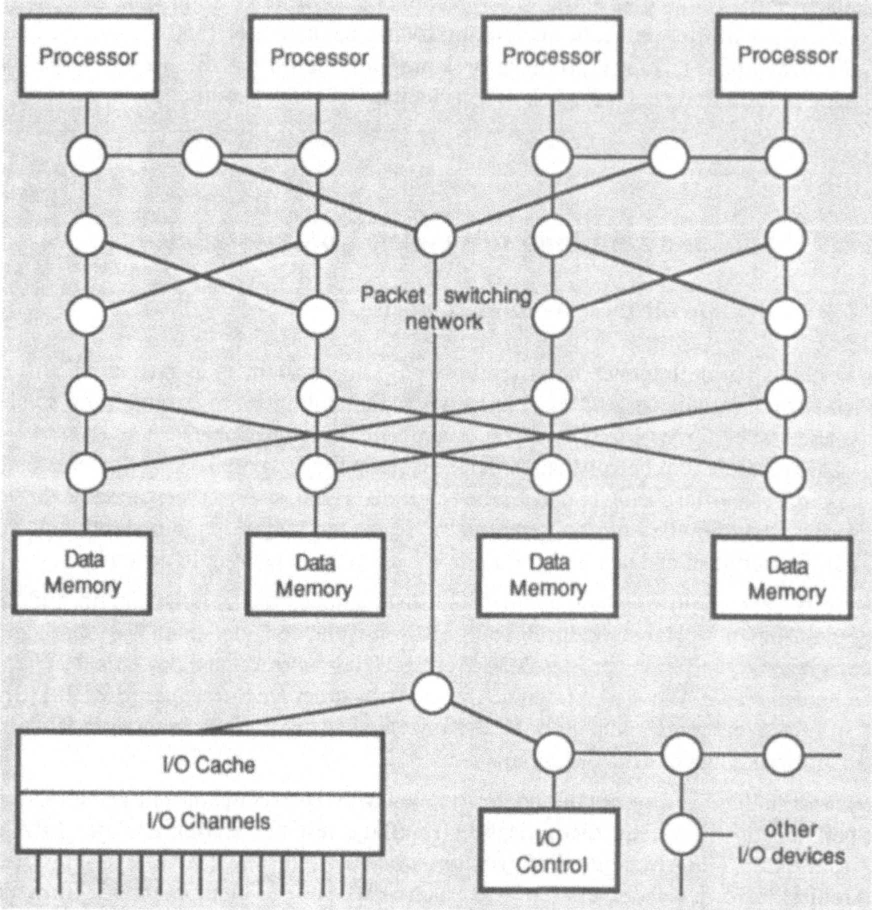

Bild 11-4 Blockbild eines HEP-Rechners mit 4 Prozessoren

Die Kommunikation zwischen den Komponenten des Systems erfolgt durch ein konfigurierbares Verbindungsnetz. Dieses Paketvermittlungs-Netzwerk besteht aus der Zusammenschaltung von entsprechend vielen Schaltzellen, deren Funktionsweise in Bild 11-4 angedeutet ist. Jede Schaltzelle hat 3 Kanäle, die durch die Zelle beliebig bidirektional verbunden werden können, wie in Bild 11-5 gezeigt. Für jeden Port gibt es eine Wegfindungstabelle (*routing table*), die bei der Konfiguration des Systems entsprechend geladen wird. Das Netz arbeitet synchron mit einem Takt von 10 MHz; die Schaltzellen schalten die Pakete ohne Zwischenspeicherung durch [HaB 85].

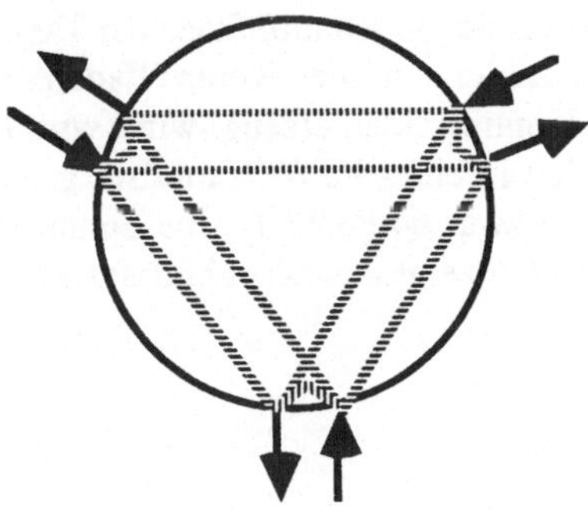

Bild 11-5 Die Schaltzelle des HEP

Jeder PEM besteht aus einer Anzahl von Funktionseinheiten, von denen die meisten als synchrone, 8-stufige Pipeline realisiert sind. Beispiele für solche Pipeline-Prozessoren sind: die Integer-Einheit, die Gleitpunkt-Prozessoren für Addition/Subtraktion und Multiplikation, die Einheit zum Laden und Speichern und eine spezielle Einheit, die *Create Function Unit* heißt und deren Aufgabe es ist, leichtgewichtige Prozesse (*threads*) zu erzeugen. Einige Funktionseinheiten arbeiten asynchron und nicht als Pipeline, wie zum Beispiel die Divisions-Einheit und die *Scheduler*-Funktionseinheit. Jeder PEM enthält ferner seinen eigenen Instruktionsprozessor sowie einen Befehlsspeicher, der 1...8 Mbyte groß sein kann. Befehle und Daten sind je 64-Bit-Wörter, es lassen sich aber auch Halbwörter, Viertelwörter und Bytes adressieren. Eine Eigenheit der Maschine ist die Existenz eines speziellen Konstantenspeichers, der einen schnelleren Zugriff auf Konstanten erlaubt als dies beim Hauptspeicher der Fall wäre.

Der HEP-Rechner ist eine *vielfädige Architektur mit gemeinsamem Speicher*. Um die erhebliche Latenzzeit des Speicherzugriffs zu überspielen, arbeitet die Maschine nach dem Prinzip des *Latency Hiding*. Dazu wird ein Anwendungsprogramm, *Task* genannt, in eine Anzahl von leichtgewichtigen Prozessen oder *Kontrollfäden* (*threads of control*) zerlegt, die parallel ausgeführt werden können. Jede Task hat ihre eigene Umgebung, d.h. geschützte Bereiche von Code und Daten. Es gibt Benutzer-Tasks und Supervisor-Tasks (Betriebssystem-Tasks). Die Kontrollfäden einer Task werden dynamisch während der Programmausführung erzeugt und auch wieder vernichtet. Die Kontrollfäden sind selbst nicht gegeneinander geschützt; ihre Ausführungsumgebung (Kontext) besteht aus dem Befehlszählerstand, einer Zustandsinformation und dem Inhalt der Arbeitsregister.

Die Ausführungsumgebung einer Task wird durch ein Taskstatuswort definiert. Dieses enthält die folgenden Angaben:

- Basisadresse und Länge des Codebereichs der Task
- Basisadresse und Länge des Datenbereichs der Task
- Basisadresse und Länge des Registerbereichs der Task
- Basisadresse des von der Task belegten Bereichs im Konstantenspeicher.

Der HEP-Rechner enthält eine *Main Schedule* für 16 Task-Wartelisten. Jede Task-Warteliste enthält einen reservierten Speicherplatz (*process tag*) für jeden der maximal

64 Kontrollfäden der Task. Die Speicherplätze dienen dazu, beim Task-Wechsel das *Prozeßstatuswort* (PSW) eines der 64 Kontrollfäden der Task aufzunehmen. Das PSW enthält den 20-Bit Befehlszählerstand des Kontrollfadens sowie Zustandsangaben. Jedesmal wenn ein neuer Kontrollfaden erzeugt wird, wird ein entsprechendes PSW angelegt. Die PSWs werden in einer PSW-Warteliste gehalten, die insgesamt 128 PSWs aufnehmen kann, und zwar 64 PSWs für die Benutzer-Task und 64 PSWs für die Supervisor-Task. Bild 11-6 zeigt das Blockbild des *Process Execution Modules* (PEM).

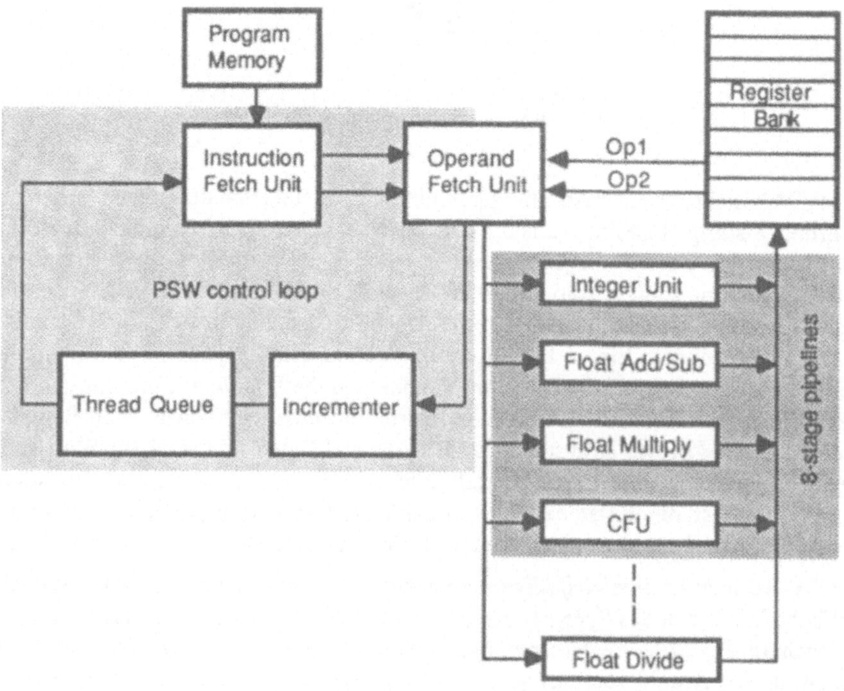

Bild 11-6 Blockbild des Process Execution Modules (PEM)

Um den Wechsel zwischen den Kontrollfäden einer Task extrem schnell zu machen, enthält die Maschine den sehr großen Satz von 2048 Allzweck-Arbeitsregistern. Jedem der 64 Benutzerprozesse (Kontrollfäden) kann damit ein Satz von 32 Registern zugewiesen werden. Beim Wechsel von einem Kontrollfaden zu einem anderen müssen somit die zugehörigen Registerinhalte nicht gerettet werden, sondern nur der Befehlszähler und ein Statusregister. Dadurch ist es möglich, im 100-Nanosekunden-Takt zwischen den Kontrollfäden der Task zu wechseln. Dieser Wechsel wird von der *Instruction Processing Unit* des PEM vorgenommen.

Bei der Ausführung der Task zirkulieren, wie in Bild 11-6 angedeutet, die PSWs der Kontrollfäden der Task in einer *Kontrollschleife* (*control loop*), die eine Inkrementierschaltung und ein Verzögerungsglied enthält. Die Verzögerung ist so eingestellt, daß die Kontrollschleife synchron zur *Datenschleife* arbeitet. Die Datenschleife besteht aus der Funktionseinheit, die den jeweiligen Befehl ausführt, und den Arbeitsregistern. Dies gilt natürlich nur für die synchron arbeitenden Pipeline-Prozessoren.

Da die Pipeline-Prozessoren 8-stufig sind und mit einem Takt von 10 MHz arbeiten, kostet die einzelne Operation 800 Nanosekunden. Durch den Pipelinebetrieb wird aber bei vollständig gefüllter Pipeline mit jedem Takt (d.h. alle 100 ns) eine Operation fertiggestellt, so daß die Spitzenleistung eines PEMs 10 MIPS beträgt. Ist aber nur ein Kontrollfaden zur Ausführung vorhanden, so sinkt die Leistung des PEM auf 1,25 MIPS. Dieser starke Leistungsabfall im Falle eines sequentiellen Programms ist eine ausgesprochen Schwäche der Maschine. Es werden 8...12 parallel ausführbarer Kontrollfäden benötigt, um den Pipelinebetrieb voll auszunutzen.

Eine besondere Behandlung findet eine Operation dann, wenn sie einen Zugriff zum gemeinsamen Datenspeicher erforderlich macht. Hierfür ist eine besondere Hardware-Einrichtung, der *Scheduler* (SFU) zuständig, der fallweise synchron oder asynchron arbeitet. Der *Scheduler* nimmt den betreffenden Kontrollfaden aus der Steuerschleife heraus und legt ihn in einem gesonderten Wartespeicher ab. Erst wenn der benötigte Datenwert vom Hauptspeicher geliefert worden ist, wird der Kontrollfaden wieder in die Steuerschleife eingereiht. Durch dieses Verfahren, welches unter der Bezeichnung *split transaction* in die Literatur eingegangen ist, wird die Latenz des Speicherzugriffs maskiert (*"latency hiding"*).

Wie bei jedem Rechner mit zentralem Speicher findet die Kommunikation zwischen den Kontrollfäden durch gemeinsam zugängliche Speicherobjekte statt. Um die Synchronisation des Zugriffs zu kritischen Datenbereichen zu unterstützen, gibt die HEP-Maschine für jedes Register und jede Hauptspeicherzelle einen *Zugriffszustand* an. Es werden die beiden Zustände **full** und **empty** unterschieden und durch ein spezielles Bit angezeigt. Trifft ein Ladebefehl auf eine als **full** gekennzeichnete Zelle, so wird er unmittelbar ausgeführt. Trifft er hingegen auf eine als **empty** gekennzeichnete Zelle, so wird mit der Ausführung solange gewartet, bis der Zustand auf **full** gewechselt hat (also ein anderer Prozeß einen Wert in die Zelle geschrieben hat). Nach dem Lesen der Zelle setzt der Ladebefehl als unteilbare Operation (d.h., ohne daß ein anderer dazwischen kommen kann) den Zustand der Zelle wieder auf **empty**. Entsprechend muß ein Speicherbefehl, der auf eine als **full** gekennzeichnete Zelle trifft, warten, bis ein anderer Prozeß den Zustand der Zelle auf **empty** gesetzt hat. Erst dann wird geschrieben und anschließend — ebenfalls als unteilbare Operation — der Zustand wieder auf **full** gesetzt. Dadurch wird verhindert, daß ein Wert schon gelesen werden kann, bevor er produziert worden ist, bzw. daß ein Wert schon überschrieben werden kann, bevor er konsumiert worden ist.

Bei den Registern kann sogar festgelegt werden, daß beide Operandenregister **full** und das Zielregister **empty** sein müssen, bevor die Werte geladen und die Operation ausgeführt wird. Anschließend werden dann als unteilbare Operation die Operandenregister auf **empty** und das Zielregister auf **full** gesetzt. Um die Unteilbarkeit der Registeroperation zu gewährleisten, gibt es bei den Registern noch den dritten Zustand **reserved**. Das Zielregister wird reserviert, wenn die Operanden gelesen und zur Funktionseinheit transportiert werden können. Erst wenn das Resultat wirklich geschrieben worden ist, wird das reservierte Zielregister auf **full** gesetzt. Ein Kontrollfaden, der nicht ausgeführt werden kann, weil der Registerzugriff noch nicht erlaubt ist, wird einfach aus der Kontrollschleife herausgenommen und am Ende wieder eingefügt, ohne daß der Befehlszähler inkrementiert wird. Dadurch wird die Ausführung wiederholt, sobald der Faden wieder an die Reihe kommt.

Zur Programmierung des HEP-Rechners wurde eine Erweiterung von Fortran77 durch den speziellen Datentyp *asynchronous variable* vorgenommen. Dieser Typ nutzt die oben beschriebene *full-empty*-Kennung des HEP-Speichers, um die Synchronisation zwischen kooperierenden Prozessen durchzuführen. Eine Zuweisung auf eine asynchrone Variable wird erst dann ausgeführt, wenn ihr Speicherplatz **empty** ist. Tritt eine solche Variable in einem Ausdruck auf, so wird dieser erst dann ausgeführt, wenn ihr Speicherplatz **full** ist. HEP-Fortran77 enthält die beiden Anweisungen:

```
R = $S    //wait for full, read variable, and set empty//
$S = R    //wait for empty, write variable, and set full//
```

Ferner gibt es mehrere *Intrinsics* zum Testen und Manipulieren von Speicherzugriffs-Zuständen. Durch eine **purge**-Anweisung kann eine Variable als **empty** initialisiert werden. Eine weitere Spracherweiterung von Fortran77 besteht in zwei Anweisungen, **create** und **resume**, die eine ähnliche Rolle wie das FORK-JOIN (s. Abschnitt 5.4) spielen. Die **create**-Anweisung wirkt wie ein Unterprogrammaufruf, jedoch mit der Maßgabe, daß neben dem neu erzeugten Kontrollfaden (dem Unterprogrammaufruf) der aufrufende Kontrollfaden ebenfalls weiter ausgeführt wird. Es gibt somit jetzt zwei parallele Kontrollfäden. Durch eine **resume**-Anweisung können die parallelen Kontrollfäden terminiert und der weiterführende Haupt-Kontrollfluß gestartet werden.

Es wurde bereits erwähnt, daß der PEM mit jedem Takt einen neuen Kontrollfaden aus der Schleife nimmt, d.h. einen Umgebungswechsel (eines leichtgewichtigen Prozesses) vornimmt. Damit hat vom Standpunkt der parallel ausführbare Programmeinheit der HEP die feinste Granularität, die überhaupt möglich ist, nämlich die der einzelnen Instruktion. Da durch den Pipeline-Betrieb die nächste Instruktion eines gerade verdrängten Kontrollfadens frühestens nach 8 weiteren Takten wieder an die Reihe kommen kann, und da jeder Kontrollfaden seinen eigenen Registersatz hat, in dem Zwischenergebnisse einfach stehen bleiben, braucht man sich um eventuelle Datenabhängigkeiten zwischen den Operationen eines Kontrollfadens keine Gedanken zu machen. Ein *Scoreboard*, wie man es bei den superskalaren Prozessoren findet, ist somit nicht nötig. Diese sehr einfache Lösung eines Problems, welches man heute bei den superskalaren Prozessoren mit sehr viel komplexeren Methoden angeht, wie der Datenabhängigkeitsanalyse und dem Umordnen der Befehle durch den Compiler, war angemessen zu einer Zeit (Ende der siebziger Jahre), wo man von solchen optimierenden Compilern nicht zu träumen gewagt hätte.

Aus heutiger Sicht ist der HEP-Rechner mit seinen maximal 8 *Process Execution Units* natürlich kein hochparalleler Rechner. Aber auch seine Konzepte weisen noch Schwächen auf, die man bei den heutigen vielfädigen Architekturen zu vermeiden trachtet. Solche Schwächen sind [NPA 91]:

- Die Zahl von nur 64 parallelen Kontrollfäden ist zu gering, was die Aufgabe des Compilers erschwert.
- Die **join**-Operation, d.h. das Wiederzusammenfügen mehrerer durch **create** erzeugten Kontrollfäden, wird unzureichend unterstützt. Das **join** geschieht durch entsprechende *busy waits* an einem Register oder einer Speicherzelle, was zu erheblichen Latenzzeiten führen kann.

- Auch der Mechanismus zur Synchronisation des Datenzugriffs mittels der **full-empty**-Kennung kann zu erheblichen Wartezeiten führen.
- Bei der Ausführung eines sequentiellen Programmteils tritt der bereits erwähnte starke Leistungsabfall ein.

Diese Nachteile werden bei dem Nachfolger des HEP, der *TERA-Maschine* [Aea 91], teils vermieden, teils aber auch nur gemildert [NPA 91]. Auch die TERA-Maschine besitzt einen gemeinsamen Speicher, dessen Zellen wie beim HEP mit einer Zustandskennung durch *Presence Bits* (**empty, full**) versehen sind. Der Zugriff zum Hauptspeicher wird ähnlich wie bei der PRAM-Architektur durch eine von Hardware ausgeführte Hash-Funktion "randomisiert". Die Zahl der parallel ausführbaren Kontrollfäden (*i-stream* genannt) beträgt maximal 128. Die Hardware-Unterstützung für das Erzeugen und Vernichten paralleler Kontrollfäden sowie für die Synchronisation des Datenzugriffs wurde verbessert. Es wird hervorgehoben, daß die TERA-Maschine im Gegensatz zum HEP nicht nur Parallelarbeit mit feinster Granularität sondern auch mit mittlerer oder grober Granularität unterstützen kann [Aea 91]. Da die Prozessoren aber auch bei der TERA-Maschine Pipeline-Prozessoren sind, erhält man einen ähnlichen Leistungsabfall bei der Ausführung eines rein sequentiellen Programms wie beim HEP [NPA 91]

11.2.3 Die PRAM-Architektur

Wir betrachten im folgenden die PRAM-Architektur als eine Grundform einer MIMD-Architektur mit gemeinsamem Speicher, wie sie ursprünglich von *Valiant* eingeführt wurde [VaB 81],[VAL 82],[VAL 90],[VAL 91]. Seitdem sind eine ganze Reihe weiterer Arbeiten über diese Architekturform entstanden, sowie auch erste technische Realisierungen [AKP 90].

Der *ideale* MIMD-Parallelrechner mit gemeinsamem Speicher hat eine beliebige Zahl N von Prozessoren. Jeder Prozessor ist ein universeller Prozessor, der sein Programm sequentiell abarbeitet (wobei natürlich eine gewisses Maß an innerer Parallelarbeit wie beim RISC-Prozessor oder beim superskalaren Prozessor vorhanden sein kann). Alle Prozessoren können in beliebiger Weise und damit auch gleichzeitig auf einen gemeinsamen Speicher zugreifen. Zugriffskonflikte (wie zum Beispiel das Schreiben in dieselbe Speicherzelle durch mehrere Prozessoren) werden bereits beim Entwurf des Algorithmus bzw. des den Algorithmus ausführenden Programms vermieden, z.B. durch die Deklaration und Überwachung kritischer Bereiche. Für dieses ideale Architekturmodell gibt es jedoch keine technische Realisierung. Man kann daher nur versuchen, es soweit wie möglich auf einer *realen* Maschine zu simulieren [VaB 81].

Ein *realer* Parallelrechner mit gemeinsamem Speicher möge eine größere Zahl N von Knoten haben, das sind Prozessoren mit ihren lokalen Speichern. Außerdem gibt es einen allen Knoten zugänglichen (gemeinsamen) Multiport-Speicher. Jeder Knoten ist über k Netzwerkanschlüsse (*links*) mit einem Verbindungsnetz verbunden, so daß jeder Knoten über das Netz auf den gemeinsamen Speicher zugreifen kann. Aus Gründen der praktischen Realisierbarkeit muß k möglichst klein gehalten werden. In der Praxis ist k entweder eine Konstante, oder k steigt schwach mit N an, wobei $\log_2 N$ als obere Grenze für den Anstieg angesehen wird. Ein Verbindungsnetz mit dieser

Eigenschaft wird auch als *Netz mit niedriger Konnektivität* oder *Sparse Network* bezeichnet (z.B. im Gegensatz z.B. zur totalen Vernetzung, die die höchstmögliche Konnektivität aufweist).

Bei der Simulation einer idealen MIMD-Architektur mit gemeinsamem Speicher auf einer realen Maschine entsteht das fundamentale Problem, beliebige Verbindungsmuster auf einem *Sparse Network* zu simulieren. Bei den praktisch nur noch verwendeten paketvermittelten Verbindungsnetzen ist dabei die Bedingung einzuhalten, daß zu jedem Zeitpunkt sich nicht mehr als *ein* Paket auf jeder Leitung des Netzes befindet und daß alle Pakete in minimaler Zeit ihr Ziel erreichen. Als minimale Zeit gilt eine Latenzzeit, die mit O(logN) mit der Zahl der Knoten ansteigt.

Valiant hat Verbindungsschemata angegeben, die diese Bedingungen erfüllen. Diese Algorithmen basieren auf dem Verfahren der *Randomisierung*. Sie sind immer korrekt und terminieren mit einer Wahrscheinlichkeit nahe 1 in O(logN) Zeiteinheiten. Dabei können sie jede gewünschte Permutation realisieren. Damit erfüllen die *parallelen Kommunikationsschemata* von *Valiant* die folgenden Bedingungen [VAL 82]:

- *Geschwindigkeit*: Jede Permutation erfordert nur O(logN) Hupfe (*hops*).
- *Wirtschaftlichkeit*: Jeder Knoten benötigt nur O(logN) Kanäle in das Netz.
- *Einfachheit*: Die Wegfindungsinformation, die jedes Paket mitführen muß, ist gering und besteht aus nur O(logN) Bits.
- *Flexibilität*: Es lassen sich vollständige oder teilweise Permutationen herstellen. Das Schema arbeitet verteilt; es benötigt keine globale Synchronisation.

All dies soll durch das folgende zweiphasige Vorgehen erreicht werden. In der ersten Phase werden die Pakete der sendenden Knoten jeweils zu einem zufällig gewählten Zwischenknoten transportiert. Jeder der N Knoten des Systems kann mit der gleichen Wahrscheinlichkeit 1/N Zwischenknoten sein. In der zweiten Phase wird dann jedes Paket von seinem Zwischenknoten in den Zielknoten transportiert. Die zufällige Auswahl der Zwischenknoten kann durch eine Hash-Codierung erhalten werden, die Teil des Wegfindungs-Algorithmus ist [AKP 90]. Beachte daß das zweiphasige Zugriffschema zwar die Wahrscheinlichkeit für Zugriffskonflikte auf den zentralen Speicher minimiert, die Latenz dabei aber etwa verdoppelt. Diese Latenz ist alles andere als vernachlässigbar; man muß daher besondere Maßnahmen gegen sie treffen wie z.B. das *Latency Hiding*.

Eine solche Architektur wird als *Parallel Random Access Machine* (PRAM) bezeichnet. *Paul* und seine Mitarbeiter haben gezeigt, wie sich eine PRAM in effizienter Weise realisieren läßt. Dabei gibt es noch eine Reihe weiterer Fragestellungen. Nach [AKP 90] gibt es mehrere PRAM-Modelle, die sich durch die erlaubte Art des Speicherzugriffs unterscheiden:

- EREW (*exclusive read - exclusive write*): Immer nur ein Knoten kann zu jedem Zeitpunkt eine Speicherzelle lesen oder in sie schreiben.
- CREW (*concurrent read - exclusive write*): Eine Zelle kann von mehreren Knoten gelesen werden, aber nur ein Knoten kann schreiben.

- CRCW (*concurrent read - concurrent write*): Mehrere Knoten können gleichzeitig eine Zelle lesen oder in sie schreiben.

Im CDCW-Falle muß das System über eine Strategie verfügen, die festlegt, welches der Knoten, die gleichzeitig schreiben wollen, zum Zuge kommt. Üblicherweise werden drei Strategien betrachtet:

(1) *beliebig*: einer der Knoten gewinnt, ohne daß vorher bekannt ist, welcher das ist;

(2) *gleichförmig*: alle Prozessoren schreiben das gleiche, so daß es keine Rolle spielt, welcher gewinnt;

(3) *priorisiert*: der Prozessor mit dem größten oder dem kleinsten Index gewinnt.

Viele praktisch bedeutsame Anwendungen führen auf das CRCW-Modell. Die Frage, ob man das CRCW-Modell auf einer EREW-PRAM simuliert, oder aber hardwaremäßig realisiert, wird in [AKP 90] zugunsten der hardwareunterstützten Lösung entschieden.

Auch bei der Entwicklung des Transputers T9000 hat die Idee eine Rolle gespielt, diesen zusammen mit dem zugehörigen Netzwerk-Baustein zum Aufbau einer PRAM zu verwenden (s. *Esprit*-Projekt CP-MIMD). Der T9000 besitzt die Eigenheit, daß anstelle eines Registerfiles ein *Write-Through-Cache* verwendet wird. Dadurch benötigt er nur eine sehr kurze Zeit (in der Größenordnung von 1 µs) für den Umgebungswechsel zwischen federgewichtigen Prozessen. Der T9000 ist damit ein sehr geeigneter Baustein für vielfädige Architekturen, was auf der Softwareseite durch die Programmiersprache *occam* unterstützt wird [PaM 87].

Gegen die PRAM ist einzuwenden, daß sie erstens wie alle Multiprozessor-Architekturen mit zentralem Speicher nicht skalierbar ist. Zweitens ist die Verwendung eines Permutationsnetzwerks mit seinen O(log N) Hupfen, welches bei jedem Zugriff auch noch zweimal durchlaufen werden muß, nach dem heutigen Stand der Technik keine besonders gute Lösung. Eine Architekturform, die im Gegensatz zur PRAM (1) beliebig skalierbar ist und (2) sehr wirksam das Latenzproblem löst, ist die im folgenden behandelte *vielfädige Architektur*. Damit ist das PRAM-Modell kaum mehr zeitgemäß.

11.3 MIMD-Architekturen mit verteiltem gemeinsamem Speicher

11.3.1 Das Operationsprinzip

Im Gegensatz zu den Multiprozessor-Architekturen mit einem zentralen gemeinsamen Speicher gibt es bei den MIMD-Architekturen mit verteiltem gemeinsamen Speicher nur die lokalen Knotenspeicher. Das grundsätzliche Blockbild eines solchen Systems entspricht somit Bild 10-1(B). Durch den Wegfall des zentralen Speichers ist diese Architekturform skalierbar, allerdings, wie wir noch ausführen werden, nur in gewissen Grenzen.

Der Begriff des *gemeinsamen Speichers* ist somit nicht physikalisch zu verstehen — physikalisch gesehen gibt es nur die Knotenspeicher — sondern als Adressierungsschema. Wie bei den Multiprozessor-Architekturen mit zentralem Speicher gibt *einen* globalen Adreßraum für alle Knotenspeicher. Das heißt, jeder Prozessor hat Zugriff nicht nur auf den eigenen, sondern auch auf alle anderen Knotenspeicher. Die Adressen sind reale (nicht-virtuelle) logische oder physikalische Adressen. Dementsprechend gibt der vordere Teil einer Adresse an, in welchem Knoten sich das adressierte Speicherobjekt befindet. Die Latenzzeit der Speicherzugriffe kann natürlich je nachdem, ob der Zugriff auf den lokalen Speicher des Knotens erfolgt oder auf einen Speicher eines anderen Knotens, sehr verschieden sein. Da die nicht-lokalen Zugriffe über das Verbindungsnetz erfolgen, können auch diese untereinander stark variieren, je nachdem, über wieviel Stufen der Zugriffsweg verläuft.

Damit hat die Architektur mit verteiltem gemeinsamen Speicher gewisse Ähnlichkeiten mit der im nächsten Abschnitt behandelten vielfädigen Architektur. Ein wesentlicher Unterschied zwischen beiden Architekturformen besteht darin, daß

- die Architektur mit verteiltem gemeinsamen Speicher das Prinzip der *Latenzminimierung* anwendet;
- die vielfädigen Architekturen hingegen vom Prinzip der *Latenzverdeckung* Gebrauch machen.

Die Verringerung der Speicherzugriffs-Latenz versucht man bei den Architekturen mit verteiltem gemeinsamen Speichert dadurch zu erreichen, daß man jeden Prozessor mit einem hinreichend großen Sekundär-Cache (zusätzlich zu den primären Befehls- und Datencaches auf dem Chip) ausrüstet, in der Erwartung, daß sich dadurch die Häufigkeit der nicht-lokalen Speicherzugriffe stark verringert. Wie gut dies in Wirklichkeit gelingt, hängt naturgemäß vom *Lokalitätsverhalten* der bearbeiteten Programme ab. Die gemeinsam zugänglichen Speicherobjekte sind bei diesem Vorgehen *Cachezeilen* (s. Kapitel 4.3).

Die Sicht eines gemeinsamen Speichers wirft die in Abschnitt 10.1.7 behandelten Fragen der *Konsistenz der Speicherzugriffe* auf. Durch die Einschaltung eines Cache-Speicher zwischen den Prozessor und den verteilten gemeinsamen Hauptspeicher kommt noch das Problem der Gewährleistung der Cache-Kohärenz hinzu. Einen zentralen, die Knoten verbindenden Speicherbus, auf dem man "schnüffeln" könnte, gibt es in einer solchen Architektur natürlich nicht. Die in einem verteilten System dem *Bus Snooping* äquivalente Lösung würde darin bestehen, daß jeder Cache über jeden Schreibzugriff in jedem Knoten des Systems informiert ist. Das heißt, jeder Knoten müßte bei jedem Schreibzugriff durch ein *Broadcast* ins System allen anderen Knoten die Adresse des geschriebenen Objekts mitteilen. Dies würde zu einem untragbar hohen Nachrichtenverkehr im System führen und ist somit keine praktikable Lösung.

Wie allgemein bei der Aufrechterhaltung der Cache-Kohärenz in Multiprozessorsystemen kann das durch das Schreiben einer Cachezeile verursachte Entstehen von divergierenden Kopien derselben Cachezeile in anderen Caches prinzipiell durch zwei verschiedene Methoden verhindert werden:

- durch die *Invalidierungsmethode* (*invalidation method*) oder
- durch die *Ersetzungsmethode* (*update method*).

Bei der Invalidierungsmethode werden bei Änderung eines Speicherobjekts alle in anderen Caches existierenden Kopien des Speicherobjekts für ungültig erklärt. Das heißt, der nächste Zugriff auf die invalidierte Kopie löst einen *Cache Fault* aus, was wiederum dazu führt, daß eine neue Kopie mit dem neuen Wert geholt wird. Bei der Ersetzungsmethode müssen alle Kopien auf den neuen Wert gebracht werden, bevor sie weiter benutzt werden dürfen. Die Invalidierungsmethode läßt sich in der Regel effizienter implementieren und ist daher die üblicherweise angewandte.

Um zu invalidieren (ersetzen), genügt es, eine Nachricht nur an diejenigen Caches zu senden, in denen sich die zu invalidierenden (ersetzenden) Kopien befinden. Dies werden in der Regel nicht allzuviele sein. Dafür muß jetzt die Instanz, die für die Invalidierung verantwortlich ist, wissen, in welchen Caches welcher Knoten sich die zu invalidierenden Kopien befinden. Man benötigt dafür einen effizienten Mechanismus, der darin bestehen kann, daß jeder Speicherzugriff grundsätzlich über eine Einrichtung erfolgt, die über die Verwendung der gemeinsamen Speicherobjekte Bescheid weiß und damit den Speicherzugriff kontrollieren kann. Diese Einrichtung wird in Anlehnung an das Adreßbuch *Directory* genannt. Allgemein gesprochen ist es die Aufgabe der *Directory*, für die Gewährleistung eines bestimmten Konsistenzmodells (s. Abschnitt 10.1.7) zu sorgen.

Prinzipiell kann man im System eine zentrale *Directory* vorsehen. Solche Lösungen sind anfänglich auch realisiert worden. Eine zentrale *Directory* stellt führt aber zu einem Systemflaschenhals. Um diesen zu vermeiden, wurde erstmalig mit der Entwicklung der im folgenden Abschnitt behandelten DASH-Architektur das Konzept der *verteilten Directories* verwirklicht, bei der jeder Knoten hat seine eigene *Directory* hat.

Die Knoten-*Directory* enthält für jede Cachezeile im Knotenspeicher im Prinzip einen Satz von Zeigern auf diejenigen Prozessorcaches, die eine Kopie der Cachezeile beinhalten. Dies kann zum Beispiel dadurch geschehen, daß in einem dedizierten *Directory Memory* für jede Cachezeile eine verkettete Liste angelegt wird (die in den meisten Fällen leer sein wird). Die Liste enthält die entsprechenden Knoten- bzw. Prozessor-Adressen sowie eine Angabe über den Zustand des Objekts. Eine Reduzierung der *Directory*-Größe könnte man dadurch erhalten, daß man nur für solche Cachezeilen Listen anlegt, die Kopien haben. Der Preis für die Ersparnis ist, daß der Zugriff zu der *Directory* jetzt assoziative erfolgen müßte.

Das übliche Verfahren besteht aber darin, im *Directory* -Speicher für jedes Datenobjekt im Knotenspeicher einen Bitvektor anzulegen mit so vielen Bits, wie das System Prozessoren hat. Eine "1" im Bitvektor zeigt an, daß der entsprechende Prozessorcache eine Kopie der Cachezeile hat, eine "0" zeigt an, daß sich in dem entsprechenden Prozessorcache keine Kopie befindet.

Wie immer man dies auch implementiert, es besteht grundsätzlich das Gesetz, daß in jeder Knoten-*Directory* die Information über die Verwendung der Objekte des Knotenspeichers in allen anderen Knoten des Systems gespeichert sein muß. Das heißt, jeder der N Knoten des Systems hat eine Liste mit N Einträgen. Daraus folgt, daß die benötigte Kapazität des *Directory*-Speichers mit der Ordnung $O(N^2)$ anwächst, während der Aufwand für die Knotenspeicher ja nur linear mit der Knotenzahl absteigt. Dadurch wird die Skalierbarkeit solcher Systeme deutlich begrenzt. Zur Milderung dieses Problems werden in der Literatur zwar ausgeklügelte Schemata zur Minimierung des *Directory*-Speicheraufwands vorgeschlagen (z.B. [MIC 92]), die quadratische Komplexität läßt sich dabei aber prinzipiell nicht vermeiden. Aus diesem Grunde kann das Architekturprinzip des verteilten gemeinsamen Speichers kaum als Grundlage der zukünftigen massiv-parallel Rechner mit Zehntausenden oder Hunderttausenden von Knoten angesehen werden.

11.3.2 Beispiel: Die DASH-Architektur

Wir betrachten die an der *Stanford University* entwickelte *DASH-Architektur* als Prototyp einer Architektur mit verteiltem gemeinsamen Speicher (DASH: *Directory Architecture for Shared Memory*) [Lea 92a], [Lea 92b]. Wie das Blockbild 11-7 zeigt, besteht dieser Parallelrechner aus einer Anzahl von Clustern, wobei ein Cluster im wesentlichen aus einem oder mehreren Prozessoren mit ihren Sekundärcaches und dem gemeinsamen Clusterspeicher besteht. Die Prozessoren eines Clusters haben über einen *Snooping Bus* Zugriff zu dem Clusterspeicher und — über ein *Directory Memory Interface* — zu dem Cluster-Verbindungsnetz (in Prototype ist dies eine Gitterverbindung mit *Worm Hole Routing*). Die Clusterung senkt den Aufwand für die *Directory Memory Interfaces*, da dieses nur für jedes Cluster und nicht für jeden Knoten notwendig ist. Die beschränkte Zugriffsbandbreite des einen gemeinsamen Clusterspeichers erlaubt nur eine sehr kleine Zahl von Prozessoren im Cluster.

Aufgabe der *Directory* ist es, wie im vorhergehenden Abschnitt dargelegt für die Datenkonsistenz im System zu sorgen. Zur Speicherung der Information, welche anderen Prozessorcaches Kopien der Cachezeilen des Knotenspeichers haben, wird die oben beschriebene Bitvektor-Darstellung verwandt. Für 256 Prozessoren und 32-Byte Cachezeilen werden dafür in jedem Cluster ein Achtel der Clusterpeicher-Kapazität benötigt. Ein Speicherobjekt befindet sich in einem von drei mögliche Zuständen, die in der *Directory* zusätzlich zur Angabe der das Objekt enthaltenden Prozessorcaches vermerkt sind:

- *uncached*: das Objekt befindet sich in keinem der Prozessorcaches;
- *shared*: mehrere, konsistente (unveränderte) Kopien des Objekts befinden sich in irgendwelchen Caches;
- *dirty*: es gibt nur noch eine (durch Schreiben) modifizierte Kopie in einem der Caches (alle anderen Kopien, die u.U. existierten, sind vor dem Schreiben invalidiert worden).

Die Speicherhierarchie der DASH-Architektur besteht, wie in Bild 11-8 gezeigt, aus 4 Ebenen [Lea 92a]. Wir betrachten zunächst, wie eine Lese-Anforderung in dieser Hierarchie gehandhabt wird.

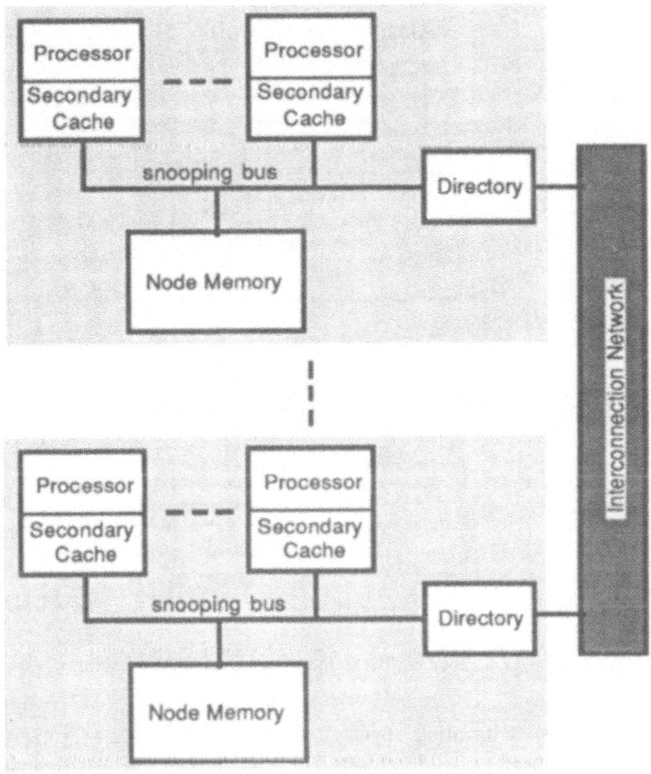

Bild 11-7 Vereinfachtes Blockbild der DASH-Architektur

Die Speicherhierarchie der DASH-Architektur besteht, wie in Bild 11-8 gezeigt, aus 4 Ebenen [Lea 92a]. Wir betrachten zunächst, wie eine Lese-Anforderung in dieser Hierarchie gehandhabt wird.

Die dem Prozessor am nächsten liegende Hierarchieebene ist der eigene Sekundärcache, in dem als erstes nachgesehen wird. Wird das zu lesende Speicherobjekt dort nicht gefunden, so werden als nächstes die Caches der anderen Prozessoren des Clusters gelesen. Diese zweite Ebene wird als *Local Cluster Level* bezeichnet. Ist das Ergebnis wieder negativ, so muß die entsprechende Cachezeile aus dem Speicher desjenigen Clusters geholt werden, in der sie sich ständig befindet (was ja durch seine Adresse angezeigt wird). Dieses Cluster wird als das *Heimat-Cluster* des Objekts bezeichnet. Heimat-Cluster kann jedes Cluster des Systems sein, u.U. auch das eigene. Dementsprechend heißt die dritte Zugriffsebene *Home Cluster Level*. Im Heimat-Cluster befindet sich auch die *Directory*, die über die Verwendung des gesuchten Objekts Aufschluß gibt. Das Heimat-Cluster liest das angeforderte Objekt aus dem Speicher und schlägt gleichzeitig in seiner Directory nach, um den Objektzustand festzustellen. Ist das Objekt "sauber", so wird es zum anfragenden Prozessorcache gesandt, und in der *Directory* wird dieser Cache als Empfänger einer Kopie markiert. Damit ist die Anfrage befriedigt.

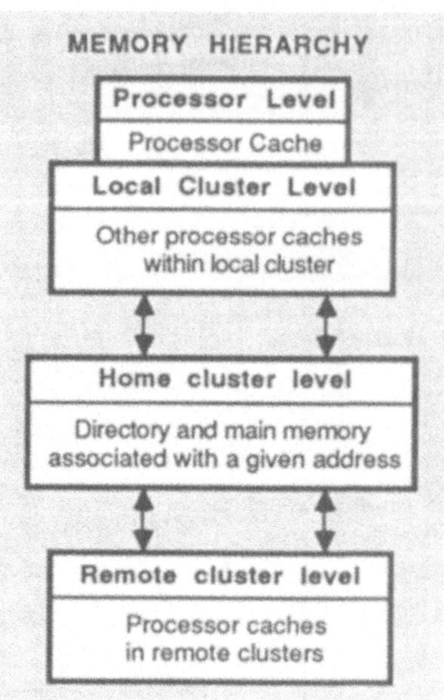

Bild 11-8 Speicherhierarchie in der DASH-Architektur

Ist das Objekt jedoch "schmutzig" (*dirty*), so kann das Heimat-Cluster die Anfrage nicht befriedigen. Vielmehr wird jetzt vom Heimat-Cluster die Anfrage zusammen mit der Adresse des anfragenden Prozessorcaches an dasjenige *Remote Cluster* weitergegeben, in welchem sich die einzige noch existierende, modifizierte Kopie des Objekts befindet (s. die Bedeutung von *dirty*). Diese vierte Zugriffsebene heißt daher *Remote Cluster Level*. Das *Remote Cluster* sendet zur Vermeidung unnötiger Latenzzeiten eine Kopie des Objekts unmittelbar an den anfragenden Prozessorcache. Zusätzlich wird auch an das Heimat-Cluster eine Nachricht gesandt, damit dieses den *Directory*-Eintrag entsprechend aktualisieren kann.

Bei einer Schreiboperation kann der Prozessor immer dann das Objekt unmittelbar in seinen Cache schreiben, wenn die entsprechende Zeile als *dirty* gekennzeichnet ist, da er in diesem Falle ja über die einzige existierende Kopie des Objekts verfügt. Ist dies nicht gegeben, so muß der Prozessorcache sich erst zum exklusiven Eigentümer des Objekts machen. Dies geschieht durch eine entsprechende Anforderung, die zunächst an die anderen Caches des Clusters gesandt wird. Besitzt einer dieser Caches die gesuchte Cachezeile, so wird diese unmittelbar über den Clusterbus in den anfordernden Prozessorcache kopiert. Dies erlaubt den Caches eines Clusters, alternierend denselben Speicherblock zu beschreiben, ohne daß solche Interaktionen über die Clustergrenzen hinaus Auswirkungen haben. Besitzt keiner der lokalen Caches des Clusters das Objekt, so geht die Anforderung auf exklusive Eigentümerschaft an das Heimat-Cluster weiter.

Bei Cachezeilen, die als *uncached* gekennzeichnet sind, kann das Heimat-Cluster die Anforderung unmittelbar befriedigen. Dies gilt auch dann noch, wenn der Objektzustand *shared* ist, allerdings jetzt mit der Maßgabe, daß das Heimat-Cluster gleichzeitig auch an alle anderen Cluster, die ebenfalls Kopien des Objekts in ihren Prozessorcaches besitzen, eine Invalidierungs-Nachricht senden muß. Die beteiligten Cluster zeigen die erfolgte Invalidierung durch eine Rückmeldung an. Ist das Objekt als *dirty* gekennzeichnet, dann wird die Anforderung an dasjenige *Remote Cluster* weiter gereicht, in dem sich die einzige gültige Kopie des Objekts befindet. Dieses reagiert dann analog zum Lesevorgang.

Die sequentielle Konsistenz erfordert, daß das schreibende Cluster erst alle Rückmeldungen über die erfolgten Invalidierungen in den anderen beteiligten Clustern erhalten haben muß, bevor es wirklich schreiben darf. Dadurch wird der geschriebene Wert gleichzeitig für alle anderen Prozessoren im System verfügbar. Das Warten auf die Rückmeldungen verzögert natürlich den Schreibvorgang entsprechend. Eine bessere Prozessorausnutzung wird erreicht, wenn der Schreibvorgang unmittelbar bereits dann erfolgt, wenn das schreibende Cluster das angeforderte Schreibrecht von dem Heimat-Cluster erhalten hat. Dies führt allerdings auf eine schwächere Konsistenz, was eine unkorrekten Programmausführung zur Folge haben kann, es sei denn, der Programmierer verhindert dies durch zusätzliche Synchronisation.

In [Gea 90] wird ein speziell für die DASH-Architektur entwickeltes schwachen Konsistenzmodell beschrieben, das als *Release Consistency* bezeichnet wird. Dieses Modell beruht auf der Unterscheidung zwischen synchronisierenden und nicht-synchronisierenden Zugriffen. Synchronisierende Zugriff sind solche, bei denen durch das Verriegeln oder Entriegeln eines Speicherbereichs eine bestimmte Zugriffsordnung hergestellt werden kann. Nicht-synchronisierende Zugriffe sind, solche, bei denen es durch die Natur des Algorithmus gleichgültig ist, wer bei konkurrierenden Zugriffen das Rennen macht, d.h. in welcher Reihenfolge die Zugriffe wirklich stattfinden. Innerhalb der synchronisierenden Zugriffe wird unterschieden zwischen sperrenden und freigebenden Zugriffen (*acquire access* und *release access*). Die **lock**-Operation ist zum Beispiel ein sperrender Zugriff, die **unlock**-Operation ist ein freigebender Zugriff. Für die *Release Consistency* gilt die folgende Bedingung:

(1) bevor ein Schreib- oder Lesezugriff bezüglich irgendeines anderen Prozessors ausgeführt werden darf, müssen alle vorhergehenden sperrenden Zugriffe ausgeführt worden sein;

(2) bevor ein freigebender Zugriff bezüglich irgendeines anderen Prozessors ausgeführt werden darf, müssen alle vorhergehenden Schreib- oder Lesezugriffe ausgeführt worden sein.

Ähnlich wie die in Abschnitt 10.1.7 behandelte schwache Konsistenz ersetzt die *Release Consistency* die vollständige Ordnung der Lese- und Schreibvorgänge durch die wesentlich schwächere Ordnung von Synchronisationspunkten (**lock** und **unlock**) und bürdet damit dem Programmierer die Aufgabe auf, durch richtiges Einsetzen der Synchronisationspunkte für einen korrekten Programmablauf zu sorgen. Wie Simulationen gezeigt haben [GGH 91], ist die Belohnung für diese Mühe ein Leistungsgewinn von etwa 10-40 %. Die gleichen Simulationen haben aber auch ergeben, daß die in Abschnitt 10.1.7 erwähnte Prozessor-Konsistenz mindestens den gleichen Gewinn als die kompliziertere *Release Consistency* zeitigt. Letztlich rührt bei jeder Architektur mit nicht-blockierendem (gepufferten) **write** der Gewinn durch das schwächere Konsistenzmodell im wesentlichen daher, daß beim Lesen nicht auf den Abschluß der vorhergehenden Schreibvorgänge gewartet wird [GGH 91], mit dem Risiko, daß u.U. noch nicht aktualisierte Werte gelesen werden.

11.4 Vielfädige Architekturen mit verteiltem Speicher

11.4.1 Gründe für vielfädige Architekturen

Von *Arvind* werden als die zwei wesentlichsten Vorteile der Datenflußarchitekturen genannt:

- der geringe Synchronisationsaufwand (*cheap synchronization*)
- die Unempfindlichkeit gegen die Latenz der Datenzugriffe (*latency hiding*).

Versteht man unter "Synchronisationsaufwand" die Synchronisation von Datenzugriffen, so wird dieser Aufwand durch die einfache, von Hardware ausgeführte *I-Synchronisation* sehr gering. Dies ist aber nur die halbe Wahrheit. Das *Token Matching* der *Token-Tagging Architecture* ist ja auch eine Form der Synchronisation, die sehr aufwendig werden kann. Um die inhärente Ineffizienz des Datenflußprinzips zu vermeiden, kann man dieses Prinzip zwar aufgeben, dabei aber trotzdem ähnliche Mechanismen wie in der Datenflußarchitektur anwenden, um den Synchronisationsaufwand klein zu halten und den Einfluß der Zugriffslatenzen zu eliminieren. Dies geschieht in den *vielfädigen Architekturen* (*multi-threaded architecture*), kurz als MTA bezeichnet. Datenflußarchitekturen sind damit eine spezielle Form der vielfädigen Architekturen. Das Operationsprinzip der Vielfädigkeit kann aber auch auf Kontrollfluß-Maschinen angewandt werden.

Das MTA-Prinzip wurde bereits in der zweiten Hälfte der siebziger Jahre von *Smith* entwickelt [SMI 78] und fand seine Anwendung in dem in Kapitel 11.2 besprochenen HEP-Rechner. Die TERA-Maschine, die als unmittelbarer Nachfolger der HEP angesehen werden kann, ist eine ähnliche Form einer MTA. Seit einigen Jahren gibt es eine Reihe anderer experimenteller Entwicklungen von MTAs an verschiedenen Universitäten vor allem der U.S.A., die hier nicht alle besprochen werden können. Diese Entwicklungen haben gemeinsam, daß sie aus Gründen der Skalierbarkeit Architekturen mit verteiltem Speicher sind. Als Musterbeispiel wollen wir hier eine besonders interessante Entwicklung herausgreifen, nämlich die am *Massachusetts Institute of Technology* (MIT) in Entwicklung befindliche **T-Maschine*.

11.4.2 Das Operationsprinzip der vielfädigen Architekturen

Das MTA-Prinzip ist durch das Vorhandensein einer großen Zahl von Akteuren (*threads*) gekennzeichnet. Ein Akteur ist entweder ruhend (*dormant*) oder ausführungsbereit (*ready*). Die Ausführung der Akteure ist datengetrieben. Das heißt, ein Akteur ist ruhend, solange er nicht alle seine Operandenwerte hat; erst wenn dies der Fall ist, ist der Akteur ausführungsbereit und kann aktiviert werden.

Dadurch, daß die Akteure wie bei der Datenflußmaschine durch ihre Operanden *gezündet* werden, bestimmt die Synchronisation der Zugriffe auf Datenobjekte auch das Zünden der Akteure. Dabei muß aber noch die zusätzliche Bedingung erfüllt sein, daß ein Akteur erst dann wirklich gezündet wird, wenn er alle seine Operandenwerte erhalten hat. Letzteres kann durch eine Art Barrieren-Synchronisation (s. Abschnitt 5.7.2) erreicht werden.

An sich genügt für die Synchronisation der Zugriffe auf die Speicherobjekte schon die einfache FULL-EMPTY-Kennung, die ja bereits angibt, wann ein Objekt gelesen (FULL) bzw. geschrieben (EMPTY) werden kann und damit auch anzeigt, wann ein Faden im Kontext der gegebenen Datenabhängigkeiten von anderen Fäden ausführbar wird. Diese Art der Datenzugriffs-Synchronisation wird in den meisten vielfädigen Architekturen angewandt. Die I-Synchronisation erlaubt aber darüber hinaus eine *write-after-read*-Semantik, so daß ein **read** jederzeit ausgeführt werden kann, unabhängig davon, ob die vorhergehenden **writes** bereits ausgeführt worden sind.

Jeder Zugriff zu einem Datenobjekt in einem anderen als dem lokalen Speicher des Knotens, der eine Kommunikation über das Verbindungsnetzwerk erfordert, führt dazu, daß der fragliche Akteur in den Ruhezustand versetzt wird. Während er nun auf das Eintreffen der Datenwerte wartet, wird inzwischen ein anderer, bereits mit seinen Operanden versehener Akteur ausgeführt. Kein aktiver Akteur wartet auf eine Kommunikation, und es wäre auch nicht zweckmäßig, einen Akteur zu unterbrechen.

Dafür bedingt dieser Mechanismus aber, daß sehr häufig Umgebungswechsel auszuführen sind, und zwar jedesmal, wenn ein Akteur gewechselt wird. Ein solches Vorgehen ist natürlich nur dann sinnvoll, wenn ein Umgebungswechsel wesentlich weniger Zeit kostet, als das Herbeischaffen der Datenwerte. Daher müssen die Akteure leichtgewichtige wenn nicht federgewichtige Prozesse oder Kontrollfäden sein. Dies hat Konsequenzen für die Architektur der Knoten eines solchen Systems.

11.4.3 Maßnahmen für schnelle Umgebungswechsel

Der Umgebungswechsel geht um so schneller vonstatten, je weniger Register dabei zu retten und neu zu schreiben sind. Verzichtet man darauf, globale Resultatwerte in Registern zu speichern, so müssen keine Datenregister-Inhalte gerettet werden, sondern allenfalls die Inhalte von Befehlszähler, Statusregister und Zeigerregister für den *Frame Pointer* oder den Zeiger auf einen *Process Control Block*, oder ähnliches. Die Datenregister dürfen damit nur solche Werte enthalten, die nach Verlassen eines Akteurs überschrieben werden können (*temporaries*). Wenn die Marken, durch deren Eintreffen ein Akteur aktiviert wird, neben dem Wert auch die Kontextinformation mit sich führen, so müssen auch die Statusregister beim verlassen eines Akteurs nicht gerettet werden, sondern beim Eintritt in einen neuen Akteur müssen die betreffenden Register nur neu gesetzt werden. Mit diesen Maßnahmen kommt man auf Zeiten für den Kontextwechsel in der Größenordnung von etwa 10 Takten [NPA 91]. Der Nachteil dieses radikalen Vorgehens ist, daß zwischen den Akteuren, die ja von sehr feiner Granularität sein können, keine Werte über Register übergeben werden.

Eine Maßnahme, die nicht ganz so radikal wie der völlige Verzicht auf globale Registerinhalte ist, besteht darin, den Registersatz in globale Register und volatile Register aufzuteilen [GaS 91]. Gerettet werden müssen dann nur die globalen Register, deren Zahl man natürlich möglichst klein zu halten versucht. Dies ist letztlich eine Frage der Compiler-Implementierung. Die effizienteste aber auch aufwendigste Methode besteht aber darin, eine Register-Architektur vorzusehen, die es gestattet, mehrere Aktivierungssätze gespeichert halten kann, so daß unter Umständen nur ein Zeiger umgesetzt werden muß. Dies kann dadurch stark erleichtert werden, daß für jeden Akteur nur wenige Register vorgesehen werden [NUT 91] (typisch ist hier die Zahl von 4 Registern).

Die Forderung nach einer möglichst guten Auslastung des superskalaren Knotenprozessors und nach einer möglichst effizienteren Kommunikation führt zu dem Bestreben, möglichst lange Kontrollfäden zu erhalten, d.h. zu einer Vielfädigkeit mit groben Granularität (*large grain multi-threading*) überzugehen. In diesem Falle kommt man nicht umhin, jedem Akteur einen Registerfile der üblichen Größe (z.B. 32 Register) zur Verfügung stellen und die Akteure auch unterbrechbar zu machen. Das Prinzip des *Latency Hiding* und der damit verbundenen häufigen Umgebungswechsel erfordert aber auch hier sehr kurze Zeiten für den Umgebungswechsel. Dies ist nur mit dem Aufwand multipler Registersätze zu erreichen, eine Maßnahme, die man schon vom HEP her kennt. Einen Architekturvorschlag für ein *large grain multi-threading* — auch als *Superakteur* bezeichnet — findet man zum Beispiel in [HUM 91]. Als Beispiel für eine Register-Architektur zeigt Bild 11-9 den *APRIL-Prozessor*, der für eine vielfädige Architektur entworfen wurde [Aea 90].

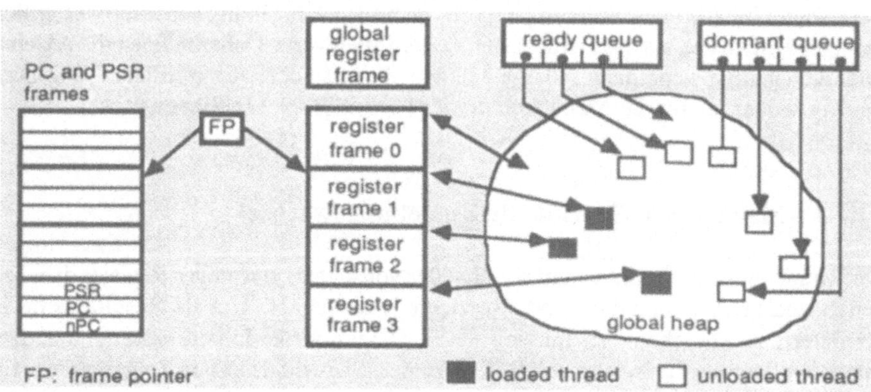

Bild 11-9 Registerarchitektur des APRIL-Prozessors

Der APRIL ist eine Modifikation des SPARC-Prozessors und wendet daher auch die Registerfenster-Technik des SPARC an (s. Abschnitt 3.5.3). Im APRIL gibt es außer einem globalen Registerfile mit 8 Registern 4 Datenregisterbänke mit je 32 (teilweise überlappten) Registern (s. SPARC) sowie 4 Statusregisterbänke mit je 3 Statusregister. Letztere bestehen aus dem Befehlszähler (PC), dem Befehlszähler für den nächsten Befehl (nPC) und dem Prozessor-Zustandsregister (PSR). Da es 4 Registersätze (*frames*) gibt, kann zwischen 4 ausführbaren Akteuren durch einfaches Ändern eines *Frame Pointers* (FP) gewechselt werden. Die 4 Akteure, deren Aktivierungssätze sich in den 4 *Frames* befinden, werden *loaded threads* genannt. *Ready threads* sind Akteure, die aktiviert werden könnten, jedoch *unloaded* sind; *dormant threads* warten auf Operanden. Die Akteure sind von grober Granularität und unterbrechbar; es wird angegeben, daß ein Umgebungswechsel im Mittel nur alle 50 bis 100 Takte vorkommt [Aea 90]. Die Synchronisation der Ausführung der Akteure erfolgt durch Software (durch ein *Trap*).

11.4.4 Herstellung des globalen Adreßraums

Vielfädige Architekturen haben gemeinsam, daß sie einen globalen Adreßraum herstellen, obwohl die meisten von ihnen hardwaremäßig Architekturen mit verteiltem Speicher sind. Das bedeutet, daß die Daten eines Programm über die lokalen Speicher der Knoten des Systems verteilt sind. Die Verteilung der Daten über die Knotenspeicher und ihr Wiederauffinden mit Hilfe einer globalen Adresse geschieht mit Hilfe einer Adreßabbildungsfunktion M (*mapping*), die den logischen Adreßraum auf die physikalischen Adreßräume der Knotenspeicher abbildet, wobei die physikalische Adresse durch (<Knoten_Nummer>,<Knotenspeicher_Adresse>) gegeben ist. Die Abbildung wird durch eine Hash-Codierung erhalten, die üblicherweise durch Hardware "*on the fly*" ausgeführt wird.

11.4.5 Die *T-Maschine

Als Beispiel einer vielfädigen Architektur, bei der das MTA-Prinzip mit äußerster Konsequenz angewandt wird, betrachten wir die von ***Arvind*** und Mitarbeitern entworfene **T-Machine* (sprich: "start-Maschine") [NPA 91]. Diese ist eine massiv-parallel Architektur mit verteiltem Speicher und globalem Adreßraum (s. oben). Die Knotenspeicher sind als *I-Structure* ausgeführt, d.h. der Zugriff auf sie wird durch die in Abschnitt 9.4.3 beschriebene *I-Synchronisation* geregelt.

Für das Holen von Operanden gibt es zwei Arten von Ladebefehlen:

- den **load** - Befehl für das Laden aus dem lokalen Speicher und
- den **rload** - Befehl (*remote load*) für das Laden aus einem entfernten Speicher.

Da der Compiler ja die (statische) Datenverteilung im System kennt, kann er die entsprechenden Ladebefehle absetzen.

Beispiel: Auszuführen sei das Programmstück im Knoten N1:

```
vA = rload pA
vB = rload pB
C  = vA * vB
```

vA und vB sind die Operandenwerte, pA und pB sind Zeiger auf die Speicherplätze, wo diese Werte zu finden sind, und C ist die Resultatvariable. **rload** zeigt an, daß sich die Operanden in anderen Knoten befinden; dies sind die Knoten N2 und N3 (Bild 11-11).

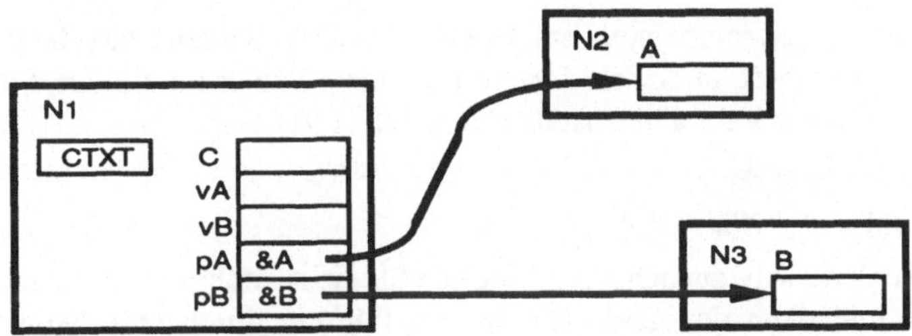

Bild 11-10 Der Knoten N1 verarbeitet Werte in den Knoten N2 und N3

Die Variable CTXT in Bild 11-11 gibt den Kontext der Programmausführung im Knoten N1 an. CTXT kann ein Zeiger auf den Ausführungskeller (*stack pointer*), ein *frame pointer* oder ein *current object pointer* in einem objektorientierten System sein. Die Variablennamen vA, vB und C beziehen sich auf die durch CTXT definierte Umgebung.

In der *T-Maschine gilt die Regel, daß mit jedem **rload** ein neuer Faden begonnen wird, um die Latenzzeit für das Laden des Werts aus dem entfernten Knoten zu überspielen. Sind mehrere **rload**-Befehle auszuführen, so werden entsprechend viele Fäden erzeugt. Wann die Werte wirklich verfügbar werden, hängt ja nicht nur von der Übertragungszeit des Verbindungsnetzwerks ab, sondern auch davon, wann der Wert wirklich produziert wird. Der *I-Synchronisations*-Mechanismus (s. Abschnitt 9.5.2) des Speichers erlaubt ja ein *write-after-read*, was zu einem völlig asynchronen Verhalten des Systems führt. Daher muß an den Stellen, wo die angeforderten Werte verfügbar sein müssen, auf das Eintreffen dieser Werte gewartet werden. Da diese in der Regel nicht zugleich eintreffen werden, bietet sich eine Barrieren-Synchronisation an, bei der gewartet wird, bis der letzte Wert eingetroffen ist.

In der *T-Maschine wird dazu die in Kapitel 5.7 besprochene FORK-JOIN-Synchronisation angewandt. Mit jedem **rload** erfolgt ein **fork**, durch welches der Faden zur Ausführung des **rload** erzeugt wird. Am Ende werden alle diese Fäden durch das **join** wieder zusammengefügt. *Arvind* betont die Notwendigkeit, den JOIN-Zähler in einer Speicherzelle und nicht in einem Register zu halten, um die längere Blockierung des Registers zu vermeiden (Register sollen jederzeit überschreibbar sein).

Wie bereits bei der MANNA-Architektur [GaB 91] so wird auch in der *T-Maschine das Konzept verfolgt, durch einen eigenen Kommunikationsprozessor im Knoten den eigentlichen Arbeitsprozessor von allen Kommunikations- und Synchronisationsaufgaben frei zu halten [GaS 89]. In der *T-Architektur wird dieser zusätzliche Prozessor *Synchronisations-Coprozessor* genannt [NPA 91]. Dieses Vorgehen hat zwei Vorteile:

- der Arbeitsprozessor muß nicht bei jedem Kommunikations- oder Synchronisationsvorgang unterbrochen werden und
- es kann ein handelsüblicher superskalarer Prozessor als Arbeitsprozessor eingesetzt werden (im *T ist dies eine erweiterte Version des *Motorola* MC88110.

Eine Realisierung des Synchronisations-Prozessors wird im folgenden angegeben.

11.4.6 Programmierbeispiel für die *T-Maschine

Als einfaches Programmbeispiel sei hier die DAXPY-Schleife aus dem LINPACK Benchmark betrachtet, in der ein Vektor mit einem Skalar multipliziert und zu dem Ergebnis ein zweiter Vektor hinzuaddiert wird [NPA 91]:

```
for i = 1 to N do
    Y[i] = a * X[i] + Y[i]
```

Für diese Schleife wird zunächst der *T-Code für die Ausführung auf einem Prozessor angegeben und dann der Code für die Ausführung durch eine Multiprozessor-Konfiguration. Der Einfachheit halber wird die Schleife nicht aufgerollt (ein optimierender Compiler würde dies tun). Namen, die mit "r" beginnen, bezeichnen Register des Prozessor-Registerfiles.

Uniprozessor Code

```
        load   rXP, dFP[XP]          -- load pointer ro X
        load   rYP, dFP[YP]          -- load pointer to Y
        load   rA,  dFP[A]           -- load loop constant: a
        load   rYlim, dFP[Ylim]      -- load loop constant: Y pointer limit
        cmp    rB, rYP, rYlim        -- compare pointer to Y with limit
        jgt    rB, OUT                     -- zero trip loop if greater
LOOP:
        load   rXL, rXP              -- X[i] into rXl    (LOAD_1)
        load   rYl, rYP              -- Y[i] into rYl    (LOAD_2)
        add    rXP, rXP, 8           -- increment pointer to X
        fmul   rTmp, rA, rXl         --   a*X[i]
        fadd   rTmp, rTmp, rYl       --  a*X[i] + Y[i]
        store  rYP, rTmp             -- store into Y[i]   (STORE_1)
        add    rYP, rYP, 8           -- increment pointer to Y
        cmp    rB, rYP, rYLim        -- compare pointer to Y with limit
        jle    rB, LOOP              -- fall out of loop if greater
OUT:
        ... ...
```

Multiprozessor Code

Es wird angenommen, daß X[I] und Y[I] in anderen Knotenspeichern zu finden sind, also ein *Remote Access* notwendig ist, dessen Latenz durch **rloads** maskiert werden soll. Während des *Remote Access* soll der ausführende Prozessor andere Arbeit leisten können. Die Ergebnisse eines **rload** gelangen zum Synchronisationsprozessor, der erhaltene Wert in den *Frame* schreibt und dann versucht, einen **join** mit der *Frame*-Zelle c1 auszuführen. Gelingt dies, dann aktiviert der Synchronisationsprozessor den Faden im Datenprozessor, der auf die Werte wartet. Anschließend führt der Synchronisationsprozessor ein **rstore** aus und beginnt dann mit der nächsten Iteration.

Wenn eine Schleifeniteration ausgeführt ist, wird der Datenprozessor durch Ausführung einer **next**-Instruktion wieder freigesetzt. Inzwischen kommen die **rstore**-Quittungen alle zum Synchronisationsprozessor zurück und führen zu einem **join** mit der *Frame*-Zelle c2. Nach diesem **join** wird zum OUT:-Teil des Programms fortgeschritten. Die Schleife wird verlassen, wenn alle **rstore** ausgeführt worden sind.

Message Handler des Synchronisations-Prozessors

```
LOAD_1:
        store  sFP[XI], rV1          -- store incoming X[I]
        join   c1, 2, CONTINUE       -- attempt continuation of loop
        next                         -- proceed to next message

LOAD_2:
        store  sFP[YI], rV1          -- store incoming Y[I]
        join   c1, 2, CONTINUE       -- attempt continuation of loop
        next                         -- proceed to next message
```

```
STORE_1:
       load   rN, sFP[N]              -- total number of stores
       join   c2, rN, OUT             -- zero trip loop if greater
```

Code des Datenprozessors

```
       load   rXP, dFP[XP]            -- load pointer to X
       load   rYP, dFP[YP]            -- load pointer to Y
       load   rYLim, dFP[YLim]        -- load loop constant: Y pointer limit
       cmp    rB, rYP, rYLim          -- compare pointer to Y with limit
       jgt    rB, OUT                 -- zero trip loop if greater
LOOP:
       rload  rXP, L1                 -- initiate load X[i]  (LOAD_1)
       rload  rYP, L2                 -- initiate load Y[i]  (LOAD_2)
       next
CONTINUE:
       load   rIX, dFP[XI]            -- load copy of X[I]
       load   rYI, dFP[YI]            -- load copy of Y[I]
       load   rA, dFP[A]              -- load loop constant: a
       load   rXP, dFP[XP]            -- load pointer to X
       load   rYP, dFP[YP]            -- load pointer to Y
       load   rYLim, dFP[YLim]        -- load loop constant: Y pointer limit
       fmul   rTpm, rA, rXI           --    a*X[i]
       fadd   rTpm, rTpm, rYI         --   a* X[i] + Y[i]
       rstore rYP, rTpm, S1           -- store into Y[i]   (STORE_1)
       add    rXP, rXP, 8             -- increment pointer to X
       add    rYP, rYP, 8             -- increment pointer to Y
       store  dFP[XP]                 -- store pointer to X
       store  dFP[YP]                 -- store pointer to Y
       cpm    rB, rYP, rYLim          -- compare pointer to Y with limit
       jle    rB, LOOP                -- fall out of loop if greater
       next   next
OUT: ..........
```

11.4.7 Der *T-Prozessor 88110MP

Es gibt inzwischen Prozessoren, die speziell zum Aufbau vielfädiger Architekturen entworfen wurden. Hier ist vor allem der Motorola 88110MP zu nennen [BEC 92]. Dies ist eine spezielle Version des superskalaren Prozessors MC88110, dessen Entwicklung vom *T-Konzept angeregt wurde und bei dem die Eigenheit des MC88110 genutzt wird, über freie Chipfläche zu verfügen, auf der spezielle Funktionseinheiten realisiert werden können. Beim 88110MP ist das die spezielle *Message and Synchronization Unit* (MSU) (Bild 11-11).

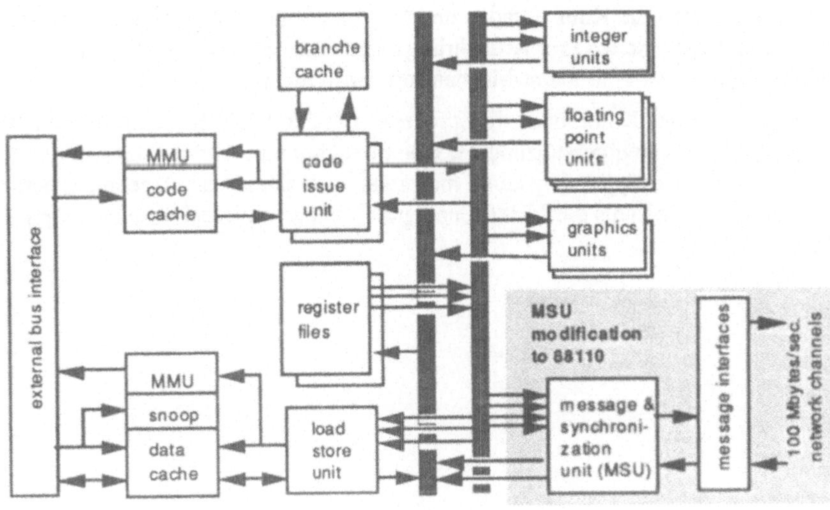

Bild 11-11 Blockdiagramm des Motorola 88110MP

Die MSU verwirklicht ein Registermodell der Kommunikation. Nachrichten fester Größe (24 Wörter) können in einem Satz von 24 Senderegistern (*transmit register*) aufgebaut und dann in das Verbindungsnetz gesandt werden bzw. aus einem Satz von 24 Empfangsregistern (*receive register*) empfangen werden. Dabei können wie bei den Integer-Befehlen zwei Sende- oder Empfangsbefehle gleichzeitig ausgeführt werden (s. Abschnitt 6.3.3).

Der 88110MP stellt zwei Arten des Nachrichtenempfangs zur Wahl:

(1) Beim Eintreffen einer Nachricht sendet die MSU ein Interruptsignal zum Betriebssystemkern, welcher dann, wie bei nachrichtenorientierten Systemen üblich, die weitere Bearbeitung des Empfangsprozesses im Supervisor-Modus vornimmt.

(2) Das Benutzerprogramm fragt die MSU ab, ob eine Nachricht eingetroffen ist. Ist dies der Fall, dann übernimmt es die weitere Behandlung (Separieren der einzelnen Komponenten und Zuweisung zu den entsprechenden Variblen) im Benutzer-Modus. Die zweite Art der Kommunikation vermeidet das Start-up-Problem. Dafür befindet sich die MSU zumindest zeitweilig in einer Abfrageschleife.

Jeder Knotenprozessor arbeitet lokal in einem virtuellen Adreßraum, der durch seine 32-Bit-Adresse gegeben ist. Speicherobjekte in anderen Knoten werden durch eine *globale virtuelle Adresse* adressiert, bei der die lokale 32-Bit-Adresse durch eine logische Knotennummer von 16 Bits erweitert ist. Diese Adressierungsart unterstützt die Realisierung eines virtuellen gemeinsamen Speichers.

Die durch die MSU ausführbaren Kommunikationsprimitive unterstützen in effizienter Weise alle synchronen oder asynchronen Paradigmen des *message passing* wie: IPC-Konstrukte (*send, receive*), *remote procedure call* (RPC) oder *remote object invocation* (ROI). Der 88110MP wurde aber primär zur Realisierung vielfädiger Architekturen entworfen. Zu diesem Zweck bietet die MSU Befehle zur Behandlung von *micro-*

threads — das sind die Kontrollfäden des *T — an. Beispiele sind: *fork* (zur Erzeugung eines Fadens), *sched* (zur Ausführung eines Fadens), *join* (zur Synchronisation paralleler Fäden). Der I-Structure-Mechanismus wird nicht unterstützt.

Die Integration eines Kommunikationsprozessors in den ULSI-Knotenprozessor stellt die optimale Hardwareunterstützung der Kommunikation in Architekturen mit verteiltem Speicher dar. Diese Lösung kennt man zwar auch schon vom Transputer her; der 88110MP kann jedoch als die "dritte Generation" solcher Knotenbausteine angesehen werden.

Literatur zu Kapitel 11

[AaI 89] Anonymos: PAX Standart Concurrency Control Architectur, Rev. 2.4, Intel Corporation, Santa Clara, 1989.

[Aea 90] Agarwal A., Beng-Hong L., Kranz D., Kubiatowicz J.: APRIL: A Processor Architecture for Multiprocessing, Proc. 17th Annual Sympos. on Copmputer Architecture (1990), IEEE Computer Society order no. 2047, 104-114

[Aea 91] Alverson G., Alverson R., Callahan D., Koblenz B., Porterfield A., Smith B.: Exploiting Heterogeneous Parallelism on a Multithreaded Multiprocessor, Proc. Workshop on Multithreaded Computers, Supercomputing ´91, ACM SIGARCH and IEEE Computer Society, Albuquerque, N.M. 1991

[AKP 90] Abolhassan F., Keller J., Paul W.J.: On the Cost-Effectiveness and Realization of the Theoretical PRAM Model, SFB Report 21/1990, Universität des Saarlandes, Saarbrücken, Germany

[BEC 92] Beckerle M.J.: An Overview of the START(*T) Computer System, Rev. 2, Motortola Tech. Report MCRC-TR-30, Oct. 1992

[GaB 91] W.K. Giloi and U. Bruening, "Architectural Trends in Parallel Supercomputers", Proc. 2nd NEC Internat. Symposium on Systems and Computer Architectures, Nippon Electric Corp., Tokyo (August 1991)

[GaS 91] Giloi W.K., Schroeder-Preikschat W.: Programming Models for Massively-Parallel Systems, In the NIPT Program Committee (eds.): Proc. Internat. Symposium on New Information Processing Technologies, Tokyo, Japan (March 1991),

[GGH 91] Gharachorloo K., Gupta A., Hennesy J.: Performance Evaluation of Memory Consistency Models for Shared Memory Multiprocessors, Proc. 4th Internat. Conf. on Architectural Support for Programming Languages and Operating Systems, ACM, New York 1991, 245-257

[HaB 85] Hwang K., Briggs F.: *Computer Architecture and Parallel Processing*, McGraw-Hill Book Company, New York 1984

[HUM 91] Hum H.: The Super-Actor Machine: A Novel Hybrid Dataflow / von Neumann Architecture, Proc. Workshop on Multithreaded Computers, Supercomputing '91, Albuquerque, NM, USA (Nov. 1991)

[JOR 83] Jordan H.F.: Performance Measurements on HEP - A Pieplined MIMD Computer, *Proc. 10th Internat. Annual Symposium on Computer Architecture*, IEEE Catalog no. 83CH1889-5, 207-212

[JOR 85] Jordan H.F.: HEP Architecture, Programming and Performance, in: Kowalik J.S.(ed.): *Parallel MIMD Computation: The HEP Supercomputer and Its Applications*, MIT Press, Cambridge, Mass. 1985

[KNI 92] Knittel G.: A Scalable Multiprocessor System Based on Hardware Controlled Loop Level Parallelism, Diplomarbeit, Technische Universität Berlin, FB Elektrotechnik 1992

[KUS 90] Kuse K.: Standards und Supercomputing - die FX/2800, PIK 13,3 (1990), K.G. Saur Verlag München, 130-138

[LAM 79] Lamport L.: How to Make a Multiprocessor Computer That Correctly Executes Multiprocess Programs, IEEE Transactions on Computers C-29,9 (Sept. 1979), 241-248

[Lea 92] Lenoski D., Laudon K., Gharachorloo K., Weber W.-D., Gupta A., Hennessy J., Horowitz M., Lam M.: The Stanford Dash Multiprocessor, COMPUTER (March 1992), 63-79

[MIC 92] Michael W.: A Scalable Coherent Cache System with a Dynamic Pointing Scheme, *Proc. Supercomputing '92*, IEEE Computer Society Press order no. 2630, 358-367

[NPA 91] Nikhil R.S., Papadopoulos G.M., Arvind: *T: A Multithreaded Massively Parallel Architecture, M.I.T Computation Structures Group Memo 325-1, Cambridge, Mass. 1991

[NUT 91] Nuth P.: Named State and Efficient Context Switching, Proc. Workshop on Multithreaded Computers, Supercomputing '91, Albuquerque, NM, USA (Nov. 1991)

[PaM 87] Pountain D., May D.: *A tutorial introduction to occam programming*, McGraw-Hill Book Company 1987

[SMI 78] Smith B.J.: A Pipelined, Shared Resource MIMD Computer, *Proc. 1978 Internat. Conf. on Parallel Processing*,

[SMI 85] Smith B.J.: The Architecture of HEP, in: Kowalik J.S.(ed.): *Parallel MIMD Computation: The HEP Supercomputer and Its Applications*, MIT Press, Cambridge, Mass. 1985

[VaB 81] Valiant L.G., Brebner G.J.: Universal Schemes for Parallel Computation, *Proc. 13th ACM Symposium on Theory of Computation 1981*, 263-277

[VAL 82] Valiant L.G.: A Scheme for Fast Parallel Communication, SIAM J. on Computing 11, 350-361

[VAL 90] Valiant L.G.: General Purpose Parallel Architectures, in van Leeuwen J.(ed.): *Handbook of Theoretical Computer Science, vol. A*, Elsevier, Amsterdam 1990, 943-971

[VAL 91] Valiant L.G.: A Bridging Model for Parallel Computation, Comm. of the ACM 33,8 (Aug. 1990), 103-111

12 MIMD-Architekturen mit verteiltem Speicher

12.1 Die großen Herausforderungen

Unter dem Titel *Grand Challenges* — große Herausforderungen — wurde Anfang der neunziger Jahre von der Regierung der Vereinigten Staaten ein groß angelegtes, sich über mehrere Jahre erstreckendes und einige Milliarden Dollar umfassendes Forschungsförderungsprogramm begonnen. Ziel des Programms ist die Weiterentwicklung des Supercomputing, die als notwendig erachtet wird, um die großen Probleme unserer Zeit — zum Beispiel, das Überleben der Menschheit in einer immer stärker beschädigten Umwelt zu sichern — angehen zu können. Das Forschungsprogramm erstreckt sich über den gesamten Bereich von den Architekturen über die Software bis zu den Anwendungen.

Als *Grand Challenges* werden unter anderem angesehen:

- eine realistische, hinreichend detaillierte Modellierung des Klimageschehens auf der Erde;
- die Simulation strömungsmechanischer Vorgänge mit Turbulenzen und Viskosität;
- die Untersuchung menschlicher Genome (ein Genome ist ein vollständiger Satz von Erbschaftsfaktoren, wie er durch die Chromosomen einer Zelle dargestellt wird);
- die Simulation der Meeresströmungen in den Weltmeeren;
- die Modellierung der Supraleitfähigkeit;
- die Modellierung quanten-chromodynamischer Vorgänge;
- die Simulation chemischer Prozesse und die Synthese von Pharmazeutika;
- ein Maß an Echtzeit-Bildverarbeitung und -Bilderkennung, welches es unbemannten Fahrzeugen erlaubt, sich in schwierigem Gelände zu bewegen und dabei Hindernissen auszuweichen.

Bild 12-1 gibt an, welcher Bedarf an Rechenleistung (in MegaFLOPS) und an Speicher (in Gigawörtern) durch die verschiedenen Anwendungen entsteht und in welchem Zeitrahmen dieser Bedarf befriedigt wurde bzw. in Zukunft befriedigt werden kann [RAT 91].

Aber auch in Japan sieht man es ähnlich. Auch dort wurde 1993 ein großangelegtes, 10-jähriges Entwicklungsprogramm unter dem Titel *Real Word Computing* (RWC) begonnen. Durch den Namen soll zum Ausdruck gebracht werden, daß man noch ganz andere Rechenleistungen als die gegenwärtig verfügbaren benötigt, wenn man sich anschicken will, die reale Welt in all ihrer Mannigfaltigkeit zu simulieren, um den großen Herausforderungen begegnen zu können. Sowohl die amerikanischen als auch die japanischen Forschungs- und Entwicklungsprogramme basieren auf der Voraussetzung, daß die gestellten Anforderungen nur durch massiv-parallele Architekturen erfüllbar sind — und dies sind Architekturen mit verteiltem Speicher.

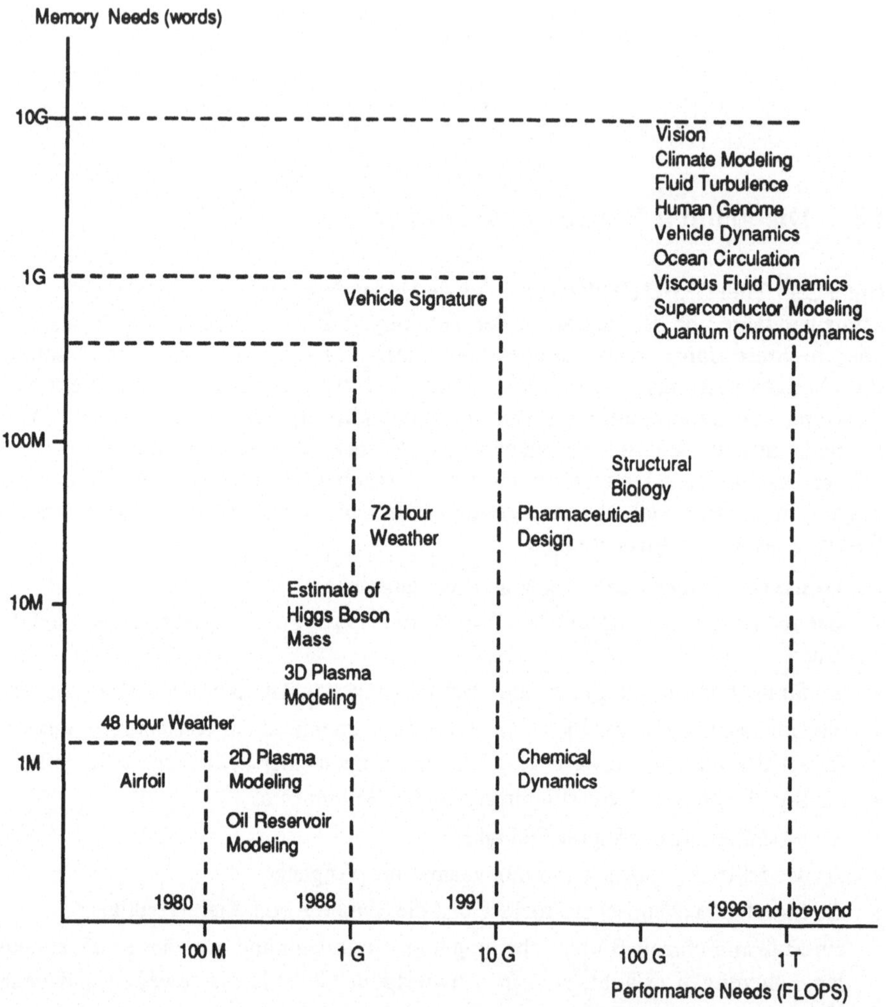

Bild 12-1 Die großen Herausforderungen [RAT 91]

Es wäre aber falsch, die Aufgabe der Entwicklung massiv-paralleler Rechner nur unter dem Aspekt zu sehen, wie man auf möglichst kosteneffektive Weise die geforderte Rechenleistung bereitstellen kann. Ebenso wichtig ist der pragmatische Aspekt der Benutzbarkeit solcher Systeme, da das leistungsfähigste Rechnersystem keinen großen Nutzen bringt, wenn man nicht damit umgehen kann. In dem japanischen RWC-Programm wird daher davon ausgegangen, daß man zur Lösung der großen Herausforderungen bei den Grundlagen beginnen muß, das sind die Lösungsalgorithmen. Gefordert wird, zu einer Benutzungsweise von Rechnern zu gelangen, bei der nicht mehr wie bisher das zu lösende Problem eindeutig, und vollständig mit allen Parameterwerten algorithmisch beschrieben sein muß. Vielmehr sollen Lösungsmethoden entwickelt werden, die auch dann noch funktionieren, wenn keine vollständige Beschreibung des Problems vorliegt bzw. wenn nicht alle Parameterwerte bekannt sind. Das System soll dann immer noch in der Lage sein, aufgrund statistischer Modelle die wahrscheinlichste Lösung zu errechnen. Bild 12-2 gibt an, welche wissenschaftlichen Gebiete und Methoden und welche technischen Lösungen nach Ansicht der japanischen Wissenschaftler zusammenkommen müssen, um diesen Anforderungen gerecht zu werden.

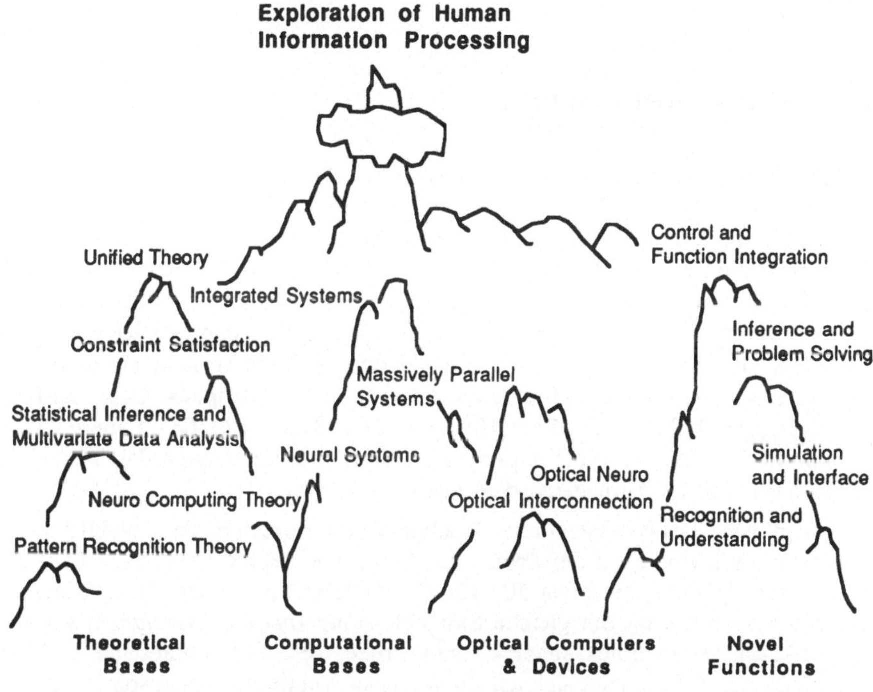

Bild 12-2 Die Komponenten des RWC-Forschungsprogramms [ISH 91]

In diesem Kapitel werden wir uns zunächst mit den architektonischen Merkmalen massiv-parallele Rechner auseinandersetzen. Dies berührt die folgenden Fragestellungen:

- Wie sieht die Knotenarchitektur aus?
- Welche Verbindungsnetze kommen in Frage?
- Welche Kommunikationsprotokolle sind die geeignetsten?
- Welche Anforderungen sind an das parallele Betriebssystem zu stellen?

Neben den oben genannten architektonischen Merkmalen massiv-paralleler Rechner wird uns die Frage der Programmiermodelle für solche Rechnersysteme beschäftigen. Massiv-parallele Architekturen sind, wie in Kapitel 10 dargelegt, von Natur aus Systeme mit verteiltem Speicher und damit nachrichtenorientierte Systeme. Der

Benutzer muß aber nicht unbedingt auch das nachrichtenorientierte Programmierparadigma anwenden. Man kann auf einer nachrichtenorientierten Architektur eine abstrakte Maschine mit globalem Adreßraum realisieren, obwohl es den zentralen Speicher physikalisch nicht gibt. In diesem Kapitel werden die näher betrachtet:

- die nachrichtenorientierten SPMD-Programmiermodelle und Programmierwerkzeuge;
- eine Architektur und ein Programmiermodell des virtuellen gemeinsamen Speichers;
- das Beispiel eines abstrakteren Programmiermodells für parallele Architekturen.

12.2 Die Knotenarchitektur

12.2.1 Superskalare Knoten oder Vektorknoten?

Eine der Hauptfragen beim Entwurf der Knotenarchitektur eines massiv-parallelen Rechners ist die Entscheidung für oder gegen eine *Vektorisierung* des Knotens, d.h. die Frage, ob man den Knoten zusätzlich zur eigentlichen Knoten-CPU mit einem Pipeline-Vektorprozessor ausrüsten soll. Bis zum Anfang der neunziger Jahre war dies keine Frage, da bis dahin eine nennenswerte Gleitpunkt-Rechenleistung nur durch den Vektorprozessor erzielt werden konnte. Es gab zwar bereits Gleitpunkt-Coprozessoren zu den gängigen Mikroprozessoren (*Motorola* MC68882, *Intel* i80387), diese hatten aber nur eine Leistung von höchstens etwa 300 kFLOPS. Der superskalare Prozessor hat dieses Bild seit 1990 grundlegend geändert.

Das Hinzufügen eines hochintegrierten Pipeline-Vektorprozessors, einschließlich eines der Arbeitsgeschwindigkeit des Prozessors angepaßten Vektorspeichers erhöht die Kosten eines Knotens um etwa 50...100 %. Andererseits haben solche Einchip-Vektorporzessoren etwa die gleiche Spitzenleistung (*peak performance*) wie die Gleitpunkt-Einheiten eines superskalaren Prozessors. Betrachtet man nur die Spitzenleistung, dann scheint sich der Einbau eines Vektorprozessors somit nicht zu lohnen. Betrachtet man jedoch die wirklich erzielbare Leistung (*sustained performance*) bei der Ausführung von Anwendungsprogrammen, dann stellt man fest, daß man für die genannte Kostensteigerung ein Mehrfaches der echten Leistung eines superskalaren Prozessors erhalten kann. Dieser Punkt wurde ausführlicher in Kapitel 8.3 behandelt. Die Vektorisierung des Knotens führt damit nach wie vor zu einer Maximierung der wirklichen Leistung und damit auch der Kosteneffektivität des Rechners.

Dieser Vorteil wird zum Teil dadurch verschleiert, daß von den Herstellern der superskalaren Prozessoren vielfach übertriebene Spitzenleistungs-Angaben gehandelt werden. Die unrealistischen Leistungsangaben resultieren in der Regel aus dem Zusammenzählen von "Äpfel und Birnen". So wird häufig die Summe der MIPS- oder MFLOPS-Leistungen der einzelnen Funktioneinheiten als Spitzenleistung angegeben, auch dann, wenn die Funktionseinheiten gar nicht parallel arbeiten können. Schreib- und Lesebefehle werden ebenso wie arithmetische Operationen in die MIPS-Leistung eingerechnet und mitunter sogar — was noch absurder ist — in die MFLOPS-Leistung. In dem Maße, wie die Benutzer aber Erfahrungen bezüglich der wirklich erzielbaren Leistungen sammeln und damit aufgeklärter werden, werden die unrealistischen Spitzenleistungs-Angaben einer realistischeren Betrachtung weichen müssen.

Aus diesen Gründen findet man auch in neuen Entwicklungen massiv-paralleler Rechner (z.B. der Firmen *Thinking Machines* und *Meiko*) immer noch die Vektorverarbeitung. Wir betrachten hier als Beispiel die Architektur des Vektorprozessor-Knotens des SUPRENUM-Rechners [GIL 89b],[BaG 92] (Bild 12-3).

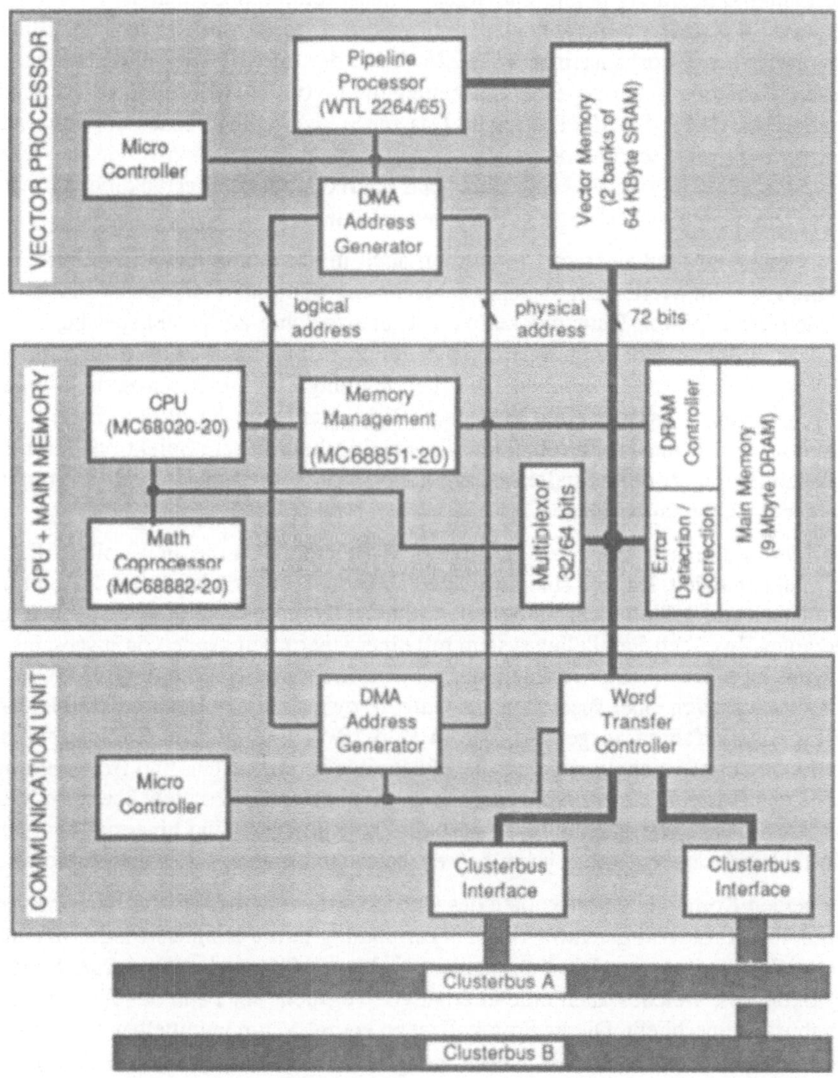

Bild 12-3 Blockbild des SUPRENUM-Knotens

Man erkennt drei Funktionsbereiche, die jeweils etwa ein Drittel der Platinenfläche einnehmen:

- CPU-Kern mit Hauptspeicher und Speicherverwaltung (mittlerer Teil)
- Pipeline-Vektorprozessor mit Vektorspeicher (oberer Teil)
- Kommunikationeinrichtung (unterer Teil).

Der Hauptspeicher umfaßt eine Million 72-Bit-Wörter, 64 Bit für das Daten- und Befehlswort und 8 Bit für die Fehlerkennung und -korrektur. Der "mathematische Coprozessor" stellt vor allem trigonometrische und transzendente Funktionen in Gleitpunkt-Darstellung bereit. Die eigentlichen Gleitpunkt-Operationen — auch die skalaren — werden hingegen von dem Vektorprozessor ausgeführt, der mit den Gleitpunkt-Prozessorbausteinen WTL2264/2265 der Firma *Weitek* aufgebaut ist. Mit diesen Bausteinen wurde eine Spitzenleistung von 20 MFLOPS bei doppelter Genauigkeit (IEEE-Standard) erreicht. Das zur Steuerung des Prozessors notwendige Mikroprogramm-Steuerwerk ist als *Gate Array* realisiert, ebenso wie der Adreßgenerator, der eine Vielzahl von Vektor- und Matrix-Adressierungsfunktionen im Sinne einer Datenstruktur-Architektur auszuführen gestattet.

Den gleichen Adreßgenerator findet man auch in der Kommunikationseinrichtung. Architekturen mit verteiltem Speicher haben immer wenigstens eine DMA-Einrichtung, um den Transfer von Datenblöcken von Knotenspeicher zu Knotenspeicher mit der höchstmöglichen Übertragungsrate, die der Speicher bzw. das Verbindungsnetz erlaubt, durchführen zu können. Die Verwendung eines mikroprogrammierbaren Adreßgenerators anstelle einer einfachen DMA-Hardware bietet den Vorteil, beim Kopieren von Datenstrukturobjekten gleichzeitig komplexere Selektionsfunktionen (Kopieren von Zeilen, Spalten, Diagonalen oder anderen Unterstrukturen von Matrizen) ausführen zu können.

Die Verbindungsstruktur des SUPRENUM-Rechners wurde in Kapitel 10.2 als Beispiel behandelt. Danach sind jeweils 20 Knoten — 16 Arbeitsknoten, 2 Kommunikationsknoten, 1 Plattenanschlußknoten und 1 Diagnoseknoten — über ein fehlertolerantes Zweifach-Parallelbussystem mit einer Übertragungsrate von insgesamt 320 Mbyte/s zu einem Cluster verbunden. Das wortorientierte Übertragungsprotokoll auf dem Bus wird von einer speziellen, als *Gate Array* realisierten BusprotokollHardware im Pipelineverfahren ausgeführt, wie in Bild 10-11 gezeigt. Die Busankopplungs-Hardware umfaßt nicht weniger als 210 Bustreiber für die Daten- und Adreßleitungen der beiden Busse. Die Verbindung der Cluster untereinander geschieht über eine Matrix von Ringbussen, wie in Bild 10-12 gezeigt. Die Ringbusse sind bit-seriell und ebenfalls fehlertolerant und haben jeweils eine Übertragungsrate von 20 Mbyte/s pro Ring.

Die beiden Kommunikationsknoten des Clusters setzen sozusagen das wortorientierte Parallelbus-Protokoll der Intra-Cluster-Verbindung in die Ringbus-Matrix der Inter-Cluster-Verbindung fort. Die Kommunikationsknoten führen ein *Worm Hole Routing* - Protokoll aus, welches auch eine alternative Wegsuche im Falle des Ausfalls eines Ringbusses einschließt. Dieses Protokoll ist zu komplex, um unmittelbar "in Hardware gegossen" zu werden. Da die Übertragung andererseits die verhältnismäßig hohe Nutzdatenrate von 20 Mbyte/s haben soll, sind die Protokollroutinen mikroprogrammiert, wobei als Mikroprogrammsteuerung das gleiche *Gate Array* wie in dem Vektorprozessor und der Kommunikationshardware des Knotens eingesetzt wird. Als Bindeglieder zwischen der wortorientierten Arbeitsweise der Clusterbusse und der bitorientierten Übertragung auf den Ringbussen dienen FIFO-Puffer. Bild 12-4 zeigt das Blockbild des Kommunikationsknotens [BaG 92].

Der SUPRENUM-Knoten entspricht dem Stand der Technik der Jahre 1986-89. Dennoch wird durch das leistungsfähige Verbindungssystem, die starke Hardware-Unterstützung der Kommunikation und die Anwendung der Operationsprinzipien der Datenstruktur-Architekturen eine reale Benchmarkleistung erzielt, die den SUPRENUM-Rechner für den Zeitraum vom Frühjahr 1989 (als der erste Prototyp funktionsfähig wurde) bis zum Frühjahr 1991 (als der *Touchstone-Delta-* in Dienst gestellt wurde) zum leistungsfähigsten Parallelrechner auf dem Markt machte [MaT 92].

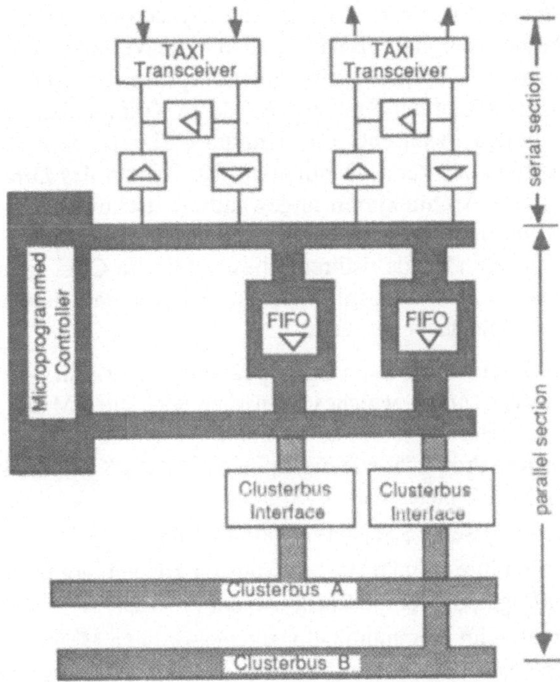

Bild 12-4 Blockbild des Kommunikationsknotens des SUPRENUM-Clusters

Eine modernere Version eines Vektorverarbeitungs-Knotens stellt die in Kapitel 8.3 behandelte DATYPAR-Architektur dar, deren hervorragende Benchmark-Leistung aus den Bilder 8-10 und 8-11 hervorgeht. In kommerziellen Parallelrechnern gelangt inzwischen auch der Einchip-Pipeline-Vektorprozessor der Firma *Fujitsu* zum Einsatz, dessen Leistungsdaten in Tabelle 1-4 angegeben sind. Mit diesem Einchip-Prozessor wird eine Spitzenleistung von 140 MFLOPS bei der kaskadierten Ausführung von Gleitpunkt-Multiplikation und -Addition erreicht.

12.2.2 Der Kommunikationsprozessor

In Abschnitt 10.1.6 wurde auf den Einfluß der Kommunikationslatenz auf die Leistung des Systems eingegangen und auf die Notwendigkeit, die Kommunikationslatenz entweder zu verbergen oder zu minimieren. Es wurde erwähnt, daß die Kommunikationslatenz aus der Übertragungszeit des Verbindungsnetzes und der Startzeit der für die Kommunikation zuständigen Betriebssystem-Routinen besteht. Die Betriebssystem-Startzeiten liegen bei den üblichen superskalaren Prozessoren und den speziell für den Parallelrechner konzipierten, geschwindigkeitsoptimalen Betriebssystemen in der Größenordnung von 100 µs. Bei ungeeigneten Betriebssystemen wie z.B. UNIX erreichen die Startzeiten hingegen Werte in der Größenordnung von 10 ms.

Man kann nach [GaS 89] die Kommunikationslatenz dadurch verbergen, daß man zusätzlich zu der Knoten-CPU einen Kommunikationsprozessor vorsieht. Ein solches Vorgehen bietet den weiteren Vorteil, daß es eine asynchrone Kommunikation (*no-wait send*) ohne Pufferung ermöglicht [BaG 93]. Durch das Verlagern der Betriebssystem-Kommunikationsroutinen in den Kommunikationsprozessor wird dieser in die Lage versetzt, parallel zur Arbeit der Knoten-CPU deren Kommunikationsanforderungen autonom abzuarbeiten, während die Knoten-CPU ungehindert "MIPS bzw. MegaFLOPS produzieren" kann. Damit wird das Prinzip des *Latency Hiding* auf nachrichtenorientierte Architekturen angewandt. Entscheidend ist dabei, daß die Kommunikation zwischen Knoten-CPU und Kommunikationsprozessor mit extrem kurzer Latenzzeit stattfindet, da während dieser Zeit die CPU keine andere Arbeit leisten kann. Dieses Konzept wird inzwischen in fast allen neueren kommerziellen Parallelrechnerentwicklungen angewandt.

Der Kommunikationsprozessor kann eine Spezialprozessor sein — z.B. eine Prozessor-Zelle in einem *Gate Array*, welches dann auch noch die DMA-Hardware und die Speicherverwaltungs-Hardware enthalten kann. Man kann aber auch einfach den gleichen superskalaren Prozessor wie die Knoten-CPU als Kommunikationsprozessor einsetzen, was den Vorteil bietet, daß

- beide Prozessoren dieselbe Speicherverwaltung haben;
- beide Prozessoren ihre Primärcaches ausnutzen können, vorausgesetzt, sie haben eine Schnüffel-Logik, die für die Cache-Kohärenz sorgt;
- die DMA-Funktion im Kommunikationsprozessor ohne Mehraufwand durch eine einfache Programmschleife ausgeführt wird, und zwar ebenso schnell wie mit einer speziellen DMA-Hardware.

Bild 12-5 zeigt eine aus dem Applikationsprozessor (AP) und dem Kommunikationsprozessor (CP) bestehende Knotenarchitektur, wie sie im MANNA-Rechner realisiert wurde [GaB 91],[BRU 92] (MANNA: *Massiv-parallele Architekur für numericsche und nicht-numerische Anwendungen*).

Beide Prozessoren des MANNA-Knotens sind superskalare Prozessoren vom Typ *Intel* i80860XP (50 MHz). Die geforderte kurze Kommunikationslatenz zwischen AP und CP wird durch einen schnellen, zweiportigen Kommunikationsspeicher (SRAM) erreicht [KUJ 92]. Beide Prozessoren haben außerdem Zugriff zu dem gemeinsamen, 32-Mbyte großen Knotenspeicher (DRAM). Im übrigen ist der Knoten bezüglich der beiden Prozessoren völlig symmetrisch aufgebaut. Das bedeutet, daß für spezielle Anwendungen, bei denen die Kommunikation eine untergeordnete Rolle spielt, beide Prozessoren als Applikationsprozessoren arbeiten können, wodurch sich die Knotenleistung entsprechend erhöht. Ein Musterbeispiel für solche Anwendungen sind *Ray Tracing*-Verfahren bei der Synthese dreidimensionaler photorealistischer Bilder oder andere Algorithmen der Computergraphik oder der Bildanalyse.

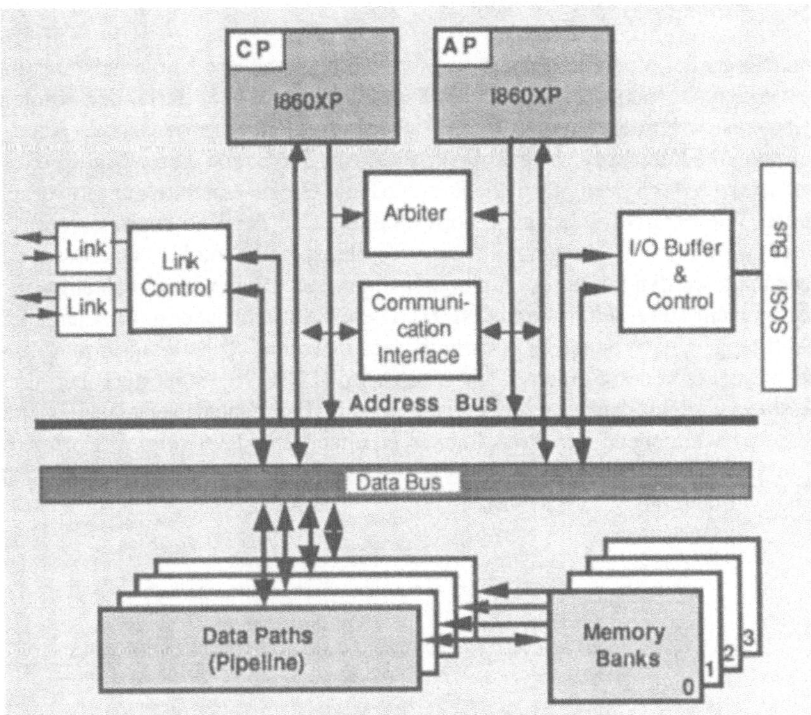

Bild 12-5 Blockbild des MANNA-Knotens

Bemerkenswert ist beim MANNA-Knoten ferner die Organisation des Knotenspeichers [MAR 92]. Um die notwendige Anpassung der Speicherzugriffs-Bandbreite zur Verarbeitungsbandbreite der Prozessoren zu erhalten, ist der Speicher 4-fach verschränkt und arbeitet außerdem im Seitenadressierungs-Modus (s. Kapitel 4.4). Dadurch und durch das Pipelining des Speicherzugriffs wird erreicht, daß mit jedem Takt (alle 20 ns) ein Wort aus dem Speicher gelesen werden kann, außer beim Start der Pipeline, für den 6 bis 7 Takte erforderlich sind. Die Pipeline muß mit jedem Seitenwechsel neu gestartet werden. Die dafür erforderliche, recht komplexe Speichersteuerungs-Einrichtung findet in einem *Gate Array* Platz.

Der MANNA-Knoten enthält spezielle, als CMOS-*Gate Array* ausgeführte *Kommunikationskanäle* (*links*) [MON 92b]. Der Kommunikationskanal stellt einen bidirektionalen, Byte-breiten Anschluß an das Verbindungsnetz dar, über den Daten mit einer Nutzrate von 50 Mbyte/s mit anderen Knoten oder mit der "Außenwelt" ausgetauscht werden können. Der in Bild 12-5 gezeigte MANNA-Knoten mit 32 Mbyte Knotenspeicher findet auf einer Doppel-VME-Platine Platz.

12.2.3 Multiprozessor-Knoten

Ein naheliegendes Vorgehen, durch welches man eine höhere Knotenleistung als die des einzelnen superskalaren Prozessors erzielen kann, besteht darin, den Knoten als Multiprozessor-Knoten auszuführen, wobei die Knotenprozessoren über den gemeinsamen Knotenspeicher gekoppelt sind. Auf der Ebene dieser Multiprozessor-Knoten ist dann das System nach wie vor eine Parallelrechnerarchitektur mit verteiltem Speicher. Wie bereits früher ausgeführt, muß die Zahl der Knotenprozessoren klein gehalten werden, um den gemeinsamen Knotenspeicher nicht zu sehr zu einem Flaschenhals werden zu lassen. Untersuchungen lassen eine Maximalzahl von vier Prozessoren angezeigt sein lassen [KNI 92]. Diese Zahl steht auch im Einklang mit den Ankündigungen, nach denen es noch in diesem Jahrzehnt höchstintegrierte Bausteine mit vier Prozessoren auf einem Chip geben wird [LEW 90]. Aber auch bei nur vier Prozessoren wird nur dann ein gravierender Speicherflaschenhals vermieden, wenn die Prozessoren weitgehend auf ihren Caches arbeiten. Bild 12-6 zeigt das prinzipielle Blockbild des Prototyps eines solchen Vierprozessor-Knotens, wie er am *GMD FIRST* realisiert wurde [GaB 91],[KNI 92].

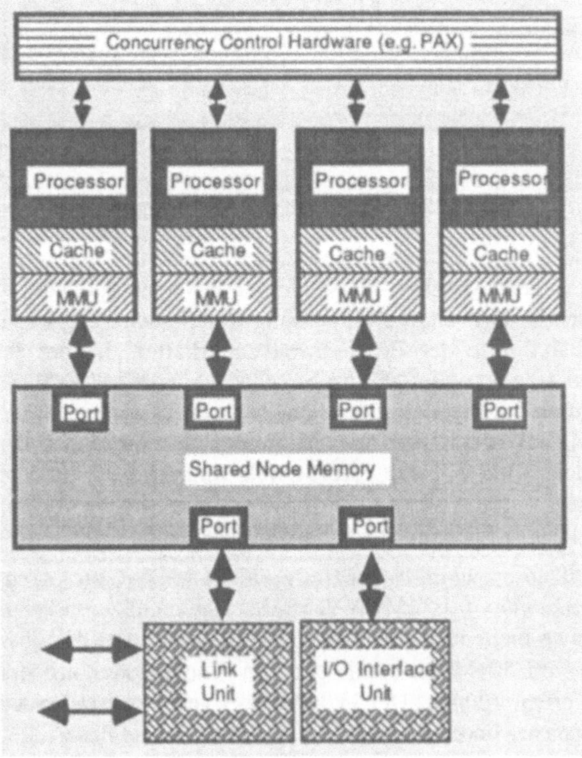

Bild 12-6 Knoten mit 4 speichergekoppelten Prozessoren

Auch bei diesem Entwurf ist der Knotenspeicher zur Erhöhung der Zugriffsbandbreite vierfach verschränkt. Die Wortbreite ist 64 Bit. Das *Scheduling* der Parallelarbeit erfolgt nach den in Kapitel 11.1 behandelten Prinzipien auf der Grundlage der Schleifen-Parallelisierung (PAX-Protokoll). Bemerkenswert ist die Art der Realisierung der *Concurrency Control Unit*, die das *Scheduling* durchführt.

Bei der Schleifen-Parallelisierung wird die gleiche Strategie angewandt, wie in Abschnitt 11.1.2 beschrieben. Unterschiedlich ist die Hardware-Realisierung [KNI 92]. Bei dem obigen 4-Prozessor-Knoten gibt es einen speziellen, 32-Bit weiten *Concurrency Control Bus*. Die *Concurrency Control* erfolgt über eine spezifische, intelligente Arbitrierung dieses Busses. Diese besteht im wesentlichen darin, daß die Aktivitäten jedes Prozessors von einer speziellen Hardware, dem *Arbiter* laufend überwacht werden. Sobald ein Prozessor in eine Warteschleife geht, nimmt der *Arbiter* ihn aus dem Busvergabezyklus heraus. Da die Aussprungbedingung aus der Warteschleife das Lesen oder Schreiben eines speziellen Registers durch einen anderen Prozessor ist, kann diese ebenfalls entdeckt werden. In diesem Falle nimmt der *Arbiter* den abgekoppelten Prozessor wieder in den Busvergabezyklus auf. Dieses sehr elegante Verfahren eines *ereignisgesteuerten Scheduling* ist mit wenig Hardware-Aufwand realisierbar [KNI 92].

Es ist bei einem solchen symmetrischen Multiprozessor-Knoten nur eine Softwarefrage, ob alle vier Prozessoren als Applikationsprozessoren fungieren, d.h. auch alle Betriebssystemfunktionen gemeinsam ausführen, oder ob z.B. einem der Prozessoren die spezielle Rolle zugewiesen wird, die Kommunikation des Knotens mit anderen Knoten zu besorgen, wie es der Kommunikationsprozessor im MANNA-Knoten tut.

12.3 Verbindungsnetze für massiv-parallele Rechner

12.3.1 Crossbar-Topologien

Der Grundbaustein

Die bestehende Vielfalt von Möglichkeiten zum Aufbau von Verbindungsnetzen wurde in Kapitel 10 ausführlich behandelt. Unter dieser Vielfalt hebt sich eine Lösung hervor, von der wir glauben, daß sie die vorherrschende Verbindungsstruktur für die massivparallelen Rechnersysteme der Zukunft darstellt, nämlich die *Crossbar-Hierarchien*. Wir wollen uns daher darauf beschränken, einige der Möglichkeiten, die die Crossbar-Hierarchien zum Aufbau konfigurierbarer Parallelrechner bieten, aufzuzeigen, wobei wir den in [MON 92a] entwickelten Konzepten folgen. Die hier dargestellten Verbindungstopologien bilden die Grundlage der konfigurierbaren, massiv-parallelen MANNA-Architektur.

Grundbaustein für diese Verbindungsnetze ist ein byte-breiter 16x16 Crossbar-Schalter, der als *Gate Array* realisierbar ist [MON 92b]. Die Beschränkung auf 16x16 ist durch die maximal verfügbare Zahl der Anschlüsse solcher Bausteine gegeben, nicht durch die Chipfläche. Der Crossbar-Schalter enthält alle internen Puffer und die Logik zur Handhabung des *Worm Hole Routing*-Protokolls. Als Beispiel führen wir einen byte-breiten 16x16-Crossbar-Schalter an, der am *GMD FIRST* als *CMOS Gate Array* realisiert wurde. Mit dem Baustein lassen sich beliebig große Verbindungsnetze aufbauen, die als synchrone Pipeline mit einer Taktrate von 50 MHz und damit mit einer Übertragungsrate von 50 Mbyte/s arbeiten. Der Durchlauf eines Bytes durch den Crossbar kostet 4 Takte. Gegenwärtig liegt die höchste erreichbare Taktfrequenz solcher CMOS-Bausteine bei etwa 70 MHz. Mit BiCMOS-Bausteinen wird man bis zu Taktfrequenzen von etwa 200 MHz gelangen. Mit solchen oder ähnlichen Crossbar-Bausteinen läßt sich eine Fülle von Topologien realisieren, von denen Tabelle 12-1 einige herausgreift, die im folgenden besprochen werden.

Tabelle 12-1 Beispiele hierarchischer Crossbar-Topologien

Topologie	Maximalzahl der Knoten	Zahl der Crossbars	Diameter	Zahl der Kabel
einzelnes Cluster	16	1	0	0
Clusterverbund	40	4	2	12
Supercluster	192	20	3	64
Hypercluster	3000	400	5	1024

Um den Vorteil der hierarchischen Crossbar-Verbindung deutlich zu machen, werden wir die einzelnen Ausführungsformen in ihrem Aufwand jeweils mit dem Aufwand für eine gleichwertige Hyperwürfel-Topologie vergleichen. Dabei ist zu berücksichtigen, daß eine Hyperwürfel-Verbindung der Dimension N in jedem Knoten N Verbindungskanäle (*links*) benötigt, was einen NxN-Crossbar in jedem Knoten erforderlich macht.

Der Clusterverbund

Mit dem 16x16-Crossbar lassen sich bis zu 16 Knoten vollständig vernetzen. Der Crossbar-Chip und die Stecker zum Aufstecken der Knoten einschließlich aller Verbindungen lassen sich auf einer Rückwand-Leiterplatte (*backplane*) unterbringen, die damit an die Stelle der *Backplane* konventioneller Bussysteme tritt. Kabel sind nicht erforderlich.

Kleinere Systeme mit mehr als 16 Knoten lassen sich am einfachsten dadurch realisieren, daß man mehrere unvollständig besetzte Cluster — d.h. Cluster mit weniger als 16 Knoten — herstellt und die dadurch entstehenden freien Verbindungen dazu benutzt, die Cluster untereinander zu verbinden. Bei einer Knotenzahl von (16-E) stehen E externe Verbindungen zur Verfügung. Wieviel Anschlüsse eines Cluster-Crossbars für den Anschluß von Knoten und wieviel für externe Verbindungen benutzt werden, hängt von der gewünschten Redundanz an Verbindungswegen ab, die wiederum das Blockierungsverhalten bestimmt. 8 Knoten und 8 externe Verbindungen sind die maximal sinnvolle Redundanz. Simulationen haben aber ergeben, daß ein Optimum bereits bei 4 externen Verbindungen erreicht wird, so daß die Clustergröße bis zu 12 Knoten betragen kann. Dies gilt für eine intensive, statistisch gleichwahrscheinliche Kommunikation aller Knoten ohne Lokalitätsverhalten, bei der alle Knoten etwas weniger als die Hälfte der Zeit kommunizieren [MON 92a]. Das Verbindungsverhalten einer solchen Topologie ist mindestens ebenso gut wie das einer Hyperwürfel-Verbindung. Auf diese Weise läßt sich nach Bild 12-7 durch unmittelbare

Verbindung der 4 freien Kanäle zweier Cluster ein System mit 2x12 = 24 Knoten realisieren.

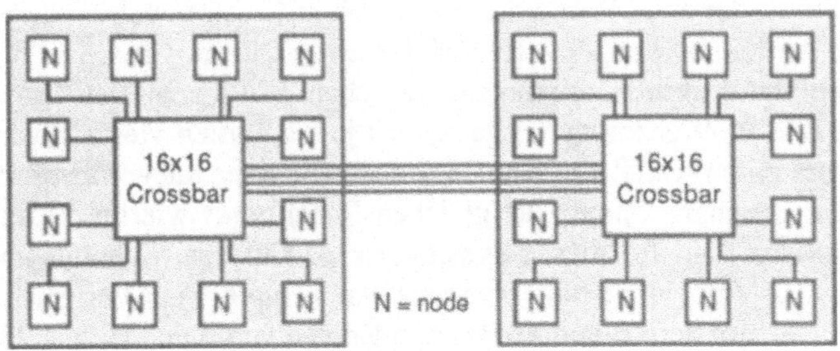

Bild 12-7 Verbindungsstruktur für Systeme mit bis zu 24 Knoten

Eine nächste Stufe stellt das in Bild 12-8 gezeigte System mit 4 Clustern dar, bei dem jedes Cluster mit jedem anderen Cluster durch jeweils 2 Kanäle verbunden ist, um zwei alternative Datenwege und damit ein günstiges Blockierungsverhalten zu erhalten. Ein solches System zeichnet sich durch eine gleichförmig gute Kommunikationsbandbreite im gesamten Netz aus. Da jetzt 6 freie Verbindungen aus jedem Cluster heraus benötigt werden, beträgt die Maximalgröße des System 4x10=40 Knoten. Diese einfache Topologie benötigt nur 4 Crossbar-Schalter und 12 Kabel. Sie ist allerdings über die Zahl von 40 Knoten hinaus nicht weiter ausbaubar.

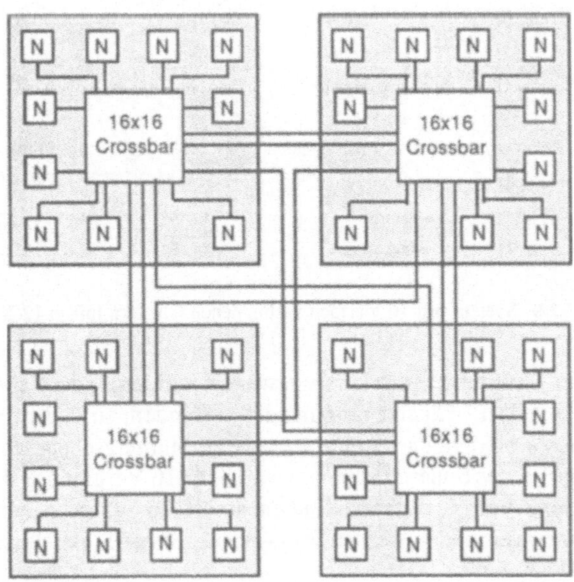

Bild 12-8 System mit 4 Clustern und doppelter Verbindung eines jeden mit jedem Cluster

Supercluster

Größere System lassen sich dadurch realisieren, daß man den gleichen 16x16-Crossbar-Schalter für die Verbindung der Cluster untereinander einsetzt. Dazu benötigt man natürlich wieder freie Verbindungen in jedem Cluster, wobei wir von der oben begründeten Aufteilung der 16 Verbindungen eines Cluster-Crossbars in 12 Knotenverbindungen und 4 freie Verbindungen ausgehen. Mit 4 zentralen Crossbars lassen sich, wie in Bild 12-9 gezeigt, 16 Cluster mit je 12 Knoten vierfach verbinden. Ein solches System mit maximal 192 Knoten nennen wir einen *Supercluster*. Zur Montage der zentralen Crossbars können die gleichen *Backplanes* wie im einzelnen Cluster dienen. Insgesamt sind für dieses System nur 20 Crossbar-Schalter und 64 Kabel erforderlich. Eine Verbindung führt über maximal 3 Hupfe. Zum Vergleich benötigt ein 8D-Hyperwürfel, mit dem sich maximal 256 Knoten verbinden lassen, 256 Crossbar-Schalter (8x8), 1024 Kabel und maximal 8 Hupfe.

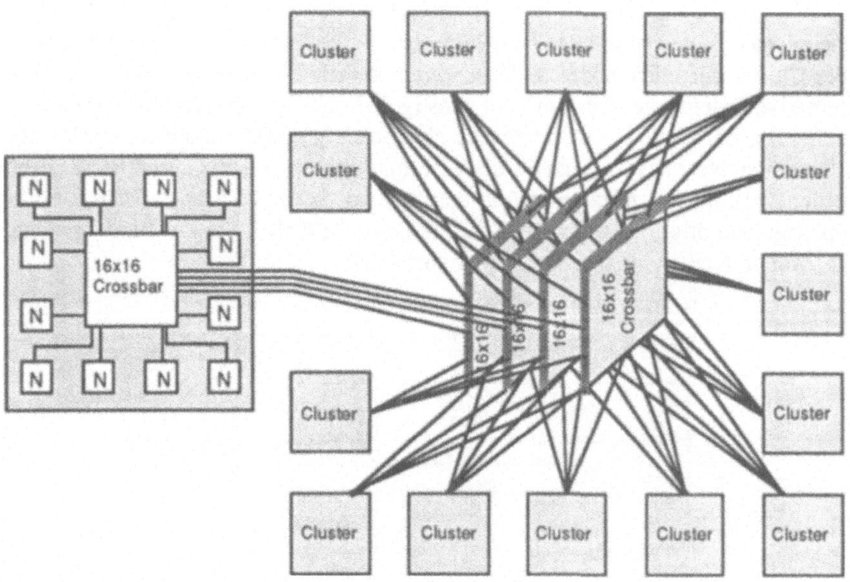

Bild 12-9 System mit 16 vierfach verbundenen Clustern mit je 12 Knoten

Die Supercluster-Struktur kann rekursiv erweitert werden, indem auch die zentralen Crossbars nur jeweils 12 Cluster miteinander verbinden, so daß in jedem zentralen Crossbar 4 freie Verbindungen für eine weitere Verbindungsebene von Crossbars zur Verfügung stehen. Jeder Supercluster hat somit 4x4=16 Verbindungskanäle, und über die weitere Ebene von Crossbars können somit 16 dieser Supercluster mit je 12x12=144 Knoten verbunden werden. Ein solcher "Super-Supercluster" hat maximal 12x12x16=2304 Knoten.

CLOS-Topologie und Hypercluster

Für noch größere Systeme bietet sich die nicht-blockierende CLOS-Topologie an, die in Bild 10-17 schematisch gezeigt ist. Baut man eine CLOS-Topologie mit den 16x16-

Crossbars auf, so hat man nach Abschnitt 10.2.6 in jeder Ebene des dreistufigen Netzwerks 16 Crossbars (m=n=r). Damit lassen sich zunächst 256 Knoten verbinden, wobei es von jedem Knoten 16 mögliche Wege zu jedem anderen Anschluß gibt (daraus resultiert die Blockierungsfreiheit des Verbindungsnetzes). Benutzt man 4 solcher CLOS-Netzwerke anstelle der 4 zentralen Crossbars beim Supercluster, so erhält man einen Hypercluster mit bis zu 16x16=256 Clustern mit je 12 Knoten, insgesamt also ein System mit bis zu 3072 Knoten.

Eine weitere Erhöhung der Knotenzahl kann man z.B. dadurch erreichen, daß man die CLOS-Topologie mit 32x32-Crossbars anstelle der 16x16-Crossbars realisiert. Ein 32x32-Crossbar kann aus vier 16x16-Crossbars zusammengeschaltet werden [GIL 89a]. Man kann auf diese Weise 32x32=1024 Cluster mit je 12 Knoten verbinden und erhält ein System von 12K Knoten, was bei der heute verfügbaren Knotenleistung zum Aufbau einer TeraFLOPS-Maschine hinreicht.

Tabelle 12-2 gibt einen Vergleich der hier betrachteten Crossbar-Hierarchien mit entsprechenden Hyperwürfeln. Der Vergleich demonstriert die besondere Wirtschaftlichkeit der Crossbar-Hierarchien in jeder Beziehung: in der sehr viel geringeren Anzahl von Crossbar-Chips und insbesondere von Kabeln und im daraus resultierenden wesentlich einfacheren Aufbau (viele Mehrlagen-Leiterplatten, wenig Kabel).

Tabelle 12-2 Vergleich von Crossbar-Hierarchien mit Hyperwürfeln

Parameter	Super-Supercluster	Hypercluster mit 16x16-Crossbar	Hypercluster mit 32x32-Crossbar	Hyperwürfel 12D	14D
Knoten	2304	3072	12K	4K	16K
Diameter	5	5	5	12	14
Crossbars	272	400	6400	4K	16K
Kabel	1024	1024	4096	24K	112K

12.3.2 Anschluß des Knotens

Jeder Knoten muß mit einem oder mehreren bi-direktionalen Kommunikationskanälen (*links*) ausgerüstet sein, über die er an das Verbindungsnetz angeschlossen werden kann. Die Kommunikationsschnittstelle muß zu dem Netzprotokoll — in der Regel ein *Worm Hole Routing*-Protokoll — passen. Zum Ausgleich des beim *Worm Hole Routing* zeitweilig auftretenden Übertragungsstaus (s. Abschnitt 10.2.1) dienen FIFO-Puffer. Die Steuersignale für die Kanäle sind die gleichen, die auch das Verbindungsnetz benutzt. Ein bi-direktionaler Kommunikationskanal besteht in Wirklichkeit aus zwei unidirektionalen Verbindungen, je eine in jeder Richtung.

Die Frage ist, wieviel bi-direktionale Kanäle in jedem Knoten benötigt werden. In Systemen mit einer 2D-Gitterverbindung sind dies vier. Vier bi-direktionale, bytebreite Kommunikationskanäle mit allen zugehörigen Einrichtungen ist auch etwa das, was maximal in einem *Gate Array*-Baustein unterzubringen ist. Nun haben wir gesehen, daß zum Beispiel die hierarchischen Crossbar-Verbindungsnetze nur eine einzige bi-direktionale Verbindung zum Crossbar benötigen. Dadurch kann ein weniger aufwendiger Baustein eingesetzt werden. Aus Gründen der Fehlertoleranz empfiehlt es sich jedoch, statt dessen zwei solcher Kanäle auf einem Chip vorzusehen. Legt man keinen Wert auf eine fehlertolerante Knotenverbindung, so genügt einer der beiden Kanäle zur Verbindung mit dem Crossbar-Netzwerk, während der zweite Kanal dazu dienen kann, eine breitbandige Verbindung des Knotens mit einer anderen Einrichtung wie zum Beispiel einem speziellen Graphikknoten, einer externen Datenquelle, oder ähnlichem herzustellen.

12.4 Synchrone oder asynchrone Kommunikation?

Die synchrone Kommunikation ist die einfachste, da sie keine Pufferverwaltung und kein Kopieren erforderlich macht [Bea 91]. Dafür schränkt sie die Möglichkeiten der Parallelarbeit mehr als nötig ein. Die Beantwortung der Frage, ob der Mehrgewinn an Parallelarbeit einer asynchronen Kommunikation den damit verbundenen Mehraufwand aufwiegt, hängt vom Grad der möglichen Parallelarbeit ab. Ferner gibt es hier den Gegensatz zwischen Programmierbarkeit und Effizienz.

- Die Forderung nach leichter Programmierbarkeit verlangt, daß der Benutzer eine abstrakte Maschine sieht, in welcher die internen Probleme des Schreibens, Testens und Ausführens paralleler Programme möglichst verborgen bleiben. Dies schließt die Forderung nach einer einfachen und sinnfälligen Asynchronität ein.
- Die Forderung nach Effizienz verlangt, daß das Anwendungsprogramm unmittelbar mit den unteren Protokollebenen arbeitet mit dem Ziel, den *Overhead* für die Kommunikation möglichst gering zu halten.

Der Ausweg aus diesem Dilemma besteht darin, die Frage nach einer Optimierung der Kommunikation und den dafür geeignetsten Mechanismen für die drei Ebenen

- Hardware
- Betriebssystem
- Anwendungsprogrammierung

getrennt zu betrachten und zu beantworten. Dies gilt insbesondere auch für die Frage, ob man eine synchrone oder eine asynchrone Kommunikation vorsieht [BGS 89].

Auf der Hardware-Ebene kann eine asynchrone Kommunikation zur Leistungssteigerung der Maschine beitragen, da unnötige Wartezeiten vermieden werden. Dies setzt allerdings voraus, daß man jeden Knoten des Systems mit einer dedizierten Kommunikationshardware ausstattet. Allerdings muß die Knotenarchitektur gewährleisten, daß die zusätzlichen Hardwareaufwendungen auch zu einem dazu im Verhältnis stehenden Leistungsgewinn führen [GaS 89]. Es genügt, Pufferspeicher für Nachrichten fester Größe (Pakete) vorzusehen, die aber so bemessen sein müssen, daß alle Adresierungsinformationen gepuffert und damit durch Hardware interpretierbar sind. Der Austausch größerer Datenmengen von Knoten zu Knoten geschieht üblicherweise durch eine DMA-Einrichtung mit der maximalen Rate, die der Speicher bzw. das Kommunikationsnetz zuläßt, was immer das langsamere Glied in der Kette ist.

Auf der Betriebssystem-Ebene spielt Parallelarbeit kaum eine Rolle, so daß man hier mit der einfachen synchronen Kommunikation auskommt [Bea 91]. Auf der Ebene der

Anwendungsprogramm-Ausführung hingegen ist entscheidend für die Effizienz, daß die Schreibvorgänge nicht blockierend sind, d.h. daß die Kommunikation asynchron ist. Dazu sind in den Knoten FIFO-Puffer für die Pufferung der Schreibaufträge vorzugehen. Bild 12-10 faßt die Ergebnisse dieser Diskussion zusammen.

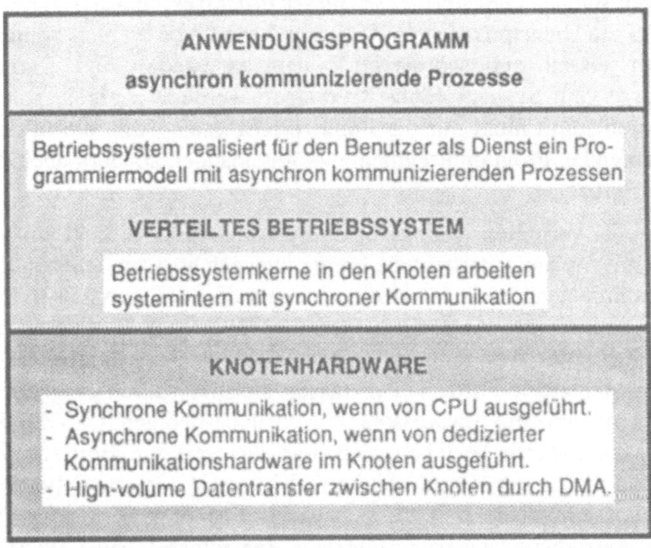

Bild 12-10 Angemessene Kommunikationsformen auf den verschiedenen Systemebenen

12.5 Das parallele Knoten-Betriebssystem

12.5.1 Die Rolle des Betriebssystems in nachrichtenorientierten Systemen

In einer Parallelrechnerarchitektur mit verteiltem Speicher hat jeder Knoten sein eigenes Knoten-Betriebssystem, dessen Aufgabe — wie bei jedem Betriebssystem — primär die Verwaltung der Betriebsmittel des Knotens ist. Dazu gehört insbesondere

- die Verwaltung des Knotenspeichers
- die Verwaltung der im Knoten existierenden Prozesse.

Ihm obliegt aber auch die wichtige Aufgabe, die Kommunikation mit den anderen Knoten des Systems durchzuführen. Daneben gibt es globale Systemdienste, wie zum Beispiel:

- die Speicherverwaltung
- die Verwaltung von Prozeßnamen
- die Verwaltung von Dateien
- die Kommunikation mit der "Außenwelt".

Die Architektur mit verteiltem Speicher erfordert die Verteilung dieser Systemdienste [TvT 85] über die Knoten, die das System selbst in geeigneter Weise vornehmen muß. Die globalen Systemdienste werden somit durch das Kollektiv von Knoten-Betriebssystemen erbracht. Eine wichtige Rolle kommt hierbei der *Systemtransparenz* zu, insbesondere dann, wenn das System dynamisch rekonfigurierbar sein soll [Bea 91]. Systemdienste sind als Dienstprozesse (*server processes*) realisiert, und Transparenz bedeutet, daß die Dienstprozesse in Anspruch genommen werden können, ohne daß der Benutzer wissen muß, wo sie im System angesiedelt sind. Dadurch können Dienstprozesse vom System jederzeit verlagert werden. In einem solchen System kommunizieren somit nicht nur die Benutzerprozesse — d.h. die in den einzelnen Knoten ablaufenden Programmsegmente — miteinander, sondern auch die Betriebssystem-Dienstprozesse.

Das Konzept der verteilten, verlagerbaren Dienstprozesse bedingt ein Multiprozeß-Betriebssystem. Andererseits steht die Forderung nach höchstmöglichen Effizienz und damit nach minimaler Latenz (Startzeit) an erster Stelle. Einprozeß-Betriebssysteme sind normalerweise wesentlich effizienter als Multiprozeß-Betriebssysteme, da bei ihnen nicht mit jeder Kommunikation ein Prozeßwechsel anfällt. Die beiden im Widerspruch stehenden Forderungen lassen sich nur durch den Aufwand eines dedizierten Kommunikationsprozessors im Knoten befriedigen [GaS 89]. Eine weitere Optimierung kann darin bestehen, daß man das verteilte Betriebssystem selbst konfigurierbar macht. Konfigurierbarkeit bedeutet in diesem Falle, daß man nur diejenigen Dienste implementiert, die auch wirklich benötigt werden. Das Konzept der *Familie von Betriebssystemkernen* führt auf eine solche Lösung [SCH 91]. Dieses Konzept wurde bei der Konstruktion des parallelen Betriebssystems PEACE angewandt. PEACE ist die Abkürzung für *Program Execution And Communication Environment* und bezeichnet damit die Rolle, die das Knoten-Betriebssystem in einer parallelen Architektur mit verteiltem Speicher zu spielen hat.

12.5.2 Die Struktur des parallelen Betriebssystems PEACE

Bild 12-11 zeigt die Struktur des parallelen Betriebssystems PEACE, welches speziell für massiv-parallele Architekturen mit verteiltem Speicher entwickelt wurde und welches gegenwärtig eines der effizientesten Betriebssystemen dieser Art ist [SCH 89], [SCH 91]. Das PEACE-Betriebssystem ist sehr stark geschichtet. Die unterste Ebene dieser Schichtung ist der eigentliche Betriebssystemkern, welcher durch zwei miteinander verzahnte Moduln, *Kernel* und *Nukleus* geheißen, gebildet wird. Nur diese beiden Moduln arbeiten im (geschützten) Überwacher-Modus. Die nächst höhere Schicht bilden die verteilten Systemdienste, auf denen dann die verteilten Anwendungsprogramme aufgesetzt sind. Nicht nur die Anwendungsprogramme (d.h. die Benutzer-Software), sondern auch die Systemdienste werden aus Effizienzgründen im Benutzer-Modus ausgeführt.

Die Aufgabe des *Kernel* ist es, eine abstrakte Sicht der Knotenhardware für die höheren Schichten zu erzeugen. Der *Kernel* umfaßt alle Hardware-Treiber und erlaubt es, Systemprozesse der höheren Ebenen mit den Trap- bzw. Interruptvektoren der Knotenprozessoren zu verbinden. Zu diesem Zweck konvertiert der *Kernel* Traps bzw. Interrupts in Nachrichten, die dann an die entsprechenden Systemprozesse gesandt werden. Schließlich ist der *Kernel* auch in der Lage, dynamisch Prozeßobjekte zu erzeugen und mit entsprechenden Adreßräumen zu verbinden bzw. solche Objekte auch wieder zu vernichten.

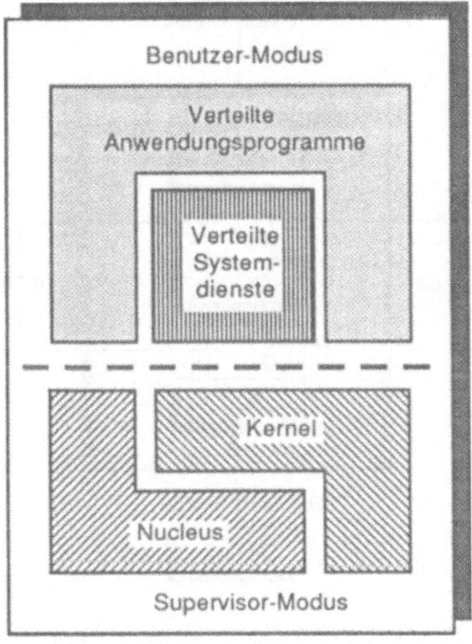

Bild 12-11 Struktur des parallelen Betriebssystems PEACE

Die Aufgabe des *Nukleus* besteht im wesentlichen in der Durchführung der Kommunikation. Dazu ist er wie in Bild 12-12 gezeigt organisiert. Der *Nukleus* besteht aus drei Schichten:

- dem *Network Independent Communication Executive* (NICE)
- dem *Communication System* (COSY)
- dem *Port Driver* (POD)

NICE stellt das Interface zwischen dem *Nukleus* und den Anwendungsprozessen dar, indem es den Anwendungsprozessen Primitive für den systemweiten Austausch von Nachrichten und für den hochvolumigen Datenverkehr zur Verfügung stellt. Es wurde bereits früher darauf hingewiesen, daß das nachrichtenorientierte Programmiermodell bedingt, daß die Sende- und Empfangskonstrukte eine doppelte Rolle spielen:

- sie initiieren den Datenaustausch zwischen den kommunizierenden Prozessen und
- sie synchronisieren die Kooperation der kommunizierenden Prozesse.

Die Synchronisation geschieht durch Ereignismeldungen (*events*). NICE wie auch COSY arbeiten mit logischen Adressen. Der Nachrichtenverkehr selbst wird von COSY gehandhabt. Durch den Einbau dieser Zwischenschicht wird NICE unabhängig von den Eigenschaften des Verbindungsnetzes, wodurch der *Nukleus* portabel wird. COSY selbst ist auf die im Verbindungsnetz verwendeten Protokolle abgestimmt. Der Nachrichtenstrom von den Prozessen in das Verbindungsnetz wird über Wartelisten gepuffert. In umgekehrter Richtung dienen *upcalls* [CLA 85] als Vehikel, um Ereignisse aus dem Verbindungsnetz, die das Eintreffen von Nachrichten signalisieren, an die zuständigen Schichten von COSY und NICE weiterzuleiten.

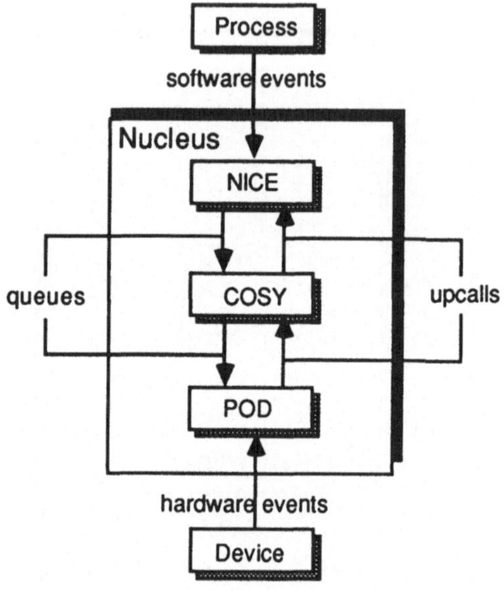

Bild 12-12 Organisation des Nukleus

POD stellt die Schnittstelle zwischen COSY und der Hardware des Kanäle in das Verbindungsnetz dar. Eine wesentliche Aufgabe von POD ist es, die Abbildungen zwischen den auf den höheren Ebenen verwendeten logischen eindeutigen Bezeichnern (*logical unique identifier*) und den im Verbindungsnetz verwendeten physikalische Knotenadressen herzustellen.

Bild 12-13 gibt eine funktionale Sicht der Arbeitsweise des Nukleus bei der Kommunikation zwischen zwei Kontrollfäden (leichtgewichtige Prozesse) in verschiedenen Knoten des Systems. Wie das Bild zeigt, gibt es zwei Kommunikationsebenen:

- die Ebene der Inter-Prozess-Kommunikation, d.h. des Nachrichtenaustauschs zwischen Prozessen;
- die Ebene des hochvolumigen Datentransfers von Adreßraum zu Adreßraum.

Die Inter-Prozess-Kommunikation arbeitet mit einem gesicherten *Rendezvous*-Protokoll. Ist eine solche Verbindung einmal hergestellt und hat der Empfängerprozeß seine Bereitschaft zu einem Datenaustausch erklärt, so können nun Datenobjekte auf dem Wege des hochvolumigen Datentransfers (*high volume data transfer*) unmittelbar vom Adreßraum des Senders zum Adreßraum des Empfängers kopiert werden, was von einer DMA-Hardewareeinrichtung im Knoten ausgeführt wird. Bild 12-13 gibt auch an, welche Funktionen des Nukleus vom Anwendungsprozessor und welche vom Kommunikationsprozessor im Zweiprozessor-Knoten der MANNA-Architektur ausgeführt werden. Diese Aufteilung erfordert die Einführung einer zusätzlichen Software-Schicht, GLUE genannt, als Interface zwischen den beiden Prozessoren. Sowohl NICE als auch die Benutzerprozesse müssen GLUE aufrufen, um eine Datenübertragung durch den Kommunikationsprozessor zu initiieren. Das heißt, die Benutzerprozesse können über GLUE unmittelbar mit dem Kommunikationsprozessor in Interaktion treten. NICE wird nur dann benötigt, wenn eine Synchronisation erforderlich ist. Da das COSY-Interface asynchron arbeitet, kann die asynchrone Kommunikation im Sinne des *no wait send* ohne Probleme als Bibliotheksfunktion realisiert und dem Benutzer zur Verfügung gestellt werden.

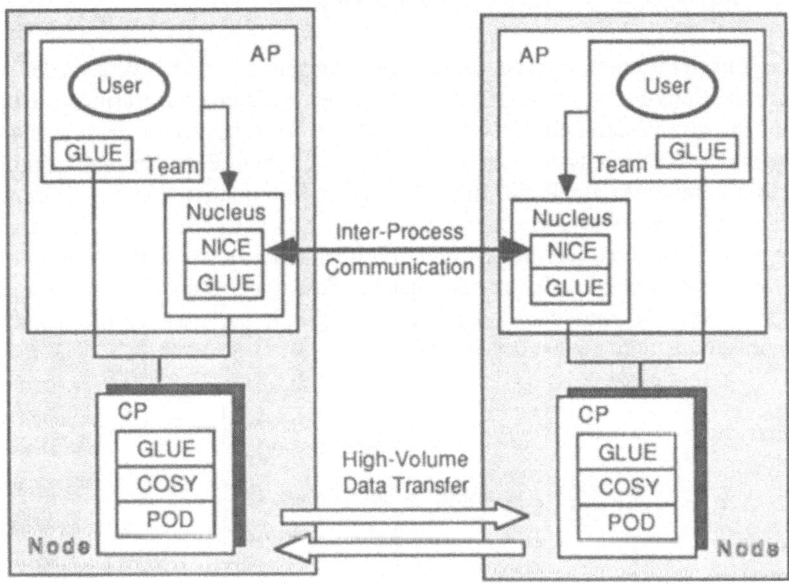

Bild 12-13 Funktionale Sicht der Organisation des PEACE-Nuklcus [Bea 91]

12.5.3 Implementierung

Dem Stand der Technik verteilter Betriebssysteme folgend [CHE 84], [MaT 86], verwendet PEACE leichtgewichtige Prozessen, d.h. Kollektive von Kontrollfäden, die alle denselben Adreßraum und dieselben Zugriffsrechte auf PEACE-Objekte haben und deren *Scheduling* nach einer einheitlichen Strategie erfolgt. Eine solches Kollektiv von Kontrollfäden heißt Team. Ein Team stellt eine geschützte Ausführungsumgebung für die in ihm enthaltenen Kontrollfäden dar. PEACE-Objekte sind zum Beispiel: Speichersegmente, Teams, Kontrollfäden, Dateien, und Geräte. Die Kontrollfäden eines Teams realisieren bestimmte Funktionen des Betriebssystemkerns (*units of execution*). Ein Team befindet sich grundsätzlich immer in nur einem Knoten, während verschiedene Teams über verschiedene Knoten verteilt sein können (*units of distribution*).

Die Interaktionen der Kontrollfäden eines Teams werden in der Regel vom Betriebssystemkern überwacht. Für dedizierte, massiv-parallele Anwendungen kann man aber im Sinne höchstmöglicher Effizienz auch noch auf diese Überwachung verzichten, vorausgesetzt, man hat ein geeignetes Programmiermodell, welches die Korrektheit der Ausführung sicherstellt. Man kommt dann zum Begriff des *federgewichtigen Prozes-*

ses [GaS 91]. Wie bei den Kontrollfäden der mehrfädigen Architekturen wird das Gewicht der federgewichtigen Prozesse im wesentlichen nur noch durch die Eigenschaft des ausführenden Prozessors bestimmt und nicht durch die Systemsoftware. Das *Scheduling* der federgewichtigen Prozesse erfolgt nach dem Coroutinen-Prinzip.

12.5.4 Die PEACE-Familie von Betriebssystemkernen

Um die je nach Programmiermodell und Anwendungen geforderten verschiedenartigen Kommunikations-Funktionalitäten mit maximaler Effizienz zu erbringen, baut das speziell für massiv-parallele Rechner entwickelte Betriebssystem PEACE nicht auf einem einzigen Betriebssystemkern auf, sondern stellt dem Benutzer eine Familie von Betriebssystemkernen zur Wahl. Bild 12-14 zeigt die Funktionalitäten, die durch die verschiedenen Betriebssystemkerne erbracht werden [SCH 93]. Die Funktionalität nimmt dabei von links nach rechts und von oben nach unten stark zu. Im gleichen Maße wie die Komplexität der zu erbringenden Funktionen steigt, nimmt naturgemäß auch der Overhead und damit die Ausführungszeit zu, was natürlich auch die Kommunikations-Startzeit entsprechend erhöht.

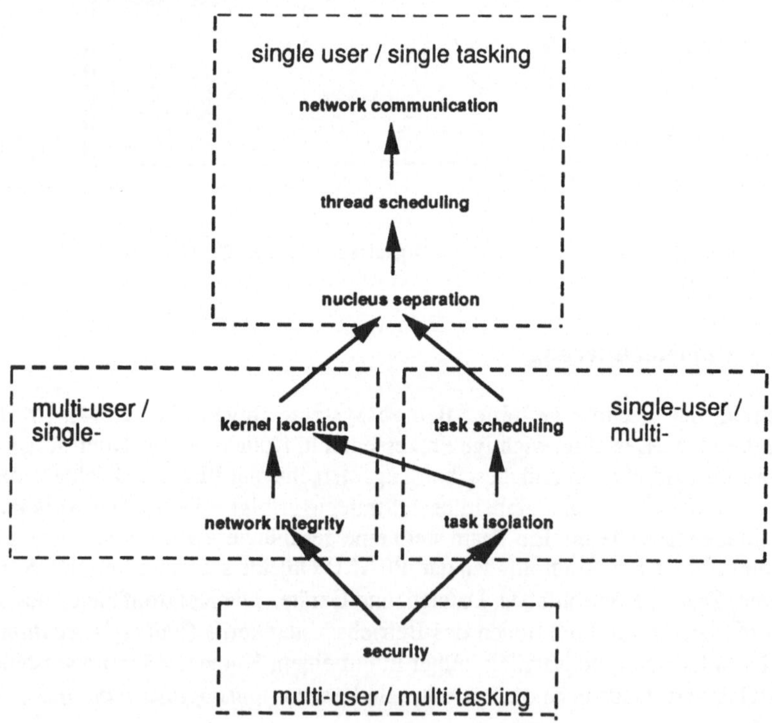

Bild 12-14 Der Familien-Baum von PEACE

Die Hauptunterscheidung bei der Familie von Betriebssystemkernen besteht zwischen einem *Single-Task*-Betrieb und einem *Multi-Task*-Betrieb. Diese Unterscheidung allein ist aber noch zu grob [SCH 91]. Es ist ferner noch zu unterscheiden, ob im Falle des *Single-Tasking* nur ein einziger Kontrollfaden oder mehrere konkurrent ablaufende Kontrollfäden vorhanden sein sollen. Dies hat Auswirkungen auf die *Scheduling*-Strategie, die von einem einfachen statischen *Scheduling* nach dem Reihum-Verfahren bis zum *Preemptive Scheduling* reicht. Ein weiteres Kriterium ist der Verzicht auf oder das Vorhandensein von geschutzten Adreßräumen. Schließlich ist noch zu entscheiden, ob das System im Einbenutzerbetrieb oder im Mehrbenutzerbetrieb laufen soll. Im letzteren Falle kommt der Schutz der Benutzer-Tasks voreinander hinzu.

Das fundamentale Kommunikationsschema von PEACE ist die synchrone Kommunikation, da diese die höchste Punkt-zu-Punkt-Kommunikationsleistung erbringt. Durch die Vielfädigkeit wird die Möglichkeit der konkurrente Ausführung von Funktionen in einem einheitlichen Adreßraum auf der Grundlage federgewichtiger Prozesse mit federgewichtigem *Scheduling*) hinzugefügt. Auf dieser Stufe existieren keine Schutzmechanismen. Der *Nukleus* hat die Form einer Bibliothek von Prozeduren, die unmittelbar zum Anwendungsprogramm hinzugebunden werden. Der Knoten, der durch eine solche *Nukleus*-Instanz kontrolliert wird, muß ausschließlich für die Ausführung der Benutzer-Task zur Verfügung stehen; keine andere PEACE-Komponente kann hinzugeladen werden. PEACE-Dienstprogramme müssen daher auf anderen Knoten ausgeführt werden. Da diese Dienstprogramme über einen *Remote Procedure Call* aufgerufen werden, macht dies keine Schwierigkeiten.

Durch das *Multi-Tasking* wird zunächst nur die Skalierbarkeit der Anwendungsprogramme ermöglicht, aber kein Objektschutz. Da jetzt die konkurrente Ausführung mehrerer Teams eines Anwendungsprogramms unterstützt werden muß, ist eine Strategie des *Preemptive Scheduling* erforderlich. Diese erfordert eine Ausführung des *Nukleus* als Modul, der als eigenständige Einheit einem *Scheduling* unterworfen und durch *Traps* aufgerufen werden kann. Interrupts müssen behandelt und Teams müssen erzeugt und vernichtet werden können. Der *Nukleus* muß jetzt im Überwacher-Modus ausgeführt und so gegen die Benutzer-Tasks geschützt werden.

Führt man jetzt noch getrennte Adreßräume auch für die Benutzer-Tasks ein, so erhält man ein Multitasking-Betriebssystem im herkömmlichen Sinne. Auch dies genügt noch nicht für einen Mehrbenutzer-Betrieb, sondern für diesen Fall sind knotenübergreifend verteilte geschützte Adreßbereiche für die verschiedenen Benutzer einzurichten. Soweit geht man in der Regel bei den massiv-parallelen Systemen aber nicht, da bei diesen die Erzielung einer höchstmöglichen Rechenleistung im Vordergrund steht.

Das parallele PEACE-Betriebssystem erlaubt nicht nur seine Konfiguration auf jeder der oben beschriebenen Stufen, sondern auch die dynamische Rekonfiguration zur Laufzeit eines Programms. Diese Eigenschaft unterstützt vor allen die Fehlertoleranz des Systems, da sie dieses in die Lage versetzt, den Ausfall eines Knotens durch Verlagerung der Tasks des ausgefallenen Knotens auf andere Knoten zur Laufzeit kompensieren zu können. Die bemerkenswerten Eigenschaften des PEACE-Betriebssystems werden durch seine strenge objektorientierte Realisierung möglich [Bea 91].

12.6 Der virtuelle gemeinsame Speicher (VGS)

12.6.1 Das Operationsprinzip des virtuellen gemeinsamen Speichers

Das nachrichtenorientierten Programmierparadigma fordert vom Programmierer die explizite Verwendung von Sende- und Empfangskonstrukten. Da mit diesen Konstrukten die Synchronisation der Arbeit der kommunizierenden Prozesse verbunden ist, muß sich der Programmierer genau überlegen, an welcher Stelle diese stehen müssen, um die Korrektheit der parallelen Programmausführung zu gewährleisten. Diese Problematik hat zu der Idee geführt, Parallelrechner zwar aus Gründen der Skalierbarkeit physikalisch als Architektur mit verteiltem Speicher auszuführen, für den Programmierer aber einen globalen Adreßraum herzustellen. Dadurch wird die Programmierung vereinfacht, da jetzt die Kommunikation zwischen den Programmeinheiten (Prozessen) in den einzelnen Knoten wie bei den Architekturen mit gemeinsamem Speicher über gemeinsam zugängliche Variablen (*shared variables*) erfolgt — ein Vorgehen, welches bei der Programmierung von konkurrenten Prozessen auf sequentiellen Maschinen seit vielen Jahren geübt worden ist. Der Programmierer ist somit nicht mehr mit Inter-Prozess-Kommunikation und der damit verbundenen Synchronisation befaßt. Ein weiterer Vorteil dieses Vorgehens liegt darin, daß die üblichen Programmiersprachen wie zum Beispiel Fortran, Pascal, Modula und C, die alle einen globalen Adreßraum voraussetzen, leichter benutzt werden können. Der globale Adressraum erleichtert auch die Realisierung von parallelisierenden Compilern, mit deren Hilfe der Programmierer eines Tages ganz von der Aufgabe der parallelen Programmierung befreit werden soll.

Ein Programm für eine MIMD-Architektur besteht grundsätzlich immer aus der Menge der Knotenprozesse und den Interaktionen zwischen diesen Prozessen. Beim Programmiermodell des gemeinsamen Speichers werden diese Interaktionen durch die Speicherzugriffe koordiniert. Der Programmierer benötigt jetzt keine Sende- und Empfangskonstrukte, er oder sie kommt aber dennoch nicht umhin, Synchronisationen vorzunehmen, da an die Stelle der Synchronisation kooperierender Prozesse jetzt die Synchronisation konkurrierender Zugriffe zu dem gemeinsamen Speicher tritt. Da es ohne weiteres vorkommen kann, daß zwei Prozesse gleichzeitig auf dasselbe Speicherobjekt zugreifen wollen, kann eine Konkurrenzsituation (*race condition*) entstehen, die entweder das System oder der Programmierer durch Einführung einer Zugriffsordnung vermeiden muß.

In Abschnitt 10.1.2 wird eine Übersicht über die bekannten Methoden zur Herstellung eines globalen Adreßraums in Architekturen mit verteilten physikalischen Speichern gegeben. In der Folge werden wir die *Architekturen mit virtuellem gemeinsamen Speicher* (*virtual shared memory architecture*) betrachten, die wir kurz auch als *VGS-Architekturen* bezeichnen wollen. Zunächst wollen wir aber noch einmal zum besseren Verständnis die spezifischen Eigenheiten der in Bild 10-3 angegebenen Architekturformen gegenüberstellen und damit die Interpretation von Bild 10-3 vervollständigen.

In allen drei Architekturen hat die zugrunde liegende physikalische Maschine keinen zentralen Speicher, sondern nur lokale Knotenspeicher. Dadurch bleibt die Skalierbarkeit der Architektur erhalten. Der Benutzer sieht jedoch eine abstrakte Maschine mit einem einheitlichen, globalen Adreßraum. Zwischen den drei Architekturformen bestehen die folgenden wesentlichen Unterschiede.

- Bei den Architekturen mit verteiltem gemeinsamen Speicher werden die Datenobjekte statisch in den Knotenspeicher alloziiert. Nur in den Prozessorcaches können sich daher während der Programmausführung lokale *Working Sets* bilden.
- Bei der vielfädigen Architektur können die gemeinsam zugänglichen Datenobjekte beliebig und zufällig über die lokalen Knotenspeicher verteilt sein. Das heißt, es wird kein Versuch unternommen, Datenlokalität zu schaffen. Dies kann man sich aufgrund des *Latency Hiding*-Verfahrens leisten, vorausgesetzt, das Verfahren ist so wirksam, daß die durch den Zugriff auf andere Knotenspeicher entstehenden hohen Latenzzeiten sich kaum leistungsmindernd auswirken.
- Bei der Architektur mit virtuellem gemeinsamen Speicher hingegen bilden sich im Laufe der Programmausführung lokale *Working Sets* in den einzelnen Knotenspeichern. Das heißt, bestimmte Dateneinheiten können im Laufe der Programmausführung von ihrem ursprünglichen Ort zu denjenigen Knoten wandern, in denen sie referiert werden. Durch Herstellung einer möglichst starken Datenlokalität in den Knoten wird damit der Einfluß der Kommunikationslatenz verringert. Dabei kann es durchaus vorkommen, daß in verschiedenen Knoten Kopien derselben Dateneinheit abgelegt werden. Es kann ferner auch vorkommen, daß von mehreren Knoten gemeinsam benutzte Dateneinheiten zwischen diesen Knoten hin und her oszillieren.

Für die weitere Diskussion definieren wir zunächst den Begriff der Dateneinheit.

DEF: *Dateneinheit*

Eine Dateneinheit in einer VGS-Architektur ist ein Datenobjekt, welches in demselben Knotenspeicher residieren und eine Einheit bezüglich der Zugriffsrechte auf sie darstellt. Dateneinheiten können privat oder von mehreren benutzbar (*shared*) sein. Unter bestimmten Bedingungen können Kopien von Dateneinheiten in mehreren Knoten des Systems existieren. Dateneinheiten oder Kopien davon können im Laufe der Programmausführung von Knoten zu Knoten wandern.

Die VGS-Architektur steht in einer starken Analogie zu dem Multiprozessor-System mit Prozessorcaches: Die physikalischen Knotenspeicher der VGS-Architektur spielen die Rolle der Caches, und der virtuelle gemeinsame Speicher entspricht dem Hauptspeicher. Es erhebt sich somit ein Konsistenzproblem ähnlich demjenigen, das man von den Caches im Multiprozessorsystem her kennt. Ein solches Konsistenzproblem entsteht bei jedem Schreibzugriff auf den Cache. Daher sind wie beim Cache Mechanismen vorzusehen, die die Konsistenz der Dateneinheiten in der VGS-Architektur gewährleisten. Diese werden in der Regel aber anders aussehen als im Multiprozessor-System, da wegen der Verteiltheit der VGS-Architektur die Knoten nicht durch "schnüffeln" auf einem Bus herausfinden können, was in den anderen Knoten geschieht. Ein Datenkonsistenzprotokoll muß in der VGS-Architektur vielmehr auf der Grundlage des Nachrichtenaustauschs realisiert werden.

Das Problem der Datenkonsistenz läßt sich in der VGS-Architektur speichereffizienter als bei der Architektur mit verteiltem gemeinsamen Speicher lösen, da der zusätzliche Speicherbedarf hier nur linear mit der Zahl der gemeinsam benutzten Dateneinheiten ansteigt. Damit sind VGS-Architekturen genau so wie die herkömmlichen nachrichtenorientierten Systeme unbegrenzt skalierbar. Ferner gibt es die Speicherzugriffs-Konsistenzprobleme der Architektur mit verteiltem gemeinsamen Speicher nicht, da die

Prozessoren des Systems physikalisch immer nur auf den eigenen Knotenspeicher zugreifen und die gemeinsame Benutzung von Dateneinheiten nur über Kopien erfolgt.

Dieser Mechanismus führt dazu, daß es ähnlich wie beim Multiprozessorsystem mit Prozessorcaches in verschiedenen Knoten Kopien derselben Dateneinheit geben kann, die voneinander abweichen. Dieser Fall tritt beim Schreibzugriff auf Kopien auf, während ein Lesezugriff keine Inkonsistenzen verursacht. Die *sequentielle Konsistenz* kann durch Einhaltung der folgenden Regeln gewährleistet werden.

(1) Eine gemeinsam benutzte Dateneinheit kann von beliebig vielen Akteuren gelesen werden, aber in jedem Zeitpunkt kann immer nur ein Akteur ein Schreibrecht auf sie haben;

(2) Vor jedem Schreibzugriff müssen alle Kopien der zu schreibenden Dateneinheit invalidiert werden.

Wir bezeichnen dieses Vorgehen als *MRSW-Methode* (MRSW: *multiple readers — single writer*).

12.6.2 Architekturen mit virtuellem gemeinsamem Speicher

Eine wichtige Fragestellung beim Architekturentwurf ist, für welche Art von Dateneinheiten das Prinzip des virtuellen gemeinsamen Speichers zweckmäßigerweise realisiert werden soll. Es ist dies die Frage nach der Granularität der Dateneinheiten. Der hohe Verwaltungsaufwand, der zur Aufrechterhaltung der Datenkonsistenz notwendig ist, schließt es praktisch aus, einzelne Speicherwörter als Dateneinheiten zu wählen. Daher werden in der Regel nach dem Vorschlag von *Li* [LIK 86] die Seiten eines virtuellen Speichers mit *Demand Paging* als Dateneinheiten gewählt. Diese Lösung ist insbesondere dann sinnvoll, wenn die Knotenspeicher bereits von Hause aus als virtuelle Speicher ausgeführt werden. In diesem Fall kann man die Mechanismen des virtuellen gemeinsamen Speichers in die Speicherverwaltungen der virtuellen Knotenspeicher integrieren [LIK 86], [LaS 89]. Man spricht bei solchen Systemen auch von einer *Architektur mit gemeinsamem virtuellem Speicher* (*shared virtual memory architecture*) [LIK 86].

Ein solches Vorgehen bietet ein Reihe implementierungstechnischer Vorteile. Man kann gegen diese Lösung allerdings auch anführen, daß die übliche Seitengröße der bei den heutigen Mikroprozessoren eingebauten Speicherverwaltungen für einen virtuellen Speicher eigentlich zu groß sind (übliche Seitengröße 4-8 Kbyte), was zu einem verschwenderischen Umgang mit dem Speicher führen kann. Bei objektorientierter Programmierung läßt sich dies dadurch vermeiden, daß man als gemeinsam benutzte Dateneinheiten Objekte beliebiger Größe zuläßt [CNS 92], wobei je nach Objektgröße mehrere Objekte in einer Seite Platz finden mögen. Ein großes Objekt kann aber auch mehrere Seiten einnehmen.

Im Gegensatz zu den vielfädigen Architekturen oder den Architekturen mit verteiltem gemeinsamen Speicher sagt die virtuelle Adresse eines Datenobjekts nichts darüber aus, wo sich das Objekt im System befindet. Wie in Systemen mit virtuellem Speicher üblich referiert ein Programm eine virtuelle Adresse und erwartet, daß das Prinzip des *Working Sets* dafür sorgt, daß sich das referierte Objekt physikalisch im lokalen Knotenspeicher befindet. Ist dies nicht der Fall, so tritt ein *Page Fault* auf, und die

Speicherverwaltung muß jetzt dafür sorgen, daß eine Kopie der referierten Seite in den lokalen Speicher geladen wird. Der wesentliche Unterschied zum herkömmlichen Rechnersystem mit virtuellem Speicher liegt darin, daß bei der VGS-Architektur die fehlende Seite nicht von der Platte nachgeladen wird, sondern vom Speicher eines anderen Knotens.

12.6.3 Ein Realisierungsmodell für sequentielle Konsistenz

Der Vorschlag von Architekturen mit gemeinsamem virtuellen Speicher wurde erstmalig von *Li* gemacht, der auch ein Realisierungskonzept dafür vorlegte [LIK 86]. Dieses Konzept wurde am *GMD FIRST* für die Implementierung auf der MANNA-Architektur weiterentwickelt, wobei einige Ineffizienzen der *Li*schen Konzepte gemildert werden. Zur Darstellung des MANNA-Implementierungskonzepts führen wir die folgenden Begriff ein [Gea 91].

DEF: *Primärseite und Eigentümer*
Jede gemeinsam benutzte Seite hat genau einen Eigentümer (*owner*), das ist der Akteur, der die Seite zuletzt geschrieben hat. Die Seite, die der Eigentümer besitzt, wird zur Unterscheidung von eventuellen Kopien *Primärseite* (*primary page*) genannt. Ein Schreibrecht kann grundsätzlich nur für eine Primärseite erteilt werden.

DEF: *Kopien der Primärseite*
Von einer Primärseite kann es beliebig viele Kopien geben. Für Kopien gibt es grundsätzlich nur ein Leserecht.

Zur Gewährleistung der sequentiellen Konsistenz können dann folgende Mechanismen dienen.

(1) Vergabe des Leserechts
Beim Auftreten eines *Read Fault* wendet sich der betroffene Knoten an den Eigentümer der Seite und fordert und erhält von diesem eine Kopie.

(2) Vergabe des Schreibrechts
Beim Auftreten eines *Write Fault* wendet sich der betroffene Knoten an den Eigentümer der Seite und fordert von diesem die Primärseite an. Der bisherige Eigentümer benachrichtigt zunächst alle Knoten, die eine Kopie der Seite haben, von der Änderung der Eigentumsverhältnisse und wandelt sein Schreibrecht in ein Leserecht um. Anschließend sendet er dem Anforderer die Primärseite. Dieser erhält dadurch ein uneingeschränktes Zugriffsrecht (zum Lesen und Schreiben) auf die Seite. Bevor der Anforderer das Schreibrecht ausüben kann, muß er zuvor an alle Knoten, die eine Kopie der betreffenden Primärseite haben, eine Nachricht senden, die dort zur Invalidierung der Kopien führt, was durch ein Quittierungssignal bestätigt wird. Erst nachdem der neue Eigentümer alle Quittierungsignale empfangen hat, darf er schreiben.

Wie bei jedem virtuellen Speicher haben auch die virtuellen Knotenspeicher der MANNA-Architektur eine Speicherverwaltung (MMU), die für die Umsetzung der virtuellen Adresse in die aktuelle physikalische Seitenadresse sorgt. Dazu dient eine Seitentabelle (*page table*) in jedem Knoten in Verbindung mit einem assoziativen Cache (*translation cache*) in der MMU, durch die das Nachschlagen beschleunigt wird. Erst wenn eine Zuordnung nicht im *Translation Cache* gefunden werden kann, muß in der Seitentabelle nachgesehen werden. Bei einem *Page Fault* kann somit in der Seitentabelle nachgesehen werden, wer der Eigentümer der Primärseite ist.

Darüber hinaus sollte der Knoten, der eine Primärseite anfordert, wissen, wo überall im System sich Kopien dieser Primärseite befinden, damit er die Invalidierungsmitteilungen gezielt an die betroffenen Knoten senden kann. Nur so kann ein aufwendiges *Broadcasting* dieser Nachrichten vermieden werden. Dies kann nach einem Vorschlag von *Li* so geschehen, daß jeder Primärseite eine *copy list* genannte Liste angefügt wird, in der die Adressen der Kopien stehen. Bei jeder weiteren Vergabe einer Kopie wird diese Liste entsprechend erweitert, und beim Invalidieren der Kopien werden alle Einträge wieder gelöscht.

Das Konzept der *Copy List* wird in der MANNA-Implementierung durch das weitergehendere Konzept der *Access List* ersetzt. Diesem Vorgehen liegt ein Programmiermodell zugrunde, bei dem eine gegebene Menge von Prozessen gemeinsam Zugriff auf eine gegebene Menge von Variablen haben. Dabei können sich im Laufe der Programmausführung die Zugriffsrechte, die die Prozesse auf bestimmte Objekte haben, nach den oben angeführten Regeln ändern. Zur Darstellung dieser Information wird vom Compiler für jedes gemeinsam benutzte Objekt eine wie folgt definierte *Access List* erzeugt (vgl. Abschnitt 2.7.2).

DEF: *Access List*

Die *Access List* eines Objekts enthält die Identifikatoren aller Prozesse, die auf dieses Objekt Zugriff haben, zusammen mit der Angabe des Zugriffsrechts des jeweiligen Prozesses. Damit ist auch bekannt, welche Prozesse zu einem gegebenen Zeitpunkt eine Kopie des Objekts haben und welcher Prozeß im Besitz der Primärseite ist (nicht alle in der *Access List* aufgeführten Prozesse müssen zu jedem Zeitpunkt eine Kopie haben).

Die folgenden Bilder 12-15 und 12-16 illustrieren die Vorgänge, die durch Anwendung der oben angeführten Regeln für die Vergabe von Zugriffsrechten entstehen.

Die *Acces List* gibt somit an, welche Knoten eine Invalidierungsnachricht erhalten und welche Knoten beim Wechsel des Eigentümers verständigt werden müssen. Die *Access List* ist Bestandteil der Primärseite (Kopien benötigen keine *Access List*). Sie wird von einem entsprechenden *Server* in demjenigen Knoten, der die Primärseite enthält, bearbeitet. Ausführendes Organ ist der Kommunikationsprozessor. Die Reihenfolge der einzelnen Schritte ist in den Bildern durch Numerierung angegeben. Beim Lesevorgang wird die Reihenfolge unmittelbar durch die obige Regel vorgegeben; beim Schreibvorgang bestehen aber gewisse Wahlmöglichkeiten, die wie folgt genutzt werden.

- Da die Benachrichtigung der anderen Knoten vom Wechsel des Eigentümers je nach Zahl der betroffenen Knoten zu einem erheblichen Nachrichtenverkehr führen kann, wird mit diesem Vorgang begonnen, damit dieser parallel zum anschließenden Transfer der Primärseite ablaufen kann. Natürlich wird man dabei das in Abschnitt 10.2.9 beschriebene Verfahren anwenden.
- Die Invalidierung der Kopien erfolgt möglichst spät, damit die anderen Akteure mit diesen Kopien noch möglichst lange weiterarbeiten können.

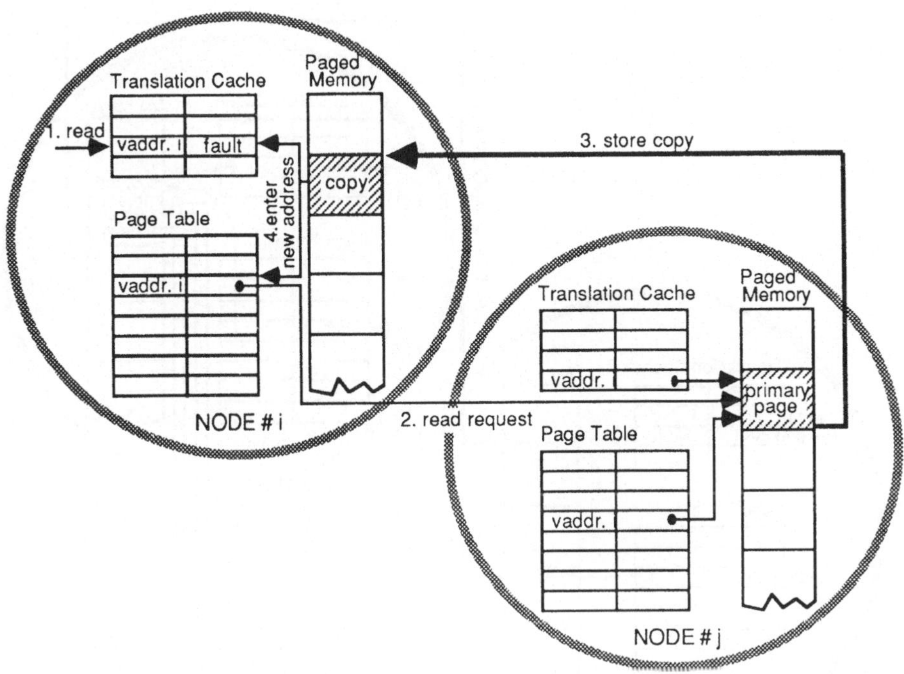

Bild 12-15 Illustration des Lesevorgangs in der MANNA-VGS

Einführung von Consistency Managern

Der Nachrichtenverkehr, der zur Anzeige des Wechsels des Eigentümers notwendig ist, wird im Manna-Rechner dadurch vermieden, daß man für jedes gemeinsam benutzte Objekt oder für ein Kollektiv solcher Objekte einen *Consistency Manager* einführt [CNS 92]. Der *Consistency Manager* ist ein Betriebssystem-Dienst, der in jedem beliebigen Knoten angesiedelt werden kann. Im Prinzip könnte man auch einen *Consistency Manager* für alle gemeinsam benutzten Objekte anlegen, was aber die Gefahr eines starken Flaschenhalses mit sich brächte.

Für gemeinsam benutzte Seiten enthält die Seitentabelle bei dieser Lösung nicht mehr die physikalische Adresse der Seite, sondern die Adresse ihres *Consistency Managers*. Alle Anforderungen einer Kopie (mit Leserecht) oder der Primärseite (mit Lese- und Schreibrecht) werden jetzt an den *Consistency Manager* gerichtet. Der *Consistency Manager* wechselt seinen Ort allenfalls aus Fehlertoleranzgründen oder bei dynamischer Lastverteilung. Im Normalfalle ändert sich aber seine Adresse nicht, so daß die Seitentabellen bei einem Besitzwechsel nicht mehr aktualisiert werden müssen. Damit wird die Bedienung von *Write Faults* stark beschleunigt. Gibt man insbesondere dem *Consistency Manager* auch eine Lesekopie der von ihm verwalteten Seite, dann kann er Anforderungen anderer Knoten nach Lesekopien unmittelbar befriedigen, ohne sich erst an den Eigentümer der Primärseite wenden zu müssen [CNS 92].

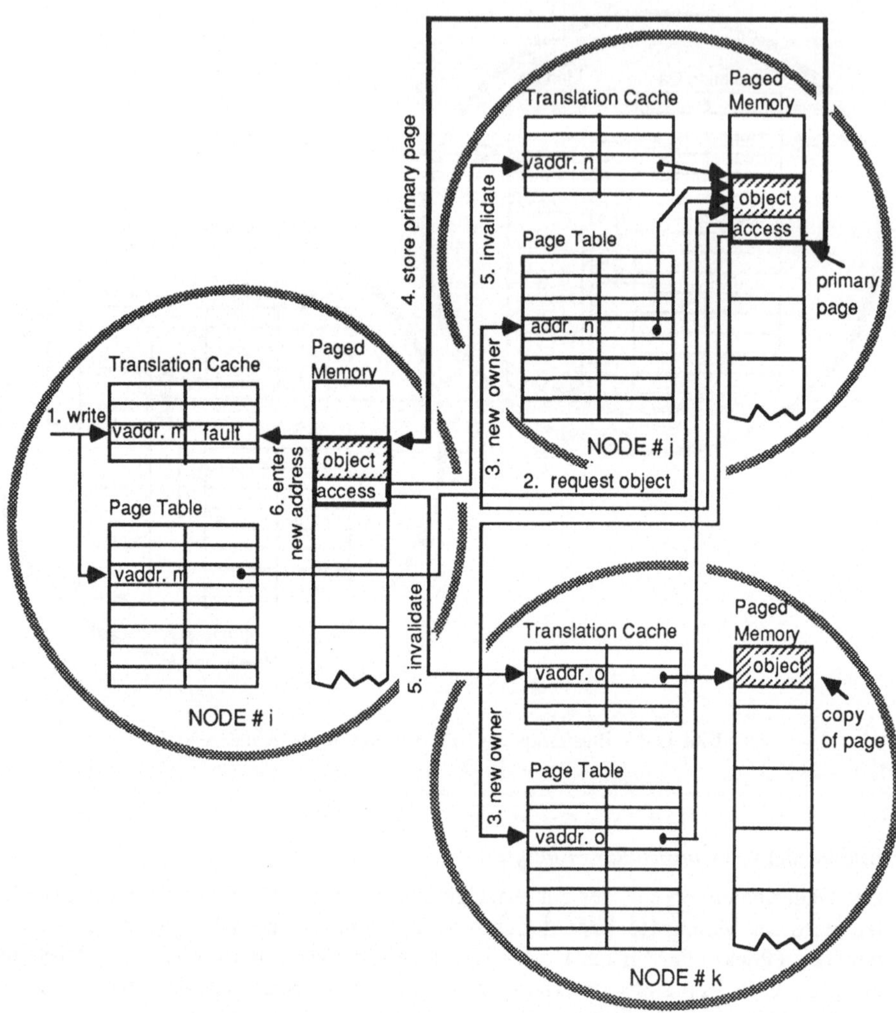

Bild 12-16 Illustration des Schreibvorgangs in der MANNA-VGS

12.6.4 Adaptive Konsistenz

Wie bei den Architekturen mit verteiltem gemeinsamen Speicher wird man auch in den Architekturen mit globalem virtuellen Speicher fallweise verschiedene Konsistenzmodelle anwenden. Der oben angeführte einfache Mechanismus zur Herstellung einer sequentiellen Konsistenz kann unter gewissen Bedingungen zu starken Effizienzproblemen führen. Schreiben zum Beispiel zwei Prozesse in verschiedenen Knoten abwechselnd in dieselbe Seite, so wechselt die Primärseite ständig zwischen den Knoten hin und her, ein Vorgang, der als *page thrashing* bezeichnet wird [LIK 86].

Ganz schlecht wäre es, wenn bei diesem ständigen Wechsel bei jedem Lesen auch noch eine Kopie erzeugt und bei jedem Schreiben wieder invalidiert werden müßte. Dies wird dadurch umgangen, daß der Eigentümer einer Primärseite nicht nur das Schreibrecht, sondern auch das Leserecht hat. Somit kann beim Wechsel der Seite der neue Eigentümer diese zunächst lesen und anschließend schreiben, ohne daß eine Kopie erzeugt oder invalidiert werden muß. Dennoch kann ein häufiges *page thrashing* sich ungünstig auf die Systemleistung auswirken.

Um dies zu verhindern, kann man ein schwächeres Konsistenzmodell anwenden, welches nicht nur das gleichzeitige Lesen, sondern auch das gleichzeitige Schreiben von Kopien desselben Objekts durch verschiedene Prozesse zuläßt. Wir bezeichnen dies als MRMW-Methode (MRMW: *multiple readers — multiple writers*). Das MRMW-Verfahren erzeugt voneinander abweichende Kopien von Datenobjekten und birgt damit die Gefahr von Verletzungen der Programmsemantik in sich. Manche Systeme stellen dem Programmierer dennoch diesen Mechanismus zur Wahl und überlassen es ihm oder ihr, davon den rechten Gebrauch zu machen.

Nun kann der Programmierer voneinander abweichende Kopien desselben Objekts zeitweilig durchaus zulassen, und zwar solange, wie keine unmittelbaren Datenabhängigkeiten zwischen den schreibenden Prozessen besteht und die Schreib- und Lesephasen voneinander getrennt sind (z.B. durch Barrieren-Synchronisation). In bestimmten Synchronisationspunkten (z.B. vor dem Lesen) muß aber die strenge Konsistenz, bei der alle Kopien übereinstimmen, wiederhergestellt werden. Aufgrund dieser Überlegung entstand die Idee der *adaptiven Konsistenz*, bei dem genau dies automatisch geschieht [Gea 91]. Der zugrunde liegende Mechanismus arbeitet wie folgt.

Durch die Systemfunktion **define_local** erhält ein Prozeß ein Schreibrecht auf eine lokale Kopie der referierten Seite. Alle folgenden Schreibzugriffe auf diese Kopie gelten nur lokal in dem Knoten, in dem dieser Prozeß residiert; d.h. die zugehörige Primärseite wird nicht verändert. Wird **define_local** in mehreren Knoten ausgeführt, so entstehen entsprechend viele unterschiedliche Kopien dieser Seite in den betreffenden Knoten. Dabei gilt jedoch grundsätzlich die Ausschließlichkeitsbedingung:

- zwei Schreiber dürfen nicht in dieselben Speicherplätze derselben Seite schreiben.

Schließlich kann einer der Knoten die Systemfunktion **define_global** auf seiner Kopie ausführen. Dadurch wird dieser Knoten zum neuen Eigentümer der Seite, d.h. seine Kopie wird zur Primärseite. Dieser Vorgang besteht im einzelnen aus folgenden Schritten.

(1) Die Kopie, die zur neuen Primärseite wird, wird durch Vereinigung aller Änderungen (*merge*) auf den Änderungsstand *aller* existierenden Kopien gebracht.

(2) Die alte Primärseite sowie alle anderen Kopien werden invalidiert.

Bild 12-17 zeigt das Zustandsdiagramm einer gemeinsam benutzten Seite. Die Zustände, die die Seite annehmen kann, sind:

- SHARED
- OWNED
- INVALID
- LOCAL

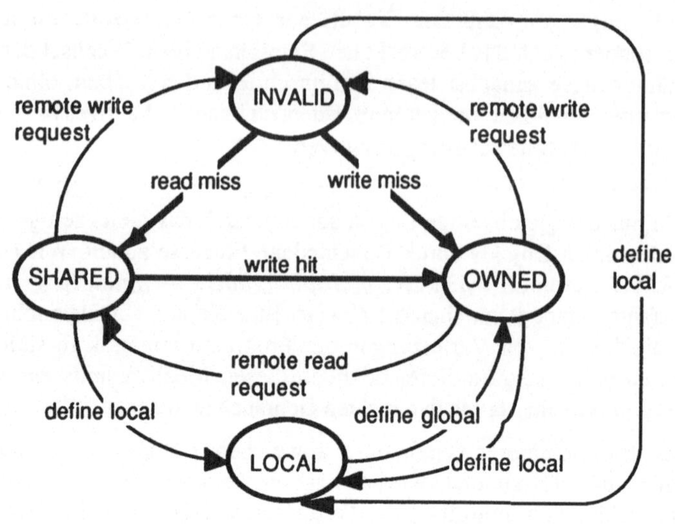

Bild 12-17 Zustandsdiagramm von sequentieller Konsistenz und adaptiver Konsistenz

Der obere Teil (mit den Zuständen SHARED, OWNED und INVALID) entspricht dem sequentiellen Konsistenzmodell, während der untere Teil mit dem Zustand LOCAL die Erweiterung dieses Modells durch die adaptive Konsistenz darstellt. Die dicken Linien geben Zustandsübergänge durch lokale Ereignisse an. Die dadurch bedingten Zustandsänderungen in anderen Knoten sind durch dünne Linien gekennzeichnet.

Die Vereinigung unterschiedlicher Kopien in eine neue Primärseite beim Übergang von *local* zu *global* kann nach dem folgendem Verfahren geschehen [Gea 91].

Sei $P_o = \bigcup_i p_{io}$ der Wert der Primärseite und $P = \bigcup_i p_i$ der neue Wert dieser Seite nach mehrfachen Schreiben (als Vereinigungsmenge von Speicherplätzen dargestellt). Der neue Wert kann durch die Identität ausgedrückt werden

$$P = P - P_o + P_o = [\bigcup_i (p_i - p_{io})] + P_o$$

Die Bedingung, daß nicht zwei Schreiber in denselben Speicherplatz schreiben dürfen, läßt sich wie folgt formulieren:

$$[\bigcup_i (p_i - p_{io})] \cap [\bigcup_k (p_k - p_{ko})] = \phi$$

wenn $\bigcup_i (p_i - p_{io})$ bzw. $\bigcup_k (P_k - p_{ko})$ die Aktualisierungsmasken zweier Schreiber sind und ϕ die leere Menge ist.

Das heißt, die verschiedenen Schreiber bilden Differenzen $(p_i - p_{io})$ zwischen den Elementen p_{io} der Primärseite und den veränderten Elementen p_i. Jede solche Differenz kann als eine *Aktualisierungsmaske* (*update mask*) für den betreffenden Speicherplatz betrachtet werden. Die neue (aktualisierte) Seite P wird dann dadurch erhalten, daß man alle Aktualisierungsmasken zur ursprünglichen Primärseite hinzu addiert.

Ein Knoten, der **define_local** ausführt, erhält vom Eigentümer eine Kopie der Primärseite P_0. Als ersten Schritt dupliziert der Knoten diese Seite. Eine Kopie wird in der Folge als *Arbeitskopie* benutzt, während die andere Kopie als *lokale Referenzkopie* aufbewahrt wird. Von jetzt an kann in die Arbeitskopie geschrieben werden. Am Ende — bei der Ausführung eines **define_global** — wird die lokale Referenzkopie von dem erhaltenen Ergebnis abgezogen, um die Aktualisierungsmaske zu erhalten. Die aktualisierte Seite wandert zum nächsten Knoten, der eine lokale Kopie mit Schreibrecht hatte, der seinerseits seine Aktualisierung vornimmt, und so fort. Auf diese Weise wandert die Seite von Knoten zu Knoten, bis sie schließlich bei demjenigen Knoten anlangt, der **define_global** aufgerufen hat. Dort wird diese Seite dann zur neuen Primärseite erklärt, und alle anderen Kopien werden invalidiert. Es ist gleichgültig, in welcher Reihenfolge die Aktualisierungen erfolgen. Man kann sie daher auch im Pipeline-Verfahren oder parallel ausführen, z.B. auf den Ebenen eines entsprechenden Baums (*tree structured merge*), wie in Abschnitt 10.2.9 dargestellt.

Es sei noch erwähnt, daß man bei der Vereinigung verschiedener Kopien anstelle der oben beschriebenen Addition auch die bitweise logische Verknüpfung der betreffenden Speicherinhalte durch das EXCLUSIV-OR vornehmen kann. Bild 12-18 illustriert das oben beschriebene Verfahren, wobei hier symbolisch die Vereinigung durch EXCLUSIV-OR angegeben ist.

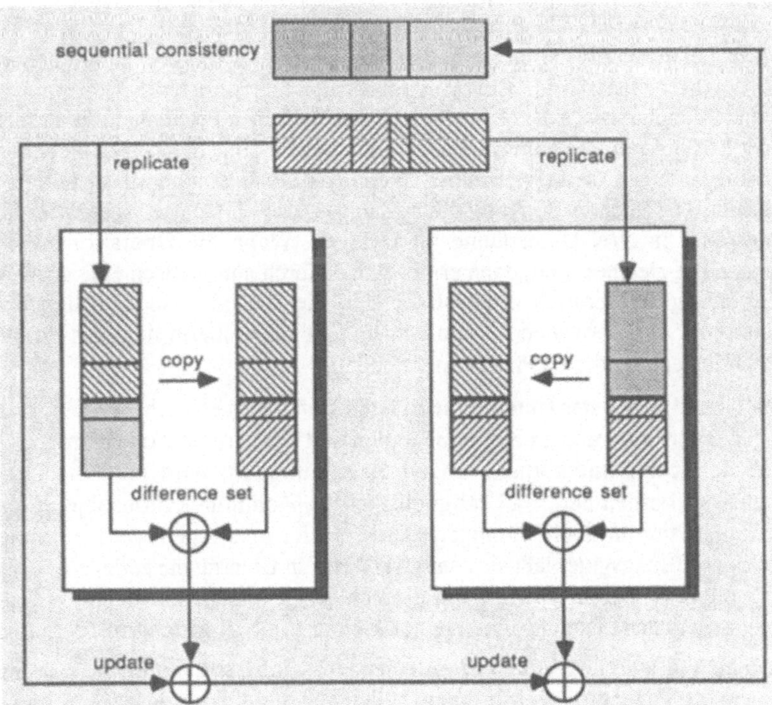

Bild 12-18 Illustration des Verfahrens zur Vereinigung unterschiedlicher Kopien

12.7 Die Programmierung nachrichtenorientierter Systeme

12.7.1 Das nachrichtenorientierte Programmiermodell

Das von seiner Implementierung her einfachste und in der Ausführung effizienteste Programmiermodell für Parallelrechner mit verteiltem Speicher ist das nachrichtenorientierte Programmiermodell, da dieses unmittelbar die Arbeitsweise des Systems wiederspiegelt. In diesem Programmiermodell wird Parallelarbeit auf der Ebene der kooperierenden Prozesse organisiert. Das heißt, das Anwendungsprogramm wird in parallel ausführbare Prozesse zerlegt, die dann über die Knoten des Systems verteilt werden. Dabei ist auf eine möglichst gleichmäßige Lastverteilung im System zu achten. Da es nur lokale Speicher gibt und somit jeder Knoten seinen eigenen Adreßraum hat, ist der auf einem Knoten ablaufende Prozeß entweder ein schwergewichtiger Prozeß oder — falls eine weitere Strukturierung erwünscht ist — ein Team von leichtgewichtigen Prozessen. Die Kooperation zwischen den parallelen Prozessen bedingt

- Inter-Prozeß-Kommunikation und
- Synchronisation der Prozeßabläufe.

Im nachrichtenorientierten Programmiermodell wird die Kommunikation explizit durch Programmkonstrukte für das Senden und Empfangen von Nachrichten programmiert. Diese Konstrukte stellen gleichzeitig auch Synchronisationspunkte dar (s. Abschnitt 5.7.3).

Die typischen Anwendungen für massiv-paralleler Rechner lassen sich in der Regel recht gut in kooperierende Prozesse zerlegen. Zumindest gilt dies für alle *Gitterprobleme*, bei denen die Lösungen in den Punkten eines zwei- oder dreidimensionalem Gitters zu berechnen sind. Ein Musterbeispiel hierfür ist die Lösung partieller Differentialgleichungen, z.B. bei strömungsmechanischen Problemen. In diesen Fällen wird der Lösungsraum in Unterräume zerlegt, und der einzelne Prozeß berechnet dann die Lösung in einem der Unterräume. Wenn das Lösungsraum aus N Gitterpunkten besteht und der Rechner K Knoten hat, dann ist das einfachste Vorgehen dies, den Lösungsraum in N/K Unterräume zu zerlegen. Wenn die Operationen in jedem Unterraum die gleichen sind, dann ergibt sich dadurch automatisch eine ausgewogene Lastverteilung. Wesentlich ungünstiger sind die Verhältnisse natürlich bei nicht regulären bzw. inhomogenen Anwendungen, und genau hierin liegt das Problem mit dem nachrichtenorientierten Programmiermodell.

An den Grenzflächen der Unterräume müssen Daten ausgetauscht werden, was einen entsprechenden Aufwand an Kommunikation und Synchronisation erfordert. Um den Einfluß der Kommunikations-Startzeit zu minimieren, wird man die Zerlegung möglichst so vornehmen, daß möglichst große Kommunikationsobjekte erhalten werden, die dann im hochvolumigen Datentransfer übertragen werden können. Ein rechteckiger Lösungsgitter läßt sich auf zwei Arten in Unterräume zerlegen:

(1) man bildet N/K gleichgroße, ebenfalls rechteckige Unterräume oder

(2) man zerlegt den Lösungsraum in einer Richtung in N/K gleichgroße Streifen.

Das zweite Verfahren, das *Strip Mining* genannt wird (*strip mining* ist der englische Ausdruck für Tagebau), wurde ursprünglich für die Vektormaschinen entwickelt. Durch das *Strip Mining* erhält man längs der Streifen entsprechende lange Vektoren, die sich effizient auf der Vektormaschine verarbeiten lassen. Da man die Streifenlänge beliebig wählen kann, läßt sich die Vektorlänge optimal den Eigenschaften der ausführenden Maschine anpassen. Hat die Maschine zum Beispiel einen Vektorregisterspeicher, so wird man die Streifenlänge so wählen, daß die erhaltenen Vektoren genau in diesen passen. Bei massiv-parallelen Rechnern mit Vektorprozessoren in den Knoten wie zum Beispiel dem in Abschnitt 12.2.1 behandelten SUPRENUM-Rechner geht man ebenso vor. Bild 12-19 zeigt als Beispiel das *Strip Mining* für einen dreidimensionaler Lösungsraum und einen Parallelrechner mit 128 Knoten. Bei Parallelrechnern mit skalaren Knoten entfällt dieser Aspekt natürlich.

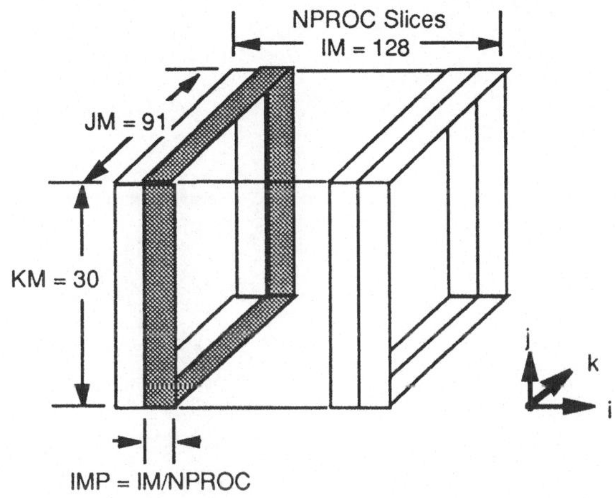

Bild 12-19 Aufteilung eines dreidimensionalen Lösungsraums durch Strip Mining

Der Programmtext für die kommunizierenden Prozesse, die man durch Partitionierung des Anwendungsproblems erhält, muß jetzt die entsprechenden Kommunikationsanweisungen enthalten. Wie diese im einzelnen aussehen, hängt vom der Art des verwendeten Kommunikationsprotokolls (s. Abschnitt 5.7.3) ab.

Zur Illustration deutet Bild 12-20 das Fragment eines Fortran-Programms an, welches explizite Kommunikationsanweisungen enthält (es handelt sich hierbei um *SUPRENUM-Fortran*, ein Fortran90-Dialekt), wobei auf die eigentliche Anwendungsroutine — ein Relaxationsalgorithmus — nicht eingegangen wird. Die Kommunikation erfolgt durch die Ausführung von SEND- und RECEIVE-Anweisungen.

Die durch die Kommunikationskonstrukte implizierte ereignisgesteuerte Synchronisation muß gewährleisten, daß die Semantik des Programms durch die parallele Ausführung nicht verletzt wird. Es genügt daher nicht, daß der Programmierer im Programmtext eines Prozesses angibt, mit welchen anderen Prozessen Datenobjekte auszutauschen sind, sondern der Programmier ist auch dafür verantwortlich, daß dies im richtigen Zeitpunkt geschieht. Wenn das Problem hinreichend regulär und homogen ist, d.h. als Prozesse sich gleich verhalten, dann ist das Synchronisationsproblem für den Programmierer überschaubar. Für Standard-Lösungsverfahren (z.B. Relaxationsalgorithmen auf Gittern) lassen sich Routinen zur Gittererzeugung und zur Kommunikation zwischen den Prozessen, die die vom Benutzer partitionierten Programmteile repräsentieren, vorprogrammieren und in der Form einer Laufzeitbibliothek zur Verfügung stellen.

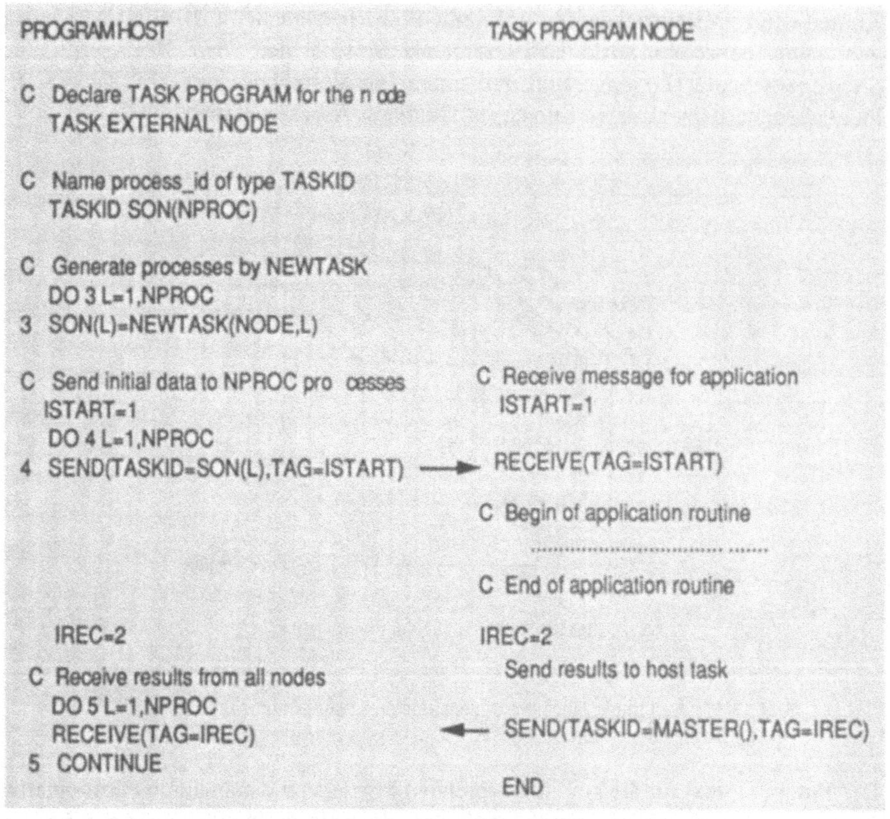

Bild 12-20 Programmroutine mit SEND- und RECEIVE-Konstrukten

Bild 12-21 zeigt das Beispiel von Bild 12-20, diesmal aber mit der Verwendung von Gittererzeugungs- und Kommunikationsroutinen, die in der Prozedur aufgerufen werden (dies sind die Subroutinen CRGRID, EXCHNG und RSLT).

Das Programmbeispiel ist typisch für viele Anwendungen, bei denen sich wegen der Regularität der im Lösungsraum auszuführenden Berechnungen dieser sich in gleichgroße Gebiete aufteilen läßt, wobei in den meisten dieser Gebiete auch die gleichen Rechenschritte auszuführen sind. Eine Ausnahme kann bei den Randgebieten bestehen. Eine Zerlegung eines derartigen Anwendungsprogramms führt damit auf eine Anzahl gleichartiger Prozesse. Jeder dieser Prozesse — u.U. mit gewissen Ausnahmen — hat den gleichen Programmtext, arbeitet aber jeweils auf einem anderen Satz von Daten.

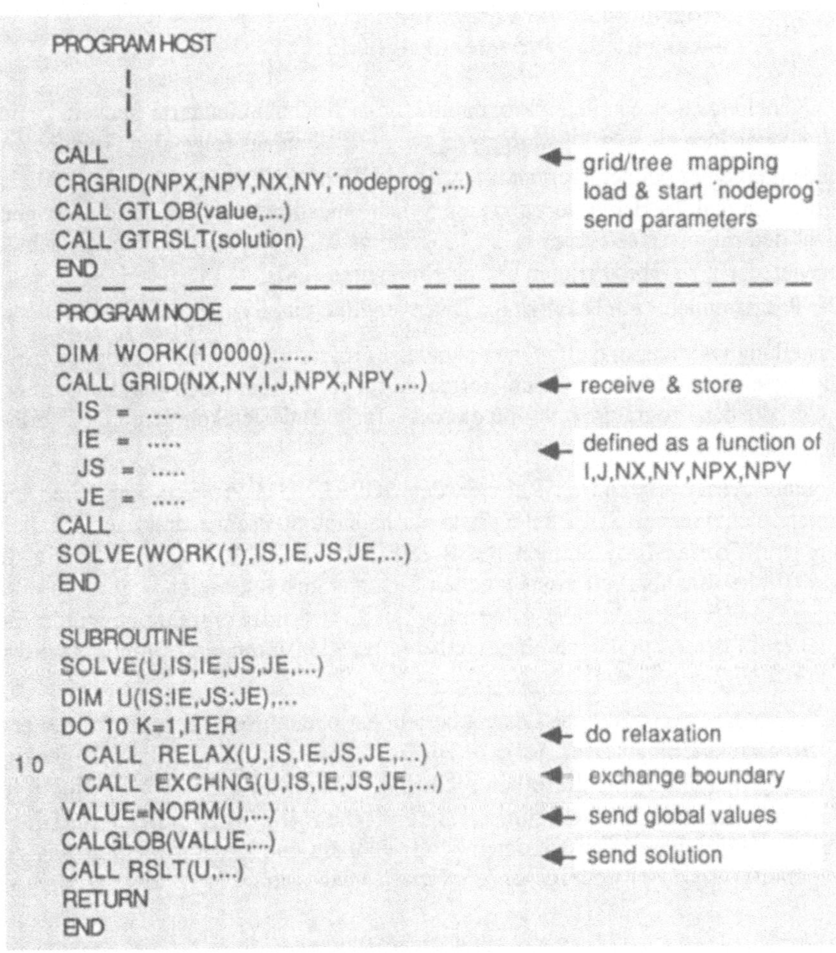

Bild 12-21 Das gleiche Programm mit Bibliotheksroutinen

Wir erkennen das SPMD-Programmiermodell (Abschnitt 10.1.7), welches durch das folgende Vorgehen gekennzeichnet ist:

(1) Der Lösungsraum wird in Unterräume zerlegt (z.B. in Blöcke oder Streifen bei Matrizen).

(2) Jeder Knoten führt den Lösungsalgorithmus auf einem Unterraum aus, d.h. jeder Knoten führt das gleiche Programm aus.

(4) Die Werte an der Grenzlinie zwischen zwei Unterräumen müssen zwischen den ausführenden Knoten ausgetauscht werden.

12.7.2 Programmierwerkzeuge für nachrichtenorientierte Architekturen

Die Entwicklung eines parallelen Programms für nachrichtenorientierte Rechensysteme gilt im allgemeinen als sehr schwierig, und zwar vor allem aus folgenden Gründen.

- Gedankenfehler bei der Programmierung der Kommunikation zwischen parallelen Prozessen und der damit verbundenen Synchronisation ihrer Kooperation können nicht-deterministische Fehler in der Programmausführung hervorrufen, die schwer zu entdecken, zu reproduzieren und zu eliminieren sind.
- Der Programmierer muß explizit die Datenverteilung im System vornehmen.

Die Erstellung korrekter und effizienter paralleler Programme durch den Programmierer ist ohne geeignete Hilfen eine schwierige Aufgabe. Automatisch parallelisierende Compiler, die den Programmierer von dieser Aufgabe entlasten könnten, gibt es bisher nur in Ansätzen.

Ein solcher Ansatz ist das im Rahmen des SUPRENUM-Projekts von *Zima* und Mitarbeitern entwickelte SUPERB-System zur halbautomatisch-interaktiven Parallelisierung von Fortran-Programmen [GER 89]. Mit SUPERB wurde erstmalig die grundsätzliche Machbarkeit eines solchen Systems gezeigt, welches aber von den Benutzern als für die praktische Anwendbarkeit zu restriktiv empfunden wurde. Ein Beispiel eines bereits praktisch eingesetzbaren parallelisierenden Compilers wird in Abschnitt 12.7.3 gegeben.

Die bisher in der Praxiss übliche Lösung besteht darin, dem Benutzer geeignete Werkzeuge zur Erleichterung seiner Aufgabe zur Verfügung zu stellen. Für viele gängige Anwendungen funktioniert dies auch recht gut. Wir geben hier zwei Beispiele für solche Werkzeugsätze, das verhältnismäßig einfache *PARMACS-System** für Gitterprobleme und das wesentlich allgemeiner anwendbare und in der Unterstützung des Programmierers sehr viel weitergehendere *ParaScope*-System.

PARMACS

Das PARMACS-System wurde von *Trottenberg* und Mitarbeitern als Werkzeugsatz für die Programmierung von Gitterproblemen entwickelt [LAT 92]; inzwischen existieren PARMACS-Portierungen für eine Reihe kommerziell verfügbarer Parallelrechner mit verteiltem Speicher. PARMACS ist eine einheitliche und maschinenunabhängige Realisierung des nachrichtenorientierten Programmiermodells, das praktisch alle Grundfunktionen bereitstellt, die im nachrichtenorientierten Programmierparadigma benötigt werden. Diese Funktionen sind zunächst als Makros implementiert. Vor der eigentlichen Übersetzung des Fortran-Programms wandelt ein Vorübersetzer die Makros in Standard-Fortran-Code um und setzt diesen ins Programm ein. Einfachere Funktionen werden in einige wenige Programmzeilen übersetzt, während komplexere Funktionen als Routinen einer Laufzeitbibliothek eingebunden werden. Bild 12-22 gibt eine Übersicht über den zur Verfügung stehenden Werkzeugsatz.

---

* Gegenwärtig sind Bemühungen zur Standardisierung ssolcher Werkzeuge im Gange. PARMACS wird sicherlich nicht der Standard werden, es ist aber durchaus beispielhaft.

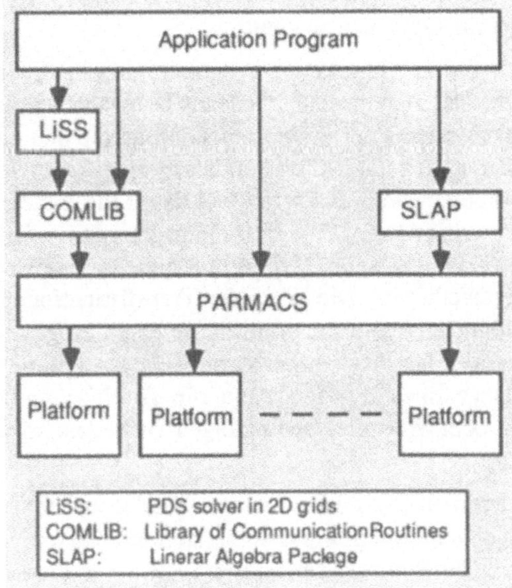

Bild 12-22 Aufbau des PARMACS-Systems

Für den Benutzer von besonderer Bedeutung ist die in PARMACS integrierte *Mapping Library*, die die Abbildung der logischen Prozesse auf die Knoten der Zielmaschine vornimmt. Dies erlaubt dem Benutzer, einfach eine logische Prozeß-Topologie des parallelen Programms zu beschreiben und das weitere dem System zu überlassen. PARMACS erlaubt die Definition verschiedener Standard-Topologien wie: Ringe, Tori, ein- und zweidimensionale Gitter und allgemeine Graphen. Durch diesen *Mapper* wird hauptsächlich die Portierbarkeit der mit Hilfe von PARMACS erstellten Programme gewährleistet. PARMACS wird durch die folgenden Werkzeuge ergänzt.

LiSS: LiSS nimmt die Lastverteilung nach dem Gesichtspunkt vor, daß in jedem Prozeß etwa die gleiche Anzahl von Gitterpunkten bearbeitet wird.

COMLIB: COMLIB ist eine Laufzeitbibliothek, die Kommunikationsroutinen für den Datenaustausch an den Bereichsgrenzen der Gitterzerlegung bereitstellt.

SLAP: SLAP ist eine Bibliothek mit Routinen der linearen Algebra.

ParaScope

ParaScope ist ein integrierter Werkzeugsatz, der den Programmierer wissenschaftlicher Anwendungen bei der Entwicklung korrekter und effizienter Programme unterstützt. ParaScope wurde von *Kennedy* und seinen Mitarbeitern entwickelt [Bea 89] und über eine Reihe von Zwischenstufen verbessert. Sein Kernstück ist der *ParaScope-Editor*, ein interaktiver, "intelligenter" Editor für die Entwicklung paralleler Fortran-Programme. Der ParaScope Editor zeigt dem Benutzer für jede Variable die Datenabhängigkeiten innerhalb des Programms an, die zu einem potentiellen Wettrennen zwischen den Iterationen einer parallelisierten Schleife führen können. Ferner zeigt der Editor auch die schleifenspezifischen Abhängigkeiten an. Dadurch wird der Benutzer in die Lage versetzt, die Korrektheit einer von ihm durchgeführten Programmparallelisierung beurteilen zu können.

ParaScope unterstützt darüber hinaus den Programmierer auch wirkungsvoll bei der Programmoptimierung. Der inkrementell arbeitende Datenabhängigkeitsanalysator zeigt dem Benutzer interaktiv nach jeder Programmänderung die neu entstandenen Datenabhängigkeiten an. Zusätzlich unterstützt ParaScope eine Reihe von Programmtransformationen, durch die der Parallelitätsgrad und damit die Effizienz der Programmausführung gesteigert werden kann. Eine sichere Programmtransformation wandelt ein gegebenes Programm in ein neues Programm um, das semantisch äquivalent, syntaktisch aber verschieden ist. Die Wahl der Transformationen ist dem Benutzer überlassen. Dies ermöglicht es dem Benutzer, mit sicheren Programmtransformationen zu experimentieren und seine Programme schrittweise zu optimieren. ParaScope ist dabei ein sehr konservatives System: kann die Analyse nicht entscheiden, ob Datenabhängigkeiten oder Wettrenn-Bedingungen vorliegen, so wird angenommen, daß es diese gibt.

Um die Darstellung auf dem Bildschirm nicht zu überladen, gibt es eine *Dependence Filter* genannte Einrichtung, die gewisse Abhängigkeitsklassen von der Darstellung ausnimmt. Damit kann der Benutzer gezielt das System veranlassen, Abhängigkeiten zu verbergen, die z.B. bereits untersucht worden sind oder die der Benutzer im Augenblick nicht als wesentlich ansieht. Der Benutzer kann auch die Unterdrückung von Abhängigkeiten fordern, die er oder sie als das Ergebnis einer zu konservativen Analyse ansieht. Die unterdrückten Abhängigkeiten werden dabei nicht aus der internen Analyse entfernt, sondern nur nicht angezeigt. Tabelle 12-3 gibt die Transformationen an, die ausgeführt werden können.

Bei den Programmtransformationen wird ein Vorgehen angewandt, welches in [Bea 89] als *Power-Steering*-Prinzip bezeichnet wird (so heißt die Servo-Lenkung beim Auto): Der Benutzer spezifiziert die auszuführende Transformation und überläßt die Details der Ausführung dem System. Dadurch können inkorrekte Zwischenstufen bei der Transformation vermieden werden, die leicht entstehen könnten, wenn der Programmierer solche Transformationen ohne diese Hilfe ausführen würde. Da auch die Seiteneffekte der Transformationen dem System bekannt sind, kann es die Darstellung der Datenabhängigkeiten entsprechend aktualisieren.

Bei den Programmtransformationen geht der Programmierer wählt der Programmierer zunächst eine Schleife und die darauf anzuwendende Transformation. ParaScope liefert daraufhin eine Abschätzung des durch die Transformation zu erwartenden Gewinns. Falls die Transformation nicht ausgeführt werden kann, ohne die Semantik zu verletzen, wird statt dessen eine entsprechende Diagnose geliefert. Wird zum Beispiel die Anweisung *Parallelisieren* für eine Schleife gewählt, in der schleifenspezifische Abhängigkeiten bestehen, dann teilt das System dies dem Benutzer mit. Der Benutzer kann dann trotzdem die Schleifen-Parallelisierung verlangen. Ist die Transformation möglich und hinreichend lohnend, dann gibt der Benutzer ein entsprechendes Ausführungskommando. Der Fortran-Quellcode und der Abhängigkeitsgraph werden dann vom System entsprechend modifiziert und auf dem Bildschirm ausgegeben.

Tabelle 12-3 Programmtransformationen von ParaScope

Transformation	Wirkung
Vertauschen von Anweisungen	Unabhängige Anweisungen in einer Schleifen werden auf mehrere gleichartige Schleifen verteilt. Damit lassen sich parallel ausführbare Anweisungen von sequentiellen unterscheiden.
Vertauschen von Schleifen	Zwei vollständig geschachtelte Schleifen werden vertauscht, um die Granularität eines parallelen Segments anzupassen.
Skalare Erweiterung	Ein Skalar wird in ein eindimensionales Array umgewandelt. Damit können störende skalare Abhängigkeiten beseitigt werden.
Änderung des Array-Namens	Ein Array erhält einen neuen Namen. Damit können Antidependencies beseitig werden.
Vertauschen von Anweisungen	Zwei unabhängige Anweisungen werden vertauscht.
Strip Mining	Eine Schleife mit dem Schritt1 wird in eine Schleife mit einem vom Benutzer gewählten Schritt >1 umgewandelt. Eine neue, innere Schleife zwischen den vergrößerten Schritten eingefügt.
Schälen	Die erste und letrzte Iteration einer Schleife wird herausgenommen. Damit lassen sich skalare Abhängigkeiten beseitigen.
Geschützte Abhängigkeit?	Diese Funktion zeigt an, ob eine Datenabhängigkeit durch Synchronisation geschützt ist.
Parallelisieren	Eine sequentielle DO-Schleife wird in eine parallele umgewandelt.

12.7.3 Parallelisierende Compiler

Es wurde bereits erwähnt, daß an dem Problem des parallelisierenden Compilers — vor allem für Fortran — intensiv gearbeitet wird. Die experimentelle Entwicklung eines vollautomatischen parallelisierenden Fortran-Compilers ist am *GMD FIRST* im gange. Das *ParComp* genannte Projekt (ParComp: Parallelisierender Compiler) soll helfen, die Frage nach der Realisierbarkeit solcher Systeme und ihrer praktischen Anwendbarkeit zu beantworten. Die wichtigste Komponente ist der für die MANNA-Architektur erstellte *SNAP-Compiler* (SNAP: sequential and numerical application parallelizer), der sequentielle Fortran-Programme parallelisieren kann [HAE 93].

Der SNAP-Compiler wird ergänzt durch Werkzeuge zur Unterstützung der Parallelisierung vorhandener Programme. Die Programme sind numerische Anwendungen, die in Fortran77 oder Fortran90 codiert sind und einen hohen Grad an Datenparallelität enthalten, d.h. auf die das SPMD-Programmiermodell anwendbar ist.

Zur Überprüfung der Parallelisierbarkeit eines zu übersetzenden Programms sind umfangreiche Analysen des Programmtextes notwendig. Hierzu gehören Kontrollfluß-

und Datenflußanalysen sowie Abhängigkeitstest in Schleifen. Diese Techniken sind in den SNAP-Compiler integriert, ebenso wie weitere Analysen, die auf der Auswertung symbolischer Ausdrücke basieren. Moderne Sprachen, wie z.B. High Performance Fortran enthalten bereits Sprachkonstrukte mit denen sich die Parallelität ausdrücken läßt. Aber auch dann ist es unerläßlich, die korrekte Programmierung durch Analysen, wie sie zum Nachweis der Parallelität notwendig sind, zu überprüfen.

Der Compiler versucht, die Programmparallelisierung so durchzuführen, daß die Kommunikationslatenzen möglichst minimal werden. Entscheidend ist, daß der Compiler die Daten so auf die parallelen Komponenten verteilt, daß möglichst viele Zugriffe lokal erfolgen, andererseits aber möglichst viele Knoten parallel arbeiten können. Das Kernstück des SNAP-Compilers bildet daher die Optimierung der Datenverteilung.

Unterstützt wird der SNAP-Compiler durch den virtuellen gemeinsamen Speicher der MANNA-Architektur. Das parallelisierte Programm sieht damit einen globalen Adreßraum. Für Zugriffe auf Daten, die in anderen Knoten residieren, braucht der dazu notwendige Nachrichtenverkehr nicht explizit programmiert zu werden. Dadurch wird der Compiler in seiner Komplexität erheblich vereinfacht, was seiner Robustheit und Fehlerfreiheit zugute kommt. Die Optimierung ist somit von der Parallelisierung getrennt und kann das Programm nicht verfälschen.

Eine Voraussetzung für die Optimierung wird durch die Datenflußanalyse geschaffen, durch die die Beziehungen zwischen den lesenden und schreibenden Speicherzugriffen ermittelt werden. Für eine gegebene Verteilung der Speicherobjekte auf die Knoten kann daraus bestimmt werden, wieweit bei der Auswertung einer Anweisung auf entfernte Knoten zugegriffen werden muß und, wenn ja, wie hoch die zusätzlichen Kommunikationskosten dafür sind. Die Abschätzung und Bewertung der Kommunikationskosten übernimmt ein eigener Compilerlauf. Da dieser Teil stark von der Architektur des Parallelrechners und der Betriebssystemunterstützung abhängig ist, kann er den Gegebenheiten entsprechend parametrisiert werden.

Mit der Bewertung des Programms bei einer gegebenen Datenverteilung ist es nun möglich, bereits zur Übersetzungszeit unterschiedliche Verteilungen zu betrachten, um eine möglichst optimale zu finden. Damit ist die zweite Voraussetzung zur Optimierung geschaffen. Diese arbeitet nach einem heuristischen Optimierungsverfahren auf der Grundlage *genetischer Algorithmen*. Vereinfacht gesagt werden probeweise unterschiedliche Datenverteilungen erzeugt und paarweise "verheiratet", um so "Nachkommen" zu erzeugen; d.h. durch Kombination eines Paars von Verteilungen wird neues Paar von Verteilungen erzeugt. Zusätzlich können Mutationen, d.h. zufällige Veränderungen der Verteilung vorkommen. Dieses Optimierungsverfahren führt mit hoher Sicherheit zu einem guten Ergebnis — u.U. allerdings mit einem schlechten Konvergenzverhalten. Die Konvergenz wird dadurch verbessert, daß bei der Bearbeitung eines Programms die zuletzt berechnete günstigste Datenverteilung als Ausgangsbasis zur erneuten Optimierung herangezogen wird und sich somit der genetische Algorithmus nicht erneut einspielen muß.

12.8 Ausblick: Neue Programmiermodelle für massiv-parallele Systeme

In den bisherigen Betrachtungen wurde immer wieder darauf hingewiesen, daß die bisher bestehenden Programmierparadigmen zur effizienten Programmierung der zukünftigen Parallelrechner mit Zehntausenden oder Hunderttausenden von Knoten wenig geeignet sind. Man wird daher nach besser geeigneten Programmiermodellen Ausschau halten müssen. Ansätze dazu gibt es, wie zum Beispiel das objektorientierte Programmierparadigma der kooperierenden Akteure, das in dem Sprachvorschlag ABCL seinen Ausdruck findet [Yea 87]. Wir halten aber das ABCL-Programmierparadigma für noch zu kompliziert und umständlich in der Formulierung. Die folgende Darstellung des *Programmiermodells der rechnenden Topologien* soll einen Ausblick darauf geben, wie man sich ein künftiges Programmiermodell für massiv-parallel Rechner vorstellen kann. Hierzu stellen wir zunächst die Überlegungen an, auf denen das Programmiermodell der rechnenden Topologien beruht. Dazu gehen wir von den Schritten aus, die prinzipiell bei der Anwendungsprogrammierung für Parallelrechner durchzuführen sind.

- Definition des Lösungsraums als eine diskrete Punktmenge, auf der Berechnungen auszuführen und zwischen denen Daten zu kommunizieren sind.
- Programmierung der Codesequenzen (Kontrollfäden) für die Berechnung in jedem Punkt des Lösungsraums.
- Festlegung der Kommunikations-Topologie auf den Punkten des Lösungsraums durch Angabe der Kommunikationspartner.
- Festlegung der Synchronisation zwischen den parallelen Kontrollfäden durch Angabe der Synchronisationspunkte und Synchronisationsaktivitäten; diese sind so zu wählen, daß die Programmsemantik durch die parallele Ausführung nicht verletzt wird.

Das herkömmliche Programmierparadigma der Parallelrechner mit verteiltem Speicher verlangt vom Programmierer, daß dieser die geeigneten Kommunikationskonstrukte explizit so in das Programm einsetzt, daß auch die implizit damit verbundene Synchronisation eine korrekte Programmausführung gewährleistet ist. Diese Doppelrolle des Nachrichtenaustauschs macht das Programmierparadigma schwierig und fehleranfällig. Während ein paralleler Algorithmus gemeinhin klar zum Ausdruck bringt, welche Datenobjekte von welchen Prozessen gemeinsam benutzt werden, sagt er nichts explizit darüber aus, wann Synchronisationen stattfinden müssen. Ein Anwendungsprogrammierer hat in der Regel ein sehr gutes Verständnis der Algorithmen, die zur Lösung des Problems notwendig sind, weniger jedoch für die korrekte Parallelisierung dieser Algorithmen.

Das Programmiermodell der rechnenden Topologien [GSS 92],[GaS 93] vermeidet weitgehend die Probleme mit dem nachrichtenorientierten Programmiermodell dadurch, daß es die oben aufgeführten Schritte orthogonalisiert, d.h. voneinander unabhängig macht. Durch die Orthogonalisierung erhält das Programmiermodell Eigenschaften, die die Programmierung wesentlich erleichtern auch besser zu automatisieren gestatten.

- Trennung der Programmierung des Lösungsalgorithmus von der Spezifikation der Kommunikation. Die Kommunikation muß nicht explizit programmiert werden, sondern es muß lediglich eine Kommunikations-Topologie spezifiziert werden.
- Trennung von Kommunikation und Synchronisation. Die Synchronisation erfolgt implizit durch das System aufgrund eines vom Benutzer wählbaren Synchronisationsschemas.

Das Programmiermodell der rechnenden Topologien basiert auf zwei vom Benutzer geeignet spezifizierten Topologien, dem Lösungsraum und der Kommunikations-Topologie.

DEF: *Lösungsraum*
Ein Lösungsraum (*solution domain*) ist eine geeignet strukturierte, diskrete Punktmenge, die durch eine Indexmenge definiert wird.

DEF: *Kommunikations-Topologie*
Durch Einführung einer Kommunikations-Nachbarschaftsrelation auf dem Lösungsraum wird eine Menge von Kommunikationspartnern definiert, die Kommunikations-Topologie genannt wird. Kommunikationspartner sind alle unmittelbar miteinander kommunizierenden Punkte des Lösungsraums.

Die Schritte, die der Programmierer durchführen muß, sind im folgenden beschriebenen. Sie sind weitgehend voneinander unabhängig ("orthogonal") und für den Programmierer sinnfällig. Die schwierigen Teile der parallelen Programmausführung:

- Lastverteilung
- Kommunikation
- Synchronisation

werden vom System automatisch ausgeführt. Der Programmierer gibt dazu nur Spezifikationen, die aus der Natur des Lösungsalgorithmus unmittelbar ableitbar sind. Das Modell ist ferner so gewählt, daß es sich gut in herkömmliche objektorientierte Programmiersprachen einbetten läßt.

1. Schritt: Spezifikation von Lösungsraum und Kommunikations-Topologie

Der Programmierer definiert den Lösungsraum durch Angabe der erzeugenden Indexmenge und die Kommunikations-Topologie durch eine entsprechende Deklaration. Die Indexmenge wird in der Regel als kartesisches Produkt mehrerer Indexbereiche (je nach Dimensionalität des Problems) erzeugt, wobei man durch die Angabe von Nebenbedingungen auch nicht-rechteckige Strukturen oder dünne Besetzungen (*sparsity*) definieren kann. Das am häufigsten zu findende Beispiel für Lösungsräume sind zweidimensionale oder dreidimensionale Gitter.

Zur Spezifikation der Kommunikations-Topologie dienen entsprechende Deklarationen in der Programmiersprache, die speziell für das Programmiermodell entworfen wurde. Diese Deklarationen definieren den Typ spezieller verteilter Topologievariablen, durch die die spezifizierten Kommunikations-Topologien im Programm instantiiert werden. Da sie die unmittelbaren Kommunikationspartner angeben, dienen sie ferner dem System als Grundlage für eine optimierte automatische Lastverteilung. Zum Beispiel können die folgenden Kommunikations-Topologien deklariert werden:

- kommunizierende Gitter-Grenzflächen
- Systolische Arrays

- FFT-Butterflies
- Bäume
- völlig irreguläre Strukturen.

2. Schritt: Programmierung des Lösungsalgorithmus für die Punkte des Lösungsraums

Jedem Punkt des Lösungsraums wird ein Akteur zugeordnet, der die in diesem Punkt auszuführenden Berechnungen durchführt und den wir wie folgt definieren.

DEF: *Akteur*
Ein Akteur ist ein (in der Regel sequentieller) Codefaden, durch welchen der im zugehörigen Punkt des Lösungsraums auszuführende Algorithmus programmiert ist. Ein Akteur kann als leichtgewichtiger Prozeß implementiert werden.

Die Feinkörnigkeit des Programmiermodells erlaubt es, beliebig viele Akteure zu erzeugen — so viele, wie der Lösungsraum Punkte hat. Damit kann der Lösungsraum bijektiv auf eine Menge von Akteuren abgebildet werden. Die Kommunikation zwischen Punkten des Lösungsraums wird in diesem Modell somit zu einer Kommunikation zwischen Akteuren. Im SPMD-Modell können alle Akteure mit einer einzigen Anweisung erzeugt werden.

Die Abbildung der Menge der Akteure auf die gegebene Menge der physikalischen Knoten des massiv-parallelen Rechners kann automatisch durch einen *Mapper* geschehen, der Bestandteil des Compilers ist. Damit wird eine automatische Lastverteilung erhalten. Diese kann im einfachsten Falle so aussehen, daß die Akteure gemäß der Kommunikations-Topologie unter Minimierung des Kommunikationsaufwands vom System auf die Knoten verteilt werden. Die Optimierung läßt sich im Prinzip aber noch weiter treiben, indem jeweils eine Anzahl von Akteuren zu einem komplexeren Prozeß aggregiert wird (was der Benutzer aber nicht sieht). Dadurch werden Kommunikationsvorgänge eingespart.

3. Schritt: Spezifikation der Kommunikation

Die aktuell im Programm auszuführenden Kommunikationen zwischen den Akteuren werden vom Programmierer durch spezielle Funktionen im Programmtext festgelegt. Diese Funktionen heißen *Transferfunktionen* (*transfer functions*) und haben Topologievariablen als Argumente. Durch die entsprechende Transferfunktion wird somit definiert, ob zum Beispiel eine Lösungsraum von 128x7 Punkten ein 128x7-Gitter oder ein FFT-Butterfly mit 128 Ein- und Ausgängen ist. Mit der Spezifikation der Kommunikation wird aber noch keine Synchronisation festgelegt.

4. Schritt: Wahl der Synchronisationsschemas

Das einzige, was der Programmierer bezüglich der Synchronisation der Parallelarbeit tun muß, ist die Wahl des geeigneten Synchronisationsschemas. Nach Maßgabe des gewählten Synchronisationsschemas und der benutzerdefinierten Transferfunktionen führt das System dann alle notwendigen Synchronisationsvorgänge automatisch an der richtigen Stelle und zum richtigen Zeitpunkt aus. Verfügbare Synchronisationsschemata sind zum Beispiel:

- Lock-Step-Synchronisation

- Wavefront-Synchronisation
- asynchrone Synchronisation.

Eine Prototyp-Implementierung des Programmiermodells der virtuellen Topologie auf der oben genannten MANNA-Architektur befindet sich gegenwärtig beim *GMD FIRST* in der Entwicklung. Die stark objektorientierte Programmiersprache für dieses System ist eine Erweiterung von C++.

Literatur zu Kapitel 12

[BaG 92] Behr P.M., Giloi W.K.: SUPRENUM — Concepts, Realization, Performance, and Lessons Learned, Tech. Report, GMD FIRST 1991

[BaG 93] Bruening U., Giloi W.K.: SYNCHRONIZED NO-WAIT SEND: A Consistency-Preserving, Non-Buffering Send Construct for MANNA, tech. paper, GMD FIRST 1993

[Bea 89] Balasundaram V., Kennedy K., Kremer U., McKinley K., Suhblok J.: The ParaScope Editor: An Interactive Parallel Programming Tool,

[Bea 91] Berg R., Cordsen J., Heuer J., Nolte J., Östmann B., Sander M., Schmidt H., Schön F., Schröder-Preischat W.: The PEACE Family of Distributed Operating Systems, Tech. Report, GMD FIRST 1991

[BGS 89] Behr P.M., Giloi W.K., Schroeder W.: Synchronous Versus Asynchronous Communication in High Performance Multicomputer Systems, in M. Wright(ed.): *Proc. IFIP WG 2.5 Working Conf. on Aspects of Computation in Asynchronous Parallel Processors*, North-Holland, Amsterdam 1989, 239-249

[BRU 92] Brüning U.: MANNA Arbiter and CPU Kern, GMD FIRST, Interner Techn. Bericht 1992

[CHE 84] Cheriton D.R.: The V Kernel: A Software Base for Distributed Systems, IEEE TRANS. SOFTWARE 1,2 (1984), 19-42

[CNS 92] Cordsen J., Nolte J., Schröder-Preikschat W.: Problem-Oriented Virtually Shared Memory in an Object-Oriented Parallel Operating System, Tech. Report, GMD FIRST (Sept. 1992)

[DSB 86] Dubois M., Scheurich C., Briggs F.: Memory Access Buffering in Multiprocessors, *Proc. 13th Annual Internat. Sympos. on Computer Architecture* (June 1986), 434-442

[GaB 91] Giloi W.K., Bruening U.: Architectural Trends in Parallel Supercomputers, *Proc. 2nd NEC Internat. Symposium on Systems and Computer Architectures*, Nippon Electric Corp., Tokyo (August 1991)

[GaS 89] Giloi W.K., Schroeder W.: Very High-Speed Communication in Large MIMD Supercomputers, *Proc. ICS '89*, ACM Order No. 415891, 313-321

[GaS 91] Giloi W.K., Schroeder-Preikschat W.: Programming Models for Massively-Parallel Systems, in: The NIPT Program Committee (eds.): Proc. Internat. Symposium on New Information Processing Technologies, Tokyo, Japan (March 1991),

[GaS 93] Giloi W.K., Schramm A.: Raising the Level of Abstraction of the Distributed Memory Paradigm: The Computing Topology Model, paper presented at the workshop: Fine Grain Massively Parallel Coordination, ACM Annual Internat. Sympos. on Computer Architecture, San Diego, May 1993

[Gea 90] Gharachorloo K., Lenoski D., Laudon J., Gibbons P., Gupta A., Hennessey J.: Memory Consistency and Event Ordering in Scalable Shared-Memory Mulriprocessors, *Proc. 17th Annual Sympos. on Computer Architecture*, IEEE catalog no. CH2887-90, 15-26

[Gea 91] Giloi W.K., Hastedt C., Schoen F., Schroeder-Preikschat W.: A Distributed Implementation of Shared Virtual Memory with Strong and Weak Coherence, in Bode A.(ed.): *Distributed Memory Computing*, Proc. EDMCC2, LNCS 487, Springer-Verlag 1991, 23-31

[GER 89] Gerndt H.M.: Automatic Parallelization for Distributed-Memory Multiprocessing Systems, Ph.D. Thesis, University of Bonn 1989, ebenfalls verfügbar als: Tech. Report Series ACPC/TR90-1, Austrian Center for Parallel Computation 1989

[GIL 89a] Giloi W.K.: GENESIS - The Architecture and Its Rationale, ESPRIT Project P2702, Internal Tech. Report 1989

[GIL 89b] Giloi W.K.: The SUPRENUM Architecture, in Jesshope C.R., Reinartz K.D.(eds.): *CONPAR 88*, Cambridge University Press, Cambridge, G.B. 1989, 10-17

[GOO 89] Goodman J.R.: Cache Consistency and Sequential Consistency, Tech. Teport no. 61, SCI Committee, March 1989

[GSS 92] Giloi W.K., Schramm A., Schröder-Preikschat W.: A New Programming Model for Massively Parallel Systems, in Topham/Ibbett/Bemmerl.(eds.): *Programming Environments for Parallel Computing*, North-Holland 1992, 231-244

[HAE 93] Haenich R.: SNAP! Prototyping a Sequential and Numerical Application Palallelizer, Proc. Internat. Workshop on Automatic Distributed Memory Parallelization, Automatic Data Distribution, and Automatic Parallel Performance Prediction (March 1993), Springer WICS

[ISH 91] Ishi T.(ed.): Report of the Research Committee on New Information Processing Technology, Ministry of International Trade and Industry, Tokyo March 1991

[KUJ 92] Kujawsky F.: Der Bus Displatcher von MANNA, GMD FIRST, Interner Techn. Bericht 1992

[LEW90] Lewis P.H.: Chips for the Year 2000, New York Times, June 19, 1992

[LIK 86] Li K.: Shared Virtual Memory on Loosely Coupled Multiprocessors, PhD thesis, Yale University 1986

[LST 92] Linden J., Schüller A., Trottenberg U.: Methodological Aspects of High Performance Scientific Computing, in Sydow A.(ed.): *Computational Systems Analysis 1992*, ELSEVIER, Amsterdam 1992, 1-10

[LaS 89] Li K. and Schäfer R.: A Hypercube Shared Virtual Memory System, *Proc. 1989 Internat. Conf. on Parallel Processing*, IEEE catalog no 69 CH 2701-1, 125-132

[MAR 92] Marquez A.: The MANNA Node Processor Memory, GMD FIRST, Interner Techn. Bericht 1992

[MaT 86] Mullender S.J., Tanenbaum A.S.: The Design of a Capability-Based Distributed Operating System, The Computer Journal 29,4 (1986)

[MaT 92] Mierendorff H., Trottenberg U.: Leistungsmessungen für technisch-wissenschaftliche Anwendungen auf dem SUPRENUM-Rechner, Technische Arbeitspapiere Nr. 624 und 669, Gesellschaft für Mathematik und Datenverarbeitung (GMD) 1991

[MON 92a] Montenegro S.: MANNA-Skalierbarkeit, Technischer Bericht, BMFT-gefördertes Forschungsprojekt ITR 9002 2, GMD FIRST (Juli 1992)

[MON 92b] Montenegro S: MANNA: Architektur für massiv-parallele Anwendungen, Internes Technisches Papier, GMD FIRST 1992

NPA 92] Nikhil R.S., Papadopoulos G.M., Arvind: *T: A Multithreaded Massively Parallel Architecture, MIT Laboratory for Computer Science, Computation Structures Group Memo 325-2 (March 1992)

[RAT 91] Rattner J.: The New Age of Supercomputing, in Bode A.(ed.): *Distributed Memory Computing*, Proc. EDMCC2, LNCS 487, Springer-Verlag 1991, 1-6

[SaD 87] Scheurich C., Dubois M.: Correct Memory Operation of Cache-Based Multiprocessors, *Proc. 14th Annual Internat. Sympos. on Computer Architecture* (1987), IEEE Catalog no. 87CH2420-8, 234-243

[SCH 89] Schröder W.: The Distributed PEACE Operating System and its Suitability for MIMD Message-Passing Architectures, in Jesshope C.R., Reinartz K.D.(eds.): *CONPAR 88*, Cambridge University Press, Cambridge, G.B. 1989, 27-34

[SCH 91] Schröder-Preikschat W.: Overcoming the Startup Time Problem in Distributed Memory Architectures, in Milutiniovic V., Shriver B.(eds.): Proc. 24th Hawaii Internat. Conf. on System Sciences, vol.1, IEEE Society Press 1991, IEEE order no. 91TH0350-9, 551-559

[SCH 93] Schröder-Preikschat: The *Logical Design of Parallel Operating Systems*, erscheint als Buch 1993/94

[TvT 85] Tanenbaum A.S., van Tenesse R.: Distributed Operating Systems, ACM Computing Surveys 17,4 (Dec. 1985)

[Yea 87] Yonezawa A., Shibayama E., Takada T., Honda Y.: Modelling and Programming in an Object-Oriented Concurrent Language ABCL/1, in Yonezawa A., Tokoro M.(eds.): *Object-Oriented Concurrent Programming*, The MIT Press, Cambridge, Mass. 1987

Sach- und Namensverzeichnis